Material de Estudio para comprender el Don de Profecía

CREED A SUS PROFETAS:
GUÍA PROFÉTICA EN EL MOVIMIENTO ADVENTISTA

Edición Completa

Pr. Esteban Bohr

Copyright ©2022
Secrets Unsealed
ISBN: 978-1-0879-4114-1

Contenido:

Lección 1—Asuntos Introductorios 25

    ¿Qué es el testimonio de Jesús? 25

    ¿Por qué el don es llamado el espíritu de profecía? 25

    ¿Por qué el don es llamado el testimonio de Jesús? 26

    ¿A quién se le da la profecía? 26

    ¿Por qué Dios le dio el don de profecía a la iglesia? 27

    ¿Puede una mujer ser profeta? 28

    ¿Puede haber profetas después de Juan el Bautista? 28

    ¿Existe algo así como un profeta bíblico no canónico? 28

    ¿Cómo es considerado el rechazo al don profético? 29

    El Propósito del Don 29

Lección 2—El Don Final: ¿Cuándo, Adónde y a Quién? 32

    Falsos Profetas en el Fin del Tiempo 32

    Cómo Distinguir lo Genuino de lo Falso 32

    Perspectiva de los Eventos de Daniel 32

    Secuencia Cronológica de Apocalipsis 12 33

    Los Mandamientos de Dios 35

La 'Ley' y los 'Mandamientos' son Intercambiables. 36

¿Qué es el testimonio de Jesús? 37

El Telón de Fondo del Cuerno Pequeño. 37

El Rol de los Adventistas del Séptimo Día. 39

El Contraataque de Satanás. 40

La Secuencia Histórica de Apocalipsis 13. 41

Características de los Falsos Profetas. 43

Lección 3—Los Profetas y las Profecías de Tiempo 45

El "Modus Operandis" de Dios. 45

No hay Eventos Pequeños. 46

Enoc y Noé. 46

Abraham y Moisés. 48

Jeremías y Daniel. 49

Daniel y Juan el Bautista. 50

Daniel y Ellen White. 52

Muchos movimientos alrededor de 1844. 52

Actitudes hacia Ellen White. 53

Lección 4—Moisés y los Profetas 54

1400: Josué apela a Moisés (58 veces en el libro de Josué). 55

1300-1100: Los Jueces Apelan a Moisés. 57

1000-605 a.C.: La Monarquía Hebrea. 58

850-587: Los Profetas Mayores y Menores Trataron de Traer al Pueblo de Vuelta a los Escritos de Moisés. 60

539-425: Después del Cautiverio Babilónico, Esdras y Nehemías Continuaron Apelando a los Escritos de Moisés. 61

El Nuevo Testamento: La Vida de Cristo y Su Misión (27-31). 63

Las Profecías del Antiguo Testamento Coreografiadas por la Vida de Cristo. 64

El Libro de Hechos y los Escritos de los Apóstoles: 31-95 d.C. 66

Preguntas cruciales para los Últimos Días. 67

Lección 5—Dos Profetas y Dos Libros *70*

Juan tuvo el testimonio de Jesús o el Espíritu de Profecía. 70

El Testimonio era para las Iglesias. 70

Juan caía como muerto mientras estaba en visión. 70

El Espíritu Santo a través de la Ministración de un Ángel le impartía el mensaje a Juan. 71

Se le ordenaba a Juan que escribiera mientras estaba en visión. 71

Tanto Daniel como Juan conversaron con su Ángel. 71

Juan habló con otros seres celestiales. 71

Jesús también le habló a Juan. 71

La Experiencia Visionera de Juan era tan Real, que Él Pensó que era Transportado Corporalmente. 72

Juan luchó con palabras para describir lo que vio en el Cielo. 73

Las Fuentes Literarias de Juan. 73

La Ética Literaria de Juan. 74

El Carácter Simbólico del Apocalipsis. 74

La Tesis Central y El Tema del Apocalipsis. 75

Las Dos Mitades del Apocalipsis. 75

Satanás trata de matar a Juan antes que escriba el Apocalipsis. 75

Ellen White y el Testimonio de Jesús. 76

Las Visiones de Ellen White Fueron Dadas Primariamente para la Iglesia. 76

Ellen White estaba como muerta cuando estaba en Visión. 76

'Yo vi' y 'se me mostró' 77

Ellen White fue inspirada por el Espíritu de Dios, pero la información fue impartida por un Ángel. 77

A Ellen White se le Ordenó Que Escribiera Mientras Estaba En Visión. 77

Ellen White le Hizo Preguntas a su Ángel. 77

Habló con otros Seres Celestiales. 78

También habló con Jesús. 78

Testimonió Eventos Futuros como si estuvieran Transcurriendo en el Presente. 78

El Ángel de Ellen White la Transportó al Cielo. 79

La Experiencia de Ellen White Mientras estaba en Visión. 79

El Lenguaje es inadecuado para describir lo que Ella Vio. 79

Las Fuentes Literarias de Ellen White. 79

El Tema Central. 81

Las Dos Mitades del Libro y su Centro. 81

Satanás Trató de Matar a Ellen White. 82

¿Fue este un Golpe Común? 82

Lección 6—La Luz Menor 83

La Ira de Satanás Contra el Remanente. 83

Cuándo, Adónde y a Quién. 83

Significado de los Términos. 83

Introducción. 85

Capítulo 1: El Mensaje y Misión de Juan el Bautista. 85

Un gran reavivamiento del Advenimiento. 85

No el profeta. 86

Mensajero del Señor. 86

Más que un profeta. 86

Sin milagros. 87

El testimonio de Jesús. 87

No era la luz. 87

Una luz menor. 88

Las Escrituras son una luz menor. 88

¿Por qué dos luces menores? 88

No es nueva luz. 89

Un dolor en el cuello. 90

Restaurador y preparador. 90

Despreciado y rechazado. 91

No omnisciente. 92

Capítulo 2: La Vida, el Mensaje y la Misión de Ellen White. 93

No afirma ser un profeta. 93

La Mensajera del Señor. 93

Más que un profeta convencional. 94

El Testimonio de Jesús. 95

Una Luz Menor. 95

¿Por qué dos luces menores? 96

¿No son suficientes las Escrituras? 98

Un ejemplo. 98

Ellen White y la Biblia. 99

Despreciada y Rechazada. 100

Preparadora y Restauradora. 101

No omnisciente ni infalible. 102

Lección 7—Probando a un Profeta Bíblico *103*

Lección 8—Probando el Don Profético de Ellen White: Pruebas Primarias. *107*

Cuatro pruebas primarias. 108

Prueba #1: A la ley y al testimonio 108

La experiencia de Pablo con cartas. 114

Su experiencia personal 115

Compilaciones 115

Buscando y eligiendo: 116

Las dos "resurrecciones especiales". 116

La parábola de Uriah Smith. 118

Prueba #2: Por sus frutos los conoceréis. 119

Prueba #3: Jesús ha venido en carne. 124

Prueba #4: Predicciones Cumplidas. 129

Conglomerados de trabajadores. 129

El ministerio de publicaciones. 130

El crecimiento y proliferación del espiritismo. 130

El ecumenismo basado en puntos comunes de doctrina. 131

El paganismo invadiendo nuestras ciudades. 131

La causa y propósito de los 'desastres naturales'. 132

La visión de la ciudad de Nueva York. 132

Falsos reavivamientos. 133

Guerras mundiales. 134

Roger Coon explica la visión de 1856. 135

Una mirada a la visión de 'alimento para los gusanos'. 138

El White Estate explica la visión de 1856. 139

La amenaza de un juicio invertido. 140

Una bendición prometida. 141

La bendición prometida invertida. 141

El caso de Elí. 141

La cláusula calificadora implicada. 142

Los teólogos comentan las predicciones. 142

Factores que afectan la promesa del advenimiento. 143

No hay una falla en la palabra del Señor. 143

Lección 9—Probando el Don Profético de Ellen White: Pruebas Secundarias *146*

Prueba #5: Certeza del llamado y el deseo de reprender el pecado. 146

Prueba #6: El fenómeno físico. 151

Prueba #7: El alto plano espiritual de los escritos de Ellen White: Ella nos conduce cada vez más cerca de Jesús. 154

Prueba #8: Su perspectiva negativa de Satanás. 155

Prueba #9: La naturaleza práctica de los mensajes. 159

Prueba #10: Protección y guía a través del don profético. 162

Guía para adoptar el nombre denominacional. 162

La Era de la Razón o de la Iluminación en el siglo XVII. 163

Carlos Darwin. 163

Guillermo Miller. 164

El año 1844. 164

El Origen de nuestro Nombre. 165

El Catolicismo Romano y la Evolución. 166

Nuestro nombre denominacional. 167

Arriando nuestros colores en la IASD. 168

La Teoría social Católica Romana que elimina la necesidad de un fin sobrenatural. 169

Mateo 4: Se le ofrece a Él los reinos de este mundo. 173

Lección 10—El Intento de Satanás Para Socavar la Creación. *175*

Introducción. 175

Los días de la Creación. 175

Satanás odia el Sábado. 176

Los que concuerdan y los que se acomodan. 177

Arrojando fuera el Espíritu de Profecía. 178

La columna geológica y la muerte antes del pecado. 179

Richard Hammill. 179

Ronald Numbers. 179

La respuesta de Ellen White a Numbers. 180

El conocimiento humano es incompleto. 180

¿Usó Dios la evolución como su método de creación? 181

La Creación y la Redención. 181

La Creación y el Diluvio. 182

Lección 11—Elena G. de White y el Alfa y la Omega 184

El punto de vista bíblico sobre la naturaleza de Dios. 184

El Punto de vista Panteísta del mundo. 184

John Harvey Kellog (el padre de los Corn Flakes). 185

División y decidiendo por un lado. 186

Una conversación con W. A. Spicer. 186

El Sanatorio arde en llamas hasta el piso y Kellogg escribe un libro. 187

El Apelo de Kellogg. 188

La Review and Herald decide publicarlo. 188

El Concilio Anual de 1903. 189

Arthur G. Daniells. 189

Mensajes del profeta. 189

Por qué Ellen White tuvo sueños y consejos. 190

El Alfa y la Omega. 192

Lección 12—Los Peligros Ocultos del Panteísmo. *193*

Dios: El Árbitro del bien y del mal. 193

Satanás ataca la Palabra de Dios. 193

La Esencia de la Conversación. 194

La Terminología inusual de Ellen White para el panteísmo. 195

¿Qué es el verdadero amor? 195

El Panteísmo es 'amor' engañoso. 195

Lección 13—Cómo Estudiar a Elena G. de White *200*

Un Poco de Historia. 200

Una ley fundamental de exégesis. 201

Las tres frases de Ellen White. 201

La expresión "sucediendo". 202

La expresión 'sucedería'. 205

El Cierre de la Gracia. 208

Irrelevante para los receptores originales. 210

Ellen White lee una Carta. 212

Errada Pneumatología o Doxología. 213

La carta de Ellen White a Haskell. 215

Importancia de la Verdad Presente. 217

Depreciación de la Verdad Presente. 217

Himnos para la Ocasión. 218

Himno al Creador. 218

La muerte de Jesús en la cruz. 218

La aceptación del Padre del sacrificio de Cristo. 219

Tomando el Reino. 219

Victoria sobre la Bestia y su Imagen.- 219

Juzgando a la Ramera. 220

Nuevos Cielos y Nueva Tierra. 220

Lección 14—La Historia de la Visión de Salamanca, tal como fue contada por A. L. White. 221

Prueba #11: Confianza en la información de la Ciencia de la Salud. 226

El Tabaco es un Veneno Mortal: 227

El Virus del Cáncer: 227

Defectos de nacimiento: 228

El Cerebro Eléctrico. 228

Influencias Prenatales: 229

Prueba #12: La Integridad de los Escritos Proféticos. 231

El don surge en el Tiempo Correcto. 235

Espacio para Dudar. 236

Diversas Actitudes hacia los Testimonios.- 238

Lección 15—Guía Para los Últimos Días: Declaraciones Difíciles 240

Un Principio Fundamental. 240

Un amor de Dos Dimensiones. 240

El Amor Bidimensional Ampliado. 241

Ampliación del Código Sagrado. 241

Ampliación en Toda La Biblia. 241

El Espíritu de Profecía. 242

El Sábado. 243

El Uso de Bicicletas. 244

Diversiones Peligrosas. 246

Asistencia al Cine. 246

Deportes Competitivos en Nuestras Escuelas. 248

Adorno Personal. 249

Comiendo Alimentos Limpios de Carne. 250

Fumar Tabaco y Beber Café. 252

La Masturbación. 253

Lección 16—El Crimen Básico de la Amalgamación. 256

Cómo Estudiar Declaraciones Difíciles. 256

Aplicando los Principios. 257

Un Pecado Sobre Otro. 258

Los Hijos de Dios y Los Gigantes. 258

La Tradición Judía. 259

El Crimen Básico. 260

El Significado de 'Amalgamación'. 260

El Hombre y La Bestia. 261

Desfigurando La Imagen de Dios. 262

¿Qué Podemos Aprender? 263

La Primera Lección. 263

La Segunda Lección. 264

La Tercera Lección. 264

Lección 17—Ellen White y Apocalipsis 16-19. .... *267*

La Estructura del Conflicto De Los Siglos:693-694. 267

La Desolación de La Tierra. 268

Lección 18—Ellen White y los 24 Ancianos. *270*

Lección 19—El Entendimiento de Ellen White de Apocalipsis 11:18. .... *272*

Lección 20— Algunos Detalles Asombrosos son Confirmados. *273*

El Fin de Judas. 273

¿Cuándo Dios Santificó El Sábado? 273

Jesús Cambiando Sus Vestiduras. 275

Ya No Habrá Más Tiempo. 275

La Identidad Del Librito. 277

El Hierro y el Barro. 278

El Jardín Del Edén es una Pequeña Pieza del Cielo en La Tierra. 280

Las Serpientes Podían Volar. 280

Dios Había Advertido a Adán Y Eva. 281

¿Estaba Adán con Eva Cuando Ella fue Tentada? 281

Lección 21—Ellen White: La Mensajera del Señor (Malaquías 2:6-7). *282*

Predicción: Una Multiplicación de la Palabra Escrita. 282

Predicción: La Verdad del Cambio Climático. 282

¿Qué Apariencia tiene El Dios Dagón? 283

¿Cuántas Piedras Preciosas había en El Pectoral? 285

Anexo: ¿El Sumo Sacerdote Podía Entrar en El Lugar Santísimo sin El Pectoral? 286

Dos Observaciones Pertinentes Aclaran La Confusión. 287

¿Existen Pesas dentro del Santuario? 288

Anexo 1—Una aplicación metafórica adicional. 289

¿Puede El Candelabro Del Santuario estar Asociado con Un Individuo? 290

Declaraciones que Poseen un Alto Significado. 291

Lección 22—Henry Alford, La Inspiración de los Evangelistas y Otros Escritores del Nuevo Testamento. 293

Lección 23—El Desarrollo del Diagrama de la Serie del Conflicto. 299

Lección 24—Stephen Smith y el Testimonio no Leído. 300

Apéndice: Los Primeros frutos. 304

La Cronología de las Tres Primeras Fiestas Hebreas. 304

La Ceremonia de los Primeros Frutos. 304

Primicia entre Los Muertos. 305

Las Primicias de Los Muertos. 306

Las Primicias en el Pentecostés. 308

Los Símbolos. 308

Dos Grupos en el Pentecostés. 309

Información Adicional 1—La Inspiración y los Escritos de Elena White. 314

Hacia un Concepto Adventista de Inspiración - 1 317

Visiones y llevar Testimonios. 318

Cómo la Luz vino a Ellen White. 319

Como ASD Somos muy Afortunados al Estudiar la Inspiración, Porque Tuvimos Un Profeta en Nuestro Medio. 319

Son dadas Representaciones Simbólicas. 320

Hacia un Concepto Adventista de Inspiración - 2 322

La Guía del Espíritu Santo. 323

Escribiendo Historia. 324

Observaciones de W. C. White. 325

Algunas Veces dio Descripciones Parciales. 326

Hacia un Concepto Adventista de la Inspiración – 3. 327

Los Manuscritos del Profeta. 327

La Editorial lo Explica. 329

Hacia un Concepto Adventista de Inspiración – 4. 331

Cómo Dios hizo circular Su mensaje. 333

Los Escritos Históricos de Ellen G. White – 1.. 335

    La Influencia del Espíritu Santo. 336

    Cómo le Llegó a Ella la Información. 338

    Escenas testificadas en Visión. 340

Los Escritos Históricos de Ellen G. White – 2.- 341

    El Testimonio de W. C. White. 342

    Libros Para Vender de Puerta en Puerta. 344

    Interés en la Historia de la Reforma. 345

Los Escritos Históricos de Ellen G. White – 3.. 346

    El Manuscrito de Huss. 348

    Bosquejos de la Vida de Pablo. 349

    Material Constructor en las Manos del Profeta. 350

    Contiene Instrucción que Dios le ha Dado. 351

Los Escritos Históricos de Ellen G. White – 4.. 352

    Confianza tanto en la Ayuda Humana como en la Ayuda Divina. 353

    Puntos Únicos de Ellen White. 356

Los Escritos Históricos de Ellen G. White – 5.. 358

    Un Curso sobre la vida de Cristo. 359

    Títulos para Libros y Capítulos. 361

Los Escritos Históricos de Ellen G. White – 6 .... *363*

    ¿Fue Ellen White dependiente de otros Autores? 363

    La Historia del Ladrón en la Cruz es Detallada. 365

Los Escritos Históricos de Ellen G. White – 7 .... *367*

    Diferente y Dramático. 368

    Un Testimonio Personal. 371

Leccion 25—La Inspiración de los Escritores Proféticos. *373*

    Objeciones Hechas a La Biblia 375

    Unidad en la Diversidad 377

    El Señor Habla en Lenguaje Imperfecto 378

    Nadie ha de Pronunciar Juicio sobre La Palabra De Dios 378

Lección 26—Elena G. de White y Sus Escritos. *379*

    La Integridad de los Testimonios. 380

    El Peligro de Afirmaciones Engañosas. 382

    La Mensajera Del Señor. 383

    Nada de Pretensiones Jactanciosas. 386

    La Obra de un Profeta y Más. 386

    Recibiendo e Impartiendo la Luz 387

    No Hay Pretensión de Infalibilidad 387

    Lo Sagrado Y Lo Común 388

Lección 27—Actitudes Acerca de los Testimonios 390

    Instrucción Segura para Los Días Finales 390

    Se Enumeran Actitudes Variables 390

    Los Peligros de Criticar los Mensajes Inspirados 391

    Mensajes Inspirados Erróneamente Aplicados 392

    Poniendo en Duda Los Testimonios 393

    El Poder Fascinante del Error 393

    Escudriñando Los Testimonios en Procura de Una Excusa 395

Lección 28—La Redacción y Distribución de los Testimonios para la Iglesia 396

    Auxiliada por Ayudantes Literarios. 396

    Un Incidente 398

    La Obra y Los Ayudantes 399

    Mis Escritos Hablarán Constantemente. 400

    El Uso De Los Testimonios 401

Lección 29— La Primacía de la Palabra 403

    Relación de los escritos de E. G. de White con la Biblia, reconociéndola como el Libro supremo. 403

    No ha de tomar el lugar de la Palabra. 403

    Adquirir las pruebas de la Biblia. 403

En primer lugar los principios bíblicos, y luego los Testimonios. 403

La obra de E. G. de White no es distinta que la de los profetas bíblicos. 404

La Escritura y el Espíritu de Profecía tienen el mismo autor. 404

Probados por la Biblia. 404

No con el propósito de dar Nueva Luz. 404

Los Testimonios han de presentar lecciones claras de la Palabra. 405

Elena de White capacitada para definir claramente la Verdad y el Error. 405

Para corregir el Error y especificar la Verdad. 405

Los testimonios nunca contradicen la Biblia. 406

Al citar a la Hna. White. 406

Lección 30—5 Experiencias en la Recepción de Visiones 407

Totalmente Perdida para Las Cosas Terrenales. 407

A Veces Recibo Visiones Mientras Estoy Consciente. 408

Otra Visión mientras Escribía. 408

Elena G. de White no podía controlar las Visiones. 408

No me atrevo a Dudar. 409

Capacitada para Escribir. 409

Las Visiones confirmaban conclusiones extraídas del estudio de la Biblia. 409

Mientras estaba en visión no respiraba. 410

La Voz milagrosamente Preservada. 410

6 Vislumbres de Cómo la Luz Fue Recibida por Elena G. de White 411

Lección 1—Asuntos Introductorios

Apoc. 12:17 "Entonces el *dragón* se airó contra la *mujer*, y fue a combatir al *remanente* de sus hijos, los que guardan los *Mandamientos* de Dios y tienen el *testimonio* de Jesús".

Explicación de los símbolos:

- **Dragón**: Satanás
- **Mujer**: La verdadera iglesia
- **Remanente**: Jesús es la Semilla y el remanente son Sus seguidores finales
- Los **Mandamientos** de Dios: Los Diez Mandamientos
- El **testimonio** de Jesucristo: el don de profecía

¿Qué es el testimonio de Jesús?

Apoc. 12:17. "Entonces el dragón se airó contra la mujer, y fue a combatir al remanente de sus hijos, los que guardan los Mandamientos de Dios y tienen el **testimonio de Jesús**".

Apoc. 19:10. El testimonio de Jesús es el Espíritu de Profecía. "Yo me postré a sus pies para adorarlo. Y él me dijo: 'No hagas eso. Yo soy siervo como tú **y como tus hermanos que se atienen al testimonio de Jesús**. ¡Adora a Dios! **Porque el testimonio de Jesús es el espíritu de profecía**".

Apoc. 22:9. Los profetas tienen el testimonio de Jesús. "Pero él me dijo: 'No lo hagas. Porque yo soy siervo contigo, **con tus hermanos los profetas**, y con los que guardan las Palabras de este libro. ¡Adora a Dios!'".

¿Por qué el don es llamado el espíritu de profecía?

1 Pedro 1:10-12. El Espíritu de Jesús habló a través de los profetas. "De esa salvación investigaron e inquirieron con diligencia **los profetas** que anunciaron la gracia que os estaba destinada. Procurando descubrir el tiempo y las circunstancias que señalaba el **Espíritu de Cristo** que estaba en ellos, cuando **predecía** las aflicciones que habían de venir a Cristo, y las glorias que seguirían. A ellos, que no ministraban en beneficio propio, sino en nuestro favor, les fue revelado este mensaje que ahora os anuncian los que os predican el evangelio, por el **Espíritu Santo** enviado del cielo; mensaje que aun los ángeles ansían contemplar".

Zac. 7:12. El Espíritu Santo les impartió el mensaje a los profetas. "Endurecieron su corazón como diamante, para no escuchar la Ley ni las Palabras que el Eterno Todopoderoso enviaba por su **Espíritu**, por medio de los **antiguos profetas**. Por eso vino un gran enojo de parte del Eterno Todopoderoso".

1 Cor. 12:7. El Espíritu Santo imparte el don. "A cada uno le es dada manifestación **del Espíritu** para el bien común".

2 Pedro 1:21. La profecía viene por la operación del Espíritu Santo. "Porque **ninguna profecía** vino jamás por voluntad humana, sino que los santos hombres de Dios hablaron **inspirados por el Espíritu Santo**".

¿Por qué el don es llamado el testimonio de Jesús?

Había dos luces que daban testimonio de Jesús:

Juan 5:39. El AT dio testimonio de Jesús. "Escudriñad las Escrituras, ya que pensáis tener en ellas la vida eterna. Ellas son las que dan **testimonio de mí**".

Juan 1:6-9. Juan el Bautista dio testimonio de Jesús. "Hubo un hombre enviado por Dios, llamado Juan. Este vino de **testigo** (testimonio), para dar **testimonio** de la Luz, para que todos creyesen por medio de él. Él no era la Luz, sino que vino para dar **testimonio** de la Luz. Aquel Verbo era la Luz verdadera, que alumbra a todo hombre que viene a este mundo".

Apoc. 1:1-2. "La **revelación de Jesucristo**, que Dios le dio para manifestar a sus siervos lo que debe suceder pronto. Y lo declaró, enviando su ángel a su siervo Juan. Él **testifica** de todo lo que vio; a saber, de la Palabra de Dios y del **testimonio de Jesucristo**".

Apoc. 22:16. El libro del Apocalipsis contiene el testimonio de Jesús. "Yo, Jesús, os envié a mi ángel con este **testimonio** para las iglesias. Yo Soy la Raíz y el Descendiente de David, la radiante Estrella de la mañana".

¿A quién se le da la profecía?

1 Cor. 14:22. El don es para el profeso pueblo de Dios. "Así, las lenguas sirven de señal, no a los creyentes, sino a los incrédulos; pero la **profecía, no a los incrédulos**, sino a los creyentes".

2 Crón. 36:15-16. Enviada y rechazada por su propio pueblo (por ejemplo, Jeremías, Isaías, Elías, Juan el Bautista). "El Eterno, el Dios de sus padres, desde el principio les habló por medio de sus mensajeros, porque se compadecía de su pueblo y de su morada. Pero ellos se reían de los mensajeros de Dios, menospreciaban sus palabras, y **se burlaban de sus profetas**, hasta que la ira del Eterno subió contra su pueblo, y no hubo más remedio".

Isa. 30:8-11. Los profetas fueron enviados y fueron rechazados por el propio pueblo de Dios. "Ve, ahora, y escríbela en una tabla delante de ellos, asiéntalo en un libro, para que dure hasta el último día, por testimonio para siempre. Que este pueblo es rebelde, hijos mentirosos que no quieren obedecer la Ley del Eterno. Dicen a los **videntes**: 'No veáis', y a los profetas: '**No nos profeticéis** lo recto, decidnos cosas halagüeñas, profetizad mentiras. Dejad el camino, apartaos de la senda, retirad de nuestra presencia al Santo de Israel'".

Mat. 23:29-30. El propio pueblo de Dios rechazó a los profetas que les fueron enviados. "¡Ay de vosotros, escribas y fariseos hipócritas! Porque edificáis los sepulcros de los **profetas**, y adornáis los monumentos de los justos. Y decís: 'Si hubiéramos vivido en los días de nuestros padres, no habríamos sido cómplices de la sangre de los **profetas**'.

Apoc. 1:1-2, 4. El Padre, el Hijo y el Espíritu Santo estuvieron envueltos en la inspiración del libro de Apocalipsis. Por lo tanto, un rechazo al mensaje es un rechazo **a las tres personas** de la Divinidad. "La revelación de Jesucristo, que Dios le dio para manifestar a sus siervos lo que debe suceder pronto. Y lo declaró, enviando su ángel a su siervo Juan. Él testifica de todo lo que vio; a saber, de la Palabra de Dios y del testimonio de Jesucristo... Juan a las siete iglesias que están en Asia: Gracia y paz a vosotros, de parte del que es, del que era y que ha de venir; de parte de los siete Espíritus que están ante su trono".

Apoc. 2:11. En profecía, el Espíritu les habla **a las iglesias**. "El que tiene oído, oiga lo que el Espíritu dice **a las iglesias**".

¿Por qué Dios le dio el don de profecía a la iglesia?

1 Cor. 12:14, 18, 27-29. El apóstol Pablo describió a la iglesia como un **cuerpo** con **muchos miembros**. Cada parte del cuerpo ha sido llamada por Dios para cumplir una función específica. Por ejemplo, el **brazo derecho** es el mensaje de salud y **los pies** son los que proclaman el evangelio. El don de profecía son los **ojos de la iglesia**. "Además, el cuerpo no es un solo miembro, sino muchos... Dios ha colocado a cada miembro en el cuerpo, como él quiso... Vosotros, pues, sois el cuerpo de Cristo, y cada uno de vosotros es parte de él. Así los puso Dios en la iglesia, primero apóstoles, segundo **profetas**, tercero maestros, después operadores de milagros, después dones de sanidad, los que ayudan, los que administran, los que tienen don de lenguas. ¿Son todos apóstoles? **¿Son todos profetas?** ¿Todos maestros? ¿Operan todos milagros?".

1 Sam. 9:9. Los ojos de la iglesia. "Antiguamente, el que iba a consultar al varón de Dios en Israel, decía: 'Vamos hasta el **vidente**'. Porque el que ahora se llama **profeta**, antes se llamaba **vidente**".

Prov. 29:18. Donde no hay una visión profética, el **pueblo perece**. "**Sin profecía** el pueblo se desenfrena (perece), pero el que guarda la Ley es feliz".

Isa. 29:10. Cuando no hay profecía, el **pueblo está ciego**. "Porque el Eterno derramó sobre vosotros espíritu de sueño, cerró los ojos de vuestros profetas, y cubrió la cabeza de vuestros videntes".

Apoc. 3:18. La iglesia de Laodicea es ciega. "Por lo tanto, te aconsejo que compres de mí: oro afinado en fuego, para que seas rico; vestidos blancos, para cubrir la vergüenza de tu desnudez; y colirio para ungir tus ojos y puedas ver".

¿Puede una mujer ser profeta?

Hubo muchas mujeres en las Escrituras que fueron profetas. He aquí algunas:
- Hulda (2 Reyes 22:14)
- María (Miriam) la hermana de Moisés (Éxo. 15:20)
- Débora (Jueces 4:4)
- Noadías (Neh. 6:14)
- La esposa de Isaías (Isa. 8:3)
- Ana (Luc. 2:36)
- Las hijas de Felipe (Hechos 21:9)

El apóstol Pablo hasta animó a mujeres profetas que **hablaran en una adoración congregacional**. Sin embargo, el don espiritual del 'profeta' no debe ser confundido con el oficial de la iglesia, el anciano.

¿Puede haber profetas después de Juan el Bautista?

El don de profecía **no cesó** en la iglesia apostólica. El apóstol Pablo afirmó que el don de profecía continuaría **hasta que Jesús venga**.

¿Existe algo así como un profeta bíblico no canónico?

Hubo muchos:

Enoc (Judas 14-15)
Abraham (Gén. 20:7)
Jaser (2 Sam. 1:18)
Natán (1 Reyes 1:45)

Gad (1 Sam. 22:5)

Ahías (1 Reyes 14:18)

Jehú (1 Reyes 16:7)

Elías (Mal. 4:4-6)

Eliseo (1 Reyes 19:6)

Semaías (2 Crón. 12:5)

Iddo (2 Crón. 13:22)

Asa (2 Crón. 15:8)

Juan el Bautista (Luc. 7:26)

¿Cómo es considerado el rechazo al don profético?

2 Reyes 2:23-24. "De allí Eliseo se fue a Betel. Y cuando iba por el camino, salieron unos muchachos de la ciudad, y se burlaban de él diciendo: '¡Calvo, sube! ¡Calvo, sube!' Mirando hacia atrás, los vio, y los maldijo en el nombre del Eterno. Entonces salieron dos osos del monte, y despedazaron a 42 de ellos".

Núm. 12:6-8. "Cuando se adelantaron los dos, les dijo: 'Oíd ahora mis palabras. Cuando haya entre vosotros profeta del Eterno, le apareceré en visión, en sueños hablaré con él. No así a mi siervo Moisés, que es fiel en toda mi casa. Boca a boca hablo con él, a las claras y no en figuras. Y ve la apariencia del Eterno. ¿Por qué, pues, no temisteis hablar contra mi siervo Moisés?'".

1 Sam. 8:7. "Pero el Señor dijo a Samuel: 'Oye la voz del pueblo en todo lo que te digan, porque no te han desechado a ti, sino a mí, para que no reine sobre ellos'".

El Propósito del Don

Efe. 4:11-15. el propósito del don: crecimiento en unidad. "El mismo dio a unos el ser apóstoles; a otros, profetas; a otros, evangelistas; y a otros, pastores y maestros; a fin de perfeccionar a los santos para desempeñar su ministerio, para la edificación del cuerpo de Cristo, hasta que todos lleguemos a la unidad de la fe y del conocimiento del Hijo de Dios, a un estado perfecto, a la madurez de la plenitud de Cristo; para que ya no seamos niños fluctuantes, llevados por cualquier viento de doctrina, por estratagema de hombres, que para engañar emplean con astucia los artificios del error; sino que, siguiendo la verdad en amor, crezcamos en todo en aquel que es la cabeza, esto es, en Cristo".

"Satanás está... constantemente haciendo fuerza por introducir lo espurio a fin de apartar de la verdad. Precisamente, el último engaño de Satanás se hará para que no tenga efecto el testimonio del Espíritu de Dios. 'Sin profecía el pueblo será disipado' (Prov. 29:18, versión Valera antigua). Satanás trabajará hábilmente en diferentes formas y mediante diferentes instrumentos para perturbar la confianza del pueblo remanente de Dios en el testimonio verdadero (Carta 12, 1890).

Se encenderá un odio satánico contra los testimonios. La obra de Satanás será perturbar la fe de las iglesias en ellos por esta razón: Satanás no puede disponer de una senda tan clara para introducir sus engaños y atar a las almas con sus errores, si se obedecen las amonestaciones y reproches del Espíritu de Dios (Carta 40, 1890)". **1MS:54-55**.

Una historia final: 2 Crónicas 20.

"Después de esto, los moabitas y los amonitas, con algunos maonitas, vinieron en guerra contra Josafat... Entonces Josafat tuvo temor. Se humilló, **consultó al Eterno**, e hizo pregonar **ayuno** por todo Judá. Se reunieron los de Judá para pedir socorro al Eterno. Vinieron de todas las ciudades de Judá... Entonces Josafat se puso en pie en la reunión de Judá y Jerusalén, en la casa del Eterno, ante el atrio nuevo. Y dijo: 'Oh Eterno, Dios de nuestros padres, ¿no eres tú el Dios que está en los cielos? Tú riges todos los reinos de las naciones. En tu mano están el poder y la fuerza, y no hay quien te resista. Dios nuestro, ¿no echaste tú a los habitantes de esta tierra delante de tu pueblo Israel, y la diste para siempre a los descendientes de Abrahán, tu amigo? Ellos han habitado en ella, y te han edificado aquí Santuario a tu nombre, diciendo: Si nos viene algún mal, o espada, o castigo, o peste, o hambre, nos presentaremos ante esta casa, ante ti —porque tu nombre está en ella— y en nuestra tribulación clamaremos a ti, y tú nos oirás, y salvarás. Ahora, pues, aquí están los amonitas, los moabitas y los del monte Seir, por cuya tierra tú no quisiste que pasase Israel cuando venía de Egipto, sino que se apartase de ellos, y no los destruyese. Mira como nos pagan, viniendo a echarnos de tu heredad, que tú nos diste a poseer. ¡Oh Dios nuestro! ¿No los juzgarás tú? Porque en nosotros no hay fuerza contra tan grande multitud que viene contra nosotros. No sabemos qué hacer, pero a ti volvemos nuestros ojos'... Estaba allí Jaziel hijo de Zacarías, hijo de Benaía, hijo de Jeiel, hijo de Matanías, levita de los hijos de Asaf. Sobre él vino el Espíritu del Eterno en medio de la reunión, y dijo: 'Oíd, Judá todo, vosotros habitantes de Jerusalén, y tú, rey Josafat. El Eterno os dice así: 'No temáis ni os amedrentéis ante esta gran multitud; porque la guerra no es vuestra, sino de Dios'. Mañana descenderéis contra ellos. Ellos subirán por la cuesta de Sis, y los hallaréis junto al arroyo, antes del desierto de Jeruel. No tendréis que pelear en esta ocasión. Apostaos, quedad quietos, y ved la salvación que el Eterno os dará. Judá y Jerusalén, no temáis ni desmayéis. Salid mañana contra ellos, que el Eterno estará con vosotros'. Entonces Josafat se inclinó rostro a tierra, y todo Judá y los habitantes de Jerusalén se postraron ante el Eterno y lo adoraron. Y los levitas, hijos de Coat y de Coré, se levantaron para alabar al Eterno, el Dios de Israel con fuerte y alta voz. Cuando se levantaron por la mañana, salieron por el desierto de Tecoa. Y mientras salían, Josafat se puso en pie, y dijo: 'Oídme, Judá y habitantes de Jerusalén, creed al Señor vuestro Dios, y estaréis seguros; creed a sus profetas, y seréis prosperados'. Y después de consultar con el pueblo, puso a algunos a cantar y alabar al Eterno, vestidos de sus ornamentos sagrados. Mientras el ejército salía, decían: 'Dad gracias al Eterno, porque su amor es para siempre'. Cuando empezaron a entonar cantos de alabanza, el Eterno puso contra los de

Amón, de Moab y del monte Seir, las emboscadas de ellos mismos que habían puesto contra Judá, y se mataron unos a otros. Los de Amón y Moab se levantaron contra los del monte Seir, hasta matarlos y destruirlos. Y cuando acabaron con los del monte Seir, cada cual ayudó a destruir a su compañero". 2 Crón. 20:1, 3-12, 14-23.

Lección 2—El Don Final: ¿Cuándo, Adónde y a Quién?

Falsos Profetas en el Fin del Tiempo

Mat. 7:15. Jesús afirmó que **habría falsos profetas** en el fin del tiempo. "Guardaos de los **falsos profetas**, que vienen a vosotros vestidos de ovejas, y por dentro son lobos rapaces". (Hablan como dragón).

Mat. 24:24. Habrá falsos profetas en el fin del tiempo. "Porque se levantarán falsos cristos y **falsos profetas** (Apoc. 16:13), y harán grandes señales y prodigios, para engañar, si fuera posible, aun a los escogidos".

Nota: Si hay profetas engañadores en el fin del tiempo, también tienen que haber profetas genuinos. No tendría sentido que Satanás engañara, con aquello que no existe.

Cómo Distinguir lo Genuino de lo Falso

1 Tes. 5:20-21. Los profetas tienen que ser **probados**. "**No menospreciéis** las profecías. Someted todo a prueba, retened lo bueno".

Nota: Una manera de probar si un profeta del tiempo del fin es genuino o falso, es determinar por la cronología bíblica dónde y cuándo el don del fin del tiempo de la profecía reaparecería y qué caracterizaría a aquellos que lo reciben.

Los libros de Daniel y del Apocalipsis proveen una secuencia de eventos que claramente delinean adónde, cuándo y a quién el don de profecía le sería restaurado en el fin del tiempo. Así es que demos una mirada a la secuencia de eventos que ocurren antes que el don sea restaurado en la iglesia del tiempo del fin.

Perspectiva de los Eventos de Daniel

Las primeras tres bestias:

- León: Babilonia (605 – 539 a.C.)
- Oso: Medo-Persia (539 – 331 a.C.)
- Leopardo: Grecia (331 – 168 a.C.)
- Dragón: El Imperio Romano Unido (168 a.C. – 476 d.C.)

Dan. 7:23-24. La cuarta bestia es Roma y Roma tiene tres claras etapas en Daniel 7.

- El dragón: El Imperio Romano como una entidad política (168 a.C. – 476 d.C.)
- Los diez cuernos: El Imperio Romano fragmentado o dividido (476 – 538 d.C.)
- El cuerno pequeño: El Papado Católico Romano (538 – 1798)

Dan. 7:25. El periodo de tiempo y las actividades del cuerno pequeño. "Hablará **palabras** contra el Altísimo, a los santos del Altísimo **quebrantará**, y tratará de cambiar los tiempos y la Ley. Y serán entregados en su mano por **un tiempo, dos tiempos y medio tiempo**".

Nota: Vemos claramente en Daniel 7, que nos hemos movido en el flujo de la historia profética desde Babilonia a la caída del papado en el año 1798.

Secuencia Cronológica de Apocalipsis 12

Demos una mirada a la secuencia profética de los eventos en la profecía paralela de Apocalipsis 12.

- **31 d.C.**: El Israel del Antiguo Testamento: La mujer con el niño en el vientre, representa a la **Iglesia del Antiguo Testamento** que está gimiendo debido al nacimiento del Mesías.
- **31 d.C.**: El dragón (Satanás trabajando a través de Roma) trató de matar al niño cuando éste nació. Esto representa el tiempo cuando **Jesús nació**.
- **31 d.C.**: El niño hombre **asciende** al trono de Dios en el cielo: Después del ministerio de Cristo en la tierra, Él asciende al cielo.
- **31 d.C.**: El universo celestial celebra la llegada del niño hombre en el cielo.
- **538 – 1798 d.C.**: El dragón (Satanás trabajando a través de Roma) focaliza su ira sobre la mujer que dio a luz al niño hombre y la persigue durante **1260 años**.
- **1620 d.C.**: Hacia el fin de los 1260 años, **la tierra** (el territorio que después se convirtió en la nación de los Estados Unidos) **ayuda a la mujer** bebiendo las aguas perseguidoras.
- **1844 d.C.**: Dios llama un remanente que guardan los Mandamientos de Dios y que poseen el testimonio de Jesús y Satanás lanza una persecución final contra ellos.

Revisemos los puntos cronológicos claves en Apocalipsis 12, comenzando con el periodo del Antiguo Testamento:

Apoc. 12:1-5. El periodo de la **cuarta bestia** con los **diez cuernos**. "Una gran señal apareció en el cielo. Una mujer vestida del sol, con la luna bajo sus pies, y sobre su cabeza una corona de doce estrellas. Estaba encinta, y clamaba con dolores, porque estaba por dar a luz. (La iglesia del Antiguo Testamento gimiendo por liberación). Entonces apareció otra señal en el cielo. Un **gran dragón rojo**, que tenía siete cabezas y **diez cuernos**, y en sus cabezas siete diademas. (Satanás trabajando a través de Roma). Su cola arrastraba la tercera parte de las estrellas del cielo, y las arrojó sobre la tierra. Y el dragón se paró ante la mujer que estaba por dar a luz, a fin de devorar a su Hijo en cuanto naciera. Y ella dio a luz un Hijo varón (el nacimiento de Jesús), que había de regir a todas las naciones con vara de hierro. Y su Hijo fue **arrebatado para Dios y para su trono**". (La ascensión de Jesús)

Apoc. 12:6, 13-15. Roma papal. Tiempo, tiempos y medio tiempo. "Y la mujer huyó al desierto, a un lugar preparado por Dios, para que allí la sustenten durante 1260 días (538 – 1798)... Cuando el dragón vio que él había sido arrojado a la tierra, persiguió a la mujer que había dado a luz al varón. Pero le fueron dadas a la mujer dos alas de una gran águila, para que volara de la presencia de la serpiente, al desierto, a su lugar, donde es sustentada por un **tiempo, tiempos, y medio tiempo**. Entonces la serpiente echó de su boca tras la mujer, agua como un río, para que fuese arrastrada por el río".

Apoc. 12:16. La tierra se **traga el agua de la persecución** hacia el final de los 1260 años. El territorio de los Estados Unidos provee un refugio para aquellos que estaban siendo perseguidos en el mundo antiguo. La persecución cesa por una temporada. "Pero la tierra **ayudó a la mujer**. La **tierra abrió su boca** y sorbió el río que el dragón había arrojado de su boca". (El territorio de los Estados Unidos ayudó a la mujer).

Nota explicativa: Apoc. 12:13-15 provee una descripción de la persecución de la mujer por el dragón durante 1260 años. Entonces en el versículo 16, la tierra ayuda a la mujer tragándose el agua de la persecución. La tierra ayuda a la mujer justo antes que los 1260 años lleguen a su fin (y continúa ayudándola durante un periodo posterior a los 1260 años). Esto queda claro por la secuencia de los eventos tal como aparecen en la Gran Controversia:

1.- En el CS:308, Ellen White comienza el capítulo de la **Revolución Francesa** (La Biblia y la Revolución Francesa". La Revolución Francesa comenzó en 1789 y terminó en 1798, cuando el Papa Pío VI fue tomado prisionero. Así, este capítulo describe el clímax de la profecía de los 1260 años.

2.- En el próximo capítulo (CS:333. América, Tierra de Libertad), Ellen White **retrocede** en el tiempo y describe cómo el **territorio de los Estados Unidos** les provee un refugio a aquellos que fueron perseguidos en Europa.

3.- Esto es muy similar al orden de Apoc. 12:13-16. En los **versículos 13-15**, la mujer es perseguida durante 1260 años y entonces en el **versículo 16**, la profecía retrocede en el tiempo para describir cómo la tierra ayudó a la mujer.

Apoc. 12:17, KJV. La etapa final es cuando el **dragón** se enoja contra la mujer e inicia una desesperada persecución para tratar de borrar el Remanente de la Semilla de la mujer. La Semilla de la mujer ya ha sido identificada como siendo Cristo, por lo tanto el Remanente de la Semilla es el **Remanente de Jesús**.

"Entonces el dragón se airó contra la mujer, y fue a combatir al **Remanente de su Semilla**, los que guardan los Mandamientos de Dios y tienen el testimonio de Jesús".

De Apocalipsis 12 tenemos cuatro marcas identificatorias de este remanente final:

- Surgirá en el territorio que es descrito como 'la tierra'.
- Surgirá después del año 1798.
- Guardará los mandamientos de Dios.
- Poseerá el testimonio de Jesús.

Los Mandamientos de Dios

¿Cuál es el significado de la expresión 'guardan los mandamientos de Dios'? ¿Se refiere esto especialmente a los **Diez Mandamientos**?

Mat. 19:17-22. El joven gobernante rico. "Y Jesús respondió: '¿Por qué me preguntas acerca de lo que es bueno? Sólo Uno es bueno. Si quieres entrar en la vida, **guarda los Mandamientos**'. Él preguntó: '**¿Cuáles?**' Jesús respondió: 'No matarás, no cometerás adulterio, no hurtarás, no dirás falso testimonio, honra a tu padre y a tu madre, y amarás a tu prójimo como a ti mismo'. El joven contestó: '**Todo esto lo he guardado**. ¿Qué más me falta?' Jesús le dijo: 'Si quieres ser perfecto, anda, vende lo que tienes, dalo a los pobres, y tendrás tesoro en el cielo. Y ven, sígueme'. Al oír esta palabra, el joven se fue triste, porque tenía muchas posesiones".

Luc. 23:56. La **mujer** que vino a la tumba, descansó en el **Sábado** (el cuarto) de acuerdo al **mandamiento**. "Y vueltas, prepararon aromas y perfumes. Pero reposaron el sábado, **conforme al Mandamiento**".

Mar. 7:9-10. La expresión 'mandamiento de Dios' es usada para referirse al quinto mandamiento de la ley de Dios. En vez de guardar los mandamientos de Dios, los Fariseos 'guardaban' su tradición. "Les dijo también: 'Bien desecháis el **Mandamiento de Dios**, para **guardar** vuestra tradición. Porque Moisés dijo: 'Honra a tu padre y a tu madre', y 'el que maldiga a su padre o a su madre, ha de ser muerto'.

Rom. 7:7-12. La palabra 'mandamiento' es una referencia al **décimo mandamiento**. "¿Qué diremos, pues? ¿Es la Ley pecado? ¡De ninguna manera! Al contrario, yo no hubiera conocido el **pecado** sino por medio de la Ley. Porque tampoco hubiera conocido la concupiscencia, si la **Ley** no dijera: 'No codiciarás'. Pero el pecado, tomando ocasión por el **Mandamiento**, produjo en mí todo deseo codicioso. Porque sin la **Ley**, el **pecado** está muerto. Así, en otro tiempo, yo vivía sin la **Ley**, pero cuando vino el **Mandamiento**, el pecado revivió, y yo morí. Y hallé que el mismo **Mandamiento** destinado a dar vida, me trajo muerte. Porque tomando ocasión por el Mandamiento, el pecado me engañó, y por él me mató. Así, la **Ley** es santa, y el **Mandamiento** santo, justo y bueno".

1 Cor. 7:19. Pablo escribió que tenemos que '**guardar** los **mandamientos** de Dios'. "La circuncisión nada es, y la incircuncisión nada es. Lo que vale es **guardar los Mandamientos de Dios**".

La 'Ley' y los 'Mandamientos' son Intercambiables.

Éxo. 16:28. En el **episodio del maná**, las palabras 'mandamientos' y 'leyes' son usadas juntas. "Y el Señor dijo a Moisés: '¿Hasta cuándo os negaréis a guardar mis **Mandamientos** y mis **leyes**?'

Éxo. 24:12. Dios le dio a Moisés la ley y los mandamientos que **Él había escrito**. Esto no puede referirse a la ley ceremonial, porque Dios no los escribió. "Entonces el Eterno dijo a Moisés: 'Sube a **mí** al monte, y espera allá, y te daré **tablas de piedra** con la **Ley** y los **Mandamientos** que **escribí** para instrucción de ellos".

El libro de Deuteronomio nos informa que Dios escribió los **Diez Mandamientos en tablas de piedra**, pero también se nos dice que Dios le dio a Israel una **ley de fuego**. Claramente las palabras 'mandamientos' y 'ley' son intercambiables.

Deut. 4:13. Dios escribió los **mandamientos**. "Y él os comunicó su pacto, que os mandó cumplir, los **Diez Mandamientos**. Y **los escribió** en dos tablas de piedra".

Deut. 33:2. Dios escribió la **Ley**. "El Eterno vino del Sinaí, y de Seir les esclareció. Resplandeció desde el monte Parán, vino con diez mil santos, con la **Ley de fuego** en su **diestra**".

Rom. 7:7-12. El **apóstol Pablo** usa las palabras 'mandamiento' y 'ley' en forma intercambiable. "¿Qué diremos, pues? ¿Es la **Ley** pecado? ¡De ninguna manera! Al contrario, yo no hubiera conocido el pecado sino por medio de la **Ley**. Porque tampoco hubiera conocido la concupiscencia, si la **Ley** no dijera: 'No codiciarás'. Pero el pecado, tomando ocasión por el **Mandamiento**, produjo en mí todo deseo codicioso. Porque sin la **Ley**, el pecado está muerto. Así, en otro tiempo, yo vivía sin la **Ley**, pero cuando vino el **Mandamiento**, el pecado revivió, y yo morí. Y hallé que el mismo **Mandamiento** destinado a dar vida, me trajo muerte. Porque tomando ocasión por el **Mandamiento**, el pecado me engañó, y por él me mató. Así, la **Ley** es santa, y el **Mandamiento** santo, justo y bueno".

Rom. 13:8-10. Una vez más pablo usa las palabras 'ley? Y 'mandamientos' en forma intercambiable. "No debáis a nadie nada, sino el amaros unos a otros. Porque el que ama al prójimo, cumple la **Ley**.

Porque, 'no cometerás adulterio, no matarás, no hurtarás, no dirás falso testimonio, no codiciarás', y todo otro **Mandamiento**, en esta sentencia se resumen: 'Amarás a tu prójimo como a ti mismo'. El amor no hace mal al prójimo; así el amor es el cumplimiento de la **Ley**".

Santiago 2:10-12. Santiago usa la palabra 'ley' para referirse a dos de los Diez Mandamientos. "Porque el que guarda toda a **Ley**, y ofende en **un solo punto**, es culpable de todos. Porque el que dijo: 'No cometerás adulterio', también ha dicho: 'No matarás'. Si no cometes adulterio, pero matas, ya eres **transgresor de la Ley**. Así hablad y así obrad, como los que habéis de ser juzgados por la **Ley** de la libertad".

Mar. 7:9-10. Jesús usó la expresión 'los mandamientos de Dios' para referirse al quinto mandamiento. "Les dijo también: 'Bien desecháis el **Mandamiento de Dios**, para guardar vuestra tradición. Porque Moisés dijo: '**Honra a tu padre y a tu madre**', y 'el que maldiga a su padre o a su madre, ha de ser muerto'".

1 Juan 5:2-3. "En esto conocemos que amamos a los hijos de Dios, cuando amamos a Dios y guardamos sus **Mandamientos**. Porque en esto consiste el amor de Dios, en que guardemos sus **Mandamientos**. Y sus **Mandamientos** no son gravosos".

¿Qué es el testimonio de Jesús?

Una comparación de tres textos en el libro de Apocalipsis, comprueba claramente que el testimonio de Jesús es el don de profecía.

Apoc. 12:17, KJV. "Entonces el dragón se airó contra la mujer, y fue a combatir al remanente de su semilla, los que guardan los Mandamientos de Dios y tienen el **testimonio de Jesucristo**".

Apoc. 19:10. El testimonio de Jesús es el espíritu de profecía. "Yo me postré a sus pies para adorarlo. Y él me dijo: 'No hagas eso. Yo soy siervo como tú y como tus hermanos que se atienen al testimonio de Jesús. ¡Adora a Dios! Porque el testimonio de Jesús es **el espíritu de profecía**".

Apoc. 22:8-9. Los profetas tienen el testimonio de Jesús. "Yo, Juan, soy el que oyó y vio estas cosas. Y después de haber oído y visto, me postré para adorar a los pies del ángel que me las estuvo mostrando. Pero él me dijo: 'No lo hagas. Porque yo soy siervo contigo, con tus **hermanos los profetas**, y con los que guardan las Palabras de este libro. ¡Adora a Dios!'".

El Telón de Fondo del Cuerno Pequeño.

En Dan. 7:25 encontramos que el cuerno pequeño pensaría en cambiar **dos cosas**: los tiempos y la ley. El cambio de los tiempos fue la implementación de un método engañoso para interpretar la profecía y el cambio de la ley fue el cambio del Sábado. Para contraatacar este doble cambio que fue hecho por el cuerno pequeño durante los 1260 años, Dios llamó a Ellen White.

¡La secuencia histórica de Apocalipsis 12, revela claramente que Dios llamó a Ellen White justo a tiempo! Dios restauró el don de profecía para corregir el cambio que el papado intentó hacer en los tiempos de Dios y en Su Ley. Ellen White no solo fue llamada para reparar le brecha que el papado hizo en la Ley de Dios, sino que también para explicar claramente como los eventos finales, o los tiempos, sucederían.

Hay algo más profundo en el conflicto del fin del tiempo, que el Sábado vs. el domingo. En el centro de la controversia del tiempo del fin hay **dos sistemas rivales** de interpretación profética. Un sistema niega que el papado cambió la Ley y el otro lo afirma. Un sistema vuelve los ojos al Medio oriente por el cumplimiento de la profecía, mientras que el otro señala a Roma y a los Estados Unidos.

Usted puede ver, el Protestantismo no solo ha abrazado el **día errado** de adoración del papado, sino que también ha tomado el **día errado** para interpretar la profecía. De esta manera, el Protestantismo ha hecho una imagen profética de la bestia y se ha convertido en el portavoz de su madre, de quien ella recibe el cambio en los tiempos y en la Ley.

El cambio que el cuerno pequeño hizo en los tiempos y en la Ley, está íntimamente relacionado. Cuando el papado tuvo éxito en que los Protestantes abandonaran el método histórico de interpretación profética, también tuvieron éxito en ocultar el sistema Católico Romano como el Anticristo. Y como los Protestantes no vieron más al papado como el Anticristo predicho, no pudieron discernir el rol del papado en el cambio del Sábado. Colocado en forma simple, si el cuerno pequeño no simboliza al papado, entonces el papado no cambió el mandamiento del Sábado. ¡El cambio en los tiempos, entonces, oculta al culpable que cambió la Ley!

No es de admirarse que los Protestantes estén ciegos con respecto a los asuntos centrales en el conflicto final. ¡No es de admirarse que estén inconcientes del hecho que la controversia final será entre la observancia del Sábado, como una señal de lealtad a la autoridad de Dios, y la observancia del domingo, como una señal de lealtad a la autoridad del papado! ¡No debiera sorprendernos que los Protestantes estén mirando al Medio Oriente para el cumplimiento de la profecía bíblica, cuando la profecía se está cumpliendo justo delante de sus ojos en el Occidente! La Gran Controversia no solo restaura el Sábado a su adecuada posición, sino que claramente señala el poder que lo cambió.

Resumamos la relación entre Dan. 7:25 y Apoc. 12:17.

El sistema del cuerno pequeño durante los 1260 años intentó cambiar:

1.- Los tiempos
2.- La Ley

Dios contraatacó estos dos cambios al final de los 1260 años levantando un pueblo que:

1.- Tiene el testimonio de Jesús
2.- Guarda los Mandamientos de Dios

El Rol de los Adventistas del Séptimo Día.

La IASD está sola en el mundo como el baluarte del método histórico. Esta es la única iglesia en el mundo que puede detectar y desvelar al Anticristo de la Escritura juntamente con todos sus aliados, porque solo esta iglesia ha preservado la adecuada hermenéutica profética. ¡Los que en la IASD se están entrometiendo con el método histórico y que tratan de cambiar los tiempos de Dios, harían bien en remover sus zapatos de sus pies e inclinarse delante de Aquel que conoce el fin desde el comienzo!

Satanás sabe que para destruir el **mensaje y la misión** de la IASD, él tiene primero que destruir su **método**. La afirmación de la IASD de ser el Remanente, está basada en el método histórico de identificar al papado como el Anticristo, pero esta es solo la punta del iceberg. El método histórico también ha sido usado para probar que la Iglesia Remanente surgiría luego después de 1798, con un profeta en su medio (Apoc. 12:17). Nuestra explicación de la profecía Mesiánica de las setenta semanas, la profecía de los 2300 días, el libro amargo de Apocalipsis 10, las iglesias, los sellos, las trompetas, las bestias, el triple mensaje angélico, el rol de los Estados Unidos en la profecía, etc., está basado en el principio gobernador del método histórico. Frank B. Holbrook lo dijo muy bien en 1983:

"La verdadera estructura distintiva que mantiene junto el cuadro de la verdad, tal como es percibido por los ASD, es su entendimiento de las profecías de Daniel y del Apocalipsis. En estas profecías apocalípticas los Adventistas han encontrado sus tiempos, su identidad, y su tarea".

El éxito de Satanás contra la IASD puede ser mucho mayor, si él afina la puntería en el **método** del Adventismo, en vez de solo hacerlo en su **mensaje**. Ustedes ven, ¡que cuando el método es destruido, el mensaje va junto! El método de los Reformadores Protestantes se convirtió en el catalizador para su mensaje. De hecho, si no hubiera sido por el método, no habría habido mensaje y así es con la IASD.

La IASD se encuentra hoy en un cruce de caminos hermenéuticos. Algunos teólogos dentro de la iglesia están ahora cuestionando el sonido de la metodología hermenéutica histórica. Algunos están ofreciendo interpretaciones **Preteristas** de la profecía, y otros están proponiendo interpretaciones **Futuristas** de los pasajes que la IASD ha entendido tradicionalmente de una manera histórica. Otros están haciendo **aplicaciones duales** de las profecías que claramente solo tienen un cumplimiento. ¿Es de admirarse que algunos de estos mismos teólogos en nuestra iglesia estén comprometidos con la correctura política cuando se trata de predicar acerca del cuerno pequeño, la bestia del mar y la bestia de la tierra con los cuernos como de cordero? ¿Es de sorprendernos que algunos de los eruditos dentro de la iglesia remanente de Dios estén aun animando a la IASD a construir puentes de entendimiento con Roma?

El Contraataque de Satanás.

El libro de Apocalipsis nos informa que Satanás no se va a quedar con los brazos cruzados, mientras la Iglesia Remanente de Dios restaura los tiempos proféticos y la Ley. Apoc. 13:11-18 describe un periodo futuro cuando los Protestantes en los Estados Unidos harán **dos cosas** continuando con lo que el papado hizo durante los 1260 años:

Primero, van a hacer obligatoria la marca de la bestia (el cambio en la Ley) eventualmente con la pena de muerte. Esta será la futura obligatoriedad del cambio del papado en la Ley. Segundo, se convertirán en el falso profeta de la bestia, enseñando el escenario profético del papado, esto es, el cambio de los tiempos.

Para los Protestantes más conservadores de hoy, los Estados Unidos es el 'buen amigo' y el Islam es el enemigo mortal. Después del 9/11 todos los ojos se han vuelto hacia los terroristas en el medio Oriente. El gobierno, la media y aun las iglesias Evangélicas, ven a los militantes del Islam como el enemigo mortal del Occidente. Muchas alas de la derecha muestran cualquier criticismo de las políticas de los Estados Unidos, como no patriotas y no cristianas. Qué tremenda sorpresa será cuando finalmente descubran que los Estados Unidos, al unir sus manos con el papado, cometerá una apostasía nacional que conducirá a la ruina nacional. ¡Qué choque será cuando entiendan que la profecía se estaba cumpliendo justo delante de sus ojos en Roma y en los Estados Unidos, mientras ellos estaban mirando al enemigo en el Medio Oriente!

Satanás es un maestro para lanzar nubes de humo y desvíos. Él no quiere que el mundo sepa los verdaderos asuntos en el conflicto final, y por lo tanto él ha cambiado el significado de la profecía bíblica para esconder al que cambió la Ley. Él ha engañado al mundo religioso para que piense que el Anticristo será un individuo asqueroso que surgirá y que se sentará en una Jerusalén reconstruida, por tres años y medio literales, después que la iglesia ha sido arrebatada al cielo.

¿Qué importancia le dan los predicadores futuristas al libro del Apocalipsis? En la superficie puede parecer que ellos están muy interesados en él, porque ellos hablan y escriben acerca de él todo el tiempo. Pero demos una mirada más cercana en su punto de vista sobre el libro del Apocalipsis.

De acuerdo con muchos, si no todos, los futuristas, cuando a Juan se le dijo a través de una voz del cielo para que 'subiera' (Apoc. 4:1), esto fue una referencia al rapto de la iglesia. ¡Los futuristas creen que el resto del libro del Apocalipsis, desde ese punto en adelante, será cumplido con los Judíos literales en el Medio Oriente, después que la Iglesia se haya ido del planeta tierra!

Piense en las implicaciones de esto. Los ASD han creído tradicionalmente que el origen y el destino de nuestro movimiento está claramente manifestado en el episodio del libro pequeño de Apocalipsis 10. Nosotros también creemos que nuestro origen divinamente señalado está mostrado en Apoc. 12:17 y que nuestro mensaje y misión distintiva al mundo, se encuentra en Apoc. 14:6-12. Pero si Apoc. 4:22 se aplica solo a los Judíos literales durante la futura tribulación después que la iglesia esté en el cielo, entonces nuestro origen divino, el mensaje y la misión, se han ido. ¡No tenemos ninguna razón para existir!

Además, de acuerdo con el escenario futurista, los enemigos del pueblo de Dios no solo vendrán a la escena hasta después del rapto, entonces ¿por qué preocuparse con ellos ahora? Si nos vamos a ir, ¿por qué entonces preocuparse en hablar acerca de la bestia, de su imagen y de su marca? ¿Por qué preocuparse en pedirles a las personas que salgan de Babilonia? Focalizándose en el Israel literal en el futuro en el Medio Oriente, esconde la identidad de la verdad de la bestia y del falso profeta. ¡Las personas estarán mirando a estos poderes en el tiempo errado y en el lugar errado! ¡Y así el papado y los Estados Unidos estarán cumpliendo la profecía justo delante de los ojos de las personas, y ellos no serán capaces de verlo, porque estarán mirando en el lugar errado, en el tiempo errado, por el Anticristo errado!

El verdadero mensaje, misión e identidad de la IASD depende de nuestro método para interpretar el Apocalipsis. Si el cumplimiento de Apocalipsis 10 aun está en el futuro, como algunos en nuestra iglesia lo están sugiriendo, entonces no tiene nada que ver con el origen y misión de la IASD. ¡Si el cumplimiento de Apoc. 12:17 aun está en el futuro, entonces no tiene nada que ver con el origen e identificación de la iglesia Remanente que surgió luego después de 1844! Yo creo firmemente que Dios llamó a Ellen White para que estableciera el registro correcto, cuando se trata de los eventos del fin del tiempo.

Ellen White una vez advirtió a uno de nuestros maestros de escuela acerca de los peligros de sus puntos de vista futuristas y preteristas, concernientes a las profecías que nos han hecho lo que somos como un pueblo.

"Tenemos un adversario que no duerme, y que trabaja constantemente con las mentes humanas que no han tenido una experiencia personal en relación con las enseñanzas del pueblo de Dios durante los cincuenta años pasados. Algunos tomarán la verdad que se aplica a su tiempo y **la colocarán en el futuro**. Acontecimientos de la secuencia profética que se han **cumplido en el pasado son colocados en el futuro**, y así es como, a causa de estas teorías, se debilita la fe de algunas personas". **2MS:117-118**.

La Secuencia Histórica de Apocalipsis 13.

Apocalipsis 13 también nos ayuda a entender el tiempo cuando Dios restauraría el don profético de la iglesia. De hecho, Apocalipsis 13 sigue la **misma secuencia histórica básica** que Daniel 7 y Apocalipsis 12. Observe la secuencia de Apocalipsis 13.

Apoc. 13:2. Las primeras tres bestias unen Apocalipsis 13 con Daniel 7. Estas tres primeras bestias representan a tres poderes del Antiguo Testamento: Babilonia, Medo-Persia y Grecia. "La bestia que vi era semejante a un **leopardo**, sus pies como de **oso**, y su boca como boca de **león**. Y el dragón le dio su poder, su trono y gran autoridad".

Apoc. 12:3. El dragón con los diez cuernos: El Imperio Romano y Roma dividida. "Entonces apareció otra señal en el cielo. Un gran **dragón rojo**, que tenía siete cabezas y **diez cuernos**, y en sus cabezas siete diademas".

Apoc. 13:2. El dragón con diez cuernos (Roma Imperial y Roma dividida) le da su poder, su autoridad y su trono a la bestia. El dominio es ahora transferido de la Roma Imperial a la Roma Papal. "La bestia que vi era semejante a un leopardo, sus pies como de oso, y su boca como boca de león. Y el **dragón** (que en **Apoc. 12:3 tenía diez cuernos**) le dio (**a la bestia compuesta**) su poder, su trono y gran autoridad".

Apoc. 13:5, 7. Después de recibir el trono de la Roma Imperial, el papado habla blasfemias, persigue a los santos y gobierna por 42 meses. "Y le fue dada una boca que hablaba palabras arrogantes y **blasfemias**, y le fue dada autoridad de obrar durante **42 meses**... Y se le permitió **combatir a los santos**, y vencerlos. También se le dio autoridad sobre toda tribu y pueblo, lengua y nación".

Apoc. 13:10. Al final de los 42 meses, el popado recibe una herida mortal. "Si alguno ha de ir a la cárcel, a la cárcel irá. Si alguno ha de morir a espada, a espada morirá. Aquí está la paciente perseverancia y la fe de los santos".

Apoc. 13:14. La herida que se le dio al papado, fue con la **espada**. "Con las señales que se le permitió realizar en presencia de la primera bestia, engaña a los habitantes de la tierra, y les manda que hagan una imagen de la bestia que tuvo la **herida de espada** y vivió".

Rom. 13:1-4. La espada que hirió a la bestia fue el poder civil de Francia. "Sométase toda persona a las **autoridades gobernantes**, porque no hay autoridad sino de Dios. Y las que existen, fueron establecidas por Dios. Así, quien se opone a la **autoridad**, resiste a lo que Dios estableció. Y los que resisten, acarrean condenación para sí mismos. Porque los **magistrados** no están para atemorizar al que hace el bien, sino al malo. ¿Quieres no temer la autoridad? Haz lo bueno, y tendrás su alabanza. Porque el magistrado es un servidor de Dios para tu bien. Pero si haces lo malo, teme; porque no en vano lleva **la espada**, porque es servidor de Dios, vengador para castigar al que hace el mal".

Apoc. 13:11. En el tiempo en que el papado recibió su herida mortal, surgió otra bestia de la tierra. La **tierra** representa el **territorio** de los Estados Unidos, que le proveyó refugio a los perseguidos del Mundo Antiguo (Apoc. 12:16) y la **bestia** de la tierra representa a la **nación** que surgió en ese territorio (Apoc. 13:11). Hay un vínculo entre Apoc. 12:16 y Apoc. 13:11.

Apoc. 12:16. La **tierra** ayuda a la mujer y entonces el **dragón** se enfurece con el remanente de la Semilla de la mujer. "Pero la tierra ayudó a la mujer. La tierra abrió su boca y sorbió el río que el dragón había arrojado de su boca".

Apoc. 13:11. Surge una bestia de la **tierra** con dos cuernos como de un cordero y termina hablando como **dragón**. "Después vi otra bestia que subía de la tierra. Tenía dos cuernos semejantes a los de un cordero, pero hablaba como un dragón".

Apoc. 13:12-18. Todo lo que esta bestia de la tierra hace, tiene el propósito de agradar a la primera bestia y restaurar el poder que ella perdió en 1798.

- Habla como un **dragón**.
- Ejerce toda la **autoridad** de la primera bestia.
- Ordena que todos **adoren** a la primera bestia.
- Hace una imagen de la primera bestia y ordena que todos la doren.
- Impone por la fuerza la marca de la primera bestia.
- Todo lo que hace es en la presencia de la bestia y a su favor.

La primera bestia cambió los tiempos y la Ley, así es que esta segunda bestia tiene que hacer un espejo con estas dos características.

Apoc. 13:13; 16:13. Notablemente, la bestia de la tierra es llamada de **falso profeta**. Se nos dice que este falso profeta hará **señales y maravillas**, y hasta hará caer fuego del cielo a la vista de los hombres. "Realizaba **grandes señales**, hasta hacía descender fuego del cielo a la tierra ante los hombres".

"Y vi salir de la boca del dragón, de la boca de la bestia, y de la boca del **falso profeta**, tres espíritus impuros como ranas".

Características de los Falsos Profetas.

Los falsos profetas en las Escrituras poseen dos características sobresalientes: Desvían al pueblo de Dios de los **mandamientos de Dios** y cambian lo que **Dios dice que va a ocurrir**.

Deut. 13:1-5. Cómo detectar a un falso profeta en el antiguo Israel. "Cuando surja entre los tuyos algún **profeta** o vidente en **sueños**, y anuncie algún **prodigio**, y se cumpla la **señal** o el **prodigio** que anunció, y te diga: 'Vamos en pos de otro dios que no conoces, y démosle culto'; no prestarás oído a las palabras de ese profeta, ni de ese vidente porque el Eterno vuestro Dios os prueba, para saber **si amáis al Señor vuestro Dios** con todo vuestro corazón y con toda vuestra alma. Al Eterno vuestro Dios seguiréis y veneraréis. **Guardaréis sus Mandamientos** y **obedecerás** su voz, a él serviréis, y a él os allegaréis. Ese profeta y ese adivinador de sueños **han de ser muerto**, porque trató de **sacarte del camino** que el Eterno tu Dios te mandó. Aconsejó rebelión contra el Eterno vuestro Dios que te sacó de Egipto y te rescató de la esclavitud. Así quitarás el mal de tu medio".

Jer. 26:4-6. La ley y el don de profecía están unidos. "Diles: Así dice el Eterno: Si no me escucháis para **andar en mi Ley**, que os presenté a vosotros, para atender a las palabras de **mis siervos los profetas** que os envié una y otra vez, a los cuales no habéis oído; pondré esta casa como Silo, y esta ciudad como maldición ante todas las naciones de la tierra".

Isa. 8:20. La manera para detectar un engaño es por la ley y el testimonio. "¡A la **Ley** y al **Testimonio**! Si no hablan conforme a esto, es porque no les ha amanecido".

1 Cor. 14:32. Los profetas tienen que estar sujetos a los profetas. "Y los espíritus de los profetas estén sujetos a los profetas".

Mat. 7:15, 21-23. Los falsos profetas son detectados por su actitud hacia la ley de Dios. "Guardaos de los falsos profetas, que viene a vosotros vestidos de ovejas (parecen ovejas), y **por dentro** son lobos rapaces (**hablan como un dragón**)... No todo el que me dice: 'Señor, Señor' entrará en el reino de los cielos; sino el que hace la **voluntad de mi Padre** que está en los cielos. En aquel día muchos me dirán: 'Señor, Señor, ¿no **profetizamos** en tu nombre, y en tu nombre echamos demonios, y en tu nombre hicimos muchos milagros?' Entonces les diré: '¡Nunca os conocí! ¡Apartaos de mi, **obradores de maldad**! (la misma palabra usada en 1 Juan 3:4 y que es traducida como 'transgresión de la ley')'".

Lección 3—Los Profetas y las Profecías de Tiempo

Introducción.

El apóstol Pablo compara a la **iglesia con un cuerpo**. El **cuerpo es uno**, pero está compuesto por muchos miembros y cada miembro del cuerpo fue creado para cumplir una **función diferente**. De la misma manera la iglesia debiera en unidad, porque cada miembro ha sido llamado para cumplir una función diferente para el bien del cuerpo. Por ejemplo, **los pies** representan el acto de predicar el evangelio de la paz. **La boca** representa el acto de enseñar. **Las manos** que tocan representan el cariño y el cuidado de la iglesia por los demás.

¿Qué representan **los ojos** del cuerpo? Obtenemos una vislumbre de su significado de dos textos del Antiguo Testamento.

1 Sam. 9:9. "(Antiguamente, el que iba a consultar al varón de Dios en Israel, decía: 'Vamos hasta el **vidente**'. Porque el que ahora se llama profeta, antes se llamaba vidente)".

Isa. 29:10. "Porque el Eterno derramó sobre vosotros espíritu de sueño, **cerró los ojos de vuestros profetas**, y cubrió la cabeza de vuestros **videntes**".

Por esta razón, se nos dice que "donde no hay visión, el pueblo perece" (Prov. 29:18, KJV).

¿Es posible que la ceguera de la **Iglesia de Laodicea** se deba a su rechazo de la voz profética que Dios le ha dado en la persona de Ellen White?

Ciertamente Dios le ha dado un precioso mensaje a la IASD a través del ministerio de Ellen White. ¿Pero cómo podemos tener certeza que ella fue llamada por Dios para ser los ojos de la Iglesia Remanente? ¡En este estudio vamos a recorrer solo una avenida que nos ayudará a ver que ella fue levantada **en el tiempo justo** con el **mensaje correcto** para un **pueblo correcto**!

El "Modus Operandis" de Dios.

En este estudio vamos a analizar varias **profecías de tiempo** de la Biblia. Todas estas profecías de tiempo se encuentran en el **Antiguo Testamento**. Las **primeras tres** señalan eventos que transcurrieron en tiempos del Antiguo Testamento. Las **últimas dos** señalan eventos que ocurrieron en tiempos del Nuevo Testamento. En cada una de estas profecías de tiempo encontraremos que hay un **modus operandis común** que Dios usa para transmitir la confianza de Su mensaje. Su método de operación es el siguiente.

- Dios llama a un **profeta**.

- Dios le imparte un **mensaje** a ese profeta.
- El mensaje es uno de **juicio**.
- Junto con el mensaje hay una **profecía de tiempo**.
- El mensaje **no es verdad presente** para ese tiempo.

Cuando el periodo de tiempo va a llegar a su fin, Dios opera de la siguiente manera:

- Él llama a **otro profeta**.
- Él le imparte el **mismo mensaje** a este profeta, que le dio al primero.
- El mensaje es uno de **juicio**.
- El mensaje explica que la **profecía de tiempo** está llegando a su fin.
- El mensaje dado al profeta original se convierte en **Verdad Presente**.
- Siempre hay un **remanente** que es guiado por la misión de este profeta.

No hay Eventos Pequeños.

Encontraremos que en estas profecías de tiempo no hay eventos insignificantes en la historia de salvación. Encontraremos que ellas están relacionadas con los grandes eventos de la historia de la salvación:

- El llamado del **primer profeta**.
- El **diluvio universal** en los días de Noé.
- El **llamado de Abraham**.
- El **Éxodo** de Israel de Egipto.
- La **cautividad de Babilonia** y la **restauración** de Israel a su tierra.
- El **bautismo** y **muerte** del Mesías y el **cierre de la gracia** para la teocracia de los Judíos.
- El comienzo del **juicio final**.

Enoc y Noé.

El primer profeta que es explícitamente mencionado en la Biblia fue Enoc. Se nos dice eso en **Judas 14-15**. "De ellos también **profetizó** Enoc, séptimo desde Adán, cuando dijo: 'El Señor viene con sus santos millares, a **juzgar a todos**, y a **convencer** a todos los impíos de todas las malas obras que cometieron, y de todas las insolencias que pronunciaron esos impíos pecadores'".

Observe que Enoc fue el **primer profeta** y a él se le dio un mensaje de **juicio**. La pregunta es: ¿A **qué evento** se aplica este mensaje de juicio? La respuesta es doble. En **Mat. 24:37-39** Jesús comparó dos grandes eventos: el diluvio y Su venida. "Como fue **en los días de Noé, así será la venida del Hijo del Hombre**. Porque en los días anteriores al diluvio, la gente comía y bebía, se casaban y se daban en casamiento, hasta el día en que Noé entró en el arca. Y no conocieron hasta que vino el diluvio y llevó a todos. **Así también será** la venida del Hijo del Hombre".

El primer evento del mensaje de Enoc fue el de señalar la impiedad del mundo antes del diluvio. Con respecto a esto se nos dice en **Gén. 6:5, 11-13**. "El Eterno vio que la **maldad** de los hombres era **mucha** en la tierra, y que **todo designio** de los pensamientos del corazón de ellos era de **continuo sólo al mal**... A la vista de Dios, la tierra se había **corrompido**, y estaba llena de **violencia**. Miró Dios la tierra y vio que estaba **corrompida**, que la gente toda había **corrompido** su camino sobre la tierra. Así **dijo Dios a Noé**: 'Decidí poner fin a todo ser viviente, porque toda la tierra está llena de **violencia** a causa de ellos. Por eso los destruiré con la tierra'".

Así es que Enoc estaba describiendo la venida de Cristo para destruir al mundo por su impiedad en la segunda venida, pero también estaba describiendo la destrucción del mundo por su impiedad **por el diluvio en los días de Noé**. Ninguno de estos eventos sucedió durante el tiempo de Enoc, así es que este mensaje **no era Verdad Presente** para su generación.

Ahora, ¿adónde está la **profecía de tiempo** que señalaba la destrucción del mundo por un diluvio? Para responder esta pregunta, tenemos que mirar debajo de la superficie de las Escrituras. Tenemos que apelar al significado de los nombres. Más de **75 veces** en el libro de Génesis, es subrayado el **significado de los nombres**. Así es que demos una mirada a los hijos de Enoc. ¿Cuál es el significado del hijo de Enoc? El libro de Génesis nos informa que Enoc tuvo un hijo llamado Matusalén. "Enoc tenía 65 años cuando nació su hijo Matusalén". (Gén. 5:21).

Este nombre está compuesto de dos palabras Hebreas: *Muwth* (Strong #4191) y *shalach* (Strong #7971). La palabra *muwth* significa "morir" y la palabra *shalach* significa "enviar". Así, el significado del nombre matusalén es, "**cuando él muera será enviado**". Aquí cabe una pregunta: ¿Cuándo él muera, qué será enviado? La respuesta es: el diluvio.

La tradición Judía afirma que Matusalén murió justo **diez días** antes del diluvio. No podemos probar por la Biblia que Matusalén muriera justo diez días antes del diluvio, pero podemos confirmar que él murió el **mismo año del diluvio**.

Hagamos un poco de matemáticas. Desde el tiempo en que Matusalén nació hasta el tiempo que su hijo Lamec nació, se pasaron **187 años** (Gén. 5:22). Entonces desde el tiempo en que nació Lamec hasta que su hijo Noé nació, transcurrieron **182 años** (Gén.

5:28). Y Noé tenía **600 años** cuando vino el diluvio (Gén. 7:11). Ahora sumemos los números:

187 + 182 + 600 = 969

Así, desde el tiempo en que nació Matusalén hasta el diluvio transcurrieron **969 años**. ¿Y qué edad tenía Matusalén cuando murió? La respuesta está en Gén. 5:27. ¡Tenía 969 años! "Así, todos los días de Matusalén fueron 969 años, y murió". (Gén. 5:27).

Inequívocamente, Matusalén murió **el mismo año del diluvio**. Así es que su nombre fue una profecía de tiempo; ¡anunciaba el año en que la tierra sería destruida por el diluvio!

Resumiendo: Dios llamó a su **profeta**, Enoc, y le dio un mensaje de **juicio**. Conectado con el mensaje de juicio había una **profecía de tiempo**, pero el mensaje **no era verdad presente** para la generación de Enoc.

Significativamente, cuando la profecía de tiempo **estaba por terminar**, Dios llamó a **otro profeta** para que el mensaje de Enoc fuera **verdad presente**. Desde luego, sabemos que el nombre de ese profeta era **Noé**. Observe lo que se nos dice en 2 Pedro 2:5 y en Heb. 11:7. "Y si Dios tampoco perdonó al antiguo mundo, sino que guardó a Noé, **pregonero de justicia**, con otras siete personas, y trajo el diluvio sobre el mundo de los **impíos**". "Por la fe Noé, advertido por Dios de cosas que aún no se veían, con santa reverencia construyó el arca para salvar a su familia. Por su fe **condenó al mundo**, y llegó a ser heredero de la justicia que viene por la fe".

Interesante, la palabra 'contenderá' en Gén. 6:3 es frecuentemente traducida como 'juicio' en el resto del Antiguo Testamento. ¡Así el mensaje de Noé fue uno de juicio!

¿Fue Noé un **profeta**? Si. ¿Fue el mensaje de Noé un mensaje de **juicio**? Si. ¿Culminó el mensaje de Noé cuando la **profecía de tiempo** llegó a su fin? Si. ¿Noé hizo del mensaje de Enoc la **Verdad Presente** para los impíos de su generación? ¡Nuevamente, si! ¿Y hubo un remanente salvo como resultado del mensaje de Noé? Si, él y su familia fueron salvos de la destrucción.

Abraham y Moisés.

En **Gén. 20:7** se nos dice que cuando Abraham fue a la ciudad de **Gerar** y temiendo por su esposa, él convenció a su esposa que le dijera al rey Abimelec la media verdad que ella era su hermana. En esa misma tarde, Dios le dio a Abimelec un sueño donde Él le revelaba la verdad completa. Dios le explicó que Sara era también la esposa de Abraham y que Abraham era un profeta y que le ordenaba que devolviera a Sara a su esposo: "Ahora, devuelve la mujer a su esposo, que **es profeta**. Él orará por ti, y vivirás. Si no la devuelves, sabe que de cierto morirás tú y todos los tuyos".

La pregunta es: ¿Le dio Dios un **mensaje de juicio** a Abraham juntamente con una **profecía de tiempo**? La respuesta es si. En **Gén. 15:13-14** encontramos la profecía acerca de la estada de los hijos de Israel en Egipto durante 400 años. "Entonces Dios le dijo: 'Ten por cierto que tus descendientes serán peregrinos en tierra ajena, y serán esclavos y oprimidos durante 400 años. Pero Yo castigaré a la nación a quien servirán. Después saldrán con grande riqueza'".

Esta profecía no era Verdad Presente en los días de Abraham, porque al patriarca se le prometió en **Gén. 15:15-16**. "Y tú irás con tus padres **en paz**, y serás sepultado en **buena vejez**. Y en la **cuarta generación** volverán acá, porque la maldad del amorreo aún no ha llegado al colmo".

En **resumen**: Dios llamó a Su **profeta** Abraham, y le dio un **mensaje de juicio**. Juntamente con el mensaje de juicio había una **profecía de tiempo**, pero el mensaje no era **verdad presente** para su generación.

Cuando los 400 años estaban por terminar, Dios levantó a **otro profeta**, el cual habló del mismo asunto que habló Abraham. De hecho, se nos dice que en el mismo día en que la profecía terminó, Dios liberó a Su pueblo de la esclavitud de los Egipcios. "El tiempo que los israelitas habitaron en Egipto fue **430 años**. Pasados los 430 años, **en el mismo día**, salieron de Egipto todos los ejércitos del Eterno". (Éxo. 12:40-41).

Así, el mensaje de Abraham se convirtió en **Verdad Presente** en la generación de Moisés. En **Oseas 12:13** Moisés es específicamente llamado de **profeta**. "Por medio de **profeta** el Eterno sacó a Israel de Egipto, y por medio de profeta lo guardó".

¿Dios usó a Moisés para salvar y conducir a un remanente fuera de la esclavitud? La respuesta nuevamente es si: a los hijos de Israel.

Jeremías y Daniel.

En **Jer. 1:5** se nos dice que Jeremías fue llamado para ser un **profeta** mientras él aun estaba en el vientre. ¿Se le dio a Jeremías una **profecía de tiempo** específica juntamente con un mensaje de **juicio**? Si. La profecía de tiempo se encuentra en **Jer. 25:11-12**. "Y toda esta tierra quedará desolada, en espanto. Y estas naciones servirán al rey de Babilonia **setenta años**. Y cuando se **cumplan los setenta años, castigaré** al rey de Babilonia y a esa nación por su maldad —dice el Eterno— y a la tierra de los caldeos; y la convertiré en desierto para siempre".

Aquí a Jeremías se le dijo que el cautiverio de Judá en Babilonia duraría un periodo de setenta años, y entonces Dios intervendría para liberar a Judá y llevarlo de vuelta a la tierra de Israel. Este mensaje **no era Verdad Presente** en los días de Jeremías, porque él murió antes que el cautiverio comenzara y terminara.

Pero **cerca del término** de los setenta años, Dios llamó a **otro profeta** para que hiciera del mensaje de Jeremías **Verdad Presente**, y ese profeta fue Daniel. Dios ya había **juzgado a Babilonia** el año anterior, tal como lo había prometido, y ahora Daniel se preguntaba si el pueblo de Dios volvería a su tierra como se le había prometido. Observe **Dan. 9:1-2**. "En el primer año de Darío, hijo de Asuero, de la raza de los medos, que fue puesto por rey sobre el reino de los caldeos; en el primer año de su reinado, yo, Daniel, entendí **por la Escritura**, por la Palabra del Eterno al **profeta Jeremías**, que la asolación de Jerusalén había de concluir en setenta años".

Notablemente, Daniel estaba estudiando la **misma profecía** que Dios le había dado a Jeremías. Cuando Ciro entró en Babilonia en la noche de su caída, Daniel le mostró a Ciro las profecías de Isaías concernientes a él mismo (Isa. 45:1), y entonces Ciro dio el decreto **exactamente 70 años** después que comenzara el cautiverio (ver Esdras 1:1-4). Así Daniel hizo con que la profecía de Jeremías fuese **Verdad Presente** y bajo el liderazgo de Daniel el **pueblo remanente de Dios** fue capaz de volver a su tierra para reconstruir el templo y eventualmente las murallas y la ciudad.

Daniel y Juan el Bautista.

Dios le dio a Daniel la profecía de tiempo de las **setenta semanas**. Esta profecía contemplaba **tres grandes eventos** que ocurrirían durante los últimos siete años: La **unción** del Mesías, **Su muerte** y el **cierre de la gracia** para la nación que lo rechazó. He aquí la profecía. "**Setenta semanas** están cortadas para tu pueblo y tu santa ciudad, para acabar la prevaricación, poner fin al pecado, expiar la iniquidad, traer la justicia de los siglos, sellar la visión y la profecía, y ungir al Santo de los santos. Conoce, pues, y entiende que desde que salga la orden para restaurar y reedificar a Jerusalén hasta el **Mesías Príncipe**, habrá siete semanas, y 62 semanas. La plaza y la muralla se reedificarán en tiempos angustiosos. Después de las 62 semanas **se quitará la vida del Mesías**, y no por él mismo. Y el pueblo de un príncipe que ha de venir, destruirá a la ciudad y el Santuario. Su fin vendrá como una inundación, y hasta el fin de la guerra, será talada con asolamiento. En otra semana confirmará el pacto a muchos. Y a **la mitad de la semana hará cesar el sacrificio y la ofrenda**. Y sobre el ala del templo uno ejecutará la abominación asoladora, hasta que la ruina decretada caiga sobre el desolador". (Dan. 9:24-27).

Notablemente, en el mismo comienzo de los últimos siete años, Juan el Bautista hizo con que el mensaje de Daniel fuese **Verdad Presente**, usando exactamente el mismo asunto. Antes de más nada, **Juan el Bautista bautizó** y presentó a Jesús. Fue en ese bautismo que Jesús fue ungido como el Mesías.

Poco después de Su bautismo, el Espíritu del Señor lo ungió (Luc. 4:16). De la misma manera Pedro afirmó en el Día de Pentecostés que Dios había ungido a Jesús con el Espíritu Santo (Hechos 2:38) y fue en Su bautismo que el Espíritu Santo cayó sobre Jesús (Mat. 3:16).

Mat. 3:15-17. "Pero Jesús respondió: "Deja por ahora, porque así nos conviene cumplir toda justicia". Entonces Juan consintió. Tan pronto como Jesús fue bautizado, subió del agua. Y en ese momento, el cielo se abrió, y Jesús vio al Espíritu de Dios que descendía como paloma, y venía sobre él. Y una voz del cielo dijo: 'Este es mi Hijo amado, en quien me complazco'".

Juan también anunció que Jesús era el **Cordero de Dios**. Era universalmente conocido entre los Judíos que los corderos eran muertos en el servicio sacrificial en el Templo.

Juan 1:29, 36. "Al día siguiente, Juan vio a Jesús que venía hacia él, y dijo: '¡Este es el **Cordero de Dios** que quita el pecado del mundo'!... Al ver a Jesús que pasaba, dijo: '¡Este es el **Cordero de Dios**!'".

Pero Juan también anunció el **tercer evento**, el **juicio** que caería sobre la nación Judía **si rechazaban** al Mesías.

Mat. 3:7-12. "Cuando Juan vio que muchos fariseos y saduceos venían a su bautismo, les decía: '¡Generación de víboras! ¿Quién os enseñó a huir de la **ira venidera**? Producid **frutos** dignos de arrepentimiento, y no penséis en vuestro interior. 'Tenemos a Abrahán por padre'. Por que os digo que aun de estas piedras Dios puede levantar hijos de Abrahán. El hacha ya está puesta a la **raíz de los árboles**. Todo **árbol** que no da buen fruto será **cortado** y echado en el fuego. A la verdad, yo os bautizo en agua para arrepentimiento. Pero el que viene después de mí, cuyas sandalias no soy digno de llevar, es más poderoso que yo. Él os bautizará en Espíritu Santo y fuego. Su **aventador** está en su mano. Limpiará su era, allegará su **trigo** en el granero, y quemará la **paja** en el fuego inapagable'".

En este pasaje, Juan el Bautista compara a la nación Judía con un árbol y afirma que si el árbol no produce fruto, será cortado y arrojado al fuego. Este fue un mensaje de **juicio**.

Es digno de notar que **tres años después**, Juan el Bautista comenzó a predicar (y dos años y medio después Jesús comenzó Su ministerio), Jesús dio la parábola de un árbol.

Luc. 13:6-9. "Entonces les contó esta parábola. 'Un hombre tenía una **higuera** plantada en su viña. Y fue a buscar **fruto** de ella, y no lo halló. Y dijo al viñador: 'Hace **tres años** (**seis meses del mensaje de Juan y dos años y medio del mensaje de Jesús**) que vengo a buscar fruto de esta higuera, y no lo hallo. **Córtala**, ¿para qué ocupará inútilmente la tierra?' Entonces el viñador respondió: 'Señor, déjala aún **este año** (**quedaba solo un año del ministerio de Jesús**), hasta que yo cave alrededor, y la abone. Y si diera fruto, bien. Si no, la **cortarás** después'".

Al final del último año, Jesús vio una higuera a la distancia y convidó a Sus discípulos para que fueran a comer fruto de ella, pero cuando llegó allá la higuera no tenía fruto y por lo tanto la maldijo.

Mat. 21:19. "Vio una **higuera** junto al camino, y se acercó. Pero encontró sólo hojas en ella, y le dijo: '**Nunca más** nazca fruto de ti'. Y al instante la higuera se secó".

Al día siguiente Jesús y Sus discípulos pasaron por el lugar donde estaba la higuera y descubrieron que se había **secado hasta las raíces**.

Mar. 11:20-21. "Al pasar por la mañana, vieron que la higuera se había **secado desde la raíz**. Entonces Pedro, acordándose, le dijo: 'Maestro, la higuera que maldijiste, se ha secado'".

Como resultado del trabajo de Juan el Bautista, fue preparado un **remanente** para recibir a Jesús. **La mayoría de los discípulos** de Jesús fueron previamente discípulos de Juan el Bautista. Pablo habló acerca de este remanente cuando dijo:

Rom. 11:5. "Así también, en este tiempo ha quedado un **remanente** elegido por gracia".

Resumiendo: Juan el Bautista, que fue **más que un profeta**, predicó un mensaje de **juicio** e hizo de la **profecía de tiempo** de las setenta semanas una **Verdad Presente** en su generación. Él también preparó los **núcleos** de aquellos que se convertirían en los discípulos de Jesús y en los fundadores de la Iglesia cristiana.

Daniel y Ellen White.

La **profecía de tiempo** de las setenta semanas que le fue dada a Daniel el **profeta**, fue apenas la **primera parte** de una profecía más larga, los 2300 días/años. Esta profecía anuncia el comienzo del **juicio final** en el santuario celestial en 1844: "Y él respondió: 'Hasta **2300 días** de tardes y mañanas. Entonces el Santuario será purificado'".

De acuerdo con Dan. 12:4, 9, esta profecía **no era verdad presente** en los días de Daniel.

Dan. 12:4, 9, 13. "Pero tú, Daniel, cierra las palabras y **sella el libro** hasta el tiempo del fin. Muchos correrán de aquí para allá, y la ciencia se aumentará"... "El respondió: "Anda, Daniel, estas palabras están **cerradas y selladas hasta el tiempo del fin**"... "Y tú irás hasta el fin, y **descansarás**. Y en los últimos días te levantarás para recibir tu herencia".

Al final de la **profecía de tiempo** de los 2300 días, surgió un movimiento **intercontinental** e **interdenominacional** para proclamar que la hora del **juicio de Dios** había llegado. Así el mensaje de Dan. 8:14 se convirtió en **Verdad Presente**. El texto principal que ellos usaron fue Dan. 8:14 y aun cuando estaban errados con respecto al evento, estaban correctos con respecto al tiempo del evento.

Después del gran chasco, Dios llamó y comisionó a Ellen White para que explicara totalmente esta profecía. En sus primeras visiones su tarea fue explicar la profecía de los 2300 días y la razón para el gran chasco. **Ella pudo haber escrito sobre muchos asuntos**. ¿Por qué ella tuvo una carga para explicar lo que sucedió al final de los 2300 días? Simplemente porque ella la estaba convirtiendo en una profecía de **Verdad Presente**. Y con la guía de Ellen White la **Iglesia Remanente** fue establecida.

Muchos movimientos alrededor de 1844.

Nueva Inglaterra durante el segundo gran despertamiento del Advento, quedó conocida como "el distrito quemado", debido a que surgieron muchos movimientos durante ese tiempo. Lo siguiente son algunos de los movimientos y sus campeones, que surgieron alrededor de este periodo tanto en los Estados Unidos como en Europa:

- El **Mormonismo**: José Smith
- La **Ciencia Cristiana**: Mary Baker Hedí
- La **Teosofía, Nueva Era**: Helena Blavatsky
- Los **Bahai**: Abdul Baha
- El **Espiritismo**: Las hermanas Fox, Andrew Jackson Davis
- El **Pentecostalismo**: Margaret McDonald
- Los **Testigos de Jehová**: Charles Taze Russell
- El **Futurismo**: John Nelson Darby, Edward Irving
- El **Evolucionismo**: Charles Darwin
- El **Marxismo**: Karl Marx y Friedrich Engels

¿Y cómo podemos estar seguros que ninguno de estos movimientos fueron manifestaciones genuinas del don profético? La respuesta es que ninguno de ellos habló, o ni siquiera tocó ni tuvo ningún interés en la **profecía de los 2300 días**. Todos tuvieron un mensaje central, pero no tuvieron nada que ver con los 2300 días y 1844. En contraste, los Milleritas y Ellen White centraron su mensaje en esta profecía. Ellen White se convirtió así, en la fundadora de la IASD, el remanente de Dios con un **mensaje especial de juicio** para los últimos días.

Actitudes hacia Ellen White.

- **Atacaron abiertamente** su ministerio y sus escritos.
- La **ignoraron** al no leer sus consejos.
- La **socavaron** al usar selectivamente sus escritos.
- La usaron para **golpear** a las personas en la cabeza.

Ame, **lea** y **obedezca** los consejos que Dios nos dio a través de ella.

Lección 4—Moisés y los Profetas

El rol fundamental de Moisés: La Toráh (la Ley): Toda verdad fundamental de las Escrituras se encuentra en forma seminal en los escritos de Moisés.

- La creación (Génesis 1-2; Job 38-40.
- El pecado y la muerte (Gén. 2:15-17; 3:19; todo el libro de Levítico)
- Expiación por la sangre (Gén. 3:21; 4:1-2; 22; el libro de Levítico)
- La mayordomía (Gén. 2:15-17; 14:18-20; 28:20-22; Lev. 27:30-32; Núm. 18:20-21).
- Los ángeles (Gén. 3:24; 19:1; 28:12; 32:1; Éxo. 25:18-22; 36:8, 35).
- El matrimonio: heterosexual y monogámico (Gén. 1:26-28; 2:22-24).
- Las desviaciones sexuales: Incesto (Génesis 19); homosexualidad (Génesis 19); adulterio (Génesis 39), fornicación (Génesis 34), poligamia (Jacob, Esaú, Abraham, etc.), prostitución (Génesis 38).
- La ley y la gracia (Éxo. 1:14; 2:23-25; el preámbulo de los Diez Mandamientos; Levíticos 4 y 5).
- La Divinidad (Gén. 1:26-28; 3:22-24; Gén. 11:7).
- La esperanza de la resurrección (Job 14:7-15; 19:25-27).
- La traslación de los justos (Gén. 5:22-24 a la luz de Heb. 11:5).
- El don de lenguas y el derramamiento del Espíritu Santo (Gén. 11:1-9 a la luz de Hechos 2; Éxo. 17:1-7 a la luz de Juan 7:37-39).
- La destrucción final de Satanás (Gén. 3:15; Job 41).
- La segunda venida (Génesis 6-9 a la luz de Mat. 24:37-39).
- La importancia de la Palabra de Dios (Deut. 8:3-4; Éxodo 16).
- Jesús el sacrificio por todos (Éxo. 17:1-7 a la luz de Isaías 53).
- Jesús como nuestro intercesor (Éxo. 32:31-33; Gén. 28:12-15 a la luz de Juan 1:51; el velo bordado con ángeles).
- La organización de la iglesia (doce tribus, cabezas de miles, cientos, cincuenta, decenas y los setenta).
- Las normas cristianas (Gén. 6:1-4; 35:4; Éxo. 32:1-3; 33:3-6; 35:22).
- Satanás y el origen del mal (Génesis 3, Job 41).
- Los si y los no de la dieta (Gén. 1:29-30; Lev. 3:17; Levítico 11; Deuteronomio 14). Dios creó las ocho leyes de la salud en la historia de la creación de Génesis 1-2.
- La Ley (Éxodo 20).

- El Sábado (Gén. 2:2-3; Éxodo 16; Éxo. 20:8-11; 31:12-18; Deut. 5:12-15).
- El santuario celestial (Éxo. 25:40; Heb. 8:5).
- El estado de los muertos (Gén. 2:7; 3:4-5, 19, 22-24).
- El juicio investigador (Levítico 16; Gén. 3:9-13; 4:9; 11:5; 18:21; ciudades de refugio; todo el libro de Job es una escena juicio investigador).
- El infierno (Gén. 19:24-28 a la luz de Judas 7).
- El triple mensaje angélico (Gén. 18:1-2, 22; 19:1, 14, 24).
- La Gran Controversia (Gén. 3:15).
- El Armagedón y la batalla sobre la obediencia y la adoración (Caín y Abel en Génesis 4).
- Los 144000 de las doce tribus (Génesis 49).
- El calendario de los eventos de la salvación del Mesías (Levítico 23).
- Babilonia y el llamado para salir de ella (Gén. 11:1-9; 12:1-3).
- El descanso de Jesús en la tumba el Sábado (Éxodo 16).
- El Espíritu de Profecía (Deut. 18:15-18; Núm. 12:6; 13:1-5) (características de los falsos profetas).

1400: Josué apela a Moisés (58 veces en el libro de Josué).

El libro de Josué se refiere a los escritos de Moisés 58 veces. Eso quiere decir, que el apela a la revelación inmediatamente precedente, pero **no le añade nada**. Josué **confirma, amplía, explica y aplica** los escritos fundamentales de Moisés a la **generación de sus días**, pero no le añade, no le sustrae, ni contradice la verdad previa.

Josué 1:1-3, 5, 7, 13, 17. Moisés es citado repetidamente en el primer capítulo de Josué. "Después de la muerte de Moisés, siervo del Eterno, el Señor dijo a Josué hijo de Nun, ayudante de Moisés: 2 Mi siervo Moisés ha muerto. Prepárate, pues, ahora, tú y todo este pueblo, para pasar el Jordán, a la tierra que doy a los israelitas. 3 Como **prometí a Moisés**, os he entregado todo lugar que pise la planta de vuestro pie. 4 Vuestro territorio será desde el desierto y el Líbano hasta el gran río Éufrates. Toda la tierra de los hititas hasta el gran mar donde el sol se pone. 5 Nadie te podrá hacer frente en todos los días de tu vida. **Como estuve con Moisés**, estaré contigo. No te dejaré, ni te desampararé. 6 Esfuérzate y sé valiente, porque tú repartirás a este pueblo en herencia la tierra que juré a sus padres que les daría. 7 Sólo que te esfuerces y seas muy valiente, para hacer conforme a toda la **Ley que mi siervo Moisés te mandó**. No te apartes de ella ni a la derecha ni a la izquierda, para que seas prosperado en todo lo que emprendas. 8 El Libro de la Ley nunca se aparte de tu boca. Antes medita en él de día y de noche, para que guardes y cumplas todo lo que está escrito en él. Entonces prosperarás, y todo te saldrá bien. 9 Mira que te mando que te esfuerces y seas valiente. No temas ni desmayes, porque el Eterno tu Dios estará contigo donde quiera que vayas. 10 Josué mandó a los oficiales del Pueblo: 11 Pasad por el campamento y decid al pueblo: 'Preveníos de comida, porque dentro de tres días pasaréis el Jordán, para entrar a poseer la tierra que el Eterno vuestro Dios os da en posesión'. 12 También dijo Josué a los rubenitas y gaditas y a la media tribu de Manasés: 13 **Acordaos de lo que mandó Moisés**, siervo del Eterno: 'El Eterno vuestro Dios os ha dado reposo, y os ha dado esta tierra'. 14 Vuestras esposas, vuestros niños y vuestro ganado quedarán en la tierra que **Moisés os dio** de este lado del Jordán. Pero vosotros, todos los valientes y fuertes, pasaréis armados con vuestros hermanos, y les ayudaréis; 15 hasta que el Eterno les dé reposo, como a vosotros, y que ellos también posean la tierra que el Señor vuestro Dios les da. Después volveréis a la tierra de vuestra herencia, que os dio a **Moisés siervo del Eterno** al Este del Jordán'. 16 Entonces respondieron a Josué: 'Haremos todo lo que nos mandes, e iremos dondequiera nos envíes. 17 Como **obedecimos a Moisés en todo**, te obedeceremos a ti. Seguramente el Eterno tu Dios estará contigo, **como estuvo con Moisés**. 18 El que sea rebelde a tu mandato, y no obedezca tu palabra en todo lo que le mandes, que muera; con tal que te esfuerces y seas valiente'".

Josué 4:10, 12. los sacerdotes llevaban el **Arca del Pacto** tal como Moisés lo había ordenado. "Los sacerdotes que llevaban el Arca permanecieron en medio del Jordán, hasta que se cumplió todo lo que el Eterno había mandado a Josué que dijese al pueblo, **conforme a todo lo que Moisés había mandado a Josué**. Y el pueblo se dio prisa a pasar... También los rubenitas, los gaditas y la media tribu de Manasés pasaron armados, **como Moisés les había dicho**".

Josué 8:30-31, 32-35. Cundo Israel se reunió en el Monte Ebal y en el Monte Gerizim, ellos siguieron las instrucciones de Moisés con precisión. "Entonces Josué edificó un altar al Señor Dios de Israel en el monte Ebal, 31 **como Moisés, siervo del Eterno, había mandado** a los israelitas, y como está escrito en la **Ley de Moisés**, un altar de piedras enteras sin labrar. Y ofrecieron sobre él holocaustos al Eterno y ofrendas de paz. 32 También, en presencia de los israelitas escribió allí sobre piedras, una **copia de la Ley de Moisés**. 33 Y todo Israel y sus ancianos, oficiales y jueces, estaban de pie a uno y otro lado del arca, ante los sacerdotes levitas que llevaban el Arca del Pacto del Eterno, así extranjeros como naturales. La mitad de ellos estaba hacia el monte Gerizim, y la otra mitad hacia el monte Ebal. **De la manera que Moisés, siervo del Eterno había mandado** para bendecir al pueblo de Israel. 34 Después de esto, Josué **leyó todas las palabras de la Ley**, las bendiciones y las maldiciones, según está **escrito en el Libro de la Ley**. 35 No hubo palabra alguna de todo lo que **mandó Moisés**, que Josué no hiciese leer ante toda la congregación de Israel, mujeres, niños y extranjeros que andaban con ellos".

Josué 11:12, 15, 20, 23. Las naciones de Canaán fueron destruidas justo como Moisés había ordenado. "Josué tomó también todas esas ciudades reales con sus reyes, y los pasó a filo de espada. Los destruyó por completo, **como Moisés siervo del Eterno lo había mandado**... Como el Eterno lo **había mandado a Moisés su siervo**, así **Moisés lo mandó a Josué**, y así Josué lo ejecutó, sin quitar palabra de **todo lo que había mandado a Moisés**... Porque el mismo Eterno endurecía el corazón de ellos para que resistiesen a Israel con guerra, para destruirlos sin misericordia, y desarraigarlos, **como el Eterno lo había mandado a Moisés**... Josué tomó toda la tierra, **conforme a todo lo que el Eterno había dicho a Moisés**; y la entregó a los israelitas en herencia conforme al reparto de sus tribus. Y la tierra reposó de la guerra".

Josué 14:5. La tierra estaba dividida tal como Moisés había ordenado. "De la manera que el Eterno había mandado a Moisés, así hicieron los israelitas en el reparto de la tierra".

Josué 22:4-5. Josué amonestó a Israel a ser **fiel a las enseñanzas de Moisés**. "Ahora que el Señor vuestro Dios ha dado reposo a vuestros hermanos, como se lo había prometido, volved a vuestras tiendas, a la tierra de vuestra posesión, que **Moisés siervo del Eterno** os dio del otro lado del Jordán. 5 Preocupaos sólo en cumplir con diligencia los mandatos y la ley que **Moisés siervo del Eterno** os dio: Que améis al Eterno vuestro Dios y andéis en todos sus caminos, que guardéis sus Mandamientos, que os mantengáis unidos a él, y le sirváis de todo vuestro corazón y de toda vuestra alma".

Josué 23:4-6. Antes de su muerte, Josué amonestó a Israel a que **siguieran los escritos de Moisés**. Estas son las palabras de Josué a Israel antes de su muerte: "Yo os he repartido por suerte, en herencia para vuestras tribus, estas naciones, tanto las que han sido destruidas como las que quedan, desde el Jordán hasta el Gran Mar, donde el sol se pone. El Eterno vuestro Dios las echará ante vosotros, y las arrojará de vuestra presencia. Y vosotros poseeréis sus tierras, como el Eterno vuestro Dios os ha dicho. Esforzaos mucho, pues, en guardar y cumplir **todo lo que está escrito en el Libro de la Ley de Moisés**, sin apartaros a la derecha ni a la izquierda".

1300-1100: Los Jueces Apelan a Moisés.

Aun cuando el periodo de los Jueces fue un tiempo durante el cual hubo **poca revelación de Dios**, sin embargo, Dios esperaba que Israel viviera de acuerdo a lo que **Moisés había escrito**. Las pruebas que Israel sufrió durante este periodo, se debieron al hecho a que no siguieron las instrucciones que Dios les dio a través de Moisés. De hecho, el sistema de organización que Dios le había dado a Moisés, fue abandonado y por lo tanto todos hicieron lo que era justo a sus propios ojos. Encontramos en los Jueces unas pocas referencias que apelan a la revelación inmediatamente precedente. Al igual a lo que sucedió con el libro de Josué, el libro de Jueces confirma lo que Moisés dijo, pero no se lo añadió.

Jueces 1:20. "Y dieron Hebrón a Caleb, **como había dicho Moisés**. Y él echó de allí a tres hijos de Anac".

Jueces 2:20-22. "Por eso el enojo del Eterno se encendió contra Israel, y dijo: 'Por cuanto este pueblo **traspasa mi pacto que ordené a sus padres**, y no obedecen mi voz, tampoco echaré más delante de ellos a ninguno de los pueblos que dejó Josué cuando murió; para probar con ellos a Israel, para que se viera si guardarían el camino del Eterno y andarían por él, **como lo guardaron sus padres**".

Jueces 3:4-7. "Esas naciones fueron dejadas para probar a Israel, para que se viera si obedecerían los Mandamientos del Eterno, que él había dado a sus padres **por medio de Moisés**. Así, los israelitas habitaron entre los cananeos, hititas, amorreos, ferezeos, heveos y jebuseos; y tomaron de sus hijas por esposas, y dieron sus hijas a ellos, y sirvieron a sus dioses. Los israelitas, pues, **hicieron lo malo a los ojos del Eterno**. Olvidaron al Eterno su Dios y sirvieron a los baales y a los postes idolátricos".

1 Sam. 3:1. En gran manera, la revelación del pasado había sido ignorada y olvidada, y por esa razón la palabra de Dios era preciosa. "El joven Samuel ministraba al Eterno ante Elí. En aquellos días, la palabra del Señor era **rara** (preciosa), no había visión frecuente".

Jueces 14:3. Los **padres de Sansón** sabían que Moisés había ordenado que los Israelitas no se casaran con incrédulos. "Sus padres le dijeron: '¿No hay mujer entre las hijas de tus hermanos, ni **en todo mi pueblo**, para que vayas a tomar una esposa de los filisteos incircuncisos? Sansón respondió: 'Tómamela, porque ésta me agradó'".

1000-605 a.C.: La Monarquía Hebrea.

Los reyes justos de Israel ofrecieron **sacrificios**, trajeron **diezmos** y **ofrendas** y le **enseñaron al pueblo** de acuerdo con los escritos de Moisés y se nos dice que Israel y Judá fueron llevados cautivos porque ellos rechazaron la revelación que Dios le **había dado a Moisés**.

1 Reyes 2:3. David amonestó a **Salomón** a que fuese fiel a la Ley de Moisés. "Guarda la orden del Eterno tu Dios, andando en sus caminos, observando sus normas y Mandamientos, sus derechos y testimonios, **de la manera que está escrito en la Ley de Moisés**, para que seas prosperado en todo lo que hagas y emprendas".

2 Crón. 8:12-13. Los sacrificios de salomón estaban de acuerdo a las especificaciones de Moisés. "Entonces Salomón ofreció holocaustos al Señor sobre el altar del Eterno, que había él edificado delante del pórtico. Para ofrecer cada cosa en su día, **conforme mandó Moisés**, en los sábados, nuevas lunas y fiestas solemnes, tres veces al año: a saber, la fiesta del pan sin levadura, de las semanas y de las cabañas".

1 Reyes 8:53, 56. La **oración** de Salomón a **Dios** y el **discurso a Israel** se refirió a Moisés. "Pues tú los apartaste para ti por tu heredad de todos los pueblos de la tierra, como lo **dijiste por medio de Moisés tu siervo**, cuando sacaste a nuestros padres de Egipto, oh Señor Eterno... Bendito sea el Eterno, que ha dado reposo a su pueblo Israel, tal como lo había prometido. Ninguna palabra de todas sus promesas que expresó por **Moisés su siervo**, ha fallado".

2 Reyes 14:6. El rey Amasías se rehusó a seguir el consejo de Moisés. "Pero no mató a los hijos de los asesinos, conforme a lo que está **escrito en el Libro de la Ley de Moisés**, donde el Eterno mandó: 'No matarán a los padres por los hijos, ni a los hijos por los padres. Cada uno morirá por su pecado'".

2 Reyes 18:6. El rey **Ezequías fue fiel** a las instrucciones de Moisés. "Porque se llegó al Eterno y no se apartó de él, sino que **guardó los Mandamientos que el Señor prescribió a Moisés**".

2 Reyes 18:11-12. El cautiverio Asirio vino porque Israel no obedeció a Moisés. "Y el rey de Asiria traspuso a Israel a Asiria, y los puso en Hala y en Habor, junto al río Gozán y en las ciudades de los medos. Eso sucedió porque habían desobedecido al Eterno su Dios, y habían violado su pacto, y **todo lo que Moisés, siervo del Eterno, mandó**. Ni los habían escuchado, ni puesto por obra".

2 Reyes 21:7-8. **Manasés** fue especialmente **impío**, porque no siguió la Ley de Moisés. "Tomó una imagen de escultura del poste idolátrico que él había hecho, y la puso en la casa de la cual el Eterno había dicho a David y a Salomón su hijo: 'Pondré mi nombre para siempre en esta casa, y en Jerusalén, a la cual elegí de todas las tribus de Israel. Y no dejaré que el pie de Israel sea movido de la tierra que dí a sus padres, con tal que guarden y obren conforme a todo lo que les mandé, y **cumplan toda la Ley que mi siervo Moisés les dio**".

2 Reyes 22:11-13. **Josías** descubrió el libro de la ley y se alarmó porque Israel despreció el pacto dado a Moisés. "Cuando el rey oyó las palabras del **Libro de la Ley**, rasgó su vestido. Luego el rey mandó al sacerdote Hilcías, y a Ahicam hijo de Safán, a Acbor hijo de Micaía, al escriba Safán y a Asaía siervo del rey, diciendo: 'Id y preguntad al Eterno por mí, por el pueblo y por todo Judá, acerca de las **palabras de este libro** que se ha encontrado. Porque grande es el enojo del Eterno encendido hacia nosotros, por cuanto **nuestros padres no escucharon las palabras de este libro**, para hacer lo que nos fue escrito".

2 Reyes 23:25. **Josías** gobernó de acuerdo a las especificaciones dadas por Dios a través de Moisés. "No hubo ningún rey, ni antes ni después de Josías, que se convirtiera al Eterno con todo el corazón, con toda su alma, y con todas sus fuerzas, **conforme a toda la Ley de Moisés**".

1 Crón. 15:15. Los Levitas llevaba el arca tal como Dios se lo ordenó a Moisés. "Y los levitas trajeron el Arca de Dios sobre sus hombros en las varas, **como lo había mandado Moisés**, conforme a la Palabra del Eterno".

1 Crón. 22:13. **David amonestó a Salomón** para que gobernara de acuerdo a las enseñanzas de Moisés. "Entonces prosperarás, **siempre que pongas por obra las normas y ordenanzas que el Eterno mandó a Moisés** para Israel. ¡Esfuérzate, y cobra ánimo!".

2 Crón. 17:9. Los **Levitas** le enseñaron al pueblo de Dios del **libro de la Ley** dado a través de Moisés. "Enseñaron en Judá, llevando consigo el **Libro de la Ley del Eterno**. Recorrieron todas las ciudades de Judá, e instruyeron al pueblo".

2 Crón. 23:18. Los Levitas **ofrecieron sacrificios** de acuerdo a Moisés. "Entonces Joiada ordenó los oficios de la casa del Eterno, bajo la mano de los sacerdotes y levitas, según David los había distribuido en la casa del Señor, para ofrecer los holocaustos al Eterno, **como está escrito en la Ley de Moisés**, con gozo y cantar, como lo ordenó David".

2 Crón. 24:9. Fueron dadas **ofrendas** de acuerdo con las especificaciones de Moisés. "E hicieron pregonar en Judá y en Jerusalén, que trajesen al Eterno la ofrenda que **Moisés siervo de Dios** había impuesto a Israel en el desierto".

850-587: Los Profetas Mayores y Menores Trataron de Traer al Pueblo de Vuelta a los Escritos de Moisés.

Los profetas eran realmente los abogados de Dios en la corte. Ellos no eran **innovadores** sino que **restauradores**. Es verdad que ellos añadieron detalles y expandieron (por ejemplo, Isaías 53) los escritos de Moisés, pero no le añadieron nuevos fundamentos de la verdad que ya no estuvieran contenidos en los escritos de Moisés. Ellos corrigieron a Israel por **apartarse** de Moisés y los **llamaron a volver** a los fundamentos de la verdad. El profeta **Jeremías** repetidamente apela en el libro de Deuteronomio amonestando a Judá por su infidelidad.

2 Crón. 36:16. Israel **desobedeció** a los **profetas**. "Pero ellos se **reían** de los mensajeros de Dios, menospreciaban sus palabras, y se **burlaban** de sus profetas, hasta que la ira del Eterno subió contra su pueblo, y no hubo más remedio".

Daniel apeló a **Moisés** y a los **Profetas**, porque cuando Daniel escribió, los ex profetas ya habían profetizado. De hecho, Daniel estaba estudiando el libro de jeremías antes de su oración intercesora (Dan. 9:1-2).

Dan. 9:11, 13. El **cautiverio babilónico** vino porque Israel desobedeció a Moisés. "Todo Israel traspasó tu Ley y se apartó para no oír tu voz. Por eso ha caído sobre nosotros la maldición y el juramento escrito en la Ley de Moisés, tu siervo; porque contra ti pecamos... Todo este mal vino sobre nosotros, **conforme está escrito en la Ley de Moisés**. Y no hemos implorado tu favor, oh Eterno nuestro Dios, para convertirnos de nuestras maldades y entender tu verdad".

Dan. 9:6. **Daniel** se quejó que Israel se rehusó a escuchar a los profetas que trataron de traer al pueblo **de vuelta a los escritos de Moisés**. "No hemos obedecido a **tus siervos los profetas**, que en tu nombre hablaron a nuestros príncipes, a nuestros padres y a todo el pueblo del país".

Zac. 7:7, 12. El **cautiverio babilónico** vino debido a que Israel desobedeció a los **profetas**, los cuales a su vez trataron de traer de vuelta al pueblo a los escritos de Moisés. "Acaso, ¿no son éstas las palabras que proclamó el Eterno por medio de los antiguos profetas, cuando Jerusalén estaba habitada y tranquila, y sus ciudades de alrededor, del sur y de la llanura estaban habitadas?... Endurecieron su corazón como diamante, para no escuchar la Ley ni las Palabras que el Eterno Todopoderoso enviaba por su Espíritu, por medio de los antiguos **profetas**. Por eso vino un gran enojo de parte del Eterno Todopoderoso".

Los profetas no añadieron **nada de sustancia** a lo que Moisés enseñó. Su rol fue confortar, animar, amonestar, corregir, confirmar, explicar, ampliar y convidar al pueblo a **volver** a los hitos antiguos establecidos por Moisés. Los profetas usaron constantemente la palabra "**volver**" (Jer. 3:22; 4:1; 5:3; 8:5; 15:7; 18:11; 24:7; 35:15; 36:3, 7; Mal. 3:7, 18; Oseas 6:1; 7:10; 14:1). A manera de ejemplo, Jeremías no dio ninguna verdad nueva concerniente al Sábado, sino que llamó a Israel a volver a su propia observancia para impedir la destrucción de Jerusalén (Jer. 17:19-27).

2 Crón. 24:18-19. Los profetas fueron llamados para traer al pueblo de vuelta al Señor. "Y abandonaron la casa del Eterno, el Dios de sus padres, y sirvieron a los postes idolátricos y a las imágenes esculpidas. Entonces, el enojo de Dios vino sobre Judá y Jerusalén por ese pecado. Y aunque el Eterno les **mandó profetas, para volverlos a él**, y aunque los amonestaron, ellos no los escucharon".

539-425: Después del Cautiverio Babilónico, Esdras y Nehemías Continuaron Apelando a los Escritos de Moisés.

Esdras 3:2. El pueblo construyó un altar tal como Moisés lo había ordenado. "Entonces Josué hijo de Josadac, sus hermanos los sacerdotes, y Zorobabel hijo de Salatiel con sus hermanos, edificaron el altar del Dios de Israel, para ofrecer sobre él holocaustos, **como está escrito en la Ley de Moisés**, varón de Dios".

Esdras 6:18. Los sacerdotes y los Levitas se **organizaron** tal como Moisés lo había ordenado. "Y pusieron a los sacerdotes en sus turnos, y a los levitas en sus clases, para el servicio de Dios en Jerusalén, **como está escrito en el Libro de Moisés**".

Esdras 9:10-12. Esdras prohibió los matrimonios mixtos basado en los escritos de Moisés. "Pero ahora, oh Dios nuestro, después de esto, ¿qué diremos? Porque hemos dejado los Mandamientos que prescribiste por medio de tus siervos los profetas, diciendo. El país que váis a poseer, está contaminado a causa de la inmundicia de: sus pueblos. Con sus abominaciones lo han llenado de inmundicia, de un extremo, al otro. Por eso, **no daréis vuestras hijas a sus hijos, ni tomaréis sus hijas para vuestros hijos**. Ni procuraréis jamás su paz ni su bien. Para que seáis fuertes y comáis el bien de la tierra, y la dejéis en herencia a vuestros hijos para siempre".

Neh. 10:28-29. El pueblo prometió obedecer la ley de Dios dada por Moisés. "Y el resto del pueblo, los sacerdotes, levitas, porteros, cantores, servidores del templo, y todos los que se habían mantenido separados de los pueblos de la tierra y habían vuelto a la Ley de Dios, sus esposas, sus hijos e hijas, y todo el que tenía comprensión y discernimiento, se unieron con sus hermanos y sus principales, y entraron en una promesa y un juramento de que andarían en la Ley de Dios, **dada por medio de Moisés**, siervo de Dios, y que **guardarían y cumplirían todos los Mandamientos, juicios y normas del Eterno**, nuestro Señor".

Esdras 5:2. los profetas de Dios ayudaron al restablecimiento de Israel a sus antiguas observancias religiosas después del cautiverio. "Entonces se levantaron Zorobabel hijo de Salatiel y Josué hijo de Josadac, y empezaron a reedificar la casa de Dios en Jerusalén. Y los profetas de Dios estaban con ellos, y **les ayudaban**".

Neh. 1:7-9. **Nehemías** se quejó que Israel no había guardado los mandamientos que Dios le había dado a Moisés. "Hemos obrado muy impíamente contra ti. No hemos guardado los Mandamientos, normas y juicios que diste a **Moisés tu siervo**. Acuérdate ahora de la palabra que **diste a Moisés tu siervo**, diciendo: Si sois infieles, os esparciré entre las naciones. Pero si os volvéis a mí, y guardáis mis Mandamientos, y los ponéis por obra, aunque vuestra dispersión llegue hasta el extremo del cielo, de allí os juntaré y os traeré al lugar que elegí para que habite mi nombre".

Neh. 8:1-3, 8-9, 13-15. Después que la muralla de Jerusalén fue reconstruida, la **religión de Israel fue restablecida** en la Fiesta de los Tabernáculos con la lectura de los escritos de Moisés. "Todo el pueblo se reunió como un solo hombre en la plaza que está ante la puerta del Agua, y dijeron a Esdras el escriba, que trajese el **Libro de la Ley de Moisés**, que el Eterno mandó a Israel. 2 El primer día del séptimo mes, el sacerdote Esdras trajo la Ley ante la congregación de hombres y mujeres, y de todos los que podían entender. 3 Y leyó en el Libro en la plaza de la puerta del Agua, desde el alba hasta el mediodía, en presencia de hombres, mujeres y de los que podían entender. Y los oídos de todo el pueblo estaban atentos al **Libro de la Ley**... Leían en el **Libro de la Ley de Dios** claramente, dando el sentido, para que entendieran la lectura. 9 El gobernador Nehemías, el sacerdote y escriba Esdras, y los levitas que instruían al pueblo les dijeron: 'Este es un día santo, dedicado al Eterno nuestro Dios. No os entristezcáis, ni lloréis'. Porque todo el pueblo lloraba al **oír las palabras de la Ley**... Al día siguiente se reunieron los jefes de familia de todo el pueblo, sacerdotes y levitas, en torno al escriba Esdras, para entender las **palabras de la Ley**. 14 Y **hallaron escrito en la Ley que el Eterno había mandado por medio de Moisés**, que los israelitas debían habitar en cabañas en la fiesta solemne del séptimo mes. 15

Que anunciaran y pregonaran por todas sus ciudades y por Jerusalén: 'Salid al monte, y traed ramas de olivo, pino, mirto, palmera y otros árboles frondosos, para hacer cabañas, **como está escrito**'".

Neh. 10:28-29. "Y el resto del pueblo, los sacerdotes, levitas, porteros, cantores, servidores del templo, y todos los que se habían mantenido separados de los pueblos de la tierra y habían vuelto a la **Ley de Dios**, sus esposas, sus hijos e hijas, y todo el que tenía comprensión y discernimiento, 29 se unieron con sus hermanos y sus principales, y entraron en una promesa y un juramento de que andarían en la **Ley de Dios, dada por medio de Moisés, siervo de Dios**, y que guardarían y cumplirían todos los Mandamientos, juicios y normas del Eterno, nuestro Señor".

Neh. 13:1-3. La **multitud mixta** fue echada fuera de Israel tal como Moisés lo había ordenado. "Aquel día, al leer el **Libro de Moisés** al pueblo, hallaron escrito, que los amonitas y moabitas no debían entrar jamás en la congregación de Dios; 2 porque no salieron a recibir a los israelitas con pan y agua, antes alquilaron a Balaam para que los maldijera. Pero nuestro Dios volvió la maldición en bendición. 3 Así, cuando oyeron la Ley, **separaron de Israel a todos los extranjeros**"[1].

Neh. 13:17-19. El Sábado fue restaurado tal como Moisés lo había ordenado. "Reprendí a los señores de Judá. Les dije: '¿Qué mal es éste que hacéis, profanando así el día sábado? 18 **¿No hicieron así vuestros padres**, y trajo nuestro Dios todo este mal sobre nosotros y sobre esta ciudad? **¿Y vosotros añadís ira sobre Israel profanando el sábado**?' 19 Así, cuando iba oscureciendo a las puertas de Jerusalén antes del sábado, ordené que cerrasen las puertas, y no las abrieran hasta después del sábado. Y puse a las puertas algunos de mis criados, para que no entrasen carga en sábado".

Mal.4:4-6. El Antiguo Testamento termina con una orden para prestarle atención a los escritos de Moisés. El profeta Elías será enviado para traer al pueblo de vuelta a la fe de sus padres. "Acordaos de la **Ley de Moisés mi siervo**, a quien entregué en Horeb ordenanzas y leyes para todo Israel. 5 Mirad, yo os envío al **profeta Elías**, antes que venga el grande y terrible día del Eterno. 6 Él convertirá el **corazón de los padres** a los hijos, y el **corazón de los hijos a los padres**. No sea que yo venga, y hiera el país con maldición".

El Nuevo Testamento: La Vida de Cristo y Su Misión (27-31).

Los escritores del Nuevo Testamento **ampliaron**, **confirmaron**, **desarrollaron** y **explicaron** los escritos de Moisés y la ampliación de los profetas. El Nuevo Testamento no añade ni contradice ninguna de las revelaciones previas, sino que las **explica**, **expande** y **magnifica**. De hecho, no hay casi nada en la vida de Cristo que no haya sido coreografiado en el Antiguo Testamento por Moisés y los profetas (por ejemplo, las Fiestas Hebreas y el Santuario).

1 Pedro 1:10-12. Los profetas del Antiguo Testamento buscaron **cuándo y cómo** vendría el Mesías. "De esa salvación **investigaron e inquirieron con diligencia los profetas** que anunciaron la gracia que os estaba destinada. 11 Procurando **descubrir el tiempo y las circunstancias** que señalaba el Espíritu de Cristo que estaba en ellos, cuando predecía las aflicciones que habían de venir a Cristo, y las glorias que seguirían. 12 A ellos, que no ministraban en beneficio propio, sino en nuestro favor, **les fue revelado** este mensaje que ahora os anuncian los que os predican el evangelio, por el **Espíritu Santo enviado del cielo**; mensaje que aun los ángeles ansían contemplar".

Mat. 17:1-3. (Aludiendo a Mal. 4:4-5) Moisés y Elías se le aparecieron a Jesús en el Monte de la Transfiguración. "Seis días después, Jesús tomó a Pedro, a Santiago y a Juan su hermano, y los llevó aparte a un monte alto. 2 Y allá se transfiguró ante ellos. Su rostro resplandeció como el sol, y su vestido se volvió blanco como la luz. Y de pronto, aparecieron **Moisés y Elías**, que conversaban con él".

---

[1] Nota del traductor: La KJV dice: "Separaron a toda la **multitud mixta** de Israel".

Luc. 16:16. **Dos categorías** de la Revelación en el Antiguo Testamento, eran la Ley y los profetas. "La **Ley** (Moisés) y los **Profetas** fueron proclamados hasta Juan".

Mat. 22:40. **Dos categorías** de la Revelación en el Antiguo Testamento. "De estos dos Mandamientos penden toda la **Ley** (Moisés) y los **Profetas**".

Luc. 16:29-31. **Dos categorías** de la Revelación en el Antiguo Testamento. "Abrahán respondió: 'Tienen a **Moisés y a los Profetas**. Óiganlos'. 30 Él entonces dijo: 'No, padre Abrahán, sino que si alguno de los muertos va a ellos, se arrepentirán'. 31 Pero Abrahán contestó: 'Si no oyen a **Moisés y a los Profetas**, tampoco se persuadirán, aunque se levante alguno de los muertos'".

Juan 1:45. **Natanael** testificó a Cristo en Moisés y los Profetas. "Felipe encontró a Natanael, y le dijo: 'Hemos hallado a aquel de quien escribieron **Moisés en la Ley**, y **también los Profetas**, a Jesús, el hijo de José, de Nazaret'".

Juan 5:45-47. Moisés escribió **de Jesús**. "No penséis que yo os voy a acusar ante el Padre. Hay quien os acusa, Moisés, en quien tenéis vuestra esperanza. 46 Porque si vosotros creyeseis a **Moisés**, me creeríais a mí; porque **él escribió de mí**. 47 Pero si no creéis en sus escritos, ¿cómo vais a creer en mis Palabras?".

Luc. 24:25-27. Jesús dirigió los pensamientos de los discípulos en el camino a Emaús, a los escritos de Moisés y de los Profetas. "Entonces Jesús les dijo: '¡Oh simples y lentos de corazón para creer lo que anunciaron los **profetas**! 26 ¿No era necesario que el Cristo padeciera estas cosas, para entrar en su gloria? 27 Y empezando desde **Moisés y todos los profetas**, les declaró lo que toda la Escritura decía de Él".

Luc. 24:44-45. Jesús apeló a los escritos de **Moisés y de los profetas**. "Después les dijo: 'Estas son las palabras que os hablé, cuando estaba aún con vosotros; que era necesario que se cumpliese todo lo que está escrito de mí en la **Ley de Moisés, en los Profetas** y en los Salmos'. 45 Entonces les abrió el sentido, para que entendiesen las Escrituras".

Las Profecías del Antiguo Testamento Coreografiadas por la Vida de Cristo.

1.- La misión de Juan el bautista (Mat. 3:3; isa. 40:1-3).

2.- Juan el Bautista es llamado para ser el Mensajero (Mat. 11.10; mal. 3.1).

3.- El nacimiento de Jesús es anunciado por una estrella (Núm. 24:17; Mat. 2:2).

4.- Nacido de una virgen (Isa. 7:14; Mat. 1:22).

5.- Nacido en Belén (Miq. 5:2; Mat. 2:5).

6.- Circuncidado al octavo día tal como lo ordenó Moisés (Lev. 12:3; Luc. 2:22-24).

7.- Huyó a Egipto (Oseas 11:1; Mat. 2:15).

8.- Infantes murieron cuando nació (Jer. 31:15; Mat. 2:17).

9.- Comienzo de Su ministerio (Isa. 9:1-2; Mat. 4:14-16).

10.- Leyendo las Escrituras en Nazaret (Isa. 49:8-9; 61:1-2; Luc. 4:21).

11.- Llevó nuestras enfermedades (Isa. 8:17; Mat. 8:17).

12.- Actuó con la lepra como Moisés lo había ordenado (Lev. 13:1-3; Luc. 5:14).

13.- Profecía del siervo del Señor (Isa. 42:1-4; 49:3; Mat. 12:17).

14.- La señal de Jonás (Jonás 1:17; Mat. 12:40).

15.- Uno mayor que Salomón en el templo (Mat. 12:42).

16.- Por qué habló en parábolas (Isa. 6:9-10; Mat. 13:14-15).

17.- El pueblo lo honró solo con sus labios (Isa. 29:13; Mat. 15:8-9).

18.- Entró en Jerusalén en un asno (Zac. 9:9; Mat. 21:4-5).

19.- Palabras de la Entrada Triunfal (Zac. 9:9; Juan 12:15).

20.- Purificó el templo (Isa. 56:7; Jer. 7:11; Mat. 21:13).

21.- Los cantos de los niños en la Entrada Triunfal (Salmo 8:2; Mat. 21:169.

22.- La piedra que fue rechazada (Salmo 118:22-23; Isa. 28:16; Mat. 21:42).

23.- Los dos grandes mandamientos (Deut. 6:5; Lev. 19:8; Mat. 22:37, 39).

24.- Se sentó a la diestra del Padre (Salmo 110:1; Mat. 22:449.

25.- Abominación asoladora (Dan. 9:27; Mat. 24:15).

26.- Golpea al pastor y las ovejas son dispersadas (Zac. 13:7; Mat. 26:31).

27.- Hizo todo para que se cumplieran las Escrituras (Mat. 25:56).

28.- Vendido por 30 monedas de plata (Zac. 11:12; Jer. 32:6-9; Mat. 27:9-10).

29.- Echaron suertes de Sus vestidos (Salmo 22:18; Mat. 27:35).

30.- "Dios mío, Dios mío, ¿por qué me has desamparado? (Salmo 22:1; Mat. 27:46).

31.- Contado con los transgresores (Isa. 53:12; Mar. 15:28).

32.- Celo por la casa de Dios (Salmo 69:9; Juan 2:17).

33.- Serpiente en el desierto (Números 21; Juan 3:14).

34.- El Maná vivo (Éxodo 16; Juan 6).

35.- El agua de la roca (Éxo. 17:1-7; Juan 4:13-14; 7:37-39).

36.- La traición de Judas (Salmo 41:9; Juan 3:18).

37.- Lo odiaron sin causa (Salmo 35:9; Juan 15:25).

38.- La profecía del Hijo de la Perdición (Salmo 109:8; Juan 17:12).

39.- Las palabras "tengo sed" (Salmo 22:15; Juan 19:28).

40.- No le quebraron los huesos (Éxo. 12:46; Juan 19:46).

41.- Mirarán a Aquel que traspasaron (Salmo 22.16; Juan 19:37).

El Libro de Hechos y los Escritos de los Apóstoles: 31-95 d.C.

Hechos 1:16-17. La apostasía de Judas fue predicha en los salmos (Salmo 41:9; 69:25; 109:8). "Hermanos, **era necesario que se cumpliera la Escritura** en la que el Espíritu Santo había predicho por boca de David, acerca de Judas, que guió a los que prendieron a Jesús. 17 Judas era contado entre nosotros, y tenía parte en este ministerio".

Hechos 2:16. "Sino que esto es lo que anunció el profeta Joel". Pedro entonces cita **Joel 2:28-32**.

Hechos 2:25. "**Porque David** dice de Él". Pedro entonces cita el **Salmo 16:8-11**.

Hechos 2:30. "Siendo David profeta, y sabiendo que Dios le había asegurado con juramento que un descendiente suyo sería el Cristo". De acuerdo con este texto, Dios le había prometido a David que un **descendiente de su carne** ocuparía el trono. Esta promesa le fue hecha a David en **2 Sam. 7:12-16**.

Hechos 2:34-35. "Porque **David** no subió al cielo, pero él dice: 'Dijo el Señor a mi Señor: Siéntate a mi diestra, 35 hasta que ponga a tus enemigos por estrado de tus pies'".

Hechos 3:24-26. **Todos los profetas** señalaron a Jesús. "Todos los **profetas**, desde Samuel en adelante, todos anunciaron estos días. 25 Vosotros sois los hijos de los **profetas**, y del pacto que Dios concertó con nuestros padres, cuando dijo a Abrahán: 'En tu Descendiente serán benditas todas las familias de la tierra'. 26 Habiendo Dios resucitado a su Hijo, lo envió primero a vosotros, para que os bendijese, a fin de que cada uno se convierta de su maldad'".

Hechos 7:51-53. Esteban reprende al Sanedrín por rechazar a los **profetas**. "¡Duros de cerviz, incircuncisos de corazón y de oídos! Vosotros siempre resistís al **Espíritu Santo**. Como vuestros padres, así también vosotros. 52 ¿A cuál de los **profetas** no persiguieron vuestros padres? Mataron a los que de **antemano anunciaron la venida del Justo**, aquel a quien vosotros ahora habéis traicionado y matado. 53 Vosotros recibisteis la **Ley por disposición de ángeles**, y no la guardasteis".

Hechos 15:15-18. La misión a los **Gentiles** fue profetizada en el Antiguo Testamento. "Con esto **concuerdan las palabras de los profetas**, como está escrito: 16 'Después de esto volveré y **restauraré** la tienda caída de David. **Repararé** sus ruinas y la volveré a levantar. 17 Para que el resto de los hombres busque al Señor, y aun todos los gentiles sobre los cuales es **invocado mi nombre**. Así dice el Señor que hace estas cosas, 18 conocidas desde la antigüedad'".

Rom. 3:21. La teología de Pablo de la justicia por la fe estaba basada en **Moisés y en los profetas**. "Pero ahora, aparte de toda ley, la justicia de Dios se ha manifestado respaldada por la **Ley y los Profetas**".

1 Cor. 15:20. Pablo identificó a Cristo como nuestra **Pascua**, claramente aludiendo a **Éxodo 12**. "Porque nuestra **pascua, que es Cristo**, fue sacrificada por nosotros".

1 Cor. 15:20. Pablo identifica a **Cristo como las primicias**, claramente aludiendo a la **fiesta de las primicias en Levítico 23**. "Pero lo cierto es que Cristo resucitó de los muertos, y fue hecho **primicia** de los que durmieron".

Hechos 24:14. Pablo testificó delante de Félix que él creía todas las cosas en la **ley y en los profetas**. "Pero esto confieso, que según el Camino que ellos llaman secta, así sirvo al Dios de mis padres, creyendo todo lo que está escrito **en la Ley y en los Profetas**".

Hechos 26:22. **Pablo enseñó solo** lo que la ley y los profetas dijeron de Jesús. "Pero ayudado por el auxilio de Dios, persevero hasta hoy, y testifico a pequeños y grandes. **No digo nada fuera de las cosas que los profetas y Moisés dijeron** que habían de suceder".

Hechos 28:23-24. **La fuente teológica de Pablo era la ley y los profetas**. "Habiendo señalado un día, vinieron en gran número a ver a Pablo adonde se hospedaba. Entonces, desde la mañana hasta la tarde testificó del reino de Dios, procurando persuadirlos acerca de Jesús, por medio de la **Ley de Moisés y los Profetas**.

Gál. 3:16. El concepto de Pablo de la Semilla está firmemente basado en **Gén. 3:15 y 22:18**. "Las promesas fueron hechas a Abrahán y a su Descendiente. No dice: 'Y a sus descendientes', como si hablara de muchos, sino de uno solo: 'A tu Descendiente', que es Cristo".

El **libro de Hebreos** revela como todo el culto del Antiguo Testamento se cumplió en Cristo.

Apoc. 5:5 claramente alude a la profecía de **Gén. 49:9-12**.

Preguntas cruciales para los Últimos Días.

A la luz de lo que hemos estudiado, hagamos algunas preguntas:

- Si Dios tuviera que llamar a un profeta del tiempo del fin, ¿**cuál sería el rol de ese profeta**?
- ¿Cómo **hablaría y escribiría ese profeta**?
- ¿Traería ese profeta **nuevas verdades** no contenidas ya en Moisés, en los profetas y en el Nuevo Testamento?
- ¿O ese profeta **confirmaría**, **explicaría**, **expandiría**, **ampliaría** y **desarrollaría** las verdades que ya han sido dadas?
- ¿**Corregiría** ese profeta **a aquellos que yerran** con las verdades de la Biblia?

"En cada época hay un **nuevo desarrollo** de la verdad, un mensaje de Dios al pueblo de esa generación. Las **viejas verdades** son todas esenciales; la **nueva verdad** no es independiente de la vieja, sino un **desarrollo de ella**. Es únicamente comprendiendo las viejas verdades como podemos entender las nuevas. Cuando Cristo deseó revelar a sus discípulos la verdad de su resurrección, comenzó 'desde Moisés, y de todos los profetas', y 'declarábales en todas las Escrituras lo que de él decían'. Pero es la luz que brilla en el nuevo **desarrollo de la verdad** la que glorifica lo viejo. Aquel que **rechaza o descuida** lo nuevo no posee realmente lo viejo. Para él la verdad pierde su poder vital y llega a ser solamente una forma muerta". **PVGM:98**.

La función de los escritos de Ellen White, es como un microscopio. Ella no añade nada a la Biblia, ella simplemente amplía y magnifica lo que la Biblia ya contiene.

Ellen White confirma, explica, amplía, expande, exalta y desarrolla la revelación ya contenida en las Escrituras. Ella **no le añade nada a la sustancia**. Ella **no trae a la luz nuevas doctrinas**. Ella no es otra Biblia o una adición a la Biblia. Ella no contradice la Biblia, sino que corrige a aquellos que yerran con la verdad de la Biblia:

"Recomiendo al amable lector la Palabra de Dios como regla de fe y práctica. Por esa Palabra hemos de ser juzgados. En ella Dios ha prometido dar visiones en los 'postreros días' **no para tener una nueva norma de fe**, sino para consolar a su pueblo, y para **corregir** a los que se apartan de la verdad bíblica". **PE:78**.

Ellen White siempre conduce de vuelta a la Biblia. Ella hace exactamente lo que los escritores del Nuevo Testamento hicieron con Moisés y los profetas. Cada generación **hace explícito** lo que **ya está implícito** en revelaciones anteriores. Ella amplía y magnifica lo que ya está contenido en la Biblia. Esto es llamado **revelación progresiva**. Cundo ella es llamada una 'luz menor', no debemos entender que ella es una luz **inferior** o que ella tiene **menos autoridad** que los escritores de la Biblia. Es esa su función, como la de todos los escritores de la Biblia, conducir a los hombres y mujeres a Cristo, la luz mayor. La **fuente de luz** de las Escrituras y de los escritos de Ellen White, es la misma, pero su **función** es diferente. De hecho, la terminología 'luz menor' y 'luz mayor' viene de Gén. 1:16, donde los roles del sol y de la luna son descritos. La luna exalta la gloria del sol y conduce a los hombres a él. Así, la gloria de los escritos de Ellen White (y de la Biblia, para ese asunto) viene de Cristo y conduce a Él.

Como algunos en la IASD hoy, los Saduceos creían que los profetas eran la **inspiración menor** y por lo tanto de **menor autoridad** que los escritos de Moisés. Ellos no creían en la resurrección ni en los ángeles, porque ellos afirmaban que no podían encontrar esas ideas explícitamente en los escritos de Moisés. Su hubieran estudiado las Escrituras, habrían encontrado claramente la resurrección en los escritos de Moisés. Ustedes ven, que algunos eruditos Adventistas están cometiendo el mismo error que los Saduceos. Ellos están diciendo. "¿Por qué necesitamos a Ellen White cuando tenemos la Biblia?". Los Saduceos dicen lo mismo cuando afirman: "¿Por qué necesitamos a los profetas si tenemos a Moisés?"

Los profetas tenían que traer de vuelta las verdades fundamentales con los escritos de Moisés, así, Ellen White fue llamada para traer a las personas de vuelta a las Escrituras. Ustedes ven, las personas hoy tienen la tendencia a racionalizar y a explicar erradamente algunas de las enseñanzas de la Biblia que restringen su estilo de vida. Si las personas estudiaran la Biblia con un sincero deseo de practicar las verdades allí contenidas, los escritos de Ellen White no serían necesarios. Tal como Ellen White afirmó una vez:

"La Palabra de Dios es suficiente para iluminar la mente más entenebrecida, y puede ser entendida por los que tienen el deseo de comprenderla. Pero a pesar de todo esto, algunos que profesan hacer de la Palabra de Dios su tema de estudio, viven en directa oposición a sus más sencillas enseñanzas. Por ello, a fin de dejar a los hombres y mujeres **sin excusa**, Dios da testimonios claros y agudos, **llevándolos de vuelta** a la Palabra que han dejado de seguir. La Palabra de Dios abunda en **principios generales** para la formación de rectos hábitos de vida, y los testimonios generales y personales, han sido calculados para llamar la atención más especialmente a estos principios". **Ev:190**.

¿Dejaría Dios a Su pueblo sin ninguna guía en los periodos más peligrosos de la historia de la tierra, cuando los cristianos están ignorando y torciendo las Escrituras? Yo no lo creo.

Lección 5—Dos Profetas y Dos Libros

Existe un **extraordinario paralelo** entre la experiencia visionera de Juan en Patmos, cuando recibió su visión de la gran controversia, y la experiencia visionera de Ellen White, cuando ella recibió la suya. Comencemos analizando la experiencia visionera de Juan en Patmos:

Juan tuvo el testimonio de Jesús o el Espíritu de Profecía.

Apoc. 1:2. "Él testifica de todo lo que vio; a saber, de la Palabra de Dios y del testimonio de Jesucristo". (Ver también 1:9; 21:16).

Apoc. 19:10. "Yo me postré a sus pies para adorarlo. Y él me dijo: 'No hagas eso. Yo soy siervo como tú y como tus hermanos que se atienen al testimonio de Jesús. ¡Adora a Dios! **Porque el testimonio de Jesús es el espíritu de profecía**'".

El Testimonio era para las Iglesias.

Apoc. 22:16; 2:7. "Yo, Jesús, os envié a mi ángel con este testimonio para las **iglesias**... El que tiene oído, oiga lo que el Espíritu dice a las **iglesias**".

Juan caía como muerto mientras estaba en visión.

Apoc. 1:17. "Cuando lo vi, **caí como muerto** a sus pies. Pero él **puso su mano derecha sobre mí**, y me dijo: '¡No temas! Yo Soy el Primero y el Ultimo'".

Nota: De manera similar, cuando Daniel estaba en visión, no respiraba, era como si estuviese muerto. Pero entonces el ángel colocó sobre Daniel y él fue fortalecido (Ver Dan. 10:5-8, 10, 17-19).

Juan frecuentemente usó expresiones como "vi" y "te voy a mostrar" (cf. 1:1; 4:1; 17:1; 21:9; 22:6).

Más de **50 veces** en su libro, Juan usa la expresión "**vi**", "**te voy a mostrar**". A Juan se le mostraba un panorama vívido de las realidades celestiales y del conflicto entre el bien y el mal (por ejemplo, la batalla cósmica en Apocalipsis 12).

El Espíritu Santo a través de la Ministración de un Ángel le impartía el mensaje a Juan.

Apoc. 2:11; 22:16. "El que tiene oído, oiga lo que el **Espíritu** dice a las iglesias... Yo, Jesús, os envié a **mi ángel** con este testimonio para las iglesias".

Nota: Aun cuando el Espíritu Santo inspiraba a los profetas (2 Pedro 1:20-21), el mensaje era impartido a través de un ángel. Esto es verdad también del libro de **Daniel**. El ángel **Gabriel** era el ángel que le daba las visiones a Daniel.

Se le ordenaba a Juan que escribiera mientras estaba en visión.

Apoc. 1:11 (Ver también 1:19; 19:9; 21:5). "Yo Soy el Alfa y la Omega, el Primero y el Último. **Escribe en un libro lo que veas**, y envíalo a las siete iglesias: A Éfeso, Esmirna, Pérgamo, Tiatira, Sardis, Filadelfia y Laodicea".

Tanto Daniel como Juan conversaron con su Ángel.

Dan. 7:16. "Me acerqué a uno de los que asistían, y **le pregunté** la verdad acerca de todo esto'. Y **él me declaró la interpretación** diciendo".

Apoc. 10:9. "Fui al ángel, y **le pedí** que me diese el librito. Y **él me dijo**: 'Toma, cómelo. Será dulce como la miel en tu boca, pero amargará tu estómago'".

Juan habló con otros seres celestiales.

Apoc. 7:13-14. "Entonces uno de los ancianos me preguntó: 'Estos que están vestidos de ropa blanca, ¿quiénes son, y de dónde han venido?' **Yo respondí**: 'Señor, tú lo sabes'. Y él me dijo: 'Estos son los que han venido de la gran tribulación. Han lavado su ropa, y la han emblanquecido en la sangre del Cordero'".

Jesús también le habló a Juan.

Apoc. 1:12-13. "Me volví para ver quién **hablaba conmigo**. Y al volverme, vi siete candelabros de oro, y entre los siete candelabros vi a uno semejante al **Hijo del Hombre**, vestido de una ropa que llegaba hasta los pies. Tenía el pecho ceñido con una cinta de oro".
El ángel de Juan lo transportó a un lugar distante en el cielo y en la tierra (1:10; 4:2; 17:1, 3; 21:9-10)

Apoc. 21:9-10. "Entonces vino a mí uno de los siete ángeles que tenían las siete copas llenas de las siete últimas plagas, y me dijo: 'Ven, y te mostraré la novia, la esposa del Cordero'. **Me llevó en espíritu** a un grande y alto monte, y me mostró la gran ciudad santa, la Jerusalén que descendía del cielo, de Dios".

La Experiencia Visionera de Juan era tan Real, que Él Pensó que era Transportado Corporalmente.

Aun cuando el cuerpo de Juan permaneció en la tierra, su **mente parecía estar en el cielo** y la escena era **tan real** que él pensaba que estaba allí. Esto es descrito como siendo **tomado por el Espíritu** y también como siendo tomado **por un ángel**. En otras palabras, el Espíritu Santo llevó a cabo Su obra a través de la **ministración de los ángeles**.

Apoc. 17:3. "Y **me llevó en espíritu** al desierto. Allí vi una mujer sentada sobre una bestia escarlata, que tenía siete cabezas y diez cuernos, y estaba cubierta de nombres de blasfemia".

Apoc. 21:10. "**Me llevó en espíritu** a un grande y alto monte, y me mostró la gran ciudad santa, la Jerusalén que descendía del cielo, de Dios".

2 Cor. 12:2-4. El apóstol Pablo tuvo una experiencia similar cuando fue llevado al tercer cielo. Él no estaba seguro si Dios lo llevó allí corporalmente o solo fue en su mente. Allí él escuchó palabras que no pueden ser pronunciadas. Esto suena muy similar a la experiencia de Juan en Apocalipsis 10, donde él escuchó lo que los siete truenos dijeron, pero se le prohibió repetirlo, a través de un ángel poderoso. "Sé de un hombre en Cristo, que hace catorce años fue **arrebatado** (llevado) hasta el tercer cielo. Si en el cuerpo o fuera del cuerpo, no lo sé. Dios lo sabe. 3 Y sé que ese hombre -si en el cuerpo o fuera del cuerpo, no lo sé, Dios lo sabe-, 4 fue arrebatado al paraíso, donde oyó palabras inefables, que al hombre no le es permitido expresar".

Nota: El comentador Albert Barnes tiene lo siguiente para decir acerca del significado de la frase 'inexpresables palabras":

"Pablo quiso decir que él **no podía hacer justicia con las palabras a lo que él vio y escuchó**. El uso de la palabra "palabras" aquí, parece implicar que él escuchó el lenguaje de una exaltada alabanza; o que había verdades impartidas a su mente, que **él no podía esperar convertir en ningún lenguaje hablado por personas**". Notas de Barnes a "2 Cor. 12:4" Electronic Database, Copyright 1997, 2003, 2005, 2006 por Biblesoft.

Diversas versiones no traducen 'que al hombre no le es permitido expresar', sino que 'no es posible decir'. El énfasis, entonces, no está en la legitimidad de describir lo que fue visto, sino que en la posibilidad de poder expresarlo.

Barnes continúa a decir: "La transacción aquí referida es muy extraordinaria. Es el **único caso** en las Escrituras donde alguien que fue llevado al cielo, ya **sea realmente o en visión**, y que posteriormente volvió a la tierra y entonces fue calificado para comunicar importantes verdades acerca de la palabra celestial a través de una observación personal". Notas de Barnes a "2 Cor. 12:4" Electronic Database, Copyright 1997, 2003, 2005, 2006 por Biblesoft.

Esta declaración de Barnes es **enigmática**, porque en el libro del Apocalipsis Juan fue ciertamente transportado al cielo en visión. También, veremos que **Ellen White fue transportada al cielo y también volvió**, y las escenas fueron tan reales, que ella no pudo encontrar las palabras para describir lo que vio. Es significativo, sin embargo, que Barnes reconoció que la expresión 'en el cuerpo o fuera del cuerpo' simplemente significa '**en realidad (en persona)** o en **visión**'.

Juan luchó con palabras para describir lo que vio en el Cielo.

Apoc. 21:10-11 (Ver también Apoc. 15:2; 21:18, 21). "Me llevó en espíritu a un grande y alto monte, y me mostró la gran ciudad santa, la Jerusalén que descendía del cielo, de Dios. 11 Resplandecía con la gloria de Dios. Y su fulgor era **semejante** a una piedra preciosísima, **como** piedra de jaspe, diáfana **como** el cristal".

Nota: Lo mejor que Juan pudo hacer fue usar cosas para describir las realidades del cielo.

Las Fuentes Literarias de Juan.

Sin duda que el Espíritu Santo inspiró el libro del Apocalipsis. ¿Pero **qué fuentes** empleó el Espíritu para impartirle la información a Juan? El libro del Apocalipsis parece consistir de **tres** fuentes de información:

Primero, Juan usa **palabras**, **frases** y **sentencias** de las fuentes anteriormente **inspiradas**. Hay **cientos** de alusiones del **Antiguo Testamento** (por ejemplo, Apoc. 14:7). Muchas ideas también provienen de otras fuentes del **Nuevo Testamento** (por ejemplo, Apoc. 1:7 con Mat. 24:30).

Segundo, Juan también tomó prestadas palabras, frases y sentencias de otras fuentes **no inspiradas** que existían en sus días. Al parecer, Juan empleó ocasionalmente el lenguaje de **Enoc y de Tobías**.

¿Quiere esto decir que los libros de Enoc y de Tobías eran inspirados? ¡No! Simplemente significa que el lenguaje de estos libros era **común** en los días de Juan, un lenguaje con el cual sus lectores estaban indudablemente familiarizados. Pero una vez que el lenguaje fue incluido en el libro del Apocalipsis, se convirtió en **parte del registro inspirado**. De los muchos ejemplos que podrían ser citados, observemos apenas **Enoc 40:1**. "Después de eso (Apoc. 7:9) Vi miles de millares, y diez mil veces diez mil (Apoc. 5:11), vi una gran multitud que ninguno podía contar (Apoc. 7:9), que estaba ante el Señor de los espíritus". **Enoc 91:16**. "Y el primer cielo pasará y un nuevo cielo aparecerá" (Apoc. 21:1).

Enoc 90:26. "Ellos fueron juzgados y encontrados culpables y fueron arrojados en el fiero abismo". (Apoc. 20:15).

Tercero, Juan recibió mucha información en **visiones y sueños** que eran originales y que no estuvieron disponibles en ninguna otra **fuente existente** de sus días.

La Ética Literaria de Juan.

Créanlo o no, Juan no citó directamente ninguna de las fuentes que él usó. Él normalmente **parafraseaba** sus fuentes y **aludía** a ellas.

Juan nunca proveyó ningún **crédito** de fuente en el libro del Apocalipsis, aun cuando él **pidió prestado prolíficamente** de otras fuentes inspiradas y menos frecuentemente de las fuentes **no inspiradas**.

¿Podríamos decir que él fue un plagiario, porque no le dio crédito a sus fuentes? Algunos pueden argumentar: "Pero la **ética literaria de los días de Juan** no requería que los autores le diesen crédito a sus fuentes".

Esto no es necesariamente verdadero, porque **Mateo**, en contraste con Juan, es muy cuidadoso para darle crédito a sus fuentes (1:22; 2:15, 17, 23; 3:3; 4:14; 8:17; 12:17; 13:35; 21:4; 22:31; 24.15; 27:9, 35). Otros escritores del Nuevo Testamento también afirmaron comúnmente que ellos **tomaron emprestado de las Escrituras**.

Aun cuando Juan tomó emprestado material de otras fuentes, su libro es una **producción literaria totalmente nueva**. De hecho, aquellos que han estudiado cuidadosamente la estructura literaria de su libro, han concluido que es una **pieza literaria maestra**. Es un libro que fue **meticulosa e intrincadamente** estructurado alrededor del **santuario Hebreo**. De hecho, sigue el orden preciso del servicio del santuario. Al igual que un mosaico, cada parte del libro está **vinculado bellamente** con todas las otras partes.

Podríamos usar el siguiente ejemplo: suponga que diez diferentes contratistas van a **Home Depot** y cada uno de ellos compra los materiales necesarios para construir una casa. Todos compran clavos, tablas, cemento, arena, ladrillos, tejas, tablillas, puertas, ventanas, conductores eléctricos, lámparas, etc. Pero cuando cada uno de ellos terminó su casa, hay **diez casas totalmente diferentes**. Todos usaron los **mismos materiales**, pero los colocaron juntos de forma diferente.

El Carácter Simbólico del Apocalipsis.

El libro del Apocalipsis presenta el mensaje del tiempo del fin en un lenguaje **simbólico, codificado** que tiene que ser **decodificado o descifrado**. El libro describe al dragón, a la bestia,, al falso profeta, a la ramera, el vino, las doce estrellas, las aguas, la tierra, los dos testigos, el sello de Dios, la marca de la bestia, los 1260 días, los siete cuernos, los siete ojos, etc. ¿Pero qué significan estos símbolos? Para poder comprender el libro, es necesario **decodificar** o **descifrar** este lenguaje simbólico.

La Tesis Central y El Tema del Apocalipsis.

¡Es obvio que el tema central del Apocalipsis es la **gran controversia entre Cristo y Satanás** con Cristo siendo el de la victoria final! Este tema es claramente revelado en los capítulos **12-13**, donde Cristo y Satanás están en una batalla mortal. Esta batalla está constantemente en el trasfondo de todo el libro. El Apocalipsis revela la historia que está siendo escrita **detrás de la historia**.

Las Dos Mitades del Apocalipsis.

Capítulos 1-9: La **primera mitad** del Apocalipsis (las iglesias, los sellos y las trompetas) poseen un énfasis **histórico** y cada sección concluye con un clímax escatológico. Las **iglesias**, los **sellos** y las **trompetas** comienzan todos en los días de los apóstoles, fluyen por la historia y tienen su clímax en el tiempo del fin.

Capítulos 12-22: La **segunda mitad** del Apocalipsis se centraliza primariamente en los **eventos del fin del tiempo** con algún trasfondo histórico, para darle un cuadro de referencia. La segunda mitad del libro describe los poderes que se **opondrán al pueblo de Dios** (capítulos 12-13), la **advertencia** contra estos poderes (capítulo 14), el **cierre de la gracia para los seres humanos** (capítulo 15), las **plagas** (capítulos 16-18), la **segunda venida** (capítulo 19), el **milenio** (capítulo 20) y la **nueva tierra** (capítulos 21-22).

Capítulos 10-11: En el **corazón del libro** está el episodio acerca del libro pequeño (Apocalipsis 10) y la apertura del Lugar Santísimo para el juicio final (Apoc. 11:19).

Satanás trata de matar a Juan antes que escriba el Apocalipsis.

La **tradición cristiana** dice que durante el reinado del emperador **Domiciano**, Juan fue arrojado dentro de un **calderón** con aceite hirviendo, pero fue milagrosamente librado, tal como lo fueron los tres jóvenes Hebreos, cuando fueron arrojados dentro de un horno en los días de Daniel. Después de este evento, Juan fue exiliado en la isla de Patmos y escribió el libro del Apocalipsis. Ellen White apoya la fiabilidad de esta tradición histórica:

"Juan fue echado en una caldera de aceite hirviente; pero el Señor preservó la vida de su fiel siervo, así como protegió a los tres hebreos en el horno de fuego". **HAp:455**.

La Experiencia Visionera de Ellen White.

Ellen White y el Testimonio de Jesús.

Apoc. 12:17. "Entonces el dragón se airó contra la mujer, y fue a combatir al resto de sus hijos, los que guardan los Mandamientos de Dios y tienen el **testimonio de Jesús**". (Ver 19:10; 22:8-9).

Nota: Ellen White llamó frecuentemente a sus mensajes de "**los testimonios**" porque ella tenía el Testimonio de Jesús (Apoc. 12:17). El cuarto volumen precursor del quinto volumen de la 'Serie del Conflicto' fue llamado "El Espíritu de Profecía". De acuerdo con Apoc. 19:10, el testimonio de Jesús es el Espíritu de Profecía.

"Los **Testimonios son del Espíritu de Dios**, o son del diablo. Como el Señor se ha manifestado a Sí mismo a través del **Espíritu de profecía**, el pasado, el presente y el futuro ha pasado delante de mi". **Consejos a la Iglesia:93**[2].

"Esta profecía (Apoc. 12:17) señala claramente que la **iglesia remanente** reconocerá a Dios en Su ley y tendrá el **don profético**. La obediencia a la ley de Dios, y el **Espíritu de profecía** siempre ha distinguido al verdadero pueblo de Dios, y la prueba es normalmente dada en manifestaciones presentes". **Mensajes de Loma Linda:33**.

Las Visiones de Ellen White Fueron Dadas Primariamente para la Iglesia.

El mensaje de Ellen White, como el de Juan el bautista, fue primariamente para la **iglesia**. Ella escribió toda una serie de nueve volúmenes llamados, **Testimonios Para la Iglesia**.
1 Cor. 14:22. "Así, las lenguas sirven de señal, no a los creyentes, sino a los incrédulos; **pero la profecía, no a los incrédulos, sino a los creyentes**".

Ellen White estaba como muerta cuando estaba en Visión.

"Ellos pensaron que yo estaba muerta, y allí observaron, lloraron y oraron tanto, pero yo estaba en el cielo, fue vida". **Manuscrito 16, 1894**.

Nota: Ellen White no respiraba cuando entraba en visión y tal vez esta sea la razón de por qué los que estaban presentes, pensaron que estaba muerta.

---
[2] Nota del traductor: Esta cita no existe en Español.

'Yo vi' y 'se me mostró'

En la primera edición de la historia de la gran controversia (Dones Espirituales), Ellen White usó la expresión 'yo vi' o "se me mostró' cerca de **una vez por página**.

Dios le mostró a Ellen White las vívidas escenas de la gran controversia en visiones panorámicas. Posteriormente, en el libro La Gran Controversia, las expresiones 'yo vi' y 'me fue mostrado' fueron omitidas, porque el libro fue usado para un público en general y Ellen White no quería perjudicarlos (prejuiciarlos) contra el libro.

Ellen White fue inspirada por el Espíritu de Dios, pero la información fue impartida por un Ángel.

Aun cuando el mensaje de Ellen White le fue dado a ella por la inspiración del **Espíritu Santo**, un ángel a quien ella llamaba "mi guía" (CET:26) 'mi instructor' (7ML:347) o 'mi ángel acompañante' (PE:38) se lo impartía a ella.

A Ellen White se le Ordenó Que Escribiera Mientras Estaba En Visión.

"Mientras me encontraba en visión, un ángel me encargó que escribiera lo que veía. Obedecí y escribí sin dificultad". (1T:74).

Ellen White le Hizo Preguntas a su Ángel.

"Supliqué a mi ángel acompañante que me dejara permanecer allí. No podía sufrir el pensamiento de volver a este tenebroso mundo. El ángel me dijo entonces: 'Debes volver, y si eres fiel, tendrás, con los 144000, el privilegio de visitar todos los mundos y ver la obra de las manos de Dios'". (PE:40).

"Pregunté a mi ángel acompañante qué significaba lo que oía y qué iban a hacer los cuatro ángeles. Me respondió que Dios era quien refrenaba las potestades y que encargaba a sus ángeles de todo lo relativo a la tierra; que los cuatro ángeles tenían poder de Dios para retener los cuatro vientos, y que estaban ya a punto de soltarlos, pero mientras aflojaban las manos y cuando los cuatro vientos iban a soplar, los misericordiosos ojos de Jesús vieron al pueblo remanente todavía sin sellar, y alzando las manos hacia su Padre intercedió con él, recordándole que había derramado su sangre por ellos. En consecuencia se le mandó a otro ángel que fuera velozmente a decir a los cuatro que retuvieran los vientos hasta que los siervos de Dios fuesen sellados en la frente con el sello de Dios". (PE:38).

En la famosa '**visión del tren**', ella le preguntó a su ángel quién era el conductor, a lo cual el **ángel respondió** que era Satanás disfrazado como un ángel de luz (PE:88).

Habló con otros Seres Celestiales.

Dios la tomó a ella en visión a otro mundo donde ella "**Le pregunté a uno de ellos** por qué eran mucho **más bellos** que los habitantes de la tierra, y me respondió: 'Hemos vivido en estricta obediencia a los mandamientos de Dios, y no incurrimos en desobediencia como los habitantes de la tierra'". (HC:492).

Ellen White vio una vez a Enoc en un planeta con siete lunas. Ella le preguntó a Enoc si ese era el lugar adonde él había sido trasladado desde la tierra, a lo cual él dijo: "No es, la ciudad es mi hogar, y he venido a visitar este lugar". (Experiencia Cristiana y Enseñanza:98)[3].

Nota: ¿Es esta cita de Enoc hablándole a Ellen White realmente tan absurda? La Biblia dice que Enoc fue **trasladado al cielo** de entre los vivos. Hebreos 11 dice que los héroes del Antiguo Testamento miraron hacia **adelante hacia la ciudad** cuyo constructor y hacedor es Dios y Enoc **es uno de esos listados**.

También habló con Jesús.

Ellen White una vez le preguntó a Jesús si el Padre tenía **una forma** como la de Él mismo. Jesús le respondió que Él la tenía y añadió: "Si llegases a contemplar la gloria de su persona, dejarías de existir". (PE:54).

Testimonió Eventos Futuros como si estuvieran Transcurriendo en el Presente.

Ellen White fue algunas veces transportada al futuro, donde ella testimonió eventos como si estuvieran transcurriendo mientras ella estaba en visión. Por ejemplo, ella mantuvo una vez una conversación con los hermanos **Fitch y Stockman** bajo el árbol de la vida. Desde luego, Fitch y Stockman murieron antes del Gran Chasco de 1844 (Experiencia Cristiana y Enseñanza:61).

En la primera visión de Ellen White (PE:13-23) ella describe vívidamente a Jesús dándole a ella un tour de la futura patria celestial juntamente con los redimidos de la tierra. Fue tan real esta participación en el evento futuro, que ella le suplicó a su ángel que le permitiera permanecer allí, en vez de volver a la tierra. ¡Ella realmente creyó que estaba físicamente en le cielo!

---

[3] Nota del traductor: Esta cita no existe en Español.

El Ángel de Ellen White la Transportó al Cielo.

"Pronto perdí el conocimiento de las cosas terrenas y quedé arrobada en una visión de la gloria de Dios. Vi un ángel que con presteza volaba hacia mí. **Me llevó rápidamente** desde la tierra a la santa ciudad, donde vi un templo en el que entré". (PE:32).

La Experiencia de Ellen White Mientras estaba en Visión.

"Puesto que se han hecho frecuentemente preguntas en cuanto al estado en que estoy durante la visión y después de que salgo de ella, diré que cuando el Señor cree oportuno dar una visión, soy **llevada a la presencia de Jesús y de los ángeles** y estoy completamente **perdida en cuanto a las cosas terrenales**. No puedo ver más allá de lo que los ángeles me señalan. Mi atención con frecuencia es dirigida a escenas que suceden en la tierra". (1MS:41).

El Lenguaje es inadecuado para describir lo que Ella Vio.

"Las **palabras** no pueden describir la escena que tuvo lugar cuando el Hijo de Dios fue reinstaurado públicamente al lugar de honor y gloria al cual había renunciado voluntariamente cuando aceptó la humanidad". (EJ:96).

"**No me es posible describir** las maravillas que vi. ¡Oh, si yo supiera el idioma de Canaán ¡Entonces podría contar algo de la gloria del mundo mejor!". (PE:19).

"Las **palabras son demasiado pobres** para intentar una descripción del cielo. Siempre que se vuelve a presentar ante mi vista, el espectáculo me anonada de admiración. Arrobada por el insuperable esplendor y la excelsa gloria, dejo caer la pluma exclamando: '¡Oh! ¡Qué amor, qué maravilloso amor!' El **lenguaje más exaltado** no bastaría para describir la gloria del cielo ni las incomparables profundidades del amor del Salvador". (PE:289).

Las Fuentes Literarias de Ellen White.

Una parte significativa de la Gran Controversia consiste de **palabras**, **frases** y **sentencias** del **Antiguo** y del **Nuevo Testamento**. Las referencias de las Escrituras al **final del libro** revelan su profundo conocimiento y uso de las Escrituras.

Ellen White también pidió prestado algún material de las **fuentes no inspiradas**. En las primeras ediciones (Dones Espirituales y Espíritu de Profecía) de lo que ahora es la Gran

Controversia, ella usó citas de **otros autores** y **no les dio crédito**. Algunos la han acusado de **piratería literaria o plagio**. Tenemos que recordar, sin embargo, que la ética literaria del **siglo XIX** era diferente a la de hoy.

Ellen White **no trató de ocultar** el hecho que ella usó fuentes no-canónicas. Ella anunció rápidamente esto en la **Introducción** de la Gran Controversia (que es realmente la introducción de toda la Serie del Conflicto):

"En algunos casos cuando he encontrado que un historiador había reunido los hechos y presentado en pocas líneas un claro conjunto del asunto, o agrupado los detalles en forma conveniente, he reproducido sus palabras, pero en algunas instancias **no se le ha dado un crédito específico**, ya que las citas no son dadas con el propósito de citar a ese escritor como una autoridad, sino porque sus palabras resumían adecuadamente el asunto. Y al referir los casos y puntos de vista de quienes siguen adelante con la obra de reforma en nuestro tiempo, me he valido en forma similar de las obras que han publicado". (CS:14)[4].

Mucho del material de la Gran Controversia es **original** de Ellen White y le llegó a ella directamente a través de **visiones y sueños**. Los capítulos tales como "La Liberación del Pueblo de Dios", "La Desolación de la Tierra" y "El Fin del Conflicto" le llegaron a ella directamente en visiones y sueños.

¡Ellen White tomó lo que ella **encontró en las Escrituras**, lo que Dios le dio en visiones y sueños y lo que ella investigó en **fuentes no inspiradas** y que ella los entrelazó en un material **literario maestro** totalmente diferente a cualquier cosa que haya antes sido escrito! Lo que Juan desarrolló en 22 capítulos, Ellen White lo amplió en **737 páginas**.

Un Libro del Apocalipsis Decodificado.

Ellen White decodificó los símbolos del Apocalipsis a un lenguaje entendible. Ella decodificó el significado del dragón, la bestia, el falso profeta, la ramera, el vino, las doce estrellas, las aguas, la tierra, los dos testigos, el sello de Dios, la marca de la bestia, los 1260 días, los siete cuernos, los siete ojos, etc. Para comprender el libro es necesario decodificar o descifrar este lenguaje simbólico y Ellen White ha hecho eso mismo.

Por ejemplo, el lenguaje simbólico en Apocalipsis 4 y 5 es interpretado en un lenguaje entendible (DTG:833-835):

- Uno sentado en el trono = Dios el Padre
- Cuatro criaturas vivientes = Querubines y Serafines
- 24 ancianos = Representantes de los mundos
- Siete lámparas de fuego = El Espíritu Santo

---
[4] Nota del traductor: En Inglés está un poquito diferente al Español. Aquí está tal como aparece en Inglés.

- El Cordero = Jesús

El Tema Central.

La Gran Controversia **no es un libro común de historia**. Es realmente una **filosofía de la historia**. En ella se ve la historia que está siendo **escrita detrás de la historia**. Ella discierne las **causas reales** de los eventos históricos. Se le permite mirar detrás del velo el mundo invisible, para discernirla batalla entre **dos fuerzas sobrenaturales** que rivalizan por el dominio del mundo. Ella ve lo que la mayoría de los **historiadores** no ve. Esto es lo que hace su **libro único** y sin rival.

Por ejemplo, ella escribe acerca de los desastres naturales que vendrán más frecuentemente y cada vez más terribles (CS:589-590)[5]. El historiador describiría simplemente que esos eventos ocurrieron y adónde ocurrieron y cuántas personas murieron. Ellen White explica la verdadera razón de ellos, quién los causó y por qué. La razón es que Satanás finalmente quiere maldecir al pueblo de Dios con esas calamidades.

Algunos se demoran porque Ellen White escribió que la **campana del palacio** en Paris era la señal para el comienzo de la **Masacre de San Bartolomé**. La mayoría de los historiadores piensan que fue la **campana de la Catedral** la que dio la señal. Los que se demoran en esta falla para entender que el rol de Ellen White no era el de definir qué campana, sino que en entender quién estaba por detrás de la masacre y por qué – **Satanás quería pisotear la Reforma en Francia**. ¡Así es que no se demoren en una campana!

Las Dos Mitades del Libro y su Centro.

La primera mitad de la Gran Controversia es un énfasis histórico (pág. 17-316)[6]. Estas páginas cubren lo que se encuentra en la serie de las **iglesias**, los **sellos** y las **trompetas** (Apocalipsis 1-9).

La segunda mitad del Apocalipsis (Apocalipsis 12-22) se concentra en los eventos del tiempo del fin (pág. 419-612)[7]. Estos eventos incluyen la prueba del **Sábado y del domingo** y como el **triple mensaje angélico** va a revelarle al mundo los verdaderos asuntos de la controversia. Ella entonces describe el **cierre de la gracia**, las **plagas**, el tiempo de la **angustia de Jacob**, la **segunda venida** de Jesús, el **milenio** y la **nueva tierra**.

Aun una mirada rápida revela que ella está exponiendo los eventos del Apocalipsis **en su propio orden**.

---

[5] Paginación en Inglés.
[6] Paginación en Inglés.
[7] Paginación en Inglés.

En el centro del libro (Apocalipsis 10-11; pág. 317-408)[8] hay una descripción del **movimiento Millerita**, su amarga experiencia y la apertura de Cristo del **templo celestial**, para comenzar el juicio. Esto también está en el **centro del libro del Apocalipsis**.

Satanás Trató de Matar a Ellen White.

El 14 de Marzo de 1858, Ellen White recibió su gran visión de la Gran Controversia en **Lovett's Grove, Ohio**. En el camino de regreso James y Ellen hicieron planes para publicar lo que ella había visto. Decidieron parar en el hogar de Palmer en **Jackson, Michigan**. Ellen White describe lo que sucedió allí:

"Después que salí de la visión, los amigos afligidos y una porción de la congregación llevaron el cuerpo a su lugar de descanso, y gran solemnidad descansó sobre aquellos que quedaron. Dos días después de esta ocurrencia, llevamos los carruajes a Fremont por Jackson, Michigan. Mientras estábamos en los carruajes hicimos nuestros planes para escribir y publicar el libro llamado "La Gran Controversia" inmediatamente después que llegáramos a nuestro hogar. Yo estaba en ese entonces tan bien como de costumbre. Al llegar al tren de Jackson, fuimos donde el hermano Palmer. Habíamos estrado en la casa un tiempo bien corto, cuando, mientras yo estaba conversando con la hermana Palmer, mi lengua se negó a decir lo que quería decir, y parecía ser larga y estar entumecida. Una extraña y fría sensación golpeó mi corazón, pasó sobre mi cabeza, y por mi costado derecho. Durante un tiempo estuve insensible pero fui sostenida por la voz de las sinceras oraciones. Traté de usar mis extremidades izquierdas, pero estaban perfectamente inutilizadas. Durante un tiempo bien corto, me pareció que no iba a vivir. Era mi tercer choque de parálisis, y aun cuando estábamos a 80 Km de nuestro hogar, no esperaba ver a mis hijos nuevamente. Me acordé de la triunfante sesión que había disfrutado en Lovett's Grove, y pensé que era mi último testimonio, y me sentí resignada a morir". **Life Sketches:338**.

¿Fue este un Golpe Común?

"En el tiempo de la Conferencia en Battle Creek, en Junio de 1858, la hermana Hutchins, que ahora duerme en Jesús, fue severamente afligida por una enfermedad, y todos sentimos que ella descendería a la tumba a menos que el Señor la levantara. Mientras orábamos por ella, el poder de Dios descansó sobre nosotros todos, y cuando llegó sobre mí, fui tomada en visión. En esa visión se mostró que en el repentino ataque de Jackson, Satanás intentó tomar mi vida, para esconder la obra que yo estaba por escribir; pero ángeles de Dios fueron enviados para rescatarme. También vi, entre otras cosas, que debería ser bendecida con mejor salud que antes del ataque de Jackson". **Life Sketches:339**.

---
[8] Paginación en Inglés.

Lección 6—La Luz Menor

La Ira de Satanás Contra el Remanente.

Apoc. 12:17. "Entonces el dragón se airó contra la mujer, y fue a combatir al resto de sus hijos, los que guardan los Mandamientos de Dios y **tienen el testimonio de Jesús**".

Apoc. 19:10. "Yo me postré a sus pies para adorarlo. Y él me dijo: 'No hagas eso. Yo soy **siervo como tú** y como tus hermanos que se atienen al **testimonio de Jesús**. ¡Adora a Dios! Porque el **testimonio de Jesús** es el **espíritu de profecía**'".

Apoc. 22:8-9. "Yo, Juan, soy el que oyó y vio estas cosas. Y después de haber oído y visto, me postré para adorar a los pies del ángel que me las estuvo mostrando. Pero él me dijo: 'No lo hagas. Porque yo soy **siervo contigo**, con tus **hermanos los profetas**, y con los que guardan las Palabras de este libro. ¡Adora a Dios!'".

Cuándo, Adónde y a Quién.

Apoc. 12:13-17 explica el surgimiento del don profético en el **tiempo del fin**:

Cuándo: Después de los 1260 años.

Adónde: En la tierra (el territorio de los Estados Unidos).

A quién: al remanente.

Características: Guardan los mandamientos de Dios y tienen el testimonio de Jesucristo.

Significado de los Términos.

En los escrito de Juan, la palabra por 'tener' (exoo) expresa la idea de **posesión** (por ejemplo, ver Apoc. 1:18; Juan 5:26; Apoc. 3:1). Esto significa que en el fin del tiempo el remanente de Jesús **poseerá** el testimonio de Jesús.

El don es llamado 'el **espíritu** de profecía' porque la profecía es uno de los dones impartido por el Espíritu Santo (1 Pedro 1:10-12; Zac. 7:12; 2 Pedro 1:21; Apoc. 2:11).

Ellen White usa la expresión 'Espíritu de Profecía': El cuarto volumen precursor del quinto volumen de la serie del Conflicto de las Edades, fue llamado '**Espíritu de Profecía**'.

"Fue Cristo quien habló a su pueblo por medio de los **profetas**. El apóstol Pedro, escribiendo a la iglesia cristiana, dice que los que '**profetizaron** de la gracia que había de venir a vosotros, han inquirido y diligentemente buscado, escudriñando cuándo y en qué punto de tiempo significaba el Espíritu de Cristo que estaba en ellos, el cual prenunciaba las aflicciones que habían de venir a Cristo, y las glorias después de ellas'. (1 Pedro 1:10-11). Es la voz de Cristo la que nos habla por medio del Antiguo Testamento. 'Porque el **testimonio de Jesús** es el espíritu de la profecía'. (Apoc. 19:10)". **PP:382**.

"Por medio de santos ángeles, Dios reveló a Enoc su propósito de destruir al mundo mediante un diluvio, y también le hizo más manifiesto el plan de la redención. Mediante el espíritu de profecía lo llevó a través de las generaciones que vivirían después del diluvio, y le mostró los grandes eventos relacionados con la segunda venida de Cristo y el fin del mundo". **PP:73**.

Con respecto a Simeón:

"El espíritu de profecía estaba sobre este hombre de Dios, y mientras que José y María permanecían allí, admirados de sus palabras, los bendijo, y dijo a María: 'He aquí, éste es puesto para caída y para levantamiento de muchos en Israel; y para señal que será contradicha [blanco de contradicción, V. M.]; y una espada traspasará tu alma de ti misma, para que sean manifestados los pensamientos de muchos corazones". **DTG:37**.

"Sin embargo, ahora cuando os envío un testimonio de amonestación y represión, muchos de vosotros decís que es meramente la opinión de la hermana White. De esta manera habéis insultado al Espíritu de Dios. Vosotros sabéis cómo el Señor se ha manifestado mediante el espíritu de profecía. El pasado, el presente y el futuro han pasado ante mí. Se me han mostrado rostros que yo nunca había visto, y años después los reconocía cuando los veía. He sido despertada de mi sueño con una impresión vívida de asuntos que anteriormente habían sido presentados ante mi mente; y he escrito cartas a medianoche que han viajado a través del continente, llegado en un momento de crisis, y salvado la causa de Dios del desastre. Esta ha sido mi obra por años. Hay un poder que me ha impelido a reprender y a reprochar males que a mí no se me habían ocurrido. Esta obra de los últimos treinta y seis años, ¿es de arriba, o de abajo?". **5T:61**.

En 1 Corintios 12, el apóstol Pablo compara los dones del Espíritu con diferentes partes del cuerpo. El donde profecía son los 'ojos' de la iglesia:

- 1 Cor. 12:14, 18, 27-28. La iglesia es comprada con un **cuerpo**.
- 1 Sam. 9:9. Los profetas fueron llamados '**videntes**'.
- Prov. 29:18. Donde no hay **visión** el pueblo perece.
- Isa. 29:10. Cuando el don es ignorado, el pueblo está **ciego**.
- Apoc. 3:18. Laodicea es **ciega**.

El don de profecía es para el pueblo de Dios y normalmente es rechazado por ellos. 1 Cor. 14:22; 2 Crón. 36:15-16; Isa. 30:8-11; Mat. 23:29-30.

Algunos serán **martirizados** en el fin, por aceptar el testimonio de Jesús (Apoc. 20:4).

Introducción.

Durante los últimos años tuve el privilegio de predicar en diversas reuniones evangelísticas en la iglesia que pastoreo en Fresno, California. Habiendo sido pastor de la iglesia durante la mayor parte de los 19 años, tuve que encontrar nuevas maneras de presentar el mismo buen mensaje antiguo, cada vez que hacía una serie. Hace algunos años decidí presentar una serie titulada 'Lo Que Jesús Dijo'. El objetivo de la serie era presentar el mensaje completo de la Biblia desde la perspectiva de los cuatro Evangelios y del libro de Hechos. Fue realmente bastante fácil encontrar abundante información de todas las doctrinas de la Biblia en esos cinco libros, excepto una doctrina.

Mientras oraba y meditaba en cómo presentar mejor el don de profecía, llegué a un punto muerto. No me interpreten mal. Mientras revisaba los cuatro Evangelios y el libro de Hechos, encontré mucha información acerca de profetas, tanto falsos como verdaderos. Pero yo estaba especialmente interesado en predicar el asunto desde la perspectiva del **don del fin del tiempo**, tal como existiría en la **iglesia remanente**.

Luché con esto durante varias semanas y entonces un día, como la fecha de las reuniones se estaba acercando, estaba sentado en mi oficina, orando y reflexionando sobre esto, cuando repentinamente un pensamiento vino a mi mente. Fue como si hubiese escuchado una voz diciendo: 'Estudie la vida, el mensaje y la misión de Juan el Bautista'. Así es que fui a la Concordancia de Strong y miré cada referencia a Juan el Bautista. Mientras estudiaba descubrí un asombroso paralelo entre Juan el Bautista y el profeta que Dios levantó para guiar a la iglesia remanente final. Este libro sigue ese paralelo.

Capítulo 1: El Mensaje y Misión de Juan el Bautista.

Un gran reavivamiento del Advenimiento.

Era la **primavera** y el **verano** del año **27 d.C.** y grandes eventos estaban sucediendo en y alrededor de Jerusalén. Un gran **reavivamiento religioso** estaba aconteciendo entre el pueblo de Dios. Ellos estaban concientes del hecho que eventos significativos iban a suceder. La última semana de la profecía de las setenta semanas iba a comenzar y había un gran reavivamiento y una **expectativa** entre el pueblo. Multitudes se dirigieron a Juan el Bautista en el desierto, confesando sus pecados y siendo bautizados por él. Así lo describe Mateo:

Mat. 3:5-6. "Y acudían a él de **Jerusalén**, de todo **Judea** y de **toda la región** del Jordán. Y al **confesar sus pecados**, eran bautizados por él en el Jordán".

Puede haber poca duda, que una razón para la excitación era que la **semana final** de la profecía de las setenta semanas estaba **a punto de comenzar** (ver Dan. 9:24-27). Además, el **Antiguo Testamento** terminó con la promesa que Dios **enviaría Elías** antes del gran y terrible día del Señor. Juan el Bautista **parecía** encajar en la descripción de Elías. Él vivió en el desierto como Elías, comió lo que comía Elías, se vistió como Elías y llamó al pueblo al **arrepentimiento** tal como lo hizo Elías. Inmediatamente antes que comenzara Su ministerio en Galilea, **Jesús aludió a la profecía de las setenta semanas** cuando dijo:

Mar. 1:15. "El tiempo se ha cumplido, el reino de Dios está cerca. ¡Arrepentíos, y creed al evangelio!".

La razón por la cual Jesús declaró que el tiempo se ha cumplido, fue porque su ungimiento en Su bautismo se **acababa de realizar** en armonía con la profecía de las setenta semanas y el reino de Dios estaba cerca porque Él iba a **comenzar oficialmente** Su ministerio público.

No el profeta.

Juan el Bautista era un **hombre humilde y modesto**. Él no buscaba atraer la atención a sí mismo. Su función principal era dar **testimonio de Jesús**. Cuando los Judíos enviaron sacerdotes y Levitas para preguntarle si él era el Cristo o Elías o el profeta, él respondió: "Yo no soy" (Juan 1:19-21). Notablemente, aun cuando Juan declaró que él no era Elías o el profeta, Jesús lo identificó como el **mayor de los profetas** y también lo llamó de **Elías**. El hecho es que Juan no afirmó ser el profeta.

Mensajero del Señor.

Si Juan no afirmó ser el profeta, ¿cuál era su título? La profecía bíblica indicaba que él era el **mensajero del Señor** (Mal. 3:1). Esto es, su misión y título ya había sido predicho más de 400 años **antes que él naciera**.

Luc. 7:27. "Este es de quien está escrito: 'Yo envío **mi mensajero** ante tu faz, que preparará tu camino delante de ti'".

Más que un profeta.

Jesús no solo dijo que Juan el Bautista era un profeta, sino que dijo que Juan era tan **grande como cualquiera de los profetas**. Él era más que un profeta, porque era el **vínculo** que conectaba entre dos dispensaciones:

Luc. 7:26. "Entonces, ¿qué salisteis a ver? ¿A un profeta? Os digo, y aún **más que profeta**".

Mat. 11:11. "Os aseguro que entre los que nacen de mujer, **no ha surgido ninguno mayor** que Juan el Bautista. Sin embargo, el más pequeño en el reino de los cielos, es mayor que él".

"Aparte del gozo que Juan hallaba en su misión, su vida había sido llena de pesar. Su voz se había oído rara vez fuera del desierto. Tuvo el destino de un solitario. No se le permitió ver los resultados de sus propios trabajos. No tuvo el privilegio de estar con Cristo, ni de presenciar la manifestación del poder divino que acompañó a la **luz mayor**. No le tocó ver a los ciegos recobrar la vista, a los enfermos sanar y a los muertos resucitar. No contempló la luz que resplandecía a través de cada palabra de Cristo, derramando gloria sobre las promesas de la profecía. El menor de los discípulos que contempló las poderosas obras de Cristo y oyó sus palabras, era en este sentido **más privilegiado** que Juan el Bautista, y por lo tanto se dice que es **mayor que él**". **DTG:191.192**.

Sin milagros.

Juan el Bautista no obró milagros. Los Judíos se impresionaban con señales y milagros. Ellos siempre estaban preguntando por señales para probar si el mensajero era del Señor o no (Mat. 12:38-39; 16:4; Juan 2:18; 4:48; 6:30; 12:18). Notablemente, se nos dice que Juan el Bautista no hizo milagros:

Juan 10:41-42. "Muchos venían a él, y decían: 'Aunque Juan no realizó ninguna señal, todo lo que Juan dijo de este hombre, era verdad'. Y allí muchos creyeron en él".

Fue la verdad de las **palabras de Juan** las que lo autenticaron como el mensajero del Señor, no los milagros que él realizó.

El testimonio de Jesús.

Juan el Bautista tuvo el testimonio de Jesús:

Juan 5:31-33. "Si yo diera **testimonio** de mí mismo, mi **testimonio** no sería válido. 32 El que da **testimonio** de mí es otro. Y sé que el **testimonio** que da de mí, es válido. 33 Vosotros enviasteis a preguntar a Juan, y él dio **testimonio** de la verdad".

No era la luz.

Juan negó que él fuera la luz:

Juan 1:6-9. "Hubo un hombre enviado por Dios, llamado Juan. 7 Este vino de **testigo**, para dar **testimonio** de la Luz, para que todos creyesen por medio de él. 8 **Él no era la Luz**, sino que vino para **dar testimonio** de la Luz. 9 Aquel Verbo era la Luz verdadera, que alumbra a todo hombre que viene a este mundo".

Una luz menor.

El propósito de Juan era dar testimonio de la luz. Pero Jesús llamó a Juan de una **lámpara brillante** (luchnos: lámpara o vela; Juan 5:35). En otras palabras, Juan el Bautista era una **luz menor** que tenía que conducir a los hombres y mujeres a la **luz mayor** – Jesucristo (Ver Juan 5:36 donde Jesús usa la palabra 'mayor' para referirse a Sí mismo).

Juan 5:35-36. "Él era una **lámpara** (luchnos) que ardía y alumbraba. Y vosotros quisisteis recrearos por un momento en su luz. 36 Pero yo tengo un **testimonio mayor** que el de Juan. Las mismas obras que el Padre me encomendó realizar, esas mismas obras que yo hago, dan testimonio de mí, que el Padre me envió".

Las Escrituras son una luz menor.

Pero observe que las Escrituras también dan testimonio de Jesús. Así había **dos fuentes que dan testimonio** concerniente a Jesús: las Escrituras **escritas** del Antiguo Testamento y **Juan el Bautista**. Había una fuente **canónica** y **no-canónica** que dio testimonio de Jesús.

Ningún libro puede revelar a Jesucristo en toda Su gloria. La Biblia es meramente un **pálido reflejo** de Jesús, la persona. La luz mayor es el sol y la luz menor es la luna (Gén. 1:16). La luz de la luna tiene el propósito de reflejar la luz del sol a la tierra en la oscuridad de la noche.

Juan 5:39. "Escudriñad las Escrituras, ya que pensáis tener en ellas la vida eterna. Ellas son las que dan **testimonio de mí**".

¿Por qué dos luces menores?

La pregunta sugiere inmediatamente: ¿Por qué el pueblo necesitaba una fuente canónica si tenía las Escrituras escritas del Antiguo Testamento? O, aun, ¿por qué necesitaban una **luz menor** si la **luz mayor** estaba en su medio inmediatamente después de Juan el Bautista?

La respuesta es bien simple. Durante el **periodo entre ambos Testamentos**, el pueblo había caído en **gruesas tinieblas** y se había **alejado**, debido a su **negligencia y mal interpretación** de los escritos de las Escrituras. Todo tipo de falsas enseñanzas y prácticas entraron durante este periodo, y por lo tanto ellos necesitaron una **luz menor** para que les señalara la Luz Mayor, que vendría muy luego en medio de ellos.

Isa. 60:1-2. "¡Levántate, resplandece, que ha venido tu lumbre, y la gloria del Eterno ha nacido sobre ti! 2 Porque **tinieblas cubrirán la tierra**, y **oscuridad** las naciones. Pero sobre ti nacerá el Eterno, y sobre ti será vista su gloria".

Mat. 4:16. "El pueblo que **estaba en tinieblas**, vio una gran luz. Y a los postrados en región y **sombra de muerte**, se les amaneció la luz".

Si entro en un cuarto oscuro, donde nunca antes he entrado, y necesito encontrar el interruptor de la luz, ayudaría si tuviera la 'luz menor' como una linterna, que me conduzca al interruptor, para poder encender la 'luz mayor'.

No es nueva luz.

El rol de Juan no fue el de **traer nueva luz**, sino que llamar la **atención** del pueblo a la **luz ya dada**. Él tenía que **despertar interés**, ampliar y explicar la profecía del Antiguo Testamento. Eso quiere decir, que el rol de Juan no era **suplementario**, sino que **complementario**.

Ustedes ven, que aquellos que afirman ser el pueblo de Dios y que se **jactan** de tener las **Escrituras escritas del Antiguo Testamento**, estaban violando tofo principio de la Palabra de Dios. Ellos **profesaron estar esperando** al Mesías. Ellos **profesaron amar a Dios**. Ellos afirmaron tener un cercano relacionamiento con Él, ¡pero terminaron crucificando al Mesías, porque entendieron mal las Escrituras escritas del Antiguo Testamento y rechazaron la luz que alumbraba dada por la luz menor, Juan el Bautista! ¡Debido a que ellos **rechazaron la luz menor** (Juan), terminaron **rechazando la Luz Mayor** (Jesús)! usted puede imaginar al pueblo jactándose: "Tenemos a Moisés", pero no **entendieron ni practicaron** sus enseñanzas. Los Judíos se jactaban de su conocimiento de las Escrituras, pero no las entendieron ni las obedecieron. El rol de Juan fue el de **llamar la atención** del pueblo a las **Escrituras ya dadas**.

Juan 5:39, 45-47. "Escudriñad las Escrituras, ya que pensáis tener en ellas la vida eterna. Ellas son las que dan **testimonio de mí**... No penséis que yo os voy a acusar ante el Padre. Hay quien os acusa, Moisés, en quien tenéis vuestra esperanza. 46 Porque si vosotros creyeseis a Moisés, me creeríais a mí; porque él **escribió de mí**. 47 Pero si **no creéis en sus escritos**, ¿cómo vais a creer en **mis Palabras**?".

Yo creo firmemente que **si los Judíos** hubiesen entendido y obedecido los escritos de Moisés, ¡Dios **nunca habría llamado** a Juan el Bautista!

Juan llamó la atención de las **profecías del Antiguo Testamento** que señalaban al Mesías. Él señaló a Jesús como el **Cordero de Dios**, una clara referencia al **servicio del santuario** y a **Isaías 53**. Él tomó del Antiguo Testamento y mostró cómo se estaba cumpliendo en Jesús. Él exaltó el Antiguo Testamento y lo hizo **vívido**. Él **expandió, amonestó, reprobó** y **corrigió**, pero no añadió nada de sustancia.

Hasta el **bautismo** era conocido en los días de Juan. Ciertamente los Judíos sabían que en el **agua del santuario** era usada para purificación. Ellos sabían acerca de la **historia de Naamán**. Ellos sabían que la **lepra** era un símbolo de pecado y que Naamán había sido purificado sumergiéndose él mismo en el río Jordán **siete veces**. El apóstol Pablo hasta escribió acerca del bautismo de Israel en el **Mar Rojo** (1 Cor. 10:1-4).

Un dolor en el cuello.

Juan fue una **mosca** en la sopa, un **dolor** en el cuello y una **partícula** en el ojo. Él no era un pelele (Mat. 11:7-8). ¡Él no era **políticamente correcto**, sino que dijo lo que tenía que decir! Él reprendió el pecado sin temor y no tenía favoritos y desde luego esto le **trajo enemigos**.

Mat. 11:7-8. Juan **reprendió a Herodes** en su cara, por cometer adulterio con la esposa de su hermano y como resultado **perdió su cabeza**. Juan era **totalmente sin temor** de decir la verdad. "Cuando ellos se fueron, Jesús empezó a decir de Juan a la gente: '¿Qué salisteis a ver al desierto? ¿Una caña sacudida por el viento? 8 ¿Qué salisteis a ver? ¿Un hombre cubierto de ropa delicada? Los que llevan vestidos delicados, en casa de los reyes están'".

Restaurador y preparador.

El rol de Juan fue el de preparar a un pueblo para la primera venida de Jesús (Luc. 1:17; Mat. 3:1-3; Mal. 3:1). A través de **arrepentimiento**, **reavivamiento** y **reforma** (llevando fruto) el pueblo tenía que **esperar expectante** por el novio. Juan era el **vínculo** que conectaba o el **enlace** entre Israel (la novia) y Cristo (el novio). Él fue llamado para preparara el camino para las bodas (Juan 3:28-30).

Jesús afirmó que Juan era Elías, aspa es que nosotros también tenemos que entender el rol de Elías en el Antiguo Testamento. Elías fue el **gran restaurador**. Él no presentó ninguna **verdad nueva**. Él simplemente llamó a Israel a que se **arrepintieran** y a que **volvieran** a la religión de los **padres**. Esta es la razón por la cual él construyó un **altar** al Señor e invocó el **Dios del pacto de los fundadores** del Antiguo Testamento: Abraham, Isaac y Jacob. En Malaquías 4 se nos dice una vez más que en el tiempo del fin Elías será un **gran restaurador**. En Mat. 17:12 se nos dice que Elías (Juan el Bautista) vino a restaurar todas las cosas.

Luc. 1:16-17. "Hará **volver** a muchos israelitas al **Señor** su Dios. 17 **Precederá** al Señor, con el espíritu y el poder de Elías, para **volver el corazón de los padres a los hijos**, y de los rebeldes a la **sabiduría** de los justos; a fin de **preparar** para el Señor un pueblo bien dispuesto".

Mat. 3:1-3. "En esos días se presentó Juan el Bautista predicando en el desierto de Judea. 2 Decía: '¡**Arrepentíos**, que el reino de los cielos se ha **acercado**!' 3 Este es aquel de quien el profeta Isaías dijo: 'Voz que clama en el desierto. **Preparad el camino** del Señor. Enderezad sus sendas'".

Mat. 17:11. "Jesús respondió: 'A la verdad, Elías vendrá primero, y **restaurará** todo'".

En los tiempos del Nuevo Testamento, el amigo del novio era responsable para hacer todos los preparativos para las bodas, de tal manera que todo esté listo cuando venga el novio (Ver Mat. 22:1-14). El amigo del novio no debía tomar ninguna gloria **para sí mismo**. La gloria era para el novio que tenía que casarse con la novia. El mejor hombre en la boda, no es el centro de atracción. El amigo del novio **disminuía**, de tal manera que el novio pudiera **crecer**.

El Antiguo Testamento contenía profecías acerca del novio que venía a casarse con su novia. El casamentero (Juan el Bautista) había venido para hacer todos los **arreglos** para las bodas, pero la **novia rechazó** la invitación. Al rechazar la obra preparatoria del casamentero, ellos rechazaron también al novio. El pueblo que vino a servir, trataron mal a Juan el Bautista.

Despreciado y rechazado.

Mat. 11:18. Juan fue acusado de estar poseído por un demonio. "Porque vino Juan, que ni comía ni bebía, y dicen: '**Demonio tiene**'".

Mat. 21:32. Jesús reprendió al jefe de los sacerdotes y a los ancianos. "Porque Juan vino a vosotros en camino de justicia, y **no creísteis en él**, pero los publicanos y las rameras **creyeron en él**. Y aunque vosotros lo visteis, no os arrepentisteis después para **creer en él**".

Luc. 7:29-30. Los **eruditos** y los **ministros** de Sus días rechazaron a Juan. ¡El problema era mayormente con el liderazgo! "Al oírlo, **todo el pueblo**, hasta los publicanos, reconocieron la justicia de Dios, y se hicieron bautizar con el bautismo de Juan. Pero los **fariseos** y los **sabios** de la Ley, al rechazar el bautismo de Juan, desecharon el plan de Dios para ellos".

Los **líderes religiosos no Lo conocían** (la misma expresión de **Juan 1:10-11**). Ellos le hicieron a Juan **como quisieron**, y por lo tanto trataron a Jesús **de la misma manera**. ¡Y estos fueron los mismos que afirmaron entender y enseñar las Escrituras! ¡Al rechazar la **luz menor**, ellos rechazaron la **luz mayor**!

Mat. 17:11-13. "Jesús respondió: 'A la verdad, Elías vendrá primero, y **restaurará** todo. Sin embargo, os digo, que Elías ya vino, y **no lo reconocieron**. Antes **hicieron con él todo lo que quisieron. Así también** el Hijo del Hombre padecerá de ellos. Entonces los discípulos entendieron que les habló de **Juan el Bautista**".

Las personas que son envidas, **nunca aman a los verdaderos profetas**. De hecho, aquellos que profesan ser el pueblo elegido de Dios los **odiaron**. Antes del cautiverio babilónico Dios le dijo a Israel:

2 Crón. 36:15-16. "El Eterno, el Dios de sus padres, desde el principio les habló por medio de sus mensajeros, porque se **compadecía** de su pueblo y de su morada. Pero ellos se **reían de los mensajeros** de Dios, **menospreciaban sus palabras**, y se **burlaban de sus profetas**, hasta que la ira del Eterno subió contra su pueblo, y **no hubo más remedio**".

Mat. 23:37. "¡Jerusalén, Jerusalén, que **matas a los profetas**, y **apedreas** a los que son enviados a ti! ¡Cuántas veces quise juntar a tus hijos, como la gallina junta sus pollos bajo sus alas! Y no quisiste".

Jeremías fue arrojado en una mazmorra, **Elías** fue cazado como una bestia salvaje, **Isaías** fue aserrado en un tronco hueco, **Juan** fue decapitado, **Jesús** fue crucificado, **Esteban** fue apedreado y la lista continúa.

No omnisciente.

Los profetas no son **omniscientes** ni **infalibles**. Ellos siempre fueron seres humanos débiles, necesitados de la gracia de Dios. Los profetas **crecían en su entendimiento** de la verdad. Al comienzo puede que no hayan **entendido totalmente** el mensaje que Dios estaba tratando de enviarles. Juan el Bautista no entendió totalmente el reino al comienzo de su ministerio. Él creía que solo había **una venida** del Mesías.

Mat. 3:12. "Su aventador está en su mano. Limpiará su era, allegará su trigo en el granero, y quemará la paja en el **fuego inapagable**". (Ver también los versículos 7 y 10).

Ellen White hace esta incisiva observación acerca del **incompleto conocimiento de Juan** de la venida del Mesías, cuando comenzó a predicar en el desierto:

"Juan **no comprendía plenamente** la naturaleza del reino del Mesías. Esperaba que Israel fuese librado de sus enemigos nacionales; pero el gran objeto de su esperanza era la venida de un Rey de justicia y el establecimiento de Israel como nación santa". **DTG:78**.

"Durante las semanas que siguieron, Juan estudió con nuevo interés las profecías y la enseñanza de las ceremonias de los sacrificios. **No distinguía claramente** las dos fases de la obra de Cristo -como sacrificio doliente y como rey vencedor- pero veía que su venida tenía un significado más profundo que el que discernían los sacerdotes y el pueblo". **DTG:110**.

Cuando Jesús no apareció para satisfacer sus expectativas, Juan le envió un mensaje a Jesús preguntándole si Él era el **esperado Mesías** o si tendrían que esperar a otro (Mat. 11:1-3). ¿Fue Juan un **falso profeta** porque no entendió totalmente la obra del Mesías? ¿Fue su obra como profeta menos confiable porque su conocimiento y entendimiento eran limitados debido a su propia falla en entenderla? Notablemente, cuando los discípulos de Juan le trajeron de vuelta el informe de labios de Jesús, **Juan finalmente entendió**, pero le tomó tiempo para entender claramente la verdad.

Capítulo 2: La Vida, el Mensaje y la Misión de Ellen White.

Ellen White no obró milagros: "Algunos declaran que no creen en la obra que el Señor me ha encomendado porque, según dicen: 'La Sra. E. G. de White no realiza milagros'. Pero aquellos que esperan que ocurran milagros como una señal de dirección divina están en grave peligro de ser engañados". **2MS:61**.

No afirma ser un profeta.

Ellen White prefirió no ser llamada de profeta, aun cuando lo era: "Durante el discurso dije que no pretendía ser profetisa. Algunos se sorprendieron ante esta declaración, y como mucho se está diciendo acerca de esto, daré una explicación. Otros me han llamado profetisa, pero **nunca pretendí ese título**. No he sentido que era mi deber **designarme así**. Los que osadamente pretenden que son profetas en éste nuestro día, son con frecuencia un baldón para la causa de Cristo". **1MS:40**.

"La última vez que estuve en Battle Creek, dije delante de una gran congregación que no pretendía ser profetisa. Dos veces me referí a este asunto, con el propósito de hacer cada vez esta declaración: '**No pretendo ser profetisa**'. Si digo algo diferente a esto, entiendan todos ahora que lo que quería decir era que no pretendo el título de profeta o profetisa". **1MS:39**.

La Mensajera del Señor.

¿Qué, entonces, fue Ellen White? La respuesta es que ella repetidamente se refirió a ella misma como la **mensajera del Señor**: "En mi temprana juventud se me preguntó varias veces: ¿Es usted profetisa? Siempre he respondido: Soy la **mensajera del Señor**. Sé que muchos me han llamado profetisa, pero no he pretendido ese título. Mi Salvador me declaró que era **su mensajera**. 'Tu obra -me indicó- es llevar mi palabra. Surgirán cosas extrañas, y en tu juventud te consagro para que lleves el mensaje a los errantes, para que lleves la palabra ante los incrédulos y, por la pluma y de viva voz, reproches al mundo las acciones que no son correctas. Exhorta usando la Palabra. Haré que mi Palabra te sea manifiesta. No será como un idioma extraño. En la verdadera elocuencia de la sencillez, con la voz y por la pluma, los mensajes que te doy se oirán de parte de alguien que nunca ha aprendido en las escuelas. Mi Espíritu y mi poder estarán contigo.

'No temas a los hombres porque mi escudo te protegerá. No eres tú la que hablas: es el Señor quien te da los mensajes de admonición y represión. Nunca te desvíes de la verdad bajo ninguna circunstancia. Da la luz que te daré. Los mensajes para estos últimos días serán escritos en libros y permanecerán inmortalizados para testificar contra los que una vez se regocijaron en la luz, pero que han sido inducidos a renunciar a ella debido a las seductoras influencias del mal'.

¿Por qué no he pretendido ser profetisa? Porque en estos días muchos que osadamente pretenden ser profetas son un baldón para la causa de Cristo, y porque mi obra incluye mucho más de lo que significa la palabra 'profeta'.

Cuando esta obra me fue dada por primera vez, le rogué al Señor que la responsabilidad fuera puesta sobre algún otro. La obra era tan grande, amplia y profunda que temí no poder hacerla. Pero por su Espíritu Santo el Señor me ha capacitado para realizar la obra que me dio para hacer". **1MS:36-37**.

Más que un profeta convencional.

La obra de Ellen White fue mucho mayor que la de un profeta convencional (1MS:32, 34, 36)[9]. Ella estuvo más en la línea de Moisés, el cual tuvo una larga trayectoria para guiar al pueblo de Dios fuera de la esclavitud Egipcia. Dios la eligió para **restaurar la verdad** en todas las dimensiones de la vida. Ella misma declaró: "Mi obra incluye **mucho más** de lo que significa ese nombre. Me considero a mí misma como una mensajera, a quien el Señor le ha confiado mensajes para su pueblo (Carta 55, 1905)... Mi misión abarca la obra de un profeta pero no termina allí. Abarca **mucho más** de lo que puedan comprender las mentes de los que han estado sembrando las semillas de incredulidad (Carta 244, 1906. Dirigida a los ancianos de la Iglesia de Battle Creek)". **1MS:40-41**.

"¿Por qué no he pretendido ser profetisa? Porque en estos días muchos que osadamente pretenden ser profetas son un baldón para la causa de Cristo, y porque mi obra incluye **mucho más** de lo que significa la palabra 'profeta'". **1MS:37**.

Ellen White escribió sobre un amplio rango de asuntos. Nuestras instituciones y nuestras vidas personales estarían mucho mejor, si siguiéramos sus consejos sobre los siguientes libros:

- Medicina
- Educación
- Publicaciones
- Administración de la obra
- Ministerio

---

[9] Paginación en Inglés.

- Evangelismo
- Teología
- El Hogar y el Matrimonio
- Psicología
- Vida Devocional
- Los Hijos
- Finanzas
- Salud

El Testimonio de Jesús.

Ellen White tuvo el **Testimonio de Jesús** (Apoc. 12:17; 19:10; 22:9). "Entonces el dragón se airó contra la mujer, y fue a combatir al resto de sus hijos, los que guardan los Mandamientos de Dios y tienen el **testimonio de Jesús**". "Yo me postré a sus pies para adorarlo. Y él me dijo: 'No hagas eso. Yo soy siervo como tú y como **tus hermanos** que se atienen al **testimonio de Jesús**. ¡Adora a Dios! Porque el **testimonio de Jesús es el espíritu de profecía**". "Pero él me dijo: 'No lo hagas. Porque yo soy siervo contigo, con **tus hermanos los profetas**, y con los que guardan las Palabras de este libro. ¡Adora a Dios!'".

"Esta profecía (Apoc. 12:17) señala caramente que la **iglesia remanente** reconocerá a Dios en Su ley y tendrá el **don profético**. La obediencia a la ley de Dios y al **espíritu de profecía** siempre ha distinguido al verdadero pueblo de Dios, y la prueba normalmente es dada en manifestaciones presentes". **Mensajes de Loma Linda:33**.

Una Luz Menor.

Ellen White fue una luz menor elegida por Dios para conducir a los hombres y mujeres a la luz mayor, **Jesucristo**.

"Poco caso se hace de la Biblia, y el Señor ha dado una luz menor para guiar a los hombres y mujeres a la luz mayor". **3MS:33**.

¿Qué quiso Ellen White decir cuando se refirió a la 'luz mayor' y a la 'luz menor'? ¿Fue la 'luz mayor' la Biblia y la 'luz menor' sus escritos, como se ha creído tradicionalmente? Dejemos que la misma Ellen White lo explique en sus escritos:

"El profeta Juan era el eslabón que unía las dos dispensaciones. Como representante de Dios, se dedicaba a mostrar la relación de la ley y los profetas con la dispensación cristiana. Era la **luz menor**, que había de ser seguida por **otra mayor**. La mente de Juan era iluminada por el Espíritu Santo, a fin de que pudiese derramar luz sobre su pueblo; pero **ninguna luz brilló ni brillará jamás tan claramente** sobre el hombre caído, como la que **emanó de la enseñanza y el ejemplo de Jesús**. Cristo y su misión habían sido tan sólo obscuramente comprendido bajo los símbolos y las figuras de los sacrificios. Ni Juan mismo había comprendido plenamente la vida futura e inmortal a la cual nos da acceso el Salvador". **DTG:191**.

"La religión de los Judíos, como consecuencia de su alejamiento de Dios, consistió mayormente en ceremonias. Juan era la **luz menor**, la cual sería seguida por una **luz mayor**. Él tenía que sacudir la confianza del pueblo en sus tradiciones, y recordarles sus pecados, y conducirlos al arrepentimiento; para que estuvieran preparados para apreciar la **obra de Cristo**". (RH, Volumen 41, número 17, 8 de Abril de 1873).

"(Juan) No tuvo el privilegio de estar con Cristo, ni de presenciar la manifestación del poder divino que acompañó a la **luz mayor**". **DTG:191-192**.

"En ocasión de la primera venida de Cristo se inauguró una era de **mayor luz y gloria**; pero indudablemente sería un pecado de ingratitud despreciar y ridiculizar la **luz menor**, porque resplandeció una luz más plena y gloriosa. Los que desprecian las bendiciones y la gloria de la **dispensación judaica** no están preparados para beneficiarse con la **predicación del Evangelio**. El resplandor de la gloria del Padre, y la excelencia y la perfección de la santa ley, sólo se pueden comprender por medio de la expiación lograda en el Calvario por su amado Hijo; pero hasta la expiación pierde su significado cuando se rechaza la ley de Dios". **CDCD:246**.

Tradicionalmente se ha enseñado que la Biblia es la luz mayor y lo escritos de Ellen White son la luz menor. Algunos han tomado la palabra 'menor' para querer decir 'inferior', 'menos inspirada' y de 'menor autoridad'. Es porque ellos creen que Ellen White era menos inspirada que los profetas bíblicos y que por lo tanto ella posee menos autoridad.

Pero aquellos que creen esto, pierden el punto. Tal como lo hemos mostrado, **tanto** la Biblia como Ellen White **son luces menores** que conducen a Jesucristo, la Luz Mayor. La inspiración y autoridad de Ellen White es igual a la de los profetas bíblicos, pero ella fue llamada para una **función diferente**. Ella no fue llamada para traer una **nueva verdad**, sino que ampliar las verdades ya reveladas y para corregir a aquellos que se desvían de la verdad, para traerlos de vuelta a la verdad.

¿Por qué dos luces menores?

Al igual que en los días de Juan, hoy dos fuentes dan testimonio de Jesús, una **canónica** (la Biblia) y la otra **no canónica** (los escritos de Ellen White). Al igual que con Juan, el propósito de los escritos de Ellen White es llamar la atención de los **escritos de las Escrituras**, las cuales han sido **mal interpretadas y enterrados** en las eras oscuras. Si el pueblo de Dios hubiese estudiado la Palabra de Dios con el sincero deseo de conocer la voluntad de Dios y obedecerla, Dios jamás habría llamado a Ellen White. Los cristianos hoy que afirman **seguir la Biblia**, guardan el **domingo** como si fuese el día de descanso,

comen puerco, creen que los **muertos no están muertos**, que los impíos se van a **quemar en un infierno eterno**, que debemos **bautizar a los infantes** asperjándoles agua, etc. Dios llamó a Ellen White para restaurar aquello que ha sido torcido durante el periodo de dominio papal

Ellen White aclaró el propósito de sus escritos en **2T:663-666**.

"El hermano J quiere confundir los ánimos tratando de hacer aparecer que la luz que Dios me ha dado por medio de los Testimonios es una **adición** a la Palabra de Dios; pero da así una falsa idea sobre el asunto. Dios ha visto propio atraer de este modo la atención de este pueblo **a su Palabra**, para darle una **comprensión más clara** de ella. La **Palabra de Dios basta** para iluminar la mente más oscurecida, y puede ser entendida por los que tienen deseos de comprenderla. No obstante todo eso, algunos que profesan estudiar la Palabra de Dios se encuentran en oposición directa a sus más claras enseñanzas. Entonces, para dejar a hombres y mujeres **sin excusa**, Dios da testimonios claros y señalados, a fin de hacerlos **volver a la Palabra** que no han seguido. La **Palabra de Dios** abunda en **principios generales** para la formación de hábitos correctos de vida, y los testimonios, generales y personales, han sido calculados para **atraer su atención más especialmente a esos principios**".

"Si os hubieseis dedicado a **estudiar la Palabra de Dios**, con un **deseo de alcanzar la norma de la Biblia y la perfección cristiana**, no habríais **necesitado los Testimonios**. Es porque habéis descuidado el familiarizaros con el **Libro inspirado de Dios** por lo que ha tratado de alcanzaros mediante testimonios sencillos y directos, **llamando vuestra atención a las palabras de la inspiración que habéis descuidado de obedecer**, e invitándoos a amoldar vuestra vida de acuerdo con sus enseñanzas puras y elevadas".

"El Señor quiere amonestaron, reprenderos, aconsejaron, por medio de los testimonios dados, y grabar en vuestra mente la importancia de la **verdad de su Palabra**. Los testimonios escritos no son dados para **proporcionar nueva luz**, sino para impresionar vívidamente en el corazón **las verdades de la inspiración ya reveladas**. El deber del hombre hacia Dios y sus semejantes ha sido especificado distintamente en la Palabra de Dios. Sin embargo, son pocos entre vosotros los que obedecen a la luz dada. **No son sacadas a relucir verdades adicionales**; sino que Dios ha simplificado por medio de los Testimonios las grandes verdades ya dadas, y en la forma de su elección, las ha presentado a la gente, para **despertar e impresionar** su mente con ellas, a fin de que todos queden **sin excusa**".

"Por sobre todos los demás libro, la **Palabra de Dios** tiene que ser nuestro estudio, el gran libro texto, la base de toda educación".

"Los Testimonios **no han de empequeñecer** la Palabra de Dios, sino exaltarla, y **atraer los ánimos a ella**, para que pueda impresionar a todos la hermosa sencillez de la verdad". **5T:622-625**.

Dios llamó a Ellen White para que **restaurara** las verdades de las Escrituras que se habían perdido durante las **edades oscuras**. Es significativo que Juan el Bautista haya sido llamado de Elías en tres ocasiones diferentes en los Evangelios. Tal como lo hemos visto, Elías no presentó **ninguna verdad nueva**. Él fue llamado para que llamara de **vuelta** al pueblo a la verdadera adoración a Jehová y a restaurar las enseñanzas que se habían perdido. Esta es la razón por la cual él construyó el altar del Señor que había sido quebrado. Esa es la razón por la cual él invocó al Dios de Abraham, Isaac y Jacob en su oración.

Juan el Bautista también llamó al pueblo al arrepentimiento. Él no trajo ninguna verdad nueva, sino que trató de **restaurar, aclarar y ampliar la verdad**. Esto es lo que dice **Mat. 17:11**. Él vino para traer al pueblo de vuelta a la fe de sus padres, para preparar un pueblo para la primera venida de Jesús. De la misma manera, Ellen White fue elegida para restaurar la verdad y así preparar un pueblo para la **segunda venida de Jesús**.

¿No son suficientes las Escrituras?

¿Por qué necesitamos Ellen White, si tenemos la Biblia? Por la misma razón que los Judíos necesitaron a Juan, aun cuando ellos tenían el Antiguo Testamento. Los Judíos no entendieron ni obedecieron las Escrituras, así es que Dios, en su misericordia, les dio una **mano ayudadora**, **simplificando** y **ampliando** las verdades ya dadas. Ellen White no es una fuente de nueva luz, sino que una que amplía y simplifica la antigua luz. Ella corrigió a aquellos que erraban en la verdad de la Biblia, trayéndolos de **vuelta a la Palabra**.

Yo estaba una vez escuchando un programa religioso de radio en Albuquerque, Nuevo México. Un pastor estaba recibiendo preguntas de oyentes y las estaba respondiendo a través del aire. Mientras yo escuchaba, una persona llamó e hizo una pregunta de dos partes: "¿Es pecado fumar y Dios me va a enviar al infierno por fumar? Yo estaba cautivado con las preguntas y curioso para ver como el pastor las respondería. A la primera pregunta el pastor respondió: "Yo le puedo asegurar que no es pecado fumar, porque la Biblia no dice 'No fumarás'. Y el pastor respondió la segunda pregunta: '¡Con respecto a su segunda pregunta, le puedo asegurar que usted no va a ir al infierno, sino que se va a ir al cielo más rápido!".

Mi pregunta era: ¿Se olvidó el pastor que la Biblia dice: "No matarás"? ¿No se acordó que la Biblia declara que Dios va a destruir a aquellos que **contaminan el templo del cuerpo**?

Un ejemplo.

Cerca del mismo tiempo que Dios llamó a Ellen White, otra persona se levantó afirmando tener el don profético. Él supuestamente encontró y tradujo unas **placas de oro** en Palmira, Nueva Cork, escritas en un dialecto **Egipcio antiguo**. El resultado es lo que hoy conocemos como El Libro de Mormón. Los Mormones se refieren a ese libro como 'otro

Testamento de Jesucristo'. Es considerado como un **suplemento** o adición a la Palabra de Dios (juntamente con La Perla de Gran Precio y Doctrinas y Pactos). Los Mormones, sin apología, afirman que estos libros contienen verdades que **no se encuentran en la Biblia**. ¡Uno se pregunta por qué no se encuentra el **rastro de un manuscrito** en el libro de Mormón y por qué José Smith tradujo las placas al **Inglés de la King James**!

Cuando los santos de los Últimos Días visitan un hogar, ellos primero tratan de convencer al presunto convertido a que José Smith era un profeta verdadero y que El Libro de Mormón tiene que ser estudiado como un **suplemento** a la Biblia. Mientras los estudios continúan, la Biblia y el Libro de Mormón son usados juntamente.

Ellen White y la Biblia.

Con los ASD el **proceso es inverso**. El catecúmeno es enseñado con la verdad sola de la Biblia y una vez que todas las doctrinas han sido claramente presentadas de la **Biblia**, entonces es presentado el Espíritu de Profecía, **no como un suplemento**, sino que como un **complemento** de la Biblia. Esto no es hecho porque el Espíritu de Profecía sea una **inspiración menor, de menor autoridad e importancia** que los escritos de las Escrituras, sino que porque el propósito de los escritos de Ellen White es el de complementar, no suplementar, las Escrituras.

Ellen White nos amonestó a nunca colocar los Testimonios delante o por encima de la Biblia.

"Los testimonios no han de ocupar el lugar de la Palabra... Prueben todos su posición por medio de las Escrituras, y prueben por la Palabra revelada de Dios todo punto que sostienen como verdad". **Ev:190**.

"Cuanto más miremos las promesas de la **Palabra de Dios**, más brillantes aparecen. Cuanto más las practiquemos, tanto más profunda será nuestra comprensión de ellas. Nuestra posición y fe se basan en la **Biblia**. Y nunca queremos que un alma presente los testimonios **antes que la Biblia** (Manuscrito 7, 1894)". **Ev:190**.

Y ella también advirtió que su usted pierde la confianza en los Testimonios, también perderá la confianza en las Escrituras.

"Si usted pierde la confianza en los Testimonios, usted se **alejará de la verdad de la Biblia**". **Consejos Para la Iglesia:94**.

"Además de la instrucción de su Palabra, el Señor ha dado **testimonios especiales** a su pueblo, no como una **nueva revelación**, sino que él desea presentar delante de nosotros las lecciones claras de su **Palabra** para que puedan corregirse errores, para que pueda señalarse el camino correcto, para que cada alma esté **sin excusa** (Carta 63, 1893)". **3MS:33-34**.

"La Biblia debe ser vuestro consejero. Estudiadla y estudiad los testimonios que Dios ha dado, porque ellos **nunca contradicen esta Palabra** (Carta 106, 1907)". **3MS:35**.

Ellen White magnifica, explica, amplía, corrige, simplifica y destaca las grandes verdades de las Escrituras, pero no añade ninguna nueva verdad. El hermano A. G. Daniells comparó los escritos de Ellen White con un **microscopio** o con un **telescopio**. ¡Las piezas del equipo no **crean realidades**; ellas meramente las **magnifican** y nos ayudan a ver más claramente!

Despreciada y Rechazada.

En el transcurso del tiempo, Ellen White ha sido acusada de **mesmerismo**, **posesión demoníaca** y **ataque epiléptico**. Es triste decirlo, pero algunas veces los **líderes** y los **eruditos** de la iglesia son los mayores críticos de Ellen White.

¿Es posible que muchas personas en la IASD hoy digan: "No necesito a Ellen White, porque tengo la Biblia", y estén violando cada principio de la Palabra de Dios? El hecho es que muchos dentro de la iglesia despreciaron a Ellen White, al igual que lo hicieron con Juan el Bautista por parte de los Judíos. En algunas iglesias, cuando Ellen White es citada desde el púlpito, ciertos miembros se encojen, pero no se importan si **Max Lucado**, **Rick Warren** o **Richard Foster** son citados.

Ex pastores y eruditos de la iglesia escriben libros tal como La Mentira Blanca y Ellen White: Profetiza de la Salud, para socavar la confianza en el don profético. Los sitios de Internet le dan una paliza a Ellen White con un odio mordaz, ¡todo bajo la pretensión que porque tenemos la Biblia, no necesitamos a Ellen White! Eso suena familiar, ¿no es verdad? Ellen White previó todo esto. Ella nos aseguró que el **último engaño** de Satanás sería el dejar sin **ningún efecto** el testimonio del Espíritu de Dios. Si este es el último engaño, ¡entonces tenemos que estar cerca del fin, porque podemos ver este odio siendo exhibido ahora!

"El **último** engaño de Satanás se hará para que **no tenga efecto** el testimonio del Espíritu de Dios. 'Sin profecía el pueblo será disipado' (Prov. 29:18, versión Valera antigua). Satanás trabajará hábilmente en diferentes formas y mediante diferentes instrumentos para **perturbar la confianza del pueblo remanente** de Dios en el testimonio verdadero. 1MS:54-55 (1890)". **EUD:181-182**.

Yo aprendí algo hace bastante tiempo, y es lo siguiente: Nunca me formo una opinión de algo basado en lo que sus **enemigos** dicen acerca de ella, porque los enemigos tienden a distorsionar la verdad. Por otro lado, no me formo una opinión de una persona en la base de lo que sus **amigos** dicen, porque ellos tienden a embellecer la verdad.

Por ejemplo, algunos eruditos no Adventistas han declarado que los ASD creen que Satanás es su salvador, debido a la interpretación de Ellen White de la ceremonia del macho cabrío. Pero cualquier persona imparcial y de mente equilibrada, verá que Azazel lleva los pecados que ya han sido perdonados en el santuario. Otros afirman que Ellen White enseñó que guardar el Sábado nos salva; ¡Eso es claramente una falsa declaración! Si usted quiere saber la verdad acerca de Ellen White, vaya directamente a la fuente, lea sus escritos por sí mismo, ¡y obtenga la información de primera mano!

Preparadora y Restauradora.

El hecho es que Dios llamó a Ellen White para preparar a un pueblo para la segunda venida, así como Juan preparó a un pueblo para la primera. Así como en los días de Cristo, habrá un **pequeño remanente** que llevará el mensaje en el corazón. Ellen White describió un grupo de Adventistas que no tenían un refugio en el tiempo de angustia y la razón es:

"Vi el estado de algunos que se adherían a la verdad presente pero que **no hacían caso de las visiones** - la forma que el Señor había escogido para enseñar, en algunos casos, a los que **erraban en la verdad bíblica**. Vi que los que **atacaban las visiones** no atacaban al gusano - al débil instrumento - mediante el cual hablaba Dios - sino al Espíritu Santo. Vi que era una cosa pequeña hablar contra el instrumento, pero que era peligroso menospreciar las palabras de Dios. Vi que si ellos estaban en error y Dios quería mostrarles sus errores por **medio de visiones**, y ellos desdeñaban las enseñanzas de Dios por **medio de visiones**, quedarían abandonados para que siguieran sus propios caminos y corrieran en la senda del error y **pensaran que estaban en lo correcto** hasta que se dieran cuenta demasiado tarde. Entonces, en el tiempo de angustia, los oí clamar a Dios en agonía: '¿Por qué no nos mostraste nuestro error para que pudiéramos haber hecho lo correcto y hubiéramos estado listos para este tiempo?' Entonces un ángel los señaló y dijo: 'Mi Padre enseñó, pero no quisisteis ser enseñados. Habló **mediante visiones**, pero desdeñasteis su voz y él os abandonó a vuestros propios caminos para que estuvierais satisfechos con vuestras propias obras' (Volante, To Those Who Are Receiving the Seal of the Living God, [A los que están recibiendo el sello del Dios vivo], folleto del 31 de Enero de 1849)". **1MS:45**.

"Se encenderá un odio satánico **contra los testimonios**. La obra de Satanás será **perturbar la fe** de las iglesias en ellos por esta razón: Satanás no puede disponer de una senda tan clara para introducir sus engaños y atar a las almas con sus errores si se obedecen las amonestaciones y reproches del Espíritu de Dios (Carta 40, 1890)". **1MS:55**.

"Los que tienen más que decir contra los testimonios son generalmente los que no los han leído, así como los que se jactan de su incredulidad en la Biblia son aquellos que tienen poco conocimiento de sus enseñanzas. Saben que ella los condena, y el rechazarla les da un sentimiento de seguridad en su proceder pecaminoso". **1MS:51**.

No omnisciente ni infalible.

Ellen White no era perfecta, ni omnisciente, ni infalible. **Ella cometió errores** (por ejemplo, la puerta cerrada). Ella creció en su entendimiento de la verdad, mientras el tiempo pasaba (por ejemplo, compare Dones Espirituales con la serie del Conflicto). ¿Eso hace con que Ellen White sea un profeta menos confiable? ¡No menos que Juan el Bautista!

Lección 7—Probando a un Profeta Bíblico

Jesús advirtió que en el fin del tiempo, surgirían falsos profetas para engañar, si fuese posible, a los mismos elegidos (Mat. 24:23-24). Por esta razón tenemos que ser capaces de distinguir entre el engaño y lo genuino. La pregunta es: ¿Cómo podemos distinguir entre un profeta verdadero y uno falso? En otras palabras, ¿cuáles son las **pruebas de un profeta verdadero**?

Las enseñanzas de un profeta verdadero estarán en armonía con las enseñanzas **previamente reveladas en las Escrituras**. Esto es, un profeta verdadero hablará y escribirá 'a la ley y al testimonio' (Isa. 8:20). Los verdaderos profetas no son **innovadores**, sino que **restauradores**. Ellos toman antiguas verdades y las amplían y las hacen aplicables en un nuevo contexto. Ellos no **cambian** ni revocan revelaciones previas dadas por Dios. Tal como lo expresa el apóstol Pablo, los profetas tienen que **sujetarse a los profetas** (1 Cor. 14:32-33).

Los verdaderos profetas llamarán al pueblo de Dios a ser **obedientes a la Ley**. Los falsos profetas harán señales y maravillas, pero al mismo tiempo van a animar al pueblo a desobedecer la Ley de Dios (Ver Deut. 13:1-5 y Mat. 7:21-23).

La **vida personal** de un profeta verdadero revela el **fruto del Espíritu Santo** (Mat. 7:15-20; Gál. 5:22-26). El ministerio de un profeta verdadero tiene que traerle gloria a Dios (Mat. 5:14-16) y tiene que mostrar buenos frutos (Juan 15:8).

Un profeta verdadero será categórico que Jesús vino a este mundo y se hizo carne de nuestra carne, hueso de nuestros huesos y sangre de nuestra sangre (1 Juan 4:1-3; Heb. 2:14-18; Luc. 24:36-43; Juan 1:14). Eso quiere decir, un profeta verdadero enseñará que Jesús fue un **hombre real**.

Las predicciones de una persona que afirma ser un profeta tiene que ser verdaderas (Jer. 28:9; Deut. 18:22) a menos que haya algún elemento de condicionalidad en la predicción (por ejemplo, la predicación de Jonás en Nínive). Los profetas verdaderos no predicen **meramente curiosidades**. Ellos lidian con la vida real y con los asuntos de muerte. Su perspectiva es puramente espiritual y nunca meramente secular (Amós 3:7).

Los verdaderos profetas exaltarán a Jesucristo y le darán toda la gloria. El yo se esconderá detrás del Hombre del Calvario. Ellos serán humildes y no atraerán la atención a sí mismos. Los verdaderos profetas llevarán un testimonio de Cristo (Juan 20:31). Ver el ejemplo de Juan el Bautista en Juan 1:8-9, 26-29. Ver también Juan 5:39, 46; Luc. 24:25-27, 44-45.

Los verdaderos profetas **rasgarán la máscara de Satanás** y lo identificarán como el gran engañador y destructor (Mar. 3:24-26). Ellos le quitarán el velo a los ardides y métodos de Satanás y lo revelarán por lo que él realmente es (2 Cor. 11:3, 12-13).

Los verdaderos profetas estarán ciertos de su llamado y reprenderán abiertamente el pecado sin temer las consecuencias. Ellos estarán aun dispuestos a morir para permanecer verdaderos al mensaje de Dios. Ejemplos de esto hay muchos. Daniel enfrentó a los leones, Natán reprendió a David por adulterio y asesinato; Elías reprendió a Acab y a Jezabel; Jeremías reprendió a Jeoaquín y a Zedequías; Isaías reprendió a Acaz y a Ezequías; Juan el Bautista reprendió a Herodes; Juan el apóstol reprendió al Emperador Domiciano y como resultado fue arrojado en un calderón con aceite hirviendo y después fue exiliado a Patmos.

Los verdaderos profetas a menudo experimentarán ciertos fenómenos físicos sobrenaturales mientras están en visión, tal como no respirar, recibiendo fuerza sobrenatural, siendo transportados a lugares distantes, siendo totalmente inconcientes de lo que los rodea, teniendo sus ojos abiertos mientras están en visión y perdiendo de vista la cosas terrenales y quedándose como muertos (Ver Dan. 10:5-8, 10, 17-19; Núm. 24:4; 2 Cor. 12:2-4; Apoc. 1:17).

Los verdaderos profetas serán odiados y perseguidos por aquellos a quienes ellos les dan el mensaje de Dios. El oficio de profeta es difícil (ver los ejemplos de Moisés, Jeremías, Isaías, Jonás, Juan el Bautista, Elías y Juan el apóstol). Jesús advirtió que los **falsos profetas** serían amados: "Ay de ti cuando todos los hombres hablen bien de ti, porque así lo hicieron sus padres con los falsos profetas". Él también advirtió que los verdaderos profetas serían odiados (Mat. 5:12; 23:29-31, 34-37). Los verdaderos profetas no buscan el oficio ni tampoco se enorgullecerán de sí mismos, por tener el oficio. De hecho, los verdaderos profetas frecuentemente rehúyen el llamado (como ejemplos, ver Moisés y Jeremías). Generalmente los verdaderos profetas no les gusta ser profetas. Los verdaderos profetas son normalmente considerados extraños y excéntricos. Ellos no buscan dinero, popularidad o fama para sí mismos.

Los verdaderos profetas no tienen un **curso de estudios** para ser profetas. Ellos son llamados y elegidos por Dios y son inspirados por el Espíritu Santo (2 Pedro 1:19-21). Muy frecuentemente los profetas **casi no poseen una educación**, porque en su manera de ser, ellos mismos se dejan usar por Dios en vez de inclinarse en sus propios estudios o sabiduría.

El oficio de profeta **cruza la línea de género**. Dios ha elegido a muchas mujeres para el oficio profético, incluyendo a Miriam (Éxo. 15:20), Débora (Jueces 4:4), Hulda (2 Reyes 22.14), Noadía (Neh. 6:14), Ana (Luc. 2:36) y las hijas de Felipe (Hechos 21:9).

Un profeta no necesita contribuir con un libro para el canon bíblico para ser un verdadero profeta. Muchos de los profetas nunca escribieron un libro, tal como Abraham (Gén. 20:7); Gad (2 Sam. 24:11), Natán (2 Sam. 12:25), Elías (1 Reyes 18:36), Obed (2 Crón. 15:8), Jehú (1 Reyes 16:7), Eliseo (1 Reyes 19:16), Ahías (1 Reyes 14:2), Semaías (2 Crón. 12:5), Iddo (2 Crón. 13:22) y Juan el Bautista (Mat. 11:9).

Aun cuando los profetas no son científicos, sus escritos tiene que estar en **armonía con la información científica sana**. Observe los siguientes ejemplos bíblicos:

- La tierra es redonda (Isa. 40:22).
- La tierra cuelga en la nada (Job 26:7).
- La ley universal de la gravedad (Job 38:8-11; Col. 1:17).
- El viento tiene peso (Job 28:25).
- Los cielos no pueden ser medidos (Jer. 31:37).
- El ciclo del agua (Ecle. 1:7).
- Los ciclos del viento (Ecle. 1:6).
- La crucial importancia de la sangre para el sostenimiento de la vida (Lev. 17:11).
- El peligro de comer la grasa y la sangre de los animales (Lev. 3:17).

Los verdaderos profetas ayudarán a las personas delante de **peligros de la vida** en un mundo pecaminoso, rebelde, y los prepararán para la vida venidera. El verdadero profeta amonestará del juicio venidero y sobre la necesidad de preparar la vida para poder pasar exitosamente el juicio (observe especialmente los roles de **Moisés** al conducir a Israel de Egipto hacia Canaán, **Elías** al traer al pueblo de vuelta al Señor, **Juan el Bautista**, quien preparó al pueblo para recibir al Mesías y el movimiento del **Elías final** cuyo rol será el de preparar a un pueblo para la segunda venida de Jesús).

Es un **asunto muy serio** rechazar el mensaje de un profeta verdadero. Rechazar el mensaje significa **rechazar a Jesucristo**, porque el Espíritu de Profecía es el testimonio de Jesús (Apoc. 12:17; 19:10; 22:8-9). En este contexto, sería bueno recordar las historias de la rebelión de **Coré**, los niños que se burlaron de **Elías** y Miriam y Aarón, los cuales criticaron a **Moisés**. Dios toma personalmente el rechazo del mensaje que Él envía a través de sus profetas. Es un asunto realmente serio cuestionar la autoridad de un profeta verdadero.

Los verdaderos profetas **no emplearán métodos prohibidos** para adquirir su información. Las bolas de cristal, la lectura de la palma de la mano, la astrología y la necromancia (canalizaciones) están estrictamente prohibidas por Dios (Deut. 18:9-12; Apoc. 21:8; 22:15).

Los verdaderos profetas **edificarán**, **confortarán** y **exhortarán** al **fiel** (1 Cor. 14:3). Ellos guardarán al pueblo de Dios para que no sean sin ley. Donde no hay visión el pueblo 'arroja fuera la restricción' (NVI), 'no son restringidos' (NASB), 'corren desordenadamente' (NLT), 'son descontrolados' (Nuevo Siglo) (Prov. 29:18) tal como se puede ver durante el periodo de los jueces, donde cada uno hacía lo que era recto a sus propios ojos, porque la Palabra de Dios era preciosa o escasa en esos días. Los resultados de no tener una voz profética, también puede verse durante la **Edad Media**, cuando la revelación era escasa y como resultado el pueblo se revolcó en enfermedades y en la ignorancia.

Dios llama profetas en situaciones críticas en el flujo histórico del tiempo (por ejemplo, Enoc, Noé, Abraham, Moisés, David, Elías, jeremías Daniel, Zacarías, Hageo y Juan el Bautista.

Lección 8—Probando el Don Profético de Ellen White: Pruebas Primarias.

Introducción.

"Habrá aquellos que afirmarán tener visiones. Cuando Dios os de una clara evidencia que la visión es de Él, puede aceptarla, pero no la acepte bajo ninguna otra evidencia; porque las **personas serán cada vez más guiadas a alejarse** en los países extranjeros y en los Estados Unidos". RH, 25 de Mayo de 1905.

Jesús nos advirtió que habría falsos profetas en el fin.

Mat. 24:11, 24. "Se levantarán muchos **falsos profetas**, y engañarán a muchos… Porque se levantarán falsos cristos y **falsos profetas**, y harán grandes señales y prodigios, para engañar, si fuera posible, aun a los elegidos".

Mat. 7:15, 22-23. "Guardaos de los **falsos profetas**, que vienen a vosotros vestidos de ovejas, y por dentro son lobos rapaces… En aquel día muchos me dirán: 'Señor, Señor, ¿no **profetizamos en tu nombre**, y en tu nombre echamos demonios, y en tu nombre hicimos muchos milagros?' Entonces les diré: '**¡Nunca os conocí!** ¡Apartaos de mi, **obradores** de maldad!'" (Una mejor traducción sería: "Vosotros que transgredís la ley").

Deut. 13:1-5. El profeta verdadero conducirá al pueblo a respetar y guardar la ley de Dios. "Cuando surja entre los tuyos algún profeta o vidente en sueños, y anuncie algún prodigio, 2 y se cumpla la señal o el prodigio que anunció, y te diga: 'Vamos en pos de otro dios que no conoces, y démosle culto'; 3 **no prestarás oído a las palabras de ese profeta**, ni de ese vidente porque el Eterno vuestro Dios os prueba, para saber si amáis al Señor vuestro Dios con todo vuestro corazón y con toda vuestra alma. 4 Al Eterno vuestro Dios seguiréis y veneraréis. **Guardaréis sus Mandamientos y escucharéis su voz**, a él serviréis, y a él os allegaréis. 5 Ese profeta y ese adivinador de sueños ha de ser muerto, porque trató de sacarte del camino que el Eterno tu Dios te mandó. Aconsejó rebelión contra el Eterno vuestro Dios que te sacó de Egipto y te rescató de la esclavitud. Así quitarás el mal de tu medio".

Nota: Dios nos dice claramente que en los últimos días surgirán falsos profetas. Así, la gran pregunta es: ¿Qué indicadores bíblicos debemos tener para determinar si un individuo es un profeta verdadero? ¿Cómo podemos saber con seguridad que Ellen White fue un profeta verdadero? En este documento examinaremos las características primarias y secundarias de un profeta verdadero.

1 Tes. 5:19-21. "No apaguéis el Espíritu. 20 **No menospreciéis las profecías**. 21 **Sometedlo todo a prueba**, absteneos de toda forma de mal".

Solo hay una manera para detectar un engaño y esa es saber las características de lo genuino. Una experiencia en Medellín hace algunos años me comprobó este punto de primera mano.

Cuatro pruebas primarias.

Prueba #1: A la ley y al testimonio

Isa. 8:20. "¡A la Ley y al Testimonio! Si no hablan conforme a esto, es porque no les ha amanecido".

Cualquier persona que pretende ser un profeta, tiene que estar en total armonía con el testimonio de todos los profetas bíblicos previos.

El apóstol Pablo afirma lo mismo en **1 Cor. 14:32**. "Y los espíritus de los profetas estén sujetos a los profetas".

¿Qué es lo que Ellen White tiene a decir de la Biblia? ¿Colocó ella alguna vez sus escritos por sobre los escritos de las Escrituras o al mismo nivel, tal como lo hizo José Smith?

"Tomo la Biblia **tal como es**, como la Palabra Inspirada. Creo en sus declaraciones: en una **Biblia completa**". **1MS:19**.

La última disertación de Ellen White en la Sesión de la Conferencia General de 1909, ella levantó una Biblia en su mano y declaró: "Hermanos y hermanas, les recomiendo este libro".

En el CS, Ellen White escribió acerca de su alta estima de las Escrituras.

"Pero Dios tendrá en la tierra un pueblo que sostendrá la Biblia y la **Biblia sola**, como piedra de toque de todas las doctrinas y base de todas las reformas. Ni las opiniones de los **sabios**, ni las deducciones de la **ciencia**, ni los **credos o decisiones** de concilios tan numerosos y discordantes como lo son las iglesias que representan, ni la **voz de las mayorías**, nada de esto, ni en conjunto ni en parte, debe ser considerado como evidencia en favor o en contra de cualquier punto de fe religiosa. Antes de aceptar cualquier doctrina o precepto debemos cerciorarnos de si los autoriza un categórico 'Así dice Jehová'". **CS:653**.

"Tenemos una Biblia llena de la verdad más preciosa. Contiene el Alfa y la Omega del saber". **EJ:119**.

"La Biblia, tal como está escrita, ha de ser nuestra guía. No hay nada más a propósito para ampliar la mente y fortalecer el intelecto que el estudio de la Biblia. Ningún otro estudio elevará tanto el alma y vigorizará las facultades como el estudio de los oráculos vivientes. Las mentes de miles de ministros del Evangelio se empequeñecen porque se les permite detenerse en cosas comunes y no se ejercitan en escudriñar los tesoros escondidos de la Palabra de Dios. Al conducir la mente al estudio de la Palabra de Dios, aumentará la comprensión y se desarrollarán los poderes superiores para comprender la verdad superior y ennoblecedora". **1MCP:95**.

"Hemos de considerar la Biblia como la revelación que Dios nos hace de cosas eternas cuyo conocimiento nos resulta de la mayor importancia. El mundo la arroja a un lado, como si hubiese terminado su examen; pero mil años de estudio no agotarían el tesoro escondido que contiene. Sólo la eternidad revelará la sabiduría de este libro; porque es la sabiduría de una mente infinita. ¿Habremos, pues, de cultivar un hambre profunda por las producciones de autores humanos, y despreciar la Palabra de Dios? Este anhelo por algo que jamás debieran anhelar hace que los hombres reemplacen el verdadero conocimiento por lo que nunca los hará sabios para la salvación. No se consideren los asertos humanos como verdad cuando contradicen la Palabra de Dios". **CMPA:429**.

"Las palabras de la Biblia, y de la Biblia sola, deben oírse desde el púlpito". **EJ:151**.

Observe esta declaración equilibrada:

"Recomiendo al amable lector la Palabra de Dios como regla de fe y práctica. Por esa Palabra hemos de ser juzgados. En ella Dios ha **prometido dar visiones** en los 'postreros días', no para tener una **nueva norma de fe**, sino para **consolar** a su pueblo y para **corregir** a los que se apartan de la verdad bíblica. Así obró Dios con Pedro cuando estaba por enviarlo a predicar a los gentiles". **3MS:32**.

¿Significa esto que los escritos de Ellen White no pueden ser citados desde el púlpito? No más que los que usted mismo puede leer de la Biblia y no usar ninguna otra palabra que las de las Escrituras.

Ellen White fue siempre fiel a esta prueba de fe y práctica. Las doctrinas de la IASD no están basadas en los escritos de Ellen White. Ellas fueron todas descubiertas como resultado de un **estudio cuidadoso de la Biblia** y entonces Dios le dio visiones y sueños a Ellen White para **confirmarlas**, **ampliarlas** y **corregir** a aquellos que erraron en la verdad de la Biblia.

La doctrina Adventista del santuario no se originó con Ellen White. Antes que ella tuviera su primera visión, **O. R. L. Crossier**, **Hiram Edson** y **Hahn** escribieron un artículo probando todo lo básico de la doctrina del santuario, incluyendo el juicio investigador del pre-advento.

Ellen White no trajo la **doctrina del Sábado** a la IASD. Eso vino de un intenso estudio de la Biblia hecho por **Frederick Wheeler**, **Raquel Oaks Preston**, **Thomas Preble** y **José Bates**. Durante un periodo significativo, Ellen White no pudo ver ninguna importancia especial en el Sábado, aun después que José Bates ya había escrito un libro sobre su importancia. Dios le dio a Ellen White una visión que la convenció que el Sábado era de gran importancia para el pueblo remanente de Dios (ver PE:32-33).

Otro ejemplo de cómo el estudio de la Biblia condujo a los pioneros a conseguir nuestro sistema de creencias independientemente del Espíritu de Profecía, se encuentra en el debate sobre la **hora correcta para comenzar el Sábado**. En el año **1855** no había una práctica uniforme entre los Adventistas. José bates y Ellen White entre otros, comenzaban el Sábado a las 6 horas de la tarde. Otros comenzaban el Sábado a media noche y otros aun comenzaban al **amanecer** (basados en Mat. 28:1).

Como resultado de esta controversia y confusión, James White le pidió a **J. N. Andrews** para que hiciera un estudio bíblico, solamente de la Biblia y él concluyó a través del estudio de nueve textos del Antiguo Testamento y dos del Nuevo, que el Sábado comienza a la **puesta del sol**.

Después que Andrews publicó su poderoso artículo, la mayoría de los creyentes comenzaron a guardar el Sábado a la puesta del sol, pero Ellen y James White y José Bates no vieron luz en ello. Dios le dio a Ellen White una visión que confirmó que Andrews estaba en lo correcto. Así, la hora de comenzar el Sábado no era determinada por una visión, sino que a través de un intenso estudio de la Biblia y entonces fue confirmado por una visión.

En **1848** en Nueva York, Connecticut y Maine, hubo una serie de de los así llamados Sábados, donde varios de los pioneros se reunieron para golpear el sistema de creencias de lo que vendría a ser la IASD.

Rocky Hill, Connecticut, 20-24 de Abril, en el hogar de Albert Belden. Asistencia: cerca de 50 personas. Oradores: H. S. Gurney, José Bates (el Sábado y la ley), y James White (el significado del mensaje del tercer ángel, su alcance y especificaciones).

Volney, Nueva York, 18 de Agosto, en el hogar de David Arnold. Asistencia: cerca de 35 personas. Oradores: José Bates (el Sábado), y James White (la parábola de Mat. 25:1-13).

Port Gibson, Nueva York, 27-28 de Agosto, en el granero de Hiram Edson. No hay más detalles disponibles.

Rocky Hill, Connecticut, 8-9 de Septiembre, en el hogar de Albert Belden. No hay más detalles disponibles.

Topsham, Maine, 20-22 de Octubre, en el hogar de Stockbridge Howland. La discusión se centró en la posibilidad de publicar un panfleto, pero como los participantes no tenían recursos, no fue tomada ninguna acción concreta.

Dorchester, Massachussets, 18 de Noviembre, en el hogar de Otis Nichol. Hubo otra discusión para publicar un panfleto, y Ellen White recibió un consejo afirmativo del Señor relacionado con este ministerio de la literatura.

Ellen White, quien participó en ellos vívidamente, describió el proceso que se siguió.

"Muchos de nuestros hermanos no comprenden cuán firmemente han sido establecidos los fundamentos de nuestra fe. Mi esposo, el pastor José Bates, el padre Pierce, el pastor [Hiram] Edson y otros que eran perspicaces, nobles y leales, se contaban entre los que, después de pasar la fecha de 1844, escudriñaron en procura de la verdad como quien busca un tesoro escondido. Me reunía con ellos, y **estudiábamos y orábamos fervientemente**. Con frecuencia permanecíamos juntos hasta tarde en la noche, y a veces pasábamos toda la noche orando en procura de luz y estudiando la Palabra. Vez tras vez, esos hermanos se reunían para **estudiar la Biblia** a fin de que pudieran conocer su significado y estuvieran preparados para enseñarla con poder. Cuando llegaban al punto en su estudio donde decían: 'No podemos hacer nada más', el **Espíritu del Señor descendía sobre mí** y era arrebatada en visión y se me daba una **clara explicación de los pasajes** que habíamos estado estudiando, con instrucciones en cuanto a la forma en que debíamos trabajar y enseñar con eficacia. Así se **daba luz que nos ayudaba a entender los textos de las Escrituras** acerca de Cristo, su misión y su sacerdocio. Una secuencia de verdad que se extendía desde ese tiempo hasta cuando entremos en la ciudad de Dios me fue aclarada, y yo comuniqué a otros las instrucciones que el Señor me había dado.

Durante todo ese tiempo, no podía entender el razonamiento de los hermanos. Mi mente estaba cerrada, por así decirlo, y **no podía comprender el significado de los textos** que estábamos estudiando. Este fue uno de los mayores dolores de mi vida. Quedaba en esta condición mental hasta que se aclaraban en nuestras mentes todos los principales puntos de nuestra fe, en armonía con la Palabra de Dios. Los hermanos sabían que cuando yo no estaba en visión, no podía entender esos asuntos, y aceptaban como luz enviada del cielo las revelaciones dadas.

Durante dos o tres años, mi mente continuó cerrada a la comprensión de las Escrituras. En el curso de nuestras tareas, mi esposo y yo visitamos al padre Andrews, que estaba sufriendo intensamente de reumatismo inflamatorio. Oramos por él. Puse mis manos sobre su cabeza y dije: 'Padre Andrews, el Señor Jesús te sana'. Fue sanado instantáneamente. Se levantó y caminaba por la habitación alabando a Dios y diciendo: 'Nunca antes vi cosa semejante. Ángeles de Dios están en esta habitación'. La gloria del Señor fue revelada. La luz parecía brillar por toda la casa y la mano de un ángel reposó sobre mi cabeza. Desde ese momento hasta ahora, he podido entender la Palabra de Dios". **1MS:241-242**.

"Nuestra primera reunión general en el occidente del Estado de Nueva York comenzó el 18 de Agosto en Volney, en la granja del hermano David Arnold. Concurrieron unas treinta y cinco personas - todos los amigos que pudieron reunirse en aquella parte del Estado. Pero de los treinta y cinco apenas había dos de la misma opinión, porque algunos sustentaban graves errores, y cada cual defendía tenazmente su criterio peculiar diciendo que estaba de acuerdo con la Biblia.

Un hermano sostenía que los mil años del capítulo veinte del Apocalipsis estaban en el pasado, y que los ciento cuarenta y cuatro mil mencionados en los capítulos siete y catorce del Apocalipsis eran los que fueron resucitados en ocasión de la resurrección de Cristo.

Mientras estábamos frente a los emblemas de nuestro Señor moribundo, y estábamos por conmemorar sus sufrimientos, este hermano se levantó y declaró que él no creía en lo que estábamos por hacer; que la Cena del Señor era una continuación de la Pascua, y que debía celebrarse sólo una vez al año.

Esta extraña diferencia de opinión me causó mucha pesadumbre, pues vi que se presentaban como verdades muchos errores. Me pareció que con ello Dios quedaba deshonrado. Mi ánimo se apenó grandemente y me desmayé bajo el pesar. Algunos me creyeron moribunda. Los Hnos. Bates, Chamberlain, Gurney, Edson y mi esposo oraron por mí. El Seño escuchó las oraciones de sus siervos y reviví.

Entonces me iluminó la luz del cielo y pronto perdí de vista las cosas de la tierra. Mi ángel guiador me hizo ver algunos de los errores profesados por los concurrentes a la reunión, y también me presentó la verdad en contraste con sus errores. Los criterios discordes, que a ellos les parecían conformes con las Escrituras, eran tan sólo su opinión personal acerca de las enseñanzas bíblicas, y se me ordenó decirles que debían abandonar sus errores y unirse en torno a las verdades del mensaje del tercer ángel.

Nuestra reunión terminó victoriosamente. Triunfó la verdad. Nuestros hermanos renunciaron a sus errores y se unieron en el mensaje del tercer ángel; y Dios los bendijo abundantemente y añadió muchos otros a su número". **NB:120-122**.

"Hemos de afirmarnos en la fe, en la luz de la verdad que nos fue dada en nuestra primera experiencia. En aquel tiempo, se nos presentaba un error tras otro; ministros y doctores traían nuevas doctrinas. Solíamos **escudriñar las Escrituras** con mucha **oración**, y el Espíritu Santo revelaba la verdad a nuestra mente. A veces dedicábamos **noches enteras** a **escudriñar las Escrituras** y a solicitar fervorosamente la dirección de Dios. Se reunían con este propósito compañías de hombres y mujeres piadosos. El poder de Dios bajaba sobre mí, y **yo recibía capacidad para definir claramente lo que es verdad y lo que es error**". **OE:317**.

James White, RH, 5 de Octubre de 1854:

"La posición que la Biblia y solo la Biblia es la regla de fe y deber, no cierra los dones que Dios coloca en la iglesia. **Rechazarlos es cerrar esa parte de la Biblia que los presenta**. Nosotros decimos: 'Tengamos una Biblia completa, y tengamos eso y eso solo, para que sea nuestra regla de fe y deber. Coloquen los dones **donde ellos pertenecen** y todo estará en armonía".

Las citas anteriores muestran claramente la relación entre la **Biblia y las visiones de Ellen White** en la formación de las doctrinas de la IASD:

- Los pioneros oraron fervientemente para que Dios los ayudara a entender la Biblia.
- Ellos investigaron las Escrituras con humildad y perseverancia, algunas veces durante toda la noche, para descubrir la verdad de Dios.
- Cuando habían hecho **todo lo que podían**, y aun habían puntos discordantes entre los estudiantes, Dios le daba a **Ellen White una visión** que explicaba los pasajes y traía armonía entre los hermanos.
- Así la iglesia naciente fue salvada de los **peligrosos errores** y fue capaz de establecer las doctrinas de la IASD.

Pero alguien puede preguntar: ¿Por qué necesitamos los escritos de Ellen White si tenemos la Biblia? Después de todo, ¿no nos dice la misma Ellen White que nuestra creencia y práctica debería estar basada en la Biblia y solo en la Biblia?

Ellen White tuvo estas palabras de explicación de por qué Dios levantó el don de profecía en estos últimos días:

"Recomiendo al amable lector la Palabra de Dios como regla de fe y práctica. Por esa Palabra hemos de ser juzgados. En ella Dios ha prometido dar visiones en los "postreros días", no para tener una **nueva norma de fe**, sino para consolar a su pueblo y para **corregir a los que se apartan de la verdad bíblica**. Así obró Dios con Pedro cuando estaba por enviarlo a predicar a los gentiles". **3MS:31**.

"Poco caso se hace de la Biblia, y el Señor ha dado una **luz menor** para guiar a los hombres y mujeres a la **luz mayor**". **3MS:32**.

La inspiración de Ellen White no es de **menor calidad** que la de los escritores de la Biblia. Ni tampoco sus escritos son de **menor autoridad**. Sus escritos tienen una **función diferente** al de las Escrituras. Vamos a estudiar esto más adelante. La expresión 'luz menor' no debe ser entendida como '**inferior**'. Tanto la Biblia como los escritos de Ellen White reflejan la misma luz de Cristo, el Sol de justicia. La luna refleja la luz del sol y le trae gloria al sol. Esta es la razón por la cual el sol es llamado la luz mayor y la luna es llamada la luz menor en Génesis 1.

Demos una ilustración práctica. Supongamos que yo entro en un cuarto donde nunca he entrado antes. Es medianoche y la oscuridad es intensa. Tomando en cuenta que nunca he entrado antes en ese cuarto, no se adonde está el interruptor de la luz. Palpo con mis dedos en la pared busco el interruptor de la luz, pero no lo encuentro. ¡Tropiezo con las sillas y las mesas, pero aun no encuentro el interruptor de la luz!

Supongamos, por otro lado, que poseo una linterna. Sería para mí ridículo que dijera: ¿No necesito la luz de la linterna, porque poseo la luz mayor del interruptor? ¡Si poseo una luz menor, necesito usarla para encontrar la luz mayor! Durante los **1260 años** de la Edad Media, el mensaje de la Biblia se perdió en gran manera. Cuando llegó el año **1844**, había **muy pocos que entendían** el mensaje de la Biblia. La ley, el Sábado, el estado de los muertos, la vida sana y el santuario, todos se habían oscurecido por el papado. Dios, viendo estas tinieblas, decidió dar un 'lamparazo' (el Espíritu de Profecía) para que el mensaje completo pudiera ser entendido y Cristo pudiera ser encontrado en las páginas de la Biblia una vez más. ¿Quién pudiera haber sido lo suficientemente tonto como para decir: "Tenemos la luz mayor y por lo tanto no necesitamos la luz menor?"

Ellen White explicó la relación entre sus escritos y la Biblia:

"El hermano J quiere confundir los ánimos tratando de hacer aparecer que la luz que Dios me ha dado por medio de los Testimonios es una **adición** a la Palabra de Dios; pero da así una falsa idea sobre el asunto. Dios ha visto propio atraer de este modo la atención de este pueblo **a su Palabra**, para darle una **comprensión más clara** de ella. La **Palabra de Dios basta** para iluminar la mente más oscurecida, y puede ser entendida por los que tienen deseos de comprenderla. No obstante todo eso, algunos que profesan estudiar la Palabra de Dios se encuentran en oposición directa a sus más claras enseñanzas. Entonces, para dejar a hombres y mujeres **sin excusa**, Dios da testimonios claros y señalados, a fin de hacerlos **volver a la Palabra** que no han seguido. La **Palabra de Dios** abunda en **principios generales** para la formación de hábitos correctos de vida, y los testimonios, generales y personales, han sido calculados para **atraer su atención más especialmente a esos principios**". 5T:622-623.

"Los testimonios escritos no son dados para proporcionar **nueva luz**, sino para impresionar vívidamente en el corazón las verdades de la inspiración **ya reveladas**. El deber del hombre hacia Dios y sus semejantes ha sido especificado distintamente en la **Palabra de Dios**. Sin embargo, son pocos entre vosotros los que obedecen a la luz dada. **No son sacadas a relucir verdades adicionales**; sino que Dios ha **simplificado** por medio de los Testimonios las grandes verdades ya dadas, y en la forma de su elección, las ha presentado a la gente, para despertar e impresionar su mente con ellas, a fin de que todos queden **sin excusa**". 5T:624.

Observe que Ellen White no afirma traer ninguna luz nueva. Ella claramente afirma que sus escritos, amplían, aclaran y expanden la luz ya dada en las Escrituras. En este caso, los escritos de Ellen White son como el **microscopio** o el **telescopio**. La Biblia presenta los principios y Ellen White aplica esos principios.

Por ejemplo: tal como lo veremos después, la Biblia no dice: "No debes fumar". ¿Significa esto que podemos fumar? ¡Desde luego que no! Hay claros principios en las Escrituras que condenan el fumar aun cuando el hábito específico no sea mencionado.

He aquí una vista del propósito de los escritos de Ellen White:

- Confortar al pueblo de Dios (PE:78).
- Animar al alma desanimada y tímida (RH, 10 de Enero de 1856).
- Definir, aclarar y confirmar la verdad (Carta 117, 1910).
- Corregir a aquellos que yerran en la verdad de la Biblia (PE:78).
- Corregir errores graves (Carta 117, 1910).
- Impresionar las mentes con la verdad ya dada (5T:622-623).
- Llevar las mentes del pueblo de Dios a la Palabra (5T:623).
- Simplificar las verdades ya dadas (5T:623).
- Unir el pueblo de Dios en una plataforma de verdad (3T:361).

La experiencia de Pablo con cartas.

"¿Qué sucedía con el apóstol Pablo? Las noticias que recibió de la casa de Cloe acerca de la condición de la iglesia de Corinto fueron las que le indujeron a escribir su primera epístola a aquella iglesia. Le habían llegado cartas particulares que le presentaban los hechos tales como existían, y en respuesta expuso él los principios generales que, si se seguían, corregirían los males existentes. Con gran ternura y sabiduría, exhortó a todos a hablar las mismas cosas a fin de que no hubiese divisiones entre ellos.

"Pablo era un apóstol inspirado; sin embargo el Señor no le reveló en todas las ocasiones la condición de su pueblo. Los que se interesaban en la prosperidad de la iglesia y veían penetrar ciertos males en ella le presentaron el asunto, y gracias a la **luz que había recibido previamente** él estaba preparado para juzgar el verdadero carácter de esos sucesos. Los que estaban buscando realmente la luz no rechazaron su mensaje como si fuese una carta común, porque el Señor no le había dado una **nueva revelación** para aquel tiempo especial. De ningún modo. El Señor le había mostrado las dificultades y peligros que se levantarían en las iglesias, para que cuando surgiesen, supiese tratarlos.

"Había sido designado para defender la iglesia; debía velar por las almas como quien debía dar cuenta a Dios; ¿no debía acaso prestar atención a los informes concernientes a su estado de anarquía y división? Por cierto que sí; y el reproche que él les mandó fue escrito **bajo la inspiración del Espíritu de Dios tanto como cualquiera de sus epístolas**. Pero cuando estos reproches llegaron, algunos no quisieron ser corregidos. Asumieron la actitud de que Dios no les había hablado por medio de Pablo, que él les había dado simplemente su opinión como hombre, y consideraron su propio juicio tan bueno como el de Pablo. Así también sucede con muchos de nuestros hermanos que se han apartado de los antiguos hitos y han seguido su propio entendimiento". **5T:641**.

Su experiencia personal

"Usted ha expresado la opinión que tiene de su propio juicio, es a saber, que es más digno de confianza que el de la hermana White. ¿Consideró usted que, durante su vida de servicio para el Maestro, la hermana White ha tratado precisamente con casos como éste? ¿Y que ella ha visto muchos casos, **inclusive similares al suyo**, lo que debe permitirle a ella saber lo correcto y lo incorrecto en estos casos? ¿No sería mejor darle preferencia a la opinión de quien ha estado bajo la dirección de Dios por más de cincuenta años, que manifestarla a quien no ha tenido esta disciplina y educación? Tenga la bondad de considerar estas cosas (Carta 115, 1895)". **3MS:66-67**.

Compilaciones

En su última voluntad y testamento, Ellen White autorizó la preparación de compilaciones de sus escritos cuando fuese necesario. Tenemos que ser siempre cuidadosos para ver las citas en su medio original, sin embargo, para estar seguros que no han sido tomadas inadvertidamente fuera de contexto.

Buscando y eligiendo:

"Muchas veces en mi experiencia he sido llamada a hacer frente a la actitud de cierta clase de personas que reconocieron que los testimonios eran de Dios, pero que tomaban la posición de que este asunto y aquel tema correspondían a la opinión y al juicio de la hermana White. Esto se acomoda a los que no quieren el reproche y la corrección, y cuando sus ideas son contradichas tienen ocasión de explicar la diferencia entre lo humano y lo divino.

Si las opiniones preconcebidas o las ideas particulares de algunos son contradichas al ser reprendidas por los testimonios, ellos sienten inmediatamente necesidad de hacer clara su posición para discriminar entre los testimonios, definiendo lo que es el juicio humano de la hermana White y lo que es la Palabra de Dios. Cualquier cosa que sostenga sus ideas acariciadas es divina, y los testimonios que corrigen sus errores son humanos: son las opiniones de la hermana White. Anulan el efecto del consejo de Dios con su tradición (Manuscrito 16, 1889)". **3MS:75-76**.

Glenn Coon ha provisto un buen ejemplo de cómo Ellen White **expande** las Escrituras y llena con detalles, pero sin contradecirlas (ver mi propio estudio bíblico, "Los Primeros Frutos" al final de este libro):

Las dos "resurrecciones especiales".

Una ilustración de cómo esos escritos nos dan no solo detalles adicionales, sino que también sugieren nuevas relaciones entre ciertos pasajes específicos de las Escrituras y que pueden verse en el trato que Ellen White les da en su análisis de las dos resurrecciones citadas en la Biblia.

1.- **La resurrección especial de la Pascua**. Dos veces en la Biblia, una vez en el Evangelio de Mateo y una vez en la Epístola de Pablo a los Efesios, es mencionada un intrigante asunto con un poco detalle tentador: la resurrección especial que sucedió el domingo de Pascua en la mañana y lo que vino después, 40 días después en la Ascensión.

Estos son los hechos que se encuentran en las Escrituras: En Mat. 27:51-53 se nos dice que (a) hubo un **terremoto** en el momento de la muerte de Cristo; (b) se **abrieron algunas tumbas**; (c) después que Cristo resucitó el domingo en la mañana "muchos" **fueron resucitados** a la vida; (d) estas personas fueron identificadas como "santos" (en la Biblia, un santo no es un súper-justo, obrador de milagros, sino que es una persona común, un cristiano común, un pecador salvo por la gracia); (e) las personas resucitadas **fueron a Jerusalén** ("la santa ciudad"); (f) se le **aparecieron a "muchos"** de los ciudadanos de ese lugar; y en Efe. 4:8 (margen) se nos dice además que (g) **ascendieron con Cristo al cielo** 40 días después que fueron resucitados de la muerte.

Ellen White, sin embargo, levanta el velo y nos da cerca de una docena de hechos adicionales de identificación e información:

- Durante su vida normal ellos fueron "**colaboradores con Dios**" (DTG:786)[10].
- Fueron mártires; "a costo de sus vidas" (DTG:786) "llevaron su testimonio **sin retroceder con la verdad**". (1MS:304).
- Ellos representaban **"cada era"** de la historia "desde la creación hasta loas días de Cristo" (PE:184). (Abel fue el primer mártir; Juan el Bautista fue el último mártir registrado antes del Calvario).
- Ellos **diferían en estatura y forma,** "siendo que algunos eran más nobles en apariencia que otros… Los que habían vivido en los días de Noé y Abrahán parecían ángeles por su gallardía y aspecto" (PE:184) [Adán era dos veces más alto que los hombres que viven ahora; Eva era un poco menor (su cabeza le llegaba un poco más abajo de sus hombros)]. (3Dones Espirituales:34).
- Estos fueron **resucitados para la inmortalidad** (1MS:304-305) mientras que las tres personas que fueron resucitadas durante el ministerio antes del Calvario de Cristo, no fueron resucitadas para la vida eterna, y luego volvieron a morir (DTG:786).
- **Cristo** fue el que los resucitó a la vida (1MS:304; DTG:786).
- Su obra fue para **testimoniar de la resurrección de Cristo.** Ellos fueron testigos que los sacerdotes no pudieron silenciar (DTG:786). Su testimonio contradijo el perjurio de los soldados Romanos sobornados (1MS:305).
- Su mensaje fue: El **sacrificio por el hombre está ahora completo**; Jesús, a quien los Judíos crucificaron, ahora ha resucitado de la muerte (PE:184) ¿La prueba? "Nosotros fuimos resucitados con Él" (PE:184; DTG:786).
- Ellos fueron el cumplimiento vivo de la profecía de **Isa. 26:19** (1MS:305).
- Jesús se los presentó personalmente a **Su Padre en el cielo** como las primicias de todos los justos muertos que algún día serían traídos de vuelta a la vida (1MS:306-307).

Es verdad que en los escritos de Ellen White "no tenemos un tópico nuevo, ninguna revelación nueva, ninguna nueva doctrina"; ¡pero sí tenemos **mucha información nueva**!

2.- La **resurrección especial justo antes de la segunda venida Cristo**. Cuatro pasajes de las Escrituras hablan, directamente y por implicación, de la resurrección especial justo antes de la segunda venida de Cristo (Dan. 12:1-2; Mat. 26:64; Apoc. 1:7; 14:13). Ellen White nos interpreta: Habrá tres clases de personas: (a) Todos aquellos que han muerto en la fe bajo el tercer mensaje angélico, guardando el Sábado; (b) Los que crucificaron a

---

[10] Paginación en Inglés.

Jesús y que no fueron salvos antes de morir hace 19 siglos atrás; y (c) Los más violentos oponentes a la verdad de Cristo y de Su pueblo (PE:285; CS:637). Solo las dos primeras categorías son razonablemente inferidas de las Escrituras; la tercera nos llega adicionalmente, como una información extra bíblica, del don profético de nuestro tiempo.

La parábola de Uriah Smith.

Uriah Smith usó una parábola muy interesante para ilustrar la relación entre la Biblia y el Espíritu de Profecía:

"Suponga que vamos a iniciar un viaje. Antes de partir, el dueño del barco les da a la tripulación un 'libro de direcciones', y les asegura que sus instrucciones son suficientes para todo el viaje. Si esas instrucciones son escuchadas, el barco llegará seguro a su destino.

Entonces la tripulación isa las velas y abre el libro para saber su contenido. Ellos descubren que, en general, el autor ha colocado principios básicos para gobernar la conducta de la tripulación durante el viaje, y ha tocado diversos puntos contingentes que pudieran surgir. Sin embargo, el autor señala que la última parte del viaje puede ser especialmente peligrosa, porque 'las características de la costa están siempre cambiando, debido a las dunas y a las tempestades'. Debido a esto, el autor ha colocado a un piloto que se una a la tripulación para que le de una ayuda especial, para guiar al barco en forma segura al puerto final.

El autor también aconseja que la tripulación escuche las directrices y las instrucciones del piloto, 'como las circunstancias y los peligros que los rodean lo requieran'.

En el tiempo señalado, aparece el piloto, tal como fue prometido. Pero, inexplicablemente, al ofrecer sus servicios al capitán y a la tripulación, algunos de los marineros se levantan en protesta, afirmando que el libro original de direcciones es suficiente para hacerlos pasar adelante. Ellos declararon: 'estamos con eso, y solamente eso; no queremos nada más'.

Smith entonces levanta la pregunta retórica: '¿Quién ahora está haciéndole caso al libro original de direcciones? ¿Aquellos que rechazan al piloto, o aquello que lo reciben, tal como ese libro los instruye? Juzguen ustedes".

Finalmente, anticipando la objeción de algunos de los lectores, a los cuales él dirigió esta parábola, para que obligara a la iglesia a aceptar a Ellen White como su 'piloto', el editor intenta prevenir esas quejas con esta posdata:

No decimos tal cosa. Lo que sí decimos es distintivamente esto: Que los dones del Espíritu son dados a nuestro piloto en nuestros tiempos peligrosos, y cada vez que encontremos genuinas manifestaciones de ellos, estamos dispuestos a respetarlos, ni tampoco podríamos hacerlo en forma diferente sin rechazar la Palabra de Dios, la cual nos insta a recibirlos". Uriah Smith, **RH, 13 de Enero de 1863**.

Prueba #2: Por sus frutos los conoceréis.

Mat. 7:15-20. "Guardaos de los falsos profetas, que viene a vosotros vestidos de ovejas, y por dentro son lobos rapaces. 16 Por sus frutos los conoceréis. ¿Se cosechan uvas de los espinos, o higos de los abrojos? 17 Así, todo buen árbol da buen fruto; pero el árbol maleado da malos frutos. 18 El buen árbol no puede dar malos frutos, ni el árbol maleado dar buenos frutos. 19 Todo árbol que no lleva buen fruto, se corta, y se echa en el fuego. 20 Así, por sus frutos los conoceréis".

Ellen White concordó que los profetas tenían que ser probados por sus frutos:

"Júzguense los Testimonios por sus **frutos**. ¿Cuál es el **espíritu de su enseñanza**? ¿Cuál ha sido el **resultado de su influencia**? Todos los que desean hacerlo, pueden familiarizarse con los **frutos de estas visiones**. Durante diecisiete años, Dios ha considerado propio dejarlas sobrevivir y fortalecerlas contra la oposición y las fuerzas de Satanás, y la influencia de los agentes humanos que han ayudado a Satanás en su obra.

O está Dios enseñando a su iglesia, reprendiendo sus errores, fortaleciendo su fe, o no lo está haciendo. **La obra es de Dios, o no lo es**. Dios no hace nada en sociedad con Satanás. Mi obra lleva la estampa de Dios, o la del enemigo. No hay **medias conclusiones** en el asunto. Los Testimonios son del Espíritu de Dios, o del diablo.

A medida que el Señor se ha manifestado por el espíritu de profecía, han desfilado delante de mí lo pasado, lo presente y lo futuro. Me han sido mostrados rostros que nunca había visto, y años más tarde los conocí cuando los vi. He sido despertada de mi sueño con una sensación vívida de asuntos previamente presentados a mi mente; y he escrito a medianoche cartas que han cruzado el continente, y, llegando en un momento de crisis, han **evitado gran desastre a la causa de Dios**. Esta ha sido mi obra durante muchos años. Un poder me ha impelido a reprobar y reprender males en los cuales no había pensado. ¿Es esta obra de los últimos treinta y seis años de lo **alto**, o de **abajo**?". **2JT:286-287**.

Cuando Ellen White tenía **9 años de edad** tuvo un terrible accidente que afectó su salud por el resto de su vida. Un día, mientras ella volvía a su hogar de la escuela (donde ella estaba en el tercer año), una compañera de clase enojada, le arrojó una piedra que la golpeó en el puente de su nariz. Durante tres semanas se pensaba que ella moriría, y aun si viviera, sería seriamente **dañada por el resto de su vida**.

Ellen no pudo continuar sus estudios, por lo tanto solo llegó al tercer año básico de educación. La fortaleza que Ellen White tuvo durante sus **87 años** de vida, se derivó del Señor. El texto que inspiró más a Ellen White cuando pasaba por periodos de debilidad y de sufrimiento, fue **1 Cor. 1:27-29**. Ella sabía que en ella misma no podía hacer nada, pero que con la ayuda de Dios, ella podía hacerlo todo.

A pesar de sus desafíos de salud, los frutos de sus labores fueron extraordinarios. Sabemos que ella viajó cerca de **160.000 Km** durante su vida. La mayoría de esos viajes fueron hechos a caballo, en vagones, caminando, en barco o en tren. Ella pasó en **1885-1887** en Europa y en **1891-1900** en Australia. Aun cuando estos viajes duraron semanas, el Señor le dio fortaleza y ella murió a la edad de **87 años**.

Sus productos literarios son aun más extraordinarios. Para una mujer que solo tenía dos años y un poco más de educación básica, sus logros literarios son asombrosos. Se calcula que ella escribió cerca de 100.000 páginas (unas 25 millones de palabras) durante su vida, sobre una variedad de asuntos: Educación, salud, organización de la iglesia, mayordomía, publicaciones, religión, Biblia, matrimonio y el hogar, ciencia, etc.

Escribió cerca de **80 libros** y se han publicado compilaciones. Esto es extraordinario, considerando que ella fue llamada cuando tenía 17 años de edad con poca educación. Sus productos literarios proveyeron una clara evidencia de que ella fue llamada por Dios para ser un profeta. Ella tuvo todas las desventajas que harían con que una persona fallara. Ella fue una **mujer, joven, no educada, con mala salud, débil, pobre, y que no fue capaz de hablar**. ¿Por qué Dios consideraría a alguien con tantas desventajas?

Tal vez si Dios hubiese elegido a un erudito, las personas habrían llegado a la conclusión que el mensaje se debía a la capacidad intelectual del erudito. Pero Dios eligió a la más débil de las débiles para confundir la sabiduría de los sabios.

Hemos visto rápidamente sus producciones literarias. Pero reflexionemos por unos momentos sobre el fruto personal de su vida y el fruto de sus labores. Después del Gran Chasco de 1844, había escasamente unos **200 creyentes**. La influencia de Ellen White en mantener a estos santos fieles unidos, es extraordinaria. A través del don profético que Dios le dio, el movimiento ASD se ha convertido en algo global, trabajando en más países que cualquier otra denominación Protestante y con una membresía de casi 20 millones.

Como resultado del consejo y de la guía de Ellen White, la IASD mantiene el más grande **sistema de escuelas parroquiales** del mundo y posee **casas publicadoras y de salud** en todo el globo. A través de la guía de Dios, la IASAD se ha mantenido unida con una **creencia común** y con un **sistema organizacional**.

¿Y qué sucede en el nivel personal? ¿Cuál fue el fruto de su vida personal?

Ellen White tuvo un **noble carácter**. Ella no fue una santa Ellen, ni una súper mujer. Ella fue un ser humano normal. Ella fue siempre accesible a los demás. Ella tuvo una familia normal y con sentimientos normales. El 9 de Enero de 1859, Ellen White escribió en su diario:

"Me he sentido nostálgica en el viaje. Me temo que no me he sentido dispuesta a sacrificar la compañía de mi esposo y la de los niños, para hacer otros bienes... He tenido un tiempo de llanto delante del Señor". **3ML:138**.

Ellen White tuvo sus **luchas** como cualquier ser humano normal. Ella tuvo sus batallas espirituales, derrotas y victorias. Tomemos la dieta como ejemplo.

El **6 de Junio de 1863**, Ellen White recibió su famosa **visión de la reforma de salud**. En ese tiempo ella y su familia comían carne y era extremadamente difícil para ella hacer un cambio a una dieta vegetariana. Ella instruyó a su cocinera a que colocara alimentos saludables en la mesa y diversas veces ella llegó a la mesa y no comió, porque el alimento no apelaba a su apetito. Ella explicó:

"He sufrido de un hambre intensa; era una gran consumidora de carne. Pero al sentir languidez o desfallecer, coloqué mis brazos sobre el estómago, y dije: 'No probaré un bocado. Consumiré alimento sencillo, o no comeré del todo'. El pan me desagradaba. Raramente podía comer una porción del tamaño de un dólar. Algunas cosas de la Reforma podía recibirlas muy bien; pero cuando llegaba al asunto del pan, estaba especialmente en contra. Cuando hice estos cambios, tuve una batalla especial que luchar. Las primeras dos o tres comidas, no pude comer. Le dije a mi estómago: 'Tendrás que esperar hasta que puedas comer pan'. Después de un poco podía comer pan, y pan integral también. Esto no podía comerlo antes; pero ahora le encuentro gusto agradable, y no he tenido falta de apetito". **CRA:580-581**.

"En la siguiente visión que tuve, rogué fervorosamente al Señor que, si debía ir y relatar lo que me había mostrado, me guardase del ensalzamiento. Entonces me reveló que mi oración era contestada y que si me viese en peligro de engreírme, su mano se posaría sobre mí, y me vería aquejada de enfermedad. Dijo el ángel: 'Si comunicas fielmente los mensajes y perseveras hasta el fin, comerás del fruto del árbol de la vida y beberás del agua del río de vida'". **PE:20-21**.

"Durante el discurso [pronunciado en Battle Creek, el 2 de octubre de 1904] dije que no pretendía ser profetisa. Algunos se sorprendieron ante esta declaración, y como se está diciendo mucho acerca de esto, daré una explicación. Otros me han llamado profetisa, pero nunca pretendí ese título. No he sentido que era mi deber llamarme así. Los que osadamente pretenden que son profetas en éste nuestro día, son con frecuencia un baldón para la causa de Cristo. Mi obra incluye mucho más de lo que significa ese nombre. Me considero a mí misma como una mensajera, a quien el Señor le ha confiado mensajes para su pueblo (Carta 55, 1905) **1MS:40**.

Ellen White tuvo severos desafíos de salud durante su vida, y aun así, durante su vida, fue capaz de hablar delante de multitudes, sin ningún sistema de amplificación. De acuerdo con algunos testigos, ¡su voz podía ser escuchada a un kilómetro de distancia!

Ellen White enfatizó consistentemente la necesidad de ministros que cultiven su voz, y ella fue un ejemplo de eso. De acuerdo con muchos testigos, ¡Ellen White podía ser distintivamente escuchada cuando hablaba a 1,6 Km de distancia sin ninguna amplificación! Ella habló frecuentemente durante una hora y media delante de una audiencia de miles y nunca quedó ronca. Ella declaró que muchos ministros se iban temprano a la tumba debido a no cultivar sus voces. Desde luego, que ella estaba totalmente conciente que el Señor era el que debía recibir el crédito por la fortaleza de su voz. En algunas ocasiones Ellen White iba al púlpito para hablar, pero no le salía la voz, pero después de orar, ella era capaz de hablar claramente y con fortaleza.

"Agradezco a Dios porque él me ha **preservado la voz**, cuando en los años de mi temprana juventud los médicos y otros amigos declararon que esa voz quedaría silenciosa después de tres meses. El Dios del cielo vio que necesitaba pasar por una experiencia de prueba que me preparara para la obra que él quería que yo hiciera". **3MS:42**.

Ellen White amaba al Señor, Su causa y Su pueblo, y esto la condujo a viajar incansablemente, a escribir, a aconsejar y a reprobar, a pesar del hecho que ella frecuentemente hizo eso con gran dolor. Ella declaró:

"Amo al Señor. Amo su causa. Amo a su pueblo. Siento gran paz y calma mental. Parece que no hay nada que confunda y distraiga mi mente, y a pesar de tanto pensamiento arduo mi mente no puede sentirse perpleja con alguna cosa, a menos que esté sobrecargada (Carta 13, 1876)". **3MS:119**.

Ellen White animó a los creyentes a no desesperarse cuando perdían a un ser querido que moría en el Señor y ella practicó lo que predicaba. En la muerte de su esposo, ella dijo las siguientes palabras:

"Y, amigos, todos queremos esta esperanza. En Jesucristo están centradas todas nuestras esperanzas de vida eterna, así que trabajemos siempre para Él. Desde aquí en adelante Él es mi Guía, y mi Esposo y mi Consejero, y mi Amigo. Él caminará conmigo a lo largo de los espinosos caminos de la vida, y al final nos encontraremos nuevamente, donde ya no hay despedida ni separación, y donde nadie más dirá: "Estoy enfermo". Dejo mi precioso tesoro; le digo adiós; **no voy a su tumba para llorar**. Ni tampoco puedo **derramar ninguna lágrima** sobre mi hijo más pequeño o sobre el más adulto. La mañana de la **resurrección es demasiado brillante**. Y entonces miro hacia esa mañana cuando los vínculos de la familia separada sean reunidos, y veremos al Rey en su belleza, y contemplaremos sus inigualables encantos, y arrojaremos nuestras relucientes coronas a sus pies, y tocaremos las arpas doradas y llenaremos todo el cielo con la melodía de nuestra música y cantos al Cordero. Allí cantaremos juntos. Triunfaremos juntos alrededor del gran trono blanco" **Panfleto:168**. En Memoria: Un Bosquejo de la Última Enfermedad y Muerte del Hermano James White (1881).

A pesar del hecho que Ellen White estaba tan atareada viajando, hablando y escribiendo, ella fue una **buena ama de casa**. El hogar de los White era feliz y lleno de actividad. Cuando Ellen estaba en el hogar, ella dedicaba una buena parte de su tiempo a la jardinería, a cocinar y a sembrar. Ella era una excelente compradora. Se cuenta la historia de una vez que Ellen White fue a un negocio del Sr. Skinner a comprar algunas telas. La hermana White encontró un telas que a ella le gustaron y le preguntó al Sr. Skinner si era 100% lana. El Sr. Skinner le aseguró que sí era lana, pero entonces Ellen vio unas ropas sueltas en la esquina de las telas y descubrió que también tenían un poco de algodón. Ella le dijo al Sr. Skinner: "Señor, usted me dijo que esto era 100% lana, ¿cierto? Cuando el Sr. Skinner respondió que "si", Ellen le dijo: ¿No veo yo algún algodón en estas fibras? Bajando la cabeza, él tuvo que admitir que ella estaba en lo correcto. Esta historia ilustra cuán buena compradora era ella.

Muchas veces el hogar de los White era como un **hotel**. En 1859, durante una serie de reuniones, había no menos de **35 personas** comiendo en el hogar de los White. El día después de la reunión, había solo una pequeña observación en su diario: "Estuvimos todos muy cansados".

Las comidas de la mesa de los White era simple, pero nutritiva. Ellen White lo explica:

"Tengo una mesa **bien provista** en todas las ocasiones. No hago ningún cambio para las visitas, ora sean creyentes o incrédulos. Me propongo **no ser sorprendida** jamás por una falta de preparación para dar de comer en mi mesa desde **una hasta seis personas adicionales** que puedan llegar. Tengo suficiente alimento **sencillo y saludable** listo para satisfacer el hambre y nutrir el organismo. Si alguien quiere más que esto, está en libertad de encontrarlo en otra parte. No pongo en mi mesa nada de **mantequilla ni de carne**. Raramente hay torta allí. Por lo general tengo una provisión amplia de **frutas, buen pan y hortalizas**. Nuestra mesa está siempre bien concurrida, y a todos los que participan del alimento les va bien, y su salud mejora. Todos se sientan a la mesa sin un apetito epicúreo, y comen con gusto las bondades suplidas por nuestro Creador". **CRA:583-584**.

"No me erijo en un criterio para ellos, sino que dejo que cada uno siga sus propias ideas acerca de qué es lo mejor para él. No ato la conciencia de ninguna otra persona a la mía. Una persona no puede ser criterio para otra en materia de alimentación. Es imposible hacer una regla para que todos la sigan. Hay algunos en mi familia que gustan mucho de las habichuelas, en tanto que para mí éstas son veneno. Nunca se coloca mantequilla en mi mesa, pero si los miembros de mi familia quieren usar un poco de ella fuera de la mesa, están en libertad de hacerlo.

Nuestra mesa se pone **dos veces** por día, pero si hay personas que quieren algo para comer por la tarde, no hay regla que les prohíba hacerlo. Nadie se queja o sale de nuestra mesa insatisfecho. Siempre se provee una variedad de alimentos **sencillos, sanos y sabrosos**". **CRA:590**.

El propósito de la disciplina en la casa de los White era siempre correctiva, nunca punitiva. Era para fortalecer el carácter. En raras ocasiones el castigo físico era administrado, pero no en el calor del momento:

"Nunca permití que mis hijos pensaran que podían molestarme en su niñez. También crié en mi familia a otros de otras familias, pero nunca permití que esos niños pensaran que podían molestar a su madre. Nunca me permití decir una palabra áspera o impacientarme o enojarme con los niños. **Nunca** llegaron al punto de provocarme a ira, **ni una sola vez**. Cuando se agitaba mi espíritu o cuando me parecía que iba a perder los estribos, decía: 'Niños, dejemos esto en paz ahora; no diremos nada más de esto ahora. Lo trataremos otra vez antes de acostarnos'. Teniendo todo ese tiempo para reflexionar, al anochecer se habían aplacado y yo podía tratarlos muy bien". **CN:237**.

A Ellen White le gustaba trabajar en el jardín o en la huerta. Ella frecuentemente declaró que el pueblo de Dios debía tener una huerta y árboles frutales, para poder poner comida nutritiva en la mesa y enseñarle una obra de ética a aquellos que prefieren pedir antes que trabajar.

Cuando alguien en el hogar de los White se enfermaba, eran aplicados remedios naturales. La fórmula de Ellen White para recuperar la salud era: REMEDIOS NATURALES + FE + ORACIÓN. Ella sabía del valor curativo de las cosas como el aceite de eucalipto, el jugo de uva, la hidroterapia, el carbón, etc.

Los White frecuentemente recibían visitas inesperadas sin esperar ninguna compensación monetaria. En **1868 Seneca King** se fracturó el cráneo. La familia White lo cuidó, mientras su vida estaba en la balanza. Día y noche el hermano King requirió un cuidado constante e intensivo. Esto restringió la vida diaria de la familia White. Los White frecuentemente visitaban hogares de los necesitados, para darles ropas que la misma Ellen White cosía. Ella también visitaba hogares para darles clases a las madres de cómo coser, cocinar y aplicar remedios naturales.

El fruto de la vida personal de Ellen White revela claramente que ella pasó la prueba de 'por sus frutos los conoceréis'.

Prueba #3: Jesús ha venido en carne.

El punto de vista Romano:

De acuerdo con la teología Católica Romana, hay dos razones por las cuales María tuvo que ser concebida con una naturaleza humana inmaculada o sin pecado. La primera razón es porque solo una María inmaculada o sin pecado, podía traer al mundo a un Jesús inmaculado y sin pecado. Veamos algunos comentarios de 'santos' y eruditos:

Palabras del santo Bridget:

"María fue concebida sin pecado, para que el divino Hijo pudiera nacer de ella sin pecado". Las Glorias de María:296.

"La corrupción es una desgracia de la naturaleza humana; y como Jesús no estuvo sujeta a ella, **María también estuvo exenta**; porque la carne de Jesús es la carne de María". Liguori, Las Glorias de María:297.

"Porque no solo es verdad que la Carne de Jesús es la misma que la de María, sino que la carne de nuestro Salvador, aun después de la resurrección, permaneció la misma que **había tomado de su Madre**". Liguori, Las Glorias de María:297.

De acuerdo con **San Pedro Damián**, tanto María como Jesús tomaron la naturaleza no caída de Adán:

"... la carne de la Virgen, tomada de Adán, **no admitió la mancha de Adán**". Liguori, Las Glorias de María:311.

"... la bendita Virgen **nunca cometió un pecado**, ni siquiera uno venial. De otra manera, ella no habría sido una madre digna de Jesucristo; porque la ignominia de la Madre también habría sido la del Hijo, porque **habría tenido a una pecadora como su madre**". Liguori, Las Glorias de María:299.

"María habría heredado el pecado y las penalidades del pecado, si Dios no la hubiese **preservado de ellos**. Como resultado, la de ella fue una condición similar a la de nuestros primeros padres **antes de la caída**". Los Caballeros de Colón, La Madre de Jesús:25.

La segunda razón de por qué María tuvo que ser concebida inmaculadamente, de acuerdo a los eruditos Católicos Romanos, es que alguien que no ha heredado una naturaleza pecaminosa o no ha cometido actos pecaminosos, puede representar a los pecadores como mediatriz delante de Dios. De acuerdo con Heb. 7:26, se argumenta, Jesús puede representarnos a nosotros delante del Padre, porque él fue sin pecado. ¿Cómo pudo María ser Abogada con Jesús si también no fuese pecadora?

San Anselmo declara:

"Dios puede preservar a los ángeles en el cielo sin mancha, en medio a la devastación que los rodea; ¿fue él, entonces, incapaz de **preservar a la Madre** de su Hijo y a la Reina de los ángeles de la caída común del los hombres?". Liguori, Las Glorias de María:293.

"San Gregorio dice: 'que un enemigo no puede aplacar su juicio, que es al mismo tiempo la parte injuriada; porque si lo hace, en vez de apaciguarlo, lo provocaría a una mayor ira'. Y por lo tanto, como María sería la mediatriz de la paz entre los hombres y Dios, era de la mayor importancia que ella no apareciera ella misma y como un enemigo de Dios, sino que debía aparecer en todas las cosas como una amiga, y **libre de toda mancha**". Liguori, Las Glorias de María:289.

¿Cuál es el punto de vista bíblico de la humanidad de Cristo? ¿Tomó Él la naturaleza de Adán antes de la caída o tomo Él la naturaleza caída de Adán?

1 Juan 4:1-3. Jesús vino en carne humana. "Amados, no creáis a todo espíritu, sino probad si los espíritus son de Dios; porque muchos **falsos profetas** han salido al mundo. 2 En esto conoced el Espíritu de Dios: Todo espíritu que reconoce que Jesucristo ha venido en **carne**, es de Dios. 3 Y todo espíritu que no reconoce que Jesús vino en la **carne**, no es de Dios. Este es del anticristo, que habéis oído que ha de venir, y que ahora ya está en el mundo".

Juan 1:14. Somos informados que en la encarnación Jesús vino en carne humana. "Y el Verbo se hizo **carne**, y habitó entre nosotros, lleno de gracia y de verdad".

Heb. 2:14-18. Este pasaje nos dice que Jesús era de carne y de sangre humana y que fue hecho en todas las cosas como Sus hermanos. Él sufrió las tentaciones de Sus hermanos y por lo tanto es capaz de ayudar a aquellos que son tentados. "Así, por cuanto los hijos participan de **carne y sangre**, él también participó de lo **mismo**, para destruir por su muerte al que tenía dominio de la muerte, a saber, al diablo. 15 Y librar a los que por el temor de la muerte estaban por toda la vida sujetos a servidumbre. 16 Porque no tomó sobre Sí mismo la naturaleza de los ángeles, sino que tomó sobre Sí mismo la naturaleza de Abraham. 17 Por eso, debía ser en **todo** semejante a sus hermanos, para venir a ser compasivo y fiel Sumo Sacerdote ante Dios, para expiar los pecados del pueblo. 18 Y como él padeció al ser tentado, es **poderoso para socorrer a los que son tentados**".

Luc. 24:36-43. Después de la resurrección Jesús aun conservó Su naturaleza humana, pero en la forma glorificada. "Y cuando ellos estaban aún contando estas cosas, Jesús mismo se puso entre ellos, y les dijo: 'Paz a vosotros'. 37 Entonces ellos espantados y asombrados, pensaban que veían espíritu. 38 Pero él les dijo: '¿Por qué estáis turbados y suben esos pensamientos a vuestro corazón? 39 Mirad mis manos y mis pies, que soy yo mismo. Palpad, y ved. Que un espíritu ni tiene **carne ni huesos**, como veis que yo tengo'. 40 Y al decir esto, les mostró las **manos y los pies**. 41 Y como ellos no acababan de creerlo, a causa del gozo y el asombro, les preguntó: '¿Tenéis aquí algo de comer?' 42 Entonces le dieron parte de un pescado asado. 43 Y él lo tomó, y comió ante ellos".

1 Tim. 2:5. En el cielo Jesús es capaz de mediar por nosotros, porque Él es hombre. "Porque hay un solo Dios, y un solo Mediador entre Dios y los hombres, Jesucristo hombre".

Rom. 8:3. ¿Qué tipo de carne tenía Jesús? ¿Tomó Él la carne no pecaminosa de Adán antes de su caída? "Porque lo que era imposible a la Ley, por cuanto era débil por la carne; Dios, al enviar a su propio Hijo en **semejanza de carne de pecado**, y como sacrificio por el pecado, condenó al pecado en la carne".

Ellen White concuerda con el testimonio bíblico.

"**La humanidad del Hijo de Dios es todo para nosotros**. Es la áurea cadena eslabonada que une nuestras almas con Cristo, y mediante Cristo con Dios. Este debe ser nuestro estudio. **Cristo era un verdadero hombre**, y demostró su humildad convirtiéndose en **hombre**. Era Dios en la **carne**.

Cuando enfocamos el tema de la divinidad de Cristo revestida con el manto de la humanidad, con justicia podemos prestar atención a las palabras pronunciadas por Cristo a Moisés ante la zarza ardiente: 'Quita tu calzado de tus pies, porque el lugar en que tú estás, tierra santa es'. Debemos tratar el estudio de este tema con la humildad del que aprende con corazón contrito. El estudio de la encarnación de Cristo es un tema fructífero que recompensará al indagador que profundiza en busca de la verdad oculta (MS 67, 1898)". **7A:346-347**.

"Estamos muy acostumbrados a pensar que el Hijo de Dios fue un ser tan totalmente exaltado por sobre nosotros, que es imposible que Él entre en nuestras pruebas y tentaciones, y que Él no puede simpatizar con nosotros en nuestras debilidades y fragilidades. Esto es porque no tomamos en cuenta el hecho de Su **unidad con la humanidad**. Él tomó sobre Sí la semejanza de carne pecaminosa, y fue hecho en **todo como sus hermanos**, para que fuera un misericordioso y fiel sumo sacerdote en las cosas pertenecientes a Dios. Él se ha comprometido a sí mismo a salvar a cada hijo e hija de Adán que consienta en ser salvo de la manera señalada por Dios". **ST, 16 de Mayo de 1895**.

"Adán fue tentado por el enemigo, y cayó. No fue el **pecado interno** el que hizo con que él cediera; porque Dios lo hizo puro y recto, a Su propia imagen. Él fue tan sin falta como los ángeles delante del trono. No había en él **ningún principio corrupto, ninguna ten-**

dencia al mal. Pero **cuando Cristo vino** para enfrentar las tentaciones de Satanás, Él llevó 'la semejanza de carne pecaminosa'. En el desierto, debilitado físicamente por un ayuno de 40 días, Él enfrentó a su adversario. Su dignidad fue cuestionada, Su autoridad disputada, Su fidelidad a Su Padre fue asaltada por el enemigo caído". **ST, 17 de Octubre de 1900**.

"Para llevar a cabo la gran obra de la redención, el Redentor tuvo que **tomar el lugar del hombre**. Cargado con los pecados del mundo, tuvo que pasar por sobre el terreno donde **Adán tropezó**. Tuvo que tomar la obra justo **donde Adán falló**, y soportar una prueba del mismo carácter, pero infinitamente más severa que aquella que lo derrotó. Es imposible que el hombre entienda totalmente las tentaciones de Satanás hacia nuestro Salvador. **Todo engaño hacia el mal**, que los hombres encuentran tan difícil resistir, fue traída para que la llevara el Hijo de Dios en un **grado mucho mayor**, porque Su carácter era superior al del hombre caído". **Boletín de la Conferencia General, 25 de febrero de 1895**.

"La gran obra de la redención pudo ser llevada adelante solo por el Redentor tomando el lugar del **Adán caído**. Con los pecados del mundo colocados sobre Él, Él pasaría sobre el terreno donde **Adán tropezó**. Él soportaría la prueba que **Adán falló** en soportar, y que sería casi infinitamente más severa que la que soportó Adán". **The Adventist Review and Sabbath Herald, 24 de Febrero de 1874**.

"Cristo ha hecho un infinito sacrificio. Él dio Su propia vida por nosotros. Él tomó sobre Su alma divina el resultado de la transgresión de la ley de Dios. Dejando a un lado Su corona real, condescendió en bajar, paso a paso, al nivel de la **humanidad caída**". **Boletín de la Conferencia General, 23 de Abril de 1901**.

"Piense en la humillación de Cristo. Él tomó sobre Sí mismo la naturaleza sufriente **caída, degrada y contaminada por el pecado**. Él tomó nuestros pesares, llevando nuestras penas y vergüenza. Él enfrentó todas las tentaciones con que el **hombre es acosado**". **El Instructor de la Juventud, 20 de Diciembre de 1900**.

"Aunque no tenía ninguna **mancha de pecado** en su carácter, condescendió en relacionar nuestra naturaleza humana caída con su divinidad. Al tomar sobre sí mismo la humanidad, honró a la humanidad. Al **tomar nuestra naturaleza caída**, mostró lo que ésta podría llegar a ser si aceptaba la amplia provisión que él había hecho para ello y llegaba a ser participante de la naturaleza divina (Carta 83, 1896)". **3MS:151**.

"Habría sido una humillación casi infinita para el Hijo de Dios revestirse de la naturaleza humana, aun cuando Adán poseía la inocencia del Edén. Pero **Jesús aceptó la humanidad** cuando la especie se hallaba debilitada por cuatro mil años de pecado. Como cualquier **hijo de Adán**, aceptó los efectos de la gran ley de la herencia. Y la historia de sus **antepasados terrenales** (de acuerdo con la genealogía de Mateo 1, esos ancestros incluyen a Abraham, Jacob, David, Rahab, Rut, Manasés y Amón). Demuestra cuáles eran aquellos efectos. Mas él vino con una herencia tal para compartir nuestras penas y tentaciones, y darnos el ejemplo de una vida sin pecado". **DTG:32**.

"Pero no debe haber ningún oscurecimiento ni debilidad de la salvadora verdad que la naturaleza que Dios asumió en Cristo, es **idéntica con nuestra naturaleza**, tal como lo vemos a la **luz de la caída**. Si no fuese así, ¿Cómo podría ser Cristo **realmente como nosotros**? ¿Qué preocupación tendríamos con Él? Estamos delante de Dios caracterizados por la Caída, el **Hijo de Dios no solo asumió nuestra naturaleza, sino que entró en la forma concreta de nuestra naturaleza**, bajo la cual estamos delante de Dios, como hombres condenados y perdidos". **Karl Barth, Dogmas de la Iglesia, Volumen 1, Parte 2, pág. 153**.

"Cristo dejó los atrios reales del cielo y vino a nuestro mundo para representar el carácter de su Padre, y de esa manera ayudar a la humanidad para que volviera a ser leal. La imagen de Satanás estaba sobre los hombres, y Cristo vino para poder proporcionarles poder moral y suficiencia. Vino como un nene desvalido que llevaba la humanidad que nosotros llevamos: 'por cuanto los hijos participaron de carne y sangre, él también participó de lo mismo'. No podía venir en la forma de un ángel, pues a menos que se encontrara con el hombre como hombre y testificara mediante su relación con Dios que no le había sido dado **poder divino en una forma diferente a como nos es dado a nosotros, no podía ser un ejemplo perfecto para nosotros**". **7CBA:936-937**.

"La obediencia de Cristo a su Padre fue la **misma obediencia** que se requiere del hombre. El hombre no puede vencer las tentaciones de Satanás sin un **poder divino que pueda combinar con sus potencialidades humanas**. Así sucedió con Jesucristo. Él podía confiar en el poder divino. No vino a nuestro mundo a dar la obediencia de un Dios menor a un Dios mayor, sino como hombre, para obedecer la santa Ley, y de esta manera él es **nuestro ejemplo**. El Señor Jesús vino a nuestro mundo, no a revelar lo que Dios podía hacer, **sino lo que un hombre podía hacer**, mediante la fe en el poder de Dios para ayudar en toda emergencia. El hombre, mediante la fe, ha de ser participante de la naturaleza divina, y debe vencer toda tentación con que sea tentado". **NEV:50**.

"Cristo es la escalera que Jacob vio, cuya base descansaba en la tierra y cuya cima llegaba a la puerta del cielo, hasta el mismo umbral de la gloria. Si esa escalera no hubiese llegado a la tierra, y le hubiese **faltado un solo peldaño**, habríamos estado perdidos. Pero Cristo nos alcanza **donde estamos**. Tomó **nuestra naturaleza** y venció, a fin de que nosotros, tomando su naturaleza, pudiésemos vencer. Hecho 'en semejanza de carne de pecado', vivió una vida sin pecado. Ahora, por su divinidad, echa mano del trono del cielo, mientras que por su humanidad llega hasta nosotros. Él nos invita a obtener por la fe en él la gloria del carácter de Dios. Por lo tanto, hemos de ser perfectos, como nuestro 'Padre que está en los cielos es perfecto'". **DTG:278**.

"Por su vida y su muerte, Cristo logró aun más que restaurar lo que el pecado había arruinado. Era el propósito de Satanás conseguir una eterna separación entre Dios y el hombre; pero en Cristo llegamos a estar más íntimamente unidos a Dios que si nunca hubiésemos pecado. Al tomar **nuestra naturaleza**, el **Salvador se vinculó con la humanidad** por un vínculo que **nunca se ha de romper**. A través de las edades eternas, queda ligado con nosotros. 'Porque de tal manera amó Dios al mundo, que ha dado a su Hijo unigénito'. Lo dio no sólo para que llevase nuestros pecados y muriese como sacrificio nuestro; **lo dio** a la especie caída. Para asegurarnos los beneficios de su inmutable consejo de paz, Dios dio a su Hijo unigénito para que llegase a **ser miembro de la familia humana, y retuviese para siempre su naturaleza humana**. Tal es la garantía de que Dios cumplirá su promesa. 'Un niño nos es nacido, hijo nos es dado; y el principado sobre su hombro'. Dios **adoptó la naturaleza humana** en la persona de su Hijo, y la llevó al más alto cielo. Es 'el Hijo del hombre' quien comparte el trono del universo. Es 'el Hijo del hombre' cuyo nombre será llamado: 'Admirable, Consejero, Dios fuerte, Padre eterno, Príncipe de paz'. El **YO SOY** es el Mediador entre Dios y la humanidad, que pone su mano sobre ambos. El que es 'santo, inocente, limpio, apartado de los pecadores', no se avergüenza de llamarnos hermanos. En Cristo, la familia de la tierra y la familia del cielo están ligadas. Cristo glorificado es nuestro hermano. El cielo está incorporado en la humanidad, y la humanidad, envuelta en el seno del Amor Infinito". **DTG:17**.

Prueba #4: Predicciones Cumplidas.

Jer. 28:9. "Cuando un profeta profetiza paz, y su **palabra se cumple**, se conoce que en verdad el Eterno lo envió".

Deut. 18:22. "Si lo que el profeta habla en Nombre del Eterno, **no se cumple**, es palabra que el Eterno no habló. Con soberbia la dijo aquel profeta. No tengas temor de él".

Ellen White hizo diversas predicciones interesantes que se cumplieron o están en proceso de cumplirse. He aquí algunas de ellas.

Conglomerados de trabajadores.

Ellen White escribió substancialmente acerca de la formación de gigantescos monopolios (hoy los llamamos corporaciones) y de poderosas uniones de trabajadores (sindicatos) en el tiempo del fin. En los tiempos de Ellen White, los sindicatos tenían poco poder. A pesar de eso, Ellen White hizo algunas predicciones detalladas concernientes al rol de los sindicatos en el tiempo del fin. De hecho, ella destacó que los sindicatos serían instrumentos que causarían una estupenda crisis mundial. He aquí algunas de sus predicciones:

"La obra del pueblo de Dios es prepararse para los eventos del futuro, los cuales vendrán sobre ellos con una fuerza cegadora. Se formarán en el mundo **gigantescos monopolios**. Los hombres se unirán en **sindicatos** que los envolverán en los rediles del enemigo. Unos **pocos hombres** se combinarán para captar todos los medios que puedan obtenerse en **ciertas líneas de negocios**. Se formarán sindicatos, y aquellos que se rehúsen a unirse a estos sindicatos, serán hombres marcados". **Carta 26, 1903**.

"Las **uniones laborales** y las **confederaciones** del mundo son una trampa. Hermanos, no participéis en ellas, y manteneos lejos de ellas. No tengáis nada que ver con ellas. A causa de estas **uniones y confederaciones**, muy pronto será muy difícil para nuestras instituciones llevar a cabo su obra en las ciudades. Mi advertencia es: **Salid de las ciudades**. No edifiquéis sanatorios en las ciudades. Educad a los integrantes de nuestro pueblo para que salgan de las ciudades y vayan al campo, donde pueden obtener porciones pequeñas de tierra y construir un hogar para ellos y sus hijos". **2MS:162**.

"Estas uniones constituyen una de las señales de los últimos días. Los hombres están siendo **unidos en atados** listos para ser quemados. Puede ser que sean miembros de la iglesia, pero mientras pertenezcan a esas uniones, no pueden guardar los mandamientos de Dios, porque el pertenecer a esas uniones significa despreciar todo el Decálogo". **2MS:163**.

El ministerio de publicaciones.

"Después de la visión, le dije a mi esposo: 'Tengo un mensaje para ti. Has de imprimir un **pequeño periódico** y repartirlo entre las gentes. Aunque al principio sea pequeño, cuando las gentes lo lean, te enviarán recursos para imprimirlo y tendrás éxito desde el principio. Se me ha mostrado que de este modesto comienzo brotarán **raudales de luz que han de circuir el globo**'". **1TS:126**.

El crecimiento y proliferación del espiritismo.

Cuando Ellen White escribió Primeros Escritos, el espiritismo estaba en su **etapa de concepción**. Estaba confinado especialmente en **Rochester, Nueva York**. Pero ella hizo algunas predicciones importantes acerca del crecimiento y de la proliferación del espiritismo en el tiempo del fin. ¿Quién puede negar que las películas de Hollywood están saturadas con espiritismo? ¿Y qué sucede con los NDEs y OBEs que cada vez más afirman que hay vida después de la muerte?

"Me fue mostrado un tren de coches de ferrocarril que iba con la rapidez del rayo. El ángel me invitó a mirar cuidadosamente. Fijé los ojos en el tren. **Parecía que el mundo entero iba a bordo de él** (Ver Apoc. 16:13-14), y que no quedaba nadie sin subir. Dijo el ángel: 'Se los está atando en gavillas listas para ser quemadas'. Luego me mostró al **conductor**, que parecía una persona de porte noble y hermoso aspecto, a quien todos los **pasajeros admiraban y reverenciaban**. Yo estaba perpleja y pregunté a mi ángel acompañante quién era. Dijo: 'Es Satanás'. Es el conductor que asume la forma de un **ángel de luz**. Ha tomado **cautivo al mundo**. Se han entregado a poderosos engaños, para creer una mentira, y ser condenados. Este agente, el que le sigue en orden, es el maquinista, y otros de sus agentes están empleados en diferentes cargos según los necesite, y todos se dirigen hacia la perdición con la rapidez del rayo". **PE:88**.

Ellen White también advirtió que el espiritismo sería un instrumento para unir al Protestantismo apóstata con Roma:

"Merced a los dos errores capitales, el de la **inmortalidad del alma** y el de la santidad del domingo, Satanás prenderá a los hombres en sus redes. Mientras aquél forma la base del espiritismo, éste crea un lazo de simpatía con Roma. Los **protestantes de los Estados Unidos** serán los primeros en tender las manos a través de un doble abismo al espiritismo y al **poder romano**; y bajo la influencia de esta triple alianza ese país marchará en las huellas de Roma, pisoteando los derechos de la conciencia". **CS:645**.

Y Ellen White también advirtió a la iglesia remanente acerca de la invasión del espiritismo en nuestra querida **iglesia ASD**, de una manera subliminal y **no detectable**. El actual conflicto en la iglesia sobre el **Proyecto Uno, Formación Espiritual** y **Oración Contemplativa**, es una evidencia del tipo refinado de espiritismo tratando de penetrar nuestra iglesia por la puerta de atrás. La actual crisis lleva todas las características de la apostasía Omega predicha por Ellen White (Secrets Unsealed ha elaborado siete libros sobre este asunto que todo ASD debiera leer cuidadosamente).

El ecumenismo basado en puntos comunes de doctrina.

"Muchos consideran la gran diversidad de creencias en las iglesias protestantes como prueba terminante de que nunca se procurará asegurar una uniformidad forzada. Pero desde hace años se viene notando entre las iglesias protestantes un poderoso y creciente sentimiento en favor de una **unión basada en puntos comunes de doctrina**. Para asegurar tal unión, debe necesariamente evitarse toda discusión de asuntos en los cuales no todos están de acuerdo, por importantes que sean desde el punto de vista bíblico". **CS:497**.

"Cuando las iglesias principales de los Estados Unidos, **uniéndose en puntos comunes de doctrina**, influyan sobre el estado para que imponga los decretos y las instituciones de ellas, entonces la América protestante habrá formado una imagen de la jerarquía romana, y la inflicción de penas civiles contra los disidentes vendrá de por sí sola". **CS:498**.

El paganismo invadiendo nuestras ciudades.

"A medida que nos acercamos al fin del tiempo, habrá una demostración cada vez mayor de poder pagano; deidades paganas, manifestarán su notable poder, y se exhibirán a sí mismas ante las ciudades del mundo; y esta delineación ha comenzado a cumplirse". **Ev:511**.

La causa y propósito de los 'desastres naturales'.

"Satanás obra asimismo por medio de los **elementos** para cosechar muchedumbres de almas aún no preparadas. Tiene estudiados los **secretos de los laboratorios de la naturaleza** y emplea todo su poder para dirigir los elementos en cuanto Dios se lo permita. Cuando se le dejó que afligiera a Job, ¡cuán prestamente fueron destruidos rebaños, ganado, sirvientes, casas e hijos, en una serie de desgracias, obra de un momento! Es Dios quien protege a sus criaturas y las guarda del poder del destructor. Pero el mundo cristiano ha manifestado su menosprecio de la ley de Jehová, y el Señor hará exactamente lo que declaró que haría: **alejará sus bendiciones** de la tierra y **retirará su cuidado protector** de sobre los que se rebelan contra su ley y que enseñan y obligan a los demás a hacer lo mismo. Satanás ejerce dominio sobre todos aquellos a quienes Dios no guarda en forma especial. Favorecerá y hará prosperar a algunos para obtener sus fines, y atraerá desgracias sobre otros, al mismo tiempo que hará creer a los hombres que es Dios quien los aflige.

Al par que se hace pasar ante los hijos de los hombres como un gran médico que puede curar todas sus enfermedades, Satanás producirá enfermedades y desastres al punto que ciudades populosas sean reducidas a ruinas y desolación. Ahora mismo está obrando. Ejerce su poder en todos los lugares y bajo mil formas: en las desgracias y calamidades de mar y tierra, en las grandes conflagraciones, en los **tremendos huracanes** y en las **terribles tempestades de granizo, en las inundaciones, en los ciclones, en las mareas extraordinarias y en los terremotos**. Destruye las mieses casi maduras y a ello siguen la hambruna y la angustia; propaga por el aire emanaciones mefíticas y miles de seres perecen en la pestilencia. Estas plagas irán menudeando más y más y se harán más y más desastrosas. La destrucción caerá sobre hombres y animales. 'La tierra se pone de luto y se marchita', 'desfallece la gente encumbrada de la tierra. La tierra también es profanada bajo sus habitantes; porque traspasaron la ley, cambiaron el estatuto, y quebrantaron el pacto eterno'. (Isa. 24:4-5, V.M.)

Y luego el gran engañador persuadirá a los hombres de que son los que sirven a Dios los que causan esos males". **CS:646-647**.

La visión de la ciudad de Nueva York.

Algunos han visto los eventos del 9/11 como un cumplimiento de una visión que Ellen White tuvo mientras visitaba la ciudad de Nueva York. Hay que observar que hay similitudes y diferencias con respecto a la visión.

"Estando en **Nueva York** en cierta ocasión, se me hizo contemplar una noche los edificios que, **piso tras piso**, se elevaban hacia el cielo. Esos inmuebles que eran la gloria de sus propietarios y constructores eran garantizados **incombustibles**. Se elevaban siempre más alto y los materiales más costosos entraban en su construcción. Los propietarios no se preguntaban cómo podían glorificar mejor a Dios. El Señor estaba ausente de sus pensamientos.

Yo pensaba: ¡Ojala que las personas que emplean así sus riquezas pudiesen apreciar su proceder como Dios lo aprecia! Levantan edificios magníficos, pero el Soberano del universo sólo ve locura en sus planes e invenciones. No se esfuerzan por glorificar a Dios con todas las facultades de su corazón y de su espíritu. Se han olvidado de esto, que es el primer deber del hombre.

Mientras se levantaban esas elevadas construcciones, sus propietarios se regocijaban con orgullo por tener suficiente dinero para satisfacer sus ambiciones y excitar la envidia de sus vecinos. Gran parte del dinero así empleado había sido obtenido injustamente, explotando al pobre. Olvidaban que en el Cielo toda transacción comercial es anotada, que todo acto injusto y todo negocio fraudulento son registrados. El tiempo vendrá cuando los hombres llegarán en el fraude y la insolencia a un punto que el Señor no les permitirá sobrepasar y entonces aprenderán que la paciencia de Jehová tiene límite.

La siguiente escena que pasó delante de mí fue una alarma de incendio. Los hombres miraban esos altos edificios, reputados incombustibles, y decían: 'Están perfectamente seguros'. Pero esos edificios fueron consumidos como si hubieran sido de brea. Las bombas contra incendio no pudieron impedir su destrucción. Los bomberos no podían hacer funcionar sus máquinas". **9T:12**.

El terremoto de San Francisco (El terremoto de San Francisco ocurrió el 18 de Abril de 1906. Ellen White lo predijo en 1902).

"En las grandes ciudades, tales como San Francisco, hay que celebrar reuniones bajo carpas con buenos equipos; porque de aquí a no mucho tiempo estas ciudades **sufrirán bajo los juicios de Dios**. San Francisco y Oakland están llegando a ser como Sodoma y Gomorra y el Señor las visitará con su ira (Manuscrito 114, 1902)". **Ev:296**.

"San Francisco y Oakland están llegando a ser como Sodoma y Gomorra, y el Señor las visitará. De aquí a no mucho tiempo sufrirán bajo sus juicios. Ms 30, 1903". **EUD:117**.

Falsos reavivamientos.

Ellen White predijo un aumento de los **falsos reavivamientos** en las iglesias protestantes. Ella enfatizó que esos reavivamientos precederían al verdadero reavivamiento que vendrá como resultado de la lluvia tardía.

"A pesar del decaimiento general de la fe y de la piedad, hay en esas iglesias verdaderos discípulos de Cristo. Antes que los juicios de Dios caigan finalmente sobre la tierra, habrá entre el pueblo del Señor un avivamiento de la piedad primitiva, cual no se ha visto nunca desde los tiempos apostólicos. El Espíritu y el poder de Dios serán derramados sobre sus hijos. Entonces muchos se separarán de esas iglesias en las cuales el **amor de este mundo** ha suplantado al amor de Dios y de su Palabra. Muchos, tanto ministros como laicos, aceptarán gustosamente esas grandes verdades que Dios ha hecho proclamar en este tiempo a fin de preparar un pueblo para la segunda venida del Señor. **El enemigo de las almas desea impedir esta obra**, y antes que llegue el tiempo para que se produzca tal movimiento, tratará de evitarlo **introduciendo una falsa imitación**. Hará aparecer como que la bendición especial de Dios es derramada sobre las iglesias que pueda colocar bajo su poder seductor; allí se manifestará lo que se considerará como un **gran interés por lo religioso**. Multitudes se alegrarán de que Dios esté obrando maravillosamente en su favor, cuando, en realidad, la obra provendrá de otro espíritu. Bajo un disfraz religioso, Satanás tratará de extender su influencia sobre el mundo cristiano". **CS:517**.

¿Cuál es la definición de Ellen White de un gran falso reavivamiento? Observe la siguiente descripción:

"Los avivamientos populares son provocados demasiado a menudo por llamamientos a la **imaginación**, que excitan las **emociones** y satisfacen la inclinación por lo **nuevo y extraordinario**. Los conversos ganados de este modo manifiestan **poco deseo de escuchar la verdad bíblica**, y poco interés en el testimonio de los profetas y apóstoles. El servicio religioso que no revista un carácter un tanto **sensacional** no tiene atractivo para ellos. Un mensaje que apela a la fría razón no despierta eco alguno en ellos. No tienen en cuenta las **claras amonestaciones de la Palabra de Dios** que se refieren directamente a sus intereses eternos". **CS:516**.

Guerras mundiales.

Ellen White posee algunas cosas extraordinarias que decir acerca de las guerras mundiales que estaban a la vuelta de la esquina. En **1890**, 24 años antes de la Primera Guerra Mundial, Ellen White escribió lo siguiente:

"La tempestad se avecina y debemos prepararnos para afrontar su furia mediante el arrepentimiento para con Dios y la fe en nuestro Señor Jesucristo. El Señor se levantará para sacudir terriblemente la tierra. Veremos desgracias por todas partes. **Miles de barcos** serán arrojados a las profundidades del mar. **Armadas enteras se hundirán**, y las vidas humanas serán sacrificadas por millones. Estallarán incendios inesperadamente y no habrá esfuerzo humano capaz de extinguirlos. Los palacios de la tierra serán arrasados por la furia de las llamas. Serán cada vez más frecuentes los **desastres ferroviarios**; en las **grandes vías de tránsito** habrá confusión, choques y muerte sin la advertencia de un momento. El fin está cerca, el tiempo de gracia termina. ¡Oh, busquemos a Dios mientras puede ser hallado, llamémosle en tanto que está cercano!". **EUD:24**.

Hay una predicción de Ellen White, sin embargo, que nunca vino a realizarse. Esta visión es usada una y otra vez por los enemigos de Ellen White, como evidencia que ella era un falso profeta. Yo incluyo aquí dos explicaciones complementarias de la visión de **1856**, una de Glenn Coon y la otra del White Estate.

Roger Coon explica la visión de 1856.

Glenn Coon, el cual fue durante muchos años director del Ellen G. White Estate, escribió un documento valioso que usted ha recibido para estudiar en esta clase. El título del documento es: "Inspiración/Revelación: Qué es y Cómo Funciona". En él hay una clara explicación de la famosa visión de 1856 que **aparentemente** nunca se cumplió:

"Hace algún tiempo, yo estaba dando una serie de clases y de reuniones públicas en una de nuestras instituciones educacionales del Atlántico. Al final de la presentación del jueves en la tarde, un obrero denominacional de esta escuela, me preguntó si podía hablar conmigo en privado. Yo lo convidé a mi sala de visitas, donde conversamos por más de una hora.

Tan luego como él se sentó, me dijo: 'Yo realmente quiero creer en Ellen White como una auténtica, legítima profeta del Señor'. Yo pude ver que por el tono de su voz, que él era profundamente sincero, sino que también estaba profundamente preocupado.

'Muy bien', le respondí. '¿Hay algún impedimento para el cumplimiento de su deseo?'

Sin responder a mi pregunta directamente, él continuó: '¿No es el cumplimiento de las predicciones una de las pruebas de la Biblia para un profeta verdadero?'

'Oh si', sonreí. 'Cuando acostumbro enseñar en mis clases sobre guía profética en California y Nigeria, examinamos cuatro de esas pruebas: (1) las palabras del 'profeta' bajo escrutinio tienen que concordar con la inspiración anterior revelada del Señor (Isa. 8:20); (2) la prueba del fruto tiene que ser aplicada, tanto de la vida del propio profeta como de la vida de aquellos que siguen al profeta (Mat. 7:16, 20); (3) el profeta tiene que testimoniar que Jesús fue el Hijo encarnado divino-humano de Dios (1 Juan 4:1-3); y (4) las predicciones del profeta tienen que cumplirse'.

'Esta última prueba', le dije a mi inquiridor, 'es mencionada dos veces en el Antiguo Testamento. Jeremías (capitulo 28:9) la presenta desde la perspectiva positiva: 'Cuando un profeta profetiza paz, y su palabra se cumple, se conoce que en verdad el Eterno lo envió'. Y Moisés la presenta de la perspectiva negativa: 'Si lo que el profeta habla en nombre del Eterno, no se cumple, es palabra que el Eterno no habló. Con soberbia la dijo aquel profeta. No tengas temor de él'. (Deut. 18:22).

'Ya lo se', dijo mi amigo quietamente. Entonces él prosiguió. 'Bien, qué hacemos entonces con las predicciones de Ellen White que nunca se cumplieron? Por ejemplo, yo entiendo que en 1856 ella dijo que se le había mostrado a un grupo de miembros de nuestra iglesia en una reunión en algún lugar. Ella dijo que algunos serían 'alimento para los gusanos', algunos estarían sujetos a las siete plagas, y algunos estarían vivos y serían trasladados en la segunda venida de Cristo. ¿Hay algunas de esas personas, que asistieron a la reunión, que aun estén vivos?

'No que yo sepa', le respondí. 'De hecho, el último sobreviviente murió en 1937 a la edad de 83 años. Su nombre era William C. White, y él era un bebé en los brazos de su madre, Ellen White, cuando ella hizo la predicción'.

'Eso es lo que he escuchado. Bien, ¿Cómo manejamos esto, a la luz de esta prueba bíblica de un profeta, que su predicción tiene que suceder, y si no se cumple, esto es evidencia que el Señor no ha hablado a través de él?'

'Yo lo tomo de la misma manera como sucede con otras profecías no cumplidas de profetas genuinos que aparecen en la Biblia', le respondí. 'Incidentalmente, voy a lidiar con esto con substancial detalle en un momento. Pero mi política, cuando las personas hacen preguntas acerca del rol profético de Ellen White, es ir primero a la Biblia, ver como se resuelve la situación allí, antes de examinar a Ellen White. Usted ve, que yo quiero verla a la luz de la Biblia, y no de otra manera'.

Y así comenzamos u estudio muy interesante de las profecías no cumplidas por los profetas auténticos y reconocidos en la Biblia. Probablemente el mejor ejemplo sea el de Jonás.

Después de terminar su viaje "submarino" en el estómago del gran pez, Jonás fue a Nínive para cumplir con el pedido del Señor. Nínive era una gran ciudad; le tomaría a Jonás tres días para llegar allá. Su mensaje era tan simple como fuerte: 'De aquí a cuarenta días Nínive será destruida" (Jonás 3:4). No fue ofrecida ninguna esperanza, ningún compromiso, ningún elemento condicional.

Después de dar el mensaje, Jonás salió de la ciudad y encontró un lugar agradable donde pudo testimoniar (y gustar) de la masacre de esa nación tan odiada por sus enemigos. Jonás depreciaba a ese pueblo con una pasión, porque los Asirios eran los más guerreros y temibles enemigos paganos de Israel. Cuando ellos capturaban como prisioneros de guerra a los Judíos, los desollaban – les sacaban la piel estando vivos – para extraerles cada gramo de trauma, torturándolos, que pudieran tener, antes de matar a sus víctimas. En esas instancias, cuando venía la muerte, era bienvenida, era un descanso misericordioso. Los Judíos, muy entendiblemente, no tenían ningún amor por los Ninivitas.

Aun cuando no había esperanza explícita en el mensaje de Jonás, los Ninivitas (que deberían haber tenido algún conocimiento anterior acerca de Jehová, al escuchar a otros profetas Judíos, o por leer escritos proféticos Judíos) decidieron reformar sus caminos. Ellos expresaron su arrepentimiento en la manifestación cultural apropiada para sus tiempos, se colocaron en ropas de cilicio (tela de arpillera) y se cubrieron con cenizas. Dios contempló todo, y con amor y misericordia les garantizó no ejecutarlos.

Mientras tanto, el profeta se estaba enojando. Uno sospecha que la verdadera causa de esta creciente irritación, no era meramente su estrecho chauvinismo Judío, sino que un temor que las palabras de este nuevo desarrollo pudiesen volverse hacia Jerusalén.

Jonás debe haber estado más preocupado acerca de reputación profesional como profeta, que acerca del destino de esos 120.000 'convertidos'. ¡En vez de verlos bautizados en el agua, él quería verlos incinerados por el fuego! Tal vez él estaba temeroso que cuando volviera a Jerusalén, los niños pequeños que jugaban en la calle, le gritaran: 'Jonás es un falso profeta; Jonás es un falso profeta'. ¿Por qué? Porque su predicción no se cumplió.

Interesantemente, en una nota al pie de página de la historia, aprendemos que varios siglos después de este evento, los Ninivitas se 'arrepintieron' de su anterior arrepentimiento (ver 2 Cor. 7:10) y se volvieron a sus caminos anteriores. Dios entonces se 'arrepintió' de Su sentencia, y les envió la destrucción que Jonás les había predicho originalmente.

¿Pero fue Jonás comprobado como un profeta 'verdadero' después de 200 años? No, de ninguna manera. Si los Ninivitas no hubiesen sido destruidos subsecuentemente, Jonás aun habría ido considerado un profeta verdadero, aun cuando su predicción no se hubiese cumplido.

¿Cómo? Por el elemento condicional que existe en algunas profecías, ya sea explícitamente o implícitamente. Un indicio de esto se encuentra en el año 950 a.C. cuando el profeta Azarías instruyó al rey Asa. "Salió al encuentro de Asa, y le dijo: "Oídme, Asa, y todo Judá y Benjamín: El Eterno estará con vosotros, si vosotros estáis con él. Si lo buscáis, lo hallaréis. Si lo dejáis, él también os dejará". (2 Crón. 15:2).

Más interesante aun, es que el hecho interesante (y significativo), que en ambos casos los libros bíblicos donde la prueba del cumplimiento es mostrada, este elemento condicional también está explícitamente declarado.

Diez capítulos antes de dar esta prueba del cumplimiento, Jeremías menciona este elemento condicional:

"En un instante puedo hablar contra una nación o un reino, para arrancar, derribar y destruir. 8 Pero si esa nación se vuelve de su maldad, yo también desistiré del mal que había pensado hacerle. 9 Y en un instante hablaré de esa nación o ese reino, para edificar y plantar. 10 Pero si hace lo malo ante mis ojos, y desoye mi voz, desistiré del bien que había determinado hacerle". (Jer. 18:7-10).

Moisés también menciona el elemento condicional repetidamente en Deuteronomio (Deut. 4:9; 8:19; 28:1-2, 13-15; ver también Zac. 6:15).

Algunos han sentido que este era un medio salvador para mantener la reputación profesional de los profetas ante la evidencia adversa, tal como el no cumplimiento de las predicciones (Walter Rea es uno de los que listan las predicciones 'fallidas' en la 'Mentira Blanca' de 1856, número 8 de un total de 18 'Mentiras Blancas' de Ellen White, en una reunión de Foros Adventistas, en San Diego, California el 14 de Febrero de 1891). Es un principio bíblico. Uno no necesita un avanzado grado en teología para ser capaz de entender qué tipo de profecías son corregibles con el elemento condicional y cuales no.

Uno podría citar otros ejemplos bíblicos de profecías no cumplidas, dadas por profetas auténticos, legítimos. La categoría que se nos viene más rápidamente a la mente, es aquella de una hueste de predicciones hechas por media docena de profetas del Antiguo Testamento, acerca del honor nacional de Israel y las predicciones de gloria acerca de la misión mundial de Israel y la reunión de los gentiles, el descanso eterno en Canaán, y la liberación de los enemigos políticos.

Unas pocas de estas predicciones se cumplieron, secundariamente, a través del "Israel espiritual" (la iglesia cristiana); y algunas se podrán cumplir con los cristianos del fin, después que el pecado y los pecadores sean destruidos después del juicio final. A pesar de estas excepciones, la mayoría de estas profecías no se cumplieron en los tiempos bíblicos, y no se están cumpliendo hoy, y nunca se cumplirán (debido a un extremamente tratamiento del asunto, ver "El Rol de Israel en la Profecía del Antiguo Testamento". (4CBA:25-38).

Entonces, ¿podemos decir que los profetas que hicieron estas predicciones – notablemente Moisés, Isaías, Jeremías, Ezequiel, Joel, Sofonías y Zacarías, fueron falsos profetas? No. Ni tampoco decimos, tal como lo hacen los teóricos del Rapto Secreto, que estas profecías serán cumplidas en nuestros días. En verdad, estos últimos expositores han construido toda una teología sobre el falso entendimiento del elemento condicional en la profecía, y ellos proponen un cumplimiento en los últimos días, para que esos escritores del Antiguo Testamento puedan ser confiables, ¡auténticos profetas del Señor! (Para ejemplos adicionales del elemento condicional en las profecías bíblicas, ver LeRoy Edwin Froom, Movimiento de Destino (Washington, D.C.: RHPA, 1971, pág. 573-574).

Una mirada a la visión de 'alimento para los gusanos'.

Volvamos ahora a Ellen White y la visión del "alimento para gusanos", para descubrirlos hechos en ese caso. Durante la última parte de Mayo de 1856, fue realizada una conferencia en Battle Creek por miembros y obreros denominacionales de una iglesia que estaba por años de asumir un nombre corporativo. Los asistentes vinieron a la conferencia de diferentes partes del Este y del medio Oeste de los Estados Unidos y de Canadá. La conferencia se abrió el viernes en la tarde, del 23 de Mayo, y se cerró el lunes 26 de Mayo. El Sábado la asistencia fue tan grande, que fue necesario dejar la modesta capilla que entonces servía a los Adventistas e ir al otro lado de la calle a una gran tienda para acomodar a la muchedumbre.

El martes en la mañana, 27 de Mayo, fue realizada otra reunión, esta vez de nuevo en la capilla, asistida grandemente por obreros que aun estaban en Battle Creek. Fue en ese servicio que la Sra. White fue tomada en visión, y se les mostró a algunos de los asistentes de la conferencia del 23-26 de Mayo.

El informe de esta visión se encuentra en 1T:127-137, y aun se publica por parte de la iglesia, aun cuando algunos críticos afirman que la iglesia trata de esconder las predicciones no cumplidas de la Sra. White.

Incidentalmente, se hicieron cuidadosas listas de los nombres de los asistentes a esa reunión, las cuales fueron compiladas por algunos partidos interesados. Algunas de estas listas sobreviven en los archivos del Ellen G. White Estate en la oficina de la Conferencia General. Las listas circularon ampliamente entre los Adventistas durante los primeros días, y J. N. Loughborough dice, en una carta escrita en 1918, acerca de dos ministros, un 'hermano Nelson' y George Amadon, el cual le llevó una de esas listas a Ellen White en 1905, para ver si ella podía añadir algunos nombres que se le hubieran escapado.

Se dice que la Sra. White dijo: '¿Qué está usted haciendo? Cuando se le dijo el propósito de la lista – mostrarle la cercanía de la venida de Jesús, debido a que muy pocos de los asistentes aun viven – la Sra. White preguntó qué uso se le daría a esa lista. El hermano Nelson respondió: 'Voy a hacer copias de ella y se las voy a enviar a todo nuestro pueblo'.

La respuesta inmediata de la Sra. White fue: 'Entonces pare exactamente donde está. Si consiguen esa lista, en vez de trabajar para llevar el Mensaje, estarán mirando la *Review* cada semana, para ver quien ha muerto'. Loughborough, al contar la historia, concluyó con la observación que Ellen White objetó el uso de ese incidente como una 'señal de los tiempos'. (Carta de J. N. Loughborough desde el Sanatorio, California, 28 de Agosto de 1918). Obviamente, ella reconoció el elemento condicional en la visión, y el hecho que la IASD no había alcanzado esa condición.

¿El elemento condicional era explícito en el testimonio del ángel a Ellen White en la visión de 1856? No. Pero entonces, tampoco estaba el elemento condicional explícito en el testimonio de Jonás, mientras él caminaba penosamente durante tres días a lo largo de la 'gran ciudad' de Nínive. En ambos casos, sin embargo, el elemento condicional estaba implícito.

Desde tan temprano como 1850 y tan tarde como 1911 (para un entendimiento comprensivo de varias declaraciones de Ellen White, ver Froom, pág. 583-588; y Robert Olson, La Crisis Adelante (Angwin, California: Pacific Union College Bookstore, 1976), pág. 75-78) los escritos de Ellen White repetidamente sugieren que si la IASD hubiese hecho su trabajo, "la obra se habría completado, y Cristo habría venido antes de esto". (Manuscrito 4, 1883); publicado en Ev:695-696, y 1MS:77.

El elemento condicional en algunas profecías es exhibido tanto en la Biblia como en los escritos de Ellen White. Aceptarlo en una, y rechazarlo en la otra, es inconsistente e irracional.

El White Estate explica la visión de 1856.

Con relación a la conferencia de 1856, Ellen White declaró:

"Se me mostró el grupo presente en la Conferencia. Dijo el ángel: 'Algunos serán alimento para los gusanos, algunos sufrirán las siete últimas plagas, algunos estarán vivos y permanecerán sobre la tierra para ser trasladados en la venida de Jesús'. 1T:131-132 (1856)". **EUD:36-37**. Todos los que estaban vivos entonces, ahora están muertos. ¿Significa esto que la predicción no cumplida de la Sra. White indica que ella es una falsa profeta? Nosotros ofrecemos una respuesta más amplia a esta pregunta, porque ilustra un mal entendido fundamental con relación al don de profecía.

Deut. 18:22 dice: "Si lo que el profeta habla en nombre del Eterno, no se cumple, es palabra que el Eterno no habló".

Este texto, tomado aisladamente, indicaría se refiere a varios profetas. Deut. 18:22 debe ser entendido, como cualquier otro texto aislado, en el contexto de **toda la Escritura**. Otras escrituras revelan que existen factores calificativos que operan en relación con las predicciones de un profeta, especialmente donde la **voluntad libre de la humanidad** puede estar envuelta. Puede ser sorpresivo para algunos el pensar que las promesas de Dios de bendiciones y Sus amenazas de juicios son **condicionales**. Pero las Escrituras son explícitas sobre esto. Observe las palabras registradas por Jeremías:

"En un instante puedo hablar contra una nación o un reino, para arrancar, derribar y destruir. 8 Pero si esa nación se vuelve de su maldad, yo también desistiré del mal que había pensado hacerle. 9 Y en un instante hablaré de esa nación o ese reino, para edificar y plantar. 10 Pero si hace lo malo ante mis ojos, y desoye mi voz, desistiré del bien que había determinado hacerle". **Jer. 18:7-10**.

La Biblia presenta varias ilustraciones de la aplicación de este principio colocado por Jeremías. En verdad, podemos estar agradecidos por las palabras de Jeremías; ellas nos ayudan a entender algunos textos de las Escrituras que parecen indicar las afirmaciones divinas de ciertos profetas. Considere estas dos instancias que ilustran ambas partes de la declaración de Jeremías. La primera es una amenaza divina para traer juicio sobre una nación. Vemos en columnas paralelas la amenaza de juicio y sus inversiones:

La amenaza de un juicio invertido.

Jonás 3:3-4. Una amenaza.

"Y Jonás se levantó, y fue a Nínive conforme a la orden del Eterno. Nínive era una ciudad muy grande, de tres días de camino para recorrerla. 4 Jonás entró en la ciudad, y caminó un día pregonando: 'De aquí a cuarenta días Nínive será destruida'".

Jonás 3:5, 10. Amenaza invertida.

"Y los hombres de Nínive **creyeron a Dios**, proclamaron ayuno, y se vistieron de cilicio desde el mayor hasta el menor... Cuando Dios vio lo que hicieron, que se **convirtieron de su mal camino**, tuvo compasión, y **no les mandó lo que les había dicho**".

Una bendición prometida.

Éxo. 6:2, 6-9. Dios prometió darle la tierra de Canaán a aquellos que sacó de Egipto.

"Y Dios agregó: "Yo Soy el ETERNO... Por tanto di a los israelitas: 'Yo, el ETERNO, os sacaré de debajo de las pesadas cargas de Egipto, os libraré de su servidumbre, y os redimiré con brazo extendido y con grandes juicios. 7 Os haré mi pueblo y seré vuestro Dios. Y vosotros sabréis que Yo Soy el Eterno vuestro Dios, que os saco de debajo de las cargas de Egipto. 8 Y os **llevaré a la tierra** que juré dar a Abrahán, a Isaac y a Jacob en herencia. Yo Soy el ETERNO'. 9 Así habló Moisés a los israelitas. Pero ellos no escuchaban a Moisés, a causa de la congoja de espíritu y de la dura servidumbre".

La bendición prometida invertida.

Núm. 14:26-34. "El Eterno dijo a Moisés y a Aarón: 27 ¿Hasta cuándo oiré a esta depravada multitud que murmura contra mí? He oído las quejas de los israelitas contra mí. 28 Diles: Vivo yo, dice el Eterno, que según habéis hablado a mis oídos, así haré con vosotros. 29 En este desierto caerán vuestros cuerpos. Todos los que fueron contados de 20 años arriba, los que habéis murmurado contra mí. 30 Vosotros a la verdad no entraréis en la tierra que juré daros para que habitarais en ella; excepto Caleb hijo de Jefone y Josué hijo de Nun. 31 Pero vuestros niños, de quienes dijisteis que serían por presa, a ellos los introduciré, y ellos disfrutarán la tierra que vosotros despreciasteis. 32 En cuanto a vosotros, vuestros cuerpos caerán en este desierto. 33 Y vuestros hijos andarán pastoreando en el desierto 40 años. Ellos llevarán vuestras infidelidades, hasta que vuestros cuerpos sean consumidos en el desierto. 34 Conforme al número de los 40 días en que reconocisteis la tierra, llevaréis vuestra culpa durante 40 años; un año por cada día. Y **conoceréis mi desagrado**".

¡Cuán claramente son estos pasajes paralelos con la promesa a Israel que iluminan las palabras de Jeremías! El Señor le dijo a Israel: "Conoceréis la violación de mi promesa". O, tal como se lee en el margen: "Conoceréis mi alteración de mi propósito".

El caso de Elí.

Nuevamente, tome las palabras de "un hombre de Dios" que vino a Elí para declarar juicio contra él, debido a la conducta vil de sus hijos. Este "hombre de Dios" le pidió a Elí si se acordaba de la promesa que el Señor le hizo a su familia "cuando estaban en Egipto en la casa de Faraón", que servirían como sacerdotes de Dios. Entonces él aparece con su inversión de la promesa:

"Por eso, el Eterno, Dios de Israel, dice: 'Yo había prometido que tu casa y la casa de tu padre andarían delante de mí perpetuamente'. Pero ahora el Eterno dice: Nunca haga yo tal cosa, porque yo honro a los que me honran, y desprecio a los que me desprecian. 31 Vienen días, en que cortaré tu brazo y el brazo de la casa de tu padre, de modo que no haya anciano en tu casa". **1 Sam. 2:30-31**.

¿Los estudiantes sinceros de la Biblia han sido perturbados por estas inversiones de los decretos de Dios, ellos han perdido de alguna manera la confianza en las afirmaciones de los profetas de la Biblia, porque sus predicciones no se cumplieron? ¿Por qué no? Porque en vista de las palabras de Jeremías, ellos leen en cada predicción una cláusula calificadora implicada:

La cláusula calificadora implicada.

1.- "De aquí a cuarenta días Nínive será destruida", si los Ninivitas no se arrepienten.

2.- "Os llevaré a la tierra que juré daros", si guardias Mi pacto. (Ver Éxo. 19:5-6, donde el Señor, hablándole a Moisés, el cual iba en ruta a Canaán, inserta el "si" calificador).

3.- "Yo dije que tu casa, y la casa de tu padre, caminarán delante de mi para siempre", si caminan en los caminos de justicia.

Si es apropiado añadir a estas predicciones una cláusula calificadora, por qué no es adecuado hacerlo con la predicción de la Sra. White de 1856?

Los teólogos comentan las predicciones.

El carácter condicional de las predicciones de la Biblia pueden ser explicados de forma razonable que Dios, aun cuando es soberano, no es arbitrario. Él no lidia con personas como si fueran objetos sin vida en un tablero para ser movidos exclusivamente a Su voluntad. Él misteriosamente mantiene en jaque, tal como sucedió, Sus propios planes a menudo, porque Él no va a anular la libre voluntad de nadie. Eso es lo que le da a las predicciones divinas su calidad condicional, y eso es lo que hace con que Dios diga "mi violación de la promesa", o "mi alteración de mi propósito".

Comentaristas bien conocidos de la Biblia han escrito sobre esto:

"Las promesas de Dios son tan condicionales como sus amenazas. No sería justo ni misericordioso para nosotros que Dios continúe sus favores no disminuidos, después que nos hemos alejado de él. La remoción de ellas es una advertencia para nosotros. Salta naturalmente de la relación personal de Dios con Su pueblo, uno que depende de simpatía recíproca". El Comentario del Púlpito, Notas (Homiléticas) en Jer. 18:7-10.

"La mayoría de las profecías (del Antiguo Testamento), sin embargo, eran del tipo condicional. Ellas contienen un 'amenos que' o 'si guardáis mis mandamientos' suprimido tipo de condicionalidad... Es esta naturaleza provisional a las amenazas o promesas liberadas por el profeta, lo que explica ese famoso caso del profeta Jonás". Cosas Duras de la Biblia, Walter C. Kaiser, Jr., Peter H. Davids, F. F. Bruce, Manifred T. Brauch (1996).

Factores que afectan la promesa del advenimiento.

Las Escrituras revelan que una de las razones por qué Dios parece ser lento para llevar a cabo Su plan y promete crear una nueva tierra para la justicia, es porque Él desea darle a todos un poquito más de tiempo en el cual ejercitar su libre voluntad para huir de la ira venidera. Pedro responde así a aquellos que dudan de la certeza de la promesa de Dios para darle un fin a este mundo de mal, simplemente porque el tiempo se ha demorado:

"El Señor no demora en cumplir su promesa, como algunos piensan, sino que es paciente con nosotros, porque no quiere que ninguno perezca, sino que todos procedan al arrepentimiento". **2 Pedro 3:9**.

Pedro también declara que los hijos de Dios pueden apresurar el Advento ejerciendo su libre voluntad. Hay algo que podemos hacer acerca de acercar el Advento. Leemos: "Esperando y acelerando la venida del día de Dios". (2 Pedro 3:12).

Los comentaristas han observado en este texto:

"Dios nos señala como instrumentos para llevar a cabo aquellos eventos que tienen que estar primero en el día de Dios que está por venir. Orando por Su venida, siguiendo la predicación del Evangelio como testimonio a todas las naciones, y trayendo a aquellos que 'el gran Dios resignado' espera salvar, apresuramos la venida del día de Dios". Jamieson, Fausset, Brown, *Comentario*, Notas sobre 2 Pedro 3:12.

Que la venida de Cristo está relacionada a una acción de la libre voluntad humana – la predicación del evangelio por los seguidores de Cristo – está claramente revelado en la profecía de nuestro Señor con respecto al tiempo de Su venida: "Y este evangelio del reino será predicado en todo el mundo, por testimonio a todas las naciones, y entonces vendrá el fin". **Mat. 24:14**.

No hay una falla en la palabra del Señor.

Así es evidente que si la libre voluntad de los hombres y mujeres está tan vitalmente relacionada con la segunda venida de Cristo, tanto con los incrédulos como con los profesos hijos de Dios, cualquier predicción concerniente con eso, tiene que ser temperada y calificada por ese hecho.

Numerosas declaraciones hechas por Ellen White en las décadas posteriores a la visión de 1856, demuestran que ella entendió claramente que existe una condicionalidad implícita en las promesas de Dios y en sus amenazas – tal como declaró Jeremías – y que la característica condicional con respecto al Advento de Cristo, envuelve el estado del corazón de los seguidores de Cristo. La siguiente declaración, escrita en 1883, es especialmente relevante en este punto:

"Los ángeles de Dios en sus mensajes dados los hombres representan el tiempo como algo muy corto. Así es como siempre me ha sido presentado. Es cierto que el tiempo ha sido más largo de lo que habíamos esperado en los primeros días del mensaje. Nuestro Salvador no apareció tan pronto como lo esperábamos. ¿Pero ha fallado la Palabra de Dios? ¡Nunca! Debiera recordarse que las promesas y las amenazas de Dios son igualmente condicionales.

Dios ha encomendado a su pueblo una obra que debe terminarse en la tierra. El mensaje del tercer ángel debía predicarse, las mentes de los creyentes debían dirigirse hacia el santuario celestial, donde Cristo había entrado para realizar expiación por su pueblo. Había que llevar adelante la reforma del día de reposo. La brecha abierta en la ley de Dios debía ser reparada. El mensaje debía proclamarse en alta voz para que todos los habitantes de la tierra pudieran recibir la advertencia. El pueblo de Dios debía purificar sus almas mediante la obediencia a la verdad y estar preparado para presentarse delante de él sin mancha en el momento de su venida.

Si los adventistas, después del gran chasco de 1844, se hubieran aferrado a su fe y hubieran ido unidos en pos de la providencia de Dios que abría el camino, y si hubieran recibido el mensaje del tercer ángel y si lo hubieran proclamado al mundo con el poder del Espíritu Santo, habrían visto la salvación de Dios, el Señor hubiera obrado con poder mediante sus esfuerzos, la obra se habría terminado y Cristo habría venido para recibir a su pueblo y darle su recompensa. Pero en el período de duda e incertidumbre que siguió después del chasco, muchos de los creyentes del advenimiento perdieron su fe... En esta forma la obra fue estorbada y el mundo quedó en tinieblas. Si todo el cuerpo adventista se hubiera unido en torno de los mandamientos de Dios y de la fe de Jesús, ¡Cuán ampliamente diferente habría sido nuestra historia!

No era la voluntad de Dios que se demorara así la venida de Cristo. Dios no tenía el propósito de que su pueblo, Israel, vagara cuarenta años por el desierto. Prometió guiarlos directamente a la tierra de Canaán, y establecerlos allí como un pueblo santo, sano y feliz. Pero aquellos a quienes primero se les predicó, no entraron 'a causa de incredulidad' (Heb. 3:19). Sus corazones estaban llenos de murmuración, rebelión y odio, y Dios no pudo cumplir su pacto con ellos.

Durante cuarenta años, la incredulidad, la murmuración y la rebelión impidieron la entrada del antiguo Israel en la tierra de Canaán. Los mismos pecados han demorado la entrada del moderno Israel en la Canaán celestial. En ninguno de los dos casos faltaron las promesas de Dios. La incredulidad, la mundanalidad, la falta de consagración y las contiendas entre el profeso pueblo de Dios nos han mantenido en este mundo de pecado y tristeza tantos años" (1MS:78. Año 1883. Traducción revisada)". **Ev:504-505**.

Estas palabras de la Sra. White armonizan con aquellas que ya hemos descubierto de los caminos de Dios para la humanidad, que la libre voluntad juega una parte importante en la operación de los planes de Dios para esta tierra. Podemos entender mejor la predicción no cumplid de la Sra. White de 1856, cuando es examinada a la luz del carácter condicional de las promesas proféticas encontrada en las Escrituras. (Adaptado de F. D. Nichol, "Las Predicciones de la Visión de 1856", en *Ellen White y Sus Críticos* (Hagerstown, MD: RHPA, 1951), pág. 102-111. Se encuentra disponible en los ABC (1-800-765-6955).

Lección 9—Probando el Don Profético de Ellen White: Pruebas Secundarias

Prueba #5: Certeza del llamado y el deseo de reprender el pecado.

Hay muchas características de los falsos profetas, pero una de las sobresalientes, es el deseo de agradar a las personas. Les gusta la popularidad y el reconocimiento, pero para eso tienen que agitar las plumas. Para mantener su popularidad con las personas, tienen que menospreciar el pecado y predicar un mensaje suave de paz y seguridad. La popularidad nunca es una prueba determinante para un profeta verdadero. ¡Sino que es una prueba determinante para uno falso!

Si un profeta autoproclamado es popular con el mundo, podemos estar seguros que es un falso profeta. Jesús advirtió:

Luc. 6:26. "¡Ay de vosotros, cuando todos los hombres hablen bien de vosotros!, porque eso hacían sus padres a los falsos profetas".

El profeta Jeremías añade su testimonio. "Porque desde el menor hasta el mayor, cada uno sigue su avaricia; y desde el profeta hasta el sacerdote, todos son engañadores. 14 Curan la herida de mi pueblo con liviandad. Dicen: 'Paz, paz', cuando no hay paz". **Jer. 6:13-14**.

Se nos dice en Apoc. 13:3 que el líder del Papado católico Romano sería extremadamente popular con el mundo en el fin del tiempo. De hecho, se nos dice que todo el mundo se maravillará con él. En contraste, Jesús declaró claramente con respecto de Sus verdaderos mensajeros: "Yo les he dado tu Palabra, y el mundo los aborreció, porque no son del mundo, como tampoco yo soy del mundo". **Juan 17:14**.

Los profetas bíblicos no eran populares. Los verdaderos miembros de iglesia fueron enviados para que les tuvieran aversión. Elías fue perseguido, Moisés fue constantemente criticado, Isaías fue aserrado, Jeremías fue arrojado en una mazmorra, Juan el Bautista fue decapitado, Esteban fue apedreado, etc. La razón por la cual los profetas fueron rechazados, ¡es porque dijeron las cosas tal cual eran, sin pronunciar palabras remilgadas!

Esto me recuerda una experiencia que ocurrió el año pasado, cuando presenté una serie de la gran controversia en una iglesia Hispana en Nueva Jersey. Observé que cierto joven, que se sentaba en el banco de adelante, nunca se perdió una reunión. ¡Parecía estar hambriento de la palabra!

Hacia el final de la serie, mi esposa y yo fuimos convidados a comer en el hogar de una dama que me había convidado a presentar la serie. Al sentarnos a la mesa, observamos que ella también había convidado a este joven, porque, como luego supimos, ella quería que él compartiera su testimonio con nosotros.

El joven estaba en la esquina de una calle un Sábado en la mañana y vio a una mujer bellamente vestida, con una Biblia en su mano yendo en su dirección. Esto le pareció muy extraño, porque él sabía que los cristianos iban a la iglesia los domingos y no los Sábados. Así es que él se le aproximó y le preguntó: "Perdóneme, ¿pero adónde está yendo?"

Ella respondió: "Estoy yendo a la iglesia".

Él replicó: "¡Pero los cristianos van a la iglesia los domingos, no los Sábados!".

Ella replicó: "No en mí iglesia. Nosotros tenemos nuestros servicios en el séptimo día Sábado, tal como lo enseña la Biblia".

Él entonces le dijo a ella: "He estado estudiando la Biblia y he encontrado la misma conclusión, pero no sabía que hubiera una iglesia que guardara el Sábado. ¿Podría ir a su iglesia con usted? Ella le dijo: "Desde luego".

Así es que caminaron lado a lado hacia la iglesia. Cuando llegaron, el joven le preguntó a un anciano: "¿Es esta la iglesia que guarda el séptimo día Sábado?"

El anciano respondió: "Si, es esta". Y el joven le dijo al Anguiano: "Entonces esta es mi iglesia".

El joven se quedó para la Escuela Sabática y para el servicio divino. Durante el sermón, el pastor mencionó el nombre de Ellen White como profeta del remanente y entonces leyó una cita de sus escritos. El joven se maravilló: "¿Quién es esta Ellen White? Tengo que verificar eso cuando llegue a mi casa".

Así es que entró en Internet y digitó su nombre y repentinamente aparecieron todos esos sitios web negativos con respecto a Ellen White. Como usted sabe, hay muchos sitios web que revelan un odio intenso hacia Ellen White y a sus escritos, para desacreditar su don profético. Después de leer material en diversos de esos sitios, él se preguntó si realmente deseaba volver a una iglesia que tenía un profeta tan odiado.

Pero entonces se dijo, y estas son sus propias palabras: "Pensé conmigo mismo. No hay un solo profeta en la Biblia que yo conozca que las personas hayan amado; la mayoría fueron odiados tanto o más que Ellen White. Así es que si ella es odiada tanto, debe estar en el camino correcto".

Así es que decidió volver a la iglesia el próximo Sábado y pedir un libro que fuese escrito por Ellen White. Para resumir la historia, el anciano le dio el libro El Gran Conflicto. ¡El joven leyó el libro en una semana! El próximo Sábado le dijo al anciano: "¡Después de leer este libro y ver lo que está sucediendo en el mundo, no tengo ninguna duda que el que lo escribió es un profeta del Señor!".

Tomemos un ejemplo de un profeta que quiso reprender al gran rey en la historia de Israel: Natán. como todos sabemos, David cometió los graves pecados de adulterio y asesinato y había tratado de esconder su culpa. Pero el Señor sabía lo que David había hecho y se lo reveló a Su profeta y lo instruyó para que reprendiera a David. Natán primero le contó a David una parábola bien conocida, para preparar el camino para que David admitiera su culpa (2 Sam. 12:1-6). Natán entonces señaló con el dedo a David y le dijo: "Tú eres el hombre" (versículo 7). Entonces Natán le explicó claramente a David las consecuencias de su pecado (versículos 8-12).

El punto es que cuando Dios le ordenó a Natán que le diera el mensaje, Natán no midió las consecuencias. Él reprendió abiertamente y sin temor el pecado de David, sin importar las consecuencias para él mismo. La vida de Natán fue perdonada, porque David se arrepintió, pero otro profeta, Juan el Bautista, ¡perdió su cabeza por reprender el mismo pecado delante de otro rey!

Un profeta verdadero no da un mensaje que satisfaga al corazón carnal. Tal como se puede ver en el caso de Natán, Dios a menudo les pide a los profetas que reprendan la información que está escondida en el corazón humano. Para hacer eso, el profeta tiene que estar **absolutamente cierto** de su llamado y de la **información** que Dios le ha impartido.

Ellen White tuvo una vez una visión donde ella solo **escuchó una voz** y Dios le dijo que cuando ella escuchara esa voz, ella debía **darle un mensaje** a esa persona. Dios no le dijo adónde tenía que dar el mensaje ni a quién tenía que dárselo. No había ningún lugar aquí para conjeturas ni adivinaciones.

Ellen White nunca estuvo preocupada con lo que las personas podrían pensar del mensaje que ella les daba. Ella nunca suavizó el mensaje, temerosa que pudiera ofender al receptor. Ella fue siempre valiente para reprender el pecado y decirlo abiertamente.

Se pasó un tiempo, hasta que Ellen White escuchó esa voz nuevamente. Un día ella y su marido asistieron a una reunión campal de reavivamiento. Cuando llegó el tren, la persona que los transportaba a la reunión campal, sugirió que después de un largo viaje como el que habían realizado, deberían refrescarse antes de continuar hacia la tienda, donde se estaban realizando las reuniones. Pero Ellen White tenía una extraordinaria urgencia para llegar inmediatamente a la reunión. Cuando ella llegó a la tienda, el pastor ya había comenzado su sermón. Lo que sucedió después fue una asombrosa sorpresa para la audiencia. Sin ninguna duda, Ellen tomó a su marido por el brazo y se dirigió hacia el frente de la tienda. Su esposo se sentó en el primer banco de adelante y Ellen se paró directamente delante del predicador, miró al predicador a los ojos, lo señaló con el dedo y le dijo:

"Mi hermano, usted no tiene ningún derecho para estar detrás de ese púlpito, hablándole a las personas".

Naturalmente, el predicador interrumpió instantáneamente su sermón. Todos los ojos se concentraron en él y en la profeta del Señor, que estaba de pie directamente delante de él. Ella nunca había visto a ese hombre y no sabía nada acerca de él. Ella simplemente había escuchado su voz en visión y se le dijo que le diera un mensaje a él cuando escuchara la voz. El mensaje fue el siguiente:

"Dile que él no tiene ningún derecho para hablarle a las personas. Hay una mujer en otro estado que lo llama de 'esposo' y niños que lo llaman de 'padre'. Y hay una mujer aquí en el campo, que lo llama de 'esposo' e hijos que lo llaman de 'padre'".

El hombre abandonó la plataforma y desapareció. Nunca terminó su sermón. Su propio hermano, más tarde, reveló que él había estado viviendo una vida doble y que había merecido la represión. El efecto del mensaje fue inmediato. ¡El Espíritu del Señor fue derramado sobre el campamento y hubo un gran reavivamiento!

Pero supongamos, por un momento, que Ellen White cometió un error. ¿Y si se hubiera equivocado de persona para darle el mensaje? Después de todo, ¡ella solo había escuchado una voz! Pero Ellen no cometió errores. Ella había escuchado una voz y el Señor le trajo a la memoria esa voz en el momento preciso, cuando era necesario. Ella no dudó. Ella marchó hacia adelante de la tienda y valientemente le dio el mensaje no popular. Esto muestra cuánta confianza tenía Ellen en su llamado.

Ellen White nunca se atrevió a no dar un mensaje de represión. Cuando un obrero recibió un sobre blanco con la dirección de Ellen White, él sabía que había un importante mensaje incluido. Ellen White no respetaba a ninguna persona. Ella reprendió a ministros y administradores por igual. Ella constantemente tuvo que reprender a **D. M. Canright**, el cual rehusó su consejo. Como resultado, él dejó la iglesia y escribió un libro muy severo contra ella. Ella repetidamente le escribió consejos y represiones al **Dr. John Harvey Kellog**, a quien trataba como a un hijo. Ella tuvo aun fuertes palabras de represión para **Arthur G. Daniells** que fue el presidente de la Conferencia General desde 1901 hasta 1922.

Ellen White no tenía placer en presentar estos mensajes de represión. Ella explica:

"Ha sido duro para mí dar el mensaje que Dios me ha dado para aquellos que amo, y sin embargo no me he **atrevido a retenerlo**. He tenido que colocar una cara dura, en contra de las caras de aquellos que se colocan de una firma tan testaruda para seguir su propio camino y para seguir su propio curso de acción. No haría un trabajo que no congenia conmigo, si pensara que Dios me iba a excusar. Cuando les he escrito un testimonio a los hermanos, he pensado que no tendría nada más que escribir; pero nuevamente mi alma está acongojada, y no puedo dormir ni descansar. Durante la noche estoy hablando y escribiendo claras palabras de represión. Me siento cargada en mi alma, por estar nuevamente escribiendo. De diversas maneras los asuntos se abren delante de mí mente, y **no me atrevo a descansar o permanecer quieta**. Temo y tiemblo por las almas de los hombres que están en puestos de responsabilidad en Battle Creek". **19ML:276**.

"Así también, en muchos casos Dios me ha dado luz acerca de los defectos peculiares de carácter de ciertos miembros de la iglesia y de los riesgos que corren las personas y la causa si estos defectos no se suprimen. En determinadas circunstancias hay peligro de que las malas tendencias se desarrollen mucho y se confirmen, perjudicando la causa de Dios y arruinando a la persona afectada. A veces cuando peligros especiales amenazan la causa de Dios o a individuos en particular, me llega una comunicación del Señor, en sueño o visión nocturna, y estos casos **me son presentados vívidamente**. Oigo una voz que me dice: 'Levántate y escribe; estas almas están en peligro'. Obedezco al impulso del Espíritu de Dios y mi pluma describe su verdadera condición. Durante mis viajes, **al encon-**

trarme delante de los hermanos en diferentes lugares, el Espíritu del Señor me recuerda claramente los casos que se me mostraron y revive el asunto que vi anteriormente". **5T:642**.

Cuando Kellogg estaba enseñando sus teorías panteístas, Ellen White le escribió:

"Me temo que no tenga la fortaleza para escribirle claramente, porque el hacerlo me **retiene cada fibra de mi ser**. Es como si yo le estuviera escribiendo a mi propio hijo". Carta 180, 1903, pág. 2 (Para el Dr. J. H. Kellog, 5 de Marzo de 1903).

En cierta ocasión en Melbourne, Australia, en 1890, Ellen White fue conducida a la plataforma y fue presentada a la congregación por el hermano A. G. Daniells. Después que el hermano Daniells se sentó, Ellen White abrió su Biblia y se preparó para comenzar su sermón. Ella abrió su boca como si fuera a hablar, pero no salió ninguna palabra de su boca. Entonces, colocando sus manos en el púlpito, ella miró toda la audiencia aparentemente buscando a alguien.

Su búsqueda, sin embargo, no produjo fruto, así es que quiso comenzar su sermón por segunda vez, pero las palabras no salieron de su boca. Una vez más sus ojos escudriñaron atentamente a la audiencia, pero no pudo encontrar a la persona que estaba buscando. Ella simplemente no pudo comenzar su mensaje, hasta que encontró a la persona que estaba buscando. Repentinamente, ella se volvió y examinó a cinco hombres que estaban con ella en la plataforma. Sus ojos se fijaron en el hombre que estaba sentado en la última silla de la plataforma y señalándolo con el dedo le dijo al hermano Daniells con una voz bien clara:

"¿Por qué ese hombre está en la plataforma conmigo?"

El hombre de 1,8 m se levantó lentamente de su silla y con una mirada de vergüenza dejó la plataforma y desapareció. Fue una escena dramática.

Mientras la congregación reflexionaba sobre la escena y se preguntaba qué era lo que significaba, Ellen White calmamente volvió al púlpito y comenzó su sermón sin hacer ninguna referencia a lo que había sucedido. Después fue revelado que el hombre de la plataforma era realmente un médium espiritista, ¡un lobo vestido de oveja! Ellen White no conocía al hombre, pero cuando ella iba a comenzar su sermón, ella inmediatamente sintió su presencia. Ella lo había visto en visión y el Señor la impresionó que estaba presente en la reunión. Claramente, Ellen White estaba cierta de su llamado y abiertamente reprendía el pecado.

Una vez, Ellen White fue tentada a dudar de la certeza de su propio llamado como profeta y ella fue severamente reprendida:

"Todas estas cosas abrumaban mi ánimo, y en la confusión me veía a veces **tentada a dudar de mi propia experiencia**. Mientras orábamos en la familia una mañana, el poder de Dios comenzó a descansar sobre mí, y cruzó por mi mente el pensamiento de que era **mesmerismo**, y lo resistí. Inmediatamente fui herida de **mudez**, y por algunos momentos perdí el sentido de cuanto me rodeaba. Vi entonces mi pecado al dudar del poder de

Dios y que por ello me había quedado muda, pero que antes de 24 horas se desataría mi lengua". **PE:22**.

Prueba #6: El fenómeno físico.

Ellen White tuvo unas 2000 visiones durante su vida. Ella tuvo muchas de esas visiones en presencia de múltiples testigos oculares, cuya integridad estaba más allá de cualquier reproche. Uno de esos testigos fue el capitán José bates, el cual cuidadosamente examinó a Ellen White mientras ella estaba en visión, para determinar si sus visiones eran el resultado de mesmerismo. Otros que la vieron mientras estaba en visión, fueron J. N. Andrews, Uriah Smith y John Loughborough.

Ellen White describió su experiencia mientras estaba en visión:

"Cuando el Señor ve adecuado darme una visión, soy arrebatada a la presencia de Jesús y los ángeles, y pierdo totalmente de vista las cosas terrenales. No puedo ver más nada que al ángel que me dirige. Mi atención a menudo es dirigida a escenas que suceden sobre la tierra. A veces me conduce **muy adelante, al futuro**, y se me muestra lo que ha de ocurrir. Entonces de nuevo se me muestran las cosas que han **acontecido en el pasado**. Cuando salgo de la visión, no recuerdo todo lo que he visto, y el asunto no queda claro hasta que lo **escribo**, entonces la escena surge delante de mí tal como fue presentada en visión, y puedo **escribir con libertad**. Algunas veces las cosas que he visto me son escondidas cuando salgo de la visión, y no puedo recordarlas en mi mente hasta que soy conducida a una compañía donde esa visión se aplica, entonces las cosas que he visto, vienen a mi mente con fuerza. Soy tan dependiente del Espíritu del Señor para **relatar o escribir** (**inspiración**) una visión, como al **tener** (**revelación**) la visión. Me es imposible ver las cosas que se me han mostrado, a menos que el Señor las traiga delante de mí en el tiempo en que Él se place en que yo las relate o las escriba". (Spiritual Gifts, t. 2, p. 292-293, 1860).

La experiencia de Ellen White mientras está en visión fue muy similar a la de los profetas bíblicos. Los libros de Daniel y del Apocalipsis nos proveen indicios concernientes al estado del profeta mientras está en visión. Resumamos la experiencia visionera de Ellen White:

Inmediatamente antes que Ellen White entre en un estado visionero, había en el cuarto un profundo sentido de la **presencia de Dios** (ver 3MS:38).

Cuando comenzaba la visión, Ellen White frecuentemente decía las siguientes palabras: "**Gloria, gloria, gloria**" o "gloria a Dios".

Cuando Ellen White entraba en visión ella **perdía su fortaleza física normal** (ver Dan. 10:8, 17).

Entonces se hacía aparente que Ellen White era llenada con una **fortaleza sobrenatural**. Es bien sabido que Ellen White sostuvo una Biblia de 8,5 Kg con el brazo extendido durante una media hora sin exhibir ningún cansancio físico. Es de notar que hombres que han sostenido esa Biblia de la misma manera, no la han sostenido por más de **algunos minutos**, sin exhibir cansancio físico (ver Dan. 10:18-19).

Ellen White **no respiraba** mientras estaba en visión (ver 3MS:42) pero su **corazón continuaba funcionando** normalmente y el color de sus mejillas permanecía el mismo que cuando no estaba en visión. Cuando ella estaba en visión, James White convidaba a miembros de la audiencia para que la examinaran. Explica Carlos Viera:

"No había **ninguna indicación que respirara**, no había ninguna inhalación ni ninguna exhalación, ni ningún movimiento de su pecho. Ningún vapor empañaba un espejo sostenido delante de su boca, y una vela encendida colocada cerca de sus labios no oscilaba". Juan Carlos Viera, *La Voz del Espíritu*, pág. 47.

¡Tanto cuanto sabemos, su más larga visión duró cuatro horas y ella no respiró! (ver Dan. 10:17).

En **1857** el hermano **D. T. Bordeau** fue un testigo ocular de una de las visones de Ellen White:

"El 28 de Junio de 1857, yo vi a la hermana White en visión por primera vez. Yo era un incrédulo de las visiones; pero una circunstancia entre otras, que yo puedo mencionar, me convenció que su visión era de Dios. Para satisfacer mi mente con respecto a que si ella respiraba o no, primero coloqué mi mano en su pecho, suficientemente lejos como para saber que no había ningún peso en sus pulmones, como para que fuese un cadáver. Entonces coloqué mi mano sobre su boca, pellizcando sus narices entre mi pulgar y mi dedo índice, de tal manera que era imposible que ella exhale o inhale aire, aun si hubiera deseado hacerlo. Hice eso durante unos diez minutos, lo suficiente como para que ella se ahogase bajo circunstancias normales; ella no fue afectada en lo más mínimo con esto. Desde que testimonié este maravilloso fenómeno, no me he sentido inclinado ninguna vez a dudar del origen divino de sus visiones". D. T. Bordeau citado en J. N. Loughborough, El Gran Segundo Movimiento del Advento, pág. 204-211.

Ocasionalmente mientras ella estaba en visión, hacía exclamaciones relativas a la escena que ella estaba testimoniando. Por ejemplo, la familia se recuerda distintivamente que ella exclamaba en tres ocasiones separadas: "¡Ellos vienen, ellos vienen, ellos vienen!". Después de salir de la visión, ella explicó que había visto la venida de Jesús con Sus ángeles, tal como está descrito en Apoc. 19:11, 14.

Mientras estaba en visión, sus **ojos estaban abiertos**, no apáticos, en un estado vacío, sino que con sus ojos moviéndose como si estuviesen contemplando una escena que se está desarrollando (ver Núm. 24:3-4, 16).

La posición de su cuerpo, mientras ella estaba en visión, variaba. Algunas veces ella estaba sentada, algunas veces se recostaba y algunas veces ella caminaba de un lado a otro del cuarto, haciendo gestos con las manos. A pesar del hecho de que el cuarto tuviera varios muebles u otros objetos, ella nunca chocó o tropezó con ellos.

Ellen White era totalmente inconciente de lo que la rodeaba, mientras estaba en visión. Ella no veía, no escuchaba y no sentía nada de lo que pasaba a su alrededor. Algunas veces a algunos testigos se les permitía **pellizcarla** y **tapar su nariz y su boca** y ella permanecía inconciente de lo que le estaban haciendo (ver Dan. 10:9; 2 Cor. 12:1-2).

Al final de una visión, Ellen White daba una **profunda aspiración** seguida de otras aspiraciones, hasta que respiraba normalmente otra vez.

Inmediatamente después de salir de una visión, todo parecía estar **extremadamente oscuro**. Ella frecuentemente no podía ver bien durante horas, después de salir de una visión, debido a la gloria de la escena que había estado testimoniando, mientras había estado en visión. Ocasionalmente le suplicaba al ángel que le permitiera **permanecer en el cielo**, pero el ángel le decía que tenía que volver a la tierra para compartir lo que había visto.

Después de varias horas, le volvía su fortaleza normal y ella llevaba a cabo sus actividades normales de su vida diaria.

Una experiencia muy interesante sucedió el Sábado 12 de Enero de 1861 en **Parkville, Michigan**. En ese día la iglesia de Parkville iba a ser dedicada. Se habían enviado comunicados a los miembros de la iglesia que James y Ellen White y otros pioneros asistirían a la iglesia. Las personas fueron bien informadas acerca del carácter sobrenatural de las visones de Ellen White y se preguntaban si ella podría tener una visión a la hora del servicio.

Había un médico no Adventista que era espírita en Parkville, el cual arrogantemente afirmaba que las visiones de Ellen White eran manifestaciones espiritistas; que ella simplemente servía como médium de un espíritu de alguna persona que ya había partido. Él afirmó que podía sacar a Ellen White de una visión en un instante.

La reunión se llevó a cabo en la tarde y tal como se podía esperar, Ellen White recibió una visión. James White, tal como era su costumbre, convidó a aquellos que estaban presentes, a que examinaran a Ellen White. Las personas, recordando al médico espiritista, lo instaron a que hiciera lo que había afirmado que podía hacer.

El Dr. Brown procedió a examinar a Ellen White, pero luego su rostro se puso pálido, comenzó a temblar y a sudar y parecía como si se fuese a desmayar. El hermano White le dijo al Dr. Brown: "Por favor doctor, díganos cuáles son los resultados de su examen".

"¡Oh, ella no respira!" dijo él y corrió hacia la puerta. Cuando llegó a la puerta, los miembros bloquearon la entada y le dijeron: "Vuelva a la plataforma y sáquela a ella de la visión. Usted dijo que podía hacerlo en menos de un minuto". "¡Oh, no!, dijo el Dr. Brown. "¿Qué está errado? le preguntaron los miembros. "Solo Dios lo sabe", respondió el Dr. Brown. "¡Déjenme salir de este lugar!" y entonces salió de la iglesia.

Prueba #7: El alto plano espiritual de los escritos de Ellen White: Ella nos conduce cada vez más cerca de Jesús.

El alto nivel espiritual de los escritos de Ellen White, puede ser visto en su concepto de Cristo. Hay un tema que absorbió a Ellen White más que cualquier otro, 'los encantos incomparables de Cristo', una descripción que ella usó más de **160 veces**.

Cualquier persona que haya leído libros como El Deseado de Todas las Gentes, Palabras de Vida del Gran Maestro, El Ministerio de Curación, El Camino a Cristo y El Discurso Maestro de Cristo, no puede dejar de ver que Ellen White amaba a Cristo y quería influir en otros para que también Lo amaran.

En una carta a **O. A. Olsen en 1892**, Ellen White expresó su frustración para encontrar palabras que describieran adecuadamente los "incomparables encantos de Cristo':

"Ando con temblor delante de Dios. No sé cómo hablar ni cómo describir con la pluma el gran tema del sacrificio expiatorio. **No sé** cómo presentar los temas con el poder vivo con el cual los recibo. **Tiemblo** por temor a empequeñecer el gran plan de salvación al usar **palabras ordinarias**. Mi alma se inclina con pavor y reverencia delante de Dios y digo: '¿Para estas cosas, quién es suficiente?' (Carta 40, 1892)". **3MS:130**.

El 6 de Junio de 1896 Ellen White escribió:

"Apenas me atrevo a presentar aquello que es sagrado y elevado en las cosas celestiales. A menudo abandono mi pluma y digo: ¡Imposible, imposible que las mentes finitas abarquen las verdades eternas y los principios profundos y santos, y que expresen su importancia viviente! Me declaro ignorante e incapaz. Una rica corriente de pensamiento toma posesión de todo mi ser, y entonces dejo mi pluma, y digo: ¡Oh, Señor, yo soy finita, soy débil, sencilla e ignorante; no puedo encontrar palabras para describir tus revelaciones grandiosas y santas!". **3MS:133-134**.

La mayor parte del libro El Deseado de Todas las Gentes (para mayores informaciones sobre este libro, ver 3MS:115-120)[11] fue escrito mientras Ellen White estaba sufriendo un **gran dolor**, debido a su reumatitis artrítica y a la nostalgia de estar en Australia, lejos de su hogar y de su familia. Ella explicó que durante ese tiempo, ella tuvo que escribir mientras estaba en la cama y tuvo que cambiar su posición a cada hora, para poder tener algún confort. Podría parecer fácil para ella esconder su cabeza en su almohada y quejarse con auto-piedad. ¡Pero ella no hizo eso! En sus propias palabras:

"He estado soportando una **gran prueba** a causa del dolor, el sufrimiento y la impotencia; pero con esto he obtenido una preciosa experiencia más valiosa que el oro para mí". **2MS:275**.

Cuando ella estaba escribiendo El Deseado de Todas las gentes, ella les escribió las siguientes palabras a los líderes de la IASD:

"Usted sabe que todos mi temas, tanto en el púlpito como en privado, en forma oral o escrita, versan acerca de la **vida de Cristo**. Casi todo lo que he escrito hasta ahora, sobre

---
[11] Paginación en Inglés.

este tema, ha sido escrito durante las horas cuando los demás duermen (Carta 41, 1895)". **3MS:133**.

Y su consejo a los pastores de la Iglesia, Ellen White, poco antes de su muerte, los animó a levantar a Cristo:

"**Ensalzad a Jesús**, los que enseñáis a las gentes, ensalzadlo en la predicación, en el canto y en la oración. Dedicad todas vuestras facultades a conducir las almas confusas, extraviadas y perdidas, al '**Cordero de Dios**'. Ensalzad al Salvador resucitado, y decid a cuantos escuchen: Venid a Aquel que 'nos amó, y se entregó a sí mismo por nosotros' (Efe. 5:2). Sea la **ciencia de la salvación** el centro de cada sermón, el tema de todo canto. Derrámese en toda súplica. No pongáis nada en vuestra predicación como suplemento de Cristo, la sabiduría y el poder de Dios. Enalteced la palabra de vida, presentando a **Jesús como la esperanza del penitente y la fortaleza de cada creyente**. Revelad el camino de paz al afligido y abatido, y manifestad la gracia y perfección del Salvador (OE:168. Año 1915)". **Ev:139**.

Aun más, en el capítulo uno del Deseado de Todas las gentes, Ellen White subrayó que la ciencia de la cruz será el asunto de estudio y el canto de los redimidos y de los ángeles a lo largo de las edades eternas:

"El maravilloso y misericordioso propósito de Dios, el misterio del amor redentor, es el tema en el cual 'desean mirar los ángeles', y será su **estudio a través de los siglos sin fin**. Tanto los redimidos como los seres que nunca cayeron hallarán en la cruz de Cristo su ciencia y su canción. Se verá que la gloria que resplandece en el rostro de Jesús es la gloria del amor abnegado. A la luz del Calvario, se verá que la ley de la renunciación por amor es la ley de la vida para la tierra y el cielo; que el amor que "no busca lo suyo" tiene su fuente en el corazón de Dios; y que en el Manso y Humilde se manifiesta el carácter de Aquel que mora en la luz inaccesible al hombre". **DTG:11**.

Ellen White expresó a menudo frustración, porque era incapaz de encontrar palabras humanas para describir la gloria de Cristo y el plan de salvación:

"Ahora yo debo dejar este tema tan **imperfectamente presentado**, que temo que interpretéis mal aquello que siento tantos deseos de hacer claro. Ojala Dios despierte la comprensión, porque yo soy una **pobre escritora** y no puedo con la pluma o la voz expresar los grandes y profundos misterios de Dios. ¡Oh, orad por vosotros mismos, orad por mí! (Carta 67, 1894)". **3MS:100**.

Prueba #8: Su perspectiva negativa de Satanás.

De acuerdo con **Mar. 3:24-26**, Satanás nunca pelea contra él mismo. Siendo este el caso, tenemos que examinar los escritos de Ellen White, para descubrir su perspectiva de Satanás. Una cosa está clara, si Ellen White escribe persistentemente contra el diablo y sus estratagemas, Satanás no puede ser aquel que le inspira sus palabras. Ellen White afirmó que no podía haber un terreno intermedio en este asunto: ellos son o de Dios o de Satanás.

"Las visiones o son de Dios o del Diablo. No existe una posición intermedia en este asunto. Dios no obra en sociedad con Satanás. Los que ocupan esta posición, no pueden permanecer ahí. Ellos van un paso más adelante y cuentan con que el instrumento que Dios ha usado es un engañador, y la mujer Jezabel". PH016 (Carta a J. N. Andrews y a la hermana H. N. Smith, 1860).

Toda la vida y la experiencia de Ellen White fue una de constante batalla con el diablo. Todos sus escritos tienen que ser entendidos dentro del contexto del Gran Conflicto entre el bien y el mal.

El 14 de Marzo de 1858, Ellen White viajó a Lovett's Grove, Ohio, para un servicio funeral. Durante el servicio, ella recibió una visión de dos horas, donde Dios le mostró en grandes pasos, la gran controversia entre Cristo y Satanás, desde su comienzo hasta su consumación.

Al día siguiente, Ellen y su esposo comenzaron a volver a su hogar de Battle Creek. Durante el viaje, hicieron planes para publicar lo que Ellen White había visto en la visión. Poco imaginaban lo que Satanás estaba escuchando disimuladamente sobre sus planes para diseminar la visión, y por lo tanto él se llenó de ira, porque sus estratagemas iban a ser desvendados delante del mundo. Satanás se decidió a frustrar ese escrito, publicación y diseminación de ese libro, así es que él decidió entonces y allí, matar a la mensajera.

Cuando james y Ellen llegaron a Jackson, Michigan, en su camino a Battle Creek, decidieron visitar el hogar de Daniel R. Palmer. En ese tiempo, Ellen White tenía buena salud. Cuando Ellen se sentó a la mesa de la cocina con los Palmer, sucedió algo inesperado. Dejemos que la misma Ellen White lo describa:

"A la llegada del tren a Jackson, fuimos a la casa del hermano Palmer. Habíamos estado en la casa solamente un corto tiempo cuando, mientras conversaba con la hermana Palmer, mi **lengua se rehusó a articular lo que yo quería decir**, y parecía grande y paralizada. Sentí en mi corazón una **extraña sensación de frialdad**, que pasó por mi cabeza, y se extendió por mi costado derecho. Por un tiempo estuve insensible e inconsciente, pero fui despertado por la voz de la oración ferviente. Traté de usar mis miembros izquierdos, pero estaba **completamente paralizada**. Por un corto tiempo yo no esperaba vivir. Era el **tercer ataque de parálisis** que tenía; y aunque estaba a unos 80 kilómetros de mi casa, no esperaba volver a ver a mis hijos. Recordé la reunión triunfante que tuvimos en Lovett's Grove, y pensé que ése era mi último testimonio, y me sentí reconciliada con la idea de morir". **NB:179**.

Los síntomas que Ellen White describe son indicativos de un golpe (derrame). Este ataque de parálisis escondió y retrazó grandemente los planes para publicar lo que ella había visto en la visión de Lovett's Grove. Ella explicó que solo pudo escribir una página por día y entonces tenía que descansar tres y la tarea de escribir era con gran dolor y esfuerzo. Pero a medida que pasaba el tiempo, su fortaleza volvió y ella fue capaz de escribir varias páginas por día. Ellen White lo explica:

"Durante semanas no pude sentir la presión de una mano ni el agua más fría que se me arrojara en la cabeza. Al levantarme para caminar, a menudo tambaleaba, y a veces caía al suelo. En mi afligida condición empecé a redactar lo referente al gran conflicto. Al principio podía escribir una sola página por día, para entonces descansar tres días; pero a medida que progresaba, mi fuerza aumentaba. El entumecimiento de mi cabeza no parecía oscurecer mi mente, y antes de haber terminado el tomo 1 del libro Spiritual Gifts, el efecto del ataque había desaparecido por completo (NB:179)". **3MS:112**.

En Junio de 1858 Dios le mostró a Ellen White que ese no había sido un golpe común, sino que ataque directo de Satanás:

"Durante la conferencia de Battle Creek, en junio de 1858, se me mostró en visión que en el repentino ataque que sufrí en Jackson, Satanás intentó **quitarme la vida**, a fin de **impedir** que escribiera la obra que estaba por empezar; pero los ángeles de Dios fueron mandados en mi rescate. También vi, entre otras cosas, que sería bendecida con mejor salud que antes del ataque (NB:180)". **3MS:112**.

Cualquiera que lea el Gran Conflicto, no puede sino concluir que si Satanás fuese la fuente, él no diría esas cosas feas acerca de sí mismo. En ese libro Ellen White desenmascara los esquemas de Satanás, mientras exalta a Jesucristo y lo presenta como el Vencedor de la gran controversia entre el bien y el mal. Si Satanás fuese la fuente del libro, estaría peleando contra él mismo.

Cuando uno va al índice de los escritos de Ellen White, uno encuentra varios nombres con los cuales Ellen White se refiere al diablo. He aquí algunos de ellos:

Acusador de los hermano, acusador de la iglesia, gran adversario, adversario de las almas, antagonista de Cristo, anticristo, apóstata, archiapóstata, archidemonio, archiengañador, engañador maestro, archienemigo, archirebelde, archidemonio, architraidor, demonio, destructor, rebelde, mentiroso, padre de la mentira, jefe de los mentirosos, jefe de la conspiración, asesino, opresor, padre de la incredulidad, príncipe de las tinieblas, príncipe de los demonios, tirano, serpiente, ladrón, atormentador, transgresor, usurpador, guerrero, autor de enfermedad y miseria, enemigo artero y mortal, gran general de la apostasía, dios de toda disensión, instigador de toda rebelión, originador de tinieblas y de dudas caviladoras, príncipe de los demonios, poderoso rebelde, raíz de todo mal, calumniador, maestro de mentiras y atormentador.

La gran pregunta es: ¿Si la obra de Ellen White fuese inspirada por el demonio, se describiría él con todos eso términos despectivos?

Ellen White provee una descripción impresionante de la malignidad de Satanás en PE:152-153.

"Se me mostró a Satanás como fue una vez, un ángel feliz y exaltado. Después lo vi como es ahora. Su aspecto sigue siendo principesco. Sus rasgos siguen siendo nobles, porque es un ángel caído. Pero la expresión de su rostro esta llena de **ansiedad, preocupación, in-**

felicidad, malicia, odio, deseos de causar daño, engaño y toda clase de mal. Observé en forma especial esa frente que fue tan noble. A partir de sus ojos comienza a retroceder. Observé que por tanto tiempo se ha inclinado al mal que toda **buena cualidad se ha rebajado** y se ha desarrollado todo **rasgo maligno**. Sus ojos son astutos, irónicos y manifiestan profunda penetración. Su cuerpo es grande, pero su **piel** cuelga suelta de sus manos y su rostro. Cuando lo contemplé, su barbilla reposaba sobre mano izquierda. Parecía que estaba entregado a una profunda meditación. Una sonrisa se dibujaba en su rostro, que me hizo temblar, pues estaba **llena de maldad y de astucia satánica**. Es la sonrisa que esboza justamente antes de apoderarse de su víctima, y cuando la entrampa en sus redes es cada vez **más horrible**". **HR:47**.

El Señor también le dio a Ellen White una vislumbre de los planes de Satanás para enredar al mundo en las escenas finales de la historia de la tierra:

"Vi la rapidez con que se difundía el engaño espiritista. Se me mostró un tren de vagones que marchaban con la velocidad del rayo. El ángel me mandó que observara cuidadosamente. Fijé la vista en el tren. Parecía que en él iba el mundo entero. Después el ángel me mostró al jefe del tren, un hermoso e imponente personaje a quien todos los pasajeros admiraban y reverenciaban. Quedé perpleja y le pregunté a mi ángel acompañante quién era aquel jefe. Me respondió: 'Es Satanás, disfrazado de ángel de luz. Ha cautivado al mundo. Este ha sido entregado a formidables engaños para creer en una mentira a fin de que se condene. Su agente, el que le sigue en categoría, es el maquinista, y otros agentes suyos están empleados en diversos cargos, según los va necesitando, y todos marchan con relampagueante velocidad a la perdición'". **PE:263**.

Y los planes de Satanás no solo envuelven al mundo entero, sino que también a la Iglesia Remanente. Como bien es sabido, un refinado tipo de Espiritismo está tratando de penetrar a la IASD en la forma de Formación Espiritual y Oración Contemplativa. Todos tienen que estar atentos, por ejemplo, con el PROYECTO UNO, que muchos de nuestros capellanes de campo están tratando de implementar en los campus de nuestras universidades. Su expresa intención es cambiar no solo el rostro, sino que también el **mismo corazón** de la IASD. Se sugiere que **siete libros** deben ser leídos sobre este asunto:

- Esteban P. Bohr: "Adoración en el Trono de Satanás".
- Dave Fiedler: "Tiemble".
- Dave Fiedler: "Enfréntalo".
- Thomas Mostert: "Herejía Escondida".
- Howard Peth: "Los Peligros de la Oración Contemplativa".
- Rick Howard: "La Rebelión Omega".
- Carsten Johnsen: "La Omega Mística de la Crisis del Tiempo del Fin".

No es coincidencia que Satanás haya colocado diversos movimientos engañosos alrededor del año 1844. Dentro de un periodo de 20 años, antes y después de 1844, aparecieron en escena los Mormones, los Testigos de Jehová, la Ciencia Cristiana, el Espiritismo, el Pentecostalismo, el Evolucionismo y el Marxismo.

Prueba #9: La naturaleza práctica de los mensajes.

Los mensajes de los verdaderos profetas no son meros **tratados de filosofía**, para educar la mente. Sus mensajes son para **impactar la vida práctica diaria** en todas sus esferas: física, mental y espiritual. Ellen White no solo escribió sobre asuntos teológicos. Ella dio muchos consejos prácticos sobre asuntos tales como el hogar, el matrimonio, los niños, la salud, la dieta, la educación, la mayordomía y la administración de la iglesia. Observemos algunos de esos consejos prácticos.

Ellen White escribió una vez:

"No dejéis de enseñar a vuestras hijas a **cocinar**. Al hacerlo, les impartís principios que deben tener en su educación religiosa. Al dar a vuestros hijos **lecciones de fisiología**, y enseñarles a **cocinar** con sencillez y sin embargo con habilidad, estáis echando el fundamento de los ramos más útiles de la educación. Se necesita habilidad para hacer un **pan bueno y liviano**. Hay **religión en la buena cocina**, y yo pongo en duda la religión de las personas que son demasiado ignorantes y demasiado descuidadas para aprender a cocinar". **CRA:311**.

"Recordemos que hay religión práctica en un buen pan". **CRA:295**.

Ellen White tuvo mucho que decir acerca de la necesidad de una educación práctica:

"La **educación manual** merece más atención de la que se le ha prestado. Se deberían abrir escuelas que, además de proporcionar una cultura mental y moral superior, dispongan de los mejores medios posibles para el **desarrollo físico y la capacitación industrial**. Se debería enseñar **agricultura**, **trabajos manuales** -tantos oficios útiles como sea posible- **economía doméstica**, arte **culinario**, **costura**, confección de ropa higiénica, **tratamientos a enfermos** y otras cosas parecidas. Se debería disponer de jardines, talleres y salas de tratamientos, y la dirección del trabajo, en todos los ramos, debería estar a cargo de instructores expertos". **Ed:218**.

"Muchas materias que consumen el tiempo del alumno, no son esenciales para la utilidad ni la felicidad; en cambio es esencial que todo joven se familiarice con los deberes de la **vida diaria**. Si fuera necesario, una joven podría prescindir del conocimiento del **francés y del álgebra**, o hasta del **piano**, pero es indispensable que aprenda a hacer **buen pan**, vestidos que le sienten bien y desempeñar eficientemente los diversos deberes relativos al hogar". **Ed:216**.

"Puesto que tanto los hombres como las mujeres ocupan su lugar en el hogar, los niños y las niñas deberían saber en qué consisten los deberes domésticos. Tender las camas, ordenar la pieza, lavar la loza, preparar la comida, lavar y remendar la ropa son actividades que, como educación, no menoscaban la virilidad de ningún muchacho; lo hará más feliz y más útil. Y si las niñas, a su vez, pudieran aprender a ensillar y conducir un caballo, manejar el serrucho y el martillo, lo mismo que el rastrillo y la azada, estarían mejor preparadas para hacer frente a las emergencias de la vida". **Ed:216-217**.

Ellen White tuvo también muchos consejos sobre una vida sana:

"Dios ha hecho crecer hierbas para que el hombre las utilice, y si comprendemos la naturaleza de esas **raíces y hierbas**, y las empleamos acertadamente, no habrá necesidad de correr con tanta frecuencia en busca del médico, y la gente tendrá mejor salud de la que tiene actualmente". **2MS:342**.

"Aire puro, luz solar, temperancia, descanso, ejercicio, dieta adecuada, el uso de agua, confianza en el poder divino, estos son los verdaderos remedios. Toda persona debiera tener un conocimiento sobre las **agencias naturales de remedio** y **como aplicarlas**. Es esencial entender los principios envueltos en el tratamiento del enfermo y tener un entrenamiento práctico que lo capacite a usar este conocimiento.

Generalmente se le presta poca atención a la preservación de la salud. Es mucho mejor prevenir la enfermedad que saber como tratarla cuando se la contrae. Es el deber de toda persona, por su propio bien, y por el bien de la humanidad, **informarse a sí mismo** con relación a las leyes de la vida y obedecerlas concienzudamente. Todos tienen que familiarizarse con ese tan maravilloso organismo, el cuerpo humano. Ellos debieran entender las **funciones de los diversos órganos** (fisiología) y la dependencia de uno sobre el otro para una acción saludable de todo. Ellos debieran estudiar la influencia de la **mente sobre el cuerpo**, y del **cuerpo sobre la mente** (psicología) y las leyes por las cuales son gobernados". **MC:127-128**.

"La medicación por medio de drogas, en la forma como se la practica actualmente, es una **maldición**. Hay que educar a la gente para que se aleje del empleo de drogas. Hay que usarlas **cada vez menos** y hay que confiar cada vez más en los recursos de la higiene; entonces la naturaleza responderá a la acción de los médicos de Dios: aire puro, agua pura, ejercicio adecuado y una conciencia limpia. Los que insisten en el uso de **té, café y carne** sentirán la necesidad de droga pero muchos podrían recuperarse sin medicinas si obedecieran las leyes de la salud. Es necesario utilizar las drogas solo infrecuentemente". **CSSa:258**.

"Al tratar al enfermo, el médico buscará a Dios por sabiduría; entonces, en vez de colocar su dependencia sobre las **drogas** y esperar que la **medicina** le traiga salud a sus pacientes, él va a usar los **medios naturales**, a través de los cuales el enfermo podrá ser ayudado a recuperarse. El Señor escuchará y responderá las oraciones de los médicos cristianos". **Vida Sana:247**.

Ellen White siguió los consejos que ella dio sobre remedios naturales. Por ejemplo, ella sugirió el uso de **jugo de uva con huevos crudos** como un medio para curar la anemia. Ella también sugirió el uso de **carbón para dolencia del estómago** y **aceite de eucalip-**

to para un resfriado. Ella también sugirió que el dolor de los ojos y de cabeza podía ser aliviado con **agua fría o caliente mezclada con sal** y aplicada con un paño suave sobre los ojos y la cabeza.

Una carta a un obrero sobre el uso del eucalipto:

"Me apena saber que la hermana C no está bien de salud. No puedo recomendar para su tos ningún remedio mejor que el **eucalipto y la miel**. En un vaso de miel colóquense unas pocas gotas de [aceite de] eucalipto, agítese bien y adminístrese cuando quiera que venga la tos. He tenido considerable dificultad con mi garganta, pero toda vez que uso esto, resuelvo rápidamente el problema. Tengo que utilizarlo sólo unas pocas veces, y la tos desaparece. Si usted emplea esta prescripción puede ser su **propio médico**. Si la primera vez no obtiene curación, pruebe otra vez. El momento mejor para tomarla es antes de acostarse (Carta 348, 1908 [A un obrero])". **2MS:345**.

"En un vaso de miel hervida coloco unas gotas de aceite de eucalipto y los mezclo muy bien. Cuando me viene tos, tomo una cucharadita de esta mixtura y con ello experimento alivio casi inmediatamente. Siempre he utilizado esto con el mejor resultado. Le sugiero que utilice este mismo remedio cuando tenga tos. Esta prescripción puede parecer tan sencilla que usted no confía en ella, pero la he probado durante varios años y puedo recomendarla entusiastamente". **2MS:345**.

Sobre el uso de carbón:

"La inflamación más severa de los ojos puede aliviarse mediante una cataplasma de carbón, colocada en una bolsa, y puesta en agua caliente o fría, como cuadre mejor a cada caso. Esto obra como un calmante". **2MS:338**.

"Mi madre me había dicho que las mordeduras de serpientes y de otros reptiles, y las picaduras de insectos, a menudo podían neutralizarse mediante el uso de cataplasmas de carbón". **2MS:339**.

Sobre el uso de jugo de uva y huevos:

"Se me ha dicho que usted está dañando su cuerpo porque tiene un régimen de alimentación empobrecido... Lo que lo ha hecho sufrir tanto es la falta de un alimento apropiado. Usted no ha tomado el alimento indispensable para nutrir sus débiles fuerzas físicas. No debe privarse de alimento bueno y sano... Consiga huevos de gallinas sanas. Utilícelos cocidos o crudos. Mézclelos con el mejor vino sin fermentar que pueda conseguir. Esto le proporcionará a su organismo lo que necesita... Los huevos contienen propiedades que son de valor medicinal para contrarrestar los venenos". **2MS:348**.

Sobre el uso de agua como remedio:

"Los milagros de Dios no siempre tienen la apariencia exterior de milagros. Con frecuencia se llevan a cabo en una forma que se parece al desarrollo natural de los acontecimientos. Cuando oramos por los enfermos también trabajamos por ellos. Contestamos nuestras propias oraciones utilizando los remedios que hay a nuestro alcance. El agua aplicada con sabiduría constituye un remedio poderoso". **2MS:397**.

Prueba #10: Protección y guía a través del don profético.

Aquí voy a lidiar con cuatro historias de cómo EGW guió a la iglesia a través de tiempos desafiantes (hay muchos más ejemplos en 1MS y en 2MS):

- La adopción del **nombre denominacional**
- La crisis del **Panteísmo**
- La reunión campal de **Indiana**
- La visión de **Salamanca** (pág. 161-163 en uno de mis libros)

Guía para adoptar el nombre denominacional.

Los ASD creen en una obra **divina**, **sobrenatural**, **milagrosa** y **rápida** en la creación al comienzo de la historia humana. Creemos que Dios creó este mundo en seis días de 24 horas **literales**, **consecutivos** y **contiguos** (iguales a los días que tenemos hoy en día) y descansó en el **séptimo día de 24 horas literal**, hace aproximadamente **seis mil años atrás**. También creemos que el pecado se originó en este mundo tal como es descrito en el libro de Génesis y que la única esperanza para la tierra se encuentra en la segunda venida literal, milagrosa de Jesucristo, para establecer el reino eterno, el cual jamás será destruido. ¡No será un reino creado por el hombre, desde dentro de la historia, sino que por Dios desde afuera!

Nosotros obtenemos nuestro punto de vista de la creación a través de una lectura literal de **Génesis 1 y 2; Éxo. 20:8-11** y **Salmo 33:6, 9**.

"Por la Palabra del Eterno fueron hechos los cielos, y todo el ejército de ellos por el aliento de su boca... Porque él **dijo**, y fue **hecho**; él **mandó**, y **surgió**". **Salmo 33:6, 9**.

Aun los eruditos bíblicos que creen en una creación progresiva y en una evolución teística, han estado dispuestos a admitir que el escritor del libro de Génesis creía que los días eran literales. Pero ellos han concluido que la ciencia moderna ha comprobado que el escritor estaba simplemente errado y que por lo tanto el registro no es confiable.

En el corazón de la historia de la creación está el Sábado. Dios estableció el Sábado como una **señal memorial** de Su autoridad como Creador. Por lo tanto, la observancia del Sábado señala una historia literal de la creación. Dios trabajó seis días y descansó en el séptimo día y estableció este día como una norma para que el hombre trabajara seis días y descansara también en el séptimo día. Esta fue la creencia establecida de la iglesia, hasta que llegó lo que se conoce como la **Era de la Razón** o de la **Iluminación**.

La Era de la Razón o de la Iluminación en el siglo XVII.

La era de la razón comenzó a inicios del siglo XVII con el trabajo de **Rene Descartes**. Descartes, contemporáneo de **Blaise Pascal**, cándidamente dijo:

"No puedo perdonar a Descartes; en toda su filosofía él hizo lo mejor para dispensar a Dios. Pero no pudo evitar que Él le diera el primer impulso al movimiento del mundo con un golpe de Su pulgar; después de eso **no tuvo más uso para Dios**".

El libro más famoso de Descartes fue Un Discurso Sobre el Método, el cual fue publicado en 1637, unos 150 años antes del comienzo de la Revolución Francesa.

La Era de la Razón eventualmente desecharía la necesidad de **fe y de milagros en la religión**. Las **ciencias** llegarían a la conclusión que todo en el mundo visible puede ser explicado y resuelto a través de la ingeniosidad humana, sin la necesidad de un Dios siempre interfiriendo.

La disposición del día está resumida por un comentario que fue hecho por un geólogo Escocés llamado **James Hutton** en 1785:

"No vemos vestigio de un **comienzo**, ni un prospecto de un **fin**".

Estaba creciendo una cruel filosofía que eventualmente desplazaría el largo punto de vista de una creación semanal literal: la teoría de la evolución. Esta teoría buscaría obliterar la idea de un comienzo sobrenatural, milagroso, rápido, divino y un rápido, sobrenatural, divino fin para la historia humana.

Más y más, los teólogos, científicos y filósofos abrazaron la idea que la vida vino a la existencia por un **prolongado proceso de selección natural**, donde el más fuerte sobrevive y el más débil desaparece. La historia del Génesis vendría finalmente a ser entendida como un mito, una leyenda o una saga.

Carlos Darwin.

El lugar era Inglaterra y la fecha era Diciembre de 1831. Carlos Darwin dejó Inglaterra en el **H. M. S. Beagle** en su camino a Sur América (especialmente las Islas Galápagos) para observar, experimentar, y recoger evidencia que finalmente **trataría de probar** que no hay vestigio de un comienzo divino y ningún prospecto de un fin divino.

Él viajó durante **cinco años** y entonces se sentó para escribir su famoso libro, El Origen de las Especies por Medio de la Selección natural, o la Preservación de las Especies Favorecidas en la Lucha por la Vida. Extraordinario, ¡él **terminó** su libro en el año **1844**!

Guillermo Miller.

Ahora nos vamos a las ondulantes y espumosas costas del Atlántico, a **Low Hampton, Nueva York**, justo en la costa de Vermont. La fecha es Agosto de 1831, el mismo año en que Darwin comenzó su viaje. Un agricultor de 49 años, **Guillermo Miller**, había estado estudiando las Escrituras, sin parar, durante 13 años, literalmente quemando el aceite en la noche. Él había llegado a la conclusión que Jesús vendría en algún punto en **1843**. Él escuchaba una voz constante en el oído que lo compelía a: "dile esto al mundo".

El versículo central de su predicación era Apoc. 14:6-7, donde a toda nación, tribu, lengua y pueblo se le ordena adorar al que 'hizo los cielos, la tierra, el mar y todo lo que hay en ellos'. El mensaje se diseminó como el **rastrojo en California**, por toda Nueva Inglaterra. En el mismo tiempo en Europa, Sudamérica, Asia y África, individuos y grupos predicaban un mensaje similar.

Este movimiento se conoció como el **Gran Despertar del Segundo Advento**. Desde 1831 hasta 1844, surgió una poderosa proclamación del mensaje del primer ángel. Miles fueron convertidos y abrazaron a un Dios amoroso que creó el mundo en seis días literales.

Así, mientras Darwin estaba viajando, investigando y escribiendo, para diseminar la doctrina de la **macroevolución**, Miller y sus colegas estaban proclamando con poder que el **Creador** iba a **volver** al mundo para juzgarlo.

El año 1844.

Tal como lo hemos mencionado, en **1844 Darwin terminó su libro**, el cual iría a toda nación, tribu, lengua y pueblo. El libro acabaría desanimando a las personas en creer que había un **comienzo sobrenatural, divino, milagroso**, y un fin sobrenatural, divino, milagroso para la historia humana.

El **mismo año** que Darwin publicó sus puntos de vista evolucionistas, Dios llamó a otro escritor, cuyas **obras también** irían a toda nación, tribu, lengua y pueblo, para proclamar que Dios creó el mundo en seis días de 24 horas literales, consecutivos y contiguos y que descansó en el séptimo día, para recordarnos del hecho que Él era el Creador. Muy temprano en su carrera como escritora, Ellen White escribió:

"Fui **llevada entonces de vuelta** a la creación y se **me mostró** que la primera semana, en la cual Dios llevó a cabo la obra de la creación en seis días y descansó en el séptimo día, fue como **cualquier otra semana**. El gran Dios en sus días de la creación y en el día de descanso, midió el primer ciclo como una **muestra de sucesivas semanas** hasta el fin del tiempo... El ciclo semanal de **siete días literales**, seis para trabajar, y el séptimo para descansar, que ha **sido preservado** y que ha sido traído por la historia de la Biblia, se originó en los grandes hechos de los primeros siete días". **Spiritual Gifts, Vol. 3, pág. 90.**

Ellen White estaba al tanto de las teorías evolucionistas que estaban en el AITE y del peligro que representaban:

"Pero la suposición infiel, que los eventos de la primera semana requirieron siete vastos periodos indefinidos para su cumplimiento, **golpea directamente el fundamento del Sábado del cuarto mandamiento**. Hace indefinido y oscuro lo que Dios ha dejado bien claro. Es el **peor tipo de infidelidad**; porque para muchos que profesan creer en el registro de la creación, es **infidelidad disfrazada**. Acusa a Dios instruyendo a los hombres a observar la semana de siete días literales en conmemoración de siete periodos indefinidos, lo cual es diferente a sus tratos con los mortales, y es una acusación a Su sabiduría". **Spiritual Gifts, Vol. 3, pág. 91**.

Ella afirmó sin vergüenza:

"Los geólogos infieles afirman que el mundo es mucho más antiguo que el registro de la Biblia. Ellos rechazan el registro de la Biblia, porque de esas cosas que para ellos son evidencias de la propia tierra, que el mundo ha existido decenas o miles de años. Y muchos que **profesan creer en el registro de la Biblia**, están a punto de perder las cosas maravillosas, que se encuentran en la tierra y con el punto de vista que la semana de la creación fue solo de siete días literales, y que el mundo tiene ahora solo seis mil años. Estos (que profesan creer en el registro de la Biblia), para liberarse a sí mismos de las dificultades arrojadas en su camino debido a los geólogos infieles, adoptan el punto de vista que los seis días de la creación fueron seis vastos e indefinidos periodos, y el día de descanso de Dios fue otro periodo indefinido; haciendo con que el cuarto mandamiento de la santa ley de Dios no tenga ningún sentido. Algunos reciben ávidamente esta posición, porque destruye la fuerza del cuarto mandamiento, y ellos sienten una libertad en sus afirmaciones sobre sí mismos". **Spiritual Gifts, Vol. 3, pág. 91-92**.

El Origen de nuestro Nombre.

1859. el libro de Carlos Darwin fue **publicado** y causó un alboroto en los círculos religiosos conservadores. La obra fue incesantemente atacada por los teólogos conservadores de esos días.

Infelizmente, en ese tiempo, los teólogos estaban errados en **su ciencia** (declarando que las especies no varían, aun dentro de su propio tipo) y **en su teología** (que la Biblia enseña que no hay variación dentro de las especies). Darwin había comprobado que hay cambios dentro de las especies y tenía pruebas de ello en sus investigaciones.

En **1860** (marque el año), en la **Universidad de Oxford** en Inglaterra, **Thomas Huxley**, famoso zoólogo y un fuerte defensor de la hipótesis evolucionista de Darwin y **Samuel Wilberforce**, un teólogo conservador, se enfrentaron en un debate. Wilberforce se jactó antes del debate:

"He venido para destrozar a Darwin".

Huxley derrotó **totalmente a Wilberforce**, el cual usó argumentos basados en una falsa ciencia y teología. No sería una exageración decir que Huxley noqueó a Samuel.

Harold Coffin, científico creacionista ASD, describe las consecuencias de ese debate:

"La teología entonces se convirtió en la garantía de la ciencia, y en la diosa de la razón, que la Revolución Francesa había establecido en la última parte del siglo XVIII, ahora era tácitamente aceptada en otros países y también por los no estudiosos, su autoridad sobrepasó aun la de la Sagrada Escritura. A partir de entonces, los hechos de la ciencia han sido cada vez más interpretados en términos de **hipótesis evolucionista**. La geología y la biología en particular, se han visto invadidas con esta idea, la cual es aceptada **virtualmente como si fuera un hecho**, requiriendo solo más investigación para establecer su verdad final". Harold Coffin, La Creación – ¿Accidente o Diseño? pág. 403-404.

Después de este debate, hasta los teólogos conservadores comenzaron a abdicar de su fe en una semana de creación literal y abrazaron la evolución teística. La Iglesia Católica Romana es una de esas organizaciones que desechó la idea de una creación en siete días literales, consecutivos y contiguos.

El Catolicismo Romano y la Evolución.

El 22 de Octubre de 1996, el Papa Juan Pablo II fue convidado a dar un discurso en la **Academia de Ciencias Pontifical**. He aquí una parte de lo que el papa dijo y cómo su discurso fue informado:

"Es en realidad extraordinario que esta teoría (evolución) haya sido progresivamente aceptada por los investigadores, siguiendo una serie de descubrimientos en diversos campos del conocimiento. La **convergencia** (entre las diversas ciencias), ni buscadas ni fabricadas, de los resultados de trabajos que fueron conducidos independientemente, es en sí mismo un **argumento significativo a favor de esta teoría**".

"En una declaración mayor de la posición de la Iglesia Católica Romana sobre la teoría de la evolución, el Papa Juan Pablo II ha proclamado que la teoría es '**más que apenas una hipótesis**' y que la **evolución es compatible con la fe cristiana**. En un mensaje escrito a la Academia de Ciencias Pontifical, el papa dijo que la teoría de la evolución **ha sido apoyada por estudios y descubrimientos científicos desde Carlos Darwin**. Si es tomado **literalmente**, el punto de vista bíblico del comienzo de la vida y el punto de vista científico de Darwin parecen ser **irreconciliables**. En el Génesis, la creación del mundo, y Adán, el primer humano, llevó **seis días**. El proceso de evolución de la mutación genética y de la selección natural – la sobrevivencia y proliferación de las especies mejor adaptadas – ha tomado **billones de años**, de acuerdo con los científicos". Chicago Tribune, 25-10-1996 "El Papa Apoya a la Iglesia por la Evolución". Por Stphen Swanson, escritor del equipo de prensa del *Tribune*.

Es evidente que el Papa **Francisco I** concuerda que la evolución y la creación son ideas compatibles:

"Cuando leemos acerca de la Creación en el Génesis, corremos el riesgo de imaginar que Dios fue un mágico, con una vara mágica para hacerlo todo. Pero eso no es así…".

"Él creó a los seres humanos y les permitió que se **desarrollaran** de acuerdo a las **leyes internas** que le dio a cada uno, de tal manera que pudieran alcanzar su **desarrollo**…".

"El Big Bang, que hoy sostenemos que fue el origen del mundo, **no contradice** la intervención del creador divino, sino que lo **requiere**…".

"Dios no es un ser divino o un mago, sino que el Creador que trajo todo a la vida…".

"La evolución en naturaleza **no es inconsistente** con la noción de la creación, porque la **evolución requiere la creación de seres que evolucionen**".

Muchos eruditos protestantes (Benjamín Warfield, Bernard Ramm) están ahora **reinterpretando los días** de la creación como largos periodos de tiempo. Muchos eruditos bíblicos que usan el **método crítico histórico**, ni siquiera creen que **Moisés escribió el Génesis**. Muchos de ellos están dispuestos a admitir que el **escritor del Génesis creía** que los días de la creación eran literales, consecutivos, contiguos, y de 24 horas, pero ellos dicen que el escritor estaba errado, porque él vivía en una era **pre-científica**.

Nuestro nombre denominacional.

En 1860 – el mismo año del debate – se reunió un Comité en Battle Creek, Michigan, el 26 de Septiembre, para elegir un nombre para la denominación que estaba naciendo del Gran Chasco en 1844. Entre los miembros de este Comité estaba el hermano **Loughborough**, **Hewitt** y **Poole**. Muchos ministros, en aquel tiempo, creían que el creciente movimiento, debería llamarse la Iglesia de Dios. El hermano Loughborough, sin embargo, objetó ese nombre, declarando que muchos otros grupos religiosos tenían el mismo nombre. Finalmente, el hermano Poole hizo la siguiente moción:

"Resuelto, que nos llamemos a nosotros mismos **Adventistas del Séptimo Día**".

Con solo un voto disidente (el ministro que había propuesto el nombre 'Iglesia de Dios'), la resolución fue adoptada.

El 23 de Octubre de 1860, fue dada una explicación en la *Review and Herald*, en la página 179:

"El nombre Adventistas del Séptimo Día, fue propuesto como un nombre simple y expresivo de nuestra **fe y posición**".

Ellen White confirmó que esa había sido una sabia decisión y explicó la razón en 1T:204-205.

"Recibí una revelación acerca de la adopción de un nombre por el pueblo remanente. Se me presentaron dos clases de personas. Una abarcaba las grandes organizaciones cuyos miembros profesan ser cristianos. Estos **hollaban la ley de Dios** bajo sus pies y se postraban ante una institución papal. Observaban el **primer día de la semana** como día de reposo del Señor. La otra clase, en la cual había pocas personas, se **prosternaba ante el gran Legislador**. Observaba el cuarto mandamiento. Los **rasgos peculiares y prominentes de su fe** eran la observancia del séptimo día y la espera de la aparición de nuestro Señor en el cielo.

El conflicto se desarrolla entre los requisitos de **Dios** y los de la **bestia**. El primer día, institución papal que contradice directamente el cuarto mandamiento, ha de ser usado todavía como una prueba por la bestia de dos cuernos. Y entonces la solemne amonestación de Dios declara la penalidad en que incurren los que se postran ante la bestia y su imagen. Beberán el vino de la ira de Dios, que es derramado sin mezcla en la copa de su indignación.

No podríamos elegir un nombre más apropiado que el que **concuerda con nuestra profesión, expresa nuestra fe** y nos **señala como pueblo peculiar**. El nombre adventista del séptimo día es una represión permanente para el mundo protestante. En él se halla la línea de demarcación entre los que adoran a Dios y los que adoran a la bestia y reciben su marca. El gran conflicto se desarrolla entre los mandamientos de Dios y los requisitos de la bestia. Debido a que los santos guardan todos los diez mandamientos, el dragón hace guerra contra ellos. Si quisieran **arriar el estandarte y renunciar a las peculiaridades de su fe**, el dragón se aplacaría; pero ellos excitan su ira, porque se atreven a **levantar el estandarte y a desplegar su bandera** en oposición al mundo protestante que adora la institución del papado.

El nombre adventista del séptimo día presenta los **verdaderos rasgos de nuestra fe**, y **convencerá la mente inquisidora**. Como una (205) saeta del carcaj del Señor, herirá a los transgresores de la ley de Dios, e inducirá al arrepentimiento para con Dios y a la fe en nuestro Señor Jesucristo.

Me fue mostrado que casi todo fanático que ha surgido y que desea ocultar sus sentimientos a fin de arrastrar a otros, **asevera pertenecer a la iglesia de Dios**. Un nombre tal excitaría en seguida sospechas, porque se emplea para ocultar los errores más absurdos. Este nombre es **demasiado indefinido para el pueblo remanente de Dios**. Provocaría la sospecha de que tenemos una fe que procuramos encubrir". **1T:204-205**.

Tal como lo veremos, el papado no solo exalta el domingo en lugar del Sábado, sino que también tiene un punto de vista engañoso de como el mundo va a llegar a un fin. Así el Sábado es una doble represión para el punto de vista del papado con respecto al comienzo y al fin.

Arriando nuestros colores en la IASD.

Existe una tendencia entre algunas iglesias ASD hoy, de esconder nuestro nombre denominacional. Ellos se refieren a sí mismos como **Comunidad Adventista, Iglesia de la Comunidad Adventista**, y algunos hasta borran el nombre ASD. Algunos Adventistas no están satisfechos con decir "Yo soy un ASD". Ellos creen que es necesario añadir la palabra 'cristiano', porque otros pueden pensar que somos una secta y no cristianos. Ellen White advirtió hace mucho tiempo:

"Muchos harán uso de todos los medios posibles para atenuar la diferencia entre los adventistas del séptimo día y los observadores del primer día de la semana. Me fue presentada una congregación que, a pesar de llevar el nombre de adventistas del séptimo día, aconsejaba que las normas que hacen de nosotros un pueblo singular no se destacara tanto, pues alegaban que no era el mejor método para garantizar el éxito a nuestras instituciones. Pero éste no es el momento de arriar nuestra bandera o avergonzarnos de nuestra fe. El estandarte distintivo, descrito con las palabras, 'aquí está la paciencia de los santos, aquí están los que guardan los mandamientos de Dios y la fe de Jesús' (Apoc. 14:12), debe ondear sobre el mundo hasta el fin del tiempo de gracia. Al paso que han de aumentarse los esfuerzos para avanzar en diversas localidades, no debe encubrirse en modo alguno nuestra fe con el fin de obtener patrocinio. La verdad ha de llegar hasta las almas que están a punto de perecer, y si de alguna manera ello es impedido, Dios queda deshonrado y la sangre de las almas estará sobre nuestras vestiduras". **6T:149**.

La Teoría social Católica Romana que elimina la necesidad de un fin sobrenatural.

Todo comenzó con la Ciudad de Dios de San Agustín. Su idea era que la iglesia debería controlar al gobierno civil del mundo y de esta manera establecer el reino universal de Dios de paz en la tierra.

San Agustín interpretó la piedra de Daniel 2, como la iglesia que conquista los reinos del mundo y trae el reino de Dios en la tierra. Cualquiera que objete este escenario, tenía que ser exterminado. Agustín proveyó la base teológica para la Inquisición.

Palabras de Tomás de Aquino:

"Para que los asuntos espirituales puedan ser separados de los temporales, el ministerio de este reino (espiritual), no le fue confiado a los reyes terrenales, sino que a los sacerdotes, y especialmente a los más altos de ellos, el sucesor de San Pedro, Vicario de Cristo, el Pontífice Romano, a quien todos los reyes tienen que estar sujetos, así como están sujetos a nuestro Señor Jesús. Para quienes el cuidado de un **fin intermediario** debiera estar sujeto a él, para quien el **fin último** le pertenece y que sea dirigido por su gobierno". Las Ideas Políticas de Santo Tomás de Aquino, pág. 100.

Palabras del Concilio de Trento relacionadas con el poder del papa:

"Todo el **poder temporal** es de él; el dominio, la jurisdicción y el gobierno de toda la Tierra **es de él, debido a un derecho divino**. Todos los gobernantes de la Tierra son sus **súbditos** y tienen que someterse a él". John W. Robbins, *Megalomanía Eclesiástica*, pág. 131.

"Ese principio que León XIII estableció tan claramente, tiene que ser colocado aquí al comienzo, esto es, que reside en nosotros (**el Papado**) el derecho y el deber de pronunciar con **suprema autoridad** sobre los asuntos **sociales y económicos**". Papa Pío XI, *Encíclica Cuadragésimo Año*, 15 de Mayo de 1931, párrafo 41.

"Debido a que todos los hombres están unidos debido a su origen común, su redención por Cristo y su destino sobrenatural, y debido a que son llamados para formar una familia cristiana, apelamos en la Encíclica *Mater et Magistro*, a desarrollar **económicamente naciones para que vengan en la ayuda** de aquellos que estuvieron en el proceso de desarrollo". Juan XXIII, *Pacem in Terris*, (1963), pág. 121.

"Es nuestro claro deber, por lo tanto, estirar cada músculo para trabajar por el tiempo cuando toda **guerra pueda ser completamente prohibida** por un consentimiento internacional. Este objetivo requiere, sin duda, el establecimiento de una **autoridad pública universal**, reconocida como tal **por todos** y endosada con el **poder** para la salvaguardia a favor de todos, la seguridad, la justicia y el respeto por los derechos". Concilio Vaticano II, *Gaudium et Spes*, (1965), pág. 82.

"Además, como en virtud de su misión y naturaleza, ella no está ligada a una forma particular de cultura humana, ni tampoco a un sistema político, económico o social, la Iglesia (Católica Romana), con su **universalidad**, puede ser un vínculo muy cercano entre las diversas comunidades humanas y las naciones, desde que ella sea confiable y que sea **verdaderamente reconocido su derecho** a la verdadera libertad para cumplir su misión". Concilio Vaticano II, *Gaudium et Spes* (1965), pág. 42.

"Esta colaboración internacional a una **escala mundial**, requiere instituciones que preparen, coordinen y la dirijan, hasta que finalmente se establezca un orden de justicia que sea **universalmente reconocido**... ¿Quién no ve la necesidad de establecer progresivamente una **autoridad mundial**, capaz de actuar efectivamente en los sectores **jurídico y político**?". Pablo VI, *Populorum Progressio* (1967), pág. 78.

"Él (Juan Pablo) fue él mismo la cabeza de la más extensa y **profunda experiencia** de los tres poderes globales que irían a colocar, en corto tiempo, el término del sistema de las naciones de la política mundial que ha definido a la sociedad humana por más de mil años. No es mucho decir, que el propósito elegido del pontificado de Juan Pablo – el motor que dirige su política papal y que determina sus estrategias diarias y anuales – es el ser **victorioso en esa competencia**, que ahora está bien a camino". Malachi Martin, *Las Llaves de Esta Sangre*, pág. 17.

"En este nuevo libro escrito muy a tiempo y que es muy provocativo, el autor Malachi Martin revela la historia no contada detrás del rol del Vaticano en el colapso de la Cortina de Hierro, y también la evaluación del Papa Juan Pablo II sobre el triple camino que ahora se está viendo entre los poderes globales – la Unión Soviética bajo el mando de Mikhail Gorbachev, las naciones capitalistas del Occidente, y la Iglesia Romana del papa – la carrera contra el tiempo, donde el ganador **se lo lleva todo**, para **establecer, mantener y**

controlar el primer **gobierno mundial** que jamás haya existido en la faz de la tierra". Prefacio de *Las Llaves de Esta Sangre* de Malaqui Martin.

"Claramente, la nueva agenda – la agenda celestial; el Gran Diseño de Dios para el **nuevo orden mundial** – ha comenzado. Y el Papa Juan Pablo va a caminar ahora a grandes pasos en la arena del juego final del milenio, como algo más que un gigante geopolítico de su era. Él fue, y aun es, el sereno y confiante **Siervo del Gran Diseñador**". Malachi Martin, *Las Llaves de Esta Sangre*, pág. 50.

"Hay una gran similitud compartida por los tres competidores globales. Cada uno de ellos tiene en mente un gran diseño en particular para un **gobierno mundial**... Su competencia **geopolítica** es acerca de cuál de los tres va a hacer **funcionar el sistema mundial** que va a reemplazar al decadente sistema de la nación". Malachi Martin, *Las Llaves de Esta Sangre*, pág. 18.

"Nadie sostiene barreras, porque una vez que la competencia se haya decidido, el mundo y todo lo que en él hay – nuestro estilo de vida como **individuos** y como **ciudadanos** de las naciones; nuestras **familias** y nuestros trabajos; nuestro comercio y nuestro dinero; nuestros **sistemas educacionales** y nuestras **religiones** y nuestras **culturas**; hasta los **distintivos de nuestra identidad nacional**, que muchos de nosotros siempre los hemos tenido por garantizados – todo habrá sido **poderosa y radicalmente alterado para siempre**. Nadie quedará exento de sus efectos. Ningún sector de nuestras vidas permanecerá intocado... Nadie que esté familiarizado con los planes de estos tres rivales tiene alguna duda de que **solo uno puede ganar**". Malachi Martin, *Las Llaves de Esta Sangre*, pág. 16.

"Con relación al factor tiempo envuelto, aquellos de nosotros que ya estamos cerca de los **setenta años**, veremos **instaladas** al final las estructuras básicas del **nuevo gobierno mundial**. Aquellos de nosotros que estamos bajo los **cuarenta años** de edad, ciertamente viviremos bajo su **autoridad y control legislativo, ejecutivo y judicial**". Malachi Martin, *Las Llaves de Esta Sangre*, pág. 15-16.

"Existe la urgente necesidad de una verdadera autoridad política mundial, tal como lo indicó mi bendito antecesor Juan XXIII hace algunos años atrás. Esa autoridad tendría que ser regulada por ley, para observar consistentemente los principios **subsidiarios y solidarios**, para buscar establecer el **bien común**, y para hacer un compromiso para asegurar un auténtico desarrollo humano integral inspirado por los valores de caridad y verdad. Además, esa autoridad tendría que ser **universalmente reconocida** y ser revestida con el poder efectivo, para asegurarle a todos, la justicia y el respeto por los derechos". Benedicto XVI en su encíclica, *Caritas in Veritae*.

"El bien común, por lo tanto, envuelve a todos los miembros de la sociedad, **nadie está exento de cooperar**, de acuerdo con las posibilidades de cada uno, para conseguirlo y desarrollarlo". *Compendio de la Doctrina Social Católica*, sección 167.

Sobre el destino universal de bienes, el *Compendio de la Doctrina Social Católica* declara:

"Es verdad que todos ha nacido con el derecho de usar los bienes de la tierra, y es igualmente verdadero que, para asegurar que ese derecho sea ejercido de una manera equitativa y ordenada, son **necesarias intervenciones reguladas**, intervenciones que son el resultado de **acuerdos nacionales e internacionales**, y un **orden jurídico** que adjudique y especifique el ejercicio de ese derecho". *Compendio de la Doctrina Social Católica,* sección 173.

"La tradición cristiana nunca ha reconocido el derecho a la propiedad privada como siendo **absoluto e intocable**: 'Al contrario, siempre se ha entendido este derecho dentro de un contexto más amplio de **derecho común a todos** a usar los bienes de toda la creación. El derecho a la propiedad privada está **subordinado** al derecho del **uso común**, al hecho que los bienes son **para todos**". *Compendio de la Doctrina Social Católica,* sección 177.

"La enseñanza social de la iglesia llama a reconocer la función social de cualquier forma de pertenencia privada que claramente se refiere a su necesaria relación con el **bien común**... El destino universal de los bienes implica obligaciones de cómo los bienes son usados por sus legítimos propietarios... De esto surge el deber por parte de los propietarios de no dejar bienes ociosos en su posesión y canalizarlos hacia actividades productivas, aun **confiándolos a otros**, que están deseosos y que son capaces de colocarlos en un uso productivo". *Compendio de la Doctrina Social Católica,* sección 178.

"Tiene que ser colocado un conocimiento tecnológico y científico al servicio de las necesidades primarias del hombre, aumentando gradualmente el **patrocinio común** de la humanidad. Colocando el principio del destino **universal de los bienes** en pleno efecto, requiere una acción en el **nivel internacional** y programas planificados por parte de todos los países". *Compendio de la Doctrina Social Católica,* sección 179.

"La actividad terrenal de los hombres, cuando son inspirados y sostenidos por la caridad, contribuyen a la construcción de la **ciudad universal de Dios**, el cual es el **objetivo de la historia de la familia humana**. En una sociedad cada vez más globalizada, el bien común y el esfuerzo para obtenerlo, no puede fallar en asumir las dimensiones de toda la familia humana, eso quiere decir, la comunidad de personas y naciones, de tal manera le dará forma a la **ciudad terrenal** en **unidad y paz**, colocándola en algún grado en una anticipación y en una prefiguración de la ciudad indivisible de Dios". *Caritas in Veritae,* sección 7.

"Hasta donde hace parte de la enseñanza moral de la Iglesia, la doctrina social de la Iglesia posee la misma dignidad y autoridad como su enseñanza moral. Es un **auténtico magisterio** que **obliga** al fiel a adherirse a eso". *Compendio de la Doctrina Social Católica,* sección 80.

"La Iglesia Católica nunca le ha dado la esperanza a **re-establecer** (ella lo debe haber tenido una vez y después lo perdió) la unión medieval de **iglesia y estado**, con un **estado global** y una **teocracia global** como siendo su último objetivo. El **Estado-Iglesia Romano** es un **híbrido**, un **monstruo** de poder **eclesiástico y político**. Su pensamiento político es totalitario, y cada vez que tiene la oportunidad de aplicar sus principios, el resultado ha sido la **represión sangrienta**. Si, durante los últimos 30 años, ha suavizado sus afirmaciones de total y supremo poder, y ha asesinado menos personas que antes, esos cambios de comportamiento no se deben a un cambio en sus ideas, sino que a un **cambio de circunstancias** (los gobiernos seculares la han mantenido de brazos cruzados)... El Estado-Iglesia Romano en el siglo XX, sin embargo, es una institución que se recupera de una **herida mortal**. Cuando obtenga nuevamente (por lo tanto tiene que haberlo perdido) su pleno poder y autoridad, impondrá un régimen más siniestro que cualquiera que el planeta haya visto (**la herida mortal será sanada**)". John W. Robbins, *Megalomanía Eclesiástica*, pág. 195.

"Estoy convencido que la Biblia Romana va a **volver a tener todo su poder previo**, antes que el juicio final la alcance. Me temo que la mayoría de las naciones, intimidadas por su poder y aterrorizadas por su brutalidad, permitirán que el **yugo sacudido hace unos doscientos años, sea nuevamente colocado sobre ellas**". Palabras del Profesor J. Spener en *Simposio Sobre el Apocalipsis*, Volumen 2, pág. 388.

"Lo que Estado-Iglesia Romano llevó a cabo en una **escala pequeña** durante la Edad media, es lo que ella desea llevar a cabo a una **escala global** en el próximo milenio". John W. Robbins, *Megalomanía Eclesiástica*, pág. 187 (1999).

También el concepto místico/panteístico de la Nueva Era de Pierre Teilhard de Chardin, tiene que ser tomado en consideración. Todo el universo está evolucionando hacia una conciencia de Cristo, que traerá una era de paz y armonía.

Los ASD también creen que la única esperanza para el planeta tierra es la segunda venida sobrenatural, milagrosa, rápida de Jesús para destruir a todos los renos terrenales y para colocar un reino que jamás será destruido (Daniel 2): No hecho de manos es la expresión clave usada sobre el cuerpo de Jesús y también del santuario celestial. Pero en esta creencia estamos yendo contra todo el mundo.

Mateo 4: Se le ofrece a Él los reinos de este mundo.

Globalismo: Un asunto de sobrevivencia.
Las crisis que están trayendo al mundo hacia un esfuerzo común:

- La guerra contra el terrorismo
- Los problemas económicos globales
- La amenaza de pandemias globales
- La amenaza del calentamiento global
- El problema global de la pobreza
- El problema de las etnias y de las divisiones religiosas

Los líderes mundiales están buscando soluciones para estos problemas sin la intervención de Dios. Debido a que ellos creen en un comienzo evolucionista, ellos también creen en un fin evolucionista, donde todo el mundo converge en traer un milenio de monada.

Pierre Teilhard de Chardin proveyó la filosofía de la Nueva Era, que juntaría la hipótesis evolucionista y la teoría social Católico Romana.

Ellen White predijo hace mucho tiempo:

"El llamado mundo cristiano será el teatro de acciones grandes y decisivas. Hombres en posiciones de autoridad pondrán en vigencia leyes para controlar la conciencia, según el ejemplo del papado. Babilonia hará que todas las naciones beban del vino del furor de su fornicación. **Toda nación se verá envuelta**. Acerca de ese tiempo Juan el revelador declara: [se cita Apoc. 18:3-7; 17:13-14]. 'Estos tienen un mismo propósito'. Habrá un **vínculo de unión universal, una gran armonía, una confederación de fuerzas de Satanás**. Y entregarán su poder y su autoridad a la bestia'. Así se manifiesta el mismo poder opresivo y autoritario contra la libertad religiosa, contra la libertad de adorar a Dios de acuerdo con los dictados de la conciencia, como lo manifestó el papado cuando en lo pasado persiguió a los que se atrevieron a no conformarse con los ritos religiosos y las ceremonias de los romanistas". 3MS:447-448 (1891)". **EUD:140**.

"El mundo entero será incitado a la enemistad contra los adventistas porque ellos no rendirán pleitesía al papado, honrando el domingo, la institución de este poder anticristiano. Es el propósito de Satanás hacer que sean extirpados de la tierra, a fin de que nadie pueda impugnar su supremacía en el mundo". **Maranata:215**.

No hay ninguna creación, ningún Sábado, ningún pecado, ninguna redención, ningún juicio, ninguna segunda venida, ningún cielo nuevo ni ninguna tierra nueva. Ningún vestigio de un comienzo ni ningún prospecto de un fin.

El Sábado es la señal del Creador, el Redentor y el futuro Restaurador.

Jesús está viniendo para colocarle un fin a lo que hizo al comienzo. Él va a recrear milagrosamente en seis días literales de 24 horas el mundo, y entonces va a descansar en el séptimo día literal. El Sábado será la señal eterna de esto (Isa. 66:22-23). Así el Sábado es retrospectivo y prospectivo. Señala a un divino, milagroso y rápido comienzo y a un divino, milagroso y rápido fin.

¡Apoc. 14:6-7 es más relevante que nunca!

2 Pedro 3: Tenemos el mensaje para el mundo de hoy. Nuestro mensaje es que el Sábado será el gran asunto y prueba de lealtad y Jesús viene luego. Todo esto va totalmente contra el gran pensamiento contemporáneo que cree en la evolución y en un nuevo orden mundial sin la intervención divina de Dios. ¡Los ASD serán ridiculizados y burlados, tal como sucedió con Noé!

Lección 10—El Intento de Satanás Para Socavar la Creación.

Introducción.

Comencemos nuestro estudio de hoy leyendo Apoc. 14:6-7. El versículo 7 sugiere fuertemente que el pueblo de Dios hacia el fin de la historia humana va a atraer la atención del mundo al **Creador y Su Sábado**. En contraste con esto se nos dice que la bestia impondrá Su marca sobre toda nación, tribu, lengua y pueblo.

"Entonces vi a otro ángel que volaba por el cielo, con el evangelio eterno para predicarlo a los que habitan en la tierra, a toda nación y tribu, lengua y pueblo. 7 Decía a gran voz: '¡Temed a Dios y dadle honra, porque ha llegado la hora de su juicio! Y **adorad al que hizo el cielo y la tierra, el mar y las fuentes de las aguas**".

Los días de la Creación.

¿Tenemos alguna **razón** para creer que los días de la creación eran de **24 horas literales** cada uno?

- Jesús y los **escritores del Nuevo Testamento** creían que la creación poseía eventos literales en el **espacio y en el tiempo** (por ejemplo, Mat. 19:1-6). ¡Cuestionar una creación literal, es impugnar la honestidad de los escritores del Nuevo Testamento, incluyendo al mismo Jesús!

- El Salmo 33 describe la inmediatez y la rapidez de los eventos de la creación:
  "Por la Palabra del Eterno fueron hechos los cielos, y todo el ejército de ellos por el aliento de su boca... Porque **él dijo, y fue hecho; él mandó, y surgió**".

- Gén. 1:4-5. El ciclo diario contenía el día y la noche, una **tarde** y una **mañana**. Sería **absurdo** decir que 'cada día tenía una tarde y un mañana' si los días de la creación tuviesen **millones de años**.

- La expresión 'y así fue' usada diversas veces en Génesis 1 indica inmediatez y rapidez (1:7, 9, 11, 15, 24; ver Salmo 33:6, 9).

- Es un hecho que en el Antiguo Testamento, **cada vez** que aparece la palabra 'día' en el **singular** juntamente con un número **ordinal** (día primero, día segundo, etc.) significa un día de 24 horas. No hay ninguna **excepción** a esta regla.

- ¿Cómo sobrevivieron las **plantas**, que fueron creadas en el tercer día, millones de años a las tinieblas, antes que el sol fuese colocado en su lugar en el cuarto día?

- Éxo. 20:11. El mandamiento del Sábado ofrece una **prueba definitiva** de que los días de la semana de la creación fueron **literales, consecutivos y contiguos**. Piense en eso. Dios instruyó al hombre para que trabajara seis días y descansara el séptimo tal como Él había trabajado seis días y había descansado en el séptimo. ¿Cómo podía Dios decirle al hombre que trabajara seis días, así como Él trabajó seis días, si los días eran de **millones de años**?

Satanás odia el Sábado.

Éxo. 20:11 provee lo **racional** para la observancia del Sábado. Hágase usted mismo la siguiente pregunta: ¿Por qué Satanás quiere que nosotros creamos que el mundo vino a la existencia a través de un **cruel y extendido proceso** que tomó millones de años?

Satanás ha **odiado el Sábado** a lo largo de la historia, porque señala a **Jesús como el amoroso Creador**, y **Satanás odia a Jesús**.

- En el Antiguo Testamento, Satanás hizo con que **Israel pisoteara** el Sábado.
- Entonces, después del cautiverio babilónico, él los condujo a idolatrarlo.
- En la iglesia cristiana primitiva, él guió a los teólogos a despreciar el Sábado como una reliquia del Judaísmo.
- En la Edad Media él condujo al obispo de Roma a cambiar el día de la adoración, del Sábado al domingo.
- Al final él va a imponer la pena de muerte sobre todo el que guarde el Sábado y rechace el domingo.

El Sábado nos recuerda que **Jesús es el Creador** de los cielos y de la tierra. Satanás quiere que nosotros **olvidemos al Creador** y por lo tanto él hace todo lo posible para borrar el recuerdo de las mentes de los hombres. Esta es la razón por la cual el **primer mensaje angélico** es de vital importancia en estos últimos días. Llama a los seres humanos a adorar al Creador y a guardar Su mandamiento, el Sábado.

Ellen White explica cómo Satanás, a través de científicos infieles, trata de erradicar el Sábado.

"Pero la suposición ('**infiel**'; ST, 20 de Marzo de 1879) de que los acontecimientos de la primera semana requirieron miles y miles de años ('siete vastos periodos indefinidos'; ST, 20 de Marzo de 1879), **ataca directamente los fundamentos del cuarto mandamiento**. Representa al Creador como se estuviese ordenando a los hombres que observaran la semana de días literales en memoria de **largos e indefinidos períodos**. Esto es distinto del método que él usa en su relación con sus criaturas. Hace **oscuro e indefinido** lo que él ha hecho muy claro. Es incredulidad ('la peor forma de incredulidad'; ST, 20 de

Marzo de 1879) **en la forma más insidiosa y, por lo tanto, más peligrosa**; su verdadero carácter está disfrazado de tal manera que la sostienen y enseñan muchos que dicen creer en la Sagrada Escritura". **PP:102-103**.

"Los geólogos infieles aseguran que el mundo es mucho más antiguo de lo que el registro bíblico indica. Rechazan el testimonio de la Biblia, debido a que contiene elementos que, para ellos, no son evidencias tomadas de la misma tierra, de que el mundo ha existido durante decenas de miles de años. Y muchos que profesan creer la historia bíblica se desconciertan porque no pueden dar razón acerca de cosas maravillosas que encuentran en la tierra, observadas desde el punto de vista de que la semana de la creación tuvo solamente siete días literales, y que el mundo actualmente no tiene sino alrededor de seis mil años de edad...

Sin la historia de la Biblia, la geología no puede probar nada. Las reliquias que se encuentran en la tierra dan evidencia de un estado pasado de cosas, que difiere en muchos respectos del presente. Pero la época de su existencia y la extensión del período durante el cual estas cosas han estado en la tierra, se pueden comprender únicamente mediante la historia bíblica... Cuando los seres humanos no toman en cuenta la Palabra de Dios con respecto a la historia de la creación, y tratan de explicar la obra creadora del Señor mediante la aplicación de principios naturales, se aventuran en un océano ilimitado de incertidumbre. De qué manera realizó Dios la obra de la creación en seis días literales, es algo que nunca ha revelado a los mortales. Su obra creadora es tan incomprensible como su existencia". **EJ:46**.

Los que concuerdan y los que se acomodan.

Ellen White ha advertido contra el intento de acomodar el registro bíblico a las presunciones de la ciencia:

"Puesto que el libro de la naturaleza y el de la revelación llevan el sello de la misma mente maestra, no pueden sino hablar en armonía.... Sin embargo, algunas deducciones sacadas erróneamente de hechos observados en la naturaleza, han hecho suponer que existe un **conflicto** entre la ciencia y la revelación, y, en los esfuerzos hechos para restaurar la armonía, se han adoptado interpretaciones de las Escrituras que **minan y destruyen la fuerza de la Palabra de Dios**. Se ha creído que la geología contradice la interpretación literal del relato mosaico de la creación. Se pretende que se requirieron **millones de años** para que la tierra evolucionara del caos, y a fin de **acomodar** la Biblia a esta supuesta revelación de la ciencia, se supone que los días de la creación han sido **vastos e indefinidos períodos que abarcan miles y hasta millones de años**... Semejante conclusión es enteramente **innecesaria**". **Ed:124**.

¿Observó la palabra 'acomodar'? La vasta mayoría de los eruditos, tanto Adventistas como no Adventistas, concuerdan que el **escritor del Génesis** quería que entendiéramos que los días de la creación eran **literales, consecutivos y contiguos** de 24 horas. Pero algunos de ellos dicen que la **ciencia ha comprobado** que el escritor estaba errado y que por lo tanto tenemos que **reinterpretar y acomodar** el registro bíblico de la creación para que encaje en los descubrimientos de la ciencia contemporánea.

Ellos sugieren todo tipo de alternativas explicatorios de la creación, tales como el **panteísmo**, la **creación progresiva**, el **equilibrio puntual**, la **evolución teística** y el **diseño inteligente**.

Yo tuve una vez una conversación con un pastor ASD que creía que la **evolución fue el método de Dios para la creación** y que la muerte existió mucho antes que el pecado. Él declaró:

"No puede haber ninguna duda que la columna geológica esta correcta".

Yo le pregunté:

"¿Cómo lidia usted con la historia del Génesis, donde la muerte viene como resultado del pecado del hombre y se nos dice que los días de la creación son días literales de 24 horas?"

Asombrosamente, él respondió:

"**Moisés creía** que la creación tuvo lugar en siete días literales de 24 horas y que la muerte vino como resultado del pecado, pero **Moisés estaba errado** y él tiene que ser corregido por los modernos descubrimientos de la ciencia".

Arrojando fuera el Espíritu de Profecía.

Cuando los críticos ASD cuestionan los días literales de la creación, ellos tienen que cuestionar también la confianza de los **escritos de Ellen White**. Ella fue categórica que los días de la creación fueron días de 24 horas literales. De hecho, ella afirma que fue **llevada de vuelta a la creación** y que se le mostró que los días de la creación fueron **como cualquier otro día**.

"Fui **llevada entonces de vuelta** a la creación y se **me mostró** que la primera semana, en la cual Dios llevó a cabo la obra de la creación en seis días y descansó en el séptimo día, fue como **cualquier otra semana**. El gran Dios en sus días de la creación y en el día de descanso, midió el primer ciclo como una **muestra de sucesivas semanas** hasta el fin del tiempo... El ciclo semanal de **siete días literales**, seis para trabajar, y el séptimo para descansar, que ha **sido preservado** y que ha sido traído por la historia de la Biblia, se originó en los grandes hechos de los primeros siete días". **Spiritual Gifts, Vol. 3, pág. 90.**

En otro lugar ella afirma audazmente:

"Cuando el Señor declara que él hizo el mundo en seis días y descansó en el día séptimo, él hace referencia a días de **veinticuatro horas**, que él ha señalado con la **salida y la puesta del sol**". **TM:133.**

La columna geológica y la muerte antes del pecado.

Se ha dicho que si usted **dice una mentira** varias veces, las personas eventualmente llegarán a creer que es la **verdad del evangelio**. Esto es lo que ha sucedido al creer en la **teoría de la evolución**. Lo que comenzó como una teoría en los días de Darwin es hoy **aceptado como un hecho** científico, y todo el que no concuerde es mirado como un **ignorante**. Con relación a la teoría de la evolución, Ellen White declaró una vez:

"La genealogía de nuestro linaje, como ha sido revelada, no hace remontar su origen a una serie de gérmenes, moluscos o cuadrúpedos, sino al **gran Creador**". PP:25.

Richard Hammill.

Algunos de nuestros teólogos han saltado al vagón del evolucionismo y enseñan que los días de la creación duraron **millones de años**, que ya había **muerte mucho antes que el pecado** entrara en el mundo y que la **columna geológica** comprueba esto **sin ninguna duda**. Richard Hammill, quien fue durante muchos años presidente de la Universidad de Andrews y también sirvió como uno los vice-presidentes de la Conferencia General, explicó una vez, como, después de examinar la columna geológica, tuvo que acomodar la Biblia a los descubrimientos de la geología moderna:

"Tuve que reconocer que las formas de vida a las que estamos acostumbrados, como los animales con pezuña, los primates, el propio hombre, existen solo en la parte superior del pequeño estrato del Holoceno, y que muchas formas de vida fueron extintas antes que estas siquiera existieran, lo cual, desde luego, es un gran paso para los ASD, cuando a uno le enseñan que toda forma de vida vino a la existencia en seis días... Yo lo sentí durante muchos años, pero finalmente en 1983, tuve que decirme a mí mismo: 'Está bien'. La continua evidencia acumulada en el mundo natural, ha obligado a una **reevaluación en la manera en que miro y entiendo e interpreto partes de la Biblia**".

Ronald Numbers.

Una vez el ASD, Ronald Numbers, el nieto de un ex presidente de la Conferencia General, explica en la introducción de su libro, *Los Creacionistas*, cómo y por qué él abandonó su punto de vista Adventista sobre una creación semanal de siete días literales y se volvió **agnóstico**:

"Habiendo decidido seguir la **ciencia en vez de las Escrituras**, sobre el asunto de los orígenes, rápidamente, pero sin dolor, me deslicé por la pendiente proverbial de la **incredulidad**".

En **1982**, Numbers sirvió como un testigo experto a favor de la evolución contra un abogado creacionista. Numbers afirma:

"Bird me llamó públicamente de 'agnóstico'. La etiqueta aun me es extraña e inconfortable, pero refleja con seguridad mi **incertidumbre teológica**".

La respuesta de Ellen White a Numbers.

Ellen White, como si le estuviera **escribiendo personalmente** a Numbers hace mucho tiempo, predijo lo que iba a suceder si la **ciencia, tan falsamente llamada**, llegase a suplantar el registro bíblico de la creación:

"Se me ha mostrado que sin la historia de la Biblia, la geología no puede probar nada. Las reliquias encontradas en la tierra dan evidencia de un estado de cosas diferente en muchos aspectos al del presente. Pero el tiempo de su existencia, y cuánto tiempo estas cosas estuvieron en la tierra, **solo se pueden entender por la historia de la Biblia**. Puede ser inocente conjeturar más allá de la Biblia, si nuestras suposiciones **no contradicen los hechos encontrados en las sagradas Escrituras**. Pero cuando los hombres **abandonan la Palabra de Dios** con relación a la historia de la creación, y tratan de hacer creer que las obras creativas de Dios son principios naturales, ellos están en un **océano de incertidumbre**". 3SG:93.

Notablemente, un **agnóstico** no es lo mismo que un **ateo**. Un ateo niega la existencia de Dios, pero un agnóstico no tiene certeza si Dios existe o no. Por lo tanto, es notable que Ellen White usara la expresión 'un océano de incertidumbre' para describir a aquellos que no están seguros sobre el registro bíblico de la creación.

El conocimiento humano es incompleto.

En otro lugar Ellen White explica por qué el **conocimiento humano no puede ser confiable** en asuntos de orígenes y lo que sucede cuando los hombres de **ciencia y los teólogos** pierden la confianza en la confiabilidad de la Biblia sobre este asunto:

"Los conocimientos humanos, tanto en lo que se refiere a las cosas materiales como a las espirituales, son **limitados e imperfectos**; de aquí que muchos sean incapaces de hacer **armonizar** sus nociones científicas con las declaraciones de las Sagradas Escrituras. Son muchos los que dan por hechos científicos lo que no pasa de ser meras **teorías y elucubraciones**, y piensan que la Palabra de Dios debe ser probada por las enseñanzas de 'la falsamente llamada ciencia'. (1 Tim. 6:20). El Creador y sus obras les resultan incomprensibles; y como no pueden explicarlos por las **leyes naturales**, consideran la **historia bíblica como sí no mereciese fe**. Los que dudan de la verdad de las narraciones del Antiguo Testamento y del Nuevo, dan a menudo un **paso más** y dudan de la **existencia de**

Dios y atribuyen poder infinito a la naturaleza. Habiendo **perdido su ancla** son arrastrados hacia las **rocas de la incredulidad**". **CS:576-577**.

¿Usó Dios la evolución como su método de creación?

El dios de la evolución y el Dios de la Biblia son **totalmente incompatibles**. Las Escrituras describen a Dios como un Dios **amoroso, tierno** y como un **buen Padre**, que hizo **todo perfecto** y que **cuida** de Su creación. En un fuerte contraste, el proceso de la evolución es **cruel y sin misericordia**. Dice un escritor:

"La evolución presenta una lucha **sangrienta y ruda** para la existencia desde el mismo comienzo, donde hay **mucho desperdicio** de sustancia de la vida y muchos falsos comienzos y ciegas aleaciones". Aquí Estoy Yo:277.

La Biblia retrata a Jesús como el Creador (Juan 1:1-3). La pregunta es: ¿Usaría Jesús, el cual instruyó a sus discípulos a recoger todo lo que quedó, de tal manera que nada se perdiese, después de haber alimentado a los 4000 y a los 5000, que Él haya usado un **método tan desperdiciador** para crear?

La evolución funciona sobre la base de la **sobrevivencia del más fuerte**. El más fuerte gana y sobrevive mientras que el más débil (contrario al consejo bíblico que tenemos que ayudar al más débil) es eliminado. La evolución es un método de **tentativa y error**. Es un método que requiere un tiempo significativo para **allanar los mal funcionamientos del proceso**. ¿Refleja ese método **su punto de vista sobre Dios**? ¿Es Dios así, que no consiguió hacer las cosas bien hechas la **primera vez**?

La idea de crueldad y muerte antes del pecado, es un ataque a la **sabiduría, omnipotencia y bondad** de Dios. ¿Iría Dios, cuyo ojo está en el gorrión (Luc. 12:6), que aun ha contado los cabellos de nuestra cabeza (Mat. 10:30) usar un método tan **cruel y despilfarrador** para crear?

La Creación y la Redención.

La Biblia describe una **cadena inquebrantable de eventos**: (1) Adán y Eva fueron **creados perfectos**. (2) Ellos tuvieron una **caída literal**. (3) Como resultado **entró el pecado** en el mundo y pasó a todo hombre. (4) Y **llegó la muerte** como consecuencia del pecado. (5) Por lo tanto, **necesitamos un Redentor** del pecado para que podamos tener esperanza para un (6) **nuevo mundo**, donde no haya pecado ni muerte. Si hubiese habido muerte antes del pecado, el **vínculo** entre la **creación y la redención** se habría quebrado, porque la redención es liberación de la muerte.

El teólogo Católico Romano, **Karl Schmitts-Moorman**, es citado en *La Creación, Catástrofe o Redención*, pág. 112:

"La noción del punto de vista tradicional de la redención como reconciliación y rescate de las consecuencias de la caída de Adán es **locura**, porque nadie sabe acerca del trasfondo evolucionista de la existencia humana en el mundo moderno". Además, él declara que la salvación "no puede significar un retorno a un estado original, sino que tiene que ser concebida como **perfección a través del proceso de la evolución**".

Frank L. Marsch, un científico creacionista ASD también declaró:

"Si la muerte y la ley del diente y la garra existió antes del hombre, y si el hombre evolucionó a través de estos procesos 'naturales', entonces no pudo haber habido un **perfecto Jardín del Edén** ni un Adán y Eva perfectos. Ni tampoco pudo haber habido una **Caída verdadera**, en la cual el hombre quedó sujeto a pecar. Si eso es así, ¿cuál es el significado teológico de la encarnación y la expiación de Jesús? **Pablo relaciona ambos**: 'Porque así como por la desobediencia de un hombre los muchos fueron constituidos pecadores, así también por la obediencia de uno los muchos serán constituidos justos'. Si no hubo un Jardín de Edén con su árbol de la vida, ¿cuál es el futuro que muestra Apocalipsis 22 para los redimidos?". Frank L. Marsch, *Aquí Estoy Yo*:278-279.

La pregunta que pide ser hecha es esta: ¿**Cuánto tiempo más** debe esperar la creación hasta que el proceso de la evolución alcance su objetivo? ¿**Millones** de años? ¿Billones? ¡Esto ciertamente no nos ofrece mucha esperanza para una eminente venida de Jesús para hacer **nuevas todas las cosas**!

Además, ¿**cuánto demorará** Dios para crear nuevos cielos y una nueva tierra? ¿Usará Él la evolución como Su método una vez más? Si lo hace rápidamente, ¿por qué no lo hizo Él así la primera vez la evolución **impacta nuestro concepto** de los eventos del fin del tiempo y de la segunda venida. ¿Cuántos millones de años tenemos que esperar para que los **corderos y las bestias salvajes** vivan juntos en armonía? (Isa. 11:6; 65:25). ¿Durante cuánto tiempo debe gemir la creación por su liberación? (Romanos 8).

La Creación y el Diluvio.

Es común que los teólogos se refieran a Génesis 11 como un **mito, leyenda** o **saga**. No solo estos teólogos (dentro y fuera de la IASD) **niegan la historicidad y la literalidad** de la historia de la creación, sino que también niegan que hubo un diluvio mundial que destruyó todas las cosas vivas, excepto aquellas que fueron salvas en el arca.

Observe la siguiente declaración de cómo Ellen White **vinculó la creación con el diluvio**. En su mente, si leemos mal el registro de la creación, también vamos a negar la historicidad del diluvio mundial en los días de Noé:

"Pero sin la historia bíblica, la geología no puede probar nada. Los que razonan con tanta seguridad acerca de sus descubrimientos, no tienen una noción adecuada del tamaño de los hombres, los animales y los árboles antediluvianos, ni de los **grandes cambios que ocurrieron en aquel entonces**. Los vestigios que se encuentran en la tierra dan **eviden-**

cia de condiciones que en muchos respectos eran muy diferentes de las actuales; pero el **tiempo** en que estas condiciones imperaron **sólo puede saberse mediante la Sagrada Escritura**. En la **historia del diluvio**, la inspiración divina ha explicado lo que la **geología sola** jamás podría desentrañar. En los días de Noé, hombres, animales y árboles de un tamaño muchas veces mayor que el de los que existen actualmente, fueron sepultados y de esa manera preservados para probar a las generaciones subsiguientes que los antediluvianos perecieron por un diluvio, Dios quiso que con el descubrimiento de estas cosas se **estableciese la fe de los hombres en la historia sagrada**; pero éstos, con su **vano raciocinio**, caen en el mismo error en que cayeron los antediluvianos: al usar mal las cosas que Dios les dio para su beneficio, las tornan en maldición". **PP:103-104**.

Lección 11—Elena G. de White y el Alfa y la Omega

Leer: 1MS:201-209.

Cuatro citas.

Ellen White. "No tenemos nada que temer por el futuro, excepto si olvidamos la manera en que Dios nos ha conducido (en el pasado)". **TM:27**.

Santayana. "Aquellos que fallan en aprender de los errores de la historia, están sujetos a repetirlos". George Santayana, *La Vida de la Razón*, pág. 1905.

Prov. 29:18. "Donde no hay visión, el pueblo perece". La palabra 'perece' significa 'perder la restricción'.

1 Tim. 4:1. "El Espíritu dice claramente que en el último tiempo algunos se apartarán de la fe, escuchando a espíritus engañadores y a doctrinas de demonios".

El punto de vista bíblico sobre la naturaleza de Dios.

Dios es un ser infinitamente **personal**, que habita en un **lugar específico**, que la Biblia lama **'cielo'**.

Dios es **trascendente**. Esto significa que Él está **fuera y por sobre** Su creación. Él está **antes** de Su creación y se **distingue** de ella. Él es **pre-existente** a todas las cosas y trajo **todas las cosas** a la existencia.

Cristo nos enseñó a orar. 'Nuestro **Padre** que está en el cielo'. Esto muestra que Dios es una **persona** (Él es el **Padre**), que habita en un lugar específico (el cielo) y que Él nos **creó** (porque es el Padre).

Isa. 57:15 describe el perfecto equilibrio entre la **trascendencia y la inmanencia** de Dios:

"Porque así dice el Excelso y Sublime, el que **habita la eternidad**, y cuyo nombre es Santo: 'Yo habito en la **altura y en la santidad**, **y con** el quebrantado y humilde de espíritu, para dar vida al espíritu de los humildes, y vivificar el corazón de los quebrantados".

El Punto de vista Panteísta del mundo.

Dios es una **esencia impersonal o fuerza** que penetra **todo el universo**. Para el panteísmo, todo lo que hay, es Dios: las estrellas, los planetas, los árboles, las plantas, los animales, los seres humanos, los minerales, **todo es Dios**. Esa herejía es conocida como **panteísmo**, lo cual significa que **Dios está en todo**.

En el panteísmo no hay distinción entre la naturaleza y Dios, porque son **una y la misma cosa**.

Normalmente pensamos en el panteísmo como el fundamento de las religiones Orientales, tales como el **Hinduismo** y el **Budismo**, y eso es verdad. Pero hubo un tiempo, a comienzos del siglo XX, cuando el panteísmo trató de furtivamente de derrotar a la IASD. La historia que voy a contar, no es solo una lección de **historia**, sino que también una lección de **profecía**, porque Ellen White nos ha advertido que la herejía Alfa, surgirá nuevamente con una **cabeza amenazante** en la iglesia como la **herejía Omega**. Será el mismo virus mortal, pero se mostrará de una **forma diferente**.

John Harvey Kellog (el padre de los Corn Flakes).

John Harvey Kellog fue un **médico muy influyente** en la IASD a fines del siglo **XIX** y a comienzos del siglo **XX**. Fue el fundador del famoso **Sanatorio de Battle Creek** y también un brillante **cirujano, inventor** y **reformador de salud**.

Ya en **1897**, Kellog comenzó a enseñar algunas ideas extrañas acerca de la naturaleza de Dios. En la Conferencia General de 18797, él declaró:

'La gravedad actúa instantáneamente en el espacio. A través de esta fuerza misteriosa de la gravedad, todo el universo es mantenido junto en una unidad... Aquí tenemos la evidencia de una **presencia universal**, una **presencia inteligente**, una presencia **toda sabia**, una **presencia toda poderosa**, una presencia con cuya ayuda todo átomo del universo es mantenido en contacto con todos los demás átomos. Esta fuerza que mantiene a todas las cosas juntas, que está **presente en todas partes**, que excita a todo el universo, que actúa instantáneamente a través del espacio sin frontera, puede ser **nada más que el mismo Dios**. Qué pensamiento más maravilloso, que este mismo Dios esté **en nosotros y en todas partes**". (Boletín de la Conferencia General, 12 de Febrero de 1897, pág. 83).

Después, en **1903**, Kellog publicó **El Templo Viviente**, en el cual explicó sus puntos de vista sobre la naturaleza de Dios. En la página 29, Kellog explicó:

"Supongamos que tenemos ahora una bota delante de nosotros, no una bota común, sino que una bota viva, y mientras la miramos, vemos botas pequeñas saliendo por las costuras, saliendo por los dedos, saliendo por el talón, y saltando por la parte superior, decenas, cientos, miles de botas, un enjambre de botas saliendo continuamente de la bota viva, no sería extraño decir: '¿Hay un **zapatero en la bota**?' Así también está presente en el árbol un poder que crea y lo mantiene, un **hacedor de árbol en el árbol**'.

División y decidiendo por un lado.

Muy luego las personas decidieron por un lado y más y más personas se colocaron al lado de Kellog. Varios prominentes **médicos, maestros, ministros, teólogos** y **administradores**, que eran reverenciados y honrados en la iglesia, defendían la '**nueva filosofía**', como era llamada. Ellos afirmaron que esta filosofía trajo a Dios mucho **más cerca de nosotros**. **Nadie** en la iglesia parecía detectar los mortales peligros de esta así llamada 'nueva luz'.

Una conversación con W. A. Spicer.

Cerca de ese tiempo, W. A. Spicer (que tenía 13 años menos que Kellog) había vuelto recientemente a Battle Creek sirviendo en la **India**. Kellog, queriendo ganar a Spicer para su lado, arregló una **entrevista**. El mismo Spicer después, explicó que antes de la entrevista, él pensaba que todo ese conflicto era meramente una batalla sobre **semántica**.

Ellos se encontraron y comenzaron a analizar las ideas de Kellog. No pasó mucho tiempo antes que Spicer entendiera que los problemas con los puntos de vista eran mucho más allá de la **semántica**. Él llegó a entender que Kellog **realmente creía** que Dios estaba en **todas las cosas creadas**.

Kellog le preguntó a Spicer:

'¿Adónde está Dios?'

Spicer respondió:

'Dios está en el cielo, donde está el trono de Dios'.

Entonces Kellog respondió:

'El cielo es donde Dios está y **Dios está en todas partes**, en el pasto, en los árboles y en toda la creación'.

Le quedó claro a Spicer que no había ningún lugar en el esquema de Kellog para los **ángeles ascendiendo y descendiendo** entre el cielo y la tierra. Y desde luego no podía haber un santuario celestial que necesitara ser purificado. De hecho, Kellog, señalando su corazón, le dijo a Spicer:

"El santuario a ser purificado está aquí".

Spicer inmediatamente detectó las serias implicaciones de la nueva teología de Kellog: no había necesidad de **orarle** a Dios en el cielo, porque Él estaba en todas partes. No hay una diferencia entre lo sagrado y lo común, todo es igualmente santo, porque **Dios está en todas las cosas**.

Spicer explicó que mientras escuchaba a Kellog, '**el cielo y la tierra parecieron desaparecer en una niebla**'.

Spicer, habiendo regresado recién de la India, inmediatamente **reconoció el panteísmo** en las ideas de Kellog. Hizo lo mejor que pudo para persuadir a Kellog, que el cielo es un **lugar real**, que Dios es una **persona real**, y que las cosas de la creación fueron **hechas por Dios**, pero que **no eran Dios**, pero no sirvió de nada.

El Sanatorio arde en llamas hasta el piso y Kellogg escribe un libro.

El **18 de Febrero de 1902**, el famoso **Sanatorio de Battle Creek** se quemó hasta el piso. Se decidió que el Dr. Kellog escribiría un libro sobre salud y que las ganancias serían usadas para **reconstruir el Sanatorio**. Se concordó, sin embargo, que Kellog no incluiría en el libro ninguna de sus ideas controversiales sobre la naturaleza de Dios. Kellog concordó y llevó a cabo el proyecto con entusiasmo. Él terminó su libro en 1903 y lo llamó **El Templo Viviente**. Cuando las pruebas del libro fueron leídas, se encontró que estaban llenas con las ideas panteístas de Kellog. Observe los siguientes ejemplos:

"Dios es la explicación de la naturaleza, pero **no es un Dios fuera de la naturaleza**, sino que **en la naturaleza**, manifestándose a sí mismo a través y en todos los objetos, movimientos y variados fenómenos del universo". (El Templo Viviente:28).

Él también explicó que ciertos fenómenos eran 'una prueba fisiológica de la existencia dentro del cuerpo de algún poder superior de la composición material o sustancia del cuerpo, la cual ejerce una **constante supervisión y control**, a través de la cual es mantenida la identidad individual. **El mismo Dios**, es la divina presencia en el templo'. (El Templo Viviente:52).

Para sostener su punto de vista, Kellog citó la declaración del apóstol Pablo, que nuestro cuerpo es el templo del Espíritu Santo. De hecho, el libro estaba lleno con **citas de las Escrituras**, lo cual le dio un **aura de autoridad bíblica**. Con relación a esto, Ellen White explicó:

"En todo el libro hay pasajes de las Escrituras. Se presentan esos textos de tal forma que el error parece verdad. Teorías erróneas se presentan de una manera tan agradable, que a menos que se tenga cuidado, muchos serán descarriados". **1MS:236**.

Kellog declaró aun en su libro:

"No nos olvidemos que la luz del sol es la **sonrisa de Dios de bendición**; que la luz del sol es la luz del cielo y es vida y gloria, y es la verdadera Shekinah, la verdadera presencia con la cual el templo tiene que ser llenado; que la fría brisa es el **aliento del cielo**, un verdadero mensajero de vida, llevando sanidad en sus alas". El Templo Viviente:412).

El Apelo de Kellogg.

En vista de la oposición a la publicación de su libro, Kellog decidió **apelar** al Comité de la Conferencia General. Pero para sorpresa de Kellog, **A. G. Daniells** juntamente con otros del Comité, **rehusaron aprobar la publicación del libro**. Pero Kellog insistió que sus puntos de vista eran 'nueva luz', la cual necesitaba ser colocada delante del pueblo.

Al final, un comité de cinco personas fue elegido para que diera un informe sobre las enseñanzas del manuscrito y su conveniencia para ser publicado. El sub-comité estaba dividido; tres eran a favor de la publicación y dos eran contra (uno de los que estaban a favor era A. T. Jones). Pero el Comité de la Conferencia General votó contra la mayoría y a favor de la minoría.

Esto enojó a Kellog y él exigió una audiencia delante del Comité de la Conferencia General. Mientras tanto, la controversia se diseminó a una escala mayor. **Maestros, ministros, médicos y administradores** influyentes, estaban tomando partido. Como resultado, hubo una crisis que amenazaba con **dividir a la iglesia**.

La Review and Herald decide publicarlo.

A pesar del hecho que el Comité de la Conferencia General votó no publicar el libro, el Dr. Kellog envió una orden privada a la **Review and Herald Publishing House** para imprimir 5000 copias del libro de una vez. En otras palabras, nuestra propia casa publicadora estaba imprimiendo material saturado con espiritismo, contrario al consejo de la Conferencia General.

Ellen White había advertido del juicio por venir sobre la casa publicadora:

"En visiones de la noche he visto un ángel que estaba con una espada de fuego extendida sobre Battle Creek". (8T:104).

Justo cuando el libro había recibido sus correcciones finales e iba a ser impreso, la instalación se quemó hasta el piso y las placas fueron arruinadas. El jefe de los bomberos describió el fuego que destruyó la prensa:

"Hay algo extraño con vuestros fuegos, ya que el agua derramada **actúa más como bencina**".

Kellog, sin embargo, estaba decidido a publicar su libro, así es que envió una copia a **otra imprenta** y unos **pocos meses después** fue impresa una **edición mayor** del Templo Viviente. Fueron realizados **enérgicos esfuerzos** por el Dr. Kellog para reclutar a jóvenes para venderlo.

El Concilio Anual de 1903.

El Concilio Anual de 1903 fue realizado en **Takoma Park, Maryland**, donde los cuarteles generales de la Conferencia General se habían **trasladado**. El punto central de la agenda fue 'como expandir la predicación del evangelio al mundo'.

Al comenzar la reunión, un grupo de cerca de diez hombres entró en la reunión y **protestaron** ruidosamente con respecto a la **actitud de la denominación** hacia el libro del Dr. Kellog. Ellos exigían que la **agenda fuese cambiada** para escuchar sus quejas. **Eso fue hecho**.

Arthur G. Daniells.

Esa tarde, después de un largo día de **conflicto y debate**, A. G., Danniells, que era el presidente de la Conferencia General, se fue a su hogar acompañado por un **obrero que había abrazado las enseñanzas de Kellog**.

El obrero le dijo a Daniells:

"Usted está cometiendo el error de su vida. Después de todo esta confusión, en uno de estos días usted va a despertar para encontrarse revolcándose en el polvo, y **otro conducirá las fuerzas**'. El hermano Daniells respondió: 'No creo en su profecía. De cualquier manera, prefiero revolcarme en el polvo haciendo lo que yo creo en mi alma que es lo correcto, que caminar con príncipes, haciendo lo que mi conciencia me dice que está errado'.

Mensajes del profeta.

A. G. Daniells **entró en su casa**, cansado y con el corazón pesado. Él miró hacia el futuro de la iglesia con un **terrible presentimiento**. Él fue sorprendido de encontrar a un grupo de personas en su hogar, todos **sonriendo y felices**. ¿Él se preguntó cómo estas personas podían estar sonriendo, cuando la crisis amenazaba con dividir a la iglesia?

Ese mismo día, **llegaron dos cartas** de Ellen White, que en aquel tiempo estaba en **California**. En esas dos cartas, **enviadas hace varias semanas antes**, Ellen White advirtió al liderazgo acerca de los **peligrosos errores** encontrados en el libro El Templo Viviente. Ella instruyó al hermano Daniells:

"Tengo algunas cosas que decirle a nuestros maestros, con referencia al nuevo libro, 'El Templo Viviente'. Sed cuidadosos en como sostienen los sentimientos de este libro, con relación a la personalidad de Dios. Tal como el Señor me presenta los asuntos, estos sentimientos no llevan el endoso de Dios. **Ellos son una trampa que el enemigo ha preparado para estos últimos días**". (RH, 22 de Octubre de 1903).

Ellen White explicó además:

"En visiones de la noche este asunto me fue claramente presentado delante de muchas personas. Uno de autoridad estaba hablando... El orador sostenía el Templo Viviente, diciendo: 'En este libro hay declaraciones que ni el mismo autor comprende. Se declaran muchas cosas de una manera vaga e indefinida. Se hacen declaraciones de tal manera que nada es seguro. **Y esta no es la única producción de este tipo, que serán colocadas delante del pueblo**. Puntos de vista fantasiosos serán presentados por muchas mentes. Lo que necesitamos saber en este tiempo es: ¿**Cuál es la verdad** que nos capacitará para ganar la salvación de nuestras almas?". (Carta 211, 1903).

Y entonces Ellen White le dijo a Daniells como enfrentar la crisis:

"Después de haber tomado firmemente su posición, sabiamente, cautelosamente, no le haga ninguna concesión en ningún punto concerniente a lo que Dios ha hablado claramente. Sea tan calmo como una tarde de verano, pero tan **firme** como una montaña eterna. Al conceder, usted estará **vendiendo toda nuestra causa** en las manos del enemigo. La causa de Dios no debe ser vendida. Nosotros tenemos que sostener **decididamente** estos asuntos". (Carta 216, 1903).

Daniells leyó las dos cartas de Ellen White, acerca de los errores del Templo Viviente. Fueron escuchados varios amenes. Lágrimas cayeron libremente de sus ojos. La mayoría de los presentes le dieron **gloria a Dios** por Su maravillosa liberación. Todos fueron obligados a admitir que Dios había intervenido en el **exacto momento** en que era necesario. Muchas mentes confusas fueron conducidas de **vuelta a la luz**. Fueron hechas **confesiones** libremente. Tristemente, no todos aceptaron el consejo de Ellen White. Muchos **grandes maestros, médicos, administradores y ministros se perdieron en la causa**. El propio Dr. Kellog abandonó a la iglesia, y nunca volvió y se **llevó consigo** muchas de las instituciones médicas.

Por qué Ellen White tuvo sueños y consejos.

El 1 de Noviembre de 1903, Ellen White le escribió a Daniells explicándole **por qué le había enviado** esos dos testimonios que le habían llegado el **mismo día** en que los estaban necesitando desesperadamente. Dios le había dado a Ellen White un fuerte sueño:

"Poco después de que envié los testimonios acerca de los esfuerzos del enemigo para socavar el fundamento de nuestra fe mediante la diseminación de teorías engañosas, **leí un incidente** acerca de un barco que hizo frente a un iceberg en una neblina. Dormí poco durante varias noches. Me parecía estar aplastada como un carro bajo las gavillas. **Una noche** fue presentada claramente una escena delante de mí. Navegaba un barco en medio de una densa neblina. De pronto el vigía exclamó: '¡Iceberg a la vista!' Allí, como una elevada torre por encima del barco, estaba un gigantesco iceberg. Una voz autorizada exclamó: '¡Hazle frente!' No hubo un momento de vacilación. Se demandaba **acción instan-**

tánea. El maquinista dio marcha a todo vapor y el timonel dirigió el barco directamente contra el iceberg. Con un crujido golpeó el témpano. Hubo una terrible sacudida, y el iceberg se rompió en muchos pedazos que cayeron sobre la cubierta con un estruendo semejante al trueno. Los **pasajeros fueron violentamente sacudidos** por la fuerza de la colisión, pero no se perdieron vidas. El **navío se dañó**, pero no sin remedio. Rebotó por el contacto, temblando de proa a popa como una criatura viviente. Entonces **siguió adelante** en su camino.

Bien sabía yo el significado de esta visión. Había recibido mis órdenes. Había oído las palabras, como una voz de nuestro Capitán: '¡Hazle frente!' Sabía cuál era mi deber y que no había un momento que perder. Había llegado el tiempo de una acción decidida. Sin demora, debía obedecer la orden: '¡Hazle frente!'

Esa noche estaba en pie a la una, escribiendo a toda la velocidad con que mi mano podía correr sobre el papel. Durante los pocos días subsiguientes trabajé desde temprano hasta tarde, preparando para nuestros hermanos las instrucciones que me fueron dadas acerca de los **errores que estaban introduciéndose entre nosotros**.

He estado esperando que hubiera una reforma cabal y que se mantuvieran los principios por los cuales luchamos en los primeros días, y que fueron presentados con el poder del Espíritu Santo". **1MS:239-241**.

¿Qué es más peligroso que lo que **se ve de un iceberg**? No es lo que puede ser visto, sino lo que está **escondido debajo** de la superficie. El iceberg es también **muy frío**.

Tan peligrosa era esta nueva filosofía, que Ellen White advirtió lo que podría suceder si fuese adoptada por la iglesia:

"El enemigo de las almas ha procurado introducir la suposición de que había de realizarse una gran reforma entre los adventistas del séptimo día, y que esa reforma consistiría en **renunciar a las doctrinas** que están en pie como las columnas de nuestra fe y que había de comenzar un proceso de **reorganización**. Si se efectuara esta reforma, ¿qué resultaría? Los **principios de verdad** que Dios en su sabiduría ha dado a la iglesia remanente serían descartados. Sería **cambiada nuestra religión**. Los principios fundamentales que han sostenido la obra durante los últimos cincuenta años serían considerados como error. Se establecería una **nueva organización**. Se **escribirían libros de una nueva orientación**. Se introduciría un sistema de filosofía intelectual. Los fundadores de ese sistema irían a las ciudades y harían una obra maravillosa. Por supuesto, se tendría **poco en cuenta el sábado** y también al Dios que lo creó. No se permitiría que **nada se interpusiera en el camino del nuevo movimiento**. Los dirigentes enseñarían que la virtud es mejor que el vicio, pero habiendo **puesto de lado a Dios**, resolverían depender del poder humano, que no tiene valor sin Dios. Su fundamento estaría edificado sobre la arena, y la tormenta y la tempestad barrerían la estructura". **1MS:238-239**.

El Alfa y la Omega.

"En el libro Living Temple se presenta el alfa de **herejías mortíferas**. La **omega seguirá** y será recibida por los que no estén dispuestos a prestar atención a la amonestación que Dios ha dado". **1MS:233**.

Durante bastante tiempo, Ellen White no quiso leer ningún libro de Kellog, pero finalmente ella dijo:

"Finalmente, mi hijo me dijo: 'Mamá, debes leer por lo menos algunas partes del libro para que puedas ver si está en armonía con la luz que Dios te ha dado'. Se sentó a mi lado, y juntos leímos el prefacio y la mayor parte del primer capítulo y también párrafos de otros capítulos. A medida que leíamos, reconocí las mismas opiniones contra las cuales se me había ordenado que hablara en forma de advertencia durante los primeros días de mis trabajos públicos. Cuando salí del estado de Maine, fue para ir por Vermont y Massachusetts para dar un testimonio contra esas opiniones. Living Temple contiene el **alfa de esas teorías**. Sabía que la **omega seguiría poco después**, y temblé por nuestro pueblo". **1MS:237**.

"He visto el resultado de esas ideas imaginarias con respecto a Dios; son la apostasía, el espiritismo, el amor libre. El amor libre, al que tienden esas enseñanzas, estaba tan bien disimulado que era difícil, al principio, darse cuenta de su verdadero carácter. Hasta que el Señor me hubo presentado el asunto, no sabía cómo llamarlo, pero he recibido la orden de llamarlo amor espiritual impío". **8T:307**.

¿Por qué Ellen White se referiría al panteísmo con esos extraños términos? En nuestro próximo estudio entenderemos la razón del por qué.

Lección 12—Los Peligros Ocultos del Panteísmo.

Dios: El Árbitro del bien y del mal.

Un Dios **personal**, cuya habitación es el **cielo**, es el Árbitro Absoluto del bien y del mal. En otras palabras, **Dios define** lo que es bueno y lo que es malo. Esto es, la definición del bien y del mal no está dentro del hombre, sino que afuera.

Dios es el **Creador del universo**. Nosotros somos criaturas hechas por Dios, y por lo tanto, somos separados y distintos de Él (Isa. 64:8). Dios está sobre nosotros y es **independiente** de nosotros. Para colocarlo en forma clara, hay una **clara distinción** entre Dios y nosotros. Nosotros **no somos** Dios, ni ninguna **parte de Dios** y Dios **no es todo** y ni **tampoco está** en todo. Si Dios estuviera en todo, entonces habitaría en el corazón tanto de los santos como de los pecadores, ¡y eso sería claramente una herejía del mayor grado!

Dios les dio un **mandamiento** a Adán y a Eva, que Él esperaba que ellos lo obedecieran. El árbol es llamado el 'árbol del conocimiento del bien y del mal', porque **Dios es el árbitro absoluto y el que define** lo que es el bien y el mal. **Obedecer** el mandamiento de Dios es bueno. **Desobedecer** el mandamiento de Dios es malo.

El mandamiento era **simple**, no complicado.

El mandamiento era **claro**, esto es, fácil de entender, ¡y fue entendido!

El mandamiento era **fácil** de obedecer; era una **prueba pequeña**.

Los principios de **todos los Diez Mandamientos** estaban contenidos en este.

La prueba fundamental era:

¿Obedecería el hombre el mandato de Dios sin **cuestionarlo o sin reservas**? El asunto central era: ¿Obedecería el hombre la Palabra de Dios o no? ¡El **amor de Adán y Eva** sería revelado por su **expresa obediencia** a la Palabra de Dios! ¡Ellos revelarían su amor por la obediencia!

Satanás ataca la Palabra de Dios.

Todo el debate entre Eva y la serpiente gira en torno de la **confianza en la Palabra de Dios**. Satanás usó **cinco métodos** para conducir a Eva a desobedecer la clara y simple palabra:

- Él llevó a cabo un **milagro** engañoso, dándole a la serpiente el poder de hablar.
- Él distorsionó la Palabra de Dios e hizo con que Eva se adaptara a eso.

- Él condujo a Eva a que siguiera la **lógica de su mente**.
- Él condujo a Eva a obedecer a los testimonios de sus **sentidos**.
- Él entonces **usó a Eva** para que condujera a Adán a desobedecer la Palabra de Dios.

La Esencia de la Conversación.

Satanás **torció** la palabra de Dios para que Eva conversara con él (Gén. 3:1).

Eva corrigió la falsa declaración de Satanás y le añadió algo a la palabra de Dios (Gén. 3:2-3).

Satanás le dijo patentemente a Eva que **Dios era un mentiroso**. Él le estaba diciendo básicamente a ella: "Tu no puedes **confiar realmente en la palabra de Dios**. Él posee una **agenda** oculta. Él está **guardando secretos**. Él está tratando de **intimidarte** y de mantenerte esclavizada".

La pregunta natural de Eva sería: ¿**Cuál** es la agenda oculta de Dios? ¿**Qué** secreto está tratando Dios de ocultarnos y por qué? ¿**Por qué** quiere Él que le obedezcamos ciegamente? ¿Por qué querría Él que pensemos que vamos a morir si realmente no lo estamos? (Gén. 3:4).

Satanás tenía una respuesta para Eva: '**Porque** (una palabra muy importante, porque conecta con el versículo anterior) **Dios sabe** algo que Él **no quiere que tu conozcas**. Él te está **ocultando la verdad** por algún **motivo ulterior**. ¿Quieres saber **por qué**? "No es porque vayas a morir, es porque Dios sabe que cuando comas, **serás como Él en un sentido muy especial**:

¡POSEERÁS LA HABILIDAD INEZPLICABLE PARA DISTINGUIR ENTRE EL BIEN Y EL MAL POR **TI MISMA**! TENDRÁS UNA **HABILIDAD INTERNA, INNATA, NATURAL**, PARA DISCRIMINAR ENTRE EL BIEN Y EL MAL SIN QUE TENGAN QUE DECÍRTELO.

Esto es exactamente lo que Satanás le dijo a los ángeles en el **cielo**:

"Reiteró su aserto de que los ángeles no necesitaban 554 sujeción, sino que debía dejárselas seguir su **propia voluntad**, que los **dirigiría siempre bien**. Denunció los estatutos divinos como restricción de su libertad y declaró que el objeto que él perseguía era asegurar la abolición de la ley para que, libres de esta traba, las huestes del cielo pudiesen alcanzar un grado de existencia **más elevado y glorioso**". CS:553-554.

Satanás estaba insinuando que **Dios había desarrollado este agudo sentido de discriminación** entre el bien y el mal, al comer del árbol y entonces Él **intimidó a todos** diciéndoles que morirían si comían de él.

La Terminología inusual de Ellen White para el panteísmo.

"He visto el resultado de esas ideas imaginarias con respecto a Dios; son la **apostasía, el espiritismo, el amor libre**. El amor libre, al que tienden esas enseñanzas, estaba tan bien disimulado que era difícil, al principio, darse cuenta de su verdadero carácter. Hasta que el Señor me hubo presentado el asunto, no sabía cómo llamarlo, pero he recibido la orden de llamarlo **amor espiritual impío**". **8T:307**.

"No es una evidencia concluyente de que un hombre sea cristiano el que manifieste **éxtasis espiritual** en circunstancias extraordinarias. La **santidad no es arrobamiento**: es una **entrega completa de la voluntad a Dios**; es **vivir de toda palabra** que sale de la boca de Dios; es hacer la **voluntad** de nuestro Padre celestial; es **confiar en Dios** en las pruebas y en la oscuridad tanto como en la luz; es **caminar** por fe y no por vista; confiar en Dios sin **vacilación** y descansar en su amor". **HAp:42**.

¿Por qué Dios le dijo a Ellen White que llamara a esta herejía con ese extraño nombre? ¿Por qué amor espiritual impío? Bien, primero tenemos que conocer lo que es el verdadero amor.

¿Qué es el verdadero amor?

Juan 14:15. "Si me amáis, guardad Mis **mandamientos**".

1 Juan 2:3-5. "En esto sabemos que conocemos a Dios, si **guardamos sus Mandamientos**. 4 El que dice: 'Yo lo conozco', y no guarda sus Mandamientos, es mentiroso, y la verdad no está en él. 5 Pero el **amor de Dios se perfecciona** en verdad, en el que guarda su Palabra. Por esto sabemos que estamos en él".

1 Juan 5:3. "Porque **en esto consiste el amor de Dios**, en que guardemos **sus Mandamientos**. Y sus Mandamientos no son gravosos".

Rom. 13:8-10. "No debáis a nadie nada, sino el amaros unos a otros. Porque el que ama al prójimo, cumple la Ley. 9 Porque, 'no cometerás adulterio, no matarás, no hurtarás, no dirás falso testimonio, no codiciarás', y todo otro Mandamiento, en esta sentencia se resumen: 'Amarás a tu prójimo como a ti mismo'. 10 El amor no hace mal al prójimo; así **el amor es el cumplimiento de la Ley**".

El Panteísmo es 'amor' engañoso.

El panteísmo enseña que **todo lo que es, es Dios**. Siendo ese el caso, cada uno de nosotros es Dios y nadie es menos que Dios que ningún otro. Las implicaciones de este punto de vista son serias. Si es verdad, entonces ¿quién determina cuáles deberían ser nuestras normas éticas? **¿Quién define lo que es correcto y lo que es errado**? Si somos Dios, ¡seámoslo!

Esto es exactamente lo que Satanás le dijo a Eva: "Tu no necesitas que Dios te diga lo que es correcto y lo que es errado. Porque tú eres Dios, y puedes definir el bien y el mal **por ti misma**"

Veamos estas palabras en un ejemplo diario moderno. Las **escuelas públicas están siendo usadas por la filosofía de la Nueva Era**, como su fundamento. Se les dice que les enseñen a los niños a usar los principios de la **clarificación de los valores**. Ellos dicen eso, porque esos valores **ya están presentes en los niños** (porque ellos son Dios) y simplemente tienen que ser **descubiertos** por ellos. En otras palabras, los valores emergen desde adentro y no son enseñados desde afuera.

La psicología de la era, enseña por lo tanto, que los valores no deben ser impuestos desde una fuente externa (**la Biblia, los padres, los maestros, la iglesia**, etc.) Los estudiantes deben descubrir y **aclarar sus propios valores**. De acuerdo con este punto de vista, ningún sistema de valor debiera ser impuesto en los niños. No hay **verdades absolutas externas universales** a ser creídas y seguidas por todos. Los valores tienen que ser subjetivamente determinados. Si los padres le dicen a un niño que el sexo pre-marital está errado, el niño puede responder: 'Pero ese es tu valor de juicio. No me lo impongas a mí'. Si un ministro dice que un estilo de vida homosexual está errado, pueden acusar al ministro de tratar de imponer su sistema de valores sobre ellos.

En el libro, *Un Curso Conflictivo en la Nueva Era*, en la pág. 119, encontramos la siguiente explicación:

"La Nueva Era apoya una hueste de 'derechos' (tales como los derechos humanos, los derechos civiles, los derechos de las mujeres, los derechos de los homosexuales) que también pueden ser seguidos atrás hasta su creencia en el **valor de la autonomía**; o la soberanía del yo. En otras palabras, si todos somos iguales divinos, entonces todos tenemos el derecho a buscar la **auto-realización** sin una **interferencia externa**, siempre que no interfiramos con otros en su búsqueda. Consecuentemente, la mayoría sostendrá que no deben ser aprobadas leyes que toquen el aborto o la homosexualidad, por ejemplo, ya que las personas tienen el derecho a hacer **lo que les plazca** con sus cuerpos".

Esta es la manera en que funciona: Si yo soy Dios y usted es Dios, entonces cada uno tiene que elegir nuestro **propio sistema ético interno**, porque no hay una **persona externa** de donde provenga una guía moral absoluta. Así, debido a que las decisiones morales son antropocéntricas, la homosexualidad puede estar bien para uno, pero no para otro. Yo no estoy en la libertad e juzgar a ninguna persona porque cada persona es tan Dios como yo lo soy.

No hay lugar en este sistema para un **Dios personal**, que viva en un **lugar específico** (el cielo) y que en un **tiempo específico** (1844) comenzó a juzgar a los **seres humanos** en un santuario literal comparando sus vidas con una **ley** objetiva, separando así a los justos de los impíos. Si Dios está en todo, ¡entonces **todo es santo**! No hay razón para separar lo justo de lo injusto o lo santo de lo no santo; todo es igualmente santo, ¡porque **todo es igualmente Dios**!

Esta es la verdadera **fuente de los seminarios** que enseñan la auto-confianza, la auto-estima, el auto-desarrollo, el pensamiento positivo, etc. Es la mima mentira que Satanás ha estado manifestando desde el comienzo.

Ellen White hizo la siguiente observación profunda acerca de la verdadera naturaleza del panteísmo:

"Hoy están viniendo a **instituciones educacionales** y a iglesias todo tipo de enseñanza espiritista que socava la fe en Dios y en Su Palabra. La teoría que Dios es una esencia que penetra toda la naturaleza, es recibida por muchos que profesan creer en las Escrituras, pero que aun cuando esté vestida bellamente, esta teoría es **peligrosamente engañadora**. Representa mal a Dios y es una deshonra para Su grandeza y majestad. Y ciertamente tiende no solo a descarriar sino que también a **degradar a los hombres**. Las **tinieblas** son su elemento, la **sensualidad** su esfera. El resultado de aceptarla, es la **separación de Dios**. Y para la naturaleza caída del hombre, esto significa la ruina.

Nuestra condición a través del pecado, es antinatural, y el poder que nos restaura tiene que ser sobrenatural, porque si no fuese así, no tendría valor. Solo hay un poder que puede quebrar el yugo del mal de los corazones de los hombres, y ese es el poder de Dios en Jesucristo. Solo a través de la sangre del Crucificado, hay purificación del pecado. Solo Su gracia puede capacitarnos para resistir y subyugar las tendencias de nuestra naturaleza caída. Las teorías espiritistas concernientes a Dios, hacen que Su gracia no tenga efecto. Si Dios es una esencia que penetra toda la naturaleza, entonces **Él habita en todos los hombres**; y para tener santidad, el hombre solo tiene que desarrollar el **poder que está dentro de él**.

Estas teorías, seguidas a su conclusión lógica, barren **toda la economía cristiana**. Ellas barren con la necesidad de una expiación y hacen del hombre su propio salvador". **MC:428**[12].

"Las ideas panteístas que ven a Dios en la naturaleza son **dirigidas por Lucifer**, el ángel caído. Lo extraño es que estas ideas han sido aceptadas por tantos como una **verdad preciosa**. Pero lo que piensan que es luz los **llevará a densa oscuridad**. El dar gloria a Dios es un rasgo que distingue la experiencia de los adventistas del séptimo día. Cuando **damos gloria a los instrumentos humanos** (porque supuestamente son Dios), cuando tenemos una confianza ilimitada en el hombre, hablando de la excelencia que suponemos que posee, adoramos lo que no sabemos. Sea Dios exaltado. Los descarriados y débiles humanos se humillen ante El...

He tenido mucho que decir acerca de la gloria de Dios tal como se ve en sus obras creadas, pero nunca he dejado la impresión de que nuestro **Dios Omnipotente**, que gobierna y llena completamente los cielos, se puede encontrar en una flor, en una hoja o en un árbol. Lo que he dicho acerca de las obras de Dios en la naturaleza estaba dirigido a condu-

---
[12] Paginación en Inglés.

cir la mente desde la naturaleza al **Dios de la naturaleza**, para mostrar que toda la gloria debe ser dada a Aquel que gobierna los cielos y controla todas las cosas en el cielo y en la tierra". **ATO:334**.

Cuando hacemos de nuestro **corazón**, nuestra **razón**, nuestros **sentimientos**, nuestras **emociones**, nuestras **intuiciones**, nuestros **sentidos**, la norma para lo correcto y lo errado, estamos guardando un amor engañoso, o lo que Ellen White llama, 'amor espiritual impío'. El panteísmo es un ataque frontal sobre la doctrina de la **santificación**, ¡una doctrina que nos invita a reflexionar sobre los principios de la santa ley de Dios en nuestras vidas! Esta es la razón por la cual Ellen White conectó el panteísmo con el fanatismo de la carne santa, donde las personas afirmaron tener carne santa, y que por lo tanto **no podían pecar**. Los pecados más groseros entonces cometidos eran **atribuidos a Dios**, el cual supuestamente habitaba en ellos.

Ellen White conectó además el **panteísmo con el espiritismo** (recuerde que Satanás dijo: 'ciertamente no moriréis'):

"El espiritismo asegura que los hombres son semidioses no caídos; que '**cada mente se juzgará a sí misma**'; que el 'verdadero conocimiento coloca a los hombres por encima de toda ley'; que 'todos los pecados cometidos son inocentes'; porque 'todo lo que existe es correcto', y que 'Dios no condena'. Pretende que están en el cielo, donde son exaltados, los seres humanos más viles. Así declara a todos los hombres: 'Nada importa lo que hagáis; vivid como os plazca; el cielo es vuestro hogar'. Multitudes llegan así a creer que el deseo constituye la ley suprema, que la **licencia** es libertad y que el hombre es **responsable solamente ante sí mismo**.

Si se proporciona semejante enseñanza al comienzo mismo de la vida, cuando el impulso es fortísimo y urgentísima la necesidad de dominio propio y pureza, ¿dónde quedan las salvaguardias de la virtud? ¿Qué le va a impedir al mundo de ser una **segunda Sodoma**?"[13]. **Maranata:144**.

En la misma veta, Ellen White observa:

"Si Dios es una esencia que penetra toda la naturaleza, entonces **Él habita en todos los hombres**; y para tener santidad, el hombre solo tiene que desarrollar el **poder que está dentro de él**.

Estas teorías, seguidas a su conclusión lógica, barren **toda la economía cristiana**. Ellas barren con la necesidad de una expiación y hacen del hombre **su propio salvador**". **MC:428**.

Estas teorías relacionadas con Dios, dejan sin efecto Su Palabra, y aquellos que las aceptan, están en gran peligro de ser guiados finalmente a **ver toda la Biblia como una ficción**. Pueden ver la virtud tan buena como el vicio; pero, habiendo sacado a Dios de Su **posición correcta de soberanía**, ellos colocan su dependencia sobre el **poder humano**, el cual, sin Dios, es sin valor. La **voluntad humana desayudada** no posee un poder real para resistir y vencer el mal. Las defensas del alma están quebradas. El hombre **no posee**

---

[13] Está última frase, no aparece en Español.

barreras contra el pecado. Una vez que las **restricciones de la Palabra de Dios y de Su Espíritu** son rechazadas, no sabemos en qué profundidades podemos hundirnos". (MC:428-429)[14].

Los engaños de Satanás en el fin del tiempo serán los mismos que al comienzo:

Crear **dudas en la objetiva Palabra de Dios**. Él intenta conducir a los seres humanos a vivir por sus **propias normas éticas independientemente de la Palabra**. De esta manera él puede conseguir que las personas arrojen a un lado la Ley de Dios y sigan sus propias impresiones. Esta es la razón por la cual Jesús dijo que debido a la **falta de ley en el mundo**, el amor de muchos se enfriaría. Observe, una vez más, ¡**cómo la ley está conecta con el amor**!

- La **rebelión** es como un hechizo (1 Sam. 15:22-23). El contexto indica que Saúl desobedeció un explícito mandato del Señor con un aparente buen motivo.
- La formación espiritual, la oración contemplativa, la música cristiana contemporánea, el Proyecto Uno, todos van de manos dadas.
- ¿Por qué quiere Satanás que cuestionemos el Espíritu de Profecía? Porque desenmascara los engaños de los últimos días de Satanás.

"Se encenderá un odio satánico contra los testimonios. La obra de Satanás será perturbar la fe de las iglesias en ellos por esta razón: Satanás no puede disponer de una senda tan clara para introducir sus engaños y atar a las almas con sus errores si se obedecen las amonestaciones y reproches del Espíritu de Dios (Carta 40, 1890)". **1MS:55**.

Tienen que leer: El Increíble Viaje al Futuro, Los Peligros de la Oración Contemplativa, la Rebelión Omega y Adoración en el Trono de Satanás. Y Apoc. 12:17; 19:10; 22:8-9.

"El último gran engaño se desplegará pronto ante nosotros. El Anticristo va a efectuar ante nuestra vista obras maravillosas. El engaño se asemejará tanto a la realidad, que será imposible distinguirlos sin el auxilio de las Santas Escrituras. Ellas son las que deben atestiguar en favor o en contra de toda declaración, de todo milagro". **CS:651**.

"No os engañéis, muchos se apartarán de la fe prestando atención a espíritus engañadores y a doctrinas de demonios. Tenemos ahora delante de nosotros el alfa de ese peligro. La omega será de una naturaleza asombrosísima". **1MS:231**.

"En el libro Living Temple se presenta el alfa de herejías mortíferas. La omega seguirá y será recibida por los que no estén dispuestos a prestar atención a la amonestación que Dios ha dado". **1MS:233**.

¡Usted tiene que informarse por sí mismo! La norma sin error es la Palabra de Dios, la cual está **fuera del hombre**! Eso puede significar la diferencia entre la salvación y la perdición.

---

[14] Paginación en Inglés.

Lección 13—Cómo Estudiar a Elena G. de White

El testimonio de Ellen White relacionado con la reunión campal de Indiana. Un estudio exegético.

Un Poco de Historia.

Desde el **13-23 de Septiembre de 1900**, fue realizada una memorable reunión campal ASD en **Muncie, Indiana**. **Dos años antes de eso**, el presidente de la asociación y también el evangelista con diversos pastores, habían estado enseñando una herejía que es conocida como 'carne santa'. Juntamente con la herejía un **nuevo estilo de adoración**, pentecostal y carismático en naturaleza, fue introducido en la reunión campal. En este estudio nos vamos a focalizar en la **música y en el estilo de adoración** que acompañó a la herejía de la 'carne santa'.

A Ellen White ya se le había mostrado en visión **ocho meses antes**, la reunión campal (en **Enero de 1900**) los eventos que iban a transcurrir en Muncie.

También se le mostró que lo que podía ocurrir en Indiana, era similar a lo que ya había sucedido antes en la **historia Adventista**. Y, tal como lo voy a mostrar en este artículo, ella también vio que los eventos que sucedieron antes en la historia Adventista y en la reunión campal de Indiana, se **repetirían una vez más**, justo antes del cierre de la gracia.

Los hermanos de la Conferencia General estaban muy preocupados acerca de lo que estaba sucediendo en Indiana, y por esta razón enviaron a dos pastores al campo de reuniones, como observadores, para que trajeran un informe a la vuelta. El hermano **Stephen Haskell**, que fue uno de los pastores, le envió una carta a Ellen White fechada el **25 de Septiembre del 1900**, justo dos días después de la conclusión de la reunión campal, donde él explicaba lo que había ocurrido. La hermana White a su vez, respondió la carta de Haskell, quince días después, el **10 de Octubre de 1900**. He aquí un **párrafo clave** de la respuesta de Ellen White al hermano Haskell (todo énfasis es suplido):

"Es imposible estimar demasiado la obra que el Señor **va** a realizar a través de Sus representantes para llevar a cabo Su mente y propósito. La cosas que usted ha descrito sucediendo en Indiana, el Señor me ha mostrado que van a suceder **justo antes del cierre de la gracia**. Toda cosa tosca **será** demostrada. **Habrá** griterío, con tambores, música y baile. Los sentidos de los seres racionales **quedarán** tan confundidos, que no se puede confiar en ellos para tomar decisiones correctas. Y esto es llamado el movimiento del Espíritu Santo". **21ML:128**.

Recientemente, un ASD que apoya la Música Cristiana Contemporánea (MCC), me envió un correo donde él afirma que las observaciones de Ellen White acerca de la reunión campal de Indiana, se aplican primariamente a los eventos que sucedieron allí y **no al futuro**. Con toda caridad cristiana, quiero responderle a sus argumentos, examinándolos uno por uno y ofreciendo una alternativa de comprensión.

Una ley fundamental de exégesis.

El que me envió el correo es un candidato a doctorado y como tal estoy seguro que conoce que una de las leyes fundamentales de la exégesis (el arte de interpretar correctamente el texto bíblico) es que el intérprete tiene que entender las **palabras**, las **frases** y los **tiempos verbales** tal como el escritor originalmente las entendió y quería que fuesen entendidas. Para hacer esta exégesis (interpretar) tenemos que buscar exhaustivamente cómo el autor, en otras partes de sus escritos, usó esas frases, palabras y tiempos verbales. Las mismas leyes que se aplican a la exégesis de la Biblia, se aplican también a los escritos de Ellen White, porque el mismo Espíritu inspiró tanto la Biblia como los escritos de Ellen White.

Las tres frases de Ellen White.

En su correo, el que lo envió, colocó **tres frases** de Ellen White que ella usó en la cita anterior, sobre lo que sucedió en la reunión campal de Indiana. Él afirma que su análisis de estas frases comprueba que el testimonio de Ellen White se aplica **casi exclusivamente a los receptores originales** en 1900.

- La primera frase es "sucediendo".
- La segunda frase es "van a suceder".
- La tercera es "el cierre de la gracia".

Al leer el correo, me pregunté si el autor se había **tomado el tiempo necesario** para examinar como Ellen White usa esas tres frases en **otras partes de sus escritos**, para estar cierto que su análisis es el correcto. Yo sospecho que él no hizo eso, porque al examinar sus escritos, me queda claro que él le atribuyó a las frases de Ellen White **significados que ella no quiso darles**. Yo he mirado todos sus usos de esas frases en el CD de Ellen White, y esos usos no cuadran con la gramática del que envió el correo ni con su interpretación sintáctica. Examinémoslas una por una.

La expresión "sucediendo".

He aquí su análisis de la expresión 'sucediendo':

"Las 'cosas que usted (el hermano Haskell) ha descrito como sucediendo en Indiana' indica un tiempo **presente**, esto es, estaban ocurriendo **en el tiempo** en que Ellen White escribe, esto es, Octubre de 1900. El traductor al Español lo colocó en el pasado ('ocurrían'), lo cual es una gran distorsión".

Con un escrutinio más cercano, se encontrará que la expresión del que envió el correo 'gran distorsión' es realmente un gran mal entendido. Contrario a lo que afirma el que envió el correo, el traductor no tradujo mal el tiempo presente a un **tiempo pasado**. Tal como lo vamos a ver, el que envió el correo yerra en dos puntos. Primero, la expresión 'sucediendo' no es un tiempo presente y, segundo, la traducción 'ocurrían' no es tiempo pasado.

El simple hecho es que el tiempo pasado del verbo 'ocurrir' no es 'ocurrían' (tal como lo usa el traductor) sino que 'ocurrieron'. Si Ellen White hubiese usado la construcción verbal 'sucedió' (como en un pasado puntual), el traductor habría estado en lo correcto al traducir 'que ocurrieron'. Pero el sabio traductor entendió que no podía traducir la expresión 'sucediendo' como el tiempo pasado puntual 'ocurrieron', porque Ellen White no usó el pasado puntual 'que sucedió'. Así es que el traductor tradujo adecuadamente la construcción del verbo Inglés 'sucediendo' con el verbo Español 'ocurrían'. El verbo 'ocurrían' significa simplemente 'estaban ocurriendo' (como siendo un proceso pasado). En otras palabras el traductor usó adecuadamente lo que los gramáticos llaman el tiempo **pasado progresivo**.

Yo hice alguna investigación en línea y consulté con diversos maestros de Inglés y todas las fuentes concuerdan en que la expresión 'sucediendo' es lo que los gramáticos llaman un **tiempo pasado progresivo**. La definición de un pasado progresivo es "una acción que **estaba** en progreso en **algún punto** en el **pasado**". Aun cuando Ellen White no usa el verbo auxiliar 'estaba' (were) con la expresión 'sucediendo', el contexto indica que el verbo es tácito en la construcción gramatical. Así, la expresión de Ellen White tiene que ser entendida como 'estaba sucediendo'.

Un antiguo maestro de Inglés, ya retirado, me envió la siguiente explicación acerca de la expresión:

"'Los eventos que usted ha descrito como **habiendo** sucedido...' indican que los eventos **ya habían sucedido** en el tiempo en que Haskell se los informó a Ellen White. Alternativamente, esto puede ser redactado, 'los eventos que usted ha descrito que **estaban sucediendo**...' Mi 'buen' sentimiento es que los eventos **ya habían concluido y no estaban continuando** en el tiempo de la correspondencia de nuestros pioneros (énfasis mío)".

Una evidencia adicional que los eventos **no estaban ocurriendo** cuando Ellen White le escribió a Haskell el 10 de Octubre, se puede encontrar en el hecho que Ellen White le escribió a Haskell: "Las cosas que usted **ha descrito** como sucediendo en Indiana". ¿Y cuáles fueron las cosas que el hermano Haskell le describió a Ellen White en su carta? ¿Eran eventos que aun estaban sucediendo cuando Ellen White le respondió a Haskell? La respuesta es claramente 'no', porque Haskell simplemente le informó en su carta lo que él había observado en la reunión campal de Indiana. Él no estaba describiendo lo que aun estaba ocurriendo, sino que describió los eventos que **ya habían ocurrido** y donde él había sido un testigo ocular cuando asistió a la reunión campal del 13-23 de Septiembre.

Un examen de los escritos de Ellen White, revela que ella estaba bien familiarizada con las expresiones tal como 'sucediendo' (presente progresivo), y 'sucederán' (futuro), pero ella no usa esos tiempos en esta declaración. Esta es la única vez en sus escritos, donde yo fui capaz de encontrar que ella usa la combinación de palabras 'sucediendo... sucedería'. Sin embargo, ella usa ambas expresiones ('sucediendo' y 'sucedería') individualmente en diversos lugares, así es que tenemos que ir a esos lugares para encontrar su significado.

Así es que miremos a los pocos lugares donde Ellen White usa la idéntica frase 'sucediendo', para saber si lo que dice el profesor de Inglés y lo que yo investigué es correcto.

Con relación al proceso del juicio investigador, Ellen White declara:

"En la parábola del capítulo 22 de San Mateo, se emplea la misma figura de las bodas y se ve a las claras que el juicio investigador se realiza antes de las bodas". **CS:481**[15].

Claramente Ellen White está usando la expresión 'sucediendo' para describir un evento **pasado progresivo** (el juicio investigador) que transcurrió antes del cierre de la gracia. Cuando sucede la boda al cierre de la gracia, el juicio investigador ya habrá transcurrido, como un **proceso del pasado**. Ellen White pudo haber dicho que el juicio investigador 'sucedió' antes de las bodas, pero ello habría eliminado la idea de que el juicio fue un proceso que ocurrió en el pasado y que había terminado cuando sucedieron las bodas.

Ellen White también describe algunas reuniones que **sucedieron** después de la Sesión de la Conferencia General en Minneapolis en 1888:

"Escenas que fueron una vergüenza para los cristianos me han sido presentadas, como **sucediendo** en las reuniones de concilio **realizadas** después de la reunión de Minneapolis. La alta voz de disputa, el espíritu caliente, las palabras duras, **mostraban** una reunión política más que un lugar donde los cristianos se **reunieron** para orar y aconsejarse. Estas reuniones **debieran haber sido** evitadas, como siendo un insulto para el cielo. El Señor no fue reverenciado como un convidado honrado por aquellos reunidos en concilio, y ¿cómo podrían esperar que la luz divina brillara sobre ellos; cómo podrían sentir la presencia de Jesús moldeando y amoldando sus planes? El lugar de reunión no **fue** tenido como sagrado, sino que **fue** tenido como un lugar común de negocio. ¿Entonces, cómo pudieron los allí **reunidos** recibir la inspiración que los guiaría a entronar la verdad en sus corazones, para decir palabras en el cariñoso y amoroso espíritu del Maestro?". **PH080 15**.

---

[15] Nota del traductor: En la traducción del CS, el traductor usó 'se realiza' y no 'se está realizando'.

En esta declaración, Ellen White una vez más usa el pasado progresivo 'sucediendo', para describir diversas reuniones que ya habían sucedido en el **pasado como un proceso**, pero que ya habían concluido cuando ella escribió esta cita. Las reuniones no estaban en andamiento cuando ella escribió, ¡ellas ya habían concluido! Usted observará que en esta cita Ellen White usa repetidamente el tiempo pasado en conjunción con la expresión 'sucediendo', para indicar que eso era un proceso que sucedió en el pasado y que ya había concluido cuando ella escribió.

Una tercera cita revela el mismo uso del pasado progresivo:

"Quisiera decir algunas cosas que me han sido presentadas como **sucediendo** en asambleas del pueblo de Dios. Algunos se **han** ofendido con cosas totalmente indignas de atención, y **han** deshonrado a Dios dándole curso a los sentimientos de un corazón no subyugado. **Han** mal interpretado la verdad, y han **debilitado** su influencia. Han **fortalecido** el reino de Satanás; porque los miembros de iglesia que dicen palabras que agitan la lucha, están haciendo la obra de Satanás más efectivamente que sus propios súbditos". **RH, 21 de Julio de 1903**.

Observe una vez más el número de veces que Ellen White usa los verbos en tiempo pasado con el pasado progresivo 'sucediendo'. Ellen White conocía la diferencia entre 'sucediendo' y 'están sucediendo'. ¿Por qué ella no usó 'están sucediendo' en su declaración de Indiana, si ella quería decir que los eventos aun estaban sucediendo cuando ella le escribió al hermano Haskell el 10 de Octubre del 1900?

Pero supongamos, por el bien del argumento, que su expresión signifique "las cosas que están sucediendo" en Indiana (lo cual se desaprueba categóricamente a través de un examen de su uso de la expresión en otros lugares de sus escritos). Ese significado no haría ninguna diferencia con lo que el que me envió el correo argumenta, porque inmediatamente después de usar la expresión 'sucediendo', ella usa el tiempo futuro para describir eventos que **aun estaban en el futuro**, desde el tiempo en que ella le escribió a Haskell. **Cuatro veces** ella usa el verbo auxiliar 'will' para describir lo que sucedería en el **futuro**, desde el tiempo en que ella le escribió a Haskell. Si ella se estaba refiriendo a lo que aun estaba ocurriendo en Indiana, nosotros esperaríamos que ella le hubiera escrito al hermano Haskell:

"Las cosas que usted ha descrito como **sucediendo** en Indiana, el Señor me ha mostrado que **sucederían** justo antes del cierre de la gracia. Habría gritos, tambores, música y baile. Los sentidos de los seres racionales **estarían** tan confundidos, que ellos no pueden ser confiables para tomar decisiones correctas".

Así, a la luz de toda la evidencia de los escritos de Ellen White, el que envió el correo diciendo que la expresión 'sucediendo' es un tiempo **presente**, se ha comprobado que está errada. ¡El traductor estaba en lo correcto después de todo! Volvamos ahora a un examen de la expresión 'sucedería'.

La expresión 'sucedería'.

El que me envió el correo declara confiadamente:

"De la misma manera 'sucedería' no acepta una connotación de 'futuro', tal como 'volverían a ocurrir' (would occur again) porque 'would' es un tiempo verbal condicional simple y **no es futuro**. Además, los tiempos futuros 'se manifestará, habrá' no cambian los tiempos verbales previos, porque EGW se estaba refiriendo a eventos que estaban ocurriendo en 1900 y que podrían igualmente continuar ocurriendo en el futuro, si la iglesia no tomaba en serio el asunto".

Ya he provisto una amplia evidencia de los escritos de Ellen White, de que los eventos en la reunión campal de Indiana ya habían transcurrido (como un proceso) en el pasado desde el tiempo en que ella le escribió al hermano Haskell el 10 de Octubre de 1900.

¿Pero qué sucede con la expresión 'sucederían'? ¿Está el que me envió el correo correcto en su afirmación que 'would' es un tiempo verbal 'condicional simple' y **no futuro**? Su afirmación puede ser aceptada como correcta, si es que Ellen White **solo** hubiese usado la palabra 'would'. Pero ella usó la palabra 'would' en una construcción verbal de tal manera que toda la construcción verbal tiene que ser examinada para entender lo que ella quiso decir.

Además, ¿es correcto, por parte del que me envió el correo, simplemente dejar aun lado los tres tiempos futuros que siguen a la expresión 'sucediendo' (más uno antes) bajo la pretendida presunción de que los tiempos futuros 'se manifestará', 'habrá' no cambian los tiempos verbales previos"?

Y aun más, ¿es correcto de su parte conjeturar que el uso de Ellen White del verbo auxiliar 'would' indica que los eventos de Indiana 'continuarían a ocurrir en el futuro, si la iglesia no toma en serio los asuntos'?

Bien, la mejor manera para descubrir la respuesta a estas preguntas, es examinar como Ellen White usó la expresión 'sucedería' en el resto de sus escritos. En otras palabras, dejemos que Ellen White explique a Ellen White. Yo asumo que el que me envió el correo concuerda que este es el procedimiento exegético adecuado.

Contrariamente a la afirmación confidente del que me envió el correo, Ellen White usa la construcción verbal 'sucedería' 59 veces en sus escritos publicados (en el CD de Ellen White) para describir eventos que sucederían **incondicionalmente en el futuro**. Los siguientes ejemplos mostrarán que Ellen White usa la expresión 'sucederían' cuando se refiere a los eventos que **ocurrirían** en el **futuro**, **no condicionalmente** sino que **actualmente**.

¿Qué quiso decir Jesús cuando predijo que los apóstoles harían mayores obras que las que Él había hecho? Ellen White responde:

"'De cierto, de cierto os digo: El que en mí cree, las obras que yo hago también él las hará; y mayores que éstas hará; porque yo voy al Padre'. (Juan 14:12). Con esto Cristo no quiso decir que los discípulos habrían de realizar obras más elevadas que las que él había hecho, sino que su trabajo tendría mayor amplitud. No se refirió meramente a la realización de milagros, sino a todo lo que **sucedería** (would take place) bajo la acción del Espíritu Santo". **HAp:18-19**.

¿Entenderemos que en esta promesa de Jesús a los discípulos 'would' es un verbo 'condicional simple' y que **no es futuro**?

Concerniente a los eventos que son descritos en el libro del Apocalipsis, Ellen White declara:

"Le fueron bosquejados los acontecimientos que se **verificarían** en las últimas escenas de la historia del mundo; y allí escribió las visiones que recibió de Dios". **HAp:456**.

Y nuevamente:

"Allí escribió las revelaciones y visiones que recibió de Dios para narrar las cosas que **ocurrirían** en el período final de la historia de esta tierra". CT:314.

¿Fue el cumplimiento de las profecías de Juan en el libro del Apocalipsis condicional, porque Ellen White usó la palabra 'would' en la construcción verbal 'ocurrirían'? ¿Sostendría el que me envió el correo que la palabra 'would' es un tiempo verbal simple condicional' y **no futuro**?

Ellen White también escribió sobre el futuro cumplimiento de las profecías de Daniel:

"Nada menos que un personaje como el Hijo de Dios se apareció a Daniel. Esta descripción es similar a la que presenta Juan cuando Cristo se le reveló en la isla de Patmos. Ahora viene nuestro Señor con otro mensajero celestial para enseñarle a Daniel lo que **sucedería** en los últimos días". **4CBA:1194**.

Yo pregunto una vez más: ¿Es la palabra 'would' en la construcción verbal 'sucedería' (would take place) un tiempo verbal 'condicional simple' y **no futuro**?

Cuando Jesús les dijo a los discípulos acerca de Sus sufrimientos, Él los animó con pensamientos del futuro:

"Él (Jesús) dirigió sus mentes (de los discípulos) de las escenas de pena delante de ellos a las mansiones del cielo y a la reunión que **sucedería** en el reino de Dios". **RH, 13 de Noviembre de 1913**.

¿Es la reunión de los apóstoles con Jesús en el reino de Dios condicional? Sin intentar de ser redundante, yo le pregunto al que me envió el correo: ¿Es la palabra 'would' en la construcción verbal 'sucedería' (woud take place) un tiempo verbal 'condicional simple' y **no futuro**?

Cuando Samuel fue a la casa de Jesé para ungir al pastor David, se nos dice que el ungimiento era realmente una ceremonia profética que anunciaba el futuro ungimiento de David como Rey de Israel:

"El aceite sagrado fue colocado sobre la frente de David por el sumo sacerdote, porque el ungimiento de Samuel era una ceremonia profética de lo que **sucedería** en la inauguración del rey". **ST, 15 de Junio de 1888**.

¿La palabra 'would' en la construcción verbal 'sucedería' (would take place) indica que el futuro ungimiento de David, como rey, era condicional?

Con relación a los Fariseos, Ellen White declara:

"Ellos enviaron espías tras Él, para informar Sus movimientos. Ellos pensaron que esto no era conocido por Cristo, pero Él estaba mejor informado de sus movimientos, que lo que ellos estaban con respecto a Él. Él conocía cada paso que **sería tomado** en todo evento que sucedería". **ST, 8 de Febrero de 1899**.

¿Son las expresiones 'serían tomados' y 'sucederían' simplemente condicionales porque ellos usan el verbo auxiliar 'would'?

Con relación a los eventos que Jesús predijo en Mateo 24, se nos dice:

"Con un ojo profético Cristo vio el correr del tiempo hasta el mismo fin de la historia de la tierra, y marcó con un lápiz profético las cosas que **sucederían** en los últimos días". **YI, 18 de Noviembre de 1897**.

Con el riesgo de sonar excesivamente redundante pregunto nuevamente: ¿Fueron los eventos que Jesús predijo condicionales, simplemente porque Ellen White usó la palabra 'sucederían' ('woud take place')?

Después de leer mi respuesta, estoy seguro que el que me envió el correo, va a ir a los escritos de Ellen White, para tratar e encontrar excepciones que justifiquen su exégesis de la declaración de Ellen White acerca de Indiana y ciertamente será bienvenido al hacer eso, tal como yo lo he hecho. Pero no va a encontrar nada diferente que lo que yo he encontrado.

Yo encontré 21 declaraciones donde Ellen White usa la expresión 'sucederían' ('would take place') en un sentido **condicional**. Pero cuando ella lo hace, ella deja absolutamente claro que está usando la expresión condicionalmente al usar desveces la palabra 'would', añadiendo la palabra condicional 'si' o añadiendo la frase 'que haya' ('let there be'). Observe los siguientes ejemplos:

"Que haya luz y amor y canto alegre en el lugar de la penumbra, y qué cambio **sucedería**". **10ML:165**.

"Oh, ¡que las madres y los padres entiendan su responsabilidad y su cuenta delante de Dios! ¡Qué cambio sucedería en la sociedad! **CN:141**[16].

"**¡Si** en cada iglesia los jóvenes y las señoritas se consagraran solemnemente a Dios, **si** practicaran la auto-negación en la vida del hogar, aliviando a sus cansadas y agobiadas madres, qué cambio **sucedería** en nuestras iglesias!". **HC:486**[17].

"**Si** cada presidente sintiera la necesidad de diligente mejora de sus talentos para concebir maneras y medios para trabajar como debieran, qué cambio **sucedería** en cada Asociación". **PH002:21**.

---

[16] Paginación en Inglés.
[17] Paginación en Inglés.

"Si las responsabilidades dadas por Dios de salvar almas lustras para perecer, **fuesen entendidas**, los antiguos hábitos, los sentimientos tradicionales que obstruyen y esconden la acción reformatoria, **serían** sacados del corazón y de la vida, y una transformación **sucedería** en el carácter". **PH080:8**.

"¡**Si** lidiáramos amable, cariñosa y amablemente los unos con los otros, amando a los demás como Cristo nos ha amado, qué cambio **sucedería** en nuestro mundo!". **2SAT:177**[18].

El uso de Ellen White de la construcción verbal 'sucedería' con relación a la reunión campal de Indiana, no poseen ninguna condicionalidad. Cabe notar también que, aun cuando la construcción verbal 'sucedería' en los ejemplos anteriores, no es **presente condicional**, sino que **futuro condicional**!

En conclusión, la contienda con el que me envió el correo con respecto al verbo auxiliar 'would' en la construcción verbal 'sucedería' "es un tiempo verbal condicional simple y **no futuro**", se prueba que es incorrecta, al examinar todos los escritos de Ellen White. Simplemente no existe un lenguaje condicional en la reunión campal de Indiana, en el uso de la expresión 'sucedería'.

El Cierre de la Gracia.

Tal vez la evidencia del que me envió el correo obtenga mejores resultados cuando examinemos la expresión 'el cierre de la gracia'.

Con relación al entendimiento de Ellen White del cierre de la gracia, él declara:

"Además, para entender por qué Ellen White anexa una importancia escatológica a los eventos de Indiana, tenemos que preguntarnos cuándo ella pensó que el 'cierre de la gracia' estaba cerca y si este periodo estaba en un futuro distante o estaba ocurriendo en sus días. Yo creo que esto puede ser respondido leyendo lo que ella escribió en 1889, once años antes de Indiana: "Los días de gracia que tenemos están terminando rápidamente. El fin está cerca". **PVGM:259**. Nuevamente, ¡esto fue escrito 11 años antes de los eventos de Indiana! Por lo tanto, la conclusión lógica de la declaración de la escatología sobre la adoración en Indiana, es que esos eventos eran más una prueba para ella que el fin estaba realmente cerca".

Si entiendo correctamente el argumento del que me envió el correo, lo que él está diciendo es que Ellen White creía que los eventos en la reunión campal de Indiana sirvieron como evidencia **para ella** que el cierre de la gracia estaba 'a las puertas' en sus días, y no en el futuro distante. ¿Pero esta afirmación cuenta toda la historia? Una vez más, tenemos que dar una mirada a **todo** lo que Ellen White ha escrito sobre el asunto.

Después de la Sesión de la Conferencia General de Indianápolis 1888, Ellen White no parecía creer que lo que estaba sucediendo en Indiana, fuese una señal de que el cierre de la

---

[18] 2SAT = Testimonio de África del Sur, Tomo 2, página 177. Paginación en Inglés. No existe en Español.

gracia estuviese justo a la vuelta de la esquina. Ella declaró en 1901 (un año después de la reunión campal de Indiana):

"Tal vez tengamos que permanecer aquí en este mundo **muchos años más** debido a la insubordinación, como les sucedió a los hijos de Israel; pero por amor de Cristo, su pueblo no debe añadir pecado sobre pecado culpando a Dios de las consecuencias de su propia conducta errónea (Carta 184, 1901)". **Ev:505**.

Hay una evidencia concluyente que Ellen White sabía que el cierre de la gracia sucedería más allá de 1900. En 1911 (irónicamente 11 años después de la reunión campal de Indiana) en la edición del Conflicto de los Siglos, ella declaró:

"Solemnes son las escenas relacionadas con la obra final de la expiación. Incalculables son los intereses que ésta envuelve. El juicio se lleva ahora adelante en el santuario celestial. Esta obra se viene realizando desde hace muchos años. **Pronto -nadie sabe cuándo-** les tocará ser juzgados a los vivos. En la augusta presencia de Dios nuestras vidas deben ser pasadas en revista". **CS:544**.

¿Cómo podía Ellen White haber creído que los eventos de la reunión campal de Indiana indicaban que la gracia estaba por cerrarse, cuando el juicio de los vivos no habían aun comenzado en 1911?

El CS revela que ella sabía que diversos eventos proféticos importantes aun no habían sucedido en 1900. Entre otras cosas, el papado aun no había sanado de su herida mortal, los Estados Unidos aun no había hecho una imagen de la bestia y el movimiento de la ley dominical nacional de 1888 se había quedado sin energía. Con respecto a la ley dominical, ella declaró en 1905:

"Más luego o más tarde, las leyes dominicales serán aprobadas. Pero hay mucho para hacer por los siervos de Dios para advertir a las personas. Esta obra ha sido grandemente retrasada por haber tenido que esperar y permanecer contra las tramas de Satanás, que ha estado luchando para encontrar un lugar en nuestra obra. **Estamos años atrasados**". **RH, 16 de Febrero de 1905**.

¿Tiene Ellen White declaraciones donde describa la inminencia del cierre de la gracia? Si, tiene. Pero el uso de la palabra 'luego' no debe ser tomado como significando que Ellen White creía que la gracia se cerraría luego después de la reunión campal de Indiana. El apóstol Pablo advirtió a los Tesalonicenses acerca de ser sorprendidos 'luego' por el cierre de la gracia y ninguno de ellos está vivo dos mil años después:

"Hermanos, acerca del tiempo y del momento, no necesitáis que os escriba. 2 Porque vosotros sabéis bien, que el día del Señor vendrá como un ladrón en la noche. 3 Cuando digan: '¡Paz y seguridad!', entonces vendrá sobre ellos repentina destrucción, como los dolores a la mujer encinta, y no escaparán. 4 Pero vosotros, hermanos, no estáis en tinieblas, para que aquel día os **sorprenda** como un ladrón". **1 Tes. 5:1-4**.

¿Habló Pablo del cierre de la gracia (la venida del ladrón) como siendo inminente en sus días? Si, lo hizo. ¿Pero sabía Pablo muy bien que ese tiempo sería mucho después de los días de los apóstoles? Si, lo sabía, y lo explica en 2 Tesalonicenses 2. ¿Por qué, entonces,

Pablo dijo algo que sonaba como si el cierre de la gracia fuese inminente en sus días? La razón era que él estaba amonestando a los creyentes a estar siempre listos en cada generación. La idea del inminente cierre de la gracia en el Nuevo Testamento tiene la función de mantener a la iglesia siempre lista para la venida del Señor en cada generación.

Otro ejemplo se encuentra en Apoc. 22:10-11. Aquí Gabriel le habla a Juan en los siguientes términos:

"Y me dijo: 'No selles las Palabras de la profecía de este libro, porque el **tiempo está cerca**. 11 El que es injusto siga siendo injusto, y el sucio siga ensuciándose. El justo siga siendo justo, y el santo siga santificándose'". **Apoc. 22:10-11**.

¿No sabía Gabriel que el tiempo duraría y que la gracia no se cerraría durante siglos? ¡Claro que lo sabía! Pero él dio este mensaje porque él quería que el pueblo de Dios viviera siempre en la expectativa en cada generación. La advertencia fue para que los receptores originales y para aquellos que vivieran en el tiempo del fin.

En el cierre del libro del Apocalipsis encontramos las siguientes palabras dichas por alguien que es el mismo Jesús:

"El que testifica de estas cosas, dice: 'Ciertamente, vengo en breve'". **Apoc. 22:20**.

¿No sabía Jesús que su predicción de venir brevemente iba a tomar más de 2000 años? ¡Desde luego que lo sabía!

Observe dos ejemplos más:

"El fin de todas las cosas está a la mano. Sed, pues, serios y vigilantes en vuestras oraciones". **1 Pedro 4:7, KJV**.

"¡Dichoso el que lee las palabras de esta profecía, y dichosos los que la oyen, y guardan lo que está escrito en ella, porque el **tiempo está cerca**!". **Apoc. 1:3**.

Yo creo que las declaraciones inminentes de Ellen White, tienen el mismo propósito de los ejemplos bíblicos. Ella estaba amonestando al pueblo de Dios para que sea fiel y usó la inminencia como un método para animar al pueblo de Dios a ser fiel.

Se han pasado 112 años desde la reunión campal de Indiana. Si lo que sucedió en 1900 ocurrió justo antes del cierre de la gracia, ¿por qué estamos aun aquí 112 años después? Hay dos respuestas posibles a esa pregunta. O Ellen White estaba errada al creer que lo que sucedió en Indiana era una señal de que el cierre de la gracia estaba justo a la vuelta de la esquina en 1900, o el que me envió el correo está errado al asumir que ella creía eso.

Irrelevante para los receptores originales.

Hacia el fin de la comunicación del que me envió el correo, él afirma:

"Tenemos que preguntarnos a nosotros mismos: ¿Cuál sería la relevancia para la IASD en 1900 si Ellen White estaba describiendo los eventos de Indiana como algo que sucedería en 1998, 2012 o 2054? Absolutamente ninguna. Esa es la razón por la cual el mensaje tuvo una audiencia muy particular en mente, en 1900, la misma audiencia que tenía que tomar una posición contra el perfeccionismo y el emocionalismo de algunos de nuestros miembros en Indiana en aquel tiempo. No hay necesidad de distorsionar sus declaraciones para hacerlas relevantes hoy".

Estoy desconcertado con el argumento del que me envió el correo. Él parece estar sugiriendo que lo que Ellen White escribió acerca de la reunión campal de Indiana, sería irrelevante para los receptores originales, si es que estaba prediciendo eventos similares que sucederían en el futuro. Tal como lo ve el escritor, ¿qué posible relevancia tendrían sus declaraciones para aquellos que estuvieron en Indiana, si lo que ella escribió se aplica a la iglesia de 1998, 2012 o 2054? Tal vez mi mente falla en entender la lógica del argumento del que me envió el correo o él no pensó en forma cuidadosa este pensamiento.

Estoy seguro que el escritor sabe que es común para los escritores bíblicos afirmar que el registro de los eventos históricos pasados fue escrito, no solo para el beneficio de la iglesia del pasado, sino que también para el beneficio de la iglesia del futuro. Observe apenas dos ejemplos de los escritos del apóstol Pablo:

"Estas cosas (los eventos del desierto) les sucedieron (a los Hebreos) como ejemplo, y fueron escritas para **nuestra** admonición (los receptores de los días de Pablo), a los que han llegado al fin de los siglos". **1 Cor. 10:11, KJV**.

"Todo lo que **antes fue escrito**, para **nuestra enseñanza fue escrito**, para que por la paciencia y el consuelo de las Escrituras, tengamos esperanza". **Rom. 15:4**.

Estoy seguro que el escritor está bien familiarizado con la famosa declaración de Ellen White:

"Al repasar nuestra historia pasada, habiendo recorrido todas las etapas de nuestro progreso hasta nuestra situación actual, puedo decir: ¡Alabado sea Dios! Mientras contemplo lo que Dios ha hecho, me lleno de asombro y confianza en Cristo como nuestro líder. No tenemos nada que temer del **futuro**, a menos que nos olvidemos de la manera como Dios nos ha conducido en nuestra historia **pasada**". **LIR:38-39**[19].

La historia es un gran maestro, porque tiene la tendencia a repetirse. Un sabio filósofo dijo una vez: "Aquellos que no aprenden de los errores de la historia, están sujetos a repetirlos". Así, la descripción de Ellen White de los históricos eventos de 1900 en la reunión campal de Indiana, enseña las lecciones de la iglesia del fin que fueron intentadas para impedir la repetición de los errores del pasado.

Ellen White le está diciendo al hermano Haskell que los eventos que él testimonió en la reunión campal de Indiana, se repetirían nuevamente en nuestras reuniones **justo antes** del cierre de la gracia. Así ella está advirtiendo a la iglesia del fin del tiempo, para que sea cuidadosa para no repetir la historia del pasado. De esta manera ella está reprobando lo que sucedió en Indiana y lo está usando como una advertencia para la iglesia del futuro. Así, tanto la iglesia del pasado como la iglesia del futuro serían beneficiadas. Lo que Ellen

---

[19] LIR: La Iglesia Remanente.

White le dijo a Haskell era relevante en sus días, porque la iglesia estaba enfrentando el problema, pero también era relevante para el tiempo del fin, porque el problema surgiría nuevamente.

La relevancia del argumento del que me envió el correo, es débil y hace con que sean irrelevantes las observaciones que le escribió Pablo a Timoteo. En 1 Tim. 3:1-5, el apóstol describe la condición de l iglesia en sus días. Pero Ellen White explica que esas palabras se aplicaban también a la condición de la iglesia en el tiempo de fin (CS:444)[20].

Lo mismo se puede decir acerca de 2 Tim.4:1-4. Ellen White ve esto como aplicándose a los días de Pablo y también para el tiempo del fin (LP:232, 324). Estoy seguro que el que me envió el correo sabe que los profetas escribieron no solo para sus tiempos, sino que para advertir a las futuras generaciones haciendo referencia a eventos del pasado. Jesús hizo eso en Mateo 24. Ellen White lo hizo con Daniel 3. Dice la sierva del Señor:

"Lo experimentado en el **pasado se repetirá**. En lo porvenir, las supersticiones satánicas cobrarán formas nuevas. El error será presentado de un modo agradable y halagüeño. Falsas teorías, revestidas de luz, serán presentadas al pueblo de Dios. Así procurará Satanás engañar a los mismos escogidos, si fuese posible. Influencias extremadamente seductoras serán ejercidas, y las mentes estarán como hipnotizadas". **5TS:118**.

Ellen White lee una Carta.

Arthur White, el nieto de Ellen White, ofrece su explicación en su monumental biografía de su abuela:

"Se le mostró a Ellen White en Australia en Enero de 1900, lo que sucedería. La extraña obra se estaba apenas desarrollando en Indiana, y se le mostró a ella lo que sucedería en la **reunión campal**. Así ella estaba preparada para hablar del asunto cuando llegó a la Sesión de la Conferencia General en 1901". **5NB:104**.

El 17 de Abril de 1901, Ellen White leyó una carta que ella les escribió a los hermanos en Indiana. Esto condujo al presidente de la Asociación, R. S. Donnell a arrepentirse públicamente y a afirmar su confianza en el Espíritu de Profecía.

"Se me ha dado instrucción con relación a la **última experiencia** de los hermanos en Indiana y la enseñanza que le **han dado** a las iglesias". Carta leída a los ministros de la Conferencia General el 17 de Abril de 1901.

Observe que ella no dice "actual experiencia" ni que "están dando". En Inglés la expresión 'la última' significa algo que sucedió recientemente y que ya pasó. Nosotros la usamos, por ejemplo, para alguien que estaba vivo y que recientemente murió, tal como 'el último presidente John F. Kennedy fue muerto en Dallas'.

Nuevamente Ellen White les dijo a los hermanos de la Conferencia General:

---

[20] Paginación en Inglés.

"Pero la **última experiencia** de los hermanos en Indiana **no ha estado** de acuerdo con la instrucción del Señor".

Y una tercera vez:

"La manera en que las reuniones en Indiana **han sido** realizadas, con ruido y confusión, no se las recomienda a las mentes pensantes e inteligentes".

En estas tres declaraciones, Ellen White deja claro que en su carta al hermano Haskell, ella se estaba refiriendo a lo que había ocurrido en el pasado. Los eventos ya no estaban ocurriendo cuando ella habló. Ella volvió de Australia en Enero de 1900 con el expreso propósito de lidiar con el problema de Indiana y así ella tuvo por lo menos 8 meses para enfrentar el problema. El problema ya se había resuelto cuando ella habló en la sesión de la Conferencia General y no hay una clara evidencia de lo contrario.

Errada Pneumatología o Doxología.

El escritor declara confidentemente en su correo, que el problema en Indiana tuvo poco que ver con la música y tuvo todo que ver con una errada pneumatología (doctrina del Espíritu Santo) y que la iglesia ha corregido ese problema que sucedió en la reunión campal. En sus propias palabras:

"Esta (corrección) la iglesia la ha llevado a cabo, porque el emocionalismo en la adoración tiene **muy poco que ver con la música** y tiene todo que ver con una débil y distorsionada pneumatología".

Estoy más que desconcertado con esas observaciones; de hecho, estoy perplejo. ¿Realmente se ha corregido el problema del emocionalismo y de la música en la iglesia? ¿Es correcto declarar que el 'emocionalismo en la adoración tiene poco que ver con la música'?

Respondamos cada una de estas preguntas a continuación.

Yo viajo regularmente a los cinco continentes predicando y enseñando y en mis viajes he descubierto que el problema del emocionalismo y el de la música están lejos de haber sido corregidos. Hace unos cuatro años fui un testigo ocular del siguiente evento:

Fui convidado a predicar en un congreso de jóvenes, que fue organizado por una misión y una asociación en cierto país latinoamericano. Ellos me pidieron que presentara una serie de mensajes proféticos de la IASD. Yo preparé una serie especial que creí que llamaría la tención de la juventud e hice el viaje de 9 horas desde Fresno.

El congreso fue realizado en un largo fin de semana en un club deportivo en un agradable pueblo costero. En la apertura en la noche, yo llegué al club temprano con grandes expectativas. La juventud comenzó a llegar por montones y muy luego el edificio estaba totalmente lleno, con lo que yo estimé serían unos mil jóvenes. Parecía que esto iba ser un maravilloso fin de semana espiritual. Pero muy luego mis expectativas se esfumaron y quedé profundamente decepcionado. Tal vez angustiado sería más apropiado para describir mis sentimientos.

Para comenzar el programa, llegó un grupo de jóvenes que se subieron a la elevada plataforma y comenzaron a cantar MCC de alabanza. Estaban vestidos con blue jeans y camisetas. En la plataforma había un teclado y guitarras eléctricas. Con un volumen ensordecedor la banda comenzó a tocar sus cantos de alabanza mientras los cantantes gritaban sus palabras. La música era sincopada y rítmica y era acompañada por diferentes luces de colores que ondulaban por el cielo raso, las paredes y la muchedumbre. En la plataforma había una máquina que lanzaba vapor que envolvía la plataforma en una neblina lo que la hacía parecer un bar.

La juventud aplaudía, bailaba, oscilaba, pisoteaba, se reía, gritaba, silbaba y chillaba. La mayoría de los jóvenes ni siquiera estaba cantando, sino que estaban hablando, abrazándose y oscilando con la música. Si usted cree que estoy exagerando lo que ocurrió, aun tengo un video para probar que mis afirmaciones son verdaderas. Yo concuerdo con el testimonio del hermano Haskell acerca de la reunión campal de Indiana: "No creo que esté exagerando de ninguna manera".

El servicio de adoración duró un poco más de una hora. Los jóvenes estaban restallando en un frenesí que nos les permitiría concentrarse en un estudio profundo de la Palabra de Dios. Finalmente, justo antes de las 21 horas, el pastor que estaba a cargo del evento, me dijo que era mi vez, pero que tendría que abreviar mi discurso, porque era muy tarde. En ese punto, me pregunté a mí mismo, ¿cómo puedo predicar en un medio ambiente donde la juventud está en tal estado de frenesí? Era obvio que sus corazones no estaban listos para recibir la palabra, así es que decidí cambiar mi tópico y prediqué un sermón de 20 minutos.

Fue extremadamente difícil predicar en un medio ambiente así, porque la juventud tenía poco interés y no había espíritu de reverencia. De hecho, llevó varios minutos para calmarlos, y aun entonces, mientras yo predicaba, ellos hablaban y estaban distraídos. En ese 'servicio de adoración' pude ver lo que no pude dejar de pensar: ¡Así es que Ellen White estaba en lo correcto acerca de lo que ella predijo en 1900!

He aquí otro ejemplo de un evento que sucedió en una gran ciudad de Sudamérica.

Hace algunos años, fui convidado a hablar en un congreso de jóvenes en una División. Aun cuando el congreso terminó un Sábado en la mañana, en el centro de la ciudad, fue organizado un concierto por un grupo de jóvenes para el domingo en la noche y fue realizado en la misma lugar del servicio de adoración del Sábado en la mañana. Aun cuando el concierto no fue organizado o patrocinado por la División, muchos de los que asistieron al congreso, también fueron al concierto, asumiendo que hacía parte de la programación, porque fue realizado en el mismo lugar.

Un renombrado solista y un muy conocido grupo de cantantes (ambos están en la lista de los patrocinadores de HimnovaSión en su reciente libro-e publicado) presentaron el programa. Yo no asistí al concierto porque ya conocía el estilo de música que los artistas iban a presentar. Sin embargo, dos de los nietos de mi esposa, a los cuales les gusta la MCC, asistieron al concierto y trajeron un informe.

Tal como ellos lo dijeron, aun cuando estaban asombrados con la irreverente actitud de aquellos que asistieron. Ellos me dijeron que las niñas fueron con camisetas deportivas que dejaban muy poco a la imaginación. Ellos dijeron que el volumen era ensordecedor, la juventud bailaba en los pasillos, silbaba, gritaba, aplaudía, chillaba y se subía a las sillas. La música era una mezcla de rock, jazz y pop con letra cristiana.

¿Se atrevería alguien a decir que la música no tiene nada que ver con la irreverente actitud y conducta de aquellos que asistieron? La reacción de la mayoría de los Adventistas no se debía a una pneumatología errada, sino que debido a la música que fue presentada. ¿Un Dios santo condona y acepta este estilo de adoración? Le dejo al lector la honesta respuesta a esa pregunta.

¡Los estilos de música que fueron usados en ese y en otros eventos, son pruebas vivas de que lo que Ellen White predijo que estaba sucediendo en Indiana, sucedería nuevamente en el futuro!

La carta de Ellen White a Haskell.

Una lectura cuidadosa de la carta de Ellen White al hermano Haskell, revela claramente que ella estaba preocupada con el estilo de música y también con una falsa pneumatología y teología. ¡Ella no deja ninguna duda que la razón para la excitación, griterío y baile era la música! El hermano Haskell confirmó eso cuando declaró:

"Hay un gran poder que va con el movimiento que está aquí. Atrae a casi todos dentro de su alcance, si es que están concientes, y se sientan y escuchan con el menor interés, **debido a la música** que es traída para tocar en la ceremonia". Stephen Haskell, Carta a Ellen White, 25 de Septiembre de 1900.

En su respuesta a Haskell, Ellen White hizo esta declaración:

"Es mejor no mezclar nunca el **culto** a Dios con **música**, que utilizar **instrumentos musicales** para realizar la obra que en enero pasado se me mostró que tendría lugar en nuestras **reuniones** de reavivamiento". **2MS:41-42**.

"Las cosas que han ocurrido en el **pasado** (en este punto, tanto la experiencia Adventista temprana como la reunión campal ya habían pasado) también acontecerán en el **futuro**. Satanás convertirá la **música en una trampa** debido a la **forma** como es dirigida". **2MS:43**.

"El ruido desconcertante aturde los sentidos y desnaturaliza aquello que, si se condujera en la forma debida, constituiría una bendición. El influjo de los instrumentos satánicos se une con el estrépito y el vocerío, con lo cual resulta un carnaval, y a esto se lo denomina la obra del Espíritu Santo". **EUD:163**.

Así, Ellen White vincula una pneumatología torcida con una doxología y adoración torcida. El movimiento pentecostal moderno revela claramente que un entendimiento errado del Espíritu Santo, frecuentemente conduce a un errado uso de la música, lo cual se traduce en una respuesta alborotadora en el servicio de adoración. Y sin embargo, también es verdad que una pneumatología errada ni siquiera es necesaria para que la música cause una respuesta cuestionable en los oyentes, tal como se puede ver en los servicios de adoración Adventista que he descrito antes. La respuesta de la juventud en el concierto en el coliseo deportivo, no se debió al errado punto de vista del Espíritu Santo, sino que a la música que fue tocada.

Al otro lado de la ecuación, también es correcto decir que el adecuado entendimiento del Espíritu Santo conducirá a un correcto uso de la música, lo cual a su vez conducirán a una respuesta reverente adecuada en el servicio de adoración. Nosotros usamos la expresión: "Donde hay humo, hay fuego". Bien, donde hay baile, griterío, silbido, etc., hay un errado uso de la música. Después de todo, ¡un baile a capella es un fenómeno raro!

Que el tipo errado de música crea una respuesta de adoración impropia, puede ser visto visitando las iglesias pentecostales o viendo TBN. ¿Qué es lo que causa la respuesta frenética de la muchedumbre? La respuesta es: ¡la música! ¡Si no hubiera MCC, no habría frenesí! Y, tal como lo declara Ellen White, ¡ellos atribuyen ese frenesí a la obra del Espíritu Santo! Ellen White afirma claramente que el **uso errado** de los instrumentos musicales fue el problema en la reunión campal de Indiana en 1900. Y observe que ella previó no solo un problema en Indiana, porque usó el plural '**reuniones** campales'. Tanto cuanto sabemos, no hubo otras reuniones campales alrededor del 1900 que siguieran lo de Indiana:

"Pero en enero pasado el Señor me mostró que en nuestras **reuniones** de reavivamiento se **introducirían** teorías y métodos erróneos, y que se repetiría la historia pasada". **2MS:42**.

Alguien puede asumir que el futuro del cual Ellen White estaba hablando en 1900, fue lo que sucedió ocho meses después en Indiana. Pero en el contexto, esto es solo parcialmente verdadero. Ella sin duda se estaba refiriendo a lo que sucedió en la historia primitiva Adventista y también a lo que sucedió en Indiana. Pero ella también estaba advirtiendo claramente acerca de eventos similares que sucederían en el futuro. Ellen White le escribió a Haskell el 10 de Octubre de 1900, un poco más de dos semanas después que hubo concluido la reunión campal de Indiana:

"Las cosas que **han ocurrido en el pasado también acontecerán en el futuro**. Satanás convertirá la música en una trampa debido a la forma como es dirigida". **2MS:43**.

Cuando Ellen White escribió esta declaración, tanto los eventos de la historia primitiva de los Adventistas como los eventos de la reunión campal de Indiana, estaban en el pasado. No hay manera que esta construcción de la declaración pueda significar que ambos usos del verbo 'will' signifique 'would'. Yo he provisto abundante evidencia de los propios escritos de Ellen White, que los eventos de Indiana habían ocurrido como un proceso pasado y ya habían concluido cuando Ellen White le escribió su respuesta al hermano Haskell.

Importancia de la Verdad Presente.

Pero aun hay un asunto más profundo envuelto aquí. Una y otra vez Ellen White enfatizó que el propósito de nuestras reuniones campales es presentar el mensaje del tercer ángel al mundo. Ella repetidamente subrayó en su carta al hermano Haskell, la importancia de predicar la Verdad Presente en nuestras reuniones campales y advertir acerca del peligro de un estilo de adoración impropio, que eclipse el mensaje. Ella declara claramente que cualquier estilo de adoración o música que aleje de este propósito central, es inaceptable. He aquí dos ejemplos:

"El enemigo estaba tratando de arreglar los asuntos de tal manera que las reuniones campales, que han sido los medios de traer la verdad del **mensaje del tercer ángel** delante de multitudes, **pierdan su fuerza e influencia**". **21ML:130**.

"Esta es una invención de Satanás para encubrir sus ingeniosos métodos para **dejar sin ningún efecto** la pura, sincera, elevada, ennoblecedora, santificadora verdad **para este tiempo**". **21ML:128**.

En resumen, el asunto en 1900 no era solo teológico ('carne santa', lo cual fue realmente un ataque sobre la doctrina bíblica de la santificación) y pneumatológico (un concepto engañoso del Espíritu Santo), sino que también doxológico (un estilo de adoración y música impropios). Esto es, el problema estaba relacionado con el tipo de música y con el estilo de adoración que acompañaba el punto de vista errado del Espíritu Santo.

Depreciación de la Verdad Presente.

El problema que enfrentamos hoy es aun más complejo que el estilo de adoración y la música. Yo he encontrado que aquellas iglesias que usan estilos MCC, también quieren que el servicio de adoración esté compuesto mayormente de música de alabanza, dejando poco tiempo para el sermón. Muchas de estas iglesias no quieren que el Espíritu de Profecía sea citado desde el púlpito, no quieren nada que se refiera a nuestras doctrinas distintivas, especialmente la profecía bíblica y no quieren que se diga nada acerca del estilo de vida distintivo Adventista.

Por lo tanto, el problema es más complejo que apenas la música. La música se ha convertido en un fin en sí misma, cuando debería ser un medio para el fin. La música debería ser el apoyo del mensaje, en vez de que el mensaje sea el apéndice de la música. El sermón debería ser lo principal, y la música debería ser el postre, pero la música ha suplantado el mensaje como siendo lo principal.

A donde quiera que he viajado, escucho quejas acerca de cómo el único mensaje Adventista ha sido eclipsado y devorado por la música y los músicos. En otras palabras, la música, en vez de ser un medio para un fin, se ha convertido en un fin en sí misma. En vez de ser sierva del mensaje, la música se ha convertido en señor.

Himnos para la Ocasión.

Hace algunos años, fui convidado a hablar en una reunión campal sobre adoración. Subrayé que el sermón debía ser central en el servicio de adoración y que la música debía apoyar al sermón. Después de mi presentación, un fuerte partidario de la MCC me mostró que en las escenas celestiales de adoración, en el libro del Apocalipsis, no hay ningún sermón, sino que apenas cantos y alabanza. Su punto de vista era que en el cielo, la música de alabanza supera al mensaje. Para ser honesto, no tuve una buena respuesta a su argumento, hasta que me senté en mi estudio para estudiar el asunto.

Cuando estudié las escenas de adoración en el libro del Apocalipsis, descubrí que los seres celestiales no cantan solo por cantar. En otras palabras, ellos no colocan simplemente un concierto junto con una colección de cantos de alabanza. Cada himno que ellos cantan posee un tema central y se focaliza en un evento histórico que ha sucedido justo antes que ellos canten el canto. Por así decirlo, el vento histórico vivo es el sermón del servicio de adoración y la música es la respuesta al evento histórico. Tomemos las escenas de adoración una a una.

Himno al Creador.

En Apocalipsis 4, antes que Jesús llegara al cielo en Su ascensión, el foco de la adoración celestial estaba sobre Dios el Padre, el cual estaba sentado en Su trono. En armonía con la ocasión, la música que los 24 ancianos y los cuatro seres vivientes cantaban en esta ocasión, estaba centrada en Dios el Padre como el arquitecto de la creación:

"Señor y Dios, digno eres de recibir gloria, honra y poder; porque **tú creaste todas las cosas**, por tu voluntad existen y fueron creadas". **Apoc. 4:11**.

La muerte de Jesús en la cruz.

Cuando Jesús murió en la cruz, la música de adoración de la muchedumbre celestial estaba centrada en la victoria de Jesús sobre Satanás:

"Entonces oí una gran voz en el cielo que decía: '¡Ahora ha llegado la salvación, el poder y el reinado de nuestro Dios, y la autoridad de su Cristo! Porque ha sido arrojado el **acusa-**

dor de nuestros hermanos, que los **acusaba** día y noche ante nuestro Dios'". **Apoc. 12:10**. (ver también Juan 12:31-33).

La aceptación del Padre del sacrificio de Cristo.

Cuando Jesús llegó al cielo en Su ascensión, el tema de la música del coral cambió de Dios el padre como el Creador a Jesús el Redentor. En este punto, Jesús volvió de la tierra al cielo y se presentó Él mismo delante de Su Padre, con las heridas aun frescas en Su cuerpo. Los cuatros eres vivientes, los 24 ancianos y la hueste angélica cantaron un nuevo canto que había sido compuesto para esa ocasión, que se centraba en el evento que estaba sucediendo delante de sus ojos:

"Y cantaban un nuevo canto, diciendo: 'Digno eres de tomar el libro y abrir sus sellos, porque fuiste muerto, y con tu sangre compraste para Dios gente de toda raza y lengua, pueblo y nación; 10 y de ellos hiciste un reino y sacerdotes para servir a nuestro Dios, y reinarán sobre la tierra'. 11 Y miré, y oí la voz de muchos ángeles alrededor del trono, de los seres vivientes y de los ancianos. Su número era miles de millares, y diez mil veces diez mil. 12 Y decían a gran voz: 'El Cordero que fue muerto es digno de recibir poder y riquezas, sabiduría y fortaleza, honra, gloria y alabanza'". **Apoc. 5:9-12**.

Tomando el Reino.

Cuando Jesús finalmente toma los reinos de este mundo al sonar de la séptima trompeta, el tema central de los seres celestiales se centraliza en ese gran evento:

"El séptimo ángel tocó la trompeta, y hubo fuertes voces en el cielo, que dijeron: 'El reino del mundo ha venido a ser de nuestro Señor y de su Cristo, y reinará para siempre jamás'. 16 Y los veinticuatro ancianos que estaban sentados ante Dios en sus tronos, se postraron sobre su rostro y adoraron a Dios, 17 diciendo: 'Te damos gracias, Señor Todopoderoso, que eres y que eras, porque has asumido tu inmenso poder, y has empezado a reinar'". **Apoc. 11:15-17**.

Victoria sobre la Bestia y su Imagen.-

Cuando el pueblo de Dios finalmente gana la victoria sobre la bestia y su imagen, ellos van a cantar el Canto de Moisés y del Cordero, el canto de su liberación. En esto, ellos harán eco del canto que fue cantado por Israel después que sus enemigos fueron tragados por las furiosas aguas del mar Rojo:

"Y cantaban el canto de Moisés siervo de Dios, y el canto del Cordero, diciendo: '¡Grandes y maravillosas son tus obras, Señor Dios Todopoderoso! ¡Justos y verdaderos son tus caminos, Rey de las naciones! 4 ¿Quién no reverenciará, y glorificará tu Nombre, oh Señor? Porque sólo tú eres santo. Todas las naciones vendrán y te adorarán, porque tus actos de justicia han quedado manifiestos'". **Apoc. 15:3-4**.

Juzgando a la Ramera.

Cuando Dios finalmente juzgue a la ramera, que ha derramado la sangre de Su pueblo, el canto del coro celestial traerá a la memoria y reflejará ese evento:

"Después oí una gran voz de una inmensa multitud en el cielo, que decía: '¡Alabad al Señor! ¡Salvación y honra, gloria y poder a nuestro Dios! 2 Porque sus juicios son verdaderos y justos. Él ha juzgado a la gran ramera, que corrompía la tierra con su fornicación, y ha vengado en ella la sangre de sus siervos'". **Apoc. 19:1-2**.

Nuevos Cielos y Nueva Tierra.

Finalmente, cuando los redimidos estén en la Santa Ciudad y los impíos estén afuera, l canto de los justos reflejará aquello que ellos anticiparon:

"Y oí una gran voz del cielo que dijo: 'Ahora la morada de Dios está con los hombres, y él habitará con ellos. Ellos serán su pueblo, y Dios mismo estará con ellos, y será su Dios. 4 Y Dios enjugará toda lágrima de los ojos de ellos. Y no habrá más muerte, ni llanto, ni clamor, ni dolor, porque las primeras cosas pasaron'". **Apoc. 21:3-4**.

El punto es que nuestra experiencia de adoración ASD hoy, tiene que reflejar nuestro único mensaje y misión. El mensaje de verdad presente para hoy es que Jesús está en el Lugar Santísimo y que Él va a comenzar el juicio de los vivos. ¿No debiera nuestra experiencia de adoración reflejar este hecho? ¿No debiera nuestra teología determinar nuestra doxología? ¿No debiera nuestra verdad presente dictar lo que cantamos en el servicio de adoración? Si adoramos como los pentecostales y evangélicos, ¿qué razón tenemos para existir? ¿Cómo podemos decir que nuestro servicio de adoración es Adventista cuando raramente cantamos o predicamos acerca de lo que Jesús está haciendo actualmente en el santuario celestial y lo que deberíamos hacer en paralelo en la tierra?

Lección 14—La Historia de la Visión de Salamanca, tal como fue contada por A. L. White.

En el año 1890 fueron planificadas reuniones generales en el Distrito Atlántico de nuestra obra, a lo largo de la costa del Atlántico. Fue antes de los días de las conferencias de la Unión. El hermano A. T. Robinson estaba cargo de la planificación, y él convidó a la Sra. White para que estuviera presente en esas reuniones generales, las cuales iban a ser conducidas sobre un periodo de cerca de tres meses. La primera fue realizada a fines de Octubre en South Lancaster, Massachussets. Día tras día Ellen White dio su testimonio, y cuando la serie de reuniones terminó, ella estaba temerosa, pero tomó el carro para Salamanca, Nueva York, donde la próxima serie de reuniones iba a realizarse.

Mientras estaba en el carro, se resfrió severamente. Al llegar a Salamanca, fue conducida al hogar de Hicks, donde permaneció, como huésped, Ellen White lo registra en su diario (y lo tenemos escrito con su propia mano en nuestro sótano) de que nunca más ella debería asistir a reuniones en ese tiempo del año, no era sabio para que alguien de su edad lo hiciera.

La Srta. Sarah McInterfer, su compañera de viaje y secretaria privada, insistía en que la Sra. White abandonara sus planes por los dos meses y medio siguientes y que volviera a Battle Creek, donde ella tendría un tratamiento adecuado. Pero ya se habían hecho los anuncios de las reuniones que serían realizadas. Una gran iglesia Protestante había sido arrendada para la ocasión, y nuestros creyentes estaban llegando de las iglesias de la parte Sur de la parte occidental del Estado de Nueva York y de la parte Norte de Pennsylvania, para esta reunión general. Y así la Sra. White decidió seguir adelante con sus compromisos.

El primero de estos compromisos fue el Sábado en la tarde, y ella le habló a nuestro pueblo, aun cuando no estaba bien. La reunión del domingo debía realizarse en la casa de la ópera, porque, desde luego, la iglesia iba a ser ocupada por la congregación de sus propietarios. Se había advertido ampliamente que la Sra. White hablaría. Aun cuando estaba enferma, ella dijo que seguiría adelante con sus planes. Pero cuando llegó el domingo en la mañana, ella no estaba tan bien como lo había estado el día anterior. Ella solo podía hablar en un susurro. Desde un punto de vista humano, parecía fútil intentar sostener esa reunión, especialmente con el público en general. Pero la Sra. White les aseguró a los hermanos que seguiría adelante con el compromiso.

Antes, en una ocasión como esa, ella se volvió a su esposo y le dijo: "James, si tan solo pudiera saber que Dios me va a sostener".

Él le dijo: "Ellen, ¿te ha fallado el Señor alguna vez?"

Ella respondió: "No".

Y él le dijo asegurándole: "El Señor no te fallará".

Así es que ahora, siguiendo adelante por la fe, ella fue a la casa de la ópera ese domingo en la tarde. El edificio estaba repleto. Ellen White era una buena oradora en público. Ella era bien conocida en sus días. Y ella se paró delante de la audiencia y comenzó a hablar, pero en un susurro, y entonces su voz se hizo clara, y ella les habló durante una hora sobre su asunto preferido: la temperancia cristiana en sus aspectos más amplios, conduciéndolos de vuelta a las mesas de sus hogares.

El lunes, Ellen White no estaba tan bien, como lo había estado el día anterior. Pero el anuncio había sido hecho, que ella hablaría el lunes en la tarde en la iglesia. Las reuniones estaban muy juntas el lunes en la noche, así es que esta sería la última vez que nuestro pueblo la escucharía hablar en conexión con estas reuniones. En el tiempo señalado, ella fue ayudada para llegar al lugar de la reunión. Ella fue asistida hasta llegar adelante y entonces ella misma llegó hasta el púlpito, y les habló a las personas por cerca de 45 minutos. Cuando ella terminó, las personas se aglomeraron adelante para despedirse de ella. Ellos le dijeron: "Hermana White, el Señor le ha dado un mensaje para nosotros hoy". Pero en su diario (y lo tenemos escrito con sus propias manos al día siguiente), ella dijo: "No se qué fue lo que dije. No recuerdo una palabra de lo que dije. Estaba muy enferma".

Y entonces, en su desánimo y en su enfermedad, ella se dirigió al hogar de Hicks y a su cuarto, pensando en derramar su alma delante de Dios y suplicarle misericordia, fortaleza y salud. Ella llegó a su cuarto y se arrodilló a lado de su silla, y entonces nos cuenta: "No había dicho ni una palabra, cuando todo el cuarto parecía lleno con una suave luz plateada y mi dolor de desánimo fue removido. Me llené de confort y esperanza, la paz de Cristo". Diario, 3 de Noviembre de 1890.

Y entonces fue tomada en una visión de la gloria de Dios. Después de la visión ella no durmió. No descansó. Estaba sana, había descansado, y se acostó en su catre esa noche, y al hacerlo, penó en las palabras de Jacob de antaño: "Ciertamente el Señor estaba en este lugar, y yo no lo sabía".

En la mañana había que tomar una decisión. ¿Podría ir a Virginia, donde el siguiente mensaje tenía que ser dado en Stanley, o tenía que volver a Battle Creek, tal como su enfermera insistía? El hermano A. T. Robinson, que tenía todo el trabajo de planificación, y mi padre, llegaron a su cuarto para obtener una respuesta. La encontraron vestida y bien, claro que ella continuaría. Ella les contó sobre la sanación. Les contó sobre a vision. Ella dijo: "Quiero contarles sobre lo que me fue revelado la última noche. Porque en la visión me parecía estar en Battle Creek, y el ángel mensajero me dijo: 'Sígueme'. Y entonces ella dudó". La escena se le había ido. Ella no consiguió recordarla.

Ellos la visitaron por algún tiempo, y entonces los hombres tuvieron que salir para arreglar el transporte a Pennsylvania y a Virginia, donde las siguientes reuniones tenían que ser realizadas. Pero cuando estaban saliendo, ella dijo: "Un minuto, quiero contarles sobre la visión que me fue dada la última noche. Tenía que ver con importantes asuntos. En la visión me parecía estar en Battle Creek, y fui llevada al edificio de la Review and Herald, y el ángel mensajero me dijo: 'Sígueme'", y se le había ido nuevamente, de la misma manera que le sucedió al rey Nabucodonosor, cuando se le olvidó el sueño, mientras él trataba de recordarlo. Ella no pudo recordar la visión.

Los hombres se apresuraron para arreglar el transporte. Y en buena salud, la Sra. White 'asistió a las reuniones durante los siguientes dos meses y medio'. De hecho, en esa misma semana, ella pasó el día visitando las Cavernas Luray. Cuando ella anduvo por las cavernas, ella tenía en su mano una palmatoria con tres velas en su mano para obtener luz, y disfrutó del día visitando esas cuevas. Menciono esto, para que usted pueda saber que ella tenía buena salud, sanada completamente de su enfermedad.

En los días que siguieron, ella registró en su diario lo que no se le permitió decirles a los hombres aquel día en Salamanca. (Tenemos los manuscritos en nuestro sótano). Muchas cosas le fueron reveladas. pero una escena en especial, debo colocarla para vuestra tención. Voy a leer apenas algunas sentencias registradas de su diario, para presentarles la visión que le fue dada a ella. Tenía que ver con el American Sentinel. Ahora, el American Sentinel era para nuestra obra en el siglo XIX, como la revista Libertad lo es hoy para nosotros. Era un diario semanal entonces, publicado por la Pacific Press en la ciudad de Nueva York, devotado grandemente a los intereses de la libertad religiosa. Leo del diario:

"En la noche estuve presente en diversos consejos, y allí escuché palabras repetidas por hombres influyentes para el efecto que si el American Sentinel quitara las palabras 'Adventistas del Séptimo Día' de sus columnas, y no dijera nada acerca del Sábado, los grandes hombres del mundo lo aceptarían; se haría popular, y haría una gran obra. Esto parecía muy placentero. Pero, ¿cuál es la naturaleza de la obra que sería hecha para alcanzar las ideas del mundo? Estos hombres no podían ver por qué no podemos afiliarnos con los incrédulos y con lo no profesores, para hacer del American Sentinel un gran éxito.

"Vi que sus rostros se iluminaban, y comenzaron a trabajar en una política para hacer del Sentinel un éxito popular. Todo el asunto fue presentado por hombres que necesitaban la verdad en las avenidas de la mente y del alma.

Esta política es el primer paso en una sucesión de pasos errados. Los principios que han sido apoyados en el American Sentinel, son la suma y la sustancia del Sábado, y cuando los hombres comienzan a hablar de cambiar sus principios, están haciendo una obra que no les pertenece. Al igual que Uza, ellos están tratando de sostener el arca que le pertenece a Dios y que está bajo Su especial supervisión".

No necesito leer más. Usted ya entendió, tal como se lo ha colocado aquí, un grupo de hombres analizando la política editorial de uno de nuestros diarios.

Después de terminar estas reuniones generales, la Sra. White volvió a su hogar en Battle Creek y se preparó para la Conferencia General que se iba a realizar el 5-25 de Marzo de 1891. Cuando comenzó la Conferencia, se le pidió que hablara a los obreros cada mañana a las cinco y media. Durante la semana ella fue a esas reuniones matinales. Cuando llegó el Sábado, se le pidió que se dirigiera a toda la conferencia el Sábado en la tarde. Así lo hizo, y estuvo en el Tabernáculo de Battle Creek delante de cuatro mil de nuestros obreros y creyentes. Ella eligió como su texto: "Así alumbre vuestra luz delante de los hombres, para que vean vuestras obras buenas, y glorifiquen a vuestro Padre que está en los cielos". (Mat. 5:16) todo el discurso fue un poderos apelo para que los ASD mantuvieran las características distintivas de su fe.

Entonces ella dijo en sustancia: "Cuando estuve en salamanca, Nueva York, asuntos de importancia me fueron revelados. En una visión de la noche me pareció estar aquí en Battle Creek, y el ángel mensajero me dijo: 'Sígueme'". Ella dudó. La escena se le había ido. No pudo recordarla. Ella continuó hablando de cómo tenemos que sostener las características distintivas adelante. Entonces dijo: "Tengo que decirles sobre la visión de asuntos importantes que me fueron revelados. En la visión me parecía estar en Battle Creek. Fui conducida a la oficina de la Review and Herald, y el ángel mensajero me dijo: 'Sígueme'". Nuevamente se le olvidó. Ella continuó con su sermón, y una tercera vez en esa tarde ella intentó decirles esa visión. Y nuevamente no se le permitió decírselos. Entonces ella dijo: "Sobre esto, tengo más que decirles más tarde". Ella redondeó el sermón en casi una hora, y terminó con delicadeza, y la reunión fue terminada. Todos supieron que era incapaz de volver a recordar la visión.

El presidente de la Conferencia General, el hermano Olsen, fue hacia donde ella. "Hermana White", dijo él, "¿estará con nosotros en la mañana?"

"No", dijo ella. "Estoy fatigada, he dado mi testimonio. Tiene que hacer otros planes para la reunión de mañana". Y ellos lo hicieron.

Cuando la Sra. White volvió a su hogar, les dijo a los miembros de su familia que no asistiría a la reunión matinal. Estaba cansada, e iba a tener un buen descanso. Iba a dormir hasta el domingo por la mañana, y fueron hechos planes de acuerdo con eso.

Esa noche, después que hubo terminado la sesión de la Conferencia General, un pequeño grupo de hombres se reunió en el edificio de la Review and Herald. En esa reunión había representantes de la Pacific Press, los cuales publicaban el American Sentinel; y también estaban presentes los representantes de la Asociación de Libertad religiosa. Ellos se reunieron para analizar y establecer una cuestión muy controvertida: la política editorial del American Sentinel. Alguien miró hacia la puerta, proponiendo que esas puertas no serían abiertas hasta que la cuestión estuviese resuelta. Pasaron las diez; se pasaron las once; se pasaron las doce, y los hombres aun estaban ahí; se pasó la una, y no habían llegado a ninguna decisión; se pasó las dos, y las puertas aun estaban cerradas, y los hombres continuaban ahí.

Un poco antes de las tres horas, el domingo en la mañana, terminó la reunión en un punto muerto, con la aserción por parte de los hombres de la Libertad religiosa, que a menos que la Pacific Press accediera a su demandas y eliminara el término "Adventistas del Séptimo Día" y "el Sábado" de sus columnas de ese diario, ellos no lo usarían más como el órgano de la Asociación de Libertad Religiosa. Eso significaba matar el diario. Ellos abrieron la puerta, y los hombres se fueron a sus hogares, se acostaron y se durmieron.

Pero Dios, que nunca dormita ni duerme, envió Su ángel mensajero al cuarto de Ellen White a las tres de la mañana. Ella había despertado de su sueño y el ángel la instruyó que tenía que asistir a la reunión matinal de los obreros a las cinco y media, y allí tenía que presentarlo que le había sido mostrado en salamanca. Ella se vistió, fue a su oficina, tomó el diario en el cual ella había hecho el registro de lo que se le había mostrado. Cuando las escenas le vinieron claramente a la mente, ella escribió y se lo llevó consigo.

Cuando los obreros pasaron por su hogar temprano aquel domingo, mi padre entre otros, observaron que había luz en su cuarto. "Extraño", le dijo él al hombre con quien estaba caminando. "Mamá no estaba planificando asistir a la reunión hoy. Parece que ella cambió de opinión". Él entró en la casa para ver lo que ella estaba haciendo. Él la encontró vestida y colocándose su sombrero para ir a la reunión. Ella le dijo a su hijo que a las tres de esa mañana había despertado de su sueño y había sido instruida para ir a la reunión de los obreros y que presentara lo que le fue mostrado en la visión de Salamanca.

Usted tiene que tener la certeza que mi padre estaba interesado. Cinco veces él había escuchado que ella comenzaba a contarlo, y cinco veces fue impedida.

Ellos se estaban levantando de la oración en el Tabernáculo, cuando la Sra. White entró por la puerta trasera, con un manojo de manuscritos debajo de su brazo. El presidente de la Conferencia General era el orador, y él le dijo: "Hermana White", dijo él, "estamos felices de verla. ¿Tiene usted un mensaje para nosotros"

"Si, tengo", dijo ella, y fue adelante. Entonces ella comenzó justo donde había parado el día anterior. Ella les dijo que a las 'tres de la mañana ella había despertado de su sueño y que fue instruida a ir a la reunión de los obreros a las cinco y media y que presentara lo que le había sido mostrado en Salamanca, Nueva York.

"En la visión", dijo ella, "me pareció estar en Battle Creek. Fui conducida a la oficina de la Review and Herald, y un ángel mensajero me dijo: 'Sígueme'. Fui conducida a una sala donde un grupo de hombres estaban sinceramente analizando un asunto. Había un celo manifiesto, pero no de acuerdo con el conocimiento". Ella contó cómo ellos analizaban la política editorial del American Sentinel, y ella dijo: "Vi a uno de los hombres tomar una copia del Sentinel, sostenerlo bien arriba de su cabeza, y decir: "A menos que estos artículos sobre el Sábado y sobre el segundo Advento salgan de este diario, no podemos más usarlo como el órgano de la Asociación de Libertad Religiosa". Ellen White habló durante una hora, describiendo esa reunión que se la había mostrado a ella en visión mese s antes, y dando consejos basados en esa revelación. Entonces se sentó.

El presidente de la Conferencia General no sabía qué hacer. Nunca había escuchado de una reunión así. Pero no esperaron mucho para una explicación; porque un hombre se levantó atrás de la sala, y comenzó a hablar:

"Yo estaba en esa reunión la última noche". "La última noche".

La hermana White remarcó: "La última noche". ¡Yo pensé que esa reunión había sucedido hace varios meses, cuando se me la mostró en visión!

"Yo estaba en esa reunión la última noche, y yo soy el hombre que hizo las observaciones acerca de los artículos en el diario, sosteniéndolo bien alto sobre mi cabeza. Siento decir que yo estaba en el lado errado; pero tomo esta oportunidad para colocarme a mí mismo en el lado correcto". Y se sentó.

Otro hombre se levantó para hablar. Era el presidente de la Asociación de Libertad Religiosa. Observe sus palabras: "Yo estuve en esa reunión. La última noche, después del cierre de la Conferencia, algunos de nosotros nos reunimos en mi sala en la oficina de la Review, donde nos encerramos a nosotros mismos y analizamos los asuntos que se nos habían presentado esta mañana. Permanecimos en esa sala hasta las tres de la mañana. Si puedo comenzar a dar una descripción de lo que sucedió y la actitud personal de aquellos en la sala, no puedo hacerlo exactamente y tan correctamente, como lo ha hecho la hermana White. Ahora veo que estaba errado y que la posición que tomé, no era la correcta. De la luz que ha sido dada esta mañana, reconozco que estaba errado".

Otros hablaron ese día. Todos los que estaban en la reunión la noche anterior se levantaron y dieron su testimonio, diciendo que Ellen White había descrito correctamente la reunión y la actitud de los que estaban en la reunión. Antes que aquella reunión terminara el domingo en la mañana, el grupo de la Libertad Religiosa se reunió, y rescindieron la acción que habían tomado solo cinco horas antes.

Ahora usted puede decir: ¿Por qué es que a Ellen White no se le permitió contar la visón, cuando ella trató cinco veces de contarla? Si la hubiera contado, se habría dicho que no era verdad. No se había realizado ninguna reunión. En el consejo que fue enviado por ella en sus manuscritos, basados en su revelación, pero no llamando la atención sobre esta visión en particular, si se hubiera seguido, la reunión jamás se habría realizado. Si el consejo dado el Sábado en la tarde de cómo ellos debían sostener la luz en el tiempo cuando Ellen White trató de contar la visión, y se lo impidieron tres veces, si ese consejo hubiese sido seguido, la reunión nunca se habría realizado.

Pero de alguna manera, los hombres pensaron que ellos sabían mejor las cosas. Usted sabe como es, dicen algunos: "Bien, tal vez la hermana White no entendió", o "Estamos viviendo en un día diferente ahora", o "Ese consejo se aplicó hace varios años atrás, pero ahora no cuadra". Usted sabe como hacemos las cosas a veces, y así lo hicieron en 1891. Y entonces Dios, en Su propio tiempo y a Su manera, dejó claro que era Su obra; Él estaba guiando; Él estaba guardando; Él tenía Su mano sobre el timón. Ellen White nos dice que Dios: "Muchas veces permitió que las naciones, familias e individuos llegasen a una crisis, a fin de que su intervención fuera más destacada. Entonces demostró la existencia del Dios de Israel, quien afirmará su ley y justificará a su pueblo". **9T:75**.

Prueba #11: Confianza en la información de la Ciencia de la Salud.

Ellen White no era una científica, pero sus consejos han sido confirmados por la ciencia médica. Tomemos algunos ejemplos:

El Tabaco es un Veneno Mortal:

En los días de Ellen White, no había estudios científicos sobre los efectos mortales de fumar sobre la salud. En vez de eso, algunos médicos estaban prescribiendo el tabaco para la congestión pulmonar. Por ejemplo, uno de nuestros más respetados pioneros, John Loughborough, fue al doctor debido a una congestión pulmonar y el doctor le sugirió que fumara dos cigarrillos diarios. A pesar de toda esta mala información, Ellen White escribió con gran certeza:

"El tabaco es un veneno lento, insidioso, pero de los más nocivos. En cualquier forma en que se haga uso de él, mina la constitución; es tanto más peligroso cuanto sus efectos son lentos y **apenas perceptibles** al principio. Excita y después paraliza los nervios. Debilita y anubla el cerebro. A menudo afecta los nervios más poderosamente que las bebidas alcohólicas. Es un veneno más sutil, y es **difícil eliminar sus efectos del organismo**. Su uso despierta sed de **bebidas fuertes**, y en muchos casos echa los cimientos del hábito de beber alcohol". **MC:251-252**.

Es digno de notar que el mundo médico no concluyó que fumar tabaco era peligroso hasta comienzos de 1950. Hoy los estudios médicos han demostrado que el fumar de segunda mano puede ser tan mortal como fumar de primera mano. Esta es la razón por la cual en los últimos 30 años, los gobiernos le han declarado la guerra a las compañías de tabaco.

El Virus del Cáncer:

Ellen White, mucho antes que la ciencia médica descubriera que un virus causa cáncer, declaró:

"La carne no fue nunca el mejor alimento; pero su uso es hoy día doblemente inconveniente, ya que el número de los casos de enfermedad aumenta cada vez más entre los animales. Los que comen carne y sus derivados no saben lo que ingieren. Muchas veces si hubieran visto los animales vivos y conocieran la calidad de su carne, la rechazarían con repugnancia. Continuamente sucede que la gente come carne llena de **gérmenes** de tuberculosis y cáncer. Así se propagan estas enfermedades y otras también graves (MC:241)". **CN:359**.

No fue sino hasta 1956 que el premio Nóbel de medicina, **Wendell Stanley**, de la Universidad de California, proveyó pruebas definitivas de la evidencia que el cáncer es realmente causado por un germen o virus. ¿Cómo Ellen White supo esta información mucho antes que la ciencia médica lo descubriera? ¿Fue una suerte o Dios se lo reveló a ella?

Defectos de nacimiento:

En Patriarcas y Profetas, Ellen White afirmó que los hábitos intemperantes de los padres están vinculados con los nacimientos defectuosos, un hecho que ha sido confirmado por los genetistas:

"Tanto los padres como las madres están comprendidos en esta responsabilidad. Ambos padres transmiten a sus hijos sus propias características, mentales y físicas, su temperamento y sus apetitos. Con frecuencia, como resultado de la intemperancia de los padres, los hijos carecen de fuerza física y poder mental y moral. Los que beben alcohol y los que usan tabaco pueden transmitir a sus hijos sus deseos insaciables, su sangre inflamada y sus nervios irritables, y se los transmiten en efecto. Los licenciosos legan a menudo sus deseos pecaminosos, y aun enfermedades repugnantes, como herencia a su prole. Como los hijos tienen menos poder que sus padres para resistir la tentación, hay en cada generación tendencia a rebajarse más y más. Los padres son responsables, en alto grado, no solamente por las pasiones violentas y los apetitos pervertidos de sus hijos, sino también por las enfermedades de miles que nacen sordos, ciegos, debilitados o idiotas". **PP:604-605**.

Ella declara además:

"Los médicos, al administrar sus drogas venenosas, han contribuido mucho a desmejorar el valor físico, mental y moral de la humanidad. Dondequiera que vayáis encontraréis **deformidad**, **enfermedad** e **imbecilidad**; y estos males, en muchísimos casos, pueden atribuirse directamente a las drogas venenosas administradas por la mano del médico para curar alguna enfermedad. El así llamado remedio ha sometido al paciente a un grave sufrimiento, y con esto ha resultado peor que la enfermedad contra la cual se tomó la droga". **2MS:507-508**.

¿Por qué los médicos de hoy son muy cuidadosos para prescribirles drogas a las mujeres embarazadas? Simplemente porque han descubierto lo que Dios le reveló a Ellen White hace mucho tiempo.

El Cerebro Eléctrico.

En diversos lugares de sus escritos, Ellen White afirma que el cerebro y el sistema nervioso funcionan en la base de corrientes eléctricas:

"El sistema es vitalizado para resistir la enfermedad, mediante la **fuerza eléctrica** del cerebro". **CSSa:178-179**.

"Allí hay reyes y generales que conquistaron naciones, hombres valientes que nunca perdieron una batalla, guerreros soberbios y ambiciosos cuya venida hacía temblar reinos. La muerte no los cambió. Al salir de la tumba, reasumen el curso de sus pensamientos en el punto mismo en que lo dejaran. Se levantan animados por el mismo deseo de conquista que los dominaba cuando cayeron". **CS:722**.

"Cualquier cosa que perturbe la circulación de las **corrientes eléctricas** del sistema nervioso, disminuye la fuerza de las potencias vitales y, como resultado, se atenúa la sensibilidad de la mente". **CN:420**.

"La **energía eléctrica del cerebro**, aumentada por la actividad mental, vitaliza todo el organismo, y es de ayuda inapreciable para resistir la enfermedad". **Ed:197**.

"Dios dotó originalmente al hombre de una **fuerza vital** tan grande que le ha permitido resistir la acumulación de enfermedad atraída sobre la especie humana como consecuencia de hábitos pervertidos, y ha subsistido por espacio de seis mil años. Este hecho es de por sí suficiente para evidenciarnos la fuerza y **energía eléctrica** que Dios le dio al hombre en ocasión de su creación... Si Adán, al tiempo de su creación, no hubiese sido dotado de una vitalidad veinte veces mayor que la que los hombres tienen actualmente, la especie, con sus presentes métodos de vida y sus violaciones de la ley natural, se habría extinguido". **CV:21**.

"Todo el que viola las leyes de la salud, tarde o temprano, experimentará sufrimientos en mayor o menor grado. Dios ha dotado a nuestras constituciones con energías que necesitaremos en diversos períodos de nuestra vida. Pero si las agotamos imprudentemente en los excesos de nuestro trabajo el tiempo nos declarará perdedores. Nuestra utilidad disminuirá y nuestra vida misma correrá el peligro de arruinarse". **CSSa:98**.

Descubrimientos de Hans Selye y Paul Tournier han confirmado que el hombre posee una fuerza constitucional que puede ser gastada imprudentemente o cuidadosamente.

Influencias Prenatales:

En 1905 Ellen White escribió acerca de las influencias prenatales de los padres sobre sus hijos:

"Los hijos serán en gran medida lo que sean sus padres. Las condiciones físicas de éstos, sus disposiciones y apetitos, sus aptitudes intelectuales y morales, se **reproducen**, en mayor o menor grado en sus **hijos**". **CV:139**.

El estudio de la genética ha comprobado, más allá de cualquier duda, que Ellen White estaba en lo correcto!

La Masturbación:

Muchos se burlan de las observaciones de Ellen White acerca de los efectos perjudiciales de la masturbación sobre la naturaleza física y mental (sin mencionar también lo espiritual). Los enemigos de Ellen White afirman que ella fue seriamente mal informada cuando escribió que la práctica habitual de este vicio, causaría enfermedad mental. He aquí algunas de sus declaraciones:

"Vuestros hijos han practicado la masturbación hasta que la demanda sobre el cerebro ha sido tan grande, especialmente en el caso de vuestro hijo mayor, que sus mentes han sido **seriamente dañadas**. El brillo de sus jóvenes intelectos está **opacado**. Las capacidades morales e intelectuales se han debilitado, mientras que la parte más baja de su naturaleza ha ganado **ascendencia**. Por esta razón vuestro hijo se aleja con hastío de lo religioso. Ha ido **perdiendo su capacidad de refrenarse** y cada vez tiene menos reverencia por las cosas sagradas, y **menos respeto** por todo lo que tiene un carácter espiritual". **2T:350**.

"La poca inteligencia que le ha quedado es de una calidad inferior. Si continúa con esta práctica viciosa llegará a transformarse en un disminuido mental. Cada acto de complacencia en este vicio por parte de los niños que ya están desarrollados es un terrible mal y producirá resultados terribles, **debilitando el organismo y menoscabando el intelecto**. Pero en los que se complacen en este vicio corruptor antes de completar su desarrollo, los efectos resultan más claramente evidentes, y la recuperación es casi imposible. El cuerpo es débil y poco desarrollado; lo músculos son flácidos; los ojos se empequeñecen y a veces se hinchan; la memoria los traiciona y es selectora; y aumenta la incapacidad para concentrar la mente en el estudio". **2T:359**.

¿Estaba Ellen White en lo correcto cuando dijo que la masturbación afecta los poderes mentales aun hasta el punto que alguien sea idiota? Veamos lo que dos prominentes médicos tienen a decir al respecto:

Profesor de la Universidad de Oxford, el Dr. David Horrobin, M. D., Ph. D., Zinc, Vitabooks, Inc, 1981, pág. 8:

"El efecto de la deficiencia del zinc posee particularmente profundos efectos en el hombre, porque extraordinarias cantidades de zinc se encuentran en los testículos y en la glándula de la próstata... La cantidad de zinc en el semen es tal, que una eyaculación puede deshacerse de todo el zinc que puede ser absorbido por los intestinos en un día".

"En los seres humanos, entre los más consistentes efectos de la deficiencia de zinc, están los cambios en el humor y en el comportamiento. Hay depresión, extrema irritabilidad, apatía y aun en algunas circunstancias, un comportamiento que parece ser esquizofrenia... Aun es posible, dada la importancia del zinc para el cerebro, ¡que los moralistas del siglo XIX estuviesen en lo correcto cuando dijeron que una masturbación repetida puede **dejarlo a uno loco**! Similarmente, los altos vividores también estaban en lo correcto cuando dijeron que una dieta rica en ostras era necesaria para compensar la **excesiva indulgencia sexual**".

El Dr. Carl Pfeiffer de la Universidad de Harvard:

"Odiamos decirlo, pero en un adolescente, la deficiencia de zinc, la excitación sexual y la excesiva masturbación puede precipitar la insanidad". Carl Pfeiffer, Ph. D., M. D., El Zinc y otros Micronutrientes, Kyats Publishing, Inc. 1978, pág. 45.

¿Qué más podemos decir? Podríamos estudiar acerca de lo que Ellen White escribió concerniente al uso de la alimentación carnívora, la sal, el azúcar, las grasas, las especies. Sus consejos sobre la dieta han sido confirmados una y otra vez por la ciencia médica. ¿Cómo supo ella de estas cosas, con dos años y medio de educación primaria? ¿Fueron suposiciones con suerte? ¿Fue apenas que ella estaba disparando en la oscuridad esperando dar en el blanco?

Prueba #12: La Integridad de los Escritos Proféticos.

En repetidas ocasiones durante su vida, Ellen White fue acusada por aquellos que dudaban de sus profecías, de ser influenciada por otros a escribir sus testimonios. Ella fue acusada de obtener su información sobre educación del Dr. **Bell**, sus ideas sobre salud del Dr. **Kellog** y de los Drs. **Trall** y **Jackson**, su material sobre la vida de Cristo de **William Hanna** y **Alfred Edersheim**, sus ideas sobre la organización de la iglesia de **James White** y **G. I. Butler** y sus observaciones históricas que están en el CS, de **Wylie** y **D'Aubigne**. En tiempos más recientes, individuos como Ronald Numbers, Walter Rea y Don McAdams la han acusado de 'emprestar' mucho de su material de otros.

Estas acusaciones no debieran sorprendernos, porque en los tiempos bíblicos, el mismo criticismo fue levantado contra los mensajeros de Dios. En 2 Crónicas 18 encontramos una interesante historia donde el siervo del rey Acab trató de influir a Micaías, el profeta del Señor, para que le diera al rey un mensaje positivo:

"El mensajero que había ido a llamar a Micaías, le dijo: 'Los profetas a una voz anuncian cosas buenas al rey. Te ruego que tu palabra sea como la de ellos, que anuncies el bien. 13 Micaías respondió: 'Vive el Eterno, que lo que mi Dios me diga, eso hablaré'". **2 Crón. 18:12-13**.

Los verdaderos profetas siempre dan el mensaje de Dios tal como sale de la boca de Dios. Cabe notar que Jeremías también fue acusado de ser influenciado. Cuando el profeta le dijo al rey Azarías que no vaya a Egipto, él fue acusado de ser influenciado por su escriba, Baruc:

"Cuando Jeremías acabó de hablar al pueblo todas las Palabras del Eterno su Dios, todas estas Palabras que el Señor su Dios les había enviado, 2 Azarías hijo de Osaías, Joanán hijo de Carea y todos los varones soberbios dijeron a Jeremías: 'Mentira dices. No te envió el Eterno nuestro Dios a decir: 'No entréis en Egipto a vivir allá', 3 sino que Baruc hijo de Nerías te incita contra nosotros, para entregarnos en mano de los caldeos, para matarnos y deportarnos a Babilonia'". **Jer. 43:1-3**.

Es innegable que Ellen White estaba familiarizada con los conceptos de salud que estaban en boga en su tiempo, pero no repitió sus ideas sin la guía divina. El hecho es que Ellen White discordó con algunos de los conceptos de salud de los reformadores de su tiempo.

Tomemos, por ejemplo, el uso de la sal. La familia White tenía un gran respeto por el Dr. Trall. De hecho, tenían tanto respeto por él que patrocinaron al Dr. John Harvey Kellog en 1862, para que tomara un curso del Dr. Trall. ¡Si alguien podía influir, sería el Dr. Trall! Pero Ellen no apoyó los conceptos del Dr. Trall. En el número de Julio de 1869 del Reformador de la salud (nuestro diario mensual sobre salud) había una sección de dos páginas de Preguntas y Respuestas, con preguntas y respuestas provistas por el Dr. Trall. Una de las preguntas era si era saludable comer un poco de sal. El Dr. Trall respondió categóricamente que la sal era un **veneno** y que no debía ser usada de ninguna manera. ¿Ellen White copió meramente los puntos de vista del Dr. Trall, con respecto al uso de la sal?

"Yo uso un **poco de sal**, y siempre lo hago, porque por la luz que Dios me ha dado, sé que este artículo en lugar de ser deletéreo, es en realidad **esencial para la sangre**. No conozco cuál es la razón de este asunto, pero le doy la instrucción como me ha sido dada". **CRA:410**.

Es digno de nota que Ellen White no supiera la razón de por qué la sal era necesaria. La ciencia moderna ha mostrado que un poco de sal es absolutamente necesaria para la **buena química de la sangre**. Así, si la sal es tan importante para la sangre, ¿debiéramos usar mucho de ella? No. En 1884 Ellen White escribió: "No comáis mucha sal" (RH, 29 de Julio de 1884).

Ellen White fue muy cuidadosa acerca de leer los consejos de salud de otros:

"Cuando les presenté el asunto de la salud a amigos donde yo trabajaba en Michigan, Nueva Inglaterra, y en el Estado de Nueva York, y hablé contra las drogas y la carne, y a favor del agua, del aire puro y de la dieta apropiada, la respuesta a menudo fue: "Usted habla muy cercano a las opiniones enseñadas en las Leyes de la Vida, y otras publicaciones, por los Drs. Trall, Jackson y otros. ¿Ha leído esos panfletos y esas obras?". Mi respuesta fue que no, ni tampoco las leería hasta que haya escrito mis puntos de vista, para que no se diga que he recibido mi luz sobre asuntos de salud de los médicos, y no del Señor. Y después que haya escrito mis seis artículos de Cómo Vivir, entonces vi las diferentes obras sobre higiene y quedé sorprendida de encontrar una cercanía tan armoniosa con lo que el Señor me había revelado. Y para mostrar esta armonía, y para colocar delante de mis hermanos y hermanas el asunto establecido por escritores capaces, decidí publicar "Cómo Vivir", en el cual extraje largamente de las obras referidas". **RH, 8 de Octubre de 1867**.

¿Qué hay con respecto a otros consejos de individuos e instituciones'

"Me culpas por no leer tu envío de escritos. No leí las cartas que envió el Dr. Kellog. Tengo un mensaje de severa amonestación para la casa publicadora, y yo sabía que si leía las comunicaciones enviadas, después, cuando salga el testimonio, tu y el Dr. Kellog serían tentados a decir: '**Yo le di esa inspiración**'". **Carta 301, 1905**.

"Aquellos que han despreciado los mensajes de advertencia han perdido su rumbo. Algunos, en su auto-confianza, se han atrevido a volverse de aquello que sabían que era la verdad, con las palabras: '¿Quién le ha dicho a la hermana White?' Estas palabras muestran la medida de su fe y la confianza en la obra que el Señor me ha dado para hacer. Ellos tienen delante de sí mismos el resultado de la obra que el Señor colocó delante de mí, y si esto no los convence, ningún argumento, ni revelaciones futuras, los afectará. El resultado será que Dios va a hablar nuevamente en juicio, tal como Él ha hablado hasta aquí". RH, 19 de Mayo de 1903, pág. 8 (3MS:62[21]).

"Algunos están listos para preguntar: '¿Quién le dijo a la hermana White estas cosas?' Aun a mí me han hecho la pregunta: '¿Alguien le contó a usted estas cosas?' Yo podría responderles: 'Sí; sí, el ángel de Dios me ha hablado'. Pero lo que ellos quieren decir es lo siguiente: '¿Han estado los hermanos y hermanas exponiendo sus faltas?' En el futuro no empequeñeceré los testimonios que Dios me ha revelado dando explicaciones a fin de tratar de satisfacer tales mentes estrechas, sino que tendré todas las preguntas semejantes como un insulto al Espíritu de Dios. Dios ha visto conveniente ponerme en posiciones en las cuales no ha colocado a ninguna otra persona de nuestras filas. Él ha puesto sobre mí la carga de presentar reproches que él no ha dado a ninguna otra persona (3T:314-315)" **3MS:68-69**.

Entre los años 1885-1887 Ellen White trabajó en Europa. Mientras estaba visitando Estocolmo, ella escribió en su diario:

"El hermano E sugiere que le agradaría al pueblo, si yo hablara menos del deber y más del amor de Jesús. Pero yo quiero hablar lo que el Espíritu del Señor me impresiona a decir. El Señor sabe mejor lo que las personas necesitan". **3MS:64[22]**.

En 1902 el Dr. John Harvey Kellog pensó que podría influir en Ellen White, para que apoyara los proyectos del edificio de su Sanatorio. Si había una persona en la denominación que pudiera influir en Ellen White, era el Dr. Kellog. La familia White y la familia Kellog habían crecido juntas. James y Ellen White enviaron a John Harvey a la escuela de medicina. El Dr. Kellog apoyó los principios de salud de Ellen White. Todos estos factores pudieron haber jugado un rol para influir exitosamente a Ellen White. Pero no fue así. Un trasfondo puede ser útil.

En 1901, el hermano A. G. Daniells fue elegido presidente de la Conferencia General. En 1902 el hermano Daniells planificó un concilio de salud en Europa y convidó al Dr. Kellog para que fuera uno de los presentadores.

Después del concilio, el Dr. Kellog comenzó a buscar en Inglaterra una tierra donde pudiera construir un sanatorio. Ellen White le había advertido continuamente al Dr. Kellog que necesitábamos pequeñas instituciones médicas y el Dr. Kellog creía que era tiempo para establecer la obra médica en Europa. Él encontró un pedazo de tierra y le envió un telegrama al hermano Daniells, el cual estaba en Alemania en aquel tiempo, convidándolo a que venga y verificara el terreno.

Luego después de recibir el telegrama, el hermano Daniells viajó a Inglaterra y verificó el terreno. Daniells quedó impresionado. De acuerdo con Kellog, el terreno podía ser com-

---
[21] Paginación en Inglés.
[22] Paginación en Inglés.

prado alrededor de $ 30.000 a $ 40.000 (dólares). Daniells le dijo a Kellog que le había gustado el terreno y entonces le preguntó de adónde iba a conseguir el terreno. Kellog respondió:

"Voy a conseguir el dinero de la Conferencia General".

En aquel tiempo la Conferencia General estaba prácticamente en banca rota. Tenía más deudas que ingresos. Hasta ese tiempo, la obra organizada no había operado bajo un presupuesto. Había pedido dinero prestado para enviar misioneros al extranjero. Otra razón para su endeudamiento era que el Dr. Kellog había ejercido una gran influencia para convencer a la Conferencia General para que le prestara dinero para sus instituciones médicas en los Estados Unidos.

Pero el hermano Daniells ya había indicado que la Conferencia General no podía continuar operando de esa manera. Él le informó al Dr. Kellog que la Conferencia General no tenía el dinero para comprar esa propiedad. Él le dijo:

"Dr., cuando usted venga con el dinero, nosotros estaremos dispuestos a comprar la propiedad".

El Dr. Kellog respondió:

"Vamos a conseguir el dinero de la Conferencia General". A lo cual el hermano Daniells respondió: "No, John. La Conferencia General no tiene el dinero y nosotros no podemos continuar incurriendo en deudas. Cuando usted tenga el dinero, usted será capaz de continuar adelante con sus planes". A los cual Kellog respondió: "Yo voy a conseguir el dinero de la Conferencia General. Usted va a verlo".

Poco tiempo después, los dos hombres se separaron, pero no en los mejores términos. Daniells volvió a Alemania y Kellog tomó un barco a Nueva York y entonces viajó a Battle Creek.

Mientras viajaba, Kellog planificó su estrategia. Él sabía que la hermana White colocaba un gran énfasis en la obra médico misionera y por lo tanto estaba seguro que podía influenciarla para que apoyara su proyecto y que ayudara al hermano Daniells a ver la luz. Así es que decidió escribirle a la hermana White una carta, presentándole su proyecto en la luz más positiva y explicándole su maravilloso potencial para expandir la obra médico misionera. Él le explicó que la única cosa que se interponía en el camino, era la intransigente actitud del hermano Daniells.

Cuando Kellog llegó a Battle Creek, llamó a su secretaria y comenzó a dictarle su carta. Cuando llegó a la página 10, apenas estaba comenzando. Cuando llegó a la página 20, apenas se estaba calentando. Finalmente, en la página 71, firmó su nombre y le envió la carta a Ellen White, la cual estaba viviendo en Elmshaven, California. No dejó nada fuera de la carta que podría influir en Ellen White, para que lo apoyara. Él sugirió que ella necesitaba una posición firme contra el hermano Daniells, por ser tan irrazonable.

Después de un corto tiempo, el hermano Daniells volvió de Europa y cuando llegó a su oficina en la Conferencia General, su secretaria, que era buena amiga con la secretaria del Dr. Kellog, le contó sobre la carta de 71 páginas. Mientras la secretaria del hermano Daniells le estaba contando acerca del contenido de la carta, Daniells le dijo que él podía sentir como aumentaba su presión sanguínea. Él se dijo a sí mismo: "Esto no es justo. No puedo dejar esto así". Al final del día Daniells volvió a su hogar y tomó algunas hojas de papel diciéndose a sí mismo: "Tengo que contarle a Ellen White mí lado de la historia".

Él escribió una página, y entonces otra y cuando estaba comenzando la tercera página, él se dijo a sí mismo: "¿Qué estoy haciendo? Si Ellen White es la profeta de Dios, no necesito contarle nada sobre esto", así es que rasgó las páginas y las arrojó en el basurero. No le dijo nada a nadie, pero en su corazón se preguntó: "¿Qué va a decir Ellen White en unas pocas semanas más, cuando la vea en la Sesión de la Conferencia General en Oakland?"

Llegó el tiempo de la Sesión de la Conferencia General. El hermano Daniells cruzó el continente y llegó a la ciudad de Oakland. Cuando se encontró con Ellen White, vio que la carta del Dr. Kellog no la había influenciado en lo más mínimo. Ella dijo: "Hermano Daniells, tenemos una crisis. Todo hombre tiene que vivir por sus principios. No podemos ceder ahora".

El Dr. Kellog estaba muy enojado cuando supo que no había podido influir en la profeta de Dios. Con ira en su voz, el Dr. Kellog le dijo a Daniells:

"¿Usted cree que es dueño de la Conferencia General? Espere a que vuelva a Battle Creek y yo le voy a mostrar quién es el dueño de la Conferencia General".

Poco tiempo después, Kellog organizó un congreso médico misionero en Battle Creek con tres veces más delegados que los que habían asistido a la Conferencia General en Oakland en 1903. Pero el punto importante para recordar de esta historia, es que Ellen White no pudo ser influenciada por hombres contrarios a la voluntad de Dios.

En 1906 Ellen White escribió:

"Hay personas que dicen: 'Alguien manipula sus escritos'. **Yo admito la acusación**: es Uno que es poderoso en consejo, Uno que presenta delante de mí la condición de las cosas (Carta 52, 1906)". **3MS:70**.

Algunos en la iglesia han acusado a las secretarias de Ellen White de manipular y de cambiar sus escritos, pro no hay ninguna evidencia de esto. De hecho, Ellen White siempre lo ha negado. Ella ha declarado:

"Mis puntos de vista fueron escritos independientemente de libros o de opiniones de otros". Manuscrito 7, 1867. **3MS:282**[23].

El don surge en el Tiempo Correcto.

El texto clave es Joel 2:28-31. El don profético iba a reaparecer en la iglesia en el contexto del oscurecimiento del sol, la luna como sangre, la caída de las estrellas y el gran terremoto. Apoc. 6:12-13 añade detalles a este escenario. El gran terremoto tuvo lugar en Lisboa en **1755**. El oscurecimiento del sol y la luna como sangre, sucedió en **1789** y la caída

---
[23] Paginación en Inglés.

fue en **1833**. Esto significa que debemos esperar la reaparición del don profético en la iglesia luego después de esas señales.

La secuencia cronológica de Apocalipsis 12, también nos ayuda a señalar el periodo cuando el don debiera reaparecer. La secuencia de los eventos históricos en Apocalipsis 12 es como sigue:

- La mujer con el hijo en su vientre: la Iglesia del Antiguo Testamento.
- El nacimiento del niño (el nacimiento de Jesús).
- El cautiverio del niño (la ascensión de Jesús al cielo).
- Los diez cuernos del dragón (las diez divisiones del Imperio Romano).
- La mujer huye al desierto (los 1260 años de la opresión papal).
- La tierra ayuda a la mujer (el surgimiento de los Estados Unidos).
- El remanente final tiene el Testimonio de Jesús.

Está claro que el Testimonio de Jesús es una de las características del remanente final y que el Testimonio de Jesús es el Espíritu de Profecía (Apoc. 19:10; 22:8-9).

Algunos han declarado que después de la era apostólica, no habría más profetas. Esta idea es realmente extraña. La Biblia enseña que el don profético estará en la iglesia hasta el establecimiento del reino eterno de Dios (Ver Rom. 12:4-8; 1 Cor. 1:4-7; 12:10, 27-28; 13:8-13; el capitulo 14; Efe. 4:11-13). Sería realmente extraño que Dios dejara a Su iglesia, en los días finales de la historia de la tierra, con los más granes peligros y engaños, sin un guía especial.

Espacio para Dudar.

Ellen White ha dejado claro que Dios no removerá toda oportunidad para dudar con relación a la inspiración de las Escrituras y a sus escritos. Ella declaró:

"'Satanás es hábil para sugerir dudas e idear objeciones al testimonio directo que Dios envía, y muchos piensan que es una virtud, un indicio de inteligencia en ellos el ser incrédulos y presentar dudas. Los que desean dudar, tendrán abundante ocasión para ello. Dios no se propone evitarnos toda oportunidad de ser incrédulos. Él da evidencias, que deben ser investigadas cuidadosamente con mente humilde y espíritu susceptible de ser enseñado; y todos deben decidir por el peso de la evidencia'. 'Dios da suficiente evidencia para que pueda creer el espíritu sincero; pero el que se aparta del peso de la evidencia porque hay unas pocas cosas que su entendimiento finito no puede aclarar, será dejado en la atmósfera fría y helada de la incredulidad y de la duda, y perderá su fe'". **5T:633**.

"Una cosa es cierta: los adventistas del séptimo día que adoptan su posición bajo la bandera de Satanás, primero abandonarán su fe en las advertencias y reproches contenidos en los testimonios del Espíritu de Dios". **3MS:93**.

"El último engaño de Satanás será hacer que el Testimonio del Espíritu de Dios pierda todo su efecto. Sin profecía el pueblo será disipado. (Prov. 29:18). Satanás obrará ingeniosamente de diferentes maneras y por diferentes agentes para debilitar la confianza del remanente pueblo de Dios en los verdaderos Testimonios". **FCV:298**.

"El enemigo ha hecho esfuerzos magistrales para perturbar la fe de nuestro pueblo en los testimonios... Esto es precisamente lo que Satanás se propuso que ocurriera, y los que han estado preparando el camino para que la gente no prestara atención a las advertencias y los reproches de los testimonios del Espíritu de Dios, verán que una ola de errores de toda clase aparecerán". **3MS:92**.

"El plan de Satanás es debilitar la fe del pueblo de Dios en los Testimonios. El siguiente paso será el escepticismo al respecto de los puntos vitales de nuestra fe, los pilares de nuestra posición. Seguirá la duda aun de las mismas Sagradas Escrituras y, finalmente, el descenso a la perdición. Cuando se duda de los Testimonios en los que una vez se creyó y se abandonan, Satanás sabe que los que han sido engañados no se detendrán y redobla sus esfuerzos hasta que desencadena la rebelión abierta, la cual se vuelve incurable y desemboca en la destrucción". **4T:209**.

"Muchos de los que han apostatado de la verdad reconocen como motivo de su conducta que no tienen fe en los Testimonios... Lo que importa saber ahora es: ¿Renunciarán al ídolo que Dios condena, o continuarán en su errónea conducta de complacencia, rechazando la luz que Dios les ha dado en represión de las cosas en las cuales se deleitan? Lo que deben decidir es: ¿Me negaré a mí mismo y recibiré como de Dios los Testimonios que reprenden mis pecados, o rechazaré los Testimonios porque reprenden mis pecados?". **5T:632-633**.

"En muchos casos se reciben plenamente los Testimonios, se rechaza el pecado y la complacencia, e inmediatamente se inicia una reforma en armonía con la luz que Dios ha dado. En otros casos, se sigue en las complacencias pecaminosas, se rechazan los Testimonios, y se dan a otras muchas excusas falsas acerca de la razón que se tiene para negarse a recibirlos. No se da la verdadera razón. Es una falta de valor moral y de una voluntad fortalecida y regida por el Espíritu de Dios para renunciar a los hábitos nocivos". **5T:633**.

""Satanás es hábil para sugerir dudas e idear objeciones al testimonio directo que Dios envía, y muchos piensan que es una virtud, un indicio de inteligencia en ellos el ser incrédulos y presentar dudas. Los que desean dudar, tendrán abundante ocasión para ello. Dios no se propone evitarnos toda oportunidad de ser incrédulos. Él da evidencias, que deben ser investigadas cuidadosamente con mente humilde y espíritu susceptible de ser enseñado; y todos deben decidir por el peso de la evidencia. Dios da suficiente evidencia para que pueda creer el espíritu sincero; pero el que se aparta del peso de la evidencia porque hay unas pocas cosas que su entendimiento finito no puede aclarar, será dejado en la atmósfera fría y helada de la incredulidad y de la duda, y perderá su fe". **5T:633**.

Diversas Actitudes hacia los Testimonios.-

Ellen White escribió acerca de las diversas actitudes hacia los testimonios.

"Pronto se hará todo esfuerzo posible para desestimar y pervertir la verdad de los testimonios del Espíritu de Dios. Debemos estar siempre atentos a los claros y directos mensajes, que desde 1846, han estado viniendo al pueblo de Dios.

Habrá quienes una vez estuvieron unidos con nosotros en la fe, que buscarán **nuevas y extrañas doctrinas**, algo extraordinario y sensacional que presentar a la gente. Introducirán todos los sofismos imaginables y los presentarán como provenientes de la Sra. de White para que engañen a las almas...

Los que han tratado como una cosa común la luz que el Señor ha dado, no serán beneficiados con la instrucción presentada.

Habrá quienes interpreten mal los mensajes que Dios ha dado, de acuerdo con su ceguera espiritual.

Algunos dejarán su fe y negarán la verdad de los mensajes, **mostrándolos como falsedades**.

Algunos los exhibirán para **ridiculizarlos**, trabajando contra la luz que Dios ha estado dando durante años, y algunos débiles en la fe serán así descarriados.

Pero otros serán **grandemente ayudados** por los mensajes. Aunque no les sean dirigidos personalmente, serán corregidos y eludirán los males especificados...". **1MS:46-47**.

Ellen White describió el proceso que muchos seguirán hacia la incredulidad:

"Es el plan de Satanás debilitar la fe del pueblo de Dios en los Testimonios. Satanás sabe cómo hacer sus ataques. Obra sobre las mentes para excitar los celos y la disconformidad para con aquellos que están a la cabeza de la obra. Luego se ponen en duda los dones; y por supuesto, más tarde tienen poco peso y las instrucciones dadas por medio de las visiones son despreciadas. Luego sigue el escepticismo en cuanto a los puntos vitales de nuestra fe, los puntales de nuestra posición, y a continuación la duda en cuanto a las Santas Escrituras y la marcha descendente hacia la perdición. Cuando se ponen en duda los Testimonios en los cuales se creía una vez y se renuncia a ellos, Satanás sabe que los seducidos no se detendrán con esto, y él redobla sus esfuerzos hasta lanzarlos en abierta rebelión, que se vuelve incurable y acaba en la destrucción. Cediendo a las dudas y la incredulidad acerca de la obra de Dios, y albergando sentimientos de desconfianza y celos crueles, se están preparando para la seducción completa. Se levantan con sentimientos amargos contra aquellos que se atreven a hablar de sus errores y reprender sus pecados". **5T:630**.

"Vi el estado de algunos que se adherían a la verdad presente pero que no hacían caso de las visiones, la forma que el Señor había escogido para enseñar, en algunos casos, a los que erraban en la verdad bíblica. Vi que los que atacaban las visiones no atacaban al gusano -al débil instrumento- mediante el cual hablaba Dios- sino al Espíritu Santo. Vi que era una cosa pequeña hablar contra el instrumento, pero que era peligroso menospreciar las palabras de Dios. Vi que si ellos estaban en error y Dios quería mostrarles sus errores por medio de visiones, y ellos desdeñaban las enseñanzas de Dios por medio de visiones, quedarían abandonados para que siguieran sus propios caminos y corrieran en la senda del error y pensaran que estaban en lo correcto hasta que se dieran cuenta demasiado tarde. Entonces, en el tiempo de angustia, los oí clamar a Dios en agonía: '¿Por qué no nos mostraste nuestro error para que pudiéramos haber hecho lo correcto y hubiéramos estado listos para este tiempo?' Entonces un ángel los señaló y dijo: 'Mi Padre enseñó, pero no quisisteis ser enseñados. Habló mediante visiones, pero desdeñasteis su voz y él os abandonó a vuestros propios caminos para que estuvierais satisfechos con vuestras propias obras'". **1MS:45**.

Lección 15—Guía Para los Últimos Días: Declaraciones Difíciles.

Quiero que piense acerca de la función de un microscopio y de un telescopio. Ninguno de los dos **crea la realidad**, sino que la **magnifica**. Los microscopios y los telescopios no traen cosas a la existencia, sino que nos dan una visión mejorada para ver lo que a ojo desnudo no se puede ver.

Un Principio Fundamental.

El principio fundamental que mantiene al universo en perfecta armonía es el amor, porque se nos dice que Dios es amor.

1 Juan 4:8. "El que no ama, no conoce a Dios, porque **Dios es amor**".

Pero podríamos preguntar: ¿Qué es amor? Muchas cosas que las personas hacen hoy, son hechas en el nombre del amor, cuando lo opuesto es verdad. Así es que necesitamos una explicación más amplia de lo que es amor, así es que Dios nos dio dos grandes mandamientos para poder magnificar el principio fundamental del amor.

Un amor de Dos Dimensiones.

Deut. 4:12-13. Dios escribió Su ley en dos tablas de piedra. "Y el Eterno os habló desde el fuego. Oíais el sonido de sus palabras, oísteis su voz, pero ninguna figura visteis. 13 Y él os comunicó su pacto, que os mandó cumplir, los Diez Mandamientos. Y los escribió en **dos tablas de piedra**".

Deut. 6:4-5. El **amor de Dios** es el primer gran mandamiento, la dimensión vertical. "Escucha, Israel: El Eterno nuestro Dios, el Eterno es uno solo. 5 **Amarás al Señor tu Dios** con todo tu corazón, con toda tu alma y con todo tu poder".

Lev. 19:18. El amor por el vecino es l segunda dimensión del amor, la dimensión horizontal. "No te vengues ni guardes rencor a los hijos de tu pueblo, sino que **amarás a tu prójimo como a ti mismo**. Yo Soy el Eterno".

Mat. 22:35-39. Jesús describió las dimensiones bidireccionales del amor. "Y uno de ellos, intérprete de la Ley, por tentarlo, le preguntó: 36 Maestro, ¿cuál es el mayor Mandamiento de la Ley? 37 Jesús respondió: 'Amarás al Señor tu Dios con todo tu corazón, con toda tu alma y toda tu mente. 38 **Este es el primero y el mayor Mandamiento**. 39 Y el **segundo es semejante a éste**: Amarás a tu prójimo como a ti mismo".

El Amor Bidimensional Ampliado.

Éxo. 20:1-17. Los dos principios son ampliados en los Diez Mandamientos.

El amor vertical hacia Dios es definido y ampliado en los **primeros cuatro mandamientos**. El amor horizontal hacia nuestros seres humanos es definido y ampliado en los **últimos seis mandamientos**.

Los Diez Mandamientos es una ley **demostrativa** en vez de **casuística**. Esto quiere decir, los Diez Mandamientos lidian con principios generales que tienen que ser aplicados a circunstancias específicas en cada vida. En los Diez Mandamientos no hay ninguna descripción de las **consecuencias** por violar los diversos mandatos. Además, las acciones como matar y adulterar no son claramente definidas.

Los Diez Mandamientos son como una Constitución; es lo que los eruditos llaman **ley demostrativa**. Ellas expresan **principios absolutos y generales** para una sociedad estable, pero estos principios generales tienen entones que ser ampliados para lidiar con situaciones específicas de la vida.

Tomemos por ejemplo el **sexto** mandamiento. "No matarás". ¿Esto prohíbe matar en una guerra, matar animales, matar accidentalmente a un hombre, llevar a cabo abortos, matar en defensa propia, la eutanasia, o matar a tiranos como Adolf Hitler?

El sexto mandamiento no define lo que es matar, ni si todos los tipos de matar están errados, ni por qué matar está errado, las funestas consecuencias de matar o la penalidad por matar. Simplemente declara un **principio general**. "No matarás".

Ampliación del Código Sagrado.

Los Diez Mandamientos son ampliados en lo que se ha conocido como el Código Sagrado. En **Éxodo 21-23** los Diez Mandamientos son aplicados a muchas (pero no todas) situaciones de la vida real.

Ampliación en Toda La Biblia.

Mat. 22:40. La ley del amor es ampliada en toda la Biblia. "De estos dos Mandamientos penden **toda** la Ley y los Profetas".

Toda la Biblia es realmente un comentario y una ampliación de los Diez Mandamientos. La Biblia es lo que los eruditos llaman una ley casuística, porque da ejemplos específicos de la vida real de la violación de los Diez Mandamientos, los **funestos resultados** de transgredirlos y el **castigo** que se sigue a su transgresión.

Esta es la razón por la cual la Biblia en algunos textos declara que la ley nos va a juzgar, mientras que en otros declara que la Palabra de Dios nos va a juzgar 8Santiago 2:10-12; Heb. 4:12-123). La Palabra de Dios **define, amplía y aplica** los principios de la ley para situaciones específicas de la vida real y nos da una completa definición de amor.

Tomemos otro mandamiento como ejemplo, el séptimo. "No cometerás adulterio". Esta es una declaración muy breve, pero posee amplias implicaciones, que son ampliadas en otras partes de las Escrituras.

Cuando vemos todas las Escrituras, vemos que la prohibición incluye el **codiciar** a una mujer en la **mente** (Mat. 5:27-28). Incluye el **divorciarse** por una razón errada (Mat. 19:9). La historia de David muestra las horribles consecuencias por violar este mandamiento (2 Samuel 11). También incluye el incesto (1 Cor. 5:1-5), la prostitución (Lev. 19:29; 1 Cor. 6:15-16), la homosexualidad (Gén. 19:5-8; 1 Cor. 6:9), la fornicación (1 Cor. 6:18) y la lascivia, la actividad sexual imprudente y las aberraciones (1 Pedro 4:3). Claramente, la Biblia amplía grandemente este mandamiento. Todos estos pecados denotan una falta de amor por nuestros seres humanos.

El Espíritu de Profecía.

En **Apoc. 12:17; 19:10; 22:9**, Dios prometió darle a Su iglesia remanente el don de profecía. La pregunta es esta: ¿Por qué Dios nos da este don, cuando ya tenemos la Biblia?

La respuesta es que hay ciertas situaciones en la vida real, que la Biblia **no toca** directamente. ¿La Biblia toca asuntos como la pornografía y la masturbación? No en detalle, pero sí en principio. ¿Significa esto que podemos ver pornografía y practicar la masturbación sin escrúpulo ni conciencia, porque la Biblia no lo prohíbe estrictamente? La respuesta es no. El hecho es que Dios ha dado otra ampliación de la Biblia para estos últimos días en el Espíritu de Profecía.

Frecuentemente se hace la pregunta: ¿Por qué la iglesia de los últimos días necesita estos escritos si tiene la Biblia? ¿No dice Ellen White que la Biblia es nuestra **única** regla de fe y práctica? Si. ¿Pero significa esto que no necesitamos sus escritos? ¿Por qué necesitamos el Espíritu de Profecía si toda la voluntad de Dios está revelada en la Biblia? Permitamos que la misma Ellen White lo explique:

"El hermano J quiere confundir los ánimos tratando de hacer aparecer que la luz que Dios me ha dado por medio de los Testimonios es una **adición** a la Palabra de Dios; pero da así una **falsa idea** sobre el asunto. Dios ha visto propio atraer de este modo la atención de este pueblo a **su Palabra**, para darle una comprensión más clara de ella. La Palabra de Dios **basta** para iluminar la mente más oscurecida, y puede ser entendida por los que tienen **deseos** de comprenderla. No obstante todo eso, algunos que profesan estudiar la Palabra de Dios se encuentran en oposición directa a sus más claras enseñanzas. Entonces, para dejar a hombres y mujeres **sin excusa**, Dios da **testimonios claros y señala-**

dos, a fin de hacerlos volver a la Palabra que no han seguido. La Palabra de Dios abunda en **principios generales** para la formación de hábitos correctos de vida, y los testimonios, generales y personales, han sido calculados para **atraer su atención** más especialmente a esos principios". **5T:622-623**.

"Recomiendo al amable lector la Palabra de Dios como regla de fe y práctica. Por esa Palabra hemos de ser juzgados. En ella Dios ha prometido dar visiones en los 'postreros días', no para tener una nueva norma de fe, sino para consolar a su pueblo y para corregir a los que se apartan de la verdad bíblica". **3MS:31**.

Tomemos un asunto controversial que son tocados por Ellen White para ver si ella está en armonía con los principios bíblicos.

El Sábado.

Isa. 58:13-14 contiene el **principio general** de que no debemos seguir nuestro **propio camino** o nuestro **propio placer** o hablar nuestras **propias palabras** durante el Sábado.

"Si retiras tu pie de pisotear el sábado, de hacer **tu voluntad** en mi día santo, y si al sábado llamas delicia, santo, glorioso del Eterno, y lo veneras, no siguiendo **tus caminos**, ni buscando **tu voluntad**, ni hablando **palabras vanas**, 14 entonces te deleitarás en el Señor, y yo te haré subir sobre las alturas de la tierra, y te sustentaré con la herencia de Jacob tu padre; porque la boca del Eterno lo ha dicho".

La pregunta es esta: ¿Qué son nuestros propios caminos, o nuestro propio placer y nuestras propias palabras? ¿Cómo estas declaraciones generales de principios, se aplican a situaciones reales de la vida? ¿El hacer estas cosas durante el Sábado impacta nuestro **relacionamiento de amor** con Dios? ¿Qué actividades específicas están prohibidas durante el Sábado y por qué? Observe el siguiente consejo de Ellen White:

"Que cada familia ASD honre a Dios con una estricta observación de su ley. Los hijos debieran ser enseñados a respetar el Sábado. En el día de la preparación, la ropa debiera ser colocada a parte, los zapatos lustrados y deben tomar baño. Entonces, alrededor del altar de la familia para que todos esperen para darle la bienvenida al santo día de Dios, como si esperaran por la venida de un amigo querido". **ST, 25 de Mayo de 1882**.

Neh. 13:19-20. Eso contiene el principio general que tenemos que **guardar los extremos del Sábado**:

"Así, cuando iba oscureciendo a las puertas de Jerusalén antes del sábado, ordené que cerrasen las puertas, y no las abrieran hasta después del sábado. Y puse a las puertas algunos de mis criados, para que no entrasen carga en sábado. 20 Y quedaron fuera de Jerusalén una y dos veces los negociantes que vendían toda especie de mercancía".

Ellen White amplía este principio:

"Debemos cuidar celosamente **los extremos del sábado**. Recordemos que cada momento del mismo es un tiempo santo y consagrado. Siempre que se pueda los patrones deben dejar en libertad a sus obreros desde el **viernes al medio día hasta el principio del sábado**. Dadles tiempo para la preparación, a fin de que puedan dar la bienvenida al día del Señor con espíritu tranquilo. Una conducta tal no os infligirá pérdidas, ni aun en las cosas temporales". **6T:357**.

¿Está Ellen White realmente añadiendo algo a las Escrituras con esas declaraciones? No. Ella está simplemente ampliando los principios que se encuentran en las Escrituras. ¿Y por qué ella nos da esos consejos? ¿La violación de esos consejos impacta nuestro amor por Dios?

El Uso de Bicicletas.

Los enemigos de Ellen White han tenido un auge con los consejos **contra las bicicletas**. Aun las personas sinceras preguntan: ¿Cómo puede alguien creer seriamente que ella tenía el don profético, cuando ella dio ese **consejo ridículo**? ¿Adónde la Biblia habla sobre el asunto de las bicicletas? ¿El andar en bicicleta realmente afecta nuestro relacionamiento amoroso con Dios y con nuestros semejantes? Veamos lo que ella **dijo**, **cuándo** lo dijo y por **qué**. Después de todo, ella se dijo a sí mima:

"Acerca de los testimonios, nada es ignorado, nada es puesto a un lado. Sin embargo, deben tomarse en cuenta el tiempo y el lugar". **1MS:65**.

¿Cuál es el **contexto histórico** de los consejos de Ellen White en contra de las bicicletas?

"Vamos a otra escena. En las calles de la ciudad hay una partida reunida para una carrera de bicicletas. En ese grupo también se encuentran los que profesan conocer a Dios y a Jesucristo a quien él ha enviado. ¿Pero quién que presencie la excitante **carrera** pensaría que aquellos que **se están exhibiendo** de esta manera son los seguidores de Cristo? ¿Quién supondría que algunos de los que constituyen esa partida sienten su necesidad de Cristo? ¿Quién pensaría que se han dado cuenta del **valor de su tiempo** y de sus **facultades físicas** como dones de Dios para ser preservadas para **su servicio**? ¿Quién piensa en el **peligro del accidente**, o que la **muerte** puede ser el resultado de su **alocada persecución**? ¿Quién ha orado por la presencia de Jesús y la **protección de los ángeles ministradores**? ¿Es **glorificado Dios** por estos actos? Satanás está jugando el juego de la vida por la posesión de estas almas, y a él le agrada lo que ve y lo que oye". **TM:81**.

"En vista de la terrible crisis que tenemos por delante, ¿qué están haciendo los que profesan creer la verdad? Mi Guía me llamó y me dijo: 'Sígueme', y me fueron mostradas cosas dentro de nuestro pueblo que no estaban en conformidad con su fe. Parecía haber una **locura de bicicletas**. Se gastaba **dinero** para complacer un entusiasmo en esta dirección, cuando habría sido mucho mejor invertir esos fondos en la construcción de iglesias donde tanto se necesitan. Me fueron presentadas algunas cosas bien extrañas en Battle Creek. Una influencia seductora parecía estar pasando cual ola sobre nuestro pueblo allí, y vi que a esto le seguirían otras tentaciones. Satanás obra con intensidad de propósito para inducir a nuestro pueblo a invertir tiempo y dinero en la satisfacción de supuestas necesidades. Esta es una especie de idolatría. El ejemplo será imitado, y mientras miles sufren por falta de pan, mientras el hambre y la pestilencia se hacen palpables y evidentes, porque Dios no puede 'conforme a la gloria de su propio nombre' proteger a los que están obrando en contra de su voluntad, ¿deberán aquellos que profesan amar y servir a Dios actuar como la gente en los días de Noé, siguiendo los designios de su propio corazón?

Mientras habéis estado dándole gusto a vuestra propia inclinación en la apropiación de dinero 'el dinero de Dios' por el cual tendréis que dar cuenta, la obra misionera ha sido impedida y atada por falta de recursos y de obreros para colocar el estandarte de la verdad en lugares donde la gente nunca ha escuchado el mensaje de amonestación. ¿Dirá Dios a los que egoístamente satisfacen su propia imaginación y sus propios (59) deseos: 'Bien, buen siervo y fiel; sobre poco has sido fiel, sobre mucho te pondré; entra en el gozo de tu señor'? (Mateo 25:23).

Mis hermanos y hermanas de Battle Creek, ¿qué clase de testimonio estáis dando a un mundo incrédulo? Me ha sido mostrado que el Señor no ve con placer vuestra conducta, porque vuestros hechos contradicen vuestra profesión. No sois hacedores de las palabras de Cristo.

Mi Guía me dijo: 'Fíjate y contempla la idolatría de mi pueblo, al cual he estado hablando, madrugando y señalándoles sus peligros. Yo esperaba que llevasen mucho fruto'. Había algunos que **luchaban por la superioridad**, cada uno intentando **adelantarse al otro** en la veloz carrera de sus bicicletas. Había un espíritu de disensión entre ellos, y contendían unos con otros acerca de cuál sería el **más sobresaliente**. Este ambiente era semejante a aquel que se manifestó en los juegos de béisbol en el terreno del colegio". **8T:58-59**.

"Usted no va a estar comprando bicicletas, lo cual podría hacerlo sin, sino que estará recibiendo la bendición de Dios al ejercer sus poderes físicos de una **manera menos cara**. En vez de invertir **cien dólares** (una pequeña fortuna en aquel tiempo) en una bicicleta, usted considerará el asunto mejor, para que no sea al precio de almas por las cuales Cristo murió, y por quienes él lo ha hecho a usted responsable". **RH, 21 de Agosto de 1894**.

En **TM:84** (escrito en 1895) Ellen White declara que los estudiantes se estaban **hiriendo a sí mismos**, colocando sus **vidas en peligro** y luchando por la **supremacía** en sus carreras de bicicletas.

Una lectura cuidadosa del consejo de Ellen White concerniente a las bicicletas, revela claramente que ella no condenaría hoy el **uso recreacional** de una bicicleta o su uso para transporte personal y por placer. En sus días, los Adventistas estaban **hipotecando sus hogares** y tomando seguros de vida para poder ganar la **supremacía** sobre los demás. Me pregunto si Ellen White tendría algo que decir hoy acerca de **NASCAR** y **carreras de motos** y aun eventos tales como el Tour de Francia, donde grandes sumas de dinero son gastadas, vidas son puestas en peligro y la lucha por la supremacía puede ser claramente vista.

Si Ellen White viviera hoy, creo que ella aplicaría su consejo a los lujosos y **caros carros** que tenemos, y llamativas casas donde vivimos y los **caros juguetes** que compramos. Las circunstancias pueden cambiar, pero el **principio universal** aun se aplica. Aun cuando su consejo específico relacionado con las bicicletas no se aplica hoy, porque los tiempos han cambiado, ¡los **principios** que ella anuncia son **universales** y no dependen del tiempo! Recordemos una vez más el sabio consejo de Ellen White concerniente a sus propios escritos:

"Acerca de los testimonios, nada es ignorado, nada es puesto a un lado. Sin embargo, deben tomarse en cuenta el **tiempo y el lugar**". **1MS:65**.

Si las circunstancias cambian, los principios permanecen, pero su aplicación específica cambia. Para Ellen White, hay varios principios universales: 1) El sabio uso del **tiempo**, 2) El uso adecuado del **dinero** para salvar almas, 3) La protección de la **salud y del cuerpo**, 4) El subyugar el espíritu del **orgullo y de la supremacía**. Cualquier práctica que promueva un mal uso del tiempo, del dinero y de la salud y que promueva un espíritu de supremacía, está errado, ¡porque finalmente afecta nuestra relación amorosa con Dios y con nuestros seres humanos!

Diversiones Peligrosas.

¿Estaba Ellen White correcta cuando escribió acerca de otras diversiones peligrosas, donde se aplica el mismo principio?

"Algunas de las diversiones más populares, como el **fútbol** y el **box**, se han transformado en escuelas de **brutalidad**. Tienen las mismas características que tenían los juegos de la antigua Roma. El **amor al dominio**, el **orgullo** por la mera fuerza bruta, el temerario **desprecio** manifestado hacia la **vida**, están ejerciendo sobre los jóvenes una influencia desmoralizadora que espanta". **Ed:210**.

Siempre ha sido incomprensible para mí, cómo los jugadores de fútbol y los boxeadores podrán tener una sesión de oración antes de ir al campo o al ring, ¡antes de golpearse el cerebro los unos contra los otros!

Asistencia al Cine.

Obviamente, no hay ninguna declaración directa de la Biblia que diga: 'No irás al cinema', porque no había cinema en los tiempos bíblicos. Pero ciertamente había entretenciones teatrales vivas en Grecia y en Roma. La pregunta es: ¿Hay principios bíblicos que nos guíen a abstenernos de esa práctica? Observe los siguientes textos bíblicos:

Filipenses 4:8-9. "Por lo demás, hermanos, todo lo que es **verdadero**, todo lo **honorable**, todo lo **justo**, todo lo **puro**, todo lo **amable**, todo lo que es de **buen nombre**; si hay **virtud** alguna, si algo digno de **alabanza**, en eso **pensad**. 9 Lo que aprendisteis y recibisteis, oísteis y visteis en mí, eso haced. Y el Dios de paz estará con vosotros".

Romanos 12:1-2. "Así, hermanos, os ruego por la misericordia de Dios, que presentéis vuestro cuerpo en sacrificio vivo, santo, agradable a Dios, que es vuestro culto razonable. 2 Y **no os conforméis a este mundo**, sino transformaos mediante la **renovación de vuestra mente**, para que podáis comprobar cuál es la buena voluntad de Dios, agradable y perfecta".

Isaías 33:14-15. "Los pecadores en Sión se asombraron, espanto sorprendió a los hipócritas. ¿Quién de nosotros habitará con el fuego consumidor? ¿Quién habitará con las llamas eternas? 15 El que **anda en justicia** y **habla lo recto**, el que rehúsa la **ganancia de violencias**, el que sacude sus manos para **no recibir cohecho**, el que **tapa su oreja** para no oír propuestas sanguinarias, el que **cierra sus ojos** para no ver cosa mala".

2 Corintios 3:18. "Por tanto, nosotros todos, al **contemplar** con el rostro descubierto, como en un espejo, la gloria del Señor, nos vamos **transformando** a su misma imagen, con la creciente gloria que viene del Señor, que es el Espíritu".

"Hay una ley de la **naturaleza intelectual y espiritual** según la cual modificamos nuestro ser mediante la contemplación. La inteligencia se **adapta gradualmente** a los asuntos en que se **ocupa**. Se asimila lo que se acostumbra a **amar y a reverenciar**. Jamás se elevará el hombre a mayor altura que a la de su ideal de pureza, de bondad o de verdad. Si se considera a sí mismo como el ideal más sublime, jamás llegará a cosa más exaltada. Caerá más bien en bajezas siempre mayores. Sólo la gracia de Dios puede elevar al hombre. Si depende de sus propios recursos, su conducta empeorará inevitablemente". **CS:611**.

2 Corintios 6:14-18. "No os unáis en yugo desigual con los incrédulos. Porque, ¿qué tiene en común la justicia con la injusticia? ¿Qué comunión tiene la luz con las tinieblas? 15 ¿Qué armonía hay entre Cristo y el diablo? ¿O qué parte tiene el creyente con el incrédulo? 16 ¿Y qué acuerdo hay entre el templo de Dios y los ídolos? Porque vosotros sois el templo del Dios viviente, como Dios dijo: 'Habitaré y andaré entre ellos. Seré su Dios, y ellos serán mi pueblo'. 17 Por lo cual, salid de en medio de ellos, y apartaos, dice el Señor. No toquéis lo impuro, y yo os recibiré. 18 Y seré vuestro Padre, y vosotros seréis mis hijos e hijas, dice el Señor Todopoderoso".

¿Las películas aumentan nuestro amor por Dio y por nuestros semejantes? ¿Nos animan a abrazar y practicar la verdad? ¿Nos conducen a usar un lenguaje puro? ¿Nos animan a respetar la santidad del matrimonio? ¿Nos enseñan a respetar la vida humana y la propiedad? ¿Nos enseñan a respetar y honrar a nuestros padres? Yo creo que usted conoce las respuestas a todas esas preguntas.

Un número creciente de Adventistas jóvenes (y, triste es decirlo, jóvenes pastores y adultos) hoy disfrutan yendo al cinema. En los tiempos bíblicos y en los días de Ellen White, no existían las películas. Pero tanto en los tiempos bíblicos como en los días de Ellen White, las representaciones dramáticas sí existían. Por favor, lea la siguiente descripción dad por Ellen White y dígame honestamente si ella le está añadiendo a las Escrituras o si está simplemente ampliando las Escrituras y aplicándolas en una práctica contemporánea:

"El teatro se encuentra entre los lugares de placer más peligrosos. En vez de ser una escuela de moralidad y virtud, como frecuentemente se alardea, es una verdadera **fuente de inmoralidad**. Estas diversiones fortalecen los hábitos viciosos y las **propensiones pecaminosas**. Los cantos bajos, las actitudes, expresiones y gestos licenciosos, **depravan la imaginación** y **rebajan la moral**. Todo joven que asista a tales exhibiciones, **corromperá sus principios**. No existe en nuestra tierra influencia más poderosa para **envenenar la imaginación**, destruir las convicciones religiosas y el gusto por las diversiones tranquilas, que las representaciones teatrales. El amor por estas representaciones aumenta con la complacencia, así como el gusto por las bebidas fuertes se fortalece mientras más se toma. El único camino seguro es evitar el teatro, el circo y todo otro lugar de entretenimiento dudoso". **CSSa:195**.

Deportes Competitivos en Nuestras Escuelas.

Existe una fuerte y creciente tendencia hacia los deportes competitivos en nuestras escuelas denominacionales hoy. ¿Esta tendencia está en armonía con la Biblia? El hecho es que la Biblia no toca este asunto particular, pero Ellen White sí lo hace:

"No condeno el ejercicio sencillo del juego de pelota; pero aun esto, con toda su sencillez, puede ser llevado a la exageración.

Siempre temo el casi seguro resultado que sigue a estas diversiones. Provoca un desembolso de recursos que debieran dedicarse a comunicar la luz de la verdad a las almas que están pereciendo lejos de Cristo. Las diversiones y el despilfarro de recursos para agradarse a sí mismo, que conducen paso a paso a la glorificación propia, y el adiestramiento en estos juegos por placer desarrollan una pasión por tales cosas, que no favorece el perfeccionamiento del carácter cristiano". **HC:453**.

"La manera en que se las ha dirigido en el colegio no lleva el sello del cielo. No fortalece el intelecto. No refina ni purifica el carácter. Hay actividades que llevan a costumbres y prácticas mundanales, y quienes participan en ellas quedan tan embargados e infatuados que en el cielo se los declara amadores de placeres más que de Dios. En vez de quedar con el intelecto fortalecido para ser mejores estudiantes, en vez de estar mejor preparados como cristianos para cumplir sus deberes de tales, al ejercitarse en esos juegos llenan sus cerebros de pensamientos que los desvían de sus estudios. . . .

¿Se procura sinceramente glorificar a Dios en estos juegos? Sé que no es éste el caso. Se pierde de vista el camino de Dios y su propósito. En este tiempo de gracia, la ocupación de ciertos seres inteligentes es invalidar la voluntad que Dios ha revelado, y poner en su lugar las especulaciones e inventos del agente humano, al lado del cual está Satanás para infundirle su espíritu... El Señor Dios del cielo protesta contra la ardiente pasión que se ha cultivado por la supremacía en los juegos esclavizadotes". **HC:453-454**.

La pregunta es: ¿Está Ellen White añadiéndole a la Biblia cuando ella unce el entrecejo con respecto a los deportes competitivos en nuestras escuelas? La respuesta es que en principio ella no le está añadiendo nada. Ella está simplemente tomando principios bíblicos y los está aplicando a la práctica, lo cual no existía en los tiempos bíblicos. Hágase usted mismo estas preguntas:

- ¿Han cambiado las circunstancias?
- ¿Los jugadores aun están estropeados para la vida?
- ¿Aun hay un espíritu de supremacía?
- ¿Aun existe un despilfarro innecesario de medios?
- ¿Son los deportes competitivos un sabio gasto del precioso tiempo?
- ¿Hay cosas que desarrollarán mejor el intelecto y la naturaleza física?
- ¿Los deportes competitivos lo hacen a usted más útil en la vida?
- ¿Los deportes competitivos nos preparan mejor para predicar el evangelio a aquellos que están perdidos en pecados?

Adorno Personal.

La **Biblia es clara** que el adorno no debiera ser externo, sino que interno, del corazón. Pero muchos en la iglesia Adventista hoy dicen que este consejo no se aplica hoy.

Es muy interesante que las cosas específicas que la **Biblia no prohíbe explícitamente** (tal como ir al cinema) son justificadas hoy y las cosas que la **Biblia prohíbe explícitamente** (tal como el uso de joyas) son justificadas hoy. En la preparación de personas para el bautismo, el asunto de las joyas ya casi no es consultado hoy. Pero tanto el apóstol Pablo como el apóstol Pedro son claros en este punto:

1 Tim. 2:9-10. "También que las mujeres se atavíen con ropa decorosa, con pudor y modestia. **No** con peinado ostentoso, ni con perlas o vestidos costosos, 10 sino con buenas obras, como conviene a mujeres que profesan piedad".

1 Pedro 3:1-4. "Igualmente vosotras, esposas, sed sujetas a vuestros esposos, para que los que no creen la Palabra, sean ganados sin palabra por la conducta de sus esposas, 2 al considerar vuestra casta y respetuosa conducta. 3 Vuestro adorno no sea exterior con peinados ostentosos, atavíos de oro, o vestidos lujosos, 4 sino interno, del corazón, en incorruptible belleza de un espíritu manso y tranquilo, que es de gran valor ante Dios".

Ellen White es aun más explícita con respecto a que la razón del adorno no debe ser externa. Tiene que ver con el amor para con nuestros vecinos:

"Hay muchos que tienen el corazón endurecido de tal manera por la prosperidad, que se olvidan de Dios y de las necesidades de sus prójimos. Algunas cristianas profesas se adornan con joyas, encajes, atavíos costosos, mientras que los pobres del Señor sufren porque les falta lo indispensable para la vida. Hombres y mujeres que pretenden haber sido redimidos por la sangre de un Salvador malgastan los recursos que les han sido confiados para la salvación de otras almas, y luego a regañadientes dan sus ofrendas como una limosna para propósitos religiosos, y lo hacen liberalmente sólo cuando les proporciona honor. Los tales son idólatras (ST, 26-01-1882)". **2CBA:1002**.

"El hermano Simpson explica las profecías por medio de diagramas, y deja muy claro que el fin de todas las cosas está a la vuelta de la esquina. En algunos casos familias enteras han tomado su decisión de obedecer a Dios, como en 1844. Todos han sido llamados a terreno desde el comienzo, y muchos creen que las profecías relacionadas con el pasado, presente y futuro han sido bien explicadas. Las joyas, que cuestan muchos cientos de dólares, le han sido dadas al hermano Simpson para que sean **vendidas para la causa**. No hay un espíritu de exaltación en este movimiento. No hay ningún fanatismo. La verdad toma cuenta de los corazones; y los hombres y mujeres dan sus anillos y brazaletes, aun cuando no haya sido hecho ningún llamado para que ellos se deshagan de **sus ídolos**. La obra es sincera y quieta. Las personas se sacan sus joyas libremente, y se las llevan al hermano Simpson como una ofrenda de sus ídolos". **14ML:250-251**.

¿Observó en estas declaraciones que el uso de las joyas impacta negativamente en nuestro amor por nuestros seres humanos? ¿No debiera nuestro dinero ser invertido en las cosas necesarias de la vida y en la salvación de almas en vez de en ornamentos que atraen nuestra atención?

Comiendo Alimentos Limpios de Carne.

Está claro que la Biblia permite comer ciertos tipos de alimentos cárneos (Deuteronomio 14; Levítico 11). Si ese es el caso, ¿por qué entonces Ellen White escribe que no debiéramos comer ni siquiera **carne limpia** en los últimos días? ¿Está ella contradiciendo la Biblia o hay un asunto más profundo envuelto? Primero, leamos otras declaraciones categóricas:

"La carne no fue **nunca el mejor alimento**; pero su uso es hoy día doblemente inconveniente, ya que el número de los casos de **enfermedad aumenta cada vez más entre los animales**. Los que comen carne y sus derivados no saben lo que ingieren. Muchas veces si hubieran visto los animales vivos y conocieran la calidad de su carne, la rechazarían con repugnancia. Continuamente sucede que la gente come carne llena de gérmenes de tuberculosis y cáncer. Así se propagan estas enfermedades y otras también graves (MC:241)". **CN:359**.

"¿No es tiempo que todos dispensen los alimentos cárneos? ¿Cómo pueden aquellos que quieren ser puros, refinados, y santos, que quieren tener la compañía de los ángeles celestiales, continuar usando como alimento cualquier cosa que tiene un **efecto tan dañino** sobre el alma y el cuerpo? ¿Cómo pueden ellos tomar la vida de las criaturas de Dios, para poder consumir la carne como un lujo? Que ellos vuelvan, mejor, al alimento delicioso dado al hombre en el **comienzo**, y que ellos mismos practiquen y les enseñen a sus hijos a practicar, misericordia hacia las mudas criaturas que Dios ha hecho y que ha colocado bajo su dominio?". **MC:317**[24].

"Los **males morales** derivados del consumo de la carne no son menos patentes que los males físicos. La carne daña la salud; y todo lo que afecta al cuerpo ejerce también sobre la mente y el alma un efecto correspondiente". **CRA:457**.

"Las facultades intelectuales, morales y físicas son rebajadas por el **uso habitual** de la carne. El uso de carne trastorna el organismo, **nubla** el intelecto y **entorpece** las sensibilidades morales. Os decimos, querido hermano y hermana, que vuestra conducta más segura es **dejar la carne**". **CRA:467**.

¿Por qué Ellen White nos daría ese consejo, cuando ella sabía muy bien que la Biblia permite comer carnes limpias? Tenemos que subrayar que la Biblia permite el consumo de carnes limpias, pero la **grasa y la sangre** tienen que ser removidas. Esto es algo que los comedores de carne hoy (excepto los Judíos ortodoxos) no hacen.

Características objetables de los alimentos cárneos:

- La sangre y la carne enferma transmite enfermedades mortales, tales como la enfermedad de las vacas locas y el cáncer.
- Altos niveles de colesterol conducen a ataques al corazón y derrames.
- Las hormonas del crecimiento ingeridas por los animales causan enfermedades.
- La grasa saturada conduce a ataques cardiacos y derrames.
- Las purinas que contiene la carne actúa como un estimulante sobre el cuerpo. Aun cuando Ellen White no entendió la razón por la cual la carne estimula el organismo, los estudios hormonales han comprobado que ella estaba en lo correcto:

"Cuando el uso de carne es descontinuado, a menudo hay una sensación de debilidad, una falta de vigor. Muchos toman esto como una evidencia que la carne es esencial; pero es porque los alimentos de esta clase son estimulantes, porque afiebran la sangre y excitan los nervios, y por eso son extrañados. Algunos encontrarán tan difícil dejar la carne, como el bebedor de alcohol le es difícil dejar su bebida; pero el cambio será para mejor". **Consejos Sobre Dieta y Alimentos:396**.

- Las **sensibilidades morales y espirituales** son embotadas cuando la sangre y la grasa de la carne son consumidas.

---

[24] Paginación en Inglés.

Así, ¿por qué Dios permitió el consumo de carnes limpias (menos la grasa y la sangre) en los tiempos bíblicos, mientras que la prohibió hoy? Una ilustración nos ayudará a entender la razón.

Yo crecí en la ciudad de Caracas, Venezuela. Por la ciudad corre el río Guaire, que es básicamente el sembrador y recogedor de la basura de la ciudad. El gobierno ha colocado letreros advirtiendo a las personas a no usar el agua de ese río. Pero hace 150 años atrás, no había ninguna prohibición para nadar en el río, pescar en él y usar el agua papa beber. Entonces, ¿por qué se le permitía a las personas entonces usar el agua y ahora no? Creo que la respuesta es obvia. Lo que era seguro entonces, ya no es más seguro ahora. Las circunstancias han cambiado y el cambio de las circunstancias exige un cambio en el consejo.

Dios permitió el uso de carne limpia en los tiempos bíblicos. Entonces el mundo animal estaba menos enfermo y las hormonas del crecimiento no eran inyectadas en los animales y ellos no eran alimentados con comida que no fuese para ellos. ¿Han cambiado las cosas? Claro que sí. ¡Lo que era seguro entonces ya no es seguro ahora! Usted esperaría que Dios dijera lo siguiente: "En el pasado dije que la carne limpia podía ser comida, y Yo el Señor, no cambio, así es que sigan adelante y continúen comiendo esos alimentos, aun cuando yo se que ellos los van a enfermar". Observe que Dios no cambia el principio, pero lleva en consideración las circunstancias, para poder estar en armonía con Su propio principio.

Fumar Tabaco y Beber Café.

Yo estaba una vez dirigiendo una serie reuniones evangelísticas en Albuquerque, Nuevo México. mientras dirigía hacia una reunión un día, estaba escuchando un llamado religioso en un programa donde las personas podían llamar y hacer preguntas bíblicas. Mientras escuchaba, un oyente le hizo una pregunta al pastor en el estudio: "Señor, tengo dos preguntas: Primero, ¿es pecado fumar? Y la segunda pregunta es: ¿Dios me va a enviar al infierno por fumar?"

Yo estaba intrigado con la pregunta y me pregunté cómo el pastor respondería. La respuesta vino rápidamente:

"La respuesta a su primera pregunta es 'no', porque no hay ningún lugar en la Biblia que diga: 'No fumarás'. Y con respecto a su pregunta si Dios lo va a enviar al infierno por fumar, al contrario, usted probablemente se irá más rápido al cielo".

En el siglo XIX los médicos prescribían el tabaco como alimento para el asma, bronquitis y enfisema. Hasta 1940 la Sociedad Médica Americana afirmaba que no había ninguna evidencia que indicara que fumar tabaco tuviese alguna relación con el pulmón y con otros tipos de cáncer. ¿Cómo han cambiado los tiempos!

Es un hecho sabido que la Biblia no habla sobre fumar. ¿El silencio de la Biblia, sobre este tópico específico, nos permite fumar? Ellen White ha escrito:

"Dios ha escrito su ley en todo nervio y músculo, en toda fibra y función del cuerpo humano. La complacencia del apetito antinatural, ya sea por el té, el café, el tabaco o el alcohol, es intemperancia, y se halla en guerra contra las leyes de la vida y la salud. Usando estos artículos prohibidos, se crea una condición en el organismo, que el Creador nunca se propuso que hubiera. **Esta complacencia en cualquiera de los miembros de la familia humana es pecado**... El comer alimentos que no producen buena sangre, es obrar en contra de las leyes de nuestro organismo físico, y en violación de la ley de Dios. La causa produce el efecto. El sufrimiento, la enfermedad y la muerte, son la penalidad segura de la complacencia Carta 123, 1899)". **Ev:196-197**.

¿No está Ellen White aquí añadiéndole a la Biblia, al decir que fumar es pecado? ¿No está ella yendo más allá de las Escrituras al prohibir esta práctica? Desde luego que no! Ella está simplemente aplicando los principios bíblicos a las situaciones de la vida real, que no existían en los tiempos bíblicos.

¿Qué principios bíblicos están por detrás del consejo de Ellen White? Veamos:

1. Éxo. 20:13. 'No matarás' y se ha demostrado que el tabaco mata.
2. 1 Cor. 3:16-17. Nuestro cuerpo es el templo del Espíritu Santo y no debemos dañarlo.
3. 1 Cor. 10:31. Si comemos o bebemos o hacemos cualquier cosa, debemos hacerlo para la gloria de Dios.
4. Deut. 6:5. Debemos honrar a Dios con toda nuestra fuerza.
5. 1 Pedro 2:11. La Biblia prohíbe deseos pecaminosos que guerrean contra el alma.
6. Nada impuro entrará en el cielo (Apoc. 21:27).

¿Y qué sucede con el café? Está claro que en ninguna parte la Biblia prohíbe beber café. Al parecer el café ha pasado por una 'experiencia de conversión' en años recientes. Conozco a muchos líderes y miembros de iglesia que son adictos a 'Starbucks' y hacen todo lo que pueden para justificar su hábito. ¿Qué es lo que Ellen White tiene a decir?

"El café comporta una complacencia dañina. Si momentáneamente excita la mente a una acción inusitada, el efecto posterior es agotamiento, postración, parálisis de las facultades mentales, morales y físicas. La mente se enerva, y a menos que por un esfuerzo determinado se venza el hábito, la actividad del cerebro se disminuye en forma permanente". **CRA:506**.

La Masturbación.

Ellen White lo llama el 'vicio secreto', el 'vicio solitario' y el 'auto-abuso'. Ella afirma que la mente y el cuerpo son debilitados por ese hábito. Ella dice que disminuye la energía del cerebro y como resultado la brillantez de la mente joven es nublada. Ella declara que si una persona continúa con ese hábito, él eventualmente desarrollará la **demencia**.

Algunos Adventistas se han burlado del consejo de Ellen White sobre este asunto, diciendo que la masturbación puede hasta ser una cosa buena para aliviar el estrés. Observe el consejo de Ellen White:

"Sus pensamientos estaban concentrados en temas desmoralizadores, y tanto la mente como el cuerpo estaban debilitados por el **autoerotismo**. Fue esta **mala práctica**, no el estudio excesivo, lo que causó la frecuente enfermedad de estos niños y lo que les impidió progresar como los padres lo hubieran deseado". **5T:85**.

"Vuestros hijos han practicado la masturbación hasta que la demanda sobre el cerebro ha sido tan grande, especialmente en el caso de vuestro hijo mayor, que sus mentes han sido **seriamente dañadas**. El brillo de sus jóvenes intelectos está opacado. Las capacidades morales e intelectuales se han **debilitado**, mientras que la parte más baja de su naturaleza ha ganado ascendencia. Por esta razón vuestro hijo se aleja con hastío de lo religioso. Ha ido **perdiendo su capacidad de refrenarse** y cada vez tiene menos reverencia por las cosas sagradas, y menos respeto por todo lo que tiene un carácter espiritual". **2T:350**.

"Estos niños están en la senda que los llevará directamente a la perdición. Ellos mismos están degradados, y han instruido a muchos otros en este vicio. El muchacho mayor está disminuido, física y mentalmente, por entregarse a este vicio. La poca inteligencia que le ha quedado es de una calidad inferior. Si continúa con esta práctica viciosa llegará a transformarse en un **disminuido mental** (idiota). Cada acto de complacencia en este vicio por parte de los niños que ya están desarrollados es un terrible mal y producirá resultados terribles, debilitando el organismo y **menoscabando el intelecto**. Pero en los que se complacen en este vicio corruptor antes de completar su desarrollo, los efectos resultan más claramente evidentes, y la recuperación es casi imposible. El cuerpo es débil y poco desarrollado; lo músculos son flácidos; los ojos se empequeñecen y a veces se hinchan; la memoria los traiciona y es selectora; y aumenta la incapacidad para concentrar la mente en el estudio". **2T:358**.

¿Estaba Ellen White en lo correcto cuando dijo que la masturbación afecta los poderes mentales hasta el punto de dejar a una persona idiota? Veamos lo que dos médicos prominentes dicen:

Profesor de la Universidad de Oxford, el Dr. David Horrobin, M. D., Ph. D., Zinc, Vitabooks, Inc, 1981, pág. 8:

"El efecto de la deficiencia del zinc posee particularmente profundos efectos en el hombre, porque extraordinarias cantidades de zinc se encuentran en los testículos y en la glándula de la próstata... La cantidad de zinc en el semen es tal, que una eyaculación puede deshacerse de todo el zinc que puede ser absorbido por los intestinos en un día".

"En los seres humanos, entre los más consistentes efectos de la deficiencia de zinc, están los cambios en el humor y en el comportamiento. Hay **depresión**, extrema irritabilidad, apatía y aun en algunas circunstancias, un comportamiento que parece ser **esquizofre-**

nia... Aun es posible, dada la importancia del zinc para el cerebro, ¡que los moralistas del siglo XIX estuviesen en lo correcto cuando dijeron que una masturbación repetida puede **dejarlo a uno loco**! Similarmente, los altos vividores también estaban en lo correcto cuando dijeron que una dieta rica en ostras era necesaria para compensar la **excesiva indulgencia sexual**".

El Dr. Carl Pfeiffer de la Universidad de Harvard:

"Odiamos decirlo, pero en un adolescente, la deficiencia de zinc, la excitación sexual y la excesiva masturbación puede **precipitar la insanidad**". Carl Pfeiffer, Ph. D., M. D., El Zinc y otros Micronutrientes, Kyats Publishing, Inc. 1978, pág. 45.

Lección 16—El Crimen Básico de la Amalgamación.

Una Declaración Complicada.

Hace algunos años uno de mis miembros de iglesia, vino a mi oficina y por el tono de su voz, pude percibir que estaba muy complicado. Él me dijo que mientras estaba en Internet, él había pasado por una de las tantas páginas que eran contrarias a Ellen White. Su curiosidad lo llevó a leer un artículo que quería probar que Ellen White **creía** y enseñaba que antes del diluvio, los **animales y los seres humanos** se habían cruzado y habían producido una **descendencia híbrida**, que era en parte humana y en parte animal.

Con sinceridad, él preguntó:

"¿Cómo puedo creer yo que Ellen White fue una profeta verdadera, cuando ella enseñó un concepto que no es científico?

Yo le dije que Ellen White no enseñaba eso y le **prometí estudiar el asunto**, para darle una **respuesta más detallada** en el futuro cercano.

He aquí la cita de Ellen White con las porciones claves enfatizadas:

"Pero si hubo un pecado sobre otro que llamaba a la destrucción de la raza por el diluvio, fue el **crimen básico** de la **amalgamación** del **hombre** y la **bestia**, lo cual desfiguró la imagen de Dios, y causó confusión en todas partes. Dios se propuso destruir por un diluvio a esa raza de larga vida que había corrompido sus caminos delante de Él". **1Spirit of Profecy:69**.

De acuerdo con el panfleto de tres páginas que el miembro de la iglesia me dio, las expresiones fuertes, como (1) 'crimen básico' (2) 'hombre y bestia' (3) 'desfiguró la imagen de Dios' y (4) 'confusión en todas partes', no se pueden referir a relaciones sexuales entre seres humanos; en vez de eso el artículo afirmaba que Ellen White creía la ridícula idea que la **confusión** en todas partes fue el resultado de **cruzamientos** entres seres humanos y animales. ¿Pero era válida esta suposición?

Cómo Estudiar Declaraciones Difíciles.

Principio #1: Ore por un corazón abierto y una guía divina.

Principio #2: Estudie el texto por sí mismo.

Principio #3: Observe como los escritores usan las palabras y expresiones en otras partes de sus escritos. Permita que Pablo le explique a Pablo y que Ellen White le explique a Ellen White.

Principio #4: Lleve en consideración el contexto anterior y posterior del texto bajo estudio.

Principio #5: Estudie el significado de las palabras tal como fueron usadas en los tiempos en que el escritor las escribió.

Principio #6: Estudie la gramática para ayudar a establecer el significado.

Principio #7: Aplique lo que aprendió para su propia vida personal. La información sin implementación no posee valor.

Aplicando los Principios.

Entonces comencemos nuestro estudio y apliquemos estos principios a nuestro estudio:

Comenzamos declarando que el **mismo Espíritu Santo** que inspiró las **Escrituras**, también inspiró a **Ellen White**. Siendo este el caso, los mismos principios que aplicamos al estudio de las Escrituras, tienen también que ser aplicados a los escritos de Ellen White. También, antes de abrir las Escrituras, tenemos que abrir nuestros corazones sin ninguna **idea preconcebida**. Tenemos que orar para que Dios nos ayude a no imponer nuestras ideas sobre el texto, sino que permitir que las Escrituras hablen por sí mismas. Este es el primero y más importante principio.

Hace mucho tiempo atrás, el apóstol Pedro afirmó que su colega, el apóstol Pablo, escribió algunas cosas que son difíciles de entender. Pero, en vez de echarle la culpa a Pablo por no ser claro en sus declaraciones, Pedro le echó la culpa a aquellos que son ignorantes e inestables y que tuercen estas declaraciones difíciles:

2 Pedro 3:16. "En todas sus cartas habla de esto. Ellas contienen algunos puntos difíciles de entender, que los **indoctos e inconstantes tuercen**, como también las otras Escrituras, para perdición de sí mismos".

Lo mismo se puede decir acerca de los escritos de Ellen White. Ella también escribió algunas cosas difíciles de entender (bajo la guía del mismo Espíritu que guió al apóstol pablo) que el **ignorante e inestable de hoy**, tuerce para su propia destrucción.

No acepte lo que otros dicen acerca del texto, no importa cuán persuasivos puedan aparecer sus argumentos. Es muy fácil ser meros reflectores de lo que otros han dicho o han escrito. Estudie el texto por sí mismo.

La pregunta es: ¿Cómo podemos determinar el correcto significado de declaraciones que son difíciles de entender?

La respuesta es que tenemos que permitir que Pablo lo interprete con sus propios escritos y Ellen White interprete los de ella. Eso quiere decir, que tenemos que ir a **otros pasajes** donde los escritores aclaren lo que ellos quisieron decir en los pasajes difíciles.

Así es que cuando el miembro de iglesia vino con la pregunta, yo decidí buscar las expresiones de la controvertida cita y encontrar cómo Ellen White las usó en otras partes de sus escritos. Al hacerlo, le permití a Ellen White que **sea su propia intérprete**. ¡La investigación fue compensadora!

Un Pecado Sobre Otro.

En la controvertida cita, Ellen White declara que hubo un pecado sobre otro, que condujo a la destrucción del mundo por el diluvio, el pecado de la **amalgamación del hombre y la bestia**. ¿**Aclara ella en otra parte** de sus escritos lo que fue el pecado de la amalgamación, que condujo a la destrucción del mundo? ¿Qué es el cruzamiento de humanos con animales? Permitamos que Ellen White explique cuál fue ese pecado:

"Los **casamientos impíos** de los **hijos de Dios** con las **hijas de los hombres** produjeron la apostasía que tuvo como resultado la **destrucción del mundo por el diluvio**". 2T:87.

Así es que la amalgamación que condujo al diluvio fue el **matrimonio o amalgamación** de los **fieles con los infieles**, no la unión sexual de humanos con los animales.

¿Pero este punto de vista de Ellen White está en armonía con la Biblia?

Gén. 6:1-2, 4. Hubo una unión de los hijos de Dios con las hijas de los hombres. "Los hombres empezaron a multiplicarse sobre la tierra, y les nacieron hijas. 2 Cuando los **hijos de Dios** vieron que las **hijas de los hombres** eran hermosas, **tomaron por esposas** las que más les agradaban... En esos días, después que los **hijos de Dios** se unieron con las **hijas de los hombres** y les engendraron hijos, hubo gigantes (nephilim) en la tierra. Estos fueron los valientes que desde la antigüedad fueron varones de renombre.

En **Gén. 6:5** se nos dice que inmediatamente después que los hijos de Dios fueron a las hijas de los hombres, **aumentó la impiedad** a tal grado, que condujo al **diluvio**: "El Eterno vio que la **maldad** de los hombres era mucha en la tierra, y que todo designio de los pensamientos del corazón de ellos era de continuo **sólo el mal**".

Los Hijos de Dios y Los Gigantes.

¿Quiénes eran 'los hijos de Dios'?

Muchos comentaristas y versiones de la Biblia hoy, enseñan que los hijos de Dios eran **ángeles caídos**, que tuvieron relaciones sexuales con las **mujeres humanas** y el resultado fue la raza de los **gigantes híbridos**, en parte demonio y en parte humano.

Este es el punto de vista de la **tradición Judía**. Algunas traducciones de la Biblia y algunas paráfrasis han seguido la tradición Judía y han traducido las palabras 'gigantes' como 'nephilim' (NIV, ESV) 'hijos de seres sobrenaturales' (CEV) 'los caídos' (Traducción Literal de Young) 'seres malos del mundo de los espíritus' (Biblia Viva).

Así, ¿quiénes son los hijos de Dios y los gigantes? El contexto, en vez de los intérpretes y las versiones de la Biblia, tiene que darnos la respuesta. Miremos el contexto inmediato:

- Génesis 4: La genealogía de **Caín** (el impío).
- Génesis 5: La genealogía de **Set** (el justo).

- Génesis 6: Los **hijos de Dios** (justos) y las **hijas de los hombres** (impías).

¿Pero los ángeles no son llamados 'los hijos de Dios' en el **libro de Job**? Si. Pero aquí tenemos otro principio muy importante. Solo porque una palabra o expresión signifique una cosa en un contexto, eso no significa que **signifique lo mismo en otro contexto**. Por ejemplo, un **león** puede referirse a Cristo, Satanás, Babilonia, Nabucodonosor, o Judá. La levadura puede simbolizar el pecado o el secreto del crecimiento de la iglesia. Una espada puede representar la Biblia o el poder castigador del estado para castigar las transgresiones del código civil.

Es verdad que la expresión 'hijos de Dios' es usada para los **ángeles** (Job 1:8; 2:1; 38:7) pero en **otros contextos** es usada para seres humanos que se han convertido al Señor. Demos apenas un ejemplo:

Rom. 8:14. "Porque todos los que son guiados por el Espíritu de Dios, éstos son hijos de Dios".

Los 'gigantes' no pueden ser una amalgamación híbrida de ángeles con mujeres humanas, debido por lo menos a tres razones:

- Había gigantes tanto **antes** como **después** que los hijos de Dios llegaron a las hijas de los hombres.
- Había nephilim en **Canaán** mucho antes del diluvio (Núm. 13:33).
- Además, Jesús dijo que los ángeles **no se casan** ni son dados en casamiento.

Pero hay algo muy importante en la **tradición Judía**, que es muy preciso: Hubo algo que los 'hijos de Dios' **vieron** en las 'hijas de los hombres' que los atrajo a ellas. ¿Qué tenían las 'hijas de los hombres' que las 'hijas de Dios' no tenían? He aquí la respuesta:

La Tradición Judía.

"Huye, por lo tanto, de la fornicación, hijo mío, y manda a tu esposa y a tus hijas, que no **adornen** sus cabezas y sus rostros para engañar la mente, porque toda mujer que use esos ardides, ha sido reservada para el castigo eterno. Porque así ellas **atrajeron a los Observadores** que había antes del diluvio...". T. Rubén 5:5-7.

"Y sucedió cuando los hijos de los hombres comenzaron a multiplicarse sobre la faz de la tierra, y a las hijas les nacieron bellas hijas, que los **hijos de los grandes** vieron que las hijas de los hombres eran bellas, cuyos **ojos se pintaron** y se **enrollaron el cabello**, **caminaron desnudas**, y concibieron pensamientos lascivos; y les tomaron esposas de todas las que eligieron". Tárgum del Pseudo Jonathan 6:1-2.

El Crimen Básico.

El artículo en Internet sugería que debido a que Ellen White escribió que la amalgamación fue el 'crimen básico', ella no podía haber **significado simples relaciones sexuales ilícitas** entre seres humanos, porque la expresión 'crimen básico' es **demasiado fuerte como para describir sexo entre seres humanos**.

Cuando hice mi investigación, sin embargo, descubrí que Ellen White usa la expresión 'crimen básico' **solo una vez** más en todos sus escritos publicados (aun cuando ella usa las palabras 'básico' y 'crimen' en forma separada en otros lugares). Es imperativo que examinemos esa única referencia. Al describir la acusación que le fue colocada a José por la esposa de Potifar, cuando él rehusó sus avances adúlteros, Ellen White observa:

"Y cuando él fue acusado, y el **crimen básico** fue falsamente colocado a su cargo, no se hundió en la desesperación. En la conciencia de la inocencia y de lo justo, él aun confió en Dios. Y Dios, que hasta aquí lo había apoyado, no se olvidó de él". **SR:102**.

Así, Ellen White define como 'crimen básico' el **pecado del adulterio**. ¡Esto está bien lejos de la idea de que el 'crimen básico' tiene que ser el cruzamiento entre humanos y animales!

El Significado de 'Amalgamación'.

De acuerdo con el **Diccionario Webster de 1828**, que fue el que usó Ellen White, la palabra 'amalgamación' es definida como 'la **mezcla** de dos diferentes cosas'.

La pregunta crucial en este punto es: ¿De acuerdo con Ellen White, cuáles fueron las **dos cosas diferentes** que fueron mezcladas antes del diluvio? ¿Fueron humanos con animales? Una vez más, **permitamos que la propia Ellen White** explique lo que ella quiso decir con la palabra 'amalgamación'. En la siguiente declaración, observe cómo Ellen White usa las palabras 'amalgamación' y 'confundidos', cuando ella describe el peligro del fiel pueblo de Dios al **unirse con los incrédulos**:

"Existe el constante peligro que el **obediente** y el **desobediente** en el mundo y en las iglesias nominales se **amalgamen** tanto que la **línea de demarcación** entre los que sirven a Dios y los que no Lo sirven, quedará **confundida** y será indistinta". **18ML:26**.

Y nuevamente:

"Los que profesan ser seguidores de Cristo, deberían ser agencias vivas, cooperando con las inteligencias celestiales; pero debido a la **unión con el mundo**, el carácter del pueblo de Dios se deslustra, y a través de la **amalgamación** con lo **corrupto**, el oro fino se vuelve oscuro". **RH, 23 de Agosto de 1892**.

Con relación a por qué los **Judíos perdieron tan frecuentemente su identidad**, como pueblo peculiar de Dios, Ellen White explica:

"Vino a ser práctica común el **casamiento entre idólatras e israelitas**, y éstos perdieron pronto su aborrecimiento por el culto de los ídolos. Se introdujeron costumbres impías. Las madres idólatras enseñaban a sus hijos a observar los ritos paganos. La fe Hebrea se convirtió rápidamente en una mezcla de **ideas confusas**". **FEC:499**[25].

¿Observó en estas declaraciones que Ellen White usó las palabras '**amalgamación**' y '**confusión**', las cuales son las mismas palabras que aparecen en la declaración controvertida que estamos analizando?

Así, ¿quiénes fueron los 'hombres' que amalgamaron antes del diluvio? En el libro PP, el cual fue una expansión del **Espíritu de Profecía**, Volumen 4, donde se encuentra la declaración controvertida, Ellen White claramente explica qué es lo que ella entiende por la amalgamación del hombre antes del diluvio:

"Durante algún tiempo las **dos clases (las descendientes mujeres de Caín y los descendientes masculinos de Set)** permanecieron **separadas (lo opuesto de amalgamación)**. Esparciéndose del lugar en que se establecieron primeramente, los descendientes de Caín se dispersaron por todos los llanos y valles donde habían habitado los hijos de Set; éstos, para escapar de la influencia contaminadora de aquéllos, se retiraron a las montañas, y allí establecieron sus hogares. Mientras duró esta separación (lo opuesto de amalgamación), los hijos de Set mantuvieron el culto a Dios en toda su pureza. Pero con el transcurso del tiempo, se aventuraron poco a poco a **mezclarse (un sinónimo de amalgamación)** con los habitantes de los valles. Esta **asociación** produjo los peores resultados. Vieron 'los hijos de Dios que las hijas de los hombres eran hermosas'. (Gén. 6:2). Atraídos por la **hermosura de las hijas de los descendientes de Caín**, los **hijos de Set** desagradaron al Señor **aliándose (mezclándose)** con ellas en matrimonio. Muchos de los que adoraban a Dios fueron inducidos a pecar mediante los halagos que ahora estaban constantemente ante ellos, y perdieron su carácter peculiar y santo. Al **mezclarse (que es un sinónimo de amalgamación)** con los **depravados**, llegaron a ser semejantes a ellos en espíritu y en obras; menospreciaron las restricciones del **séptimo mandamiento (el mismo mandamiento que la esposa de Potifar había tratado que José lo transgrediera)**, y 'tomáronse mujeres escogiendo entre todas'. Los hijos de Set siguieron 'el camino de Caín' (Judas 11), fijaron su atención en la prosperidad y el gozo terrenales y descuidaron los mandamientos del Señor. A los hombres 'no les pareció retener a Dios en su conocimiento'; 'se desvanecieron en sus discursos, y el necio corazón de ellos fue entenebrecido'. Por lo tanto, 'Dios los entregó a una mente depravada'. (Rom. 1:21, 28). El pecado se extendió por toda la tierra como una **lepra mortal**". **PP:67-68**.

El Hombre y La Bestia.

También se observará que Ellen White no escribió que hubo amalgamación del hombre **con** la bestia. En ambas declaraciones anteriores ella se refiere a la amalgamación del

---
[25] Paginación en Inglés.

hombre **y** la bestia, no al hombre **con** la bestia. ¡Eso quiere decir, que los humanos se amalgamaron con los humanos y las bestias con las bestias!

"Todas las especies de **animales** que **Dios había creado**, fueron preservadas en el arca. El diluvio destruyó las **especies confundidas** (de animales) que **Dios no había creado**, que fueron el resultado de la **amalgamación**. Como el diluvio allí fue la amalgamación del hombre **y** la bestia, tal como se puede ver en la casi infinita variedad de especies de **animales**, y en ciertas razas de **hombres** (no hay una tercera categoría de híbridos hombre/bestia)". **3Spiritual Gifts:75**.

Se observará que inmediatamente después de escribir que la amalgamación del hombre y la bestia continuaron después del diluvio, Ellen White declara que el resultado se puede ver en la 'casi **infinita variedad** de especies de **animales**', y en 'ciertas razas de hombres'. El resultado de la amalgamación, en otras palabras, afectó al **reino animal** ('especies de animales') y al **reino humano** ('ciertas razas de hombres') pero no se hace ninguna mención a un **híbrido humano/animal**.

Desfigurando La Imagen de Dios.

También es significativa la declaración que esta amalgamación desfiguró la imagen de Dios. ¿Qué quiere decir Ellen White cuando dice que la amalgamación del hombre y la bestia desfiguraron la imagen de Dios? ¿Quiere ella decir que la desfiguración se debió al **cruzamiento con animales**? Una vez más tenemos que permitir que ella lo interprete:

"La **poligamia** se practicó desde tiempos **muy antiguos (Lamec se casó con dos mujeres de la línea de Caín Gén. 4:19)**. Fue uno de los pecados que trajo la ira de Dios sobre el mundo antediluviano. Sin embargo, después del diluvio (¿se acuerda que Ellen White escribió que hubo también amalgamación después del diluvio?) esa práctica volvió a extenderse. Hizo Satanás un premeditado esfuerzo para corromper la **institución del matrimonio**, debilitar sus obligaciones, y disminuir su santidad; pues no hay forma más segura de **desfigurar (borrar) la imagen de Dios** en el hombre, y abrir la puerta a la desgracia y al vicio". **PP:350**.

¿Cuál es el pecado que desfiguró la imagen de Dios y abrió la puerta a la miseria y al vicio, esto es, a la confusión? **¿Fue el cruzamiento de humanos con animales?** ¡Claro que no! ¡Ellen White explica claramente que fue la perversión de la institución del matrimonio por la práctica de la poligamia!

En otro lugar Ellen White describe como las relaciones ilegítimas entre los Israelitas y las naciones que los rodeaban, **borró la imagen** de Dios:

"El comercio con otras naciones trajo a los Israelitas en contacto íntimo con aquellos que no tenían amor por Dios, y su propio amor por Él, fue grandemente disminuido. Su agudo sentido del alto y santo carácter de Dios fue amortiguado. Al rehusarse a seguir en el camino de la obediencia, ellos transfirieron su lealtad a Satanás. El enemigo se regocijó en su éxito para **borrar la imagen divina** de las mentes del pueblo que Dios había elegido como Su representante". **FEC:499**[26].

Ellen White subrayó repetidamente el hecho que las pasiones desenfrenadas y los hábitos intemperantes borran la imagen de Dios en el hombre, pero ninguna vez ella afirma que las relaciones sexuales ilícitas entre seres humanos y animales hagan lo mismo. Con relación a Satanás, Ellen White declara:

"Por su poder él había controlado ciudades y naciones hasta que su pecado provocó la ira de Dios para destruirlos con fuego, agua, terremotos, espada, hambruna y pestilencia. Por sus sutiles e inagotables esfuerzos él había **controlado el apetito** y había **excitado y fortalecido las pasiones**, en un grado tan temible, que había **borrado y casi obliterado la imagen de Dios en el hombre**. Su dignidad física moral estaba en un grado tan destruido, que llevaba apenas un borroso parecido en el carácter y la noble perfección de forma del dignificado Adán en el Edén". **Confrontación:13**[27].

¿Qué Podemos Aprender?

¿Qué podemos aprender de lo que les he compartido en este sermón? Yo creo que podemos sacar por lo menos **tres importantes lecciones**, que nos ayudarán en nuestro caminar espiritual con el Señor.

La Primera Lección.

Primero, hay **muchas** páginas web que desprecian a Ellen White y sus escritos. La vasta mayoría de las objeciones que estas páginas web levantan, han sido ampliamente respondidas por el Ellen G. White Estate en su página. Lo que yo he encontrado es que la **mayoría del veneno** que es lanzado contra Ellen White es una **repetición de las objeciones** que ya fueron levantadas en el pasado por ex miembros disgustados, tales como **Dudley M. Canright**, el cual perdió su confianza en Ellen White, porque ella constantemente reprendió su **orgullo** y su auto-suficiencia. Adventistas disgustados que poseen un patrocinador pulverizador de muchas de estas páginas web.

Mi recomendación personal es que el pueblo no desperdicie su tiempo leyendo esas páginas web destructoras. Los que las patrocinan no tienen **ningún deseo de abrazar la verdad**. Cuando el White Estate provee respuestas a sus objeciones, ellos simplemente sacan **otras nuevas**.

¿Por qué desperdiciar nuestro tiempo en aquellos que no tienen ningún deseo de abrazar la verdad? El único propósito de esas páginas web es conducir al pueblo a **dudar del don profético de Ellen White**. Mientras estas páginas web mutilan, usan mal y tratan dura-

---

[26] Paginación en Inglés.
[27] Este libro de la hermana White está traducido al Español y está en mi página web y en mi DVD. Paginación en Español.

mente los escritos de Ellen White, muchas **almas sinceras** se vuelven contra sus escritos por **falta de conocimiento**. Este estudio de la amalgamación es apenas un ejemplo de cómo esas páginas web colocan palabras en la boca de Ellen White, **tuercen sus significados** y fallan en permitir que ella explique sus propios escritos.

La Segunda Lección.

La segunda lección que podemos aprender de este estudio es que es rebelión contra Dios que un ASD se case con alguien que no es de la misma fe. Esto puede sornar duro, pero es verdad. Hemos sido advertidos:

"Jamás debería el pueblo de Dios aventurarse a pisar terreno prohibido. El matrimonio entre creyentes e incrédulos está prohibido por Dios. Pero, muy a menudo, el corazón inconverso sigue sus propios deseos y así se forman matrimonios que no han sido aprobados por Dios. A causa de esto, muchos hombres y mujeres están en el mundo sin esperanza y sin Dios. Sus nobles aspiraciones se han muerto; están presos en la red satánica por una cadena de circunstancias. Aquellos que son gobernados por la pasión y el impulso, van a tener una amarga cosecha que cosechar en esta vida, y su curso puede resultar en la pérdida de sus almas". **Consejos Para la Iglesia:121**.

Algunos pueden querer racionalizar que estaría errado clasificar a un cristiano de otra denominación como un incrédulo. Pero Ellen White ha explicado claramente la palabra 'incrédulo' como uno que **no ha aceptado la verdad para este tiempo**. Ella escribió una vez un sabio consejo a una mujer que estaba haciendo planes para casarse con un no Adventista:

"Hermana mía, ¿osará usted despreciar estas indicaciones claras y positivas? Como hija de Dios, súbdita del reino de Cristo, comprada con su sangre, ¿cómo puede unirse con quien no reconoce sus requerimientos, que no está dominado por su Espíritu? Las órdenes que he citado, no son palabras de hombre, sino de Dios. Aunque el compañero de su elección fuese digno en todos los demás respectos (y me consta que no lo es), **no ha aceptado la verdad para este tiempo**; **es incrédulo**, y el Cielo le prohíbe unirse con él. Usted no puede despreciar esta recomendación divina sin peligro para su alma". **5T:342**.

La Tercera Lección.

La última lección que podemos aprender es que nuestra querida **iglesia** tiene que ser muy cuidadosa para no amalgamarse **con el mundo**, para que no perdamos nuestra identidad.

"Aquellos que profesan ser seguidores de Cristo, debieran ser agencias vivas, cooperando con las inteligencias celestiales; pero con la unión con el mundo, el carácter del pueblo de

Dios se vuelve deslustrado, y a través de la amalgamación con lo corrupto, el oro fino se vuelve oscuro". **RH, 23 de Agosto de 1892**.

Tenemos que regir la tentación de abrazar las **creencias y prácticas mundanas** e incorporarlas en la iglesia. Los ASD tienen que **mantenerse separados del mundo**. Nuestra música, estilos de adoración, métodos evangelísticos, estilo de vida y teología tiene que permanecer no contaminada por el mundo.

El apóstol Pablo sabiamente advirtió a los de Corintio:

"No os unáis en **yugo desigual** con los incrédulos. Porque, ¿qué tiene en común la justicia con la injusticia? ¿Qué comunión tiene la luz con las tinieblas? 15 ¿Qué armonía hay entre Cristo y el diablo? ¿O qué parte tiene el creyente con el incrédulo? 16 ¿Y qué acuerdo hay entre el templo de Dios y los ídolos? Porque vosotros sois el templo del Dios viviente, como Dios dijo: 'Habitaré y andaré entre ellos. Seré su Dios, y ellos serán mi pueblo'. 17 Por lo cual, salid de en medio de ellos, y apartaos, dice el Señor. No toquéis lo impuro, y yo os recibiré. 18 Y seré vuestro Padre, y vosotros seréis mis hijos e hijas, dice el Señor Todopoderoso". **2 Cor. 6:14-18**.

Santiago 4:4. "¡Adúlteros! ¿No sabéis que la amistad del mundo es enemistad con Dios? El que quiere ser amigo del mundo, se constituye en enemigo de Dios".

1 Juan 2:15-17. "No améis al mundo, ni lo que hay en el mundo. Si alguno ama al mundo, el amor del Padre no está en él. 16 Porque todo lo que hay en el mundo -los malos deseos de la carne, la codicia de los ojos y la soberbia de la vida- no procede del Padre, sino del mundo. 17 Y el mundo y sus deseos se pasan. En cambio, el que hace la voluntad de Dios, permanece para siempre".

Los deseos del mundo: **Dinero, poder, cosas, deslumbramiento, glamour, show y egoísmo**. ¿Nos hemos contaminado con esta manera de pensar? ¿Cuánto hemos pensado en la **segunda venida**, en **nuestra vida futura** comparada con nuestra vida actual?

La Amalgamación de Plantas y Animales.

"Los huesos de hombres y de animales se encuentran en la tierra, en montañas y en valles, mostrando que **hombres** y **bestias** más grandes vivieron una vez sobre la tierra. Se me mostró que existieron animales muy grandes y poderosos antes del diluvio y que ahora no existen". **3Spiritual Gifts:92**.

"Hubo una clase de **animales** muy grandes, que perecieron con el diluvio. Dios sabía que la fortaleza del hombre disminuiría, y esos animales grandes no podrían ser controlados por el hombre débil". **4aSpirituals Gifts:121**.

"Ninguna planta nociva fue colocada en el gran jardín del Señor, pero después que Adán y Eva pecaron, nacieron hierbas venenosas. En la parábola del sembrador, le preguntaron al Maestro: "¿No sembraste buena semilla en el campo? ¿Cómo pues tiene cizaña?" El maestro respondió: "Un enemigo ha hecho esto". Toda la cizaña es sembrada por el maligno. Toda hierba nociva es de su siembra, y por sus ingenioso métodos de amalgamación (planta con planta) él ha corrompido la tierra con sus cizañas". Manuscrito 65, 1899. **1CBA:1086**.

Lección 17—Ellen White y Apocalipsis 16-19.

Ellen White y El Tiempo de Apocalipsis 18:6-24.

Hay tres capítulos hacia el final de la Gran Controversia, donde Ellen White comienza el capítulo con un pasaje bíblico que presenta el tema central de todo el capítulo.

- En la página **661**, al comienzo del capítulo "El Mensaje Final de Dios", Ellen White cita **Apoc. 18:1-2, 4**. Este capítulo contiene su comentario del Alto Clamor de Apoc. 18:1-5.
- En la página **671**, al comienzo del capítulo "El Tiempo de Angustia", ella cita **Dan. 12:1**. Este capítulo es su comentario sobre el cierre de la gracia y el resultante tiempo de angustia.
- En la página **693** comienza el capítulo titulado "La Liberación del Pueblo de Dios". Aun cuando Ellen White no comienza este capítulo con una cita bíblica, un cuidadoso examen de esta página al comienzo del capítulo, indica claramente que ella está interpretando el significado de la quinta, sexta y séptima plagas que serán derramadas **al final** del tiempo de angustia (ver más abajo).
- En la página **711**, al comienzo del capítulo "La Desolación de la Tierra", Ellen White cita **Apoc. 18:5-10, 11, 3, 15-17**. Por lo tanto, este capítulo es el comentario de Ellen White sobre el cumplimiento de Apoc. 18:5-24.

La Estructura del Conflicto De Los Siglos:693-694.

Las **dos primeras páginas** del capítulo "La Liberación del Pueblo de Dios" (páginas 693-694) contienen el comentario de Ellen White sobre la quinta, sexta y séptima plagas.

"Multitudes de hombres perversos, profiriendo gritos de triunfo, burlas e imprecaciones, están a punto de **arrojarse** (aguas que rugen; Isa. 17:12-13) sobre su **presa** (el pueblo de Dios)". **CS:693**.

CS:693. Repentinamente cuando las tinieblas de la **quinta plaga** caen sobre la tierra, las aguas furiosas del Eufrates espiritual son repentinamente **detenidas**. Esta es la **sexta plaga**, el secamiento del Eufrates:

"Las **multitudes encolerizadas** se sienten contenidas (secadas) en el acto. Sus gritos de burla expiran en sus labios. Olvidan el objeto (**el remanente fiel**) de su ira sanguinaria". **CS:693**.

CS:694. La **voz de Dios** es entonces oída diciendo "Hecho es", lo cual marca el derramamiento de la **séptima plaga**:

"En medio de los cielos conmovidos hay un claro de gloria indescriptible, de donde baja la **voz de Dios** semejante al ruido de muchas aguas, diciendo: 'Hecho es' (Apoc. 16:17). Esa mima voz sacude los cielos y la tierra". **CS:694**.

La Desolación de La Tierra.

En el próximo capítulo ("La Desolación de la Tierra") Ellen White continúa en el mismo punto donde dejó su comentario de la página CS:693. Esto significa que ella va a ampliar los eventos que ocurren cuando Dios libera a Su pueblo en el momento de la séptima plaga:

"**Cuando la voz de Dios ponga fin al cautiverio de su pueblo** (CS:694), será terrible el despertar para los que lo hayan perdido todo en la gran lucha de la vida". **CS:711**.

Esta cita de la primera página del capítulo "La Desolación de la Tierra" nos conduce de **vuelta al momento** cuando la voz de Dios libera a Su pueblo en el tiempo de la séptima plaga. Esto nos provee un **punto cronológico preciso** para el cumplimiento de Apoc. 18:6-24. Apoc. 18:6-24 es una descripción de la **séptima plaga**. Es una vívida descripción de cómo los impíos se van a aullar y se van a lamentar cuando abandonen Babilonia y Babilonia caiga. Ellen White describe vívidamente la escena:

"Los hombres ven que fueron **engañados**. Se acusan unos a otros de haberse arrastrado mutuamente a la destrucción; pero todos concuerdan para abrumar a los **ministros** con la más amarga condenación. Los **pastores infieles** profetizaron **cosas lisonjeras**; indujeron a sus oyentes a **menospreciar la ley** de Dios y a **perseguir** a los que querían santificarla. Ahora, en su desesperación, estos maestros **confiesan** ante el mundo su obra de engaño. Las **multitudes se llenan de furor**. '¡Estamos perdidos! –exclaman (estos son sus aullidos y lamentos) - y vosotros sois causa de nuestra perdición'; y se vuelven contra los **falsos pastores**. Precisamente aquellos que más los admiraban en otros tiempos pronunciarán contra ellos las más **terribles maldiciones**. Las manos mismas que los coronaron con laureles se levantarán para **aniquilarlos**. Las espadas que debían servir para destruir al pueblo de Dios se emplean ahora para **matar a sus enemigos**. Por todas partes hay luchas y derramamiento de sangre". **CS:713-714**.

El siguiente párrafo capta en la forma de un resumen el tema central de Apoc. 18:6+

"Los ricos se enorgullecían de su superioridad con respecto a los menos favorecidos; pero habían logrado sus **riquezas** violando la ley de Dios. Habían dejado de dar de comer a los hambrientos, de vestir a los desnudos, de obrar con justicia, y de amar la misericordia. Habían tratado de **enaltecerse** y de obtener el homenaje de sus semejantes. Ahora están despojados de cuanto los hacía grandes, y quedan desprovistos de todo y sin defensa. Ven con **terror** la destrucción de los ídolos que prefirieron a su Creador. Vendieron sus almas por las **riquezas** y los **placeres** terrenales, y no procuraron hacerse ricos en Dios. El resultado es que sus vidas terminan en fracaso; sus placeres se cambian ahora en amargura y sus tesoros en corrupción. La ganancia de una vida entera les es arrebatada en un momento. Los ricos **lamentan** la destrucción de sus soberbias casas, la dispersión de su oro y de su plata. Pero sus **lamentos** son sofocados por el temor de que ellos mismos van a perecer con sus ídolos". **CS:711-712**.

Así, el tema central de Apoc. 18:6+ es el colapso del sistema del mundo político y económico que apoyó a la ramera Babilonia y a sus hijas. En ese punto, los reyes, los mercaderes y las multitudes verán que están perdidos y que sus riquezas no tienen ningún valor. ¡Y están enfurecidos primariamente con los líderes religioso impíos que los han engañado con un evangelio de la prosperidad!

Todo el capítulo está escrito en un estilo literario de **lamentación** o de **canto fúnebre**. Cuando el sistema babilónico colapsa, las multitudes entenderán que sus **líderes religiosos los han engañado** y se volverán contra ellos. Sus líderes religiosos los animaron a que tengan riquezas y a perseguir a aquellos que guardan el Sábado. Tanto Eze. 7:15-19 como Santiago 5:1-7 señalan hacia ese tiempo.

Ezequiel 7:15-21. "De fuera vendrá espada, de dentro peste y hambre. El que esté en el campo morirá a espada, y el que esté en la ciudad, lo consumirá el hambre y la peste. 16 Y los que escapen, huirán y estarán sobre los montes como palomas de los valles, gimiendo todos, cada uno por su iniquidad. 17 Toda mano se debilitará, y toda rodilla será como agua. 18 Se ceñirán de cilicio, y los cubrirá temblor. En todo rostro habrá vergüenza, y toda cabeza estará rapada. 19 Arrojarán su plata por las calles, y su oro será desechado. Ni su plata ni su oro los podrá librar en el día del furor del Eterno. No satisfarán su hambre, ni llenarán su estómago, porque ése fue su tropiezo para caer en su maldad. 20 La belleza de sus joyas fue el objeto de su soberbia. Con ellas fabricaron sus abominables ídolos. Por eso se los convertí en basura. 21 Y en mano de extraños la entregué para ser saqueada. Será despojo de los impíos que la profanarán".

Santiago 5:1-6 señala el mismo tempo. "Ahora, ricos, llorad y aullad por las miserias que os vendrán. 2 Vuestra riqueza está podrida, vuestra ropa está comida de polilla. 3 Vuestro oro y plata están enmohecidos, y su moho testificará contra vosotros, y devorará vuestra carne como fuego. Habéis acumulado tesoros para los últimos días. 4 El jornal de los obreros que han segado vuestros campos, y que por engaño no les habéis pagado, clama. Y el clamor de los segadores ha entrado en los oídos del Señor Todopoderoso. 5 Habéis vivido en deleites sobre la tierra, y habéis sido disolutos. Habéis cebado vuestro corazón como en el día de la matanza. 6 Habéis condenado y muerto al justo, y él no os resiste".

CS:699. En esta página Ellen White cita Apoc. 19:11, 14, 16 completando así el ciclo de Apocalipsis 16-19.

Lección 18—Ellen White y los 24 Ancianos.

Ellen White Identifica a Los 24 Ancianos.

En las últimas tres páginas del DTG:772-775, Ellen White describe la expectativa de los seres celestiales al anticipar la ascensión de Jesús y la exuberante alegría que experimentan cuando Él entra por los portales de la Nueva Jerusalén. Yo he añadido algunos de mis propios comentarios entre paréntesis, para ayudar a identificar los diversos seres que están presentes:

"Todo el cielo estaba esperando para dar la bienvenida al Salvador a los atrios celestiales. Mientras **ascendía**, iba adelante, y la **multitud de cautivos** (observe que cuando Jesús llega al cielo con los cautivos, los 24 ancianos ya están ahí) libertados en ocasión de su resurrección le seguía. La **hueste celestial**, con aclamaciones de alabanza y canto celestial, acompañaba al gozoso séquito.

Al acercarse a la ciudad de Dios, la escolta de ángeles demanda:

'Alzad, oh puertas, vuestras cabezas, y alzaos vosotras, puertas eternas, y entrará el Rey de gloria'.

Gozosamente, los centinelas de guardia responden:

'¿Quién es este Rey de gloria?'

Dicen esto, no porque no sepan quién es, sino porque quieren oír la respuesta de sublime loor:

'Jehová el fuerte y valiente, Jehová el poderoso en batalla.

Alzad, oh puertas, vuestras cabezas, y alzaos vosotras, puertas eternas, y entrará el Rey de gloria'.

Vuelve a oírse otra vez: '¿Quién es este Rey de gloria?' porque los ángeles no se cansan nunca de oír ensalzar su nombre. Y los ángeles de la escolta responden:

'Jehová de los ejércitos, Él es el Rey de la gloria'.

Entonces los portales de la ciudad de Dios se abren de par en par, y la **muchedumbre angélica** entra por ellos en medio de una explosión de armonía triunfante.

Allí está el **trono** (Apoc. 4:2), y en derredor el **arco iris** de la promesa (Apoc. 4:3). Allí están los **querubines y los serafines** (Apoc. 4:6-8). Los **comandantes** de las huestes angélicas, los **hijos de Dios**, los **representantes de los mundos que nunca cayeron** (Apoc. 4:4), están congregados. El **concilio celestial** delante del cual Lucifer había acusado a Dios y a su Hijo, los **representantes** de aquellos reinos sin pecado, sobre los cuales Satanás pensaba establecer su dominio, todos están allí para dar la **bienvenida** al Redentor. Sienten impaciencia por celebrar su triunfo y glorificar a su Rey.

Pero con un ademán, él los detiene. Todavía no; no puede ahora recibir la corona de gloria y el manto real. Entra a la presencia de su **Padre** (el que está sentado en el trono). Señala su cabeza herida, su costado traspasado, sus pies lacerados; alza sus manos que llevan la señal de los clavos (el Cordero como que había sido muerto). Presenta los trofeos de su triunfo; ofrece a Dios la gavilla de las primicias, aquellos que resucitaron con él como representantes de la gran multitud que saldrá de la tumba en ocasión de su segunda venida (**los representantes de los mundos ya estaban ahí cuando Él presentó las gavillas**). Se acerca al **Padre** (el que está sentado en el trono) ante quien hay regocijo por un solo pecador que se arrepiente[28]. Desde antes que fueran echados los cimientos de la tierra, el Padre y el Hijo se habían unido en un pacto para redimir al hombre en caso de que fuese vencido por Satanás. Habían unido sus manos en un solemne compromiso de que Cristo sería fiador de la especie humana. Cristo había cumplido este compromiso. Cuando sobre la cruz exclamó: 'Consumado es', se dirigió al Padre. El pacto había sido llevado plenamente a cabo. Ahora declara: Padre, consumado es. He hecho tu voluntad, oh Dios mío. He completado la obra de la redención. Si tu justicia está satisfecha, 'aquellos que me has dado, quiero que donde yo estoy, ellos estén también conmigo' (El libro sellado revelará quién va a heredar con Jesús) Juan 19:30; 17:24.

Se oye entonces la voz de Dios proclamando que la justicia está satisfecha. Satanás está vencido. Los hijos de Cristo, que trabajan y luchan en la tierra, son 'aceptos en el Amado' (Efe. 1:6). Delante de los **ángeles celestiales** y los **representantes de los mundos que no cayeron** (observe como ambos grupos son distinguidos), son declarados justificados. Donde él esté, allí estará su iglesia. 'La misericordia y la verdad se encontraron: la justicia y la paz se besaron' (Salmo 85:10). Los brazos del Padre rodean a su Hijo, y se da la orden: 'Adórenlo todos los ángeles de Dios'.

Con gozo inefable, los principados y las potestades reconocen la supremacía del Príncipe de la vida. La **hueste angélica** se postra delante de él, mientras que el alegre clamor llena todos los atrios del cielo: '¡Digno es el Cordero que ha sido inmolado, de recibir el poder, y la riqueza, y la sabiduría, y la fortaleza, y la honra, y la gloria, y la bendición!' (Apoc. 5:12).

Los cantos de triunfo se mezclan con la música de las arpas angelicales, hasta que el cielo parece rebosar de gozo y alabanza. El amor ha vencido. Lo que estaba perdido se ha hallado. El cielo repercute con voces que en armoniosos acentos proclaman: '¡Bendición, y honra y gloria y dominio al que está sentado sobre el trono, y al Cordero, por los siglos de los siglos!' (Apoc. 5:13).

Desde aquella escena de gozo celestial, nos llega a la tierra el eco de las palabras admirables de Cristo: 'Subo a mi Padre y a vuestro Padre, a mi Dios y a vuestro Dios'. La familia del cielo y la familia de la tierra son una. Nuestro Señor ascendió para nuestro bien y para nuestro bien vive. 'Por lo cual puede también salvar eternamente a los que por él se allegan a Dios, viviendo siempre para interceder por ellos'". **DTG:772-775**.

---

[28] Nota del traductor: "Que se regocija sobre uno que canta". Esta parte no aparece en la versión en español.

Lección 19—El Entendimiento de Ellen White de Apocalipsis 11:18.

Apoc. 11:18 resume toda la segunda parte del libro de Apocalipsis. Hay cinco eventos sucesivos en este versículo:

- La **ira** de las naciones (Apocalipsis 12-14)
- La llegada de la **ira de Dios** (Apocalipsis 15-19)
- El tiempo para el juicio de los impíos muertos (Apocalipsis 20)
- El tiempo para recompensar a los profetas, a los santos y a aquellos que temen el nombre de Dios (Apoc. 22:12).
- Destruir a aquellos que destruyen la tierra (Apoc. 20:7-9, 14-15). Ellen White claramente entendió la secuencia de los eventos en Apoc. 11:18.

"Al principiar el santo sábado 5 de enero de 1849, nos dedicamos a la oración con la familia del hermano Belden en Rocky Hill, Connecticut, y el Espíritu Santo descendió sobre nosotros. Fui arrebatada en visión al lugar santísimo, donde vi a Jesús intercediendo todavía por Israel. En la parte inferior de su ropaje, llevaba una campanilla y una granada. Entonces vi que Jesús no dejaría el lugar santísimo antes que estuviesen decididos todos los casos, ya para salvación, ya para destrucción, y que la ira de Dios no podía manifestarse mientras Jesús no hubiese concluido su obra en el lugar santísimo y dejado sus vestiduras sacerdotales, para revestirse de ropaje de venganza. Entonces Jesús saldrá de entre el Padre y los hombres, y Dios ya no callará, sino que derramará su ira sobre los que rechazaron su verdad. Vi que la **cólera de las naciones**, la **ira de Dios** y el **tiempo de juzgar a los muertos**, eran **cosas separadas y distintas**, que se **seguían**, una a otra. También vi que Miguel no se había levantado aún, y que el tiempo de angustia, cual no lo hubo nunca, no había comenzado todavía. Las naciones se están airando ahora, pero cuando nuestro Sumo Sacerdote termine su obra en el santuario, se levantará, se pondrá las vestiduras de venganza, y entonces se derramarán las siete postreras plagas". **PE:36**.

Lección 20— Algunos Detalles Asombrosos son Confirmados.

Tomemos unos pocos momentos para examinar algunas declaraciones de Ellen White donde ella no le añade a las Escrituras, sino que nos ayuda a aclarar ciertos conceptos:

El Fin de Judas.

La Biblia parece ser contradictoria cuando describe el fin de Judas. Comparemos la historia en los evangelios y en el libro de Hechos:

Mateo 27:5. "Entonces arrojó las monedas de plata en el templo, salió, y **se ahorcó**".

Hechos 1:16-19. "En esos días, Pedro se levantó entre los hermanos, unos 120, y dijo: 'Hermanos, era necesario que se cumpliera la Escritura en la que el Espíritu Santo había predicho por boca de David, acerca de Judas, que guió a los que prendieron a Jesús. Judas era contado entre nosotros, y tenía parte en este ministerio'. Este adquirió un campo con el salario de su iniquidad. Luego **cayó de cabeza, se quebró por el medio, y se derramaron todas sus entrañas**'. Y fue notorio a todos los habitantes de Jerusalén; de manera que ese campo se llama en su propia lengua, Acéldama, que significa, campo de sangre".

Observe como Ellen White **reconcilia bellamente** las dos aparentemente contradictorias versiones:

"Ellos avivaron a Jesús con grandes gritos de triunfo; pero su ruido cesó por un momento cundo pasaron por un lugar retirado, y vieron al pie de un árbol sin vida el cuerpo muerto de Judas, el cual había traicionado a Cristo. Fue un espectáculo muy repugnante; su **peso había roto la cuerda** con la cual se había ahorcado al árbol, y, al caer, su cuerpo se había **mutilado horriblemente**, y estaba siendo devorado por los perros. Lo mutilados permanecían donde se le había ordenado para ser enterrados inmediatamente, y la muchedumbre siguió adelante; pero había menos ruido de burla, y muchos rostros pálidos revelaban los temibles pensamientos internos. La retribución parecía estar visitando a aquellos que eran culpables de la sangre de Jesús". **3Spirit of Prophecy:148**.

¿Cuándo Dios Santificó El Sábado?

Comúnmente se piensa que a Adán y Eva se les ordenó guardar el primer santo Sábado de la semana de la creación. Ellen White difiere en eso. En cada declaración ella deja claro que el Sábado fue santificado cuando el día terminó después que Dios había descansado todo el día. Adán y Eva no podrían haber guardado el santo Sábado antes que hubiese sido santificado. Ellos no podrían haber seguido el ejemplo de Dios antes que Dios les diera el ejemplo y ellos no habrían podido guardar el cuarto mandamiento hasta que hubieran trabajado seis días.

El testimonio bíblico:

Génesis 2:3. "Y Dios bendijo al séptimo día, y lo santificó, **porque** en él **reposó** de toda la obra que había hecho en la creación" (Vea la causa y efecto de la palabra "porque" en Gén. 2:23).

Éxodo 20:11. Dios descansó y entonces santificó el Sábado. "Porque en seis días el Eterno hizo el cielo, la tierra y el mar, y todo lo que contienen, y **reposó** en el séptimo día. **Por eso**, el Señor bendijo el sábado y lo declaró santo". (Vea la causa y efecto de la palabra "porque" en Gén. 2:24).

"**Después** de descansar el séptimo día, Dios lo **santificó**; es decir, lo escogió y apartó como día de descanso **para el hombre**". **PP:28**.

"Por **haber reposado** en sábado, 'bendijo Dios el día séptimo y santificólo', es decir, que lo puso aparte para un uso santo. Lo **dio a Adán** (observe que Dios no se lo dio a Adán, hasta que terminó el día) como día de descanso. Era un monumento recordativo de la obra de la creación, y así una señal del poder de Dios y de su amor". **DTG:248**.

"El día del Señor que menciona Juan era el día de descanso en que Jehová descansó después de la extraordinaria obra de la creación, y que bendijo y santificó por **haber descansado en él**". **MVH:267**.

"Dios bendijo y santificó el séptimo día **porque** había descansado en él de toda su maravillosa obra de la creación". **4T:244**.

"Los primeros seis días de cada semana le fueron dados al hombre para trabajar, porque Dios empleó el mismo período de la primera semana en la obra de la creación. Apartó el séptimo día para que fuera un día de reposo, en **conmemoración** de **su propio descanso** durante el mismo período, después de terminar la obra de la creación en seis días". **EJ:46**. (Usted no puede conmemorar algo que aun no ha sucedido).

"Santificado por el **reposo** y la bendición del **Creador**, el sábado fue guardado por Adán en su inocencia en el santo Edén". **CS:506**. (Observe que Adán guardó el Sábado después que hubo sido santificado y bendecido y eso sucedió cuando el séptimo día ya había terminado).

"En vez de guardar el mismo día de descanso de Dios, que Él santificó **después** de haber descansado en él, y de haberlo **apartado para el hombre** para que lo observara y lo reverenciara, ellos honraron la institución papal". **RH, 16 de Septiembre de 1862**.

La pregunta es esta: ¿Estaba Ellen White en armonía con las Escrituras cuando declaró que el Sábado fue santificado cuando éste terminara? ¡Ciertamente!

Jesús Cambiando Sus Vestiduras.

Hebreos 8:1-2. Mientras la puerta de la gracia está abierta, Jesús está vestido como Sumo Sacerdote. "Lo principal de lo que venimos diciendo es que tenemos un Sumo Sacerdote que se sentó a la diestra del trono de la Majestad en el cielo; 2 y es ministro del Santuario, de aquel verdadero Santuario que el Señor levantó, y no el hombre".

Apoc.alipsis 19:11-16. Cuando Jesús vuelve a la tierra él está vestido como un Rey. Esto significa que tiene que haber cambiado Sus vestiduras antes de volver. "Entonces vi el cielo abierto y un caballo blanco, y su jinete se llama Fiel y Verdadero, que juzga y pelea con justicia. Sus ojos eran como llama de fuego, y había en su cabeza muchas diademas. Tenía un nombre escrito que ninguno conocía sino él mismo. Vestía una ropa empapada en sangre, y su Nombre es: 'El Verbo de Dios'. Los ejércitos celestiales, vestidos de lino finísimo, blanco y limpio, lo seguían en caballos blancos. De su boca salía una espada aguda, para herir con ella a las naciones. Él las regirá con vara de hierro, y pisará el lagar del vino del furor de la ira del Dios Todopoderoso. En su vestido y en su muslo tiene escrito este nombre: '**Rey de reyes y Señor de señores**'".

"Entonces vi que Jesús se **despojaba de sus vestiduras sacerdotales** y se revestía de sus más regias galas (reales). Llevaba en la cabeza muchas coronas, una corona dentro de otra. Rodeado de la hueste angélica, dejó el cielo. Las **plagas** estaban cayendo sobre los moradores de la tierra. Algunos acusaban a Dios y le maldecían. Otros acudían presurosos al pueblo de Dios en súplica de que les enseñase cómo escapar a los juicios divinos. Pero los santos no tenían nada para ellos. Había sido derramada la última lágrima en favor de los pecadores, ofrecida la última angustiosa oración, soportada la última carga y dado el postrer aviso". **PE:280-281**.

"Las naciones se están **airando ahora**, pero cuando nuestro Sumo Sacerdote termine su obra en el santuario, se levantará, se **pondrá las vestiduras de venganza**, y entonces se derramarán las siete postreras plagas". **PE:36**.

Ya No Habrá Más Tiempo.

Apocalipsis 10:6. "Y juró por el que vive por los siglos de los siglos, que creó el cielo y cuanto hay en él, la tierra y cuanto hay en ella, y el mar y cuanto hay en él, que **ya no habrá más tiempo**".

Entonces Ellen White observa acerca de la expresión 'ya no habrá más tiempo':

"Este tiempo, el que el ángel declara con un solemne juramento, **no es el fin de la historia del mundo ni del tiempo de gracia, sino del tiempo profético** que precederá al advenimiento de nuestro Señor; es decir, la gente no tendrá otro mensaje acerca de un tiempo definido. Después de este lapso, que ahora abarca desde 1842 a 1844, no puede haber ningún cómputo definido de tiempo profético. El cálculo más prolongado llega hasta el otoño de 1844". **CT:346**.

Los eruditos han luchado con la expresión 'ya no habrá más tiempo'. Albert Barnes lista a diversos eruditos, cada uno con su propia interpretación. Jon Paulien y Rango Stefanovic contrariamente a lo que dice Ellen White, creen que la expresión debiera ser traducida, 'que no haya ningún retraso'. Una cosa es clara: el tiempo referido en este versículo no puede significar el fin de la historia humana, debido a por lo menos dos razones:

1) Este anuncio de que el tiempo ya no sería más es hecho durante el periodo de la sexta trompeta y Jesús no viene para tomar Su reino hasta la séptima trompeta (Apoc. 11:15-19).

2) Después que fue hecho el anuncio que 'ya no habrá más tiempo', Juan fue instruido para que profetizara nuevamente (Apoc. 10:11). ¿Cómo podría hacer eso si el mundo hubiera llegado a un fin? El fin del 'tiempo' referido en este versículo no es el fin del mundo, sino que, el fin de **periodos de tiempo profético**. Una vez más, la palabra 'tiempo' es empleada para describir los eventos del calendario profético de Dios.

La traducción 'no debiera haber ningún retraso' es incorrecta. En el libro del Apocalipsis la palabra 'chronos' es usada tres otras veces y en ninguna de ellas es traducida de esa manera (2:21; 6:11; 20:3). De hecho esta palabra es traducida como 'tiempo' en 30 lugares del Nuevo Testamento y no es traducida como 'retraso' por las versiones modernas, excepto en este versículo. El Nuevo Testamento tiene una manera de expresar un retraso y es con la palabra 'chronizo', la cual es usada en **Mat. 24:48** donde el siervo declara: 'mi maestro se ha retrasado'.

La traducción 'retraso' oscurece el vínculo entre Apoc. 10:6 y Daniel 10 y 12. C. Mervyn Maxwell lo expresa bien:

"En Daniel 12 el 'hombre' juró que el libro estaría cerrado hasta el tiempo del fin, esto es, hasta el tiempo en que los 1260 días y los 2300 días llegaran a un fin. En Apocalipsis 10 el 'ángel' sostiene el libro abierto y jura que el tiempo, esto es, el tiempo profético, ha llegado a un fin", C. Mervyn Maxwell, *Dios Cuida*, Volumen 2, pág. 305.

En Dan. 12:4 se nos dice que el librito fue sellado hasta el tiempo del fin y entonces él ve al hombre vestido de lino que levanta la mano para jurar por el Creador que el libro permanecerá sellado por tres y medio tiempos y entonces todo se cumplirá. Observe que el libro es abierto primero (Apoc. 10:1-2), entonces siete truenos dejan oír sus voces, entonces el ángel declara que el tiempo no será más. Entonces hay una diferencia entre la apertura del librito en 1798 y la declaración que el tiempo no será más, lo cual aparece después que el libro es abierto en 1844. Entonces, cuando el mensaje del libro ha terminado, el misterio de Dios llega a un fin y la gracia se cierra.

Es obvio que la declaración 'el tiempo no será más' no puede haber sido hecha por el ángel antes que los 42 meses (Apoc. 11:2; 13:5), los 1260 días (Apoc. 11:3; 12:6), los tres y medio tiempos (Apoc. 12:14; Dan. 7:25), los tres y medio días (Apoc. 11:9, 11) y los 2300 días (Dan. 8:14) se hubieren cumplido.

La Identidad Del Librito.

Daniel 12:4. "Pero tú, Daniel, cierra las palabras y sella el libro **hasta** el tiempo del fin. Muchos correrán de aquí para allá, y la ciencia se aumentará".

Apocalipsis 10:1-2. "Entonces vi descender del cielo a otro ángel poderoso, envuelto en una nube, y el arco iris sobre su cabeza. Su rostro era como el sol, sus piernas como columnas de fuego. 2 Tenía en su **mano un librito abierto**. Puso su pie derecho sobre el mar, y el izquierdo sobre la tierra".

"En el Apocalipsis todos los libros de la Biblia se encuentran y terminan. En él está el complemento del libro de Daniel. Uno es una profecía, el otro una revelación. El libro que fue sellado no fue el Apocalipsis, sino aquella **porción** de la profecía de Daniel que se refiere a los **últimos días**. El ángel ordenó: 'Tú empero Daniel, cierra las palabras y sella el libro hasta el tiempo del fin'. (Dan. 12:4)". **HAp:467**.

"El mismo mensaje revela el tiempo en que este movimiento debe realizarse. Se dice que forma parte del 'evangelio eterno'; y que anuncia el principio del juicio. El mensaje de salvación ha sido predicado en todos los siglos; pero **este mensaje** (el mensaje del primer ángel) es parte del Evangelio que sólo podía ser proclamado en los **últimos días**, pues sólo entonces podía ser verdad que la hora del juicio **había llegado**. Las profecías presentan una **sucesión de acontecimientos** que llevan al comienzo del juicio. Esto es particularmente cierto del libro de Daniel. Pero la **parte de su profecía que se refería a los últimos días**, debía Daniel cerrarla y sellarla 'hasta el tiempo del fin'. Un mensaje relativo al juicio, basado en el cumplimiento de estas profecías, **no podía ser proclamado antes de que llegásemos a aquel tiempo**. Pero al tiempo del fin, dice el profeta, 'muchos correrán de aquí para allá, y la ciencia será aumentada'. (Dan. 12:4, V.M.)". **CS:404-405**.

"Las palabras del ángel a Daniel acerca de los **últimos días**, serán comprendidas en el **tiempo del fin**. En ese tiempo, 'muchos correrán de aquí para allá, y la **ciencia será aumentada**'. 'Los impíos obrarán impíamente, y **ninguno de los impíos entenderá**, pero **entenderán los entendidos**'". DTG:201.

"El desellamiento del librito era el **mensaje con relación al tiempo**". 1ML:99.

"Mientras los hombres le honraban confiándole las responsabilidades del estado y los secretos de reinos que ejercían dominio universal, Daniel fue honrado por Dios como su embajador, y le fueron dadas muchas revelaciones de los misterios referentes a los siglos venideros. Sus admirables profecías, como las registradas en los **capítulos siete a doce** del libro que lleva su nombre, **no fueron comprendidas plenamente ni siquiera por el profeta mismo**; pero antes que terminaran las labores de su vida, recibió la bienaventurada promesa de que '**hasta el tiempo del fin**' - **en el plazo final de la historia de este mundo** - se le permitiría ocupar otra vez su lugar. No le fue dado comprender todo lo que Dios había revelado acerca del propósito divino, sino que se le ordenó acerca de sus escritos proféticos: 'Tú empero, Daniel, cierra las palabras y sella el libro', pues esos escritos debían quedar sellados '**hasta el tiempo del fin**'. Las indicaciones adicionales que el ángel dio al fiel mensajero de Jehová fueron: 'Anda, Daniel, que estas palabras están cerradas y selladas, **hasta el tiempo del cumplimiento**... Y tú irás al fin, y reposarás, y te levantarás en tu suerte al fin de los días'. (Dan. 12:4, 9, 13)". **PR:401-402**.

¿Qué conocimiento aumentaría? (Los evangelísticos).

El Hierro y el Barro.

"La mezcla de los asuntos de la iglesia y de la administración política se representa con el hierro y el barro. Esa unión está debilitando todo el poder de las iglesias. Esta aceptación en la **iglesia del poder del Estado, traerá malos resultados**. Los hombres casi han traspasado el límite de la tolerancia de Dios. Han utilizado su **fuerza política** y se han unido con el papado. Pero llegará el tiempo cuando Dios castigará a los que han invalidado su ley, y sus malas obras recaerán sobre ellos mismos (MS 63, 1899)". **4CBA:1190**.

Jeremías 18:1-6 explica que el barro representa al **pueblo de Israel del Antiguo Testamento**. "Palabra del Eterno a Jeremías: 2 'Levántate y ve a casa del **alfarero**, y allí te haré oír mis palabras'. 3 Fui a casa del alfarero, y lo vi trabajando sobre la rueda. 4 Y la **vasija** que hacía de barro se quebró en su mano. Y él hizo otra **vasija**, según le pareció mejor. 5 Entonces el Eterno me dijo: 6 '¿No podré yo hacer de vosotros como este **alfarero**, oh casa de Israel? —dice el Eterno—. Como el **barro** en la mano del **alfarero**, así **sois vosotros** en mi mano, oh casa de Israel'".

Génesis 2:7. (Con Isa. 64:8). Cuando Dios creó el cuerpo físico del hombre, Él lo hizo de una **vasija de barro**. El cuerpo era perfecto con todos sus miembros, pero no tenía vida. Dios le sopló en el cuerpo y entonces todos los órganos y miembros comenzaron a funcionar en su **función específica**.

"Entonces Dios el Eterno modeló al hombre del polvo de la tierra. Sopló en su nariz aliento de vida, y el hombre llegó a ser un ser viviente". **Gén. 2:7**.

"Sin embargo, oh Eterno, tú eres nuestro Padre. **Nosotros lodo**, y tú el que nos formaste[29]. Así, obra de tus manos somos todos". **Isa. 64:8**.

Colosenses 1:18. Hablando simbólicamente la **Iglesia es el cuerpo de Cristo**. "Él es la cabeza del cuerpo que es la **iglesia**. Él es el principio, el primogénito de los muertos, para que en todo tenga la preeminencia".

De acuerdo con **Hechos 2:1**, diez días antes del día de Pentecostés, los miembros del cuerpo de Cristo se unieron como uno: "Cuando llegó el día de Pentecostés, estaban **todos juntos**[30] en el mismo lugar".

---

[29] Nota del traductor: La KJV dice: "Y tu eres nuestra vasija".
[30] Nota del traductor: La KJV dice: "Todos **de acuerdo** en el mismo lugar".

Hechos 2:2-4. Dios sopló entonces el Espíritu Santo en el cuerpo (ver también Juan 22:22-23). "Y de repente vino del cielo un estruendo como de un viento impetuoso, y llenó la casa donde estaban. 3 Y les aparecieron lenguas como de fuego, que se repartieron, y se posaron sobre cada uno de ellos. 4 **Todos quedaron llenos del Espíritu Santo**, y empezaron a hablar en otras lenguas, según el Espíritu les concedía que hablasen".

1 Corintios 12:7-13. Ahora todos los miembros del cuerpo comenzaron a funcionar en perfecta armonía con la cabeza y cada uno cumplió su función específica. "A cada uno le es dada manifestación del Espíritu para el bien común. 8 A uno es dada por el Espíritu palabra de sabiduría; a otro, palabra de ciencia según el mismo Espíritu; 9 a otro, fe por el mismo Espíritu; a otro, don de sanidad por el mismo Espíritu; 10 a otro, operación de milagros; a otro, profecía; a otro, discernimiento de espíritus; a otro, diversidad de lenguas; y a otro, interpretación de lenguas. 11 Pero todas estas cosas, las efectúa uno y el mismo Espíritu, y reparte a cada uno en particular como él quiere. 12 Porque así como el cuerpo es uno, y tiene muchos miembros, y todos los miembros del cuerpo, siendo muchos, son un solo cuerpo, así también Cristo. 13 Porque por un Espíritu fuimos todos bautizados en un cuerpo, sean judíos o griegos, siervos o libres. Y a todos se nos dio a beber de un mismo Espíritu".

Ezequiel 37:10-11. Israel es comparado a un valle de huesos secos. Dios une a los miembros del cuerpo, coloca Su Espíritu en ellos y ellos viven. Estos huesos secos representan a la **casa de Israel**. "Profeticé como me había mandado, y el aliento de vida entró en ellos, y vivieron. Y se pusieron de pie, un enorme, inmenso ejército. 11 Me dijo después: 'Hijo de Adán, todos estos huesos son la casa de Israel. Ellos dicen: Nuestros huesos se secaron, nuestra esperanza pereció, y somos cortados'".

Apocalipsis 17:1-2 describe la misma mezcla de iglesia y estado, pero usa un simbolismo diferente. En vez de referirse a la mezcla de hierro y barro se refiere a una relación de fornicación entre la **iglesia ramera** apóstata y los **reyes de la tierra**. "Entonces vino uno de los siete ángeles que tenían las siete copas, y me dijo: 'Ven, y te mostraré el castigo de la **gran ramera**, que está sentada sobre muchas aguas. 2 Con ella han **fornicado** los reyes de la tierra. Y sus habitantes se han embriagado con el vino de su fornicación'".

Apocalipsis 18:1-3. La unión del hierro y el barro representa la misma realidad de la ramera fornicando con los reyes de la tierra. "Después de eso vi a otro ángel descender del cielo con gran poder, y la tierra fue iluminada con su gloria. 2 Y clamó con potente voz: '¡Ha caído, ha caído la gran Babilonia! Y se ha vuelto habitación de demonios, guarida de todo espíritu impuro, y albergue de toda ave sucia y aborrecible. 3 Porque todas las naciones han bebido del vino del furor de su fornicación. Los reyes de la tierra han fornicado con ella, y los mercaderes de la tierra se han enriquecido con su excesiva lujuria".

El Jardín Del Edén es una Pequeña Pieza del Cielo en La Tierra.

Ezequiel 28:13. "En el **Edén**, en el **huerto de Dios** estuviste. Toda piedra preciosa te adornaba: rubí, topacio y esmeralda; crisólito, ónice y jaspe; zafiro, turquesa y berilo. De oro eran tus engastes y adornos, preparados desde el día en que fuiste creado".

"Adán tenía temas como motivos de contemplación en las obras de Dios en el Edén, que era el **cielo en miniatura**". **1CBA:1096**.

"Cuando sus pies tocan la montaña, esta se parte en dos, y se convierte en una gran planicie, y es preparada para la recepción de la santa ciudad donde está el **paraíso de Dios**, el **jardín del Edén**, el cual fue llevado después de la transgresión del hombre. Ahora desciende con la ciudad, más bello, y gloriosamente adornado que cuando fue removido de la tierra". **3Spiritual Gifts:83-84**.

"La tierra estaba revestida de hermoso verdor, mientras miríadas de fragantes flores de toda especie y todo matiz crecían a su alrededor en abundante profusión. Todo estaba dispuesto con buen gusto y magnificencia. En el **centro del huerto** se alzaba el árbol de la vida cuya gloria superaba a la de todos los demás. Sus frutos parecían manzanas de oro y plata, y servían para perpetuar la inmortalidad. Las hojas tenían propiedades medicinales". **HR:22**.

"El puro y hermoso jardín del Edén, de donde habían sido expulsados nuestros primeros padres, permaneció en la tierra hasta que Dios decidió destruirla por medio del diluvio. El Señor había plantado ese jardín y lo había bendecido de manera especial, y en su maravillosa providencia lo sacó del mundo, y lo devolverá a éste más gloriosamente adornado que antes que fuera retirado. El Altísimo se propuso preservar una muestra de la perfección de la creación, libre de la imprecación mediante la cual maldijo la tierra". **EJ:344**.

Las Serpientes Podían Volar.

"La serpiente era en aquel entonces uno de los seres más inteligentes y bellos de la tierra. Tenía **alas**, y cuando volaba presentaba una apariencia deslumbradora, con el color y el brillo del oro bruñido". **PP:36**.

En las obras de arte de la antigüedad, la serpiente es retratada muy frecuentemente como teniendo alas. Está claro que en las mentes de los antiguos, aun existía un remanente del carácter original de la serpiente.

Génesis 3:14. "Y Dios el Eterno dijo a la serpiente: "Por cuanto esto hiciste, maldita serás entre todas las bestias y entre todos los animales del campo. **Sobre tu pecho andarás** y polvo comerás todos los días de tu vida".

Isaías 14:29. "No te alegres tú, Filistea toda, por haberse quebrado la vara del que te hería. Porque de la raíz de la culebra saldrá áspid, y su fruto, **serpiente voladora**".

Dios Había Advertido a Adán Y Eva.

Génesis 3:1. Eva estaba esperando a un ángel para que la tentara en el árbol y esta es la razón por la cual Satanás usó a una serpiente como médium para la tentación. "La serpiente, el más **astuto** de todos los animales del campo que Dios el Eterno había hecho, **dijo a la mujer**: '¿Así que Dios os dijo que no comáis de ningún árbol del huerto?'".

"A nuestros primeros padres no dejó de **advertírseles** el peligro que les amenazaba. Mensajeros celestiales acudieron a presentarles la historia de la caída de Satanás y sus maquinaciones para destruirlos; para lo cual les explicaron ampliamente la naturaleza del gobierno divino, que el príncipe del mal trataba de derrocar". **PP:34**.

¿Estaba Adán con Eva Cuando Ella fue Tentada?

Génesis 3:6. "Cuando la mujer vio que el árbol era bueno para comer, agradable a los ojos y codiciable para alcanzar sabiduría, tomó de su fruto y comió. Y también **dio a su esposo**, que comió igual que ella".

Génesis 3:12. "El hombre respondió: 'La mujer que me diste por compañera me dio del árbol, y comí[31]".

"Los ángeles habían prevenido a Eva que tuviese cuidado **no separarse de su esposo** mientras éste estaba ocupado en su trabajo cotidiano en el huerto; estando con él correría menos peligro de caer en tentación que estando sola. Pero distraída en sus agradables labores, inconscientemente se alejó del lado de su esposo...". **CV:15**.

---

[31] Nota del traductor: La KJV dice: "La mujer que me diste para que estuviera **conmigo**, me dio del árbol y yo comí".

Lección 21—Ellen White: La Mensajera del Señor (Malaquías 2:6-7).

Por el Dr. Douglas Waterhouse (16-05-1914).

En las siguientes páginas he juntado algunas muestras (entre muchas) que ilustran las extraordinarias vislumbres de Ellen White y su asombroso entendimiento. Sus vislumbres y predicciones inspiradas demuestran que su cabeza y hombros estaban por sobre los supuestamente guardadores mundiales del aprendizaje. ¡Los que dudan necesitan saber que la educación formal de Ellen se terminó cuando ella tenía apenas 9 años de edad!

Predicción: Una Multiplicación de la Palabra Escrita.

Bajo inspiración, Ellen White predijo que: "Mientras otros libros podían ser destruidos, éste debía ser inmortal. Y cerca del fin del tiempo, cuando los engaños del enemigo aumentaran, se iba a multiplicar de tal manera que todos los que lo quisieran podrían obtener un ejemplar, y si estaban dispuestos podían armarse contra los engaños y los prodigios mentirosos de Lucifer". **HR:410**.

Predicción cumplida: En los días de Ellen White nadie podía imaginar nuestra era excitante con los computadores y con las impresiones instantáneas, donde el material puede llegar a millones de lectores en segundos por Internet, ¡y sin una hoja de papel! Hoy la juventud vive con pantallas de computador. Ellos se sienten totalmente confortables con los aparatos de la media social, de tal manera que toda la Biblia (incluyendo los escritos de Ellen White) pueden estar disponibles bajo una pantalla en una mano. ¿Quién necesita ir a una librería o a un lugar donde vendan libros? Cientos de millones alrededor del mundo están en una telecom global; cambiando de camino, aprendemos. Es irreversible. La Palabra escrita de Dios se puede leer y está fácilmente disponible para todos, tal como fue predicho. ¿Quién podría haber previsto este avance extraordinario de la tecnología en los días de a acaballo y carretelas del siglo XIX?

Predicción: La Verdad del Cambio Climático.

Guiada por el Espíritu, Ellen White escribió: "El Espíritu refrenador de Dios se está retirando ahora mismo del mundo. Los huracanes, las tormentas, las tempestades, los incendios y las inundaciones, los desastres por tierra y mar, se siguen en rápida sucesión". **3JT:14**.

Y ella añade:

"La ciencia procura explicar todo esto. Menudean en derredor nuestro las señales que nos dicen que se acerca el Hijo de Dios, pero son atribuidas a cualquier causa menos la verdadera. Los hombres no pueden discernir a los ángeles que como centinelas refrenan los cuatro vientos para que no soplen hasta que estén sellados los siervos de Dios; pero cuando Dios ordene a sus ángeles que suelten los vientos, habrá una escena de contienda que ninguna pluma puede describir". **3JT:14-15**.

Nuestros diarios nos traen la confirmación:

Exactamente como fue predicho, los científicos están tratando – sin éxito – explicar los extremos eventos climáticos. Muchos dicen que el calentamiento global hecho por el hombre, es la causa de los desastres. Esto, a pesar del hecho que las recientes persistentes bajas temperaturas resultaron en una tormenta de hielo que hizo con que la semana de la navidad fuese una pesadilla (en el 2013) desde el Medio Occidente hasta Maine; eso hizo añicos árboles que habían permanecido en pie durante generaciones. Cuatro de los cinco grandes lagos, experimentaron raros e inusuales congelamientos.

Las predicciones de los así llamados modelos climáticos, parecen estar totalmente errados. El servicio nacional de meteorología de l Reino unido, dice que no ha habido un cambio en la temperatura global en los últimos 17 años, aun cuando la emisión de gases continúa aumentando. Las proyecciones más recientes de computadores, sugieren que si el mundo se estuviera calentando, California debiera estar más lluviosa, y no estar siendo golpeado por sequías (2013-2014). En otras palabras, los científicos del clima no consiguen encontrar una razón creíble para los cambios climáticos, los cuales han traído: extrema sequía, ondas de calor, diluvios, ciclones tropicales ¡y aun niveles de hielo inesperados!

Y no es solo el clima, porque la tierra también está experimentando repentinos terremotos, tsunamis, inundaciones inusuales, grandes cambios en la tierra e incendios furiosos. Los científicos permanecen indecisos; porque no pueden explicar la racha de eventos calamitosos. Pero la inspiración nos provee la verdadera causa de lo que está ocurriendo en los cielos, en la tierra y en el mar.

Como suplemento, la Sra. White dijo: "Satanás obra asimismo por medio de los elementos para cosechar muchedumbres de almas aún no preparadas. Tiene estudiados los secretos de los laboratorios de la naturaleza y emplea todo su poder para dirigir los elementos en cuanto Dios se lo permita". **CS:646**.

¿Qué Apariencia tiene El Dios Dagón?

En 1 Sam. 5:4 leemos que la deidad Filistea Dagón: "Cuando se levantaron a la mañana siguiente, vieron a Dagón caído en tierra ante el Arca del Eterno, y la cabeza de Dagón y sus dos manos cortadas y sobre el umbral; sólo le quedaba el tronco a Dagón".

Fuera de este versículo, no hay ninguna indicación de cuál sería la apariencia de ese dios, por parte de fuentes autoritarias, tales como los escritores Judíos antiguos del Talmud, el Targum, o por Josefo. Autores posteriores de la antigua era cristiana (Jerónimo y la tradición Talmúdica) señalan que la raíz Semita *dag* (en la palabra *dagyn*) significa: "pez". A pesar de estas antiguas sugerencias, y la descripción reveladora provista por las Escrituras, los eruditos modernos inequívocamente rechazan la identidad de pez.

Todos los Diccionarios y Comentarios de la Biblia modernos – aun la altamente estimada Enciclopedia Judía (5:1222) – hablan del ídolo, no como un dios del mar, sino que como un dios interior asociado con el tiempo y las montañas. Un padrón de semilla, vegetación y cosechas, Dagón supuestamente no posee ninguna característica de pez. Los lingüistas tienden a interpretar la raíz *dgn* (*dagan*) como significando "*grano*". Así, la gran mayoría de los bien educados de hoy han llegado a la conclusión que el dios Filisteo es una deidad vegetal. (Entre muchas fuentes consultadas: El Diccionario Ancla de la Biblia (1992), Volumen 2, pág. 2; El Diccionario Intérprete de la Biblia (1962), Volumen A-D, pág. 756).

Ellen White, sin embargo, tiene una opinión diferente. Con relación al dios Filisteo dice:

"La parte superior de este ídolo era semejante a la de un hombre, y la parte inferior se asemejaba a la de un pez". **PP:635**.

La arqueología al rescate: Durante una excavación en 1961, dentro de la antigua ciudad Filistea de Gaza, fue traída una estatua Helenística de un dios a la superficie. Se encontró que el rostro y el dorso tenía la forma de un hombre, mientras que la parte inferior poseía una parte escamosa con una doble cola de pez, con aletas en vez de pies. El jefe de la excavación creía que la estatua era del dios dagón. Su conclusión estaba basada en el hecho que Dagón no solo era la principal deidad de Gaza (Jueces 16:21-23), sino que Jerónimo (cerca del año 396 d.C.) había declarado claramente (en latín) que Dagón era un *piscis tristitae*: una "deidad marina" (parecida a un pez). Dada la evidencia arqueológica, se cree que Dagón debe haber sido lo que los Griegos llaman un "*tritón*", esto es, un dios del mar cuyo cuerpo superior es el de un hombre y sus extremidades y cola como un pez.

Conclusión: A la luz de una evidencia convincente, la pluma inspirada de Ellen White (no educada por normas terrenales) dice que la opinión corriente supuestamente son los de mayor conocimiento!

Fuente: Labib Habachi. "Una Estatua de un 'Tritón' de Gaza", Diario de los Estudios del Este Cercano 20 (1961), pág. 47-49.

Apéndice: La razón por la cual Dagón fue tan altamente estimado en la antigüedad, se encuentra en una tradición Mesopotámica acariciada, que en el comienzo de la civilización, antes que los registros históricos fuesen guardados, una persona (que un sacerdote Babilónico llamó "Oannes") trajo del mar el conocimiento y la tecnología de lo conseguido subsecuentemente por la humanidad. Recordado como Oannes-del-mar, este sabio hombre puede ser razonablemente identificado como un legendario recuerdo de Noé. Él frecuentemente es mostrado como una figura totalmente humana, pero teniendo su espalda parcialmente incluida como un gran pez (como un emblema).

¿No fue Noé el que vino milagrosamente del mar, enseñándoles a los hombres cómo vivir, compilar leyes, y cómo adorar? Recordado como el Gran Maestro, que fundó todo lo esencial de la vida civilizada (sus habilidades, sus figuras matemáticas, y su manera de organizar la vida comunitaria), Oannes fue adorado como un Dagón anfibio tanto por los Cananitas y Filisteos. Al dar este trasfondo histórico, cuando Jonás vino también milagrosamente del mar, el pueblo de Nínive – no sorprendentemente - fueron predispuestos a darle al que vino-de-un-gran-pez su extasiada atención; creyendo que él era un miembro de la tribu de Oannes.

Entre otras fuentes consultadas: Robert K. G. Temple. *El Misterio Sirio*: Rochester VT: Destiny Books, 1987, pág. 125-126. Cyrus H. Gordon, *Antes de Colón*: Nueva York: Crown Publishers, Inc., 1971, pág. 53, 76. A. L. Oppenheim, *Animal y Hombre en la Biblia*. Figuras y Placas, Leiden: E. J. Brill, 1972, pág. 11-58 (Figura 48).

¿Cuántas Piedras Preciosas había en El Pectoral?

La sabiduría convencional, tal como es promulgada en los Diccionarios de la Biblia y en todo Comentario de la Biblia, es que el pectoral cuadrado del sumo sacerdote de Israel, estaba fijado con un total de 12 piedras. Esto es, un discreto conjunto de doce preciosas gemas centralmente colocadas en cuatro líneas paralelas de tres piedras cada una. Cada gema de un color diferente representaba a uno de los doce "hijos de Israel" (Éxo. 28:16-20; 39:9-13).

El bien conocido historiador Judío Josefo, escribiendo cerca del año 75 d.C., informa similarmente que las 12 gemas estaban configuradas en cuatro líneas (*Guerras de los Judíos* V.5.7; *Antigüedades de los Judíos* III.7.5). De acuerdo con esto, publicaciones Judías altamente respetadas, presentan unánimemente el pectoral (tanto en palabras como en pinturas) como poseyendo doce piedras que están centralmente colocadas en medio del pectoral.

El entendimiento de Ellen White:

En contraste a todas las obras de referencia modernas, Ellen White declara que también existía otro conjunto adicional de 12 joyas que formaban un borde en el pectoral cuadrado.

Sus palabras son:

"Sobre el efod estaba el racional, la más sagrada de las vestiduras sacerdotales. Era de la misma tela que el efod. De forma cuadrada, medía un palmo, y colgaba de los hombros mediante un cordón azul prendido en argollas de oro. El ribete estaba formado por una variedad de piedras preciosas, las mismas que forman los doce fundamentos de la ciudad de Dios. Dentro del ribete había doce piedras engarzadas en oro, dispuestas en hileras de cuatro que, como las de los hombros, tenían grabados los nombres de las tribus. Las instrucciones del Señor fueron: 'Y llevará Aarón los nombres de los hijos de Israel en el pectoral del juicio sobre su corazón, cuando entrare en el santuario, por memorial delante de Jehová continuamente' (Éxo. 28:29)". **CSS:35**.

En otras palabras, el pectoral contenía no 12, sino que 24 piedras. En el otoño de 1981, la veracidad de las afirmaciones de la hermana White fueron demostradas. En ese año apareció un artículo en el prestigioso Diario de Literatura Bíblica, que mostró un auténtico registro de los inventores de las piedras llevadas por el sumo sacerdote Hebreo. Preservado por escritores Judíos antiguos – en el Targum, Midrash y en la literatura Cabalística – estaba la información afirmativa que fuera de las cuatro líneas paralelas de doce piedras, también había gemas en una disposición cuadrada, colocadas a lo largo de las esquinas del cuadrado.

La configuración de las piedras corresponde al **Campamento Cuadripartita del Santuario del Desierto** (Número 2), donde el orden del campamento israelita tenía una disposición de tres tribus (en una línea horizontal9 en cada una de los cuatro lados del santuario central. (Formando así un cuadrado). El *Targum del Pseudo-Jonathan* – una obra autorizada por un estudiante de Hilel (que a fines del primer siglo fundó una escuela de líderes rabinos) provee la información que los colores de las joyas del borde del pectoral corresponden con los colores de las banderas de las doce tribus.

La conclusión del artículo de 1981 es que: El inventario de las piedras del *Targum Pseudo-Jonathan* "es notorio en que las piedras no son mencionadas en cuatro líneas paralelas, sino que en conexión con el orden cuadrático del campamento, esto es, tres por lado (cf. Apoc. 21:19-20)". **Fuente**: William W. Reader, "Las Doce Joyas de Apoc. 21:19-20. Historia de la Tradición e Interpretación Moderna", *Diario de Literatura Bíblica*, 100/3 (Septiembre 1981), pág. 433-457.

Anexo: ¿El Sumo Sacerdote Podía Entrar en El Lugar Santísimo sin El Pectoral?

Levítico 16 (el capítulo del Día de la Expiación) se refiere al sumo sacerdote llevando simplemente vestiduras de lino para entrar "en el lugar santo" (boqqodesh: literalmente "en el santo" (versículo 23; cf. versículo 4). De acuerdo con esto, casi todos los Comentarios llevan la aserción que solo después del Día de la Expiación terminaban los ritos – y solo entonces – el sumo sacerdote dejaba a un lado sus vestiduras penitentes (que no tenía un pectoral) y se colocaba sus magníficas vestiduras de oro.

En otras palabras, ¡la noción es que cuando el sumo sacerdote oficiaba dentro del Lugar Santísimo, él estaba vestido con vestiduras humildes, sin adornos! Esa conclusión coloca la opinión de Ellen White como siendo contraria a la mayoría de las autoridades académicas modernas. En agudo contraste, ella incuestionablemente escribe que cuando el sumo sacerdote entraba dentro del Lugar Santísimo, él estaba totalmente vestido, no con lino puro, sino que vestido con sus vestiduras sagradas (PE:251[32]).

"El sumo sacerdote siempre entraba (en el Lugar Santísimo) temblando... Si permanecía un tiempo inusual en el Lugar Santísimo, el pueblo se aterrorizaba, temiendo que debido a sus pecados, o a algún pecado del sacerdote, la gloria del Señor pudiera matarlo. Pero cuando se oía el sonido del tintineo de las campanillas que estaban sobre sus vestiduras, se aliviaban grandemente. Él entonces salía y bendecía al pueblo". **4Spiritual Gifts:10a**.

Dos Observaciones Pertinentes Aclaran La Confusión.

(1) Observación 1: La frase "en el lugar (santo)" (Lev. 16:23) no es una referencia que diga que está entrando en el Tabernáculo interior (como normalmente es asumido). Porque el erudito Hebreo Menahem Haran señala, "en el santo" denota la aproximación a la santidad del Altar externo. El texto Hebreo de Éxo. 29:37 hasta lo llama de Altar externo de la Ofrenda Quemada: "Santo de los santos" (cf. El Hebreo de Éxo. 40:10).

Además, en las Escrituras, la designación "el lugar santo" (literalmente "el santo") no sirve como un término técnico definitivo. La ofrenda bebible para el Altar externo (fuera del Tabernáculo interior), por ejemplo, se dice como teniendo lugar "en el lugar santo" (Núm. 28:7). En verdad, haqqodesh ("el santo") también se refiere a cualquiera de los artículos de los muebles del santuario (tal como en Núm. 4:15, 20).

(2) Observación 2: De acuerdo con el mandato directo de Dios, cuando el sumo sacerdote entra, o deja el Tabernáculo, él tiene que llevar sus pesadas vestiduras doradas, las campanillas en el borde de sus vestiduras, "para que no muera" (Éxo. 28:35). Tal como el texto lo deja claro, era obligatorio (bajo pena de muerte) que el tintineo de las campanillas debía escucharse dentro del Tabernáculo, no solo en el Día de la Expiación, sino que también cuando el sumo sacerdote caminaba hasta el altar interior, o cuando retraía sus pies de él (Éxo. 39:26; 1 Sam. 2:28). Cuando, sin embargo, sus deberes lo llamaban para que estuviera fuera de la tienda del Tabernáculo para ofrecer sacrificio (en el atrio externo), entonces

"Así como el sumo sacerdote ponía a un lado sus magníficas ropas pontificias, y oficiaba en la ropa blanca de lino del sacerdote común, así también Cristo tomó forma de siervo, y ofreció sacrificio, siendo él mismo a la vez el sacerdote y la víctima". **DTG:16**.

Tal como lo puso Josefo:

---

[32] Nota del traductor: Aquí está esa cita: "Se me mostró lo que había ocurrido en el cielo al terminar en 1844 los períodos proféticos. Cuando Jesús concluyó su ministerio en el lugar santo y cerró la puerta de ese departamento, densas tinieblas envolvieron a quienes habían oído y rechazado el mensaje de su advenimiento y lo habían perdido de vista a él. Jesús se revistió entonces de preciosas vestiduras. Alrededor de la orla inferior de su manto ostentaba en alternada sucesión una campanilla y una granada. De sus hombros colgaba un pectoral de curiosa labor. Cuando él andaba, el pectoral refulgía como diamantes y se ampliaban unas letras que parecían nombres escritos o grabados en el pectoral. En la cabeza llevaba algo que parecía una corona. Una vez que estuvo completamente ataviado, le rodearon los ángeles y en un flamígero carro penetró tras el segundo velo". **PE:250-251**.

"... el sumo sacerdote no llevaba estas vestiduras (sagradas) en otro tiempo, sino que un hábito simple; él solo lo hacía cuando entraba en la parte más sagrada del templo...". La Guerra de los Judíos, V.5.7).

Fuente consultada: Menahem Haran. *Los Templos & Los Servicios del Templo en el Antiguo Israel*, Oxford: The Clarendon Press, 1978, pág. 172, 218, 227.

Nota Adicional:

El atrio externo, que contenía el Altar de la Ofrenda Quemada (emblema de la Cruz (Juan 1:29; Apoc. 5:6) era una representación de la arena del ministerio terrenal de Cristo. El Atrio interno con las cortinas colgantes, con sus figuras de ángeles (Éxo. 26:1, 31; cf. Eze. 41:17-18, 20), representaba el cielo, el Propiciatorio siendo un emblema del Trono de Dios (Isa. 37:16; Núm. 7:89).

Cristo "cumplió una fase de Su sacerdocio muriendo en la cruz por la raza caída (tal como es representado por el derramamiento de la sangre sacrificial en el Atrio Externo). Él está ahora cumpliendo otra fase suplicando delante del padre por el caso de los pecadores arrepentidos y creyentes (tal como es representado por el sumo sacerdote oficiante en el Atrio Interno)". **Ellen White, Manuscrito 42, 1901.**

¿Existen Pesas dentro del Santuario?

Diversas veces Ellen White se refiere al carácter de nuestras vidas como "siendo pesados en las balanzas del santuario" (5T:279, 8T:247[33]). La dificultad en esa declaración radica en el hecho que para los lectores modernos de las Escrituras, aparentemente no hay balanzas dentro del Santuario. La complicada declaración se puede solucionar maravillosamente una vez que el significado de la palabra qaneh es entendida.

Qaneh – en Hebreo – es literalmente el (bambú fuerte) tallo de una caña. (La palabra Inglesa "caña" se deriva de qaneh). Significativamente, sin embargo, qaneh es la palabra que es usada para significar el astil que sostiene el candelabro del santuario (Éxo. 25:31, 37:15, 18). Y, adicionalmente, qaneh también significa una viga que posee pesas. En este último sentido tenemos el siguiente pasaje de Isaías: "...y pesan plata con balanza (qaneh)". (Isa. 46:6). Literalmente significa: "'pesar' lingotes de plata por medio de una viga qaneh (con sus pesas)".

Qaneh posee así (en la mente Hebrea) un vínculo tanto con la lámpara y con las pesas. Ese tipo de vínculo es similarmente descubierto en la palabra Hebrea *kabodh*. Aun cuando literalmente significa "pesa", la palabra también se entiende como significando "gloria", tal como (por ejemplo) con referencia a la vestidura de Dios de "luz" (Éxo. 16:7). El doble significado está basado en la antigua noción que peso no solo designa valores monetarios, sino que también expresa estimativas de carácter, las "gravitas" de la reputación de una persona (Isa. 5:13). Por lo tanto, Job dice: "Que me pese Dios en balanza de

---

[33] Paginación en Inglés.

justicia, y conocerá mi integridad". (Job. 31:6). La pluma de la inspiración capta la conexión con la luz: "...sabiendo que seremos juzgados por la luz y los privilegios que el Señor nos ha concedido...". (5T:587; cf. 2T:70).

En el pensamiento Judío tradicional, la Menorah (el candelabro) del Santuario simbolizaba la luz de la Torah (el mundo). Del Mesías el Señor dijo: "Aquí está mi Siervo, a quien sostendré. Mi Elegido, en quien me deleito. He puesto mi Espíritu sobre él, y él traerá justicia a las naciones... No quebrará la caña cascada, ni apagará la mecha que humee". (Isa. 42:1, 3; cf. Mat. 12:20).

En el paralelismo sinónimo (donde el pensamiento de la primera línea encuentra una aclaración en la segunda línea) aprendemos que el fiel Siervo de Dios nunca permitirá que la Luz sostenida por la qaneh sea completamente extinguida.

Nota Adicional: Era el deber del sumo sacerdote mantener las mechas de la Menorah siempre ardiendo: cuatro (o siete) durante la noche y tres ardiendo durante el día.

Anexo 1—Una aplicación metafórica adicional.

Durante los tiempos bíblicos, la qaneh, "una caña reta", era empleada adicionalmente como una vara de medir. Un pasaje de Ezequiel dice: "...La caña (qaneh) de medir que aquel varón tenía en la mano, era de seis codos de largo (3 m)". (Eze. 40:5). Una aplicación metafórica del concepto de medir, puede ser ahora discernida. Porque cuando los profetas del Antiguo Testamento se refieren a medir Jerusalén y su santuario – a través del uso de la qaneh – la medida puede ser entendida en un sentido figurado como refiriéndose a la restauración de la Ciudad y el Templo después del cautiverio babilónico (tal como en Eze. 40:2-5; Zac. 2:2).

Este entendimiento del Antiguo Testamento es aludido al pasaje del Apocalipsis: "Me fue dada una caña semejante a una vara de medir, y se me dijo: 'Levántate, mide el Santuario de Dios, el altar y a los que adoran en él'". La medida – que tiene que ser hecha – debe ser entendida en un sentido espiritual, indicando la restauración del mensaje del Santuario después de siglos de mal entendidos y negligencias.

Con referencia al texto de Apoc. 11:1, Ellen White de una manera sutil, nos muestra el significado más profundo inherente al entendimiento Hebreo de qaneh: "Así medimos el templo y el altar, o la ministración conectada con el templo y la obra y la posición de nuestro Sumo Sacerdote; y medimos a los adoradores con esa parte de la caña que se relaciona con el carácter, esto es, los Diez Mandamientos". **RH, 21 de Enero de 1890**.

¿Puede El Candelabro Del Santuario estar Asociado con Un Individuo?

Ellen White emplea una peculiar elección de palabras cuando ella escribió: "Todos los que llevan los ornamentos del santuario, pero no están vestidos de la justicia de Cristo, aparecerán en la vergüenza de su desnudez". **DNC:358; Maranata:198**.

Una representación en la pared, encontrada dentro de una catacumba Judía en Beth-She'arim, Israel, ilustra el significado de la curiosa frase "llevan los ornamentos del santuario". Una figura humana (presumiblemente el sacerdote local) es mostrada flanqueando el lado de un nicho clausurado, un nicho diseñado para representar una bóveda de la sinagoga. Lo que es inusual, y que es una característica fuerte de la representación, es que el "sacerdote" es mostrado estando justo al lado de un candelabro de siete brazos del santuario, ¡como si la Menorah fuese parte de su personal! Él obviamente representa al "mensajero del Señor" (Mal. 2:7), que hace su aparición cada Sábado, estando al frente de la Menorah.

Aun cuando no es generalmente conocido, era la costumbre común durante los tiempos del Nuevo Testamento la Palabra era litúrgicamente leída por un lector (cantor) al frente de una lámpara del Santuario (cf. Apoc. 1:13). La adoración durante esa era estaba basada en el formato de las ortodoxias Judías establecidas de la sinagoga (que se originó con Esdras). Así, en Santiago 2:2 el término empleado para el lugar de la adoración cristiana no es "eclesia", sino que "sinagoga". El podio de la sinagoga (bema), incluido en las paredes curvadas del nicho clausurado, era el lugar donde dos citas separadas y discretas de la Biblia eran caracterizadas todo Sábado en la mañana (cf. Hechos 13:15). Porque la verdad es sostenida con la evidencia de más de un testigo (Deut. 17:6; 19:15; 1 Tim. 5:19).

El servicio cristiano comenzó con una porción asignada del Antiguo Testamento, dada al frente de una lámpara de siete brazos (a la derecha de la congregación) en un lugar conocido como "el Sillón de Moisés" (Mat. 23:2; Hechos 15:21). Una cita correspondiente subordinada del Nuevo Testamento (seguida por una homilía) era entonces liberada de un atril separado al lado izquierdo llamado: "La Silla de Elías". Esto explica por qué los "dos testigos" de Apoc. 11:4 son caracterizados por alusiones al ministerio de Elías y Moisés (Apoc. 11:6). El ministerio de Moisés era "real" (Éxo. 7:1); el de Elías era "sacerdotal" (interpretativo). Además, los dos testigos son referidos como "dos árboles de olivos, aun... dos lámparas" (Apoc. 11:4; Salmo 52:8), eso es, dos candelabros de siete brazos; cada uno teniendo brazos libres. Cada brazo respectivamente sostenía una lámpara pequeña en el aire (Apoc. 4:5) llena con aceite de oliva. Los dos árboles de luz "están delante del Señor en la tierra" (Apoc. 11:4), percibidos como dos luces menores flanqueando el camino de entrada hacia una Luz mayor interior. Centrada dentro del nicho clausurado de la sinagoga, prominentemente entronizado, y iluminando "perpetuamente" con una lámpara colgando, era la Palabra (Juan 1:1). La lámpara del cielo raso servía para recordarle a la congregación que estaban en la presencia de la divina Shekinah la "Gloria del Señor" (Eze. 1:28). Guardada en un "arca santa" (container-gabinete), representado al

Arca del pacto, la Palabra fue inscrita en rollos de cuero; cada Rollo de la Escritura tenía estrofas arriba coronadas con di8ademas reales. Así la declaración de Apocalipsis: "...su nombre es: 'El Verbo de Dios'... En su vestido y en su muslo tiene escrito este nombre: 'Rey de reyes y Señor de señores'". (Apoc. 19:13, 16).

La Qaneh en su apariencia de canon: Durante l era cristiana, la palabra qaneh (traducida en Griego como kanon) fue traducida al Inglés como "canon" – una regla normal para juzgar – una norma que mide un criterio genuino aceptado. El término Canon sagrado, desde luego, es una referencia a los libros de la Biblia; antiguos, libros reconocidos como haciendo parte de la qaneh de la Menorah (el emblema de la inerrante Luz llena del Espíritu).

En una sinagoga, sería un anatema, permitir que un libro secular, no inspirado, estuviese cerca de un candelabro sagrado. Los concilios de la iglesia reconocían y entonces ratificaban oficialmente lo que ya había sido establecido como el Canon Sagrado por el consenso de los creyentes.

Otro canon: Adicionalmente, un clérigo, que servía en una catedral o en un iglesia colegiada, podía recibir la designación de "canon". Porque él era alguien que supuestamente se adecuaba al canon, o a las reglas de la iglesia.

Fuentes: L. Yarden. *El Árbol de Luz: Un Estudio de la Menorah*. Ithaca NY: Cornell University Press, 1971. Figura 113. Joseph Gutmann (ed.). *La Sinagoga: Estudios en sus Orígenes, Arqueología y Arquitectura*. Nueva York: KTAV Publishing House, Inc. 1975, pág. 234. Y. Silo. "Los Rollos de la Torah y la Placa de la Menorah de Sardis", El Diario de Exploración de Israel 18 (1968): 54-57. *Enciclopedia Judía*, Volumen 5. Jerusalén: Meter Publishing House Jerusalem Ltd., Israel. 1982. Fue desenterrado un "Sillón de Moisés" de piedra de cerca del tercer siglo de una sinagoga en Corazín, Galilea (hay una ilustración en la página 494). "La liturgia cristiana y las formas de adoración llevan la marca de origen Judío y la influencia debida al ejemplo de la sinagoga. La lectura de los pasajes del 'Antiguo' y del 'Nuevo' Testamento es una versión cristiana de la lectura de la sinagoga de la Torah y de los Profetas". (Hechos 13:15, 27). (página 510).

Declaraciones que Poseen un Alto Significado.

Mientras las publicaciones de los eruditos del mundo están completamente perdidas al tratar de explicar la verdadera identidad de los Dos Testigos (candelabros) de Apoc. 11:3-6, la pluma de la inspiración señala correctamente que los "dos testigos representan las Escrituras del Antiguo y del Nuevo Testamento" (CS:310). Aquí hay una confirmación del Salmista: "Lámpara es para mis pies tu Palabra, una luz en mi camino". (Salmo 119:105).

En un corolario a un formato de adoración en la sinagoga, donde la homilía del predicador – del Sillón de Elías – fue liberada de una luz secundaria, una cuota de desembolso de una Luz mayor interior (el Canon Sagrado del arca), tenemos este valioso testimonio:

"Poco caso se hace de la Biblia, y el Señor ha dado una luz menor para guiar a los hombres y mujeres a la luz mayor (RH, 20 de Enero de 1903)". **3MS:32**.

Ellen White siempre estuvo conciente de la posición de la Palabra de Dios como la prueba suprema de la fe y la práctica cristiana. De acuerdo con sus sentimientos, la IASD no considera los escritos de la hermana White ni siquiera como un sustituto o una adición del Canon Sagrado.

Cuando se le preguntó a ella si era una profeta, ella siempre respondió, yo "soy la mensajera del Señor" (1MS:19; cf. Mal. 2:7). Mientras la iglesia cree que nuestros pies están en la roca sólida de las Escrituras, la Iglesia también cree que a Ellen White se le dio el don profético para ayudar a la Iglesia a mantener sus pies en el sólido camino que conduce al Reino.

Lección 22—Henry Alford, La Inspiración de los Evangelistas y Otros Escritores del Nuevo Testamento.

El Nuevo Testamento para lectores ingleses, volumen 1, capítulo 1, sección 6, pág. 20-27.

1.- Los resultados de nuestra investigación hasta aquí, puede ser declarada así: Que nuestros tres Evangelios han surgido independientemente el uno de los otros, de fuentes de información poseídas por los Evangelistas: esas fuentes de información, en una parte muy considerable de sus contenidos, siendo la enseñanza de la narrativa de los Apóstoles; y, en casos donde su testimonio personal estaba fuera de cuestión, oral o narrativas documentales, preservadas en y recibidas por la Iglesia cristiana en la era apostólica; que los tres Evangelios no son formales, relatos completos de todos los incidentes de la historia sagrada, pero cada uno de ellos fragmentario, conteniendo las porciones de él estando dentro de la noticia, o el diseño especial de los Evangelistas.

2.- Ahora surge delante de nosotros la pregunta importante: ¿En qué sentido deben ser vistos los Evangelistas al ser inspirados por el Espíritu Santo de Dios? Que lo han sido así, en algún sentido, ha sido la creencia común del cuerpo cristiano en todas las edades. En el segundo, tal como en el siglo XIX, el último apelo, en asuntos de hecho y de doctrina, ha sido con estos venerables escritos. Puede estar bien, entonces, preguntar primero en qué bases su autoridad ha sido clasificada tan alto por todos los cristianos.

3.- Y yo creo que la respuesta esta pregunta se encontrará, porque ellos son vistos como documentos auténticos, descendiendo de la era apostólica, y presentándonos la sustancia del testimonio apostólico. Los Apóstoles fueron levantados con el propósito especial de testimoniar al Evangelio histórico, y estos recuerdos habiendo sido recibidos universalmente en la iglesia primitiva su personificación, no veo ninguna salida, a no ser la inferencia, que ellos llegan a nosotros con una *autoridad inspirada*. Los mismos Apóstoles, y sus contemporáneos en el ministerio de la Palabra, fueron singularmente dotados con el Espíritu Santo para la fundación y la enseñanza de la Iglesia; y los cristiano de todas las edades han aceptado los Evangelios y otros escritos del Nuevo Testamento como el resultado escrito de la efusión Pentecostal. La Iglesia primitiva no pudo ser engañada en este asunto. La recepción de los Evangelios fue inmediata y universal.

4.- Sobre la autenticidad, esto es, la apostolicidad de los Evangelios, descansa su afirmación de la inspiración. Conteniendo la sustancia del testimonio del Apóstol, ellos llevan consigo ese poder especial del Espíritu Santo, el cual descansaba en los Apóstoles en virtud de su oficio, y también en otros maestros y predicadores de la primera era. Entonces puede estar bien preguntar de qué tipo era ese poder, y cuán lejos se extendió.

5.- Nosotros no encontramos a los Apóstoles transformados, de ser hombres con un carácter individual y con pensamientos y sentimientos, en meros canales para la transmisión de la infalible verdad. Nosotros los encontramos, humanamente hablando, de aun haber sido distinguidos por las mismas características como antes de haber descendido el Espíritu Santo. Vemos a Pedro aun ardiente e impetuoso, aun evitando el peligro de una desaprobación humana; vemos a Juan aun exhibiendo la misma unión de profundo amor y celo ardiente; los encontramos buscando diferentes caminos de enseñanza, exhibiendo diferentes estilos de escritura, tomando la verdad de diferentes lados.

6.- Nuevamente, no encontramos a los Apóstoles en posesión del divino consejo con relación a la Iglesia. Aun cuando Pedro y Juan estaban llenos con el Espíritu Santo, inmediatamente después de la Ascensión, ni tampoco en ese tiempo, ni tampoco por muchos meses después, fueron colocados ellos en posesión del propósito de Dios con relación a los Gentiles, al cual a su debido tiempo le fue revelado a Pedro, y reconocido en el concilio apostólico en Jerusalén.

7.- Estas consideraciones sirven para mostrarnos en qué aspecto la obra del Espíritu Santo sobre los escritores sagrados, fue análoga a Su influencia en cada creyente en Cristo; esto es, en la retención del carácter individual de pensamiento y sentimiento, y en y en el desarrollo gradual de los caminos y propósitos de Dios en sus mentes.

8.- Pero su situación y oficio fue peculiar y sin ejemplo. Y para su cumplimiento, sus dones peculiares y sin ejemplo fueron dotados sobre ellos. Uno de estos, que llega bien cercano a nuestro asunto actual, fue, el *re-llamado del Espíritu Santo de esas cosas que el Señor les había dicho*. Esta fue Su promesa formal, registrada en Juan 14:26. Y si miramos a nuestros Evangelios actuales, vemos abundante evidencia de su cumplimiento.

Lo que el recuerdo humano no asistido pudo guardar diciendo una parábola, no importa cuan profunda haya sido la impresión en ese tiempo, y lo informa completamente a una distancia de varios años, tal como lo encontramos informado, con todas las marcas internas de la verdad en nuestros evangelios? ¿Qué invención del hombre pudo haber concebido discursos, que por el consentimiento común difieren de todos los dichos de los hombres, que poseen este carácter inalterado a pesar de su transmisión a través de los hombres de diversas organizaciones mentales, que contienen cosas imposibles de ser entendidas o apreciadas por los informes del tiempo cuando profesaron haberlas dicho, que envuelve las semillas de toda las mejoras humanas ya alcanzadas, y que están evidentemente llenas de poder por más?

9.- Y sigamos el asunto adelante por analogía. ¿Podemos suponer que la luz derramada por el Espíritu Santo sobre los dichos de nuestro Señor serían confinados a esos dichos, y que no se extenderían a otras partes de la narrativa de Su vida en la tierra? ¿Podemos creer que esos milagros, aun cuando no fueron dichos en palabras, fueron parábolas actuadas, que no serían, bajo la misma graciosa asistencia, traídas de vuelta a las mentes de los Apóstoles, de tal manera que pudieran ser colocadas en un registro para la enseñanza de la Iglesia?

10.- Y, yendo aun más adelante, ¿a aquellas partes de los Evangelios que quedaron totalmente fuera del ciclo del propio testimonio de los Apóstoles, podemos imaginar la divina discriminación que los capacitó para detectar la "mentira al Espíritu Santo", que los pudo haber dejado en juicio de los registros del nacimiento y de la infancia de nuestro Señor, de tal manera que hubieran podido enseñar o sancionado una información apócrifa, fabulosa, o mística de esos asuntos? Algunas cuentas de ellos deben haber sido comunes en el círculo apostólico; porque María, la madre de Jesús sobrevivió a la Ascensión, y habría sido totalmente capaz de dar un testimonio indudable de los hechos. (Ver notas de Luc. 1:2). ¿Podemos concebir entonces que, *con ella entre ellos*, los Apóstoles debieran haber liberado una historia diferente de estos hechos? ¿Podemos suponer que la información de San Lucas, que él incluye entre las cosas liberadas por aquellos que fueron testigos oculares y ministros de la palabra desde el comienzo, es diferente de la verdadera, y estampada con la autoridad del testimonio y discriminación del Espíritu habitando en lo Apóstoles?...

11.- Pero si se pregunta, cuán lejos esa divina superintendencia se ha extendido en la estructura de nuestros Evangelios tal como nosotros los encontramos en el tiempo presente, la respuesta tiene que ser fornecida con una idea no preconcebida de cómo debe haber sido, sino que por los contenidos de los mismos Evangelios. Que esos contenidos son diversos, y de variados arreglos, es decir mucho, que en su selección y disposición tenemos agencias humanas que nos son presentadas, ya no bajo una guía divina directa, en este respecto, que en ese guía general, que en los puntos esenciales debiera asegurar un acuerdo total. Esas guías admiten muchas variaciones en puntos de menor consecuencia. Dos hombres pueden ser igualmente guiados por el Espíritu Santo para registrar los eventos de la vida de nuestro Señor, para nuestra edificación, aun cuando uno puede creer y registrar, que la visita a los Gadarenos sucedió antes del llamado de Mateo, mientras que el otro lo coloca después de ese evento; uno puede narrar hablando de dos endemoniados, y el otro solo de uno.

12.- Y es observable, que en el único lugar en los tres Evangelios, donde un Evangelista habla de sí mismo, él expresamente afirma, no debido a una guía sobrenatural en el arreglo de su materia, sino que por un diligente trazado de todas las cosas desde el comienzo; en otras palabras, debido al cuidado y a la exactitud de una honesta compilación. Después de un tal reconocimiento por parte del propio editor, afirmarle una revelación inmediata para él del arreglo a ser adoptado y las noticias cronológicas a ser dadas, es claramente no justificado, de acuerdo con su propia muestra y afirmación. El valor de ese arreglo y de la conexión cronológica, tiene que depender de diversas circunstancias en cada caso: en su definición y consistencia, en su acuerdo o desacuerdo con los otros registros existentes; la preferencia siendo en cada caso dada a aquel cuto relato es el más pleno en detalles, y cuyas observaciones son las más distintas.

13.- Al hablar así, no estoy haciendo nada más que el más escrupuloso que lo que han hecho nuestros Armonizadores. En el caso aludido en el párrafo 11, no hay ninguno de ellos que no haya alterado el arreglo, ya sea el de Mateo, o el de marcos, y el de Lucas, para hacer con que la vista a los Gadarenos esté en la misma parte de la historia Evangélica. Pero, si el arreglo en sí mismo fuese un asunto de inspiración divina, entonces no tenemos derecho a variar en el más mínimo grado, sino que tenemos que mantener (tal como lo han hecho los Armonizadores en otros casos, pero nunca, que yo sepa, en este), dos visitas diferentes que fueron hechas en tiempos diferentes, y cerca de los mismos eventos que ocurrieron en ambos. Tengo que añadir duramente, que un método similar de proceder con todas las variaciones en los Evangelios, que en esta suposición son necesarias, colocaría a la Escritura narrativa un montón de improbabilidades; y fortalecer, en ves de debilitar, la causa de los enemigos de nuestra fe.

14.- Y no solo del arreglo de la historia Evangélica tienen que ser entendidas estas observaciones. Hay algunos puntos menores de exactitud o de inexactitud, de los cuales la investigación humana basta para informar a los hombres, y sobre la cuales, por tener esa investigación, a menudo es la práctica de hablar vaga e inexactamente. Esas son a veces las distancias convencionalmente recibidas de lugar en lugar; esos son los acuerdos comunes de la historia natural, etc. Ahora, en asuntos de este tipo, los Evangelistas y los Apóstoles no fueron supremamente informados, sino que dejaron, en común con otros, a la guía de sus facultades naturales.

15.- Lo mismo puede ser dicho de las citas y datos de la historia. En la última apología de Esteban, donde él habla, estando lleno del Espíritu Santo, y con la divina influencia brillando de su rostro, tenemos por lo menos dos inexactitudes demostrables en puntos de menor detalle. Y en la ocurrencia de cosas similares en los Evangelios no afectaría de ninguna manera la inspiración de la veracidad de los Evangelistas.

16.- Sería bueno mencionar una notable ilustración de los principios sostenidos en esta sección. ¿Qué puede ser más indudable y unánime que el testimonio de los Evangelistas de la resurrección del Señor? Si hay un hecho más que otro, del cual los Apóstoles fueron testigos, fue este: y en la narrativa concurrente de los cuatro Evangelistas, está más allá de cualquier cavilación o cuestionamiento. Pero todos los eventos que ellos describieron, ninguno es tan variable en detalles, o con tantas discrepancias menores. Y esto es lo que se podría esperar, bajo los principios arriba señalados. El gran hecho que el Señor fue resucitado, descrito por los testigos oculares de los Apóstoles, que Lo habían visto, se convirtió desde ese día, en algo de primera importancia en la entrega de su testimonio. El orden preciso de Su aparición sería naturalmente, de la naturaleza asombrosa de sus emociones presentes, un asunto de menor consecuencia, y tal vez ni siquiera de exactitud inquiridora, hasta que pasara algún tiempo. Entonces, con el mayor deseo por parte de las mujeres y de los Apóstoles para recoger los eventos en su exacto orden de tiempo, sería necesaria una infusión en la historia, y algunas discrepancias aparecerían en las versiones de ellas, que serían los resultados de inquirimientos separados; cuyos trazos invaden nuestro relato actual. ¿Pero qué estudiante justo de los Evangelios jamás se ha hecho estas variaciones o discrepancias un terreno para dudar de la veracidad de los Evangelistas con respecto al hecho de la Resurrección, o de los principales detalles de las apariciones de nuestro Señor después de eso?

17.- Sería bueno declarar la llevada de opiniones avanzadas en esta sección en dos términos de uso común, esto es, inspiración *verbal* y *plenaria*.

18.- Con relación a la inspiración verbal, yo entiendo el sentido de eso, tal como es explicado por sus más ardientes apoyadores, como siendo, que cada palabra y frase de las Escrituras es absolutamente y separadamente verdadera, y, ya sea en la narrativa o en el discurso, tiene lugar, o se dijo, en cada caso particular. Mucho se puede decir a priori de la falta de valor de esa teoría, al aplicarla a un Evangelio cuyo carácter es la libertad del Espíritu, no la esclavitud de la letra; pero pertenece más a mi trabajo actual para tratarla y aplicarla a los Evangelios tal como los tenemos. Y no dudo en decirlo, que al serla aplicada, sus efectos sería el de destruir toda la credibilidad de nuestros Evangelistas. Surge una única instancia de paralelismo entre ellas, donde no se relaciona la misma cosa en sustancia, pero se expresa en términos de si son tomadas literalmente, son incompatibles la una con la otra. Para citar solo una instancia obvia. El título sobre la Cruz fue escrito en Griego, y se informó en Griego por los Evangelistas, y no tiene que representar las formas del latín o del Hebreo, sino que la forma Griega, de la inscripción. De acuerdo entonces con la teoría de la inspiración verbal, cada Evangelista ha registrado las exactas palabras de la inscripción; no el sentido común, sino que la inscripción en sí misma, no faltando ni sobrando ninguna letra. Esto es absolutamente necesario para la teoría. No se les debe permitir a sus apoyadores, con convenientes inconsistencias, para refugiarse en un punto de vista común sobre el asunto, sea a donde fuere que su teoría les falle, y aun levantarla en su parte principal. Y cómo va a ser aplicada aquí, se puede ver en la siguiente comparación:

> Mateo: Este es Jesús el Rey de los Judíos.
>
> Marcos: El Rey de los Judíos.
>
> Lucas: Este es el Rey de los Judíos.
>
> Juan: Jesús de Nazaret el Rey de los Judíos.

Desde luego que tiene que ser entendido, que yo miro las variaciones de arriba en la forma de la inscripción como un hecho de no discrepancias. Ellas impiden totalmente decir que hay una precisión perfecta, de cuál fue la forma de la inscripción, pero nos dejan el espíritu y la sustancia de la misma. En todos esos casos, yo concuerdo con el gran Agustín, cuyas palabras he citado en mi nota sobre Mateo 14, al tratar de los diferentes informes sobre las palabras dichas por los Apóstoles a nuestro Señor durante la tormenta en el lago de Galilea, y no puedo dejar de colocarlas aquí nuevamente: "El sentido de los Discípulos despertando al Señor y tratando de ser salvos, es uno y el mismo: ni tampoco vale la pena saber cuál de los tres le fue dicho a Cristo. Porque si dijeron cualquiera de las tres, u otras palabras, que ninguno de los Evangelistas ha mencionado, pero de una importancia similar al sentido de la verdad, ¿qué importa?".

19.- Otra objeción de la teoría es, que si es así, el mundo cristiano es dejado en la incertidumbre de cómo son sus Escrituras, ya que el texto está lleno de diversas lecturas. Un manuscrito nos debe ser apuntado a nosotros, que lleve el peso de la inspiración verbal, o algún texto cuya autoridad sea indudable, tiene que ser promulgado. Pero manifiestamente, ninguna de estas cosas puede suceder. El más actual, la lectura de algunos pasajes importantes será asunto de duda en la Iglesia; y, lo cual es igualmente subversivo en la teoría, aun cuando no es de igual importancia en sí mismo, no hay una sentencia en todos los Evangelios en la cual no existan variaciones de dicción en nuestros principales manuscritos, desconcertando todos los intentos para decir cuál fue su forma original.

20.- El hecho es que esta teoría nos da uniformemente un camino antes de estudiar inteligentemente las Escrituras por sí mismas; y es sostenido, consistentemente, por aquellos que nunca han hecho ese estudio. Cuando es colocado por aquellos que lo han hecho, nunca es terminado totalmente; sino que es abandona en los detalles.

21.- Si entiendo plenamente la inspiración correctamente, la apoyo sin reservas, como siendo totalmente consistente con las opiniones expresadas en esta sección. La inspiración de los escritos sagrados yo creo que ha consistido en la totalidad de la influencia del Espíritu Santo, especialmente levantándolos y capacitándolos para su obra, de una manera que los distingue de todos los otros escritores del mundo, y su obra de todas las otras obras. Los hombres fueron llenos del Espíritu Santo, los libros son el derramamiento hacia los hombres, la conservación del tesoro en vasos terrenales. El tesoro es nuestro, en toda su riqueza: pero es nuestro solo de la manera en que puede ser nuestro, en las imperfecciones del habla humana, en las limitaciones del pensamiento humano, en la variedad incidente en el carácter individual, y entonces para transcribirlo en el lapso de las edades.

22.- Dos cosas, para concluir esta sección, yo sinceramente les manifestaría a mis lectores. Primero, que tenemos que tomar nuestros puntos de vista de la inspiración no, como muy a menudo sucede, de consideraciones a priori, sino que totalmente desde la evidencia dada por las Escrituras mismas; y segundo, que los hombres fueron inspirados, y los hombres son el resultado de esa inspiración. Esta última consideración, si todo es pesado convenientemente, nos dará la clave para todo el problema.

El Nuevo Testamento para Lectores Ingleses
Volumen 1, Capítulo 1, Sección 6, pág. 20-27
Del Deanato, Canterbury, 4 de Mayo de 1863

Lección 23—El Desarrollo del Diagrama de la Serie del Conflicto.

A Publication of the History of the Great Controversy
Visions of the Great Controversy from 1848 to 1858 (Life Sketches, p. 162)

	The Fall of Lucifer	David	Birth of Christ	Ascension of Christ	Destruction of Jerusalem	New Earth
Basic Vision Mar. 14, 1858						
Spiritual Gifts, Vol. I (1858) Early Writings pp. 145-295	The Fall of Man			(A Brief Overview)		
Spiritual Gifts, Vols. III, IV	The Creation — III — IV	Solomon				
Spirit of Prophecy Vols. I-IV	Vol. I 1870		Vol. II 1877	Vol. III 1878		Vol. IV 1884
The Conflict Series	Patriarchs & Prophets 1890	Prophets & Kings 1917	The Desire of Ages 1898	Acts of the Apostles 1911		The Great Controversy 1888 and 1911

*Spiritual Gifts, Vol. II (1860), an autobiographical book

Lección 24—Stephen Smith y el Testimonio no Leído.

Por Arthur L. White

Esta es la historia de Stephen Smith. Está construida de los registros de los primeros días tal como se encontró en el sótano de las Publicaciones de Ellen G. White. Su nombre es usado con su expreso permiso.

Fue en 1850 que Stephen Smith, un hombre de media edad, aceptó el mensaje del tercer ángel. Él amaba la verdad del Sábado, y se regocijó en el mensaje del Advento. La Sra. Smith y los hijos también amaban esta verdad. Ellos vivían en la vecindad de Washington, New Hampshire, donde los Adventistas comenzaron primero a guardar el Sábado en 1844. fue no mucho antes que el hermano Smith estuviera dando su tiempo y su fuerza para proclamar su nueva fe. Aun cuando viajaba bastante, la iglesia de Washington, New Hampshire era su iglesia hogar.

Pero en esos primeros días, como sucede a veces hoy, se escuchaban las voces discordantes, tal como ahora y entonces, alguien vino con la así llamada nueva luz. Stephen Smith fue desestabilizado de sus pies con una enseñanza concerniente al advento espiritual de Cristo, y comenzó a proclamar sus extraños puntos de vista. Habiéndose desviado de uno de los puntos fundamentales del mensaje, él empleó su influencia para socavar la confianza en los líderes de la obra, y fue especialmente crítico con el hermano y la Sra. White.

Lo encontramos cerca de una conferencia de los creyentes realizada en Washington, New Hampshire, a fines de Octubre de 1851. Allí, estaban 75 de los creyentes reunidos, algunos viniendo de otros Estados. El hermano y la Sra. White estaban allí, y Stephen Smith era amargo en sus críticas y en su oposición. Él era ardiente en promulgar sus discordantes puntos de vista. Cerca de cierre del Sábado, la Sra. White fue tomada en visión, y el estado de cosas en Washington le fue revelado a ella. En claras palabras, ella les dijo a los hermanos lo que se le había mostrado. El registro manuscrito de esos primeros días dice: 'La visión tuvo un poderoso efecto. Todos reconocieron su fe en las visiones, excepto el hermano y Stephen Smith'. Antes que terminara la conferencia, el grupo reunido, debido a sus discordantes puntos de vista, le retiraron su mano de amistad al hermano Smith. Al año siguiente, sin embargo, después de un aparente cambio de corazón y una gran confesión, Stephen Smith estaba nuevamente de vuelta en la iglesia, pero no por mucho tiempo.

Aferrándose a la verdad del Sábado, pero en amarga oposición a las visiones, el pobre Sr. Smith estaba listo para unirse a este pequeño grupo con su familia, siendo que cada uno de ellos afirmaba tener una nueva luz para el pueblo de Dios. Él no vio ninguna necesidad del Espíritu de Profecía. Sus simpatías estaban primero con el Partido del Mensajero, hasta que no quedó en nada. Él expuso los acontecimientos de 1854 hasta que eso colapsó, y entonces se fue con el Partido de Marión, donde no había ninguna organización, ni santuario, y ninguna enseñanza del Espíritu de Profecía. La verdadera naturaleza de estas enseñanzas discordantes fue claramente vista por la iglesia cuando el Señor abrió el verdadero significado a través de las visiones de la Sra. White, pero el Sr. Smith no sintió ninguna necesidad de esas advertencias y consejos.

Ahora, el Señor amaba a Stephen Smith. Durante ese tiempo de oscilaciones y alienadas simpatías, le fue dada una visión a Ellen White señalando sus peligros, mostrándole el último resultado de su curso de acción, pero asegurándole el amor de Dios y Su aceptación si se arrepentía. Penosamente la Sra. White escribió lo que le había sido revelado y cerró la epístola con un apelo para que volviera de sus caprichos by anduviera con el pueblo de Dios. En esos tiempos, los Whites estaban residiendo en Battle Creek, Michigan, así es que la comunicación le fue enviada al Sr. Smith por correo.

Al ir al correo a busca sus cartas, el Sr. Smith encontró un gran sobre, y sus ojos se fijaron en el remitente, Sra. E. G. White, Battle Creek, Michigan.

'La Sra. White me ha escrito un testimonio', se dijo, mientras sentía como la sangre le subía a las mejillas, 'y yo no quiero ningún testimonio'. En silencio, él lo mantuvo por algún tiempo en su temblorosa mano, sin saber qué hacer. 'No, no lo voy a leer', se dijo a sí mismo, y colocó el sobre no abierto en su bolsillo y se fue a su hogar. Al llegar a su casa, vio una maleta en una esquina, e inmediatamente supo lo que tenía que hacer con la carta. Airado levantó la tapa, buscó por debajo, y levantó el contenido lo suficiente como para que pudiera meter la carta no abierta hasta lo más hondo de la maleta. Bajó la tapa y la cerró por completo. Durante 28 años, ese testimonio estuvo en el fondo de la maleta, sin ser abierto ni leído.

Ahora, Stephen Smith siguió por su camino. No necesito describir el curso que tomó. Alguien que lo conocía bien dijo que él 'tenía la lengua más fulminante y destructora que se haya visto en un hombre. Él podía decir las cosas más insignificantes, de la manera más cortante que yo ha escuchado'. Él era especialmente amargo en sus críticas para con la Sra. White y para con el Espíritu de Profecía. La Sra. Smith, que permaneció leal al mensaje, y los niños, tuvo un amargo tiempo que soportar. Manifestando ese espíritu y esa actitud, Stephen Smith gastó los mejores años de su vida.

Se pasaron 27 años. Ahora ya estamos en 1884, y su cabello se había vuelto blanco y su espalda estaba curvada. Un día él tomo un ejemplar de la Review and Herald, y esa revista debiera estar en el hogar de todo Adventista. Al dar vuelta las páginas percibió que Ellen White era la autora de uno de los artículos, y él leyó ese artículo, y cuando terminó se dijo a sí mismo: 'Esa es la verdad'. La siguiente semana él vio otro asunto en la Review and Herald, y había otro artículo de la pluma de la hermana White, y se dijo a sí mismo nuevamente: 'Esa es la verdad de Dios'.

Y esa es la verdadera prueba del Espíritu de Profecía, ¿no es verdad? Es la manera como el Señor le habla a nuestros corazones desde las páginas de los libros del Espíritu de Profecía, lo cual constituye la más fuerte evidencia que la obra es de Dios.

De semana en semana Stephen Smith iba leyendo. Comenzó a ser más suave con sus palabras y con sus actitudes. Su esposa y otros observaron el cambio.

En el próximo verano, de 1885, se le pidió a Eugene W. Farnsworth que volviera a su iglesia natal en Washington, New Hampshire, para realizar reuniones de reavivamiento. Esto lo hizo con mucho agrado. Ahí estaba William Farnsworth, su padre, en la pequeña iglesia, el cual en 1844 lo había tomado por la mano para guiarlo hacia el Sábado. Luego corrió la noticia que Eugene Farnsworth iba a venir a realizar reuniones. Stephen Smith, que ahora vivía en Unidad, a 8 Km al Norte, quiso ver a Eugene nuevamente y escucharlo predicar. Él lo había conocido desde muchacho y lo había visto crecer. Así, el viejo hombre viajó los 8 Km hasta Washington, para estar presente en la reunión a realizarse el Sábado en la mañana. Él se sentó en la audiencia y el hermano Farnsworth predicó. Su tópico fue el surgimiento del Movimiento ASD, un movimiento de profecía.

Cuando el hermano Farnsworth terminó su sermón, se escuchó un susurro en la audiencia y Stephen Smith estaba luchando para hablar. Él quería hablar, pero el hermano Farnsworth no sabía si dejarlo hablar o no. Él creía que si lo dejaba hablar, sería una perorata para ridiculizar y de críticas, y él pensó que lo mejor sería dejarlo que se recuperara. Esto es lo que Smith dijo:

"No quiero que estés temeroso, hermano, porque no he venido a criticarte, he dejado ese tipo de asuntos". Él entonces revisó el pasado; contó cómo se había opuesto a la organización de la iglesia y 'más que cualquier otra cosa'; se refirió a su conexión con el Partido del mensajero, su simpatía con el Partido de Marion, y su odio generalizado hacia nuestra obra y hacia nuestro pueblo. Finalmente, dijo él, había estado comparando observaciones durante un año o dos, y había visto esos partidos, uno tras otro, como desaparecían, y aquellos que habían simpatizado con ellos quedaban llenos de confusión.

"Los hechos", dijo él, "son cosas testarudas. Pero los hechos es que aquellos que se han opuesto a esta obra, han llegado a ser nada, y aquellos que han simpatizado con eso, han prosperado, han crecido para mejor, son más devotos y santos. Los que se han opuesto, solo han aprendido a pelear y a debatir, y han perdido toda su religión. Ningún hombre honesto puede dejar de ver que Dios está con el movimiento Adventista y contra nosotros que nos hemos opuesto. Quiero estar en compañía con este pueblo y en la iglesia".

Después de esta confesión pública, Stephen Smith comenzó a revisar su experiencia pasada. El jueves se acordó de aquella carta que había colocado en el fondo de aquella maleta. Hacía años que no había pensado en ella. Por primera vez en 28 años, él quiso saber el contenido del sobre.

Encontró la llave [y] con mano temblorosa abrió la antigua maleta, abrió la tapa, y buscó en el fondo el sobre. Finalmente lo tenía en su mano. Lo sacó, lo miró por un momento, y entonces lo abrió. Sacó las hojas manuscritas, se sentó en una silla, y leyó.

Allí encontró un cuadro de lo que su vida sería, si siguiera el curso que él siguió. Leyó amarguras y desalientos. Leyó un exacto cuadro de lo que su vida había sido, porque no había cambiado su curso de acción. Allí leyó un apelo para que volviera a Dios.

El Sábado en la mañana estaba nuevamente de vuelta en Washington. No quería perderse la reunión. El hermano Farnsworth, que no sabía nada de su experiencia, predicó sobre el

Espíritu de Profecía, y así que terminó, el viejo Stephen Smith estaba nuevamente queriendo hablar. Escuche sus palabras: "Recibí un testimonio hace 28 años atrás, lo llevé a mi casa, lo encerré en mi maleta, y nunca lo leí hasta el jueves pasado". Él dijo que no había creído en el testimonio, y tampoco sabía nada de su contenido. Dijo que había tenido miedo de leerlo, por temor a que lo dejara muy mal, pero él dijo, 'yo estaba mal todo el tiempo con casi todo'.

Finalmente dijo: 'Hermanos, cada palabra de ese testimonio para mí es verdad, y yo lo acepto. He venid a este lugar cuando finalmente creo que los testimonios son de Dios. Y si hubiera escuchado lo que Dios me envió, tanto como el resto, eso habría cambiado todo el curso de mi vida, y yo habría sido un hombre diferente. Cualquier hombre honesto tiene que decir que ellos conducen hacia Dios y hacia la Biblia siempre. Si él es honesto, él va a decir eso; si él no dice eso, no es honesto.

Si yo los hubiera escuchado, me habría salvado un mundo de problemas. El testimonio dijo que no habría más un tiempo definido después del movimiento de 1844, pro yo creí que sabía más que las 'visiones de una vieja mujer', como yo acostumbraba decirle a ellos. Que Dios me perdone. Pero para mi tristeza, encontré las visones estaban correctas, y que el hombre que pensaba que las sabía todas, estaba totalmente errado, porque yo prediqué el tiempo en 1854, y gasté todo lo que tenía, peri si los hubiera escuchado, me habría salvado a mí mismo de todo eso y de mucho más. Los testimonios están correctos y yo estoy errado.

"Hermanos", concluyó él, "estoy muy viejo para deshacer lo que he hecho. Estoy muy débil para participar de nuestras grandes reuniones, pero quiero decirle a nuestro pueblo que otro rebelde se ha entregado".

Nuestra primera reacción es de alegría que el viejo Stephen Smith, aun tarde en su vida, llegó a ver la luz y caminó en la luz. Entonces pensamos en la situación. Allí, en su vieja maleta, no abierta y no leído, había un mensaje que Dios le envió para salvarlo de un curso errado, un mensaje que Dios le envió para bendecirlo y guiarlo, pero allí estaba, sin ser abierto y sin ser leído, y Stephen Smith continuó adelante por su propio camino. De acuerdo con su propio testimonio, ese mensaje, si hubiese sido leído y si hubiese sido escuchado, habría cambiado su vida, y él habría vivido un santa y útil vida. Pero el testimonio no fue escuchado, porque no fue leído.

Y entonces pienso en nuestra experiencia, la vuestra y la mía. En el estante están esos libros de Espíritu de Profecía, libros llenos con consejos para nosotros. Si no están en el estante, podemos asegurarlos fácilmente. Esos libros están llenos con consejos que enfrentan los problemas que nosotros estamos enfrentando hoy en día. Están llenos de luz para las experiencias de la iglesia. No hay ni una sola página que no traiga un mensaje positivo para nuestros corazones. Es verdad, nuestros nombres no son mencionados allí, pero los mensajes lidian con nuestras experiencias. Ellos nos guían y nos ayudan a vivir la vida cristiana y a tomar decisiones cada día. Si dejamos esos libros en el estante, sin abrirlos y sin leerlos, ¿son menos responsables que el viejo Stephen Smith? **RH, 6 de Agosto de 1953**.

Nos complacemos de ser capaces de informar que Stephen Smith vivió los últimos años de su vida como un dulce y consistente cristiano. La disciplina de Señor en verdad llevó 'al fruto agradable de la justicia'.

Historia contada por Arthur L. White y que se encuentra en NB:351-354[34].

Apéndice: Los Primeros frutos.

Una muerte, una resurrección, mucho fruto.-

Juan 12:20-24. Esto ocurrió en la semana de la crucifixión. "Unos griegos que habían subido a adorar en la fiesta, 21 se acercaron a Felipe, que era de Betsaida de Galilea, y le rogaron: 'Señor, quisiéramos ver a Jesús'. 22 Felipe lo dijo a Andrés. Entonces Andrés y Felipe lo dijeron a Jesús. 23 Y Jesús respondió: '**Ha llegado la hora** en que el Hijo del Hombre ha de ser **glorificado**. 24 Os aseguro que si el grano de trigo no cae en tierra y **muere**, queda solo. Pero al morir, lleva **mucho fruto**'".

Jesús era ese **grano de trigo**. Al igual que el grano de trigo, Él murió y fue enterrado en la tumba y al tercer día Él resucitó a una nueva vida. Pero el resultado de su muerte y de su resurrección es que habrá mucho fruto, y no solo un **único grano**. Del grano que es plantado, sale un innumerable número de semillas.

La Cronología de las Tres Primeras Fiestas Hebreas.

Sexto día (14 de Nisán): La Pascua, el **Cordero muerto**.
Séptimo día (15 de Nisán): Un Sábado Ceremonial con **Panes Ázimos**.
Primer día (16 de Nisán): Los **primeros frutos** eran mecidos delante del Señor.

La Ceremonia de los Primeros Frutos.

La ceremonia de los primeros frutos consistía en los siguientes elementos:

- Los **primeros frutos** de la cosecha de la cebada eran **cortados** en el campo.
- Diversos estoques de granos eran formados en una **gavilla**.
- La gavilla era entonces **mecida** delante del Señor.

---
[34] Paginación en Inglés.

- Cada **individuo Israelita** mecía su propia gavilla pero el **sacerdote oficiaba** una gavilla a la **entrada** del tabernáculo de reunión.
- La mecida de la gavilla se llevaba a cabo a las 9 de la mañana. ¡Sabemos esto porque el Espíritu Santo era derramado a las 9 de la mañana y el derramamiento del Espíritu Santo era a la **hora tercera**! (Hechos 2:15).
- Existe un debate entre los eruditos acerca de cuándo debía ser presentada la gavilla delante de del Señor. El texto en Levítico declara que tenía que ser mecida delante del Señor en el **día después del Sábado**. La pregunta es: ¿Qué es lo que tiene que ser mecido el día después del primer día del Sábado ceremonial de los panes sin levadura o qué es lo que tiene que ser mecido delante del Señor el día después del Sábado semanal?
- Como se aplica a Cristo, no hace ninguna diferencia, porque así sucedió que el Sábado ceremonial de los panes sin levadura y el día Sábado semanal coincidieron mientras Jesús descansaba en la tumba. Jesús **murió** en la Pascua y al día siguiente comenzó la Fiesta de los Panes Ázimos!

Lev. 23:9-12. Leamos acerca de la ceremonia de mecida de la gavilla. "Dijo el Eterno a Moisés:

10 Di a los israelitas: Cuando entréis en la tierra que os doy, y cosechéis el trigo, **traeréis al sacerdote la primera gavilla**, primicia del primer fruto de vuestra cosecha. 11 Él **mecerá esa gavilla** ante el Eterno, para que seáis **aceptos**. La mecerá el **día que sigue al sábado**. 12 El mismo día que ofrezcáis la gavilla, ofreceréis al Eterno, como holocausto, un cordero de un año".

Cada fiesta señalaba **puntualmente hacia adelante** a algún importante evento en el ministerio de salvación de Cristo, así es que las primicias tienen que ser **tipológicas**.

Primicia entre Los Muertos.

Antes que investiguemos el significado de las primicias que eran mecidas delante del Señor, dediquemos unos pocos momentos a otro asunto. El apóstol Pablo explicó que Jesús resucitó de los muertos como las primicias de los muertos.

Col. 1:18. "Él es la cabeza del cuerpo que es la iglesia. Él es el principio, el primogénito de los muertos, para que en todo tenga la preeminencia".

La expresión 'primogénito de los muertos' no puede significar que Jesús fue el primero a resucitar de la tumba. Por lo menos **cuatro** resucitaron en el Antiguo Testamento y **tres** en el Nuevo Testamento, antes de la resurrección de Jesús:

- Moisés
- El hijo de la viuda de Sarepta
- El hombre que tocó los huesos de Elías
- La hija de Jairo
- El hijo de la viuda de Naín

- Lázaro

La expresión, 'primicia de los muertos', significa que la resurrección de Jesús, hizo posible todas las demás resurrecciones posible. El apóstol Pablo nos asegura que si Jesús no hubiese resucitado de entre los muertos, nuestra fe es vana y estamos aun en nuestros pecados. Jesús no fue el primero a resucitar, pero Su resurrección **determina la nuestra**. Después de todo, Él dijo: "Porque yo vivo, ustedes también vivirán". (Juan 14:19).

Para poder servir como nuestro Mediador, Abogado e Intercesor, Jesús tenía que estar vivo. Sin Su sacerdocio no habría aplicación de Su muerte y vida para nosotros, y sin esto, estaríamos condenados (Heb. 7:25-26; 1 Juan 2:1; 1 Tim. 2:5).

Rom. 4:24-25. "Sino también para nosotros, a quienes será atribuida justicia; esto es, a los que creemos en el que levantó de los muertos a nuestro Señor Jesús, 25 quien fue entregado por nuestros pecados, y resucitado para nuestra justificación".

1 Cor. 15:16-18. ¡La muerte de Jesús no habría tenido **ningún valor para salvarnos** de nuestros pecados, si Él no hubiese resucitado, porque Él tenía que **aplicar personalmente** Su vida y muerte a aquellos que creen! "Porque si los muertos no resucitan, tampoco Cristo resucitó. 17 Y si Cristo no resucitó, vuestra fe es vana, y **aún estáis en vuestros pecados**. 18 Entonces también los que durmieron en Cristo **están perdidos**".

Las Primicias de Los Muertos.

Juan 20:17. "Entonces Jesús le dijo: 'No me detengas, porque aún no he subido a mi Padre. Pero ve a mis hermanos y diles: 'Subo a mi Padre y a vuestro Padre, a mi Dios y a vuestro Dios'".

Algunas versiones de la Biblia han contendido que la expresión 'no me toques' significa realmente 'no te aferres a mí'. ¿Pero es este el caso? La palabra 'tocar' es usada repetidamente en el Nuevo Testamento para describir el acto de tocar, no necesariamente aferrarse.

Por ejemplo, la NIV traduce la palabra Griega *japto* con la palabra 'tocar' en cada versículo (35 de 36), excepto en esta ocasión. Observe los siguientes ejemplos:

- Jesús tocó a un leproso y éste fue sanado (Mat. 8:3). ¿Jesús se aferró al leproso?
- La mujer que tocó el borde del manto de Cristo (Mar. 5:31). Si ella se estaba aferrando a Jesús, ¡el Señor no habría preguntado quién le estaba tocando el borde de su manto!
- La multitud quería tocar a Jesús para ser sanados (Luc. 6:19).
- Los padres trajeron a sus hijos a Jesús para que Él los tocara (Luc. 18:15).
- Jesús tocó los ojos de los ciegos y ellos pudieron ver (Mat. 20:34). ¿Jesús se aferró a los ojos de los ciegos?

¿Por qué Jesús le diría a María 'no te aferres a Mí, porque aun no he ascendido a Mí Padre' si Él no iba a ascender hasta cuarenta días después? ¿Existía algún riesgo de que María se aferrara a Él y Lo **detuviera por cuarenta días**?

Además, el verbo 'ascender' que es usado en este versículo, (Yo estoy ascendiendo a Mí Padre y vuestro Padre) está en la **primera persona, indicativo, tiempo activo**. ¡Jesús no se está refiriendo a Su ascensión cuarenta días después de Su resurrección, porque entonces habría usado el tiempo futuro y no el presente!

En la tarde del mismo día en que Jesús le dijo a María que no Lo tocara, Él animó a Sus discípulos a que Lo 'tocaran y vieran'.

Ellen White tiene una información interesante sobre el encuentro de Jesús con María Magdalena en el Jardín del Getsemaní, la mañana de la resurrección:

"Entonces Jesús le habló con su propia voz celestial, diciendo: '¡María!' Ella reconoció el tono de aquella voz querida, y prestamente respondió: '¡Maestro!' con tal gozó que quiso **abrazarlo**. Pero Jesús le dijo: 'No me toques, porque aún no he subido a mi Padre; mas ve a mis hermanos, y diles: Subo a mi Padre y a vuestro Padre, a mi Dios y a vuestro Dios'. Alegremente se fue María a comunicar a los discípulos la buena nueva. **Pronto ascendió Jesús a su Padre** para oír de sus labios que aceptaba el sacrificio, y recibir toda potestad en el cielo y en la tierra". **PE:186-187**.

En **Mat. 28:18**, antes de Su ascensión final al cielo, Jesús dijo: "Toda autoridad **me ha sido dada** (aorista indicativo pasivo) en el cielo y en la tierra". Así, antes de Su ascensión desde el monte de los Olivos, Jesús **ya había recibido** de Su Padre todo el poder en el cielo y en la tierra!

Continuemos leyendo acerca de lo que sucedió después que Jesús le dijo a María que no Lo tocara:

"Los ángeles rodeaban como una nube al Hijo de Dios, y mandaron levantar las puertas eternas para que entrase el Rey de gloria. Vi que mientras Jesús estaba con aquella brillante hueste celestial en presencia de Dios y rodeado de su gloria, no se olvidó de sus discípulos en la tierra, sino que recibió de su Padre **potestad** para que pudiera volver y compartirla con ellos. El **mismo día** regresó y se mostró a sus discípulos, consintiendo entonces en que lo **tocasen**, porque ya había subido a su Padre y **recibido poder**". **PE:187**.

Jesús cumplió con la ceremonia de la mecida de la gavilla cuando hizo este **rápido viaje** al cielo la mañana de la resurrección:

"Cristo resucitó de entre los muertos como **primicia** de aquellos que dormían. Estaba representado por la gavilla agitada, y su resurrección se realizó en el **mismo día** en que esa gavilla era presentada **delante del Señor**. Durante más de mil años, se había realizado esa ceremonia simbólica. Se juntaban las primeras espigas de grano maduro de los campos de la mies, y cuando la gente subía a Jerusalén para la Pascua, se agitaba la gavilla de primicias como **ofrenda de agradecimiento** delante de Jehová. No podía ponerse la hoz a la mies para juntarla en gavillas antes que esa ofrenda fuese presentada. La gavilla dedicada a Dios representaba la mies. Así también Cristo, las primicias, representaba la gran mies espiritual que ha de ser juntada para el reino de Dios. Su resurrección es símbolo y garantía de la **resurrección de todos los justos muertos**. 'Porque si creemos que

Jesús murió y resucitó, así también traerá Dios con él a los que durmieron en Jesús'". **DTG:729-730**.

1 Cor. 15:20. Pablo se refirió a la ceremonia de la **gavilla mecida** cuando escribió: "Pero lo cierto es que Cristo resucitó de los muertos, y fue hecho **primicia** de los que durmieron".

Ellen White estaba en **perfecta armonía** con Pablo sobre el significado topológico de la ceremonia de la gavilla mecida:

1 Cor. 15:22-23. "Porque así como en Adán todos mueren, así en Cristo **todos serán vueltos a la vida**. 23 Pero cada uno **en su orden**: Cristo la **primicia**, después los que son de Cristo, **en su venida**".

Las Primicias en el Pentecostés.

Lev. 23:15-17. También había primicias ofrecidas en el **día de Pentecostés**. La fiesta del Pentecostés era el tiempo cuando la cosecha del grano era reunida, así es que las primicias eran aquellas de la cosecha del trigo. "Pasadas siete semanas completas, a partir del **día siguiente al sábado** (el día de la resurrección), día en que ofrecisteis la **gavilla** para que fuera mecida, 16 hasta el **día siguiente al séptimo sábado**, es decir, a los 50 días, ofreceréis al Eterno el **nuevo trigo**. 17 De vuestras habitaciones, traeréis **dos panes** para que sean mecidos. Serán de dos décimas de efa de **flor de harina** (unos 4 Kg), cocidos **con levadura**. Son la **primicia** para el Señor".

Los Símbolos.

Para poder entender esta ceremonia, necesitamos interpretar lo que es representado por los **panes del nuevo grano** y la **levadura**.

Los **panes** representan a la **iglesia del pueblo de Dios** y la levadura representa el **crecimiento** del pueblo de Dios.

Mat. 13:33. "Otra parábola les dijo: 'El reino de los cielos es semejante a la **levadura** que una mujer tomó y la mezcló con tres medidas de harina, hasta que todo quedó **leudado**".

Pero usted puede decir: ¿La levadura no representa al **pecado** y a la impiedad? Si, así es.

1 Cor. 5:6-8. "No es buena vuestra jactancia. ¿No sabéis que un poco de levadura fermenta toda la masa? 7 **Limpiaos** de la **vieja levadura**, para que seáis **nueva masa** sin levadura como sois. Porque nuestra Pascua, que es Cristo, fue sacrificada por nosotros. 8 Así, celebremos la fiesta (de la Pascua y la de los panes ázimos), no con la **vieja levadura**, ni con levadura de malicia y perversidad, sino con pan sin levadura, pan de sinceridad y verdad".

Pero el contexto es de vital importancia. La levadura en 1 Cor. 5:6-8 está en el contexto de la **Pascua**, cuando el pan no tenía levadura, porque Jesús no tenía pecado. Pero el contexto de Mat. 13:33 no es la Pascua, sino que la **Fiesta del Pentecostés**.

Ellen White señala acerca de la parábola de la levadura que era colocada en la masa: "Entre los judíos, la levadura se usaba a veces como símbolo del pecado. Al tiempo de la Pascua, el pueblo era inducido a quitar toda levadura de su casa, así como debía quitar el pecado del corazón. Cristo amonestó a sus discípulos: 'Guardaos de la levadura de los fariseos, que es hipocresía'. Y el apóstol Pablo habla de 'la levadura de malicia y de maldad'. Pero en la parábola del Salvador la levadura se usa para representar el **reino de los cielos**. Ilustra el **poder vivificante y asimilador de la gracia de Dios**.

Ninguna persona es tan vil, nadie ha caído tan bajo que esté fuera del alcance de la obra de ese poder. En todos los que se sometan al **Espíritu Santo**, ha de ser **implantado** un nuevo principio de vida: la perdida imagen de Dios ha de ser restaurada en la humanidad.

Pero el hombre no puede transformarse a sí mismo por el ejercicio de su voluntad. No posee el poder capaz de obrar este cambio. La levadura, algo **completamente externo**, debe ser colocada **dentro de la harina** antes que el cambio deseado pueda operarse en la misma. Así la gracia de Dios debe ser recibida por el pecador antes que pueda ser hecho apto para el reino de gloria. Toda la cultura y la educación que el mundo puede dar, no podrán convertir a una criatura degradada por el pecado en un hijo del cielo. La energía renovadora debe venir de Dios. El cambio puede ser efectuado sólo por el **Espíritu Santo**. Todos los que quieran ser salvos, sean encumbrados o humildes, ricos o pobres, deben someterse a la operación de este poder". **PVGM:68-69**.

Dos Grupos en el Pentecostés.

Pero puede surgir la pregunta: ¿Por qué dos panes? ¿La iglesia no es un solo pan? La respuesta es si, pero con una calificación. Un grupo resucitó con Jesús en el primer día de la semana.

Mat. 27:51-53. "En eso, el velo del templo se rasgó en dos, desde arriba hacia abajo. La tierra tembló, y las rocas se partieron. 52 Se abrieron los sepulcros de muchos santos que habían muerto, y **volvieron a la vida 53 después que Jesús resucitó**. Y salidos de los sepulcros fueron a la ciudad santa, y aparecieron a muchos".

Este grupo de santos resucitados fue presentado **delante del Padre en el Pentecostés**.

"Había llegado el tiempo en que Cristo había de ascender al trono de su Padre. Como **conquistador divino**, había de volver con los **trofeos de la victoria** a los atrios celestiales". **DTG:769**.

"Ellos fueron la multitud de cautivos que ascendieron con Cristo como **trofeos** (esta es la terminología de un general conquistador que está trayendo de vuelta con Él los trofeos de Su victoria) de su victoria sobre la muerte y el sepulcro". **1MS:358-359**.

"Así también los que habían sido resucitados habían de ser presentados ante el **universo como una garantía** de la resurrección de todos los que creen en Cristo como su Salvador personal. El mismo poder que levantó a Cristo de los muertos **levantará a su iglesia** y la glorificará con Cristo, como a su novia, por encima de todos los principados, por encima de todos los poderes, por encima de todo nombre que se nombra, no sólo en este mundo, sino también en los atrios celestiales, el mundo de arriba. La victoria de los santos que duermen será gloriosa en la mañana de la resurrección. **Terminará el triunfo de Satanás**, al paso que triunfará Cristo en gloria y honor. El Dador de la vida coronará con inmortalidad a todos los que salgan de la tumba". **1MS:359-360**.

"Pero con un ademán, él los detiene. Todavía no; no puede ahora recibir la corona de gloria y el manto real. **Entra a la presencia de su Padre**. Señala su cabeza herida, su costado traspasado, sus pies lacerados; alza sus manos que llevan la señal de los clavos. Presenta los **trofeos de su triunfo**; ofrece a Dios la **gavilla de las primicias**, aquellos que resucitaron con él como **representantes** de la **gran multitud** que saldrá de la tumba en ocasión de su segunda venida". **DTG:773-774**.

¿Quiénes eran estos más específicamente? Es más que irónico que aquellos que Satanás colocó en la tumba, debido a su testimonio de la verdad, resuciten ahora para proclamar la victoria de Cristo:

"Eran aquellos que habían sido colaboradores con Dios y que, a costa de su vida, habían dado testimonio de la verdad. Ahora iban a ser testigos de Aquel que los había resucitado". **DTG:730**.

Efe. 4:7-13. "Sin embargo a cada uno de nosotros le ha sido dada la **gracia** (la palabra Griega es *xaris*, de donde obtenemos la palabra carisma) conforme a la medida del **don** (el don es sin duda el Espíritu Santo, porque la misma palabra es usada en Luc. 11:13) de Cristo. 8 Por eso dice: 'Cuando **subió a lo alto**, llevó cautivos consigo, y dio dones a los hombres'. 9 Y eso que 'subió', ¿qué es, sino que también había descendido primero a las regiones inferiores de la tierra? 10 El que descendió es el mismo que también subió sobre todos los cielos para llenar todo el universo. 11 Él mismo dio (conéctela con la palabra 'dio' en el versículo 8) a unos el ser apóstoles; a otros, profetas; a otros, evangelistas; y a otros, pastores y maestros; 12 a fin de perfeccionar a los santos para desempeñar su ministerio, para la **edificación** del cuerpo de Cristo, 13 hasta que todos lleguemos a la **unidad** de la fe y del conocimiento del Hijo de Dios, a un estado perfecto, a la madurez de la plenitud de Cristo".

No puede haber duda que el evento aquí descrito es la **victoriosa ascensión** de Cristo al cielo **seguido por el Pentecostés**, cuando el **don** del Espíritu Santo fue derramado y con Él los **dones** sobre la **naciente iglesia**:

- Una clara alusión a Su **muerte y entierro** por la expresión 'Él descendió a las partes **inferiores de la tierra**'.
- Una clara referencia a la ocasión de **Su ascensión** tal como es visto en la expresión '**cuando** Él ascendió a la altura' (mencionado dos veces en el pasaje).
- Una clara alusión a tomar **cautiva la cautividad** cuando Él ascendió.
- Él dio el **don**
- Juntamente con el don vinieron los **dones**

¿Qué significa la expresión 'Él llevó cautiva la cautividad'?

Versículo 1: El Salmo 68 es un salmo de victoria del Señor sobre sus enemigos y la procesión que lo sigue al monte celestial Sión donde está el santuario. "Levántese Dios, sean **esparcidos sus enemigos**, **huyan** de su presencia los que lo aborrecen".

Versículo 4: Él está viniendo en las nubes al Lugar Santo en medio de una alegre celebración con cantos. "Cantad a Dios, **cantad salmos** a su **nombre**. Ensalzad al que **cabalga sobre las nubes**. El Eterno (**YAH**) es su nombre. **Alegraos** ante él".

Este versículo tiene que ser conectado con el **Salmo 24:8-9** donde el Señor está ascendiendo a Su **Monte Santo** y es dada la orden de abrir las compuertas porque el Rey de gloria va a entrar. "¿Quién es este Rey de gloria? El Eterno (YHWH), el fuerte y valiente, el Eterno (YHWH), el **poderoso en batalla**. 9 Alzad, oh puertas, vuestras cabezas, y alzaos vosotras, puertas eternas, y entrará el Rey de gloria".

"Todo el cielo estaba esperando para dar la **bienvenida** al Salvador a los atrios celestiales. Mientras ascendía, iba adelante, y la multitud de cautivos libertados en ocasión de su resurrección le seguía. La hueste celestial, con **aclamaciones de alabanza y canto celestial**, acompañaba al gozoso séquito". **DTG:772**.

Contrario a lo que ha enseñado Dwight Nelson, el **Salmo 68:11** no es una referencia a la mujer que le proclamó las buenas nuevas de la **resurrección** a Jesús, sino que la aclamación de los seres celestiales **cuarenta días después** en la procesión de Cristo hacia el Lugar Santo del **santuario celestial** en Su ascensión.

"El Señor dio su Palabra, y grande era la compañía de aquellos que la publicaron". **Salmo 68:11, KJV**.

Observe el versículo inmediatamente precedente al **Salmo 68:17** (NIV): "Dios ha venido con decenas de miles de carros. Él ha venido con miles y miles de ellos. El Señor ha venido del Monte Sinaí. Él ha entrado a su lugar santo".

Observe el **versículo 24**, NIV. "Tu **procesión** se ha visto, oh Dios, la **procesión** de mi Dios y **Rey en el santuario**". (En el Salmo 24 se da la orden para que se abran las puertas para que el Rey de gloria pueda entrar).

Observe el **versículo 35**. "Oh Dios, eres más asombroso que tus **lugares santos**. El Dios de Israel, da **fuerza y vigor** a su pueblo". (Jesús ha profetizado que Su pueblo recibirá poder en el Pentecostés).

Recuerde que había dos panes de primicias en el Pentecostés. El primer pan representa a aquellos que resucitaron con Jesús y el segundo representa las primicias de entre los vivos que fueron convertidos en el día de Pentecostés.

Hechos 2:37-39. "Al oír esto, se dolieron de corazón, y preguntaron a Pedro y a los otros apóstoles: 'Hermanos, ¿qué haremos?' 38 Pedro contestó: 'Arrepentíos, y sed **bautizados** cada uno de vosotros en el nombre de Jesucristo para perdón de vuestros pecados. Y recibiréis el don del Espíritu Santo. 39 'Porque la promesa es para vosotros, para vuestros hijos, y para todos los que están lejos, para cuantos el Señor nuestro Dios llame".

Hechos 2:41. "Así, los que recibieron su palabra, fueron bautizados. Y se les unieron en ese día como **tres mil personas**".

1 Tes. 4:15-18. 1 Tesalonicenses 4 describe la cosecha final de las los últimos frutos de entre los vivos y muertos. "Por eso os decimos en Palabra del Señor, que nosotros que vivimos, que habremos quedado hasta la venida del Señor, no precederemos a los que durmieron. 16 Porque el mismo Señor descenderá del cielo con aclamación, con voz de arcángel, y con trompeta de Dios, y los muertos en Cristo resucitarán primero. 17 Luego nosotros, los que vivamos, los que hayamos quedado, seremos arrebatados junto con ellos en las nubes, a recibir al Señor en el aire. Y así estaremos siempre con el Señor. 18 Por tanto, alentaos unos a otros con estas palabras".

MATERIAL SUPLEMENTARIO PARA PROFUNDIZAR AUN MÁS EN
EL CONOCIMIENTO DEL DON DE PROFECÍA

Información Adicional 1—La Inspiración y los Escritos de Elena White.

Una reimpresión de Artículos Publicados en la Revista Adventista.
Por Arthur L. White
1979

Arthur L. White trabajó con los Fideicomisarios de Ellen G. White desde 1929, primero como secretario de William C. White durante cuatro año, y después como secretario asistente del Ellen G. White Estate durante cuatro años, y entonces como secretario del Estate durante 41 años. Ahora él está escribiendo una biografía de Ellen White, y también continúa como fideicomisario del Ellen G. White Estate.

Inspiración de los escritos de Ellen G. White.

Dos grupos de artículos publicados en la Revista Adventista, son reproducidos en esta reimpresión, el primero es una serie de cuatro artículos publicados bajo el título "Hacia un Concepto Adventista de la Inspiración", que apareció en los números fechados el 12, 19, 26 de Enero y el 2 de Febrero de 1978; la segunda serie, publicada bajo el título "Los Escritos Históricos de Ellen G. White", aparecieron en los números 12, 19, 26 de Julio y 2, 9, 16 y 23 de Agosto de 1979.

Acompañando a los artículos, hay una declaración del ex editor de la Review, Kenneth H. Wood. La declaración ha sido adaptada de un editorial publicado originalmente con la segunda serie de artículos.

Artículos importantes acerca de Ellen White.

Algunos asuntos son de especial interés para las mentes espirituales. Uno de estos es la inspiración/revelación, cómo Dios, un Ser infinito y trascendente, se comunica con Sus hijos terrenales.

La Revista Adventista, en dos series de artículos, de la pluma de Arthur L. White, ha traído a la atención de los ASD ciertas fases de este importante asunto. La primera, una serie de cuatro artículos titulada "Hacia un Concepto Adventista de la Inspiración", fue publicada en Enero y Febrero de 1978, y la segunda, una serie de siete artículos, fue publicada en Julio y Agosto de 1979, bajo el título "Las Fuentes de Ellen G. White para la Serie de Libros del Conflicto".

Debido al intenso interés en esos asuntos, y para que estos artículos estuviesen disponibles para un estudio continuado, ambas series de artículos han sido traídas juntas en esta reimpresión. En la serie de 1978, el hermano White, entonces secretario del Ellen G. White Estate, ha escrito durante décadas de una experiencia de primera mano, en trabajar con documentos inspirados. En estos cuatro artículo él aclara algunos de los conceptos necesarios para un mejor entendimiento de cómo opera la inspiración.

En la segunda serie de siete artículos, él nos conduce detrás de las escenas para mostrarnos cómo Ellen White trabajaba para preparar los libros que presentan la historia de la gran controversia, y provee información nueva, cuidadosamente documentada, sobre aspectos del trabajo de la inspiración en la experiencia de Ellen G. White, mientras ella preparaba sus escritos históricos. Nosotros creemos que cada lector, no importa cuán bien informado esté de cómo opera la inspiración, va a aprender algo de estos artículos.

No todo el material es nuevo, desde luego. Los elementos que se repiten están incluidos principalmente por dos razones, presentar un cuadro equilibrado y proveer información que los lectores pueden haber perdido en los libros previamente publicados y en artículos de la Review.

Cuatro hechos, tal vez, deben ser mantenidos claros en la mente, mientras uno lee estos artículos.

1.- Los escritos inspirados no nos llegan a nosotros "sin ser tocados por manos humanas". Ellos no son escritos por Dios ni nos llegan a nosotros como llegaron en el Monte Sinaí los Diez Mandamientos. Al comunicar los mensajes de Dios la familia humana, el escritor inspirado se envuelve él mismo en una labor muy dura. A menos que Dios le de palabras específicas, tal como Él lo hace a veces en visiones donde el profeta escucha seres celestiales hablando, él tiene que encontrar por sí mismo las palabras que reflejen adecuadamente las verdades que Dios le ha revelado. En este proceso, él puede usar su propio vocabulario, encontrar palabras en un diccionario o un libro de sinónimos, emprestar expresiones de los escritos de escritores no inspirados, o ser ayudado por asistentes. "La inspiración no obra en las palabras del hombre ni en sus expresiones, sino en el hombre mismo, que está imbuido con pensamientos bajo la influencia del Espíritu Santo. Pero las palabras reciben la impresión de la mente individual". **1MS:24**.

Las personas pocas veces piensan en esto cuando leen la Biblia o los escritos de Ellen G. White. Ellos tienden a pensar que las obras literarias que contienen mensajes inspirados fueron creadas ex nihilo, algo así como lo fue el mundo durante la semana de la Creación. (Algunas personas también piensan que la Review se originó de esta manera. Ellos se olvidan del trabajo de los autores, editores, tipógrafos, lectores de pruebas, impresores, operadores de computadores, empaquetadores y una hueste de otros que se ven envueltos en la producción y despacho de la revista).

Nosotros creemos que la serie de artículos de Ellen White será especialmente de ayuda en que va a proveer una vislumbre atrás de las escenas de cómo Ellen G. White escribió sus libros y como ellos fueron preparados para ser publicados.

2.- En comunicación con la familia humana, Dios inspira personas, no los escritos. La inspiración actúa sobre la persona, no en los productos literarios. El apóstol Pedro declaró: "Porque ninguna profecía vino jamás por voluntad humana, sino que los santos hombres de Dios hablaron inspirados por el Espíritu Santo". 2 Pedro 1:21. "No son las palabras de la Biblia las inspiradas, sino los hombres son los que fueron inspirados". 1MS:24.

Este es un punto importante, y no debe ser mal entendido. Los oradores y otros a menudo llaman a la Biblia "la inspirada Palabra de Dios"; y realmente es así. La declaración de la Sra. White se refiere a la metodología, no a la autoridad. Dios inspira a personas, no palabras. Las personas pueden pensar; las palabras no. Las personas pueden ser impresionadas por el Espíritu Santo; las palabras no.

3.- La inspiración envuelve una variedad de métodos para comunicar la verdad y la voluntad de Dios. A algunos escritores bíblicos se les dio visiones y sueños. A otros, que no recibieron visiones, se les dio un entendimiento especial y vislumbres de los misterios divinos. A otros se les dio una guía especial para seleccionar y registrar eventos e incidentes históricos. Y aun a otros se les dio sabiduría especial para entender e interpretar el significado de los eventos. Sobre esto último, es bueno observar que los eventos históricos pueden ser observados y registrados tanto por las personas inspiradas y no inspiradas. Muchos escritores pueden haber registrado el hecho que tres hombres fueron crucificados el viernes del año 31 d.C. Pero sin una persona inspirada que le provea un significado a ese evento, el evento puede ser visto solo un poco diferente de otras crucifixiones. Una de las mayores funciones de la inspiración es capacitar personas para que vean el significado de los eventos, y para interpretarlos a la luz de la gran controversia entre Cristo y Satanás.

4.- El mensaje de un escritor inspirado no depende de su autoridad o si está acompañado por un título (rotulo). "Esta es Palabra de Dios". En los tiempos del Antiguo Testamento, los profetas a menudo comenzaban o terminaban sus mensajes con declaraciones como "El Señor dice así", "La palabra del Señor vino a mí", "El Señor dijo", o "El Señor ha dicho" (ver, por ejemplo, Isa. 1:24; 8:11; Eze. 6:1; Oseas 1:2; Obadías 18). Los escritores del Nuevo Testamento, aun cuando a veces mencionan el origen de sus mensajes (por ejemplo, Apoc. 1:1-2), normalmente no lo hacen. Ellos dependen de los escritos, que sean auto-autenticados como siendo mensajes de Dios. En sus primeros escritos, la Sra. White a menudo usó la expresión "se me mostró", pero después, especialmente cuando escribía para el público en general, ella no lo hizo más. Este cambio de práctica no indica ninguna diferencia en la autoridad del mensaje comunicado.

Tenga en mente, que esos cuatro puntos que hemos mencionado, nos van a ayudar a entender y a apreciar la información colocada por el hermano White en esta compilación de artículos de la Review. Los artículos representan el pensamiento y la experiencia madura de alguien que gastó 50 años obteniendo una familiaridad con documentos dados por inspiración, y estudiando cómo Ellen G. White, su inspirada abuela, hizo su trabajo.

En 1890 la Sra. White escribió: "El último engaño de Satanás será hacer que el Testimonio del Espíritu de Dios pierda todo su efecto. Sin profecía el pueblo será disipado. (Prov. 29:18). Satanás obrará ingeniosamente de diferentes maneras y por diferentes agentes para debilitar la confianza del remanente pueblo de Dios en los verdaderos Testimonios". FCV:298. Debido a que Satanás está hoy haciendo supremos esfuerzos para socavar la confianza en los escritos del Espíritu de Profecía, estamos convencidos que el fin de todo está cerca. Ahora es el tiempo para aumentar nuestra fe y saber en qué creemos. Las series de artículos debieran fortalecer la confianza en Dios, en Su iglesia, y en Su inspirada mensajera.

Hacia un Concepto Adventista de Inspiración - 1

La Experiencia y los Escritos de Ellen White.

¿Cómo los ASD entienden la inspiración? ¿Es el concepto ASD diferente de conceptos comúnmente sostenidos?

En varios aspectos, el concepto Adventista es diferente. No comparte los puntos de vista modernos y liberales, que destruye la autoridad de la Palabra de Dios ni tampoco los puntos de vista ultra-conservadores, que hacen con que el profeta sea un mero autómata, una máquina, como si estuviera hablando o escribiendo palabras que tienen que ser dichas o escritas.

Como ASD somos muy afortunados para analizar este asunto. No somos dejados para que encontremos nuestro camino, o llegar a nuestras conclusiones solo de escritos del siglo XIX, los cuales nos han llegado a través de variadas transcripciones y traducciones. Con respecto a la inspiración, es un asunto casi contemporáneo, porque hemos tenido una profeta en nuestro medio.

Lo que es más importante, que apenas tener en nuestra posesión solo relativamente cortos documentos o un puñado de cartas, que es el caso con los registros existentes de los profetas de la Biblia, nosotros tenemos un completo registro de escritos de Ellen G. White, escritos en un periodo de 70 años, lo cual corresponde a sus libros publicados, sus 4.600 artículos de periódicos, y sus manuscritos, cartas y diarios. También tenemos los testimonios de sus testigos oculares contemporáneos, de aquellos que vivieron y trabajaron cerca de ella. Tanto ella como ellos analizaron muchos puntos de vista importantes sobre las visiones y sobre la manera en que la luz le fue impartida a ella, y como ella, a su vez, transmitió los mensajes a aquellos a los cuales iban dirigidos. En otras palabras, los testigos oculares analizaron la operación de la inspiración.

Además, ella escribió en un lenguaje moderno, de tal manera que un gran número de personas hoy pueden estudiar sus escritos en el idioma original, sin necesidad de depender de traducciones. Raramente, también, es necesario depender de transcripciones.

Si aceptamos a Ellen White como un testigo honesto, entonces sus observaciones concernientes a su obra, sus declaraciones sobre inspiración, y su declaración con respecto a la obra de los profetas de antaño son especialmente significativas para nosotros. Así, lo que ella ha dicho de la obra del profeta en acción, bien puede formar una base para llegar a un correcto entendimiento de la inspiración.

Analizaremos el asunto tal como ella lo hizo, sin recurrir a un lenguaje teológico o definiciones.

Primero, debemos observar que cuando el Señor les imparte luz a los profetas, Él no se confina a Sí mismo a un procedimiento fijo. "En el pasado, Dios habló muchas veces y de muchas maneras, a nuestros padres mediante los profetas". Heb. 1:1.

Por lo tanto, uno no debe mirar por un padrón uniforme que vaya a gobernar todos los procedimientos en este asunto de Dios darle Sus mensajes a instrumentos humanos. Este es un punto importante.

Segundo, el profeta es un ser humano normal con todas las facultades que posee un ser. Él ve, escucha, olfatea, medita, lee, come, duerme, adora, habla y viaja, tal como lo hacen los demás. Todo el tiempo de su llamado al oficio profético él puede o no estar bien informado en algunas líneas del conocimiento. Durante toda su vida posterior al llamado al oficio profético, él continúa obteniendo información en muchos asuntos, de la misma manera en que todos nosotros obtenemos esa información. Habiendo sido llamado al oficio profético, eso no borra de su mente la información en las experiencias pasadas, ni tampoco bloquea sus facultades mentales para continuar obteniendo información tal como lo hizo antes de su llamado al oficio profético.

Habiendo sido llamado de una única manera al servicio del Señor como profeta, él está en una posición para recibir información especial de Dios. Esto puede ser en el campo de la teología y de la experiencia religiosa. Puede ser en el campo de la historia, contando nuevamente la guía especial de Dios para Su pueblo o para individuos, o advirtiendo de los peligros incidentes con la determinación de Satanás de destruir la obra de Dios o la esperanza de las almas. Puede ser en el campo de la educación o de la administración de la iglesia. Puede ser en revelar los pecados ocultos.

Los campos en los cuales la información puede ser impartida son ilimitados, porque la obra está en las manos de Dios. Esta experiencia es única del profeta. Aun cuando el Espíritu de Dios pueda hablarle a los corazones a todas las personas consagradas, no todos son o pueden ser profetas. Solamente Dios selecciona al profeta. "Sino que los santos hombres de Dios hablaron inspirados por el Espíritu Santo". 2 Pedro 1:21.

Visiones y llevar Testimonios.

Un profeta puede recibir visiones durante el día, acompañado por ciertos fenómenos físicos (ver Daniel 10), o durante la noche, en un sueño profético (ver Daniel 7). Después de la visión el profeta les imparte a otros lo que les era dirigido a ellos, ya sea oralmente, en entrevistas, o en forma escrita.

Así, hay dos elementos o procedimientos: Hay un recibimiento de la información y hay que llevar un testimonio – la presentación por el profeta del mensaje, la luz, la información – que él recibió del Espíritu Santo.

Él puede no tener la libertad de impartir inmediatamente alguna información que él recibió. Tal vez tenga que mantenerla, hasta que ciertos fenómenos sucedan; o tal vez la luz sea dada totalmente para orientar al profeta, pero él no está en libertad para mostrar todo lo que se le ha revelado.

Su mente, entonces, se convierte en un reservatorio o en un "banco", del cual, cuando las circunstancias lo exijan, él estará listo para hablar. A menudo, existe una necesidad inmediata del mensaje.

Cómo la Luz vino a Ellen White.

Observe la simplicidad del lenguaje usado por Ellen White en una descripción de cómo la luz vino a ella en su primera visión: "Mientras estaba orando ante el altar de la familia, el Espíritu Santo descendió sobre mí, y me pareció que me elevaba más y más, muy por encima del tenebroso mundo. Miré hacia la tierra para buscar al pueblo adventista, pero no lo hallé en parte alguna, y entonces una voz me dijo: 'Vuelve a mirar un poco más arriba'. Alcé los ojos y vi un sendero recto y angosto trazado muy por encima del mundo. El pueblo adventista andaba por ese sendero, en dirección a la ciudad que se veía en su último extremo". PE:14.

Al analizar esta declaración, observamos que al entrar ella en la visión, es descrito como: "El Espíritu Santo descendió sobre mí". Aun cuando ella permaneció con su cuerpo en la sala donde ella estaba orando en el altar de la familia, a ella le pareció que:

1.- Ella se estaba elevando por encima del mundo.

2.- Ella se volvió para ver si veía al pueblo Adventista.

3.- Pero ella no pudo localizarlo.

4.- Ella escuchó una voz que le hablaba.

5.- Ella obedeció el mandato de esa voz.

6.- Al levantar sus ojos, ella observó al pueblo del Advento viajando.

7.- Ella vio hacia adonde viajaban.

8.- Después, le pareció estar con ellos mientras disfrutaban de su recompensa.

Así, está claro que las experiencias en visión eran reales. Ella estaba viendo, sintiendo, oyendo, obedeciendo y actuando en lugares lejanos, aun cuando corporalmente ella permanecía en la sala. Los que estaban en la sala con ella, no vieron lo que ella vio ni escucharon lo que ella escuchó. Fue más que una película en movimiento: ella participó en la acción. Después ella relató o escribió con sus propias palabras estas experiencias.

A menudo, mientras ella estaba en visión, ella era llevada a un hogar o a una institución, y entonces ella era conducida de cuarto en cuarto o de departamento a departamento.

A ella le parecía estar en concilios que eran realizados, testimoniaría las acciones de los miembros del concilio, escucharía las palabras dichas, y observaría los alrededores en general.

Como ASD Somos muy Afortunados al Estudiar la Inspiración, Porque Tuvimos Un Profeta en Nuestro Medio.

En 1887, desde el otro lado del Atlántico, ella le escribió a uno de los obreros, con relación a las malas políticas efectuadas en una de las instituciones. Observe cómo ella recibió la información: "Desperté a las tres de la mañana con una carga en mi mente… En mis sueños yo estaba en ---, y mi Guía me dijo que registrara todo lo que escuché y que observara todo lo que vi. Estaba en un lugar retirado, donde no podía ser vista, pero yo podía ver todo lo que sucedía en el cuarto. Las personas estaban sacando cuentas con usted, y yo las escuché que estaban protestando con usted con relación a la gran cantidad gastada en comida, en alojamiento y en tratamiento. Yo escuché que usted con una voz firme y decidida, se rehusó a rebajar la cuenta. Yo quedé asombrada al ver que la cuenta era tan alta". Carta 30, 1887.

A veces se le mostraban edificios que aun no estaban erigidos, pero que en el futuro, constituirían una parte de las instituciones. Ella se refiere a una de esas instancias en una carta escrita en 1903: "He estado pensando en cómo, después que comenzamos la obra del sanatorio en Battle Creek, los edificios del sanatorio se me mostraron todos listos para ser ocupados en mi visión. El Señor me instruyó en la manera en que la obra de estos edificios debían ser conducidos, para ejercer una salvadora influencia sobre los pacientes.

Todo esto me parecía muy real, pero cuando desperté, encontré que la obra aun tenía que ser hecha, que no había ningún edificio erigido.

En otra oportunidad se me mostró un gran edificio siendo levantado, en el sitio donde antes había sido erigido el edificio del sanatorio de Battle Creek. Los hermanos estaban muy perplejos con respecto a quién debía hacerse cargo de la obra. Lloré seriamente. Uno de autoridad se levantó entre nosotros, y dijo: 'Aun no. Tu no estás lista para invertir recursos en ese edificio, o planificar para su futuro gerenciamiento'.

En ese tiempo el fundamento del sanatorio había sido colocado. Pero teníamos que aprender la lección de esperar". Carta 135, 1903.

Son dadas Representaciones Simbólicas.

Dos párrafos consecutivos de un testimonio personal dirigido a un obrero prominente de años anteriores, ilustra como las experiencias de la vida fueron a veces representadas simbólicamente: "Muchas otras escenas relacionadas con su caso me han sido presentadas. En un tiempo usted me fue representado como tratando de empujar un gran auto en una empinada cuesta. Pero ese auto, en vez de subir la montaña, se vino hacia atrás. Ese auto representaba el negocio de los alimentos como una empresa comercial, la cual ha sido llevada adelante de una manera que Dios no recomienda.

En otra oportunidad usted me fue representado como un general, montado en un caballo, y llevando una bandera. Uno vino y le quitó a usted la bandera que tenía las palabras: 'Los mandamientos de Dios y la fe de Jesús', y quedó botada en el polvo. Yo lo vi a usted rodeado de hombres que lo estaban vinculando a usted con el mundo". Carta 239, 1903.

A veces los eventos del pasado, presente y futuro fueron abiertos delante de Ellen White en una visión panorámica. Le pareció a ella que testimoniaba en una rápida sucesión la vívida representación de las escenas de la historia. Yo cito aquí unas pocas sentencias de la Introducción de ---, lo que nos da una vislumbre de estos medios de alumbramiento de su mente: "Cuando el Espíritu de Dios abrió mi mente, las grandes verdades de Su palabra, y las *escenas del pasado y del futuro*, yo he suplicado que los demás puedan conocer lo que me ha sido revelado para trazar la historia de la controversia en épocas pasadas, y especialmente para presentarlo para diseminar una luz de la lucha que se aproxima rápidamente en el futuro". Página xi (itálicos suplidos).

Hacia un Concepto Adventista de Inspiración - 2

El Profeta Lleva un Testimonio.

El Espíritu Santo es operativo no solo cuando el profeta recibe el mensaje divino, sino que también cuando él libera el mensaje escrito.

Hay dos características en la experiencia del profeta: la visión en sí mismo y el llevar el testimonio de lo que le ha sido revelado en visión. Habiendo sido recibido, el mensaje tiene que ser impartido por el profeta en el lenguaje más exacto posible bajo el comando del profeta.

El profeta puede tener inmediatamente palabras listas para transmitir satisfactoriamente el mensaje, o entonces puede encontrar que hay que estudiar el mensaje diligentemente para encontrar palabras para transmitir el mensaje en forma correcta y que pueda impresionar. En una ocasión puede usar ciertas palabras y en otra ocasión puede usar otras palabras para transmitir el mismo mensaje. Mientras estaba escribiendo el DTG, la Sra. White declaró: "Tiemblo debido al miedo de poder disminuir el gran plan de salvación con palabras baratas". Mensaje al Remanente:59. La transmisión del mensaje puede sufrir algún deterioro debido a que el lenguaje humano es inadecuado. Observe este comentario de Ellen G. White.

"La Biblia nos muestra a Dios como autor de ella; y sin embargo fue escrita por manos humanas, y la diversidad de estilo de sus diferentes libros muestra la individualidad de cada uno de sus escritores. Las verdades reveladas son todas inspiradas por Dios (2 Tim. 3:16); y con todo están expresadas en palabras humanas. Y es que el Ser supremo e infinito iluminó con su Espíritu la inteligencia y el corazón de sus siervos. Les daba sueños y visiones y les mostraba símbolos y figuras; y aquellos a quienes la verdad fuera así revelada, revestían el pensamiento divino con palabras humanas.

Los diez mandamientos fueron enunciados por el mismo Dios y escritos con su propia mano. Su redacción es divina y no humana. Pero la Biblia, con sus verdades de origen divino expresadas en el idioma de los hombres, es una unión de lo divino y lo humano. Esta unión existía en la naturaleza de Cristo, quien era Hijo de Dios e Hijo del hombre. Se puede pues decir de la Biblia, lo que fue dicho de Cristo: 'Aquel Verbo fue hecho carne, y habitó entre nosotros'. (Juan 1:14).

Escritos en épocas diferentes y por hombres que diferían notablemente en posición social y económica y en facultades intelectuales y espirituales, los libros de la Biblia presentan contrastes en su estilo, como también diversidad en la naturaleza de los asuntos que desarrollan. Sus diversos escritores se valen de expresiones diferentes; a menudo la misma verdad está presentada por uno de ellos de modo más patente que por otro. Ahora bien, como varios de sus autores nos presentan el mismo asunto desde puntos de vista y aspectos diferentes, puede parecer al lector superficial, descuidado y prevenido, que hay divergencias o contradicciones, allí donde el lector atento y respetuoso discierne, con mayor penetración, la armonía fundamental.

Presentada por diversas personalidades, la verdad aparece en sus variados aspectos. Un escritor percibe con más fuerza cierta parte del asunto; comprende los puntos que armonizan con su experiencia o con sus facultades de percepción y apreciación; otro nota más bien otro aspecto del mismo asunto; y cada cual, bajo la dirección del Espíritu Santo, presenta lo que ha quedado inculcado con más fuerza en su propia mente. De aquí que encontremos en cada cual un aspecto diferente de la 9 verdad, pero perfecta armonía entre todos ellos. Y las verdades así reveladas se unen en perfecto conjunto, adecuado para satisfacer las necesidades de los hombres en todas las circunstancias de la vida". **CS:7-9**.

"Aun cuando soy tan dependiente del Espíritu del Señor para escribir mis puntos de vista como lo soy para recibirlos, pero las palabras que empleo para describir lo que he visto son mías, a menos que sean aquellas habladas por un ángel, las cuales siempre coloco entre comillas". **1MS:41-42**.

La Guía del Espíritu Santo.

Al responder a ciertas preguntas en 1860, ella también tocó este punto: "A veces las cosas que he visto están ocultas de mí después que salgo de la visión y no puedo recordarlas hasta que soy llevada delante de una congregación donde se aplica la visión. Entonces vienen con fuerza a mi mente las cosas que he visto. Dependo tanto del Espíritu del Señor para relatar o escribir una visión como para tenerla. Es imposible que yo recuerde cosas que me han sido mostradas a menos que el Señor las haga surgir delante de mí en el momento que a él le place que yo las relate o escriba". **1MS:41**.

El pensamiento es nuevamente enfatizado: "Mediante la inspiración de su Espíritu, el Señor dio la verdad a sus apóstoles, para que la expresaran de acuerdo con el desarrollo de sus mentes por el Espíritu Santo. Pero la mente no está sujeta, como si hubiera sido forzada dentro de cierto molde (Carta 53, 1900)". **1MS:25**.

El profeta, entonces, recibe su mensaje a través de las visiones mientras está totalmente bajo la influencia del Espíritu de Dios. Él lleva su testimonio bajo la influencia del Espíritu de Dios, pero no al punto de estar mecánicamente controlado, o de ser obligado a un cierto molde. En vez de eso, él comunica el mensaje de la mejor manera y desde el punto de vista de su trasfondo y estilo, apelando así particularmente al pueblo con trasfondos similares al suyo.

En ciertas ocasiones las palabras a ser usadas están impresas en su mente por el Espíritu de Dios. Observe esto de Ellen White en una carta de amonestación en la cual, después de lidiar con ciertas situaciones, ella declaró: "Trato de recordar las palabras y expresiones que fueron hechas con referencia a este asunto, y a medida que mi pluma duda durante un momento, las palabras apropiadas llegan a mi mente". Citado en Escritos de Ellen G. White:22.

Otra declaración dice: "Mientras estoy escribiendo sobre asuntos importantes, Él (el Espíritu Santo) está a mi lado, ayudándome... y cuando estoy aproblemada buscando una palabra adecuada para expresar mi pensamiento, Él me la trae en forma clara y distinta a mi mente". **Carta 127, 1902**.

Escribiendo Historia.

La historia le fue presentada a Ellen White como un trasfondo donde la historia del gran conflicto fue trazada. En su introducción del CS ella cuenta como le fue presentada la controversia: "Mediante la iluminación del Espíritu Santo, las escenas de la lucha secular entre el bien y el mal fueron reveladas a quien escribe estas páginas. En una y otra ocasión se me permitió contemplar las peripecias de la gran lucha secular entre Cristo, Príncipe de la vida, Autor de nuestra salvación, y Satanás, príncipe del mal, autor del pecado y primer transgresor de la santa ley de Dios". **CS:13**.

Al parecer su experiencia fue similar a la de Moisés en el Monte Nebo, cuando le fue mostrada la Tierra Prometida. Ellen White describe la experiencia de Moisés vívidamente en PP: "Se le presentó luego una visión panorámica de la tierra de promisión. Cada parte del país quedó desplegada ante sus ojos, no en realce débil e incierto en la vaga lejanía, sino en lineamientos claros y bellos que se destacaban ante sus ojos encantados. En esta escena se le presentó esa tierra, no con el aspecto que tenía entonces sino como había de llegar a ser bajo la bendición de Dios cuando estuviese en posesión de Israel. Le pareció estar contemplando un segundo Edén. Había allí montañas cubiertas de cedros del Líbano, colinas que asumían el color gris de sus olivares y la fragancia agradable de la viña, anchurosas y verdes planicies esmaltadas de flores y fructíferas; aquí se veían las palmeras de los trópicos, allá los undosos campos de trigo y cebada, valles asoleados en los que se oía la música del murmullo armonioso de los arroyos y los dulces trinos de las aves, buenas ciudades y bellos jardines, lagos ricos en 'la abundancia de los mares', rebaños que pacían en las laderas de las colinas, y hasta entre las rocas los dulces tesoros de las abejas silvestres. Era ciertamente una tierra semejante a la que Moisés, inspirado por el Espíritu de Dios, le había descrito a Israel: 'Bendita de Jehová su tierra, por los regalos de los cielos, por el rocío, y por el abismo que abajo yace, y por los regalados frutos del sol, … y por la cumbre de los montes antiguos, …y por los regalos de la tierra y su plenitud'. (Deut. 33:13 -16).

Moisés vio al pueblo escogido establecido en Canaán, cada tribu en posesión de su propia heredad. Alcanzó a divisar su historia después que se establecieran en la tierra prometida; la larga y triste historia de su apostasía y castigo se extendió ante él. Vio a esas tribus dispersadas entre los paganos a causa de sus pecados, y a Israel privado de la gloria, con su bella ciudad en ruinas, y su pueblo cautivo en tierras extrañas. Los vio restablecidos en la tierra de sus mayores, y por último, dominados por Roma.

Se le permitió mirar a través de los tiempos futuros y contemplar el primer advenimiento de nuestro Salvador. Vio al niño Jesús en Belén. Oyó las voces de la hueste angélica prorrumpir en alborozada canción de alabanza a Dios y de paz en la tierra. Divisó en el firmamento la estrella que guiaba a los magos del oriente hacia Jesús, y un torrente de luz inundó su mente cuando recordó aquellas palabras proféticas: 'Saldrá Estrella de Jacob, y levantara cetro de Israel'. (Núm. 24:17). Contempló la vida humilde de Cristo en Nazaret; su ministerio de amor, simpatía y sanidades, y cómo le rechazaba y despreciaba una nación orgullosa e incrédula. Atónito escuchó como ensalzaban jactanciosamente la ley de Dios mientras que menospreciaban y desechaban a Aquel que había dado la ley. Vio cómo en el Monte de los Olivos, Jesús se despedía llorando de la ciudad de su amor. Mientras Moisés veía cómo era finalmente rechazado aquel pueblo tan altamente bendecido del cielo, aquel en favor del cual él había trabajado, orado y hecho sacrificios, por el cual él había estado dispuesto a que se borrara su nombre del libro de la vida; mientras oía las tristes palabras: 'He aquí vuestra casa os es dejada desierta' (Mat. 23:38), el corazón se le oprimió de angustia, y su simpatía con el pesar del Hijo de Dios hizo caer amargas lágrimas de sus ojos". **PP:506-507**.

El cuadro dramático continúa, pero no necesitamos continuar. Cautivado, Moisés vio los eventos, viéndolos, escuchándolos y participando, y recibiendo el mensaje y hasta el olfato entró en juego.

De esta vívida manera, la historia del futuro le fue abierta al profeta. Es muy improbable que le fuesen reveladas fechas. No es probable que todas las citas que él vio tuvieran nombres. Esos eran detalles inconsecuentes, no de primaria importancia para el tema desarrollado.

¿Le fue mostrado a Ellen White en cada instancia un minucioso detalle todos los nombres de los lugares y las fechas de los eventos que ella contempló? La evidencia muestra que no.

Ella vio ocurrir eventos, eventos significativos de una parte de la historia de la controversia. Detalles menores y referencias incidentales, no básicas y de menor importancia.

Algunas de estas informaciones podrían ser determinadas de los escritos sagrados, algunas de las fuentes comunes de conocimiento, tales como las historias confiables. Aparentemente en Su providencia Dios no consideró esencial impartir estas minucias a través de visiones.

Observaciones de W. C. White.

El hijo de Ellen White, W. C. White, describe su experiencia como sigue: "Mamá nunca ha afirmado ser una autoridad en historia. Las cosas de las cuales ella ha escrito son descripciones de cuadros rápidos y otras representaciones dadas a ella relacionadas con las acciones de los hombres, y la influencia de estas acciones sobre la obra de Dios para la salvación de los hombres, con visiones del pesado, presente y futuro en su relación con esta obra. En conexión con la escritura de estos puntos de vista, ella he hecho uso de buenas y claras declaraciones históricas para ayudar a que le queden claro al lector las cosas que ella trataba de presentar.

"Yo era un niño, y la escuché leer la Historia de D'Aubigne de la Reforma a mi padre. Ella le leyó una gran parte, si no todo, los cinco volúmenes. Ella había leído otras historias sobre la Reforma. Esto la ayudó a localizar y a describir muchos de los eventos y de los movimientos que le fueron presentados en visión. Esto es similar a la manera en que el estudio de la Biblia la ayudó a localizar y a describir las muchas representaciones figuradas dadas a ella relacionadas con el desarrollo de la gran controversia en nuestros días entre la verdad y el error". W. C. White en una declaración en el Concilio de la Conferencia General, 3 de Octubre de 1911, citado en Escritos de Ellen G. White:33.

Un par de meses después W. C. White declaró lo siguiente: "Con relación a los escritos de mamá y su uso como autoridad sobre puntos de historia y cronología, mamá nunca ha querido que nuestros hermanos la traten como una autoridad con relación a los detalles de la historia o con las fechas históricas. Las grandes verdades reveladas a mamá con relación a la controversia entre el bien y el mal, la luz y las tinieblas, le han sido dadas a ella de diversas maneras, pero principalmente como puntos de vista rápidos de los grandes eventos en las vidas de los individuos y en las experiencias de las iglesias, de las bandas de los reformadores, y de las naciones…

Al escribir las experiencias de los reformadores en el tiempo de la Reforma y en el gran Movimiento del Advento de 1844, mamá a menudo dio al comienzo una descripción parcial de alguna escena que le fue presentada a ella. Después ella escribiría más completamente, y nuevamente en una forma más completa. Yo he sabido que ella ha escrito sobre un asunto cuatro o cinco veces, y entonces lamentarse porque no podía encontrar un lenguaje para describir el asunto más perfectamente.

Algunas Veces dio Descripciones Parciales.

"Cuando escribía los capítulos del CS, ella a veces dio una descripción parcial sobre un importante eventos histórico, y cuando sus copistas, que estaban preparando los manuscritos para la impresión, hicieron preguntas relacionadas con el tiempo y el lugar, mamá diría que esas cosas son registradas por los historiadores concienzudos. Que las fechas usadas por los historiadores sean insertadas.

Cuando el CS fue escrito, mamá nunca pensó que los lectores la tomarían como una autoridad sobre fechas históricas o usarla para dirimir una controversia relacionada con detalles de la historia, y ella no se sintió conforme con que la usaran de esa manera. Mamá miraba con un gran respeto la obra de los historiadores serios, que devotaban años de tiempo al estudio del gran plan de Dios, tal como es representado en la profecía, y el llevar a cabo ese trabajo de ese plan tal como está registrado en la historia". W. C. White, Carta a W. W. Eastman, 4 de Noviembre de 1912.

Con relación a la historia de la Reforma, la siguiente declaración de Ellen White es significativa: "Eventos de la historia de la Reforma me han sido presentados". Carta 48, 1894.

Con relación a esto, tenemos la declaración de W. C. White: "Mamá se conecta con personas de Europa, lo cual le trae a la memoria muchas cosas, que le han sido presentadas a ellas durante los años pasados, algunas de ellas dos o tres veces, y otras escenas muchas veces". Citado en Escritos de Ellen White:124.

Hacia un Concepto Adventista de la Inspiración – 3.

La Cuestión de la Infalibilidad.

Las copias de los escritores bíblicos han desaparecido ya hace mucho tiempo. Pero los manuscritos de Ellen White aun existen y arrojan luz sobre el método de la inspiración.

Ellen White declara sobre la Biblia: "Las Santas Escrituras deben ser aceptadas como dotadas de autoridad absoluta y como revelación infalible de su voluntad. Constituyen la regla del carácter; nos revelan doctrinas, y son la piedra de toque de la experiencia religiosa. 'Toda la Escritura es inspirada por Dios; y es útil para enseñanza, para represión, para corrección, para instrucción en justicia; a fin de que el hombre de Dios sea perfecto, estando cumplidamente instruido para toda obra buena'. (2 Tim. 3:16-17, V.M.)". **CS:9**.

Ella no niega que las palabras de las Escrituras pueden guiar a alguien a conclusiones erróneas. Pero ella afirma que las Escrituras proveen una revelación infalible. La revelación de la voluntad de Dios es autoritativa e infalible, pero el lenguaje usado para impartirla a la humanidad es humano y por lo tanto imperfecto.

Ellen White declara: "Sólo Dios y el cielo son infalibles". **1MS:42**. Y otra vez, al hablar de su obra, ella dijo: "Acerca de la infalibilidad, nunca pretendí tenerla. Sólo Dios es infalible". **1MS:42**. Ella iluminó este punto diciendo: "El Señor habla a los seres humanos en lenguaje imperfecto para que los sentidos degradados, la percepción embotada y terrenal de seres terrenales, pueda comprender las palabras divinas. Así se muestra la condescendencia de Dios. Se encuentra con los seres caídos donde éstos están. La Biblia perfecta como es en su sencillez, no responde a las grandes ideas de Dios, pues las ideas infinitas no pueden ser perfectamente incorporadas en vehículos limitados de pensamiento. En vez de que las expresiones de la Biblia sean exageradas, como muchos suponen, las vigorosas declaraciones se empequeñecen ante la magnificencia del pensamiento, aunque el escribiente haya elegido el lenguaje más expresivo para transmitir las verdades de una educación superior". **7CBA:957**.

Los Manuscritos del Profeta.

No sabemos, desde luego, los pasos dados por los profetas de antaño para preparar sus manuscritos. ¿Ellos sacaron una palabra o una frase y la reemplazaron por una que expresara el concepto de una forma más clara? ¿Estaba la gramática en el primer borrador sin faltas? ¿El borrador inicial estaba listo para ser impreso? No existen copias del original de la Biblia para que los podamos examinar.

Pero cuando llegamos a Ellen White, tenemos en nuestra posesión sus manuscritos originales. Esto nos provee de indicios. El hecho que el Espíritu Santo descansó sobre ella no la colocó en posesión de un conocimiento del correcto pronunciamiento de cada palabra empleada o de gramática impecable. Ella fue una obrera cuidadosa y, ayudada por el Espíritu de Dios, ella poseyó la habilidad para llevar la verdad clara y en forma impresita;

pero con ella requirió un constante esfuerzo para que así fuese, tan exacta y efectivamente como fuese posible. Un examen de sus escritos publicados y de sus manuscritos revela un progresivo desarrollo en vocabulario y habilidad en el uso de palabras.

El reconocimiento por sus contemporáneos del hecho que las imperfecciones gramaticales podrían aparecer como escritos inspirados, de ninguna manera disminuye su confianza en, o aceptación de, estos escritos.

Ellen White analizó libremente la ayuda que ella recibió de asistentes literarios: "Mientras mi esposo vivía, él actuaba como un ayudador y consejero para enviar los mensajes que me daban. Viajamos mucho. Algunas veces se me daba luz durante la noche, algunas veces durante el día delante de grandes congregaciones. La instrucción que yo recibía en visión era fielmente escrita por mí, mientras yo tenía tiempo y fuerza para la obra. Después examinábamos los asuntos juntos, y mi esposo corregía los errores gramaticales y eliminaba las repeticiones innecesarias. Entonces era cuidadosamente copiado para las personas a las cuales iba dirigido o para la imprenta.

"A medida que creció la obra, otros me ayudaron en la preparación del material para su publicación. Después de la muerte de mi esposo, se me unieron fieles ayudantes, los que trabajaron infatigablemente en la obra de copiar los testimonios y preparar artículos para su publicación.

Pero no son verdaderos los informes que han circulado, que se permitía a cualquiera de mis ayudantes añadir material o cambiar el sentido de los mensajes que escribo". **1MS:57**.

Estos ayudantes no estaban ahí para encontrar desacuerdos en tiempos en una sentencia, en un manuscrito o en un panfleto. Su ministerio llevaba las credenciales divinas. Ellos sabían el contenido de los mensajes para que fuera el mensaje de Dios para ellos.

Cuando en 1883 se hizo necesario republicar los primeros panfletos con testimonios, la Sra. White y sus asociados reconocieron que ciertas imperfecciones en expresiones debían ser corregidas, para presentar el mensaje en la mejor forma literaria.

Debido a su importancia, el asunto fue llevado a la sesión de la Conferencia General de 1883. En esa reunión, se tomaron importantes decisiones, las cuales no solo dieron guías para la reimpresión de estos "Testimonios", sino que también colocaron a la denominación en registro para su entendimiento de ciertos principios fundamentales que tenían que ver con las pronunciaciones del Espíritu de Profecía. Citamos de las minutas de la reunión:

"32. Visto que, algunos de los volúmenes de los 'Testimonios para la Iglesia', no están siendo impresos, de tal manera que conjuntos completos puedan ser obtenidos en la Oficina, y Visto que, hay un constante y urgente llamado para la impresión de esos volúmenes; por lo tanto Se resuelve, que recomendemos su reimpresión de tal forma que se hagan cuatro volúmenes de setecientas u ochocientas páginas cada uno.

33. Visto que, muchos de estos testimonios fueron escritos bajo las más desfavorables circunstancias, el escritor siendo demasiado presionado con ansiedad y trabajo para de-

votar un pensamiento crítico con respecto a la perfección gramatical de los escritos, y que fueron impresos con tanta prisa que esas incorrecciones pasaron sin ser corregidas; y Visto que, creemos que la luz dada por Dios a Sus siervos es por iluminación de la mente, impartiendo así los pensamientos, y no (excepto en casos raros) las mismas palabras en la cuales las ideas debieran ser expresadas; por lo tanto Se resuelve, que en la republicación de estos volúmenes esos cambios verbales sean hechos para remover las imperfecciones anteriormente nombradas, tanto como sea posible, sin cambiar ningún pensamiento; y además

34. Se resuelve, que este cuerpo elija un comité de cinco personas para hacerse cargo de la republicación de estos volúmenes de acuerdo con los preámbulos y resoluciones anteriores".

La Editorial lo Explica.

Cinco años después en un editorial de la RH, Uriah Smith analizó la pregunta: "¿Qué es inspirado, las palabras o las ideas?"

"El que pregunta dice: '¿No es una palabra una señal de una idea? ¿Y cómo puede entonces una idea ser inspirada, y las señales que transfieren la idea de una mente a otra no ser inspirada?'

Respuesta: Si hubo solo una palabra por la cual una idea puede ser expresada, esto puede ser así; pero cuando hay, tal vez, cien maneras de expresar la misma idea, el caso es muy diferente. Desde luego, si el Espíritu Santo le puede dar a una persona palabras para escribir, él estaría obligado a usar muchas palabras, sin cambio; pero cuando se muestra simplemente una escena o punto de vista es presentado delante de una persona, y no se da ningún lenguaje, él estaría en libertad para describirlo en sus propias palabras, donde le ha parecido a él mejor dar a conocer la verdad en este caso.

Y si, habiéndolo escrito, se le debiera ocurrir un mejor camino para expresarlo, sería perfectamente legítimo para él tachar todo lo que ha escrito y poder escribirlo nuevamente, guardando estrictamente las ideas y hechos que le han sido mostradas; y en la segunda escritura estaría la idea divinamente comunicada, tal como en la primera escritura, mientras que en ningún caso se puede decir que las palabras empleadas fueron dictadas por el Espíritu Santo, sino que fueron dejadas al juicio del individuo mismo.

Mucho de lo que el profeta ha escrito en las Escrituras son palabras dichas directamente por el Señor, y no son sus propias palabras. En estos casos, desde luego, las palabras son inspiradas. En los escritos de la hermana White, ella a menudo registró palabras dichas por ángeles. Esas palabras, desde luego, ella las da tal como las escuchó, y no poseen un poder discrecional con relación a los términos a ser usados, o a la construcción a ser seguida. Estas no son sus palabras, y no deben ser cambiadas.

Pero mucho de los escritores de la Biblia han dicho, y que ellos pueden haber escrito en una fraseología diferente, y las verdades que han sido verdades inspiradas con la misma extensión que lo son ahora". **RH, 13 de Marzo de 1888.**

En una declaración aprobada por la misma Ellen White, W. C. White dijo:

"Mamá nunca ha dicho tener inspiración verbal, y yo no encuentro que mi padre, o por los hermanos Bates, Andrews, Smith o Waggoner colocan su afirmación. Si hubo una inspiración verbal al escribir sus manuscritos, ¿por qué debería haber por parte suya la obra de adición o adaptación? Es un hecho que mamá a menudo toma uno de sus manuscritos y continúa totalmente en eso, haciendo adiciones que desarrollan aun más ese pensamiento". Los Escritos de Ellen White:189.

"Nosotros creemos que la luz dada por Dios a Sus siervos es por iluminación de la mente, impartiendo pensamientos, y no... las mismas palabras en las cuales las ideas debieran expresarse".

Esta posición es reafirmada por palabras escritas por Ellen White mientras residía en Europa: "La Biblia está escrita por hombres inspirados, pero no es la forma del pensamiento y de la expresión de Dios. Es la forma de la humanidad. Dios no está representado como escritor. Con frecuencia los hombres dicen que cierta expresión no parece de Dios. Pero Dios no se ha puesto a sí mismo a prueba en la Biblia por medio de palabras, de lógica, de retórica. Los escritores de la Biblia eran los escribientes de Dios, no su pluma. Considerad a los diferentes escritores.

No son las palabras de la Biblia las inspiradas, sino los hombres son los que fueron inspirados. La inspiración no obra en las palabras del hombre ni en sus expresiones, sino en el hombre mismo, que está imbuido con pensamientos bajo la influencia del Espíritu Santo. Pero las palabras reciben la impresión de la mente individual. La mente divina es difundida. La mente y voluntad divinas se combinan con la mente y voluntad humanas. De ese modo, las declaraciones del hombre son la palabra de Dios". **1MS:24**.

Así, debido a la presencia de un profeta de Dios en su medio, los ASD han tenido una demostración de primera mano de cómo opera la inspiración. Aquellos que trabajan solo con documentos bíblicos, tienen que lidiar con materiales escritos hace dos o tres mil años y medio atrás, de los cuales hay solo copias existentes hoy.

Hacia un Concepto Adventista de Inspiración – 4.

La Importancia de Entender la Inspiración.

Ciertas situaciones de crisis que aparecieron más adelante pueden ser mejor curtidos, si conceptos sanos de inspiración son sostenidos.

Falsos conceptos relacionados con la inspiración-revelación, ya sean liberales o extremos, pueden conducir a un desastre. Hay buenas razones para creer que el gran adversario sacará ventaja de los falsos conceptos en esta área, porque se nos dice que: "Precisamente, el último engaño de Satanás se hará para que no tenga efecto el testimonio del Espíritu de Dios. 'Sin profecía el pueblo será disipado' (Prov. 29:18, versión Valera antigua). Satanás trabajará hábilmente en diferentes formas y mediante diferentes instrumentos para perturbar la confianza del pueblo remanente de Dios en el testimonio verdadero (Carta 12, 1890)". **1MS:54-55**.

Uno de esos esfuerzos fue hecho hace unos 60 años atrás, por un hombre que habría tenido éxito como evangelistas Adventista y había sido un estimado administrador. Cuando él se volvió crítico y enemigo de la iglesia, él proyectó como base para su separación con la iglesia, la alegación que Ellen White y los Adventistas sostenían que cada línea que ella escribió, ya sea en artículos, cartas, testimonios o libros, ella había afirmado que le fueron dictados por el Espíritu Santo, y que por lo tanto tenían que ser infalibles.

Algunos años después un profesor de Biblia conocido mío, que estaba trabajando en un colegio ASD, dejó de trabajar y en gran medida perdió su confianza en el mensaje. ¿Su problema? Él ya no podía aceptar a Ellen White como la mensajera del Señor, y escribió una declaración explicando por qué. Su padre había servido durante muchos años en el ministerio de la iglesia y tenía los escritos del Espíritu de Profecía en gran estima. De hecho, él sostenía lo que algunos pueden caracterizar como una posición extrema sobre la inspiración, manteniendo un concepto mecánico dictatorial. Este concepto se lo pasó a su hijo, el cual también se convirtió en un ministro, y finalmente en un maestro de Biblia del colegio. En su obra como maestro, él descubrió algunos problemas que no pudo resolver debido a sus rígidos puntos de vista sobre la inspiración. Como resultado, él dejó la obra. Algunos años después, bajo invitación del White estate, él pasó algunas horas conmigo, analizando los puntos que lo habían dejado perplejo y que lo habían hecho tropezar. Al estudiar juntos, él y yo pudimos ver que los problemas que aparecieron ser tan grandes en su mente, tenían su fundamento en rígidos y distorsionados conceptos sobre la inspiración. Antes que terminara la entrevista, él dijo tristemente:

"Cuánta diferencia habría hecho si yo hubiera entendido estas cosas de una forma diferente, pero ahora es demasiado tarde". Él murió como un hombre triste.

Este incidente ilustra la vital importancia de un sano entendimiento de la inspiración. Muchos altos críticos sostienen que la Biblia no es más inspirada que los escritos de autores famosos. Esto socava grandemente su autoridad. Algunos eruditos sostienen que el profeta meramente experimenta un "encuentro" con Dios, en el cual no es impartida ninguna información, no es dada ninguna instrucción; en sus escritos, los profetas simplemente expresan su reacción a la experiencia del encuentro. Yo veo en esta alta crítica de definiciones de la inspiración, la obra del enemigo, el cual está hablando para anular el mensaje de Dios a Su pueblo:

La Biblia sugiere las siguientes pruebas para ver la genuinidad del profeta:

1. "Por sus frutos los conoceréis" (Mat. 7:20).

2. La fidelidad a los fundamentos de la fe cristiana (1 Juan 4:2).

3. El cumplimiento de las predicciones (Jer. 28:9; Deut. 18:22).

4. "A la ley y al testimonio". (Isa 8:20).

Las limitaciones de espacio impiden la elaboración de este punto, pero estos son asuntos con los cuales los líderes de la *Review* están versados.

Pero sobre y más allá de las pruebas principales, a las cuales nuestra atención es llamada en las Escrituras es la evidencia primaria de la operación de la inspiración en la obra de Ellen White, la manera en la cual estos escritos han sido personalmente experimentados.

Pero surgirán preguntas, problemas nos confrontarán. Así ha sido durante los años, y así es hoy, y si le damos crédito a las palabras de la profecía, eso va a aumentar y va a intensificar mientras más cerca estemos del fin. Por esta razón, nuestros conceptos sobre la inspiración tienen que ser sanos y bien apoyados por los testimonios de los profetas. Se ven importantes indicios en la Palabra de Dios, normalmente con referencias incidentales encontradas en conexión con los mensajes. Todo ASD debiera observa esto. ¿Cómo le llegó la luz al profeta? ¿Cómo le llegó el mensaje al pueblo?

Entonces, ¿cuál es el testimonio de Ellen White en estas líneas? En el artículo anterior hemos examinado algunos de ellos. Ella ha escrito mucho sobre a inspiración de la Biblia y ha hecho muchas referencias con respecto a la inspiración de su obra. Lo que ella escribió es altamente informativo. Tal como es verdad en muchos casos, lo que ella escribió en estas líneas vino de una forma natural y práctica. Mucho de esto vino en la década de 1888. Esta fue la década cuando se estaba haciendo una nueva traducción de la Biblia, una traducción que vino a ser conocida como la Versión Revisada, que el Nuevo Testamento salió a la luz en 1881 y el Antiguo en 1885.

En la mente de no pocos ASD, esa nueva traducción colocó serias preguntas. ¿Era admisible y adecuado producir una revisión de las Escrituras? De tiempo en tiempo en esa década la RH observó esto, y durante esa misma década Ellen White escribió cuatro importantes declaraciones sobre la inspiración:

1886 – "Objeciones a la Biblia" (1MS:19-21[35]).

1888 – Introducción al CS:v-xii).

1888 – "La inspiración de la Palabra de Dios" (1MS:15-18).

---
[35] Las cuatro paginaciones corresponden al Inglés.

1889 – "Los Misterios de la Biblia una Prueba de su Inspiración" (5T:698-711).

Un cuidadoso estudio de estas cuatro declaraciones de Ellen White sobre la inspiración de la Biblia, será de mucha ayuda.

A esto podemos añadir 1MS:21-76[36], el equilibrio de la Sección 1, titulada "La Luz en Nuestro camino"; y el capítulo compilado en 5T:654-691, "La naturaleza e Influencia de los testimonios"

Todo ASD debiera familiarizarse con estas declaraciones básicas que son tan importantes para nuestro concepto de la inspiración. Yo les aconsejo a todos a estudiarlos.

La operación de la inspiración ha sido un punto de especial interés para los fideicomisarios escogidos por Ellen White para cuidar de sus escritos. A. G. Daniells, presidente de la Conferencia General desde 1901 hasta 1922, señaló la cuestión desde el punto de vista de sus escritos, en su libro *El Duradero Don de Profecía*. Otro de los fideicomisarios, F. M. Wilcox, que fue editor durante 33 años de la RH, en 1933 analizó diversas facetas sobre la cuestión en una serie de artículos titulados "*El Testimonio de Jesús*", y estos fueron reimpresos en un libro con el mismo título.

Cómo Dios hizo circular Su mensaje.

Cuando entré al empleo del White estate en 1929, trabajé como secretario de W. C. White en la oficina de Elmshaven en California. Al comenzar a trabajar con los manuscritos de Ellen White y con las cartas y los libros publicados, quedé profundamente interesado en cómo Dios enviaba Sus mensajes al pueblo. Luego concluí de que así como Dios en los tiempos bíblicos habló a través de los profetas "de diversas maneras", así Él le habló a Ellen White. Desde ese tiempo en adelante, este asunto ha sido de gran interés para mí.

Como mi trabajo tenía que ver con responder preguntas sobre esas cuestiones que estaban ligadas con un entendimiento sobre la operación de la inspiración tal como fue revelada en muchas ricas fuentes en el sótanos del White estate, ese suplemento publicó materiales a los cuales nos hemos referido antes. Yo encontró que ella no da ningún endoso a la inspiración mecánica dictatorial, tal como algunos han creído, nuestros abuelos lo llamaron inspiración verbal, aun cuando los teólogos ahora usan el término de una manera diferente. Y cuántas veces los problemas que dejaron perplejos a nuestros inquiridores, se fundieron en la luz de la información de cómo funciona realmente la inspiración.

La información que encontré en mi trabajo con los documentos en nuestro sótano, a menudo con referencias incidentales, yo las reuní para el beneficio de ministros y otras en artículos que de tiempo en tiempo han sido publicadas. Estas han sido republicadas en una forma permanente para una amplia distribución bajo el título de Ellen G. White – Mensajera del Remanente y pueden ser conseguidos en un libro pequeño en los ABC. En esto, la inspiración mecánica tal como fue vista por la experiencia de Ellen White, están ampliamente delineadas en la forma de ilustraciones prácticas.

---

[36] Las dos paginaciones corresponden al Inglés.

De tiempo en tiempo he sido llamado para dirigirme a nuestros maestros de Biblia, maestros de historia, y a otros grupos de diversos aspectos de la obra de Ellen White. Uno de estos lidia con "La Autoridad de los Escritos de Ellen White", otro con la pregunta "¿Quién le Dijo a Ellen White?". Yo presenté también un trabajo titulado "Ellen G. White Como Historiadora" y aun otro sobre "Principios de Hermenéutica en los Escritos de Ellen G. White". Durante años, estos y otro titulado "Hacia un Concepto Verdadero Sobre la Inspiración", estuvieron disponibles solo en la forma mimeografiada.

La naturaleza de la importante información que ellos llevaban, basado no solo en refinados conceptos teológicos y definiciones, sino que en simples exhibiciones provistas por los mismos documentos de Ellen G. White, condujo a la RHPA a publicar esto en un libro titulado *Los Escritos de Ellen G. White*. El volumen también posee el siguiente apéndice :

1.- "Nuestro uso de las Visiones de la Hermanan White", por J. N. Andrews.

2.- "La Inspiración de los Evangelistas y Otros escritores del Nuevo Testamento", por Henry Alford, D.D., un teólogo Anglicano y comentarista que trabajó en 1863. Esto ofrece lo que el White Estate durante muchos años ha considerado un documento de mucha ayuda, porque lidia con muchas situaciones y principios no tocados a menudo como perteneciendo a la inspiración.

3.- "La Edición de 1911 del CS", con una explicación de William C. White, el hijo de Ellen White y ayudante, de los envolvimientos en la revisión de un libro inspirado.

El libro de 192 páginas está disponible en nuestros ABC.

Es doloroso ver sinceros ASD que quedan perplejos o tienen debilitada su confianza en el Espíritu de Profecía, porque a falsos conceptos. Al no haberle dado un estudio especial al asunto, ellos sostienen rígidos puntos de vista sobre la inspiración, que llaman al profeta a servir como un autómata, hablando o escribiendo solo aquellas palabras que le son dictadas por el Espíritu Santo. Es igualmente doloroso ver a muchos que no perciben, debido a puntos de vista liberales, la mano de Dios tal como Él le comunica a Su pueblo a través de Su profeta, y pierden la gran bendición de la certeza de que los ASD son el pueblo conducido y enseñado por Dios.

Es mi opinión que la presentación de estos artículos y la cuidadosa lectura de las fuentes de información referidas puedan ser de mucha ayuda al entrar en los peligrosos días que tenemos por delante. Ver Carrie Johnson, Yo Fui la Secretaria de Canright.

Los Escritos Históricos de Ellen G. White – 1.

Las Fuentes de Ellen G. White Para la Serie de Libros del Conflicto.

Ha habido un creciente interés en las "fuentes" de Ellen White para los libros del Conflicto en general, y en --- en particular.

Probablemente en ningún tiempo desde la muerte de Ellen White en 1915, ha habido entre los ASD un interés tan intenso y diseminado sobre la cuestión de la inspiración en general y en la inspiración de Ellen White en particular, como existe hoy. Debido a que los escritos del Espíritu de Profecía afectan fuertemente a cada creyente, el interés en estos tópicos es entendible.

Los ASD que aceptan los consejos del Espíritu de Profecía como viniendo del Señor, y, consecuentemente, como que lo comprometen a uno, son tenidos como mensajes confiables. Los lectores de los ampliamente distribuidos libros de la serie del CS, que llevan el nombre de Ellen G. White, debieran ser capaces de descansar en confianza que sus afirmaciones de que ella no era "el originador de esos libros" y que ellos contenían "la instrucción que durante su vida Dios le había estado dando" puede ser sostenida (Ellen G. White en RH, 20 de Enero de 1903; El Colportor Evangélico:125).

Cómo la luz llegó a Ellen White a lo largo de su larga vida de un ministerio especial y cómo esa luz fue traducida a un lenguaje humano, es el asunto de legítimo y provechoso estudio. Démosle atención a la manera en que ella, una persona inspirada, relacionada con los tiempos en que ella vivió, con los eventos sucediendo alrededor de ella, y con las líneas de información que le vinieron a ella en su lectura y en sus contactos con otros y con las presiones de aquellos que creyeron que podían influenciarla, es importante para formar una base para un adecuado entendimiento de su obra.

En los meses recientes ha habido un creciente interés en lo que ha sido llamado las "fuentes" de Ellen White por los libros del Conflicto en general, y el CS y el DTG en particular.

No hay necesidad para conjeturas de cuáles fueron estas fuentes, porque los extensos registros preservados en el White estate, proveen las palabras de la misma Ellen White, y en las declaraciones de aquellos que trabajaron con ella, una total y satisfactoria información.

Sobre la base de mi larga conexión con esas fuentes, se me ha pedido analizar el asunto con los lectores de la Review. Lo que aquí presento está basado en 50 años con el White Estate y en un estudio más reciente e intenso de los registros relacionados con el asunto en cuestión.

Los artículos nos conducirán a una distancia de los estrechos conceptos sostenidos por algunos que apoyan la inspiración verbal mecánica, de acuerdo con lo que escribió Ellen White y lo que le fue revelado a ella en visión o dictado por el Espíritu Santo. Ellos también van a proveer, creo yo, frescos y más amplios vislumbres en el intrigante asunto de cómo funciona la inspiración.

Primero, la propia Ellen White lidia con el asunto de sus fuentes para la historia del Conflicto en la introducción de 1888 de la Gran Controversia. Aparece, como lo hace, en el primero de los libros del Conflicto preparado para ser leído por el público en general, y puede ser muy bien considerado un prefacio para los cinco libros: PP, PR, DTG, HAp y el CS, y también para los primeros libros que lidian con la historia del Conflicto. Es también una de las declaraciones más informativas sobre la inspiración a ser encontrada en todas partes.

La escrita del la historia del Conflicto varía un poco en la naturaleza a partir de los escritos de los testimonios personales, o de los artículos de los Testimonios publicados y en otros libros y artículo de consejos e instrucción para la iglesia. En la Serie del Conflicto ella fue grandemente siguiendo un paralelo con la historia bíblica, con la historia secular. Entonces, cuando la historia bíblica terminó, ella trabajó en la historia de la Segunda Venida y más allá.

Al escribir sobre el tema del Conflicto, hubo un tema que llamó mucho la atención de la Sra. White a lo largo de sus años de ministerio.

Para dar una perspectiva al análisis de las fuentes de información en la descripción de Ellen G. White publicada progresivamente en tres etapas, nosotros debiéramos examinar sus objetivos. Esos libros fueron escritos no para presentar una historia mundial, ni tampoco una historia para corregir otros relatos históricos.

En vez de eso, tal como se declara en su introducción, ellos fueron escritos para "trazar la historia de la controversia en las eras pasadas", y para presentarla de una manera "de arrojar luz sobre la lucha que luego aparecerá en el futuro". "No es mucho… presentar nuevas verdades concernientes a las luchas de tiempos anteriores, sino de traer hechos y principios que poseen una conexión con los eventos futuros". Los "registros del pasado" debieran ser vistos como teniendo "un nuevo significado", porque a través de ellos "es arrojada luz sobre el futuro". El escritor, cuyos ojos en la lucha climática entre las fuerzas de Cristo y de Satanás, estaba más interesado en el gran cuadro histórico, y no en los detalles menores. Ella retrató de una manera marcada la intervención de Dios en los asuntos humano.

La Influencia del Espíritu Santo.

Tal como se ha dicho, Ellen White fue instruida a "trazar la historia de la controversia". ¿Pero adónde una mujer, de cierta forma enferma y con solo tres años de educación formal, una mamá ocupada y dueña de casa, que viajaba extensamente con el interés de la iglesia, cumpliendo muchos compromisos para hablar, envuelta en entrevistas y escribiendo testimonios y artículos, podría conseguir conocimiento de la historia que se le encargó presentar al pueblo? Ella responde en su introducción que fue (1) a través de la iluminación del Espíritu Santo, y (2) con la ayuda de los registros históricos. En este artículo observamos especialmente la influencia del Espíritu Santo en sus escritos:

"Mediante la iluminación del Espíritu Santo, las escenas de la lucha secular entre el bien y el mal fueron reveladas a quien escribe estas páginas. En una y otra ocasión se me permitió contemplar las peripecias de la gran lucha secular entre Cristo, Príncipe de la vida, Autor de nuestra salvación, y Satanás, príncipe del mal, autor del pecado y primer transgresor de la santa ley de Dios". **CS:13; PE:130**.

Es difícil colocar líneas precisas en la experiencia de una persona que está totalmente bajo la influencia del Espíritu Santo. Ninguna fórmula puede ser específica, ninguna definición puede ser dicha.

El término "iluminación del Espíritu Santo" se refiere a impresiones hechas sobre su corazón por "el Espíritu de Dios" (Ver 5T:691[37]), y también con respecto a la luz proveniente a ella a través de visiones del día y visiones de l noche, a menudo habló como sueños proféticos. A veces, mientras ella estaba hablándole a la congregación, el Espíritu del Señor revelaría a ella la vida y carácter de diversas personas (Ver 5T:678[38]). "Las cosas más preciosas del evangelio", declaró ella, que a menudo le fueron presentadas a ella, "porque tengo nuevas representaciones cada vez que abro mis labios para hablarle al pueblo".

Manuscrito 174, 1903. Ella informó que cuando estaba orando o escribiendo en la quietud de su cuarto, y totalmente conciente de lo que la rodeaba, pasaron importantes escenas delante de mi mente (Ver Manuscrito 12c, 1896).

En 1860 Ellen White escribió de las visiones: "A veces soy llevada bien adelante en el futuro y se me muestra lo que va a suceder. Entonces nuevamente se me muestran cosas que han ocurrido en el pasado". **2 Spiritual Gifts:292**.

Ella además indicó su total dependencia del Espíritu de Dios para presentar una visión: "Soy tan dependiente del Espíritu del Señor para **relatar o escribir (inspiración)** una visión, como al **tener (revelación)** la visión. Me es imposible ver las cosas que se me han mostrado, a menos que el Señor las traiga delante de mí en el tiempo en que Él se place en que yo las relate o las escriba". (2 Spiritual Gifts:293, 1860).

Estas visiones eran un importante método en el proceso de revelación. Mientras estaba en visión, ella vio una ciudad siendo destruida mientras un ángel de Dios estaba a su lado explicándole el significado de la escena (9T:92-93), o era sacada del cuarto en una institución y observaba lo que estaba sucediendo (CSSa:412-413[9], o se le mostraba un edificio que aun no estaba construido (Carta 135, 1903, en Mensajera del Remanente:11), o vistas simbólicas se le mostraba la experiencia de un obrero líder (Carta 239, 1903, en Mensajera:11), o testimoniaba las escenas que le eran presentadas de la gran controversia (CS:xi, xii), todo era parte del proceso a través del cual Dios le impartió luz a Su sierva escogida.

Cuando Ellen White dijo: "A veces se me ha permitido contemplar el trabajo, en diferentes épocas, de la gran controversia", ella implica en visiones escénicas. La frase "en dife-

---

[37] Paginación en Inglés.
[38] Paginación en Inglés.

rentes épocas" sugiere no solo muchas visiones, sino que amplios eventos históricos en la saga de, y a lo largo de, un largo periodo de la gran controversia.

En su autobiografía escrita en 1860, Ellen White mencionó dos visiones comprensivas tempranas que abrieron la historia de la gran controversia, pero ella construyó su cuenta primariamente en la visión escénica dada a ella el 14 de Marzo de 1858. De esta visión de dos horas de duración, ella escribió: "En esta visión en Lovett's Grove (Ohio), la mayor parte del asunto de la Gran Controversia que yo había visto diez años antes, fue repetida, y se me mostró que tenía que escribirla". **2 Spiritual Gifts:270**.

Ella hizo eso en la primavera y verano de 1858, dándole a la iglesia su primer libro en Septiembre, el pequeño libro de 219 páginas, Spiritual Gifts, Volumen 1, titulado *La Gran Controversia Entre Cristo y Sus Ángeles y Satanás y Sus Ángeles*.

Cómo le Llegó a Ella la Información.

Mientras, como ya lo hemos observado, Dios empleó diferentes métodos para impartir luz e información a ella a lo largo de su vida, la evidencia es que las representaciones escénicas visuales era el método más frecuentemente empleado para abrirle la historia de la controversia a ella. El lector es urgido a ir a 1 Spiritual Gifts, y gastar algunas horas leyendo todo el libro. Este comienza con tres cortos capítulos introduciendo el tema de la controversia, trazando brevemente la "Caída de Satanás", "La Caída del Hombre", y "El Plan de la Salvación". Entonces, omitiendo la historia del Antiguo Testamento con el nacimiento y ministerio de Cristo y llegando hasta la destrucción del pecado y de los pecadores y llegando hasta la nueva tierra. La historia del Antiguo Testamento es dejada para Spiritual Gifts, Volúmenes 3 y 4. Yo reproduzco aquí unas pocas sentencias del primer volumen, el cual es claramente una fuente primaria de la información que el autor presenta y como la información le llegó a ella.

Página 20: "Vi que los santos ángeles visitan a menudo el jardín, y le dan instrucción a Adán y Eva".

La evidencia es que las representaciones escénicas visuales era el método más frecuentemente empleado para abrirle a ella la historia de la controversia.

Página 21: "Vi una tristeza venir sobre el rostro de Adán".

Página 46: "Entonces vi a Jesús en el jardín con Sus discípulos".

Página 68: "Vi a la guardia Romana... levantarse a sí mismos para ver si era seguro para ellos mirar alrededor".

Página 79: "Después se me mostró a los discípulos mientras ellos tristemente miraban hacia el cielo para captar los últimos vislumbres de la ascensión del Señor".

Página 114: "Se me mostró a Adán y Eva en el jardín".

... Escuché a un ángel preguntar: ¿Quién de la familia de Adán ha pasado la espada refulgente, y ha participado del árbol de la vida?" Escuché a otro ángel responder: Ninguno de la familia de Adán ha pasado la espada refulgente, ni ha participado del árbol".

Página 152-153. "Vi la desilusión de los que confiaban... Entonces vi a los desilusionados mirando nuevamente cariñosamente, y levantaron sus ojos al cielo, mirando con fe y esperanza por la aparición del Señor... Pude ver el trazo de profunda pena en sus rostros".

"El Señor me ha hecho Su humilde instrumento para hacer brillar algunos rayos de preciosa luz sobre el pasado".

Reforzando el concepto de las visiones escénicas hay expresiones que indican que mientras ella veía desarrollos, ella era "llevada" hacia adelante o hacia atrás para ver eventos particulares: "Fui llevada hasta el tiempo cuando Jesús tuvo que tomar sobre Sí mismo la naturaleza humana, humillarse como un hombre, y sufrir las tentaciones de Satanás". Página 28.

Después de escribir sobre la Transfiguración, ella declaró: "Fui entonces llevada hasta el tiempo cuando Jesús comió la pascua con Sus discípulos". Página 44.

Después de escribir sobre la obra de los apóstoles, ella declaró: "Fui llevada hacia adelante al tiempo cuando los crueles idólatras persiguieron cruelmente a los cristianos, y los mataron. La sangre corrió en torrentes". Página 103.

"Fui llevada hacia atrás a los días de los discípulos, y se me mostró al amado Juan, que Dios tenía una obra especial para que él la hiciera". Página 130.

Ellen White empleó una expresión similar al escribir sobre "La Reforma", en la cual Lutero y Melancton son especialmente mencionados: "Se me mostró la sabiduría de Dios al elegir a estos dos hombres, de diferentes caracteres para llevar a cabo la obra de la reforma. Entonces fui llevada de vuelta a los días de los apóstoles, y vi que Dios eligió como compañeros al ardiente y celoso Pedro, y un humilde, paciente y cariñoso Juan". Página 122-123.

Aun cuando en el contexto inmediato ella no declara específicamente que en una representación visual en 1858 ella vio a Lutero y a Melancton, la expresión "fui llevada de vuelta a los días de los apóstoles" parece implicar que desde algún punto de vista, ciertas escenas de la Reforma, ella fue removida por un espacio de 1.500 años para ver otras escenas. En otra oportunidad ella declara claramente: "Eventos en la historia de los reformadores me han sido mostrados". Carta 48, 1894, publicada en Escritos de Ellen G. White:123.

Después de preparar una obra auto-biografiada, 2 Spiritual Gifts, publicada en 1860, ella volvió al escrito de la historia del Antiguo Testamento, reviendo las experiencias de los hombres de antaño que ilustraron la lucha entre las fuerzas del bien y del mal. En su prefacio de 3 Spiritual Gifts, ella declaró: "Al presentar esto, mi tercer pequeño volumen, al público, estoy confortada con la convicción que el Señor me ha hecho Su humilde instrumento para hacer brillar algunos rayos de la preciosa luz sobre el pasado". Página v.

Ella mencionó que "los grandes hechos de fe, relacionados con la historia de los santos hombres de antaño", habían sido abiertos a su visión. Página v.

Ella entonces narró en 3 Spiritual Gifts y en la primera mitad del volumen 4, publicado en 1864, los puntos altos de la historia de la controversia desde la Creación hasta el tiempo de salomón y terminó con un bosquejo sobre el cautiverio de Israel y sobre el Mesías. El volumen 3 tiene el subtítulo "Importantes Hechos de Fe en Relación con la Historia de los Santos Hombres de Antaño". Aparecen pocas declaraciones con "yo vi" y "se me mostró" en el volumen 3 y 4. Pero en algunos puntos vitales esas expresiones fueron usadas.

Escenas testificadas en Visión.

Frecuentes descripciones de eventos en casi cada página, conducen al lector con la ineludible convicción que ella testimonió esas escenas en visión. Esto es especialmente así con relación a la tentación y Caída del hombre y en el Diluvio, sus causas y escenas posteriores.

Al lidiar ella con los días de la Creación, la Caída del hombre, la edad de la tierra, y la relación de la geología con la Biblia, ella hace una referencia directa a la fuente de la visión, declarando "yo vi" (pág. 42), "se me mostró" (pág. 92), y "se me ha mostrado" (pág. 93).

Cinco años después, Carlos Darwin había publicado *El Origen de las Especies*, contrario a la creación y apoyando el proceso evolucionista. Sus teorías ganaron rápidamente terreno e hicieron notables avances en el mundo cristiano. El capítulo "Hechos de Fe" e "Infidelidad Disfrazada" de Spiritual Gifts (pág. 90-96) parecen ser una respuesta directa a la teoría de la evolución.

Resumiendo: Parece evidente que la fuente principal de Ellen White del retrato de la historia de la gran controversia en sus primeros libros pequeños en 1858 y 1864 fueron las visiones. Fuera de estas, desde luego, hubo otros caminos en los cuales Dios iluminó su mente bajo la influencia del Espíritu Santo. Y debiéramos recordar que aun cuando esos términos de "yo vi", "me fue mostrado", etc., no fueron posteriormente usados, esto no necesariamente significa que lo que ella retrató no fue visto en visión.

Mientras ella lidió con los días de la Creación, la caída del hombre, la edad de la tierra y la relación de la geología con la Biblia, ella hizo referencia directa a la fuente de la visión, declarando "yo vi", "se me mostró".

Los Escritos Históricos de Ellen G. White – 2.-

Reescribiendo y Ampliando la Historia de la Controversia.

Es bueno observar la manera en la cual los primeros libros de Ellen White sobre la gran controversia fueron escritos y ampliados.

En su retrato de la historia de la gran controversia, Ellen White usó tres fuentes principales: (1) La Biblia, una fuente inspirada, en la cual ella tenía una confianza incuestionable, (2) las visiones dadas por Dios, que, aun cuando no tocaban en detalle cada fase de la historia, sirvió como una fuente básica, y (3) diversas obras históricas, que, fuera de ampliar su vocabulario y ayudarla a expresar la verdad, proveyeron fechas de los eventos, descripciones geográficas, y algunos detalles y secuencias de la historia de la iglesia. No es incomún que esas obras sugirieran cosas como un vínculo narrativo, una suposición lógica, o una apropiada conclusión. Pero, de las tres fuentes, las repetidas visiones de la controversia proveyeron los materiales básicos.

En 1888, 30 años después de su segunda visión de la gran controversia, ella escribió: "De vez en cuando se me ha permitido contemplar la obra, en diferentes épocas, de la gran controversia". CS:x.

En 1911 ella declaró: "Mientras escribía el manuscrito de la Gran Controversia, a menudo estaba conciente de la presencia de los ángeles de Dios. Y muchas veces las escenas sobre las cuales estaba escribiendo me fueron presentadas nuevamente en visiones de la noche, de tal manera que estaban frescas y vívidas en mi mente". Carta 56, 1911, citado en Los Escritos de Ellen G. White:117.

En 1889, mientras trabajaba en el manuscrito de ---, ella tocó ciertas materias: "Se me han mostrado, durante los 45 años de experiencia, las vidas, el carácter y la historia de los patriarcas y profetas... Pude tener un vívido cuadro en mi mente del día a día de la manera en que los reformadores fueron tratados, como las pequeñas diferencias de opinión parecían crear un frenesí de sentimientos. Así fue en la traición, en la prueba y en la crucifixión de Jesús; todo eso pasó delante de mí *punto por punto*". Carta 14, 1889.

Su terminología aquí es de interés. Ella dice que vio la manera en que los reformadores fueron tratados, y en visiones escénicas la historia sagrada pasó delante de ella "punto por punto". Mientras estaba preparando el manuscrito del DTG a comienzos de la década de 1890, ella confesó: "No se como presentar asuntos en el vivo poder en el cual ellos están delante de mí". Carta 40, 1892, citado en Ellen G. White, Mensajera del Remanente:59.

Tres años después, mientras aun trabajaba en el DTG, ella se refirió a la claridad con las cual las escenas estaban delante de ella: "Mi mente ha estado profundamente agitada sobre muchas cosas. Me parece que la luz del cielo me ilumina, y el Espíritu Santo me trae muchas cosas a mi recuerdo. Importantes puntos de vista están claros en el ojo de la mente, *como si estuviera mirando la escena mientras escribo*". Carta 27, 1895. (Itálicos en el original).

Con respecto a eventos aun en el futuro, ella describió como la segunda venida de Cristo estaba abierta delante de ella: "Pasaron delante de mí escenas de interés tan emocionante y solemne que ningún lenguaje resulta adecuado para describirlas. Todo eso era para mí una viviente realidad.". PE:297.

En 1889, escribiendo de una manera más general, sobre como, a veces, la luz era impartida en visión y también como asuntos olvidados fueron traídos a su mente, ella declaró: "Surge la pregunta:¿Cómo sabe la hermana White con relación a los asuntos de los cuales ella habla tan decididamente, como si ella tuviera autoridad para decir esas cosas? Yo hablo así porque esas cosas relampaguean en mi mente cuando en perplejidad alumbran de una nube oscura con la furia de una tormenta. Algunas escenas presentadas delante de mí hace varios años atrás, no han sido retenidas en mi memoria, pero cuando la instrucción dada es necesaria, algunas veces aun cuando estoy delante de las personas, el recuerdo viene en forma aguda y clara, como un relámpago de luz, trayéndome a la mente en forma distinta esa instrucción en particular. En esas veces no puedo refrenarme de decir las cosas que relampaguean en mi mente, no porque haya tenido una nueva visión, sino porque lo que me fue presentado, tal vez años atrás, ha sido recordado a mi mente con fuerza". Manuscrito 33, 1911 (18 de Marzo de 1889).

En una entrevista en 1907, ella contó como la luz a menudo venía a ella: "Ahora tengo luz, mayormente durante la noche, como si todo el asunto se estuviese llevando a cabo, y yo lo veo, y... estoy escuchando la conversación". Manuscrito 105, 1907.

Y no solo fue en visiones de la noche que las visiones escénicas pasaron delante de ella. Un par de mese antes, ella había escrito: "Cuando estoy usando mi pluma, se me dan maravillosas representaciones del *pasado, presente y futuro*". Carta 86, 1906.

El Testimonio de W. C. White.

William C. White, hijo de james y Ellen White, nos da algunos vislumbres interesantes adicionales. Después de la muerte de su padre, él asistió a su madre durante 35 años en sus viajes y en la preparación y publicación de sus escritos. Analizando el libro CS y la manera en que la luz le vino a ella, concerniente a los eventos históricos, él declaró en una declaración totalmente aprobada por Ellen White, como representando correctamente el asunto: "Las cosas que ella ha escrito, son descripciones de cuadros centelleantes" y otras representaciones dadas a ella relacionadas con las acciones de los hombres, y la influencia de esas acciones sobre la obra de Dios para la salvación de los hombres, con puntos de vista sobre la historia pasada, presente y futura en su relación con esta obra". CS:4, edición de 1911, Documento del White Estate Archivo #85, citado en los Escritos de Ellen G. White:33.

Otra declaración de la pluma de W. C. White arroja luz sobre visiones escénicas que muestran eventos históricos: "Las cosas reveladas a la hermana White no le fueron dadas a ella como la repetición de una historia que ella tuvo que repetir. En visión ella parecía estar mirando a través de una gran apertura en el cielo y ella vio multitudes de personas en acción, y los ángeles de Dios ministrándoles. No se le dio a ella el lenguaje. Muchas veces ella recordó lo que el ángel dijo, pero muchas veces ella tuvo que describir lo que había visto, lo mejor que ella pudo. A medida que la obra avanzaba, y ella la preparaba una y otra vez, su descripción era más completa". W. C. White, en Documento del White Estate, Archivo 107-g.

Ni tampoco eran las revelaciones a Ellen White uniformes en cobertura. Concerniente a esto, W. C. White escribió: "La estructura del gran templo de la verdad sostenido por sus escritos, le fue presentado a ella claramente en visión. En algunas características de esta obra, la información le fue dada en detalle. Con relación a algunas características de la revelación, tales como la característica de la cronología profética, con relación a la ministración en el santuario y los cambios que sucedieron en 1844, el asunto le fue presentado a ella muchas veces y en detalle muchas veces, y esto la capacitó para hablar muy claramente y muy positivamente con relación a los pilares fundamentales de nuestra fe.

"En algunos de los asuntos históricos, tales como en PP y en HAp, y en el CS, las líneas principales le fueron dejadas bien claras a ella, y cuando ella vino a escribir sobre esos tópicos, ella fue dejada para que estudiara la Biblia y la historia apara que obtuviera las fechas, y las relaciones geográficas y para que perfeccionara sus descripción". Carta a L. E. Froom, 13 de Diciembre de 1934, citado en Espíritu de Profecía, vol. 4, 1884, facsímile, Suplemento:539.

El punto anterior de W. C. White, concerniente a diferencias en detalles y concerniente a la frecuencia de la presentación, queda clara cuando uno compara lo que Ellen White escribió basada en la visión de 1858, con sus escritos posteriores. Mientras los primeros escritos tocaron punto de vital importancia, ellos omitieron muchos otros de menor consecuencia. Ella relató en 12 páginas lo que se le mostró a ella sobre la Caída de Satanás, la Caída del hombre y el plan de salvación. Entonces ella fue "llevada al tiempo cuando Jesús tuvo que tomar sobre Sí mismo la naturaleza humana" (1 Spiritual Gifts:28). Después de describir Su nacimiento, bautismo, tentación, conflictos en Su ministerio, y la Transfiguración, en 28 páginas, ella declaró que había sido "llevada" a la Pascua. Los eventos vitales de la historia de la controversia, la pascua, la traición de Cristo, la prueba, la crucifixión, la resurrección y la ascensión, aparentemente le fueron reveladas con un cierto grado de detalle, porque 37 páginas fueron devotadas a la descripción. Subsecuentes visiones llenan toda la narrativa.

Al reconstruir ciertas características menos importantes de la historia del Antiguo Testamento, ella trazó la narrativa muy resumidamente y empleó extensas citas de las Escrituras para llenar la cuenta. (Ver 3 Spiritual Gifts:252-253; 261-266; también el volumen 4:16-18, 20-21). Este procedimiento fue a veces seguido en algunos de sus libros.

La porción del Antiguo Testamento de la historia de la controversia presentada en las 372 páginas de Spiritual Gifts, volúmenes 3 y 4, en 1864, mencionado la semana pasada, se convirtió en la base del Espíritu de Profecía, volumen 1, seis años más tarde. Fue un libro de 414 páginas, y fue eventualmente expandido en PP en 1890.

Los materiales de la vida de Cristo y la historia de la iglesia primitiva fueron grandemente ampliados a tiempo de 87 pequeñas páginas en el libro de 1858 a 810 páginas del Espíritu de Profecía, volúmenes 2 y 3, publicados en 1877 y 1878. La historia post-bíblica llenó 117 páginas en el libro de 1858 el cual creció a 486 páginas en el Espíritu de Profecía, volumen 4, en 1884. Cuando el pequeño libro fue publicado había menos de 2000 guardadores del Sábado Adventistas. A medida que la iglesia creció y el stock de los primeros libros se agotó, hubo una demanda por más libros. No solo pudieron ser manejados libros mayores por Ellen White fue capaz de dar presentaciones más completas. Eventualmente las 572 páginas de las primeras impresiones del total alcance de la historia de la controversia en los libros pequeños que aparecieron en 1858 y 1864 crecieron a 1.710 páginas en los cuatro volúmenes del Espíritu de Profecía de 1870 a 1884. Esto constituyó la segunda presentación de la historia de la controversia.

Libros Para Vender de Puerta en Puerta.

Durante este periodo comenzó la historia del ministerio de los colportores de la iglesia, y se vio que los libros que presentaban esta historia podrían muy bien formar parte de la literatura ASD para ser distribuidos ampliamente para venderlos de puerta en puerta. Ellen White sintió que una considerable ampliación y algunas adaptaciones de palabras para hacerlas más apropiadas para el público en general fue llevada a cabo. También, en una forma ampliada posterior, la iglesia sería bien servida. Entonces los libros crecieron en tamaño y en número hasta nuestro actual de la Serie del CS. El CS en 1888, con sus 678 páginas; PP en 1890, con 755 páginas de texto; las 835 páginas del DTG en 1898; Los Hap en 1911, que tiene 602 páginas; y finalmente PR al final de la vida de Ellen White, con 733 páginas. Fuera de esto, el DMJ y PVGM fueron publicados.

En los re-escritos y ampliaciones sin una referencia directa, fue establecido el hecho que los materiales estaban basados sobre visiones. Con los lectores no Adventistas en mente, Ellen White a propósito se refrenó de usar frases tales como "yo vi" y "me fue mostró", considerando mejor no llamar la atención de los lectores lejos de las verdades presentadas. Así, mientras el pequeño libro de 1858 estaba repleto con recuerdos de la fuente de la visión, solo unas pocas expresiones fueron incluidas en el Espíritu de Profecía, volúmenes 1 al 4 (1870-1884), y ninguno de los cinco libros del Conflicto que siguieron.

El libro de la Gran Controversia Entre Cristo y Satanás fue publicado en la primavera de 1888 y revisado en 1911, bajo la dirección de Ellen White, con pequeños cambios en las palabras en algunos lugares. Este libro traza la historia post-bíblica del conflicto desde la destrucción de Jerusalén hasta la nueva tierra y se convierte en una parte importante de la gran apostasía de la iglesia primitiva cristina, seguido por la Reforma del siglo XVI. Tal como se observó la semana pasada, en el libro de 1858, un capítulo de cinco páginas, y en el libro ampliado de 1888, es cubierto el mismo terreno en 228 considerables largas páginas sobre el asunto, doblando al texto previo.

Interés en la Historia de la Reforma.

Cualquier cosa que le haya sido presentada a Ellen White en 1858 sobre la Reforma del siglo XVI como una parte del tema de la gran controversia creó un inmediato interés en los corazones tanto de James como de Ellen White en la historia de la Reforma. En su declaración de 1911 con relación al escrito de ---, W. C. White nos informa: "Cuando yo era apenas u niño, la escuché a ella leer La Historia de la Reforma de D'Aubigne a mi padre... Ella ha leído otras historias de la Reforma". Entonces él explica: "Esto la ha ayudado a localizar y a describir muchos de los eventos y los movimientos presentados a ella en visión. Esto es de alguna manera similar a la manera en que el estudio de la Biblia la ayudó a localizar y a describir las muchas representaciones figurativas dadas a ella con relación al desarrollo de la gran controversia en nuestro día entre la verdad y el error". Documento del White Estate, Archivo #85, citado en Los Escritos de Ellen G. White:33.

Cuando a comienzos de 1888 ella llevó a cabo la primera ampliación de su escrito sobre la parte post-bíblica de la historia de la controversia, ella lidia extensamente con la Reforma y en particular con la experiencia de Martín Lutero como la exhibición primaria de los asuntos del conflicto en el siglo XVI. Las experiencias de los reformadores, tanto antes como después de Lutero, completaron ese segmento de la historia. Pero la cuenta de la obra de Lutero y Melancton llenó 76 de las 128 páginas de la Reforma. Aun esto fue básicamente una condensación de 18 de sus artículos que aparecieron en ST un año antes, en 1883.

No era incomún, cuando Ellen White tenía un libro en mente, para ella escribir ampliamente sobre una fase del tópico en una serie de artículos que fueron publicados de una vez en uno de los diarios de la iglesia. Posteriormente serían condensados para publicarlos en un libro, dándole atención a una proporción adecuada de espacio que pudiera ser devotado al tópico en particular, tal como aparecería en el volumen ya terminado. Este procedimiento muestra especialmente en la preparación de PR, donde extensas series de artículos sobre Esdras, Nehemías, Daniel, etc., fueron publicadas en diarios de la iglesia, antes que apareciera el libro.

Los Escritos Históricos de Ellen G. White – 3.

Fuentes Históricas y la Serie del Conflicto.

Porciones reservadas de los borradores originales de Ellen White sobre la Gran Controversia, demuestran su uso de las obras históricas en la Serie del Conflicto.

Alguien puede sentir que en su obra de trazar la "historia de la controversia en las épocas pasadas" Ellen White debe haber ignorado todos los registros históricos y debe haber colocado solo lo que pudo construir de lo que había visto en visión. Un punto de vista así implica un concepto de inspiración mecánico y dictatorial, de acuerdo con el cual las mismas palabras de Ellen White deberían ser usadas deben haberle sido impartidas. Sin embargo, ni ella ni sus asociados sostuvieron ese punto de vista, ni tampoco la IASD.

En la sesión de la Conferencia General de 1883, se registró la siguiente declaración: "Nosotros creemos que la luz dada por Dio a Sus siervos es por la iluminación de la mente, impartiendo así los pensamientos y no (excepto en raros casos) las mismas palabras donde las ideas debían ser expresadas". RH, 27 de Noviembre de 1883, citado en Mensajera del Remanente:65.

Hay una fuerte evidencia, interna, y también externa, que las escenas de la historia de la controversia, tal como ellas pasaron delante de Ellen White en visión, proveyeron la estructura básica de la narrativa, y probablemente muchos de los detalles, también. Sin embargo, está faltando la evidencia de que todos los detalles, o aun todas las frases de la historia, le fueron así reveladas a ella, especialmente en asuntos de menor importancia o de puro significado secular. Así, mientras ella trazaba la historia, ella hizo uso de los "registros" del pasado.

Y, como, tal como ella lo declaró, "soy tan dependiente del Espíritu del Señor para relatar o escribir una visión, como para tener la visión" (2 Spiritual Gifts:293), parece lógico asumir que el sentimiento de los detalles de la narrativa de fuentes aceptables, estaba en total armonía con los mandatos del Espíritu Santo para trazar la historia de la gran controversia.

En verdad, en su introducción de la Gran Controversia, ella señaló que: "Los grandes eventos que han marcado el progreso de la reforma en las épocas pasadas son asuntos de la historia, bien sabidas y universalmente reconocidas por el mundo Protestante; ellos son hechos que nadie puede negar". CS:xi. Entonces ella explica: "Esta historia la he presentado brevemente, de acuerdo con el alcance del libro, y la brevedad que debe ser observada necesariamente, los hechos que se han condensado en el pequeño espacio que parece ser consistente con el adecuado entendimiento de su aplicación". CS:xi-xii.

Ella fue un paso más adelante en sus explicaciones observando: "Donde un historiador ha agrupado eventos para proporcionar, brevemente, un comprensivo punto de vista sobre el asunto, o ha resumido detalles de una manera conveniente, sus palabras han sido citadas… debido a que sus declaraciones permiten una presentación lista y forzada sobre el asunto". CS:xii.

W. C. White recerca que, mientras Ellen White estaba escribiendo sobre la historia de la Reforma, ella llegó al hogar un día de la librería de la RH, donde ella trabajaba a menudo, y le dijo a su esposo que estaba especialmente impresionada por el Espíritu de Dios para mirar en cierto volumen, donde sus ojos cayeron rápidamente en un pasaje que era de especial ayuda para ella (W. C. White a L. E. Froom, 13 de Diciembre de 1934).

En lo principal, los papeles de trabajo envueltos en la preparación del CS de Ellen G. White, no habían sido preservados. A lo largo de los años, la Sra. White viajó mucho y de tiempo en tiempo se cambió de residencia desde un lugar a otro de los Estados Unidos y a Europa y a Australia, y entonces de vuelta a los Estados Unidos. Aparentemente fue asumido que después que un manuscrito había recibido su aprobación final y el libro impreso había sido aceptado por ella, no había ningún propósito de mantener las masas de papeles que pudieran servir para un servicio futuro.

Sin embargo, tenemos una pequeña cantidad de sus manuscritos originales sobre la experiencia de Martín Lutero, y eso nos capacita para trazar los pasos de preparación de uno de los capítulos del CS.

Es un manuscrito de 51 páginas, escrito en papel de aproximadamente 5 ½ por 8 ½ pulgadas. Un lado de cada hoja está impreso con un manuscrito, y el otro lado lleva una porción de un catálogo impreso por la Pacific Press.

Este manuscrito comienza justo cuando Lutero está dejando la Dieta de Works y continúa con un relato de su secuestro y su reclusión en el castillo de Wartburg. La última parte del manuscrito es dedicado a un extenso análisis de sus esfuerzos para salvar a la Reforma de los excesos de varios entusiastas, con comparaciones hechas a las experiencias a través de las cuales pasaron los primeros ASD en sus encuentros con fanáticos.

Las primeras páginas de este manuscrito fueron publicadas en ST, el 11 de Octubre de 1883, en un artículo titulado "Lutero en Wartburg". La relación entre el borrador del manuscrito y este artículo es muy cercana. En una forma condensada, el material apareció en 4 Spiritual Gifts de 1884, como una parte del capítulo "Lutero Delante de la Dieta", y fue colocado en el capítulo con el mismo título en la ampliación de 1888.

Es obvio que mientras la Sra. White tomó la pluma para escribir los capítulos sobre las experiencias de Lutero, ella consultó libros a mano y eligió seguir lo escrito por los historiadores, empleando algunas veces sus palabras para describir eventos. Al mismo tiempo ella entremezcló esas citas y paráfrasis con vislumbres sobre lo significativo de ciertos eventos, y con lecciones espirituales. Al recontar la narrativa histórica, al parecer ella siguió a menudo muy de cerca la historia de la Reforma de D'Aubigne, el autor que ella y su esposo había leído una o dos décadas antes. Ella estaba encantada cuando encontró una condensación de esta obra en el libro de Charles Adams *Palabras Que Chocan al Mundo*, publicado en Nueva York en 1858. De esto ella se dejó una copia para su librería personal. Es un volumen de 333 páginas que se dice que son "cuadros de la gran reforma extraído principalmente de sus propios dichos", presentados en "un estilo y brevedad adecuados para lectores jóvenes". Adams declara que su principal fuente fue D'Aubigne.

Los manuscritos de la Sra., White muestran que ella hizo uso de las obras de los historiadores, y ese material, más su único material representado en vislumbres especiales y en lecciones espirituales, son, en gran parte, llevados al capítulo tal como fue publicado en sus libros de 1884 y 1888.

Otro manuscrito significativo que es relatado en el CS es uno de 75 páginas escrito por Ellen White mientras ella estuvo en Europa.

Luego después de llegar allí en el Otoño de 1885, le fue dicho a ella que preparara la distribución en Europa del Espíritu de Profecía, volumen 4, presentando la historia post-bíblica de la controversia. Este requerimiento hizo con que ella viera la necesidad de presentar un tratado más amplio de los más prominentes Reformadores Europeos, que ya habían sido presentados en el libro de 1884. Mientras ella fue capaz, con la ayuda de sus asistentes literarios, ella llevó a cabo esta ampliación. Residiendo en Basilea, Suiza, ella usó las historias disponibles de la librería de J. N. Andrews.

Un área que hizo necesaria una ampliación, fue el tratamiento de Huss y Jerónimo. Al preparar el libro que sería leído por los Europeos, los cinco párrafos, que comprendían tres páginas, parecían ser demasiado cortos. Esto hizo con que ella preparara manuscritos para expandir el trabajo. Ella condensó materiales de Wylie y de otros y los intermezcló con lecciones espirituales y comentarios de porciones que ella había usado. Al hacerlo ella produjo un manuscrito de un largo tal, que en un punto se pensó que iba a tener dos capítulos para Huss.

El Manuscrito de Huss.

El manuscrito de Huss en general, es similar al manuscrito de Lutero escrito cuatro o cinco años antes, excepto en que da evidencia de haber sido preparado con gran prisa para enfrentar la presionada demanda para ampliar el libro, una obra llevada a cabo en sus viajes y ministerio de Europa. La escritura, el uso de letras mayúsculas, la puntuación y la caligrafía quedaron muy por debajo de la norma de lo que ella era capaz de hacer, lo cual ella demostró a menudo. El manuscrito era copioso, porque, tal como se dijo antes, no era usual que Ellen White, en un borrador inicial, escribiera más de lo que era necesario en el plan final de un libro o capítulo.

Al final, se sintió que solo se podía dedicar un capítulo a Huss y a Jerónimo, si el equilibrio adecuado del libro iba a ser mantenido. Así, la presentación fue substancialmente reducida.

Presionada durante para compromisos de viajes, Ellen White confió esta tarea a Marian Davis, su dedicada y talentosa asistente literaria, la cual aun estaba trabajando en Basilea. Ese procedimiento no era inusual en la preparación de sus libros. Después que la obra editorial preparada de esta forma estuvo completa, fue cuidadosamente examinada por Ellen White para determinar que representara adecuadamente su intención. Hizo cambios donde creyó necesario, y ella misma los escribió. Infelizmente, por razones de espacio, la mayor parte de las lecciones espirituales que ella había colocado en el manuscrito de Huss, no pudieron ser incluidas. Esto dejó el registro histórico como una parte de toda la narrativa de la gran controversia.

Además de su explicación en su introducción de la Gran Controversia, de cómo ella copió de los historiadores, tenemos la explicación de su hijo W. C. White, el cual, en 1904, en un tiempo en que ella estaba activamente comprometida en producir sus libros, escribió: "Mamá escribe muy rápido. Ella escribe en la mañana, esforzándose para colocar en papel un cuadro de las cosas que le relampagueaban en la mente como una vista panorámica de los movimientos de las naciones, o comunidades, de iglesias y de individuos...

"En la escritura de su libro, ella a veces encuentra muy difícil y laborioso colocar en un lenguaje las escenas que le son presentadas; y cuando ella ha encontrado el lenguaje en otro una correcta presentación del pensamiento que le fue presentada a ella, a veces ha copiado sentencias y párrafos, sintiendo que tenía el perfecto derecho a hacerlo; que tenía el privilegio de usar las declaraciones correctas de otros escritores, de las escenas que le han sido presentadas a ella". W. C. White Carta a J. J. Gorrell, 13 de Mayo de 1904.

Los registros del White estate indican que este procedimiento fue seguido en cierta extensión en la producción de todos los libros del Conflicto, pero especialmente en la Gran Controversia.

Bosquejos de la Vida de Pablo.

En 1883 Ellen White fue presionada para proveer un pequeño volumen sobre la vida de Pablo como lección de la escuela sabática para 1883 y 1884. Al preparar este libro, *Bosquejos de la Vida de Pablo*, ella tenía delante de ella el bien conocido volumen *La Vida y Epístolas de San Pablo*, producido por dos clérigos Británicos, W. J. Conybeare y J. S. Howson. Este libro la ayudó especialmente para darle descripciones geográficas e históricas, y ella sacó de ahí algunas palabras y frases, pero no sentencias completas. Algunas de las mismas lecciones espirituales son enfatizadas en el libro de Ellen White tal como se encuentran en el libro Británico.

El libro de Conybeare y Howson era bien conocido y circulaba ampliamente entre los ASD, y la Sra. White, en conexión con un aviso sobre eso en ST, recomendó altamente su lectura.

También está claro que en el tiempo en que ella escribió Bosquejos de la Vida de Pablo, ella tenía delante de sí el libro de F. W. Farrar *La Vida y la Obra de San Pablo*, porque ella sacó alguna fraseología de ese libro, una obra que a su vez fue sacada de Conybeare y Howson sin darle crédito. Esta no era una práctica incomún entre comentaristas bíblicos.

¿Debido a las reglas que nos gustaría imponer como un gobierno apropiado para la obra de una persona inspirada excluye su uso de algunas palabras o expresiones de otra a medida que él o ella construye una estructura literaria efectivamente para representar una descripción geográfica, un relato de eventos, o para proyectar una importante verdad que es traída a su mente por el Espíritu Santo? Si es así, no pocos de los escritores de la Biblia se quedan cortos con las reglas que queremos imponer. Y en el caso de Ellen White, ¿hay alguna virtud particular en insistir que todas las palabras y términos que ella empleó sean estrictamente originales?

Comentarista muy estimados en su tiempo, y desde entonces, sostienen que la verdad es propiedad común, y que no hay ninguna violación de principio al emprestar una cosa de otro. De esto, Ingram Cobbin, en el prefacio de su "Comentario Condensado" declaró: "Todos los comentaristas han sacado largamente de los padres, especialmente de San Agustín, y la mayoría de ellos han hecho una propiedad general de Patrick, Lowth y Whitby. Pool ha agotado a los escritores continentales; Henry ha hacho algo muy libre con Bishop Hall y otros; Scout y Benson han enriquecido sus páginas abundantemente de Henry; Gill ha traducido el espíritu de la 'Sinopsis' de Pool, pero él le da generalmente su autoridad; Adam Clarke y Davidson han estado muy en deuda con los mejores críticos, aun cuando los anteriores no siempre mencionan sus obligaciones, y el último nunca". *El Comentario Condensado y la Exposición de la Familia de la Santa Biblia* (Londres: William Tegg, 1863), Prefacio, pág. iv.

Material Constructor en las Manos del Profeta.

Alguien puede preguntar si el uso de la Sra. White de escritos de otros, les imparte un aura de inspiración a esos escritos así usados. La respuesta es que no. La verdad es verdad, y en ese uso hecho por un escritor inspirado ellos son apenas materiales de construcción en las manos del profeta.

La siguiente pregunta que puede ser hecha es: ¿Habría sido posible que alguna inexactitud que se haya deslizado en las descripciones de los eventos históricos de Ellen White o de los historiadores de donde ella citó, pudieran estar errados en algunos puntos de detalles, y así, Ellen White, no haya sido especialmente informada, y se haya permitido que estos errores se deslizaran en su narrativa? A menos que afirmemos más de ella que de los escritores bíblicos, l respuesta tendría que ser afirmativa, pero esto no invalida la inspiración de los escritos proféticos. En los tiempos de antaño los escritores sagrados, trabajando bajo la superintendencia del Espíritu Santo, pueden haber incluido en sus manuscritos mientras los escribían, lo que podría ser (por una definición moderna) una discrepancia. Pero yo enfatizaría que, aun cuando puedan existir unas pocas discrepancias como esas, eso de ninguna manera invalida la inspiración de la Palabra de Dios o su exactitud y seriedad.

Similarmente, en el caso de Ellen White podemos señalar algunas discrepancias en asuntos de pequeña consecuencia.

Por ejemplo, ella escribió una vez: "'El amor de Cristo nos constriñe', declaró el apóstol Pedro". RH, 30 de Octubre de 1913. Ella debió haber dicho, desde luego, "Pablo" y no "Pedro". Al relatar la Masacre de San Bartolomé en Francia (Ver CS:272-273[39]), en su primer escrito publicado en 1888, ella declaró que el sonar de las campanillas del palacio era la "señal para la matanza". Cuando posteriormente ella aprendió que los historiadores diferían, donde algunos decían la "campanilla del palacio" y otros decían "la campana

---
[39] Paginación en Inglés.

de la iglesia de San Germán" al frente de la calle, y otros decían el "palacio de justicia" a la vuelta de la esquina, ella modificó las palabras en 1911 para decir: "Una campana tocando en la muerte de la noche era la señal para la matanza". (Ver CS:272).

No era su intención tratar de solucionar los finos puntos de diferencia entre los historiadores. Sobre esto, su hijo, W. C. White, escribió: "Cuando fue escrito la Controversia, mamá nunca pensó que los lectores la tomarían como una autoridad sobre fechas históricas o que la usarían para solucionar controversias relacionadas con detalles de la historia, y ella no siente ahora que debiera ser usada de esa manera". W. C. White a W. W. Eastman, 4 de Noviembre de 1912. Citado en Los Escritos de Ellen G. White:34.

En este punto hemos estado considerando las fuentes de Ellen White para los libros del Conflicto, y especialmente La Gran Controversia. Hemos visto como Dios repetidamente le abrió a ella en visión la historia de la gran controversia y como ella trabajó para trazar el cuadro del trasfondo de la historia del pasado. Pero el verdadero mensaje de estos libros es lo que ellos significan para el futuro, el resultado final de los planes y propósitos de Dios.

En la segunda mitad de ---, el volumen clímax de la serie, encontramos a la sierva escogida por Dios proclamando el retorno de nuestro Señor, y seguimos la historia de la iglesia remanente de Dios desde sus comienzos en las oscuras horas de la desilusión hasta su glorioso triunfo, finalmente testimoniando la venida del Señor y la recompensa de todos los que son fieles. Es una historia emocionante, llena de vital información y de guía divina para el pueblo que vive en los últimos días de la tierra.

Contiene Instrucción que Dios le ha Dado.

"El Espíritu Santo trazó estas verdades en mi corazón y en mi mente", escribió ella sobre el CS, PP y ---, "tan indeleblemente como la ley fue trazada por el dedo de Dios, sobre las tablas de piedra". El Ministerio del Colportor:126.

Ella también dijo: "La hermana White no es el originador de estos libros. Ellos contienen la instrucción que durante su vida Dios le ha dado a ella. Ellos contienen la preciosa y reconfortante luz que Dios le ha dado graciosamente a Su sierva para que le sea dada al mundo. De sus páginas esta luz debe brillar en los corazones de los hombres y mujeres, conduciéndolos al Salvador". El Ministerio del Colportor:125.

Ocasionalmente se ha preguntado si esos empréstimos literarios de Ellen White no debieran ser considerados como plagio. La práctica aceptada por los historiadores, y especialmente de los escritores religiosos del siglo XIX, indica que los procedimientos seguidos por ella eran comunes. Ver Ellen G. White y Sus Críticos en "Los Empréstimos Literarios de la Sra. White" (pág. 403-467) para un análisis apoyado por un documento.

El teólogo Británico Dr. Henry Alford, Decano de Canterbury, en su libro *El Nuevo Testamento Para Lectores Ingleses* (1865), analiza extensamente "La Inspiración de los Evangelistas y Otros Escritores del Nuevo Testamento". Ver Apéndice B en *Los Escritos de Ellen G. White*.

Los Escritos Históricos de Ellen G. White – 4.

Escribiendo sobre la Vida de Cristo.

Abrumada por la magnitud de la obra de escribir sobre la vida de Cristo, Ellen White sintió agudamente su falta de habilidad. Ella dijo: "Voy a intentarlo, si el Señor me ayuda, a los 45 años de edad, para convertirme en una erudita en la ciencia (de escribir)".

Después de la publicación del Espíritu de Profecía, volumen 1, en 1870, James y Ellen White volvieron su atención a un segundo libro de 400 páginas. Este lidiaría con la historia del Nuevo Testamento, la vida de Cristo y la obra de los apóstoles. Un tercer volumen, también de 400 páginas, lidiaría con la historia post-bíblica, continuando hasta el fin del tiempo.

El 1 de Enero de 1873, encontró a James y Ellen White en la Costa Este, donde Ellen White comenzó a escribir sobre la vida de Cristo. En reuniones el próximo fin de semana, realizadas en la iglesia Bautista en Petaluma, ella habló el domingo en la mañana sobre la tentación de Cristo en el desierto y sintió la "fuerza del asunto".

Sin embargo, debido a que en ese tiempo su esposo, que la había animado a escribir y que a menudo la asistía preparando material para la imprenta, estaba enfermo durante largos periodos debido a un trabajo excesivo, y ella decidió una semana más tarde, enfrentar la situación espontáneamente. Hasta que adquirió las habilidades que ella sintió que tenía que tener, ella discontinuaría sus escritos sobre la vida de Cristo. Así como estaba, ¿cómo podría ella lidiar con esos temas tan sublimes? "Estoy pensando", escribió ella en su diario, "que tengo que dejar a un lado mis escritos, en los cuales he tenido tanto placer, y ver si no puedo convertirme en una erudita. Yo no soy una gramática. Voy a intentarlo, si el Señor me ayuda, una persona de 45 años de edad, a convertirme en una erudita de la ciencia (de escribir). Dios me va a ayudar", declaró ella. "Yo creo que Él lo va a hacer". Manuscrito 3, 1873. pág. 5.

Con una educación formal de solo tres años, ella siempre sintió su inadecuación para escribir. No mucho antes de esto, ella urgió a sus niños sobre la importancia de estudiar a ser buenos escritores (Carta 28, 1871). Sus libros, sus artículos, y sus cartas y manuscritos revelan que desde el mismo comienzo de su obra literaria, su escritura era clara y enérgica, y sus mensajes llevaban un estilo distintivo.

Una lectura de PE, escrito durante los primeros años, revela un vocabulario modesto y una estructura simple de las sentencias. Libros y artículos posteriores muestran un desarrollo en las habilidades literarias. Esto vino al ella ayudar a su esposo a corregir las hojas de prueba para la RH y otras publicaciones, mientras ella leía, y mientras ella se mezclaba con personas en el día a día en el hogar y en sus viajes. Constantemente, tal como lo hacen muchos escritores, ella tomaba asuntos en su mente y se esforzaba para encontrar la mejor y más convincente manera de expresar la verdad.

Ya habían aparecido diversos artículos en la Review, comenzando en Diciembre de 1872, tal como "El Primer Advento de Cristo". Felizmente, aun cuando sentía su inadecuación, ella no le dio cabida a sus sentimientos, sino que en forma intermitente, durante los próximos pocos años, ella escribió y publicó artículos sobre la vida y enseñanzas de Jesús. Esto terminó en Abril de 1875, con una serie de "La Tentación de Cristo".

Un años más tarde, las circunstancias eran más favorables para escribir. Ellen White estaba nuevamente en la Costa del Pacífico en su nuevo hogar en Oakland, California. Ella tenía una buena ayuda literaria en su sobrina, Mary Clough, una talentosa joven mujer, la hija de su hermana Carolina. Mary era una sincera cristiana, pero no había aceptado el séptimo día Sábado.

James White estaba en el Este, asistiendo a la sesión de la Conferencia General y cuidando de otros deberes como presidente de la Conferencia General. Viendo una oportunidad de poder continuar con sus escritos sobre la vida de Cristo, Ellen White decidió que a menos que el Señor la dirigiera, ella se concentraría en ese proyecto.

Posteriormente, en Marzo, ella le escribió a su esposo: "Mary Clough y yo haremos todo lo que podamos para llevar adelante la obra de mis escritos. No consigo ver ninguna luz brillando en Michigan para mí. Este año siento que mi obra es escribir". Carta 63, 1876.

"Disfruto de la presencia de Dios", ella le aseguró a James. "Estoy escribiendo y tengo libertad para escribir. Estoy manejando preciosos asuntos. El último que completé… (fue la historia de) Jesús sanando al hombre impotente en el estanque de Betesda". Carta 1, 1876.

Los primeros borradores de sus materiales fueron sus propios manuscritos. Mary editaría las páginas cuidadosamente, y las colocaría en la forma de un capítulo. Desde luego, la obra terminada también estaba en la forma de un manuscrito, porque era seis o siete años antes que apareciera la primera máquina de escribir en la obra de la Sra. White. Cada mañana ella escribía diligentemente en su cuarto superior. Después del almuerzo, ella iba al cuarto de Mary Clough, se sentaba en el sofá, y escuchaba mientras Mary leía el material preparado por ella en la forma de manuscritos. Ella descansaba o salía a pasear en un carruaje en la tarde, tal vez escribía algunas pocas palabras, y entonces nuevamente en la tardecita, iba nuevamente al cuarto de Mary para escuchar más. Debido a que ambas mujeres trabajaban tan cerca, la Sra. White habla de "nosotras" estamos haciendo, queriendo decir que la obra que ella y Mary estaban haciendo juntas. Algunos años después ella explicó el uso del término "nosotras": "Mis ayudantes y yo somos co-obreras para enviar la luz que me ha sido dada como una bendición para el mundo". Carta 170, 1906.

Confianza tanto en la Ayuda Humana como en la Ayuda Divina.

La Sra. White se sintió perfectamente confiante tanto en la ayuda humana como en la divina: "Los preciosos asuntos abiertos a mi mente", escribió ella a comienzos de Abril. (Carta 4, 1876).

Mientras ambas mujeres trabajaban juntas con un propósito dedicado, pareciera que tenían a mano diversas obras de referencia normal de otros autores, tales como *La Vida de Cristo* de William Hanna, *La Vida y Obra de Cristo* de Cunningham Geikie, y posiblemente otras. El producto terminado tal como fue publicado, da evidencia que hicieron algún uso de *La Vida de Cristo* de Hanna.

Un día Ellen White le informó a su esposo: "Mary ha estado leyéndome dos artículos, uno de los panes y de los peces, (y otro) de Cristo caminando en el agua... Esto toma 50 páginas y contempla muchos asuntos. Yo creo que es lo más precioso que he escrito. Mary está muy entusiasmada con eso. Ella piensa que es del más alto valor...

"Interesante asuntos están continuamente siendo abiertos en mi mente. Estos asuntos de los cuales hablo, se apresuran en la mente de Mary". Carta 13, 1876.

Y, en verdad, el hablar en público de la Sra. White durante este periodo, también hizo parte del proceso revelatorio. Mientras trabajaba en el capítulo de la alimentación de los 5000, ella le habló a una gran congregación local, tocando el asunto, y ella dijo: "El asunto de los panes y de los peces... Todos ellos escucharon con los ojos bien abiertos", informó ella, "y algunos (con) las bocas abiertas". Carta 9, 1876.

Escribiéndole a Lucinda Hall, ella declaró: "Tengo una obra especial en este tiempo para escribir las cosas que el *Señor me ha mostrado*... Tengo una obra que hacer que ha sido una gran carga para mi alma. Tan grande, que solo el Señor la conoce.

Nuevamente, necesito tiempo para que mi mente se calme y se componga. Quiero tener tiempo para meditar y orar mientras me introduzco en esta obra... Esta es una gran obra, y me siento como llorándole a Dios todos los días por Su Espíritu Santo para que me ayude a hacer bien esta obra". Carta 59, 1876.

Estudios bíblicos, visiones, oraciones, meditaciones, análisis con su asistente literaria, y hasta "pensamiento intenso", todo bajo la superintendencia general del Espíritu Santo, esta envuelto en la escritura. "Siento una gran paz y tranquilidad de mente", ella observó. "Al parecer no hay nada confuso que pueda distraer mi mente, y con un pensamiento tan intenso, mi mente no puede estar perpleja con nada que sea agotador. Carta 13, 1876.

"No puedo hacer un negocio precipitado", escribió ella. "Esta obra tiene que ser hecha cuidadosamente, lentamente, y en forma exacta. Los asuntos que hemos preparado han sido bien hechos. Ellos me agradan". Carta 14. 1876.

Cuando, a fines de mayo de 1876, la Sra. White trabajó en el volumen 2 del Espíritu de Profecía, relatando la entrada triunfal a Jerusalén, y cuando estuvo terminado, ella dejó California para unas reuniones campales en el Este. A fines de Noviembre el libro fue publicado, pero por alguna razón salió con la fecha de publicación de 1877.

A modo de demostración, miremos el capítulo de los panes y de los peces tal como fue publicado en el Espíritu de Profecía, volumen 2, pág. 258-267, comparando el relato con los escritores del Evangelio y con *La Vida de Cristo* de Hanna. Para Ellen White la Biblia era un libro de una fuente básica.

Los cuatro Evangelios informan la experiencia de alimentar a los cinco mil (Mat. 14:13-23; Mar. 6:32-46; Luc. 9:10-17; Juan 6:1-13). Ellen White tenía estos relatos inspirados delante de ella, como lo han tenido todos los que han escrito sobre la vida de Cristo. Ella comenzó su narrativa con el lugar de retiro, donde el evento sucedió, un lugar adecuado "para retirarse más allá del mar de Capernaum" (2 Espíritu de Profecía:258). La descripción de Hanna debe haber enriquecido el relato de Ellen White, porque, tal como lo hace Mateo, él escribe un "lugar desierto" y añade que era "sobre Capernaum, a lo largo del lago, en el distrito que va hacia el Norte, hacia Betsaida" (La Vida de Cristo:277).

Tanto Hanna como Ellen White señalan dos razones para el mandato de Cristo a los discípulos registrado por Lucas: "Que se sienten de a 50 en una compañía" (Luc. 9:14). Marcos dice: "Ellos se sentaron en filas, de a cien, y de a cincuenta" (Mar. 6:40). Hanna dice que la orden era indicativa del deseo de nuestro Señor de que no hubiera confusión y que la atención de todos debiera estar dirigida a lo que iba a hacer". (2 Espíritu de Profecía:279).

Más importante que las similitudes son los puntos diferentes en ambos manuscritos. Esto demuestra claramente una no dependencia.

Ellen White menciona el mismo punto: "Para preservar el orden, para que todos testimoniasen el milagro que Él iba a hacer" (2 Espíritu de Profecía:262).

Tanto Hanna como Ellen White escriben sobre la amenaza de una "violencia" después de los intentos de hacer a Cristo rey:

Hanna escribió sobre la aparente intención del pueblo de "tomarlo y obligarlo a ser rey. Jesús ve la incipiente acción de ese fermento que, si se le permitía obrar, conducirá a un acto de violencia". La Vida de Cristo:280.

Ellen White dijo: "Él sabía que la violencia y la insurrección sería el resultado de Su exaltación como rey de Israel". (2 Espíritu de Profecía:264).

Lo que es informado, podría posiblemente ser inferido de Juan 6:15, pero debe haber una conexión con el relato del libro de Hanna.

Hanna dice: "Él llama a los doce con Él, y los dirige a embarcarse inmediatamente… que remen de vuelta hacia Capernaum, donde, en el transcurso de la noche o de la mañana siguiente, Él podría unirse con ellos". La Vida de Cristo:280.

Ellen White informa: "Él llamó a Sus discípulos hacia Él y los dirigió a que tomaran inmediatamente el barco y volvieran a Capernaum, dejándolo a Él para que dispersara al pueblo. Él promete encontrarse con ellos esa noche o a la mañana siguiente. Los discípulos se someten a su mandato". (2 Espíritu de Profecía:264).

Las similitudes en los relatos de los escritos de menor importancia, no son mencionados, sino que son posiblemente implicados, por los escritores del Evangelio, y ocurren aquí y allí en ambas obras. En el caso de la promesa a reunirse con los discípulos, ya sea esa noche o en la mañana siguiente, podemos observar que Hanna hace de eso una suposición lógica, posiblemente basado en mar. 6:45. Ellen White puede haber basado su declaración en la implicación de las Escrituras, en información dada a ella en visión, o en la suposición de Hanna. La evidencia disponible excluye cualquier conclusión dogmática.

Puntos Únicos de Ellen White.

Más importante que las similitudes son los puntos de diferencias en ambos manuscritos. Esto demuestra claramente una no dependencia.

En el viaje del cruce del lago al "lugar desierto", Ellen White nos informa que "otros lo siguieron sobre el agua en botes". (2 Espíritu de Profecía:259). Ni los escritores del Evangelio ni Hanna mencionan este punto.

En el Espíritu de Profecía, volumen 2, en las páginas 259-260, Ellen White describe algo de la obra del día: "Cientos de enfermos y lisiados fueron traídos a Jesús para ser aliviados, y fueron colocados en el suelo en una posición favorable para llamar Su atención... Todas las enfermedades estaban representadas entre los enfermos que llamaban Su atención. Algunos se estaban quemando con la fiebre y la inconciencia de los ansiosos amigos que los ministraban. Estaba el sordo, el ciego, el paralítico, el lisiado, el lunático...

Su discurso fue a menudo interrumpido por los desvaríos de algunos de los afiebrados sufridores, o por los chillidos de los insanos, cuyos amigos estaban tratando de presionar a la muchedumbre para llevar al afligido al sanador. La voz de sabiduría a menudo también se perdió con los gritos de triunfo cuando las víctimas de enfermedades sin esperanza eran instantáneamente restaurados a la salud y fortaleza". Hanna aquí meramente menciona la sanación del enfermo.

Pero hay un detalle significativo mencionado por Ellen White, que ni Hanna ni otros escritores de la vida de Cristo mencionan. Es la descripción en el 2 Espíritu de Profecía, sobre la intención de los discípulos para salvar a Cristo de la fatiga: "El Maestro había trabajado a través de todos los discípulos, y Lo vieron pálido, fatigado y con hambre, y quisieron que descansara de Su trabajo y que tomara algún refrigerio.

Sus intentos no surtieron ningún efecto, ellos se consultaron con respecto a la propiedad de removerlo de la ansiosa multitud, temiendo que Él moriría de fatiga.

Pedro y Juan tomaron cada uno un brazo de su bendecido Maestro y cariñosamente trataron de alejarlo. Pero Él se rehusó a ser removido del lugar. Su obra era imperativa; todo aspirante a Su misericordia sintió que su propio caso era el más urgente. La muchedumbre presionaba al Salvador; ellos lo vieron alejarse cada vez más. En sus esfuerzos para aproximarse de Él, ellos se tropezaron los unos con los otros". Pág. 260-261.

Aquí está detallada específicamente la información no mencionada por ninguno de los escritores del Evangelio o por Hanna. Esto ilustra el punto, de si Ellen White obtuvo información verdadera y descriptiva de uno u otro tipo de Hanna, Geikie, y otros, su fuente de visión le dio a ella información de la cual otros escritores de la vida de Cristo no estaban al tanto. Esas descripciones poseen una autenticidad que puede ser dada solo a los testigos oculares. Su escrito es rico en frescura de nuevos ítems y lidia con las lecciones y asuntos espirituales, como nadie más lo hace.

Tanto el volumen 2 del Espíritu de Profecía, con el cual hemos estado lidiando, y el volumen 3, publicado en 1878, que trata de la vida de Cristo, fueron impresos bajo el título general de *La Gran Controversia Entre Cristo y Satanás*.

Uno lleva un subtitulo de "Vida, Enseñanzas y Milagros de Nuestro Señor Jesucristo", y el otro "La Muerte, Resurrección y Ascensión de Nuestro Señor Jesucristo". Luego después, la mayor parte de los materiales fue dividida e impresa en seis panfletos. También fue publicado como un único volumen en algunos de los idiomas Europeos, tales como el Alemán, Francés, Danés y Sueco, bajo el título de *La Vida de Cristo*.

Los Escritos Históricos de Ellen G. White – 5.

Preparando El Deseado de Todas las Gentes.

Las asistentes literarias jugaron un importante rol para preparar la serie del Conflicto, pero los libros continuaron siendo el producto de la mente de Ellen White guiada por el Espíritu Santo.

El DTG es aclamado por muchos como la mejor obra literaria de la pluma de Ellen White, debido al estilo, al lenguaje y al poder espiritual. Ella misma muestra las principales razones para esto, cuando declaró en 1895: "Usted sabe que todo mi tema, tanto en el púlpito como en privado, por la voz o por la pluma, es la vida de Cristo". Carta 41, 1895.

Siempre luchando por la excelencia al hablar y al escribir sobre los sublimes temas de la vida y ministerio de nuestro Salvador, el resultado fue una obra monumental.

Una diligente obra sobre el manuscrito para el DTG se dilató sobre un periodo de seis años, 1892-1897. El libro siguió naturalmente la publicación del --- en 1888 y --- en 1890. Pero no fue sino cuando Ellen White se cambió a Australia, que ella logró encontrar tiempo para más de un mero intento para esta gran proyecto literario, un proyecto que cedería no solo --- sino que --- y PVGM también.

La obra sobre este libro no llamó escritos nuevos ni nuevos manuscritos, comenzando con el capítulo uno y continuando hasta el final, sino que fue una obra de reunir, ampliar lo que ya había salido antes en el Espíritu de Profecía, artículos en periódicos, manuscritos y cartas. Habría sido un imperdonable mal uso de los recursos, el haber ignorado los extensos escritos hechos por Ellen White hasta ese tiempo sobre la vida y ministerio de Jesús.

Pero, con sus muchas responsabilidades, incluyendo los viajes, las reuniones para hablar, los consejos y el constante escribir de los testimonios, Ellen White tuvo poco tiempo para reunir y arreglar los materiales existentes para formar el material básico de la gran obra de la vida de Cristo. Esto fue grandemente una tarea clerical que otro podía hacer. Esta responsabilidad ella la colocó sobre Marian Davis, quien desde 1879 fue una de las asistentes literarias. La Srta. Davis era una eficiente, dedicada obrera. En 1900 la Sra. White le escribió a Marian: "Ella es mi compiladora de libros...

¿Cómo son hechos mis libros?... Ella (Marian) hace su trabajo de esta manera. Ella toma mis artículos que son publicados en revistas, y los encuaderna en libros en blanco. Ella también posee una copia de todas las cartas que he escrito. Al preparar un capítulo de un libro, Marian recuerda que he escrito algo sobre ese asunto en especial, lo cual puede hacer con que el asunto sea más forzado. Ella comienza a buscar eso, y cuando lo encuentra, y si ella ve que eso va hacer con que el capítulo quede más claro, entonces lo añade.

Los libros no son una producción de Marian, sino míos, reunidos de todos mis escritos. Marian posee un amplio campo de donde reunir material, y su habilidad para reunir el asunto es de gran valor para mí. Eso salva mi atención sobre un montón de asuntos, lo cual no tengo tiempo para hacer". Carta 61a, 1900.

En la preparación de ---, después de selecciones de los materiales publicados relacionados con una fase particular del ministerio del Salvador fueron reunidos, y selecciones de manuscritos no publicados fueron añadidos, tanto Ellen White y la Srta. Davis dieron un diligente estudio con relación a cuán bien lo que había sido escrito y cuánto Ellen White aun quiere añadir.

Entonces, a medida que la obra progresa, cada uno haciendo su parte, la Srta. Davis buscaría los escritos por material adicional, y Ellen White compensaría la diferencia, todo cubriendo miles de páginas". Marian Davis a W. C. White, 29 de Marzo de 1892.

Algún tiempo antes en su obra, Ellen White había sentido que Marian necesitaba ser un poquito menos dependiente en ciertas fases de su obra. Al parecer ella quería que Ellen White y su hijo, W. C. White, ver "cada pequeño cambio de una palabra" que ella hizo. "Su mente", Ellen White declaró, "está en cada punto y en las conexiones", así es que ella tuvo una pequeña conversación con Marian, y explicó que "ella tiene que solucionar muchas cosas por sí misma", que "ella tiene que llevar algunas de estas cosas que le pertenecen a ella como parte de la obra" (Carta 64a, 1889).

Un Curso sobre la vida de Cristo.
En 1893 la nueva escuela de entrenamiento de la Biblia, no lejos del hogar de Belden en Melbourne, Australia, donde la Sra. Davis estaba viviendo, ofreció un curso sobre la vida de Cristo. Ansiosa por recibir toda la ayuda posible para su tarea en el manuscrito de Ellen G. White sobre la vida de Cristo, ella se inscribió a comienzos de 1893.

Ella le escribió a Ellen White, la cual estaba pasando la mayor parte del año en Nueva Zelanda: "La clase de Biblia que se realizaba al medio día, es más bien inconveniente, pero mientras es estudiada la vida de Cristo, no puedo perdérmela". Y ella añadió: "Es la única cosa que he estado llevando en mi obra, y despierta mi mente, el escuchar el asunto siendo hablado". Marian Davis a Ellen G. White, 18 de Octubre de 1893.

El intercambio de correspondencia durante este año mostró la preocupación de cada una de las mujeres mientras hacían progreso en la preparación del manuscrito. En Julio Ellen White informó: "Escribo algo cada día sobre la vida de Cristo". Carta 132, 1893.

Dirigiéndose a la Sra. White a comienzos de Agosto, Marian Davis escribió: "Ahora acerca del libro. Estoy tan agradecida que esté escribiendo sobre los dos viajes a Galilea. Estaba tan temerosa que no consiguiera realizarlo... Observaré con gran interés la llegada del manuscrito prometido... Hay un rico campo en las enseñanzas de Cristo después que Él dejó Jerusalén". Marian Davis a Ellen G. White, 2 de Agosto de 1893.

Algún tiempo después, alistándose posiblemente para asistir a la clase, Marian Davis sugirió algunos tópicos que a ella le gustaban para que estuvieran presentes en el libro.

Ellen White no vio la real necesidad, y declaró: "No ingresaré esto sin que el Espíritu Santo me guíe". Ella continuó: "El construir una torre, la guerra de los reyes, esas cosas no preocupan mi mente, pero los asuntos de la vida de Cristo, Su carácter representando al Padre, las parábolas esenciales para que nosotros las entendamos y practiquemos las lecciones contenidas en ellas, eso debo hacer". Carta 131, 1893.

Cuando Ellen White volvió de Nueva Zelanda a su hogar en Melbourne, ella se refirió al libro en preparación en una carta al presidente de la Conferencia General en 1894, lamentando:

"Si tan solo pudiera sentir el darle toda mi atención a la obra... Y ahora pienso, tal como lo he pensado varios cientos de veces, estaría capacitada después que se cierre este correo (Americano), para tomar la vida de Cristo y seguir adelante con eso, si el Señor así lo quiere". Carta 55, 1894.

Pero tal vez sea de mayor preocupación para ella la importancia de un adecuado retrato y ministerio de la vida de Cristo. Cuando ella tomó la obra sobre el manuscrito luego después de su llegada a Australia, ella escribió: "Esta semana he sido capacitada para comenzar a escribir sobre vida de Cristo. ¡Oh, cuán ineficiente, cuán incapaz soy de expresar las cosas que hacen arder mi alma, con referencia a la misión de Cristo! Casi no me he atrevido a entrar en esa obra. Hay tato para decir. ¿Y qué debo decir, y qué debo dejar sin decir? Paso noches suplicándole al Señor por el Espíritu Santo para que venga sobre mí, para que habite en mí". Carta 40, 1892.

Abriendo los sentimientos de su corazón ella continuó: "Camino temblando delante del Señor. No se cómo hablar o escribir con la pluma los grandes asuntos del sacrificio expiatorio. No se como presentar asuntos en el vivo poder en el cual ellas están delante de mí. Tiemblo de temor de poder disminuir el gran plan de salvación con palabras baratas. Inclino mi alma con asombro y reverencia delante de Dios y digo: ¿Quién es suficiente para estas cosas?". Carta 40, 1892, citado en Ellen G. White, Mensajera del Remanente:59.

Algunos meses después, en una carta escrita al presidente del Colegio de Battle Creek, ella hizo una declaración con la cual otros no concordarían, pero que expresaba sus sentimientos: "Ahora tengo que dejar este asunto tan imperfectamente presentado, que me temo que usted mal interpretará aquello que yo estoy tan ansiosa por dejarlo claro. Oh, que Dios despierte el entendimiento, porque yo soy una pobre escritora, y no puedo con la pluma o con la voz expresar los grandes y profundos misterios de Dios". Carta 67, 1894.

Cuando los materiales fueron reunidos y arreglados en capítulos, tenía que dársele una cuidadosa atención a la secuencia de los eventos en la vida del Salvador. A qué extensión y en qué detalle las visiones proveían la secuencia del ministerio y los milagros de la vida y obra de Cristo, no es conocido por nosotros. Sí sabemos que una década antes ella hizo un significativo pedido: "Dígale a Mary que me encuentre algunas historias de la Biblia que me den el orden de los eventos". Carta 38, 1885. La razón para esto es que ella no pudo encontrar nada en la librería de publicaciones en Basilea, Suiza.

Marian tenía un montón de material delante de sí de una fase u otra de la vida de Cristo, y en lo más importante era su tarea colocar los materiales en la secuencia apropiada. Los escritores del Evangelio en sus relatos no la ayudaban mucho. En la ausencia de una instrucción directa de Ellen White, o indicios en los propios materiales, la Sra. Davis consultó cuidadosamente algunas armonías preparadas de los Evangelios.

Cuando la obra estaba llegando a su fin, Marian, trabajando en los tres capítulos introductorios, "Dios con Nosotros", "El Pueblo Elegido", y "El Cumplimiento del Tiempo", buscó el consejo del hermano Herbert Camden Lacey, maestro de Biblia en la Escuela de Avondale, concerniente al arreglo de los párrafos. Él hizo algunas sugerencias que ayudaron en esa línea, las cuales, cuando se hizo conocido, dio nacimiento a rumores de que Lacey tenía un rol prominente en la autoría del libro. En declaraciones orales y escritas, el hermano Lacey negó rotundamente ese rumor. Una de esas declaraciones explicaba su envolvimiento en la preparación del DTG y dice: "La Sra. Marian Davis, a la cual se le confió la preparación del DTG, vino frecuentemente a mí en 1895 y 1896, pidiendo ayuda en el arreglo del material que ella reunió de los diversos manuscritos de la hermana White. La hermanan Davis era una amiga personal muy querida mía, y yo hice lo mejor que sabía para ayudarla, especialmente en el primer capítulo. Tal como lo recuerdo, esta ayuda fue solo en el arreglo de las sentencias, o párrafos, o la elección de una palabra más adecuada. Nunca, en ningún tiempo, hubo ninguna alteración del pensamiento, o la inserción de una idea que no hubiese ya sido expresada en el texto original, la 'copia' resultante fue siempre sometida a la misma hermana White para su aprobación final.

Todo el DTG tal como es ahora impreso es, por lo tanto, el producto de la mente y del corazón de la hermana White, guiada por el buen Espíritu Santo. Y la 'edición' fue meramente técnica.

Agradecidamente y con todo mi corazón acepto el DTG como un libro inspirado; en verdad lo veo como la más espiritual Vida de Cristo, fuera de los Evangelios, jamás dada a la Iglesia". H. C. Lacey a S. Kaplan, 24 de Julio de 1936, Documento del White Estate, Archivo 508.

Títulos para Libros y Capítulos.

Ellen White no eligió los títulos de sus libros, excepto posiblemente aquellos de la Gran Controversia y los Testimonios. Esto normalmente era un asunto de colaboración entre Ellen White, sus asistentes literarios, y sus publicadores. En este caso, los publicadores sugirieron dos posibles títulos: "El Deseado de Todas las Naciones", y "El Deseado de las Edades", ambas basadas en Ageo 2:7. "Vendrá el deseado de todas las naciones". "El Deseado de Todas las Edades" fue favorecido.

Respecto a títulos de capítulos, esto vino naturalmente a medida que el material fue preparado, siendo representativo del asunto. La narrativa de la Biblia naturalmente sugiere alguno, pero existe algún paralelismo con los títulos de los capítulos usados por otros al escribir sobre la vida de Cristo. La selección estaría basada en la apropiación y el apelo del lector.

Al continuar adelante en la preparación del DTG, Ellen White no era ignorante de la ayuda de ciertas narrativas sobre la vida de Cristo y obras que mostraban la geografía bíblica y cuáles eran las costumbres en la parte descriptiva de su escrito. *La Vida de Cristo* de William Hanna, cuya referencia fue hecha en 1876, y *La Vida y Obra de Cristo* de Cunningham Geikie, estaban en su librería, y sin duda, otros. En diversos tiempos, ella y su hijo W. C. White, demostraron su familiaridad con esas obras. Así, por ejemplo, justo cuando ella dejó Oakland por Battle Creek en 1876, aparentemente anticipando que ella terminaría el Espíritu de Profecía, volumen 2, y continuaría con el volumen 3, ella seleccionó libros para que le fuesen enviados. En el tren, ella escribió una nota a su hogar: "Tienes que enviarme *Caminadas y Hogares de Jesús* (de Daniel March) cuando me envíes los libros que elegí". Carta 2a, 1876.

Mientras estaba en Europa en 1887, W. C. White le recomendó a la casa publicadora que compraran *La Vida de Cristo* de William Hanna, *Horas Con la Biblia* de Geikie, *La Vida de Nuestro Señor* de S. J. Andrews, y trabajos de Edersheim sobre el templo y sus servicios y la vida social Judía. Él también los aconsejó para que aseguraran una buena armonía con los Evangelios.

Todos estos libros sobre la vida de Cristo eran muy bien conocidos en los círculos Adventistas.

Los Escritos Históricos de Ellen G. White – 6.

Completando la Obra del "Deseado de Todas Las Gentes" – 1.

Debido a que las obras de Hanna y ciertos otros detalles con las escenas que habían pasado delante de ella en visión, Ellen White encontró estas fuentes de ayuda. Pero estos materiales no constituyen las fuentes básicas para su información sobre la vida de Cristo y sus enseñanzas.

Para Ellen White la preparación del DTG fue un desafío asombroso. Las escenas fueron tan sublimes, el sacrificio fue tan grande, que contar la historia le tomó cada fibra de sus ser. De esto ella escribió: "Estoy escribiendo sobre la vida de Cristo. Estoy profundamente agitada. Me olvidé de respirar como debiera. No puedo soportar la intensidad de los sentimientos que me sobrevienen mientras pienso sobre lo que Cristo ha sufrido en nuestro mundo". Manuscrito 70, 1897.

Día y noche, mientras ella trabajaba en esta tarea, ella sintió la tremenda responsabilidad de captar y presentir de una manera efectiva y en un lenguaje adecuado las vívidas escenas e importantes lecciones de la vida y del ministerio de Cristo.

Algunos años antes ella había escrito como "la traición, la prueba y la crucifixión de Jesús" había pasado delante de ella "punto por punto" (Carta 14, 1889). Trabajando en el DTG en 1892, ella mencionó que, a medida que escribía, los asuntos estaban delante de ella con un "vivo poder" (Carta 40, 1892).

Mayormente lo que escribió en 1911 sobre su obra en la preparación del manuscrito para la *Gran Controversia*, también fue verdad para el DTG: "A menudo estaba conciente de la presencia de los ángeles de Dios. Y muchas veces las escenas acerca de las cuales estaba escribiendo, me fueron presentadas en visiones de la noche, de tal manera que estaban frescas y vívidas en mi mente". Carta 56, 1911.

Parece claro que las visiones dadas a lo largo de los años en las cuales la vida de Cristo era descrita y las visiones repetidas mientras ella estaba trabajando en el manuscrito del --- y las visiones abrían frescos conceptos, todo vino en juego como fuentes básicas de sus escritos sobre la vida de Cristo.

¿Fue Ellen White dependiente de otros Autores?

Mientras ella estaba preparando el DTG en la década de 1890, aparentemente a veces ella consultó las obras normales sobre la vida de Cristo, algunas de las cuales estaban en su librería. Sin embargo, es obvio que esos materiales no constituyeron la fuente básica de su información sobre la vida y las enseñanzas de Cristo, o las profundas vislumbres, o muchas de las profundas lecciones espirituales que ella sacó de las enseñanzas de Cristo.

Sin embargo, ella encontró las obras de Hanna, Edersheim, Farrar, Geikie y otros que lidiaron con las escenas que habían pasado delante de ella en visión ayudadora. En esos ella puede haber encontrado un camino gráfico para presentar la verdad, pero esto no significa que eso fue su fuente básica. Sus vislumbres y lecciones espirituales frecuentemente iban mucho más allá de las presentaciones en estos escritos.

En un artículo de la semana pasada yo mostré las similitudes y las diferencias entre ciertas expresiones empleadas por Hanna y por Ellen White, mientras ella escribió en 1876 sobre la alimentación de los cinco mil. Está bien claro que 20 años más tarde, mientras ella escribía sobre el mismo asunto para la presentación del DTG, ella nuevamente encontró en Hanna y Geikie descripciones que fueron útiles para establecer el cuadro inspirado.

Así, por ejemplo, Ellen White en --- declara que cuando Cristo le encargó a los discípulos que tomaran el barco y volvieran a Capernaum, ellos "no salieron inmediatamente del lugar, tal como Jesús les había ordenado. Ellos esperaron durante un tiempo, esperando que Él viniera a ellos. Pero al ver que las tinieblas se estaban reuniendo rápidamente, ellos 'entraron en el barco, y se fueron por el mar hacia Capernaum'". Páginas 379-380.

Cuando Geikie reconstruye la historia, él dice: "A las primeras señales de tumulto entre las personas, Él había enviado a los doce para que cruzaran el lago de vuelta inmediatamente, hacia Betsaida, cerca de Capernaum, mientras Él despedía a la multitud. Ellos habían esperado por Él hasta que cayó la noche, pero, al final, como Él no vino, se fueron sin Él". *La Vida y las Palabras de Cristo*, volumen 2, pág. 188.

En conexión con lo que siguió, ¿qué es lo que Ellen White dice que los escritores de la Biblia y los narradores no dijeron? Observemos primero lo que Hanna dice acerca de las horas de la tarde que Jesús pasó en la montaña: "Solo Él fue a la montaña, solo Él ora allí... Hasta tarde Jesús mantiene una secreta y cercana comunión con el cielo. En las privacidad de aquellas horas a solas de Su devoción, preferimos no entrometernos". La Vida de Cristo:128.

Mateo dice simplemente: "Él fue a una montaña aparte para orar". (Mat. 14:23). Marcos, Lucas y Juan no añaden nada.

En el DTG:342, Ellen White nos dice lo que Hanna dice que no sabe, la carga de la oración de Cristo: "Cuando quedó solo, Jesús 'fue a una montaña y oró'. Durante horas Él continuó suplicándole a Dios. No por Sí mismo sino que por los hombres eran esas oraciones. Él oró por poder para revelarle a los hombres el carácter divino de Su misión, que Satanás no cegara su entendimiento ni pervirtiera su juicio... En angustia y conflicto de alma Él oró por Sus discípulos. Ellos iban a ser seriamente probados. Sus más largamente acariciadas esperanzas, basadas en un engaño popular, serían desilusionadas de una manera muy penosa y humillante... Para ellos la carga era pesada en Su corazón, y Él derramó Sus súplicas con una amarga agonía y lágrimas".

Considere otra ilustración. De los escritores del Evangelio, solo Marcos presenta la propuesta que Jesús y Sus discípulos se retiraron a un lugar quieto para descansar. Él escribe: "Él (Jesús) les dijo, vengan aparte a un lugar desierto y descansen un rato". (Mar. 6:31).

Citando a marcos, Hanna nos cuenta como "Jesús deseaba ahora una pequeña quietud y reclusión. Para Él mismo, para que pudiera ponderar sobre la muerte (de Juan el bautista) que también era profética para Él mismo... Para ellos (los discípulos) para que pudieran tener un respiro de la fatiga acumulada y del trabajo duro. Su propio propósito fijo, Él los convidó a unírsele en su ejecución, diciéndoles: 'Venid vosotros y descansad un momento'". La Vida de Cristo:277.

Mientras Ellen White meramente menciona en 1876 la invitación, en el DTG:326 ella devota un capítulo de cinco páginas, titulado "Venid, Reposad un Poco", con esa experiencia, y explica el propósito del descanso anticipado y su significado para nosotros (pág. 326-331).

Cada uno de los escritores del Evangelio devota algunos versículos a la invitación, los eventos del día, la alimentación de los cinco mil, y el despido del pueblo. Hanna devota cuatro páginas y media, Geikie cuatro. En el DTG, Ellen White usa 16 páginas para narrar los eventos y las lecciones. Aquí está repleto con instrucciones prácticas, lecciones espirituales, y consejos para el presente, una gran parte de lo que va más allá de la presentación de la Biblia.

Otro ejemplo: Se ha observado que la descripción de Ellen White de cómo la naturaleza inanimada, el mar, el sol, las rocas, las tumbas, le dieron testimonio a la divinidad de Cristo, mientras los sacerdotes y gobernantes no Lo conocían como el Hijo de Dios, paralelos muy cercanos a una cita que Hanna usa de San Gregorio. Pero el paralelo termina ahí. Hanna está perdido para explicar lo que le sucedió al muerto que resucitó de la tumba abierta a la muerte de Cristo. Él no está seguro si fueron resucitados cuando las tumbas fueron abiertas o después.

No sucede lo mismo con Ellen White, quien en términos positivos declara: "Al resucitar Cristo, sacó de la tumba una multitud de cautivos. El terremoto ocurrido en ocasión de su muerte había abierto sus tumbas, y cuando él resucitó salieron con él. Eran aquellos que habían sido colaboradores con Dios y que, a costa de su vida, habían dado testimonio de la verdad. Ahora iban a ser testigos de Aquel que los había resucitado... Pero los que salieron de la tumba en ocasión de la resurrección de Cristo fueron resucitados para vida eterna. Ascendieron con él como trofeos de su victoria sobre la muerte y el sepulcro". DTG:730.

La Historia del Ladrón en la Cruz es Detallada.

Al lidiar con el ladrón en la cruz, Hanna se refiere a la escucha de la conversación del ladrón de aquellos que estaban en la cruz, dando evidencia que Jesús es el Señor, y conjeturas que sería razonable suponer que el ladrón no se había encontrado con Jesús antes del día de la crucifixión (La Vida de Cristo:717).

Ellen White, en el DTG declara inequívocamente que: "Había visto y oído a Jesús y se había convencido por su enseñanza, pero había sido desviado de él por los sacerdotes y príncipes. Procurando ahogar su convicción, se había hundido más y más en el pecado, hasta que fue arrestado, juzgado como criminal y condenado a morir en la cruz". DTG:697.

También puede ser observado que las experiencias de Hanna tienen una considerable dificultad para explicar lo que es el "paraíso" cuando Cristo se refiere al declarar: "De cierto te digo hoy: estarás conmigo en el paraíso". DTG:698.

Los Escritos Históricos de Ellen G. White – 7.

Completando El Deseado de Todas las Gentes – 2.

Con relación a --- y a los otros libros del Conflicto existentes en 1906, Ellen White dijo: "El Espíritu Santo trazó estas verdades en mi corazón y en mi mente tan indeleblemente como la ley fue trazada por el dedo de Dios, sobre las tablas de piedra".

Una de las características significativa de los libros que diseñó Ellen White para el público en peral, es que en ellos, a veces, ella retuvo información interesante que los ASD, con su entendimiento de la obra de Ellen White, pudieron aferrarse a ella y aceptarla, pero que los no Adventistas pueden haber tenido dificultad para aceptar. Esa información a menudo ha aparecido en sus primeros libros y artículos de periódicos. Por ejemplo, en el libro de 1876, 2 Espíritu de Profecía, en la página 260, aparece el relato de Pedro y Juan siendo que cada uno toma un brazo del Salvador para alejarlo de la multitud (ver página 29). No se encuentra ninguna mención de esto en el DTG.

Marian Davis explica la razón para dejar afuera este tipo de información: "Como estos libros son enviados sin ninguna explicación con respecto a la autoridad a través de la cual habla el autor, se pensó que era mejor evitar, tanto cuanto fuese posible, declaraciones para las cuales la Biblia parece no dar ninguna prueba, o que para el lector normal, perece contradecir la Biblia. Es mejor darle al lector lo que él va a aceptar y que va a sacar provecho de ello, y no excitar la crítica y el cuestionamiento, lo cual lo va a conducir a rechazarlo todo…

"La hermana White dice que Cristo fue coronado dos veces con espinas, pero como la Biblia solo menciona solo la segunda coronación, se pensó mejor omitir la primera, o mejor, dar la segunda en vez de la primera". Marian Davis a J. E. White, 22 de Diciembre de 1895.

Sin embargo, el DTG está repleto con información extra-bíblica, generalmente de una naturaleza que no perjudica al lector no informado.

Ni Hanna ni Edersheim incluyen en su narrativa la historia de la mujer sorprendida en adulterio, registrada en Juan 8:1-11. Ellos aparentemente aceptaron la opinión de algunos eruditos, los cuales, al verificar que el relato estaba faltando en ciertos manuscritos, asumieron que era espurio. Sin embargo, en su narrativa Geikie habla del "prisionero tembloroso" (Vida y Palabras de Cristo:297). Ellen White habla de la "víctima temblorosa" (DTG:425). Geiki cuenta la historia, desplegando y enfatizando los aspectos legales, y declara: "Ella no debía hacer eso, sino que su esposo debía acusarla", y él conjetura largamente lo que Cristo debe haber escrito con Su dedo en la arena, "lo más probable es que haya sido lo que Él estaba listo para decir", y luego corta el relato con las palabras "Este incidente sucedió…" (La Vida y las Palabras de Cristo:296-298).

En ---, Ellen White también menciona que "era deber del esposo el establecer una acción contra ella", pero sigue solo con lo que Cristo escribió con Su dedo en el polvo: "Allí, trazados delante de ellos, estaban los secretos culpables de su propia vida. El pueblo, que miraba, vio el cambio repentino de expresión, y se adelantó para descubrir lo que ellos estaban mirando con tanto asombro y vergüenza". DTG:425. Los acusadores entonces se retiraron "sin hablar y confundidos" (DTG:426).

Mientras Geikie deja la historia en este punto, Ellen White nos informa: "Esto fue para ella el principio de una nueva vida, una vida de pureza y paz, consagrada al servicio de Dios. Al levantar a esta alma caída, Jesús hizo un milagro mayor que al sanar la más grave enfermedad física. Curó la enfermedad espiritual que es para muerte eterna. Esa mujer penitente llegó a ser uno de sus discípulos más fervientes. Con amor y devoción abnegados, retribuyó su misericordia perdonadora". DTG:426:

Esto es seguido por dos párrafos de lecciones espirituales. El 2 Espíritu de Profecía, relata en la página 352 donde se detiene largamente en su vida posterior y declara que "ella estuvo con notable pena a los pies de la cruz".

Al lidiar con la resurrección de nuestro Señor, Hanna casi no toca el vento en sí mismo, vinculándolo con un largo análisis sobre la mujer que viene a la tumba para ungir al Señor y encuentra la tumba vacía. Él escribe: "es mientras ellos e están comunicando el uno con el otro en el camino, que la tierra tiembla, y el ángel desciende desde el cielo, y hace rodar la piedra de la puerta de la sepultura, y, habiendo hecho este servicio para los embalsamadores, se sienta sobre ella, esperando que se acerquen". La Vida de Cristo:780. Y entonces él pregunta: ¿Fue entonces que tuvo lugar el gran vento de la mañana?... No se dice que haya sido así... El propio ángel puede no haber testimoniado la resurrección. Él no dice que la haya visto". La Vida de Cristo:780-781.

Hanna entonces afirma: "Todo en secreto, el tiempo exacto y la manera del evento, sin ser noticiado y en una forma desconocida, fue el gran resucitar de la muerte... Algún tiempo entre la puesta del sol del último día y los primeros rayos del primer día de la semana, sucedió la resurrección". La Vida de Cristo:781.

Geikie dice aun menos, haciendo un poco más que citar Mat. 28:1-3.

Mientras comenta brevemente los eventos, tal como se observan en las Escrituras, Edersheim asume que la piedra fue rodada "después de la resurrección de Cristo" (La Vida y los Tiempos de Jesús el Mesías, volumen 2, pág. 632).

En su Vida de Cristo, Farrar hace una alusión a los eventos de esa mañana de una manera singular: "Quedó conocido entonces, o después, que una deslumbrante visión angélica con vestiduras blancas había aterrorizado a los guardadores de la tumba, y habían hecho rodar la piedra de la tumba entre los choques del terremoto". Página 670.

Diferente y Dramático.

Cuán diferente y dramática es la descripción de Ellen White de la resurrección en el DTG:725-731. En contraste con la tentativa e inconcluso trato de los bien aceptados escritores de la vida de Cristo, tenemos sus vívidas descripciones sobre las bandas de los ángeles buenos y malos que están observando la tumba a lo largo de la noche; el ángel desciende "con la panopla de Dios", uniéndose al ángel en la tumba; el terremoto; el terror de los soldados Romanos; la piedra removida por el ángel como si fuera un guijarro; la orden del ángel: "Hijo de Dios, sale; Tu Padre Te llama"; Jesús saliendo con majestad y gloria, los soldados Romanos que se habían desmayado a la vista de los ángeles y del Salvador resurgido, tambaleándose como si fuesen hombres ebrios, apresurándose para llegar a la ciudad, llevándole las buenas nuevas a todos los que encontraban; los soldados con sus rostros ensangrentados testificando delante de Caifás y de Pilatos; Caifás impotente tratando de hablar, moviendo sus labios, "pero no salía ningún sonido". Está todo ahí en el DTG, tal como Ellen White lo testimonió en una visión, punto por punto. ¡Cuán notablemente diferente de las "fuentes" que ella pudo haber consultado!

El espacio nos impide introducir otras ilustraciones indicando que cualquiera que haya sido el uso que Ellen White haya hecho de Hanna o de Geikie, etc., eso no tomó el lugar de las primeras y continuas visiones.

Y con respecto a las fuentes, sería buen examinar los registros dejador por los escritores del Evangelio. Cuando Lucas presenta su libro, él declara que es un compilador de la información reunida por muchos, y como él "posee un perfecto entendimiento de todas las cosas desde el mismo comienzo", se siente calificado para hacerlo (Luc. 1:1-3). Ellen White nos informa que: "Nicodemo relató a Juan la historia de aquella entrevista, y la pluma de éste la registró para instrucción de millones de almas". DTG:149.

Ellen White escribe con claridad, suavidad, autoridad, y, lo mejor de todo, muy sentimentalmente, elevando siempre el amor, el carácter y el triunfo de Cristo como un contendedor en la gran historia de la controversia. Ella escribe como alguien que fue testigo ocular, como estando verdaderamente ahí, así como las escenas pasaban delante de ella estando ella en visión. Si ella obtuvo conocimiento de algunos detalles de las costumbres del pueblo, y de las características geográficas de las escenas que ella retrata, a través de cuidadosos estudios de estos asuntos, ¿esto hace con que su mensaje sea menos inspirado? De ninguna manera. Aquellos que apoyan una inspiración dictatorial, pueden sentir que ese uso incidental de lo que otro escritos ha escrito, no puede ser aceptado. Pero un concepto más verdadero sobre la inspiración, permite ese uso sin disminuir la convincente evidencia del origen divino.

A mediados de Julio de 1896, Ellen White sintió que la obra del libro estaba para ser completada. "El manuscrito de la 'Vida de Cristo'", escribió ella, "ya va a ser enviado a Norteamérica. Esto va a ser hecho por la Pacific Press". (Carta 114, 1896). Pero al parecer ella estaba demasiado optimista, tal como lo son los autores a menudo. En el caso de ---, había buenas razones, porque cuando ella pensó que ciertos capítulos estaban terminados, durante la noche, se le dio más luz, que la condujo a escribir más sobre el asunto. Esta obra de escribir un nuevo material continuó hasta 1898.

El manuscrito para el libro fue enviado de a poco a la Pacific Press, y aun después que algunos capítulos ya habían sido despachados, ella continuó escribiendo, lo cual produjo ampliaciones, y éstas fueron enviadas después, por sobre el Pacífico, a los publicadores.

Un año antes que el DTG saliera de la imprenta, fue publicado el DMJ, y su obra sobre las parábolas, PVGM, continuaron saliendo después de un año o dos después que fue publicado el DTG. Esos hicieron parte de su presentación sobre la vida y las enseñanzas de Jesús, y los mismos procedimientos fueron seguidos al preparar el manuscrito que fue empleado en ---.

Dos libros más fueron necesarios para completar la narrativa de la historia de la gran controversia, --- y ---. Cuando estos estuvieron listos, la obra de preparación de los manuscritos habiendo sido hecha como se realizó con los grandes volúmenes preparados para el mundo y la iglesia.

En esta serie de artículos, yendo al mismo corazón de la obra de Ellen White, al narrar la batalla de la gran controversia, hemos narrado la historia simple, apoyándola con documentación. La serie ha sido un interesante estudio sobre la inspiración y como la mensajera de Dios hizo su obra para mostrar el tema del conflicto en forma de libro. Al hacerlo, debemos haber levantado preguntas en algunas mentes. Si encontramos que nuestra fe fue probada un poquito al descubrir nuevos aspectos de cómo trabajan los escritores inspirados, tal vez debiéramos preguntarnos a nosotros mismos: ¿Exigimos más de Ellen White que lo que exigimos de los profetas bíblicos? ¿O más de lo que estamos justificados a exigir de cualquier profeta?

Recordemos que: "Dios no se propone evitarnos toda oportunidad de ser incrédulos. Él da evidencias, que deben ser investigadas cuidadosamente con mente humilde y espíritu susceptible de ser enseñado; y todos deben decidir por el peso de la evidencia". "Dios da suficiente evidencia para que pueda creer el espíritu sincero; pero el que se aparta del peso de la evidencia porque hay unas pocas cosas que su entendimiento finito no puede aclarar, será dejado en la atmósfera fría y helada de la incredulidad y de la duda, y perderá su fe". 5T:633.

¿Cuál es el peso de la evidencia cuando leemos un libro de Ellen White? Les pedimos a todos que miren el contenido, el mensaje, la luz y el consejo que contiene, el ánimo y las advertencias a tiempo y su armonía con las Escrituras. ¿Tenemos estos escritos para la iglesia a lo largo de los años?

Mirando hacia atrás a 1906, Ellen White atribuyó libremente las verdades colocadas en los libros que trazan la historia de la gran controversia, a la obra del Espíritu Santo.

Ella preguntó: "¿Cuántos han leído cuidadosamente PP, CS y el DTG? Quiero que todos entiendan que mi confianza en la luz que Dios nos ha dado permanece firme, porque conozco que el poder del Espíritu Santo magnifica la verdad y la hace honorable, diciendo: 'Este es el camino, andad en él'. En mis libros, la verdad es declarada, sostenida por un 'Así dice el Señor'.

El Espíritu Santo trazó estas verdades en mi corazón y mente tan indeleblemente como la ley fue trazada por el dedo de Dios, sobre las tablas de piedra, que ahora están en el arca, para ser traídas en aquel gran día cuando sea pronunciada la sentencia contra todo mal, seduciendo la ciencia producida por el padre de la mentira", Carta 90, 1906; Ministerio del Colportor:126.

Aun cuando la escrita de los libros sobre el largo conflicto fue una parte vital e importante de la obra de Ellen White, ocupando su atención la mayor parte de su vida activa, no fue de ninguna manera la parte principal de sus escritos. Aun cuando la serie del Conflicto ocupa 3.500 páginas de texto, cerca de 5.000 páginas han sido escritas en los nueve volúmenes de Testimonios escritos durante el mismo periodo. Añadidos a esto están los muchos libros de consejo, varios miles de artículos en periódicos, y cientos de testimonios personales. No podemos aquí revisar esta parte mayor de su obra como mensajera de Dios, presentando sus mensajes a los hombres y mujeres de la iglesia remanente, al laicado y a los líderes institucionales y a la iglesia.

En este campo más amplio, del cual parece no haber respiro, ella fue impelida a llevar testimonio de lo que le fue revelado a ella en cientos de visiones a lo largo de 70 años de su ministerio. Al escribir es tos mensajes de instrucción, consejo, ánimo y corrección, ella no buscó ninguna fuente humana de información y no fue influenciada por ellas. En toda su obra vemos sus movimientos bajo la guía y la orden del Espíritu de Dios.

Un Testimonio Personal.

Al escribir estos artículos, yo he sido cándido, sincero y abierto al describir como Ellen White hizo su obra al presentar la historia de la gran controversia a la iglesia y al mundo. Yo he escrito desde un conocimiento personal. Mi confianza en la fuente celestial de los mensajes de los libros de Ellen G. White ha crecido durante mis 50 años de íntima familiarización con los registros de Ellen G. White y mi obra con ellos.

Esta confianza también fue nutrida por los años de cercana asociación con mi padre, W. C. White, bajo quien serví en la oficina durante nueve años antes de su muerte en 1937. Él a su vez asistió a su madre, Ellen White, de una manera activa desde la muerte de su padre, James White, en 1881, hasta el fin de la vida de Ellen White en 1915. Nadie tuvo una mejor oportunidad que él para observar, examinar y entender la manera en la cual Ellen White escribió sus libros, y yo tengo una confianza implícita en la fiabilidad de su testimonio. De acuerdo con eso, yo lo he citado en varias oportunidades.

Con la abundancia de la evidencia positiva con la cual estoy familiarizado, y la monumental evidencia que yo, día tras día, encuentro mientras escribo una biografía definitiva de Ellen G. White, no hay espacio para nada sino para la más fuerte confianza de que ella sí fue la elegida mensajera del Señor, y que sus mensajes fueron los consejos, instrucciones e información que Dios quería que ella le impartiera a Su iglesia remanente. Sabiendo, como yo se, la importancia de un claro y verdadero concepto de la operación de la inspiración, ha sido un privilegio llevarle a los lectores de la *Review* esta información. Yo creo que estos artículos, retratan íntimamente como Ellen White escribió la serie del Conflicto, dándole una dimensión de confianza al don especial de Dios a Su iglesia, en un tiempo cuando la gran controversia está tratando de socavar esa confianza.

Nota del traductor: Faltó traducir un artículo de Roger W. Coon titulado *La Inspiración/Revelación: Qué Es y Cómo Funciona* de 72 páginas; otro artículo titulado *La Verdad Acerca de la Mentira Blanca* del Ellen G. White Estate en cooperación con el Instituto de Investigación Bíblica y la Asociación Ministerial de la Conferencia General de los ASD de 32 páginas; otro artículo titulado *¿Fue Ellen G. White Una Plagiaria?* Una reimpresión de artículos de la *Revista Adventista* de 8 páginas; un artículo de 1MS:17-67 y de 3MS:31-142 de Ellen G. White, que coloco parcialmente a continuación.

La Inspiración de los Escritores Proféticos.

La Inspiración de La Palabra de Dios

Vivimos en un tiempo cuando con toda justicia puede preguntarse: "Cuando venga el Hijo del hombre, ¿hallará fe en la tierra?" (Luc. 18:8).

Oscuridad espiritual ha cubierto la tierra y densas tinieblas a las gentes. Hay escepticismo e incredulidad en muchas iglesias en cuanto a la interpretación de las Escrituras. Muchos, muchísimos, ponen en duda la veracidad y verdad de las Escrituras. El razonamiento humano y las imaginaciones del corazón humano están socavando la inspiración de la Palabra de Dios, y lo que debiera darse por sentado está rodeado con una nube de misticismo. Nada es claro, nítido e inamovible. Esta es una de las señales distintivas de los últimos días.

Este Libro Santo ha resistido los ataques de Satanás, quien se ha unido con los impíos para envolver todo lo que es de carácter divino con nubes y oscuridad. Pero el Señor ha preservado este Libro Santo en su forma actual mediante su propio poder milagroso, como un mapa o derrotero para la familia humana a fin de señalarnos el camino al cielo.

Sin embargo, los oráculos de Dios han sido tan manifiestamente descuidados, que no hay sino pocos en nuestro mundo, aun de los que pretenden explicarlos a otros, que tienen el conocimiento divino de las Escrituras. Hay eruditos que tienen educación universitaria, pero esos pastores no alimentan a la grey de Dios. No consideran que las excelencias de las Escrituras continuamente estarán desplegando sus tesoros ocultos, a medida que sean descubiertas joyas preciosas cuando se cave en su procura.

Hay hombres que se esfuerzan por ser originales, que se ponen por encima de lo que está escrito. Por lo tanto, su sabiduría es necedad. Descubren por adelantado cosas admirables, ideas que revelan que están muy atrasados en la comprensión de la voluntad y de los propósitos de Dios. Procurando simplificar o desenredar los misterios ocultos durante siglos a los mortales, son como un hombre que forcejea torpemente en el lodo, incapaz de liberarse, y que, sin embargo, dice a otros cómo salir del mar fangoso en que se encuentran. Esta es una representación adecuada de los hombres que tratan de corregir los errores de la Biblia. Nadie puede mejorar la Biblia sugiriendo lo que el Señor quiso decir o lo que debería haber dicho.

Algunos nos miran con seriedad y dicen: "¿No creen que debe haber habido algún error de copista o de traductor?" Todo esto es probable, y aquellos que son tan estrechos para vacilar por esto y tropezar en esta posibilidad o probabilidad, estarían también listos para tropezar en los misterios de la Palabra inspirada, porque su débil mente no puede discernir los propósitos de Dios. Sí, tropezarían con la misma facilidad en los claros hechos que acepta la mente común que discierne lo Divino, y para la cual las declaraciones de

Dios son claras y bellas, llenas de meollo y de grosura. Todos los errores no ocasionarán dificultad a un alma ni harán que ningún pie tropiece, a menos que se trate de alguien que elaboraría dificultades de la más sencilla verdad revelada.

Dios entregó a hombres finitos la preparación de su Palabra divinamente inspirada. Esta Palabra, distribuida en dos libros, el Antiguo y el Nuevo Testamentos, es el libro guía para los habitantes de un mundo caído, libro legado a ellos para que, mediante su estudio y la obediencia a sus instrucciones, ninguna alma pierda su camino al cielo.

Los que piensan que pueden simplificar las pretendidas dificultades de las sencillas Escrituras, calibrando con su regla finita lo que es inspirado y lo que no es inspirado, mejor sería que se cubrieran el rostro, como Elías cuando le habló la tenue vocecilla, pues están en la presencia de Dios y de los santos ángeles, que durante siglos han comunicado a los hombres luz y conocimiento, diciéndoles que hacer y qué no hacer, desplegando delante de ellos escenas de emocionante interés, hito tras hito, en símbolos, representaciones e ilustraciones.

Y él [Dios], mientras presenta los peligros que se amontonan en los últimos días, no ha hecho idóneo a ningún hombre finito para desenredar los misterios ocultos, ni ha inspirado a ningún hombre o clase de hombres para emitir juicios en cuanto a lo que es inspirado y lo que no es. Cuando los hombres, con su juicio limitado, encuentran que es necesario examinar versículos para definir lo que es inspirado y lo que no es, se han adelantado a Jesús para mostrarle un camino mejor que aquél en que nos ha conducido.

Tomo la Biblia tal como es, como la Palabra Inspirada. Creo en sus declaraciones: en una Biblia completa. Se levantan hombres que piensan que encuentran algo para criticar en la Palabra de Dios. Lo exhiben delante de otros como una evidencia de sabiduría superior. Muchos de esos hombres son inteligentes y eruditos; tienen elocuencia y talento, y toda la obra de la vida [de ellos] es intranquilizar las mentes en cuanto a la inspiración de las Escrituras. Influyen en muchos para que tengan la misma opinión de ellos. Y la misma obra se propaga de uno a otro, tal como Satanás quiere que sea, hasta que podamos ver el pleno significado de las palabras de Cristo: "Cuando venga el Hijo del hombre, ¿hallará fe en la tierra?" (Luc. 18:8)

Hermanos, no se ocupe ninguna mente ni mano en criticar la Biblia. Esa es una obra que Satanás se deleita en que alguien la haga, pero no es una obra que el Señor nos ha indicado hacer.

Los hombres debieran dejar que Dios cuide de su propio Libro, de sus oráculos vivientes, como lo ha hecho durante siglos. Comienzan a poner en duda algunas partes de la revelación, y buscan defectos en las aparentes inconsecuencias de esta declaración y aquella otra. Comenzando con el Génesis, rechazan lo que les parece cuestionable, y su mente prosigue, pues Satanás los inducirá hasta cualquier extremo a que puedan llegar en su crítica, y ven algo de que dudar en toda la Escritura. Su facultad de criticar se aguza con el ejercicio y no pueden descansar en nada con seguridad. Ud. trata de razonar con esos hombres, pero pierde el tiempo. Ejercitan su facultad de ridiculizar aun en la Biblia. Llegan al punto de convertirse en burladores, y quedarían asombrados si Ud. les expusiera esto desde ese punto de vista.

Hermanos, aferraos a vuestra Biblia, a lo que dice, y terminad con vuestra crítica en cuanto a su validez, y obedeced la Palabra, y ninguno de vosotros se perderá. El ingenio de los hombres se ha ejercitado durante siglos para medir la Palabra de Dios por su mente finita y comprensión limitada. Si el Señor, el Autor de los oráculos vivientes, descorriera la cortina y revelara su sabiduría y su gloria delante de ellos, quedarían reducidos a la nada y exclamarían como Isaías: "Siendo hombre inmundo de labios, y habitando en medio de pueblo que tiene labios inmundos, han visto mis ojos al Rey" (Isa. 6:5).

La sencillez y la expresión clara son entendidas tanto por el ignorante, por el campesino y el niño, como por el hombre plenamente desarrollado o el de intelecto gigantesco. Si el individuo posee grandes talentos o facultades mentales, encontrará en los oráculos de Dios tesoros de verdad, belleza y valor de que se pueda apropiar También encontrará dificultades, secretos y maravillas que le proporcionarán la más elevada satisfacción al estudiarlos durante una larga vida, y sin embargo hay un infinito más allá.

Los hombres de saber humilde, que no poseen sino capacidades y oportunidades limitadas para llegar a ser versados en las Escrituras, encuentran en los oráculos vivientes consuelo, dirección y consejo, y el plan de salvación les es tan claro como un rayo de sol. Nadie necesita perderse por falta de conocimiento, a menos que cierre los ojos voluntariamente.

Agradecemos a Dios porque la Biblia está preparada para los humildes tanto como para los instruidos. Se adapta a todos los siglos y a todas las categorías (Manuscrito 16, 1888. Escrito en Minneapolis, Minn., en el otoño [del hemisferio norte] de 1888).

Objeciones Hechas a La Biblia

Las mentes humanas varían. Las mentes que difieren en educación y pensamiento reciben impresiones diferentes de las mismas palabras, y es difícil que, por medio del lenguaje, una persona le dé a otra, de diferente temperamento, educación y hábitos de pensamiento, exactamente las mismas ideas en cuanto a lo que es claro y nítido en su propia mente. Sin embargo, para los hombres honrados y de mentalidad recta, puede ser tan simple y claro como para transmitir su significado para todos los fines prácticos. Si el hombre con el cual se comunica no es sincero y no desea ver y comprender la verdad, dará vuelta sus palabras y lenguaje en todo respecto para que se adapte a sus propios propósitos. Viciará el sentido de sus palabras, dará alas a su imaginación, las torcerá de su verdadero significado, y luego se atrincherará en la incredulidad pretendiendo que los conceptos son todos erróneos.

Esta es la forma en que son tratados mis escritos por los que desean entenderlos mal y pervertirlos. Convierten la verdad de Dios en mentira. En la misma forma en que tratan lo escrito en mis artículos publicados y en mis libros, así tratan la Biblia los escépticos e incrédulos. La leen de acuerdo con su deseo de pervertir, aplicar mal o voluntariamente distorsionar las declaraciones de su verdadero significado. Afirman que la Biblia puede probar cualquier cosa y todas las cosas, que cada secta demuestra que su doctrina es correcta y que las más diversas doctrinas se prueban mediante la Biblia.

Los escritores de la Biblia tuvieron que expresar sus ideas con lenguaje humano. Fue escrita por seres humanos. Ellos fueron inspirados por el Espíritu Santo. Debido a las imperfecciones de la comprensión humana del lenguaje, o a la perversidad de la mente humana, ingeniosa para eludir la verdad, muchos leen y entienden la Biblia para agradarse a sí mismos. No es que la dificultad esté en la Biblia. Los políticos adversarios arguyen acerca de puntos de la ley en los códigos y defienden puntos de vista opuestos en su aplicación de esas leyes.

Las Escrituras fueron dadas a los hombres, no en una cadena continua de declaraciones ininterrumpidas, sino parte tras parte a través de generaciones sucesivas, a medida que Dios en su providencia veía una oportunidad adecuada para impresionar a los hombres en varios tiempos y en diversos lugares. Los hombres escribieron a medida que fueron movidos por el Espíritu Santo. Hay primero el brote, después el capullo y después el fruto; "primero hierba, luego espiga, después grano lleno en la espiga". Esto es exactamente lo que son las declaraciones de la Biblia para nosotros.

No siempre hay orden perfecto o aparente unidad en las Escrituras. Los milagros de Cristo no son presentados en orden exacto, sino que son dados así como ocurrieron las circunstancias que demandaron la revelación divina del poder de Cristo. Las verdades de la Biblia son como perlas ocultas. Deben ser buscadas, extraídas mediante esfuerzos concienzudos. Los que tan sólo dan un vistazo a las Escrituras, con un conocimiento superficial que piensan que es muy profundo, hablan de las contradicciones de la Biblia y ponen en duda la autoridad de las Escrituras. Pero aquellos cuyo corazón está en armonía con la verdad y el deber, escudriñarán las Escrituras con un corazón preparado para recibir impresiones divinas. El alma iluminada ve una unidad espiritual, una gran hebra de oro que corre por todo el conjunto, pero se requieren paciencia, meditación y oración para rastrear la preciosa hebra áurea. Algunas contiendas ásperas en cuanto a la Biblia han resultado en investigaciones que han revelado las preciosas joyas de verdad. Muchas lágrimas se han derramado, muchas oraciones se han ofrecido para que el Señor abriera la comprensión de su Palabra.

La Biblia no nos es dada en un grandioso lenguaje sobrehumano. Jesús tomó la humanidad a fin de llegar hasta el hombre donde éste está. La Biblia debió ser dada en el lenguaje de los hombres. Todo lo que es humano es imperfecto. Diferentes significados se expresan con la misma palabra: no hay una palabra para cada idea distinta. La Biblia fue dada con propósitos prácticos.

Las impresiones de las mentes son diferentes. No todos entienden de la misma manera las expresiones y asertos. Algunos entienden las declaraciones de las Escrituras para que se ajusten a su propia mente particular y a su propio caso. Las predisposiciones, los prejuicios y las pasiones ejercen una poderosa influencia para oscurecer el entendimiento y confundir la mente, aun al leer las palabras de las Sagradas Escrituras.

Los discípulos que iban a Emaús necesitaron ser desenredados en su interpretación de las Escrituras. Jesús caminó con ellos bajo la apariencia de un hombre que conversaba con ellos. Comenzando con Moisés y los profetas los instruyó en todas las cosas concernientes a él mismo: que su vida, su misión, sus sufrimientos, su muerte, fueron precisamente como había predicho la Palabra de Dios. Les abrió el entendimiento para que pudieran entender las Escrituras. Cuán rápidamente enderezó los extremos enredados y mostró la unidad y veracidad divina de las Escrituras. Cuántos hombres en estos tiempos necesitan que se abra su entendimiento.

La Biblia está escrita por hombres inspirados, pero no es la forma del pensamiento y de la expresión de Dios. Es la forma de la humanidad. Dios no está representado como escritor. Con frecuencia los hombres dicen que cierta expresión no parece de Dios. Pero Dios no se ha puesto a sí mismo a prueba en la Biblia por medio de palabras, de lógica, de retórica. Los escritores de la Biblia eran los escribientes de Dios, no su pluma. Considerad a los diferentes escritores.

No son las palabras de la Biblia las inspiradas, sino los hombres son los que fueron inspirados. La inspiración no obra en las palabras del hombre ni en sus expresiones, sino en el hombre mismo, que está imbuido con pensamientos bajo la influencia del Espíritu Santo. Pero las palabras reciben la impresión de la mente individual. La mente divina es difundida. La mente y voluntad divinas se combinan con la mente y voluntad humanas. De ese modo, las declaraciones del hombre son la palabra de Dios (Manuscrito 24, 1886. Escrito en Europa en 1886).

Unidad en la Diversidad

Hay variedad en un árbol. Difícilmente hay dos hojas iguales. Sin embargo, esa variedad acrecienta la perfección del árbol como un todo.

Acerca de nuestra Biblia podríamos preguntar: ¿Por qué se necesita de Mateo, Marcos, Lucas y Juan en los Evangelios, por qué necesitan tratar las mismas cosas los Hechos de los Apóstoles y los diversos autores de las epístolas?

El Señor dio su Palabra justamente en la forma en que quería que viniera. La dio mediante diferentes autores, cada uno con su propia individualidad, aunque trataron el mismo relato. Sus testimonios se reúnen en un Libro y son como los testimonios en una reunión social. No representan las cosas justamente en el mismo estilo. Cada uno tiene su propia experiencia, y esta diversidad amplía y profundiza el conocimiento que es presentado para suplir las necesidades de diversas mentes. Los pensamientos expresados no tienen una uniformidad establecida, como si hubieran sido vertidos en un molde de hierro, haciendo monótono el oírlos. En una uniformidad tal, habría una pérdida de gracia y de belleza peculiar…

El Creador de todas las ideas puede impresionar a diferentes mentes con el mismo pensamiento, pero cada una puede expresarlo de una manera diferente, y sin embargo sin contradicción. El hecho de que existan esas diferencias no debiera dejarnos perplejos o confundidos. Es muy raro que dos personas vean y expresen la verdad de la misma manera. Cada una se ocupa de puntos particulares que su idiosincrasia y educación la capacitan para apreciar. La luz solar que cae sobre diferentes objetos, les da matices diferentes.

Mediante la inspiración de su Espíritu, el Señor dio la verdad a sus apóstoles, para que la expresaran de acuerdo con su mentalidad mediante el Espíritu Santo. Pero la mente no está sujeta, como si hubiera sido forzada dentro de cierto molde (Carta 53, 1900).

El Señor Habla en Lenguaje Imperfecto

El Señor habla a los seres humanos en lenguaje imperfecto, a fin de que puedan comprender sus palabras los sentidos degenerados, la percepción opaca y terrena de seres terrenos. Así se muestra la condescendencia de Dios. Se encuentra con los seres humanos caídos donde están ellos. La Biblia, perfecta como es en su sencillez, no responde a las grandes ideas de Dios: pues las ideas infinitas no pueden ser perfectamente incorporadas en los vehículos finitos del pensamiento. En vez de que las expresiones de la Biblia sean exageradas, como muchos suponen, las expresiones vigorosas se quebrantan ante la magnificencia del pensamiento, aunque el escribiente elija el lenguaje más expresivo para transmitir las verdades de la educación superior. Los seres pecadores sólo pueden soportar mirar una sombra del brillo de la gloria del cielo (Carta 121, 1901).

Nadie ha de Pronunciar Juicio sobre La Palabra De Dios

Tanto en el tabernáculo [de Battle Creek] como en el colegio se ha enseñado el tema de la inspiración, y hombres finitos se han sentido llamados a decir que algunas cosas de las Escrituras fueron inspiradas y otras no. Se me mostró que el Señor no inspiró los artículos sobre la inspiración publicados en la Review* ni aprobó su presentación ante nuestros jóvenes del colegio. Cuando los hombres se atreven a criticar la Palabra de Dios, se aventuran en un terreno sagrado y santo, y sería mejor que temieran y temblaran y ocultaran su sabiduría como necedad. Dios no ha puesto a nadie para que pronuncie juicio sobre su Palabra, eligiendo algunas cosas como inspiradas y desacreditando a otras como no inspiradas. Los testimonios han sido tratados en la misma forma; pero Dios no está en eso (Carta 22, 1889).

Elena G. de White y Sus Escritos.

UNA CARTA AL DR. PAULSON

Santa Elena, California, 14 de junio de 1906 ESTIMADO HERMANO:

Su carta me llegó mientras estaba en el sur de California. Durante semanas, mi tiempo y energía se han enfocado en la consideración de asuntos relacionados con el desarrollo de la obra de nuestro sanatorio de allí [de California] y en la redacción de las visiones que me fueron dadas acerca del terremoto y sus lecciones.

Pero ahora debo contestar las cartas recibidas de Ud. y de otros. En su carta, Ud. habla de que fue instruido desde niño en tener fe implícita en los testimonios y dice: "Fui inducido a concluir y creer con toda firmeza que cada palabra que Ud. habló en público o en privado, que cada carta que Ud. escribió en cualquier circunstancia y en todas ellas, fueron tan inspiradas como los Diez Mandamientos".

Mi hermano, Ud. ha estudiado mis escritos diligentemente, y nunca ha encontrado que yo haya pretendido algo semejante, ni tampoco encontrará que los pioneros de nuestra causa jamás pretendieran eso.

En mi introducción al libro El conflicto de los siglos, sin duda Ud. ha leído mi declaración en cuanto a los Diez Mandamientos y a la Biblia, lo que debería haberle ayudado a una correcta comprensión del asunto que consideramos. Aquí está la declaración:

"La Biblia nos muestra a Dios como autor de ella; y sin embargo fue escrita por manos humanas, y la diversidad de estilo de sus diferentes libros muestra la individualidad de cada uno de sus escritores. Las verdades reveladas son todas inspiradas por Dios (2 Tim. 3:16); y con todo están expresadas en palabras humanas. Y es que el Ser supremo e infinito iluminó con su Espíritu la inteligencia y el corazón de sus siervos. Les daba sueños y visiones y les mostraba símbolos y figuras; y aquellos a quienes la verdad fuera así revelada, revestían el pensamiento divino con palabras humanas.

"Los Diez Mandamientos fueron enunciados por el mismo Dios y escritos con su propia mano. Su redacción es divina y no humana. Pero la Biblia, con sus verdades de origen divino expresadas en el idioma de los hombres, es una unión de lo divino y lo humano. Esta unión existía en la naturaleza de Cristo, quien era Hijo de Dios e Hijo del hombre. Se puede decir de la Biblia, lo que fue dicho de Cristo: 'Aquel Verbo fue hecho carne, y habitó entre nosotros' (Juan 1: 14).

"Escritos en diferentes épocas y por hombres que diferían notablemente en posición social y económica, y en facultades intelectuales y espirituales, los libros de la Biblia presentan contrastes en su estilo, como también diversidad en la naturaleza de los asuntos que desarrollan. Sus diversos escritores se valen de expresiones diferentes; a menudo la misma verdad está presentada por uno de ellos de modo más patente que por otro. Ahora bien, como varios de sus autores nos presentan el mismo asunto desde puntos de vista y aspectos diferentes, puede parecer al lector superficial, descuidado y prevenido, que hay divergencias o contradicciones, allí donde el lector atento y respetuoso discierne, con mayor penetración, la armonía fundamental. "Presentada por diversas personalidades, la verdad aparece en sus variados aspectos. Un escritor percibe con más fuerza cierta parte del asunto; comprende los puntos que armonizan con su experiencia o con sus facultades de percepción y apreciación; otro nota más bien otros aspectos del mismo asunto; y cada cual, bajo la dirección del Espíritu Santo, presenta lo que ha quedado inculcado con más fuerza en su propia mente. De aquí que encontremos en cada cual un aspecto diferente de la verdad, pero perfecta armonía entre todos ellos. Y las verdades así reveladas se unen en perfecto conjunto, adecuado para satisfacer las necesidades de los hombres en todas las circunstancias de la vida.

"Dios se ha dignado comunicar la verdad al mundo por medio de instrumentos humanos, y él mismo, por su Santo Espíritu, habilitó a hombres y los hizo capaces de realizar esta obra. Guió la inteligencia de ellos en la elección de lo que debían decir y escribir. El tesoro fue confiado a vasos de barro, pero no por eso deja de ser del cielo. Aunque llevado a todo viento en el vehículo imperfecto del idioma humano, no por eso deja de ser el testimonio de Dios; y el hijo de Dios, obediente y creyente, contempla en ello la gloria de un poder divino, lleno de gracia y de verdad".

La Integridad de los Testimonios.

En perfecta armonía con esto están mis declaraciones que se encuentran en el artículo "The Testimonies Slighted" [Los testimonios desatendidos], escrito el 20 de junio de 1882, y publicado en Testimonies for the Church, tomo 5, págs. 62- 84. De esto cito varios párrafos para su consideración:

"Muchos contemplan con complacencia propia los largos años durante los cuales han defendido la verdad. Ahora creen que tienen derecho a una recompensa por las pruebas y obediencia pasadas. Pero esa genuina experiencia del pasado en las cosas de Dios los hace más culpables delante de él por no preservar su integridad y avanzar a la perfección. La fidelidad del año pasado nunca expiará el descuido del año actual. La veracidad de ayer de un hombre no expiará su falsedad de hoy.

"Muchos excusan su desobediencia de los testimonios diciendo: 'La Hna. White está influida por su esposo; los testimonios están modelados por el espíritu y juicio de él'. Otros estuvieron procurando conseguir algo de mí que luego pudieran interpretar para justificar su conducta o para darles influencia. Entonces fue cuando decidí que nada más saldría de mi pluma hasta que se viera en la iglesia el poder de Dios que convierte. Pero el Señor colocó la responsabilidad sobre mi alma. Trabajé por vosotros fervientemente. La eternidad dirá cuánto nos costó esto tanto a mi esposo como a mí. ¿No tengo yo un conocimiento del estado de la iglesia, cuando el Señor ha presentado su caso ante mí vez tras vez durante los años? Se han dado repetidas amonestaciones, pero no ha habido un cambio decidido...

"Sin embargo, ahora cuando os envío un testimonio de amonestación y reproche, muchos declaráis que es meramente la opinión de la Hna. White. Así habéis insultado al Espíritu de Dios. Sabéis cómo el Señor se ha manifestado mediante el espíritu de profecía. Pasado, presente y futuro, han pasado delante de mí. Se me han mostrado rostros que nunca había visto, y años después los reconocí cuando los vi. He sido despertada de mi sueño con una vívida sensación de temas previamente presentados a mi mente, y a media noche he escrito cartas que han cruzado el continente y, llegando en medio de una crisis, han salvado a la causa de Dios de un gran desastre. Esta ha sido mi obra por muchos años. Un poder me ha impelido a reprobar y reprochar errores en que no había pensado. Esta obra de los últimos 36 años, ¿procede de lo alto o de abajo?...

"Cuando fui a Colorado, estaba tan agobiada a causa de vosotros que, en mi debilidad, escribí muchas páginas para que se leyeran en vuestro congreso. Débil y temblorosa, me levanté a las tres de la mañana para escribiros. Dios hablaba mediante la arcilla. Podríais decir que esta comunicación era sólo una carta. Sí, era una carta, pero inspirada por el Espíritu de Dios para presentaros cosas que me habían sido mostradas. En estas cartas que escribo, en el testimonio dado, os presento lo que el Señor me ha presentado. No escribo un solo artículo en la revista que exprese meramente mis propias ideas. Son lo que Dios ha desplegado ante mí en visión: los preciosos rayos de luz que brillan del trono...

"¿Qué voz reconoceréis como la voz de Dios? ¿Qué poder tiene el Señor en reserva para corregir vuestros errores y mostraros vuestra conducta tal como es? ¿Qué poder para obrar en la iglesia? Si rehusáis creer hasta que cada sombra de incertidumbre y cada posibilidad de duda sean quitadas, nunca creeréis. La duda que demanda perfecto conocimiento nunca dará fruto de fe. La fe descansa sobre evidencia, no demostración. El Señor requiere de nosotros que obedezcamos la voz del deber, cuando hay otras voces en torno de nosotros que nos instan a seguir un proceder opuesto. Se requiere nuestra atención ferviente para distinguir la voz que habla de parte de Dios. Debemos resistir y vencer la inclinación y obedecer la voz de la conciencia sin parlamentar o entrar en componendas, no sea que deje de instarnos y predominen la voluntad propia y el impulso.

"La palabra del Señor nos viene a todos los que no hemos resistido a su Espíritu determinando no oír ni obedecer. Esa voz se oye en amonestaciones, en consejos, en reproches. Es el mensaje de luz del Señor para su pueblo. Si esperamos que haya llamadas más fuertes o mejores oportunidades, la luz puede ser retirada y nosotros dejados en tinieblas...

"Me apena decir, mis hermanos, que vuestro pecaminoso descuido de caminar en la luz os ha envuelto en tinieblas. Podéis ser ahora sinceros en no reconocer ni obedecer la luz; las dudas que habéis albergado, vuestro descuido en atender los requerimientos de Dios, han cegado vuestra percepción de modo que la oscuridad es ahora luz para vosotros y la luz tinieblas. Dios os ha ordenado que avancéis a la perfección. El cristianismo es una religión de progreso. La luz de Dios es plena y amplia, y espera que la demandemos. Cualesquiera bendiciones que el Señor pueda dar, tienen una infinita reserva más allá, un depósito inextinguible del cual podemos sacar. El escepticismo puede considerar las demandas sagradas del Evangelio con bromas, burlas y negaciones. El espíritu de mundanalidad puede contaminar a muchos y dominar a pocos; la causa de Dios podrá mantenerse firme sólo por grandes esfuerzos y continuo sacrificio. Sin embargo, triunfará finalmente.

"La palabra es: Avanzad, cumplid vuestro deber individual y dejad todos los resultados en las manos de Dios. Si avanzamos donde Jesús nos guía, veremos el triunfo de él y compartiremos su gozo. Debemos participar en los conflictos si queremos llevar la corona de victoria. Como Jesús, debemos ser hechos perfectos mediante el sufrimiento. Si la vida de Cristo hubiese sido cómoda, entonces podríamos fácilmente rendirnos a la pereza. Puesto que su vida fue señalada por la abnegación, el sufrimiento y el sacrificio propio continuos, no nos quejaremos si somos participantes con él. Podemos caminar seguros en la senda más oscura si la Luz del mundo es nuestro guía...

"La última vez que el Señor me presentó vuestro caso, y me hizo saber que no habíais tomado en cuenta la luz que os había dado, se me ordenó que os hablara claramente en el nombre del Señor, pues su ira se había encendido contra vosotros. Estas palabras me fueron dichas: 'Tu obra proviene de Dios. Muchos no te oirán, pues rehúsan oír al gran Maestro; muchos no serán corregidos, pues sus caminos son rectos ante sus propios ojos. Sin embargo, preséntales los reproches y amonestaciones que te daré, ya sea que los escuchen o rehuyan'".

En relación con estas citas, estudiad otra vez el capítulo "Naturaleza e Influencia de los Testimonios". [En castellano está en Joyas de los testimonios, tomo 2, págs. 270 - 293 y también en el capítulo siguiente, págs. 294 - 302.]

La declaración que Ud. cita del Testimonio N 31 [tomo 5, en inglés, pág. 67 -no está en castellano] es correcta: "En estas cartas que escribo, en el testimonio dado, os presento lo que el Señor me ha presentado. No escribo un solo artículo en la revista que exprese meramente mis propias ideas. Son lo que Dios ha desplegado ante mí en visión: los preciosos rayos de luz que brillan del trono". Esto es verdad en cuanto a los artículos en nuestras revistas y en los muchos tomos de mis libros. He sido instruida de acuerdo con la Palabra y en los preceptos de la ley de Dios. He sido instruida al elegir entre las lecciones de Cristo. ¿No está de acuerdo con las enseñanzas de Jesucristo la posición que tomo en mis escritos?

El Peligro de Afirmaciones Engañosas.

No he de contestar sí o no a algunas de las preguntas que Ud. me ha hecho. No debo hacer declaraciones que puedan ser mal interpretadas. He sido instruida para ver y sentir el peligro de los que están poniendo en peligro su alma, a veces, por escuchar afirmaciones engañosas acerca de los mensajes que Dios me ha dado. Mediante muchas distorsiones y rodeos y falsos razonamientos acerca de lo que he escrito, tratan de vindicar su incredulidad personal. Estoy triste por mis hermanos que han estado caminando en la neblina de los recelos, el escepticismo y los falsos razonamientos. Sé que algunos de ellos serían bendecidos por mensajes de consuelo si las nubes que oscurecen su visión espiritual pudieran ser despejadas y así pudieran ver correctamente. Pero no ven con claridad. Por lo tanto, no me atrevo a comunicarme con ellos. Cuando el Espíritu de Dios disipe el misticismo, se hallarán fe y consuelo tan completos y esperanza en los mensajes que se me ha ordenado dar, como se hallaron en ellos en los años pasados.

La verdad ciertamente ganará la victoria. No duerme, sino vela Aquel que dio su vida para rescatar al hombre de los engaños de Satanás. Cuando sus ovejas se aparten de seguir la voz de un extraño, al cual no pertenecen, se regocijarán otra vez en la voz que habían seguido con amor.

Podemos aprender preciosas lecciones de la vida de Cristo. Los envidiosos fariseos torcieron los hechos y palabras de Cristo, que, si se hubieran aceptado debidamente habrían beneficiado su entendimiento espiritual. En vez de admirar la bondad de Cristo lo acusaron de impiedad en presencia de sus discípulos. "¿Por qué come vuestro Maestro con los publicanos y pecadores?" (Mat. 9:11). En vez de dirigirse a nuestro bendito Salvador, cuya respuesta los hubiera convencido inmediatamente de su maldad, hablaron con los discípulos e hicieron sus acusaciones, como levadura maligna, donde podían hacer gran daño. Si Cristo hubiese sido un hombre impío, habría perdido su ascendiente sobre el corazón de sus seguidores. Pero debido a su confianza en Cristo, los discípulos no prestaron oídos a las insinuaciones de sus perversos acusadores.

Deseando que los discípulos fueran censurados, esos perversos acusadores fueron a Cristo, vez tras vez, con la pregunta: ¿Por qué hacen tus discípulos lo que no es correcto? Y cuando juzgaron que nuestro Señor había faltado, no le hablaron a él sino a sus discípulos, para plantar las semillas de incredulidad en el corazón de sus seguidores.

Así procedieron para provocar la duda y la disensión. Utilizaron todo método posible para introducir la duda en el corazón de la pequeña grey, a fin de que estuviera atenta a algo que pudiera reprimir el bien y la obra benéfica del Evangelio de Jesucristo.

Una obra de este mismo carácter se efectuará para influir sobre los verdaderos creyentes de hoy día. El Señor Jesús lee el corazón. Discierne los intereses y propósitos de los pensamientos de todos los hombres acerca de él mismo y sus creyentes discípulos. El contesta sus pensamientos acerca de los criticones: "Los sanos no tienen necesidad de médico, sino los enfermos" (Mat. 9: 12). Los insolentes fariseos habían exaltado la idea de su propia piedad y santidad, al paso que estaban listos para censurar la vida de otros (Carta 206, 1906).

La Mensajera Del Señor

Anoche, en visión, estuve delante de una congregación de nuestros hermanos dando un decidido testimonio en cuanto a la verdad presente y el deber presente. Después del discurso, muchos se me acercaron haciéndome preguntas. Deseaban tantas explicaciones acerca de este punto y aquel otro, que dije: "Por favor, uno por uno, no sea que me confundan".

Y entonces los exhorté diciendo: "Durante años habéis tenido evidencias de que el Señor me ha dado una obra que hacer. Esas evidencias difícilmente podrían haber sido mayores de lo que son. ¿Destruiréis todas esas evidencias como una telaraña ante la sugestión de la incredulidad de un hombre? Lo que me hace doler el corazón es el hecho de que muchos que ahora están perplejos y tentados son los que han tenido abundancia de evidencias y oportunidades para considerar, orar y comprender, y sin embargo, no disciernen la naturaleza de las sofisterías que se les presentan para influirlos a rechazar las amonestaciones que Dios ha dado para salvarlos de los engaños de estos últimos días".

Algunos han tropezado en el hecho de que dije que no pretendía ser profetisa* y han preguntado: ¿Por qué?

No he tenido otra pretensión sino la de que se me ha indicado que soy la mensajera del Señor; que él me llamó en mi juventud para ser su mensajera, para recibir su palabra y dar un mensaje claro y decidido en el nombre del Señor Jesús.

En mi temprana juventud se me preguntó varias veces: ¿Es Ud. profetisa? Siempre he respondido: Soy la mensajera del Señor. Sé que muchos me han llamado profetisa, pero no he pretendido ese título. Mi Salvador me declaró que era su mensajera "Tu obra -me indicó- es llevar mi palabra. Surgirán cosas extrañas, y en tu juventud te consagro para que lleves el mensaje a los errantes, para que lleves la palabra ante los incrédulos y, por la pluma y de viva voz, reproches al mundo las acciones que no son correctas. Exhorta usando la Palabra. Haré que mi Palabra te sea manifiesta. No será como un idioma extraño. En la verdadera elocuencia de la sencillez, con la voz y por la pluma, los mensajes que te doy se oirán de parte de alguien que nunca ha aprendido en las escuelas. Mi Espíritu y mi poder estarán contigo.

"No temas a los hombres porque mi escudo te protegerá. No eres tú la que hablas: es el Señor quien te da los mensajes de admonición y represión. Nunca te desvíes de la verdad bajo ninguna circunstancia. Da la luz que te daré. Los mensajes para estos últimos días serán escritos en libros y permanecerán inmortalizados para testificar contra los que una vez se regocijaron en la luz, pero que han sido inducidos a renunciar a ella debido a las seductoras influencias del mal".

¿Por qué no he pretendido ser profetisa? Porque en estos días muchos que osadamente pretenden ser profetas son un baldón para la causa de Cristo, y porque mi obra incluye mucho más de lo que significa la palabra "profeta".

Cuando esta obra me fue dada por primera vez, le rogué al Señor que la responsabilidad fuera puesta sobre algún otro. La obra era tan grande, amplia y profunda que temí no poder hacerla. Pero por su Espíritu Santo el Señor me ha capacitado para realizar la obra que me dio para hacer.

Una obra de muchos aspectos

Dios me ha aclarado las diversas formas en las que me usaría para hacer avanzar una obra especial. Se me han dado visiones con la promesa: "Si presentas fielmente los mensajes y resistes hasta el fin, comerás del fruto del árbol de la vida y beberás del agua del río de la vida".

El Señor me dio gran luz acerca de la reforma pro salud. Junto con mi esposo, había de efectuar obra médico misionera. Había de dar ejemplo a la iglesia llevando a los enfermos a mi hogar y cuidando de ellos. Esto he hecho, dando a mujeres y niños vigorosos tratamientos. También debía hablar sobre el tema de la temperancia cristiana, como la mensajera señalada por el Señor. Me ocupé vigorosamente de esa obra, y hablé a grandes congregaciones sobre temperancia en su sentido más amplio y verdadero.

Se me instruyó que siempre impresionara a los que profesan creer la verdad con la necesidad de practicar la verdad. Esto significa santificación, y la santificación significa el cultivo y desarrollo de cada talento para el servicio del Señor.

Se me encargó que no descuidará ni pasara por alto a los que eran víctimas de injusticias. Se me encargó especialmente que protestara contra un proceder despótico o arbitrario hacia los ministros del Evangelio de parte de los que tienen autoridad oficial. Aunque es desagradable ese deber, debo reprochar al opresor y pedir justicia. Debo presentar la necesidad de preservar justicia y equidad en todas nuestras instituciones.

Si veo que los que están en posiciones de responsabilidad descuidan a ministros ancianos, debo presentar el asunto a aquellos cuyo deber es cuidarlos. Los ministros que han realizado fielmente su obra no han de ser olvidados ni descuidados cuando se quebrante su salud. Nuestras asociaciones no han de descuidar las necesidades de los que han llevado las responsabilidades de la obra. Después de que Juan había envejecido en el servicio del Señor fue desterrado a Patmos. Y en esa isla solitaria recibió más comunicaciones del cielo que las que había recibido durante el resto de su vida.

Después que me casé, se me instruyó que debía mostrar un interés especial en huérfanos de padre y madre, tomando algunos bajo mi cuidado durante un tiempo y luego buscando hogares para ellos. Así daría a otros un ejemplo de lo que podrían hacer.

Aunque fui llamada a viajar frecuentemente y a escribir mucho, he tomado a niños de tres y cinco años de edad, y he cuidado de ellos, los he educado y preparado para puestos de responsabilidad. A veces he recibido en mi hogar a muchachos de diez a dieciséis años, dándoles cuidado maternal y preparación para servir. He sentido que era mi deber presentar delante de nuestro pueblo esa obra por la cual deberían sentir una responsabilidad los miembros de cada iglesia.

Mientras estaba en Australia, realicé esta misma clase de obra recibiendo en mi hogar a huerfanitos que se encontraban en peligro de quedar expuestos a las tentaciones que podrían ocasionar la pérdida de su alma.

En Australia, nosotros también trabajamos como misioneros ocupados en obra médica cristiana. A veces convertía mi hogar, de Cooranbong, en un asilo para los enfermos y afligidos. Mi secretaria, que se había preparado en el Sanatorio de Battle Creek, estaba a mi lado y efectuaba la obra de enfermera misionera. No cobraba nada por sus servicios, y ganábamos la confianza de la gente por el interés que manifestábamos en los enfermos y dolientes. Después de un tiempo, se construyó el Asilo de Salud de Cooranbong y así quedamos aliviados de esa preocupación.

Nada de Pretensiones Jactanciosas.

Nunca he pretendido ser profetisa. Si otros me llaman así, no les discuto. Pero mi obra ha abarcado tantos aspectos, que no puedo llamarme sino mensajera, enviada para dar un mensaje del Señor a su pueblo y para ocuparme de cualquier actividad que él me señale.

La última vez que estuve en Battle Creek, dije delante de una gran congregación que no pretendía ser profetisa. Dos veces me referí a este asunto, con el propósito de hacer cada vez esta declaración: "No pretendo ser profetisa". Si digo algo diferente a esto, entiendan todos ahora que lo que quería decir era que no pretendo el título de profeta o profetisa.

Entendí que algunos estaban ansiosos de saber si la Sra. de White sostenía todavía los mismos puntos de vista de hace años cuando la oyeron hablar en la arboleda del sanatorio, en el tabernáculo y en los congresos celebrados en los suburbios de Battle Creek. Les aseguré que el mensaje que ella presenta hoy es el mismo que ha estado dando durante los sesenta años de su ministerio público. Tiene el mismo servicio que hacer para el Maestro que el que le fue confiado en su adolescencia. Ella recibe lecciones del mismo Instructor. Las direcciones que se le dan son: "Haz conocer a otros lo que te he revelado. Redacta los mensajes que te doy, para que la gente pueda tenerlos". Esto es lo que se ha esforzado por hacer ella.

He escrito muchos libros y se los ha hecho circular ampliamente. De mí misma, yo no podría haber puesto la verdad en esos libros, pero el Señor me ha dado la ayuda de su Espíritu Santo. Esos libros, que dan la instrucción que el Señor me ha dado durante los últimos sesenta años, contienen luz del cielo y soportarán la prueba de la investigación.

Sigo aún trabajando con esfuerzo a la edad de setenta y ocho años. Estamos todos en las manos del Señor. Confío en él, porque sé que nunca dejará o abandonará a los que ponen su confianza en él. Me he entregado a su cuidado.

"Doy gracias al que me fortaleció, a Cristo Jesús nuestro Señor, porque me tuvo por fiel, poniéndome en el ministerio" (1 Tim. 1: 12) (The Review and Herald, 26 de julio de 1906).

La Obra de un Profeta y Más.

Durante el discurso dije que no pretendía ser profetisa. Algunos se sorprendieron ante esta declaración, y como mucho se está diciendo acerca de esto, daré una explicación. Otros me han llamado profetisa, pero nunca pretendí ese título. No he sentido que era mi deber designarme así. Los que osadamente pretenden que son profetas en éste nuestro día, son con frecuencia un baldón para la causa de Cristo.

Mi obra incluye mucho más de lo que significa ese nombre. Me considero a mí misma como una mensajera, a quien el Señor le ha confiado mensajes para su pueblo (Carta 55, 1905).

Ahora he sido instruida que no debo ser estorbada en mi obra por aquellos que se ocupan en hacer suposiciones acerca de la naturaleza de ella, cuyas mentes están luchando con tantos problemas intrincados referentes a la supuesta obra de un profeta. Mi misión abarca la obra de un profeta pero no termina allí. Abarca mucho más de lo que puedan comprender las mentes de los que han estado sembrando las semillas de incredulidad (Carta 244, 1906. Dirigida a los ancianos de la Iglesia de Battle Creek).

Recibiendo e Impartiendo la Luz
Puesto que se han hecho frecuentemente preguntas en cuanto al estado en que estoy durante la visión y después de que salgo de ella, diré que cuando el Señor cree oportuno dar una visión, soy llevada a la presencia de Jesús y de los ángeles y estoy completamente perdida en cuanto a las cosas terrenales. No puedo ver más allá de lo que los ángeles me señalan. Mi atención con frecuencia es dirigida a escenas que suceden en la tierra.

A veces soy llevada muy lejos en lo futuro, y se me muestra lo que ha de suceder. Luego otra vez se me muestran cosas que han ocurrido en lo pasado. Después de que salgo de la visión, no recuerdo inmediatamente todo lo que he visto y el asunto no es tan claro delante de mí hasta que escribo. Entonces la escena surge delante de mí como fue presentada en visión y puedo escribir con libertad. A veces las cosas que he visto están ocultas de mí después que salgo de la visión y no puedo recordarlas hasta que soy llevada delante de una congregación donde se aplica la visión. Entonces vienen con fuerza a mi mente las cosas que he visto. Dependo tanto del Espíritu del Señor para relatar o escribir una visión como para tenerla. Es imposible que yo recuerde cosas que me han sido mostradas a menos que el Señor las haga surgir delante de mí en el momento que a él le place que yo las relate o escriba (Spiritual Gifts [Dones espirituales], tomo 2, págs. 292, 293 - año 1860).

Aunque dependo tanto del Espíritu del Señor para escribir mis visiones como para recibirlas, sin embargo las palabras que empleo para describir lo que he visto son mías, a menos que sean las que me habló un ángel, las que siempre incluyo entre comillas (The Review and Herald, 8 de octubre de 1867).

Se levanta la pregunta: ¿Cómo sabe la Hna. White en cuanto a los asuntos de los cuales habla tan decididamente, como si tuviera autoridad para decir esas cosas? Hablo así porque brillan en mi mente, cuando estoy en perplejidad, como un relámpago que sale de una nube oscura en la furia de una tormenta. Algunas escenas que fueron presentadas ante mí hace años, no han sido retenidas en mi memoria, pero cuando es necesaria la instrucción entonces dada, a veces, aun cuando estoy delante de la gente, el recuerdo viene nítido y claro, como el destello de un relámpago, que me hace recordar claramente esa instrucción particular. En tales ocasiones, no puedo menos que decir las cosas que refulgen en mi mente, no porque haya tenido una nueva visión, sino porque aquélla que me fue presentada quizá hace años ha sido llevada a mi mente con fuerza (The Writing and Sending Out of the Testimonies [La redacción y distribución de los testimonios] pág. 24).

No Hay Pretensión de Infalibilidad
Tenemos muchas lecciones que aprender y muchísimas que desaprender. Sólo Dios y el cielo son infalibles. Quedarán chasqueados los que piensan que nunca tendrán que aban-

donar un punto de vista favorito, que nunca tendrán la ocasión de cambiar una opinión. Mientras nos aferremos a nuestras propias ideas y opiniones con persistencia determinada, no podremos tener la unidad por la cual oró Cristo (The Review and Herald, 26 de julio de 1892).

Acerca de la infalibilidad, nunca pretendí tenerla. Sólo Dios es infalible. Su palabra es verdad y en él no hay cambio ni sombra de variación (Carta 10, 1895).

Lo Sagrado Y Lo Común

Sanatorio, California, 5 de marzo de 1909

Estoy preocupada en cuanto al Hno. A, que por un tiempo ha sido obrero en el sur de California. Ha hecho algunas extrañas declaraciones y me da pena verlo negando los testimonios en su conjunto por lo que a él le parece una contradicción: una declaración hecha por mí en cuanto al número de habitaciones del Sanatorio de Paradise Valley. El Hno. A dice que en una carta escrita a uno de los hermanos del sur de California, hice la declaración de que el sanatorio tiene cuarenta habitaciones, cuando en realidad hay sólo treinta y ocho. El Hno. A me da esto como una razón para haber perdido su confianza en los testimonios...

La información dada en cuanto al número de habitaciones del Sanatorio de Paradise Valley no fue dada como una revelación del Señor sino simplemente como una opinión humana. Nunca me ha sido revelado el número exacto de habitaciones de ninguno de nuestros sanatorios, y el conocimiento que tengo en cuanto a tales cosas lo he obtenido preguntando a los que suponía que estaban informados. En mis palabras, cuando hablo acerca de estos temas comunes, no hay nada para inducir a la mente a creer que recibo mi conocimiento en una visión del Señor y que presento eso como tal...

Cuando el Espíritu Santo revela alguna cosa acerca de las instituciones de la obra del Señor, o acerca de la obra de Dios en el corazón y la mente de los hombres, como ha revelado esas cosas a través de mí en lo pasado, el mensaje dado ha de ser considerado como luz dada por Dios para aquellos que la necesitan. Pero es un gran error que uno mezcle lo sagrado con lo común. En una tendencia a hacer esto podemos ver la obra del enemigo para destruir las almas.

A cada alma que Dios ha creado le ha dado talentos para servirle, pero Satanás procura hacer difícil esta obra de servicio mediante su continua tentación para descarriar a las almas. Obra para procurar oscurecer las percepciones espirituales para que los hombres no distingan entre lo que es común y lo que es santo. Se me ha hecho conocer esta distinción mediante una vida de servicio para mi Señor y Maestro...

Recibí el mensaje: Dedícate a la obra más excelsa jamás confiada a los mortales. Te daré elevadas aspiraciones y facultades y un verdadero sentido de la obra de Cristo. No eres tuya, pues fuiste comprada por un precio, por la vida y muerte del Hijo de Dios. Dios demanda tu corazón de niña y tu servicio bajo la santificación del Espíritu Santo.

Me entregué a mí misma a Dios, todo mi ser, para obedecer a su vocación en todo, y desde entonces mi vida ha transcurrido dando el mensaje con mi pluma y oralmente delante de grandes congregaciones. No soy yo la que determino mis palabras y acciones en tales momentos.

Sin embargo, hay oportunidades cuando deben declararse cosas comunes, pensamientos comunes deben ocupar la mente, deben escribirse cartas comunes y se debe dar información que ha pasado de un obrero a otro. Tales palabras, tal información, no son dadas bajo la inspiración especial del Espíritu de Dios. Se hacen preguntas a veces que no tienen nada que ver con temas religiosos, y esas preguntas deben ser contestadas. Conversamos acerca de casas y tierras, transacciones comerciales y ubicación para nuestras instituciones, sus ventajas y desventajas.

Recibo cartas en las que se me pide consejo en cuanto a muchos temas extraños, y aconsejo de acuerdo con la luz que se me ha dado. Vez tras vez los hombres se han opuesto al consejo que se me instruyó que diera porque no querían recibir la luz dada, y tales casos me han inducido a buscar al Señor con todo fervor (Manuscrito 107, 1909).

Actitudes Acerca de los Testimonios

Una Declaración Temprana

Vi el estado de algunos que se adherían a la verdad presente pero que no hacían caso de las visiones -la forma que el Señor había escogido para enseñar, en algunos casos, a los que erraban en la verdad bíblica. Vi que los que atacaban las visiones no atacaban al gusano -al débil instrumento- mediante el cual hablaba Dios- sino al Espíritu Santo. Vi que era una cosa pequeña hablar contra el instrumento, pero que era peligroso menospreciar las palabras de Dios. Vi que si ellos estaban en error y Dios quería mostrarles sus errores por medio de visiones, y ellos desdeñaban las enseñanzas de Dios por medio de visiones, quedarían abandonados para que siguieran sus propios caminos y corrieran en la senda del error y pensaran que estaban en lo correcto hasta que se dieran cuenta demasiado tarde. Entonces, en el tiempo de angustia, los oí clamar a Dios en agonía: "¿Por qué no nos mostraste nuestro error para que pudiéramos haber hecho lo correcto y hubiéramos estado listos para este tiempo?" Entonces un ángel los señaló y dijo: "Mi Padre enseñó, pero no quisisteis ser enseñados. Habló mediante visiones, pero desdeñasteis su voz y él os abandonó a vuestros propios caminos para que estuvierais satisfechos con vuestras propias obras" (Volante, To Those Who Are Receiving the Seal of the Living God, [A los que están recibiendo el sello del Dios vivo], folleto del 31 de enero de 1849).

Instrucción Segura para Los Días Finales

Una riqueza de influencia moral nos ha sido presentada en el último medio siglo. Mediante su Espíritu Santo, la voz de Dios nos ha venido continuamente en forma de amonestación e instrucción, para confirmar la fe de los creyentes en el espíritu de profecía. El mensaje ha venido repetidas veces: Escribe las cosas que te he dado para confirmar la fe de mi pueblo en la posición que ha tomado. El tiempo y las pruebas no han anulado la instrucción dada, sino que han establecido la verdad del testimonio dado mediante los años de sufrimiento y abnegación. La instrucción que fue dada en los primeros días del mensaje ha de ser retenida como instrucción segura de seguir en estos días finales. Los que son indiferentes a esta luz e instrucción no deben esperar escapar a las trampas que, según se nos ha dicho claramente, harán que los que rechacen la luz tropiecen, y caigan, y sean entrampados, y retenidos allí. Si estudiamos cuidadosamente el segundo capítulo de Hebreos, aprenderemos cuán importante es que retengamos firmemente cada principio de la verdad que ha sido dada (The Review and Herald, 18 de julio de 1907).

Se Enumeran Actitudes Variables

Pronto se hará todo esfuerzo posible para desestimar y pervertir la verdad de los testimonios del Espíritu de Dios. Debemos estar siempre atentos a los claros y directos mensajes, que desde 1846, han estado viniendo al pueblo de Dios.

Habrá quienes una vez estuvieron unidos con nosotros en la fe, que buscarán nuevas y extrañas doctrinas, algo extraordinario y sensacional que presentar a la gente. Introducirán todos los sofismos imaginables y los presentarán como provenientes de la Sra. de White para que engañen a las almas...

Los que han tratado como una cosa común la luz que el Señor ha dado, no será beneficiados con la instrucción presentada.

Habrá quienes interpreten mal los mensajes que Dios ha dado, de acuerdo con su ceguera espiritual.

Algunos dejarán su fe y negarán la verdad de los mensajes, mostrándolos como falsedades.

Algunos los exhibirán para ridiculizarlos, trabajando contra la luz que Dios ha estado dando durante años, y algunos débiles en la fe serán así descarriados.

Pero otros serán grandemente ayudados por los mensajes. Aunque no les sean dirigidos personalmente, serán corregidos y eludirán los males especificados... El Espíritu del Señor estará en la instrucción y se eliminarán las dudas que existen en muchas mentes. Los testimonios mismos serán la clave que explicará los mensajes dados, que reprochan el mal, a fin de saber lo que deben hacer para ser salvos... Amanecerá luz sobre el entendimiento y el Espíritu hará impresión sobre las mentes, a medida que la verdad bíblica sea clara y sencillamente presentada en los mensajes que desde 1846 Dios ha estado enviando a su pueblo. Estos mensajes han de recibirse en los corazones y se efectuarán transformaciones (Carta 73, 1903).

Los Peligros de Criticar los Mensajes Inspirados

Algunos juzgan las Escrituras declarando que este pasaje o aquél no es inspirado porque no les impresiona favorablemente. No pueden hacerlo concordar con sus ideas de filosofía y ciencia, "falsamente llamada ciencia" (1 Tim. 6: 20). Otros, por diferentes razones, ponen en duda porciones de la Palabra de Dios. Así muchos caminan ciegamente donde el enemigo prepara el camino. Ahora bien, no es de la incumbencia de ningún hombre pronunciar sentencia sobre las Escrituras, juzgar o condenar ninguna porción de la Palabra de Dios. Cuando alguien se atreva a hacer esto, Satanás le hará respirar una atmósfera que empequeñecerá el crecimiento espiritual. Cuando un hombre se siente tan sabio como para criticar la Palabra de Dios, su sabiduría es considerada por Dios como necedad. Cuando sepa más, sentirá que tiene todo por aprender. Y su primera lección será la de llegar a ser dócil. "Aprended de mí -dice el gran Maestro-, que soy manso y humilde de corazón; y hallaréis descanso para vuestras almas" (Mat. 11: 29).

Los que os habéis estado educando a vosotros mismos dentro de un espíritu de crítica y acusación, recordad que estáis imitando el ejemplo de Satanás. Cuando os conviene, tratáis los testimonios como si creyerais en ellos, citando de ellos para robustecer alguna declaración que queréis que prevalezca. Pero, ¿qué sucede cuando la luz es dada para corregir vuestros errores? ¿Aceptáis entonces la luz? Cuando los testimonios hablan en contra de vuestras ideas, los tratáis muy livianamente.

No conviene que nadie deje caer una palabra de duda aquí y allí, que obre como veneno en otras mentes, sacudiendo su confianza en los mensajes que Dios ha dado, que han ayudado a colocar el fundamento de esta obra, y la han acompañado hasta hoy para reprochar, amonestar, corregir y animar. A todos los que se han interpuesto en el camino de los testimonios, diré: Dios ha dado un mensaje a su pueblo, y su voz será oída ya sea que la oigáis o la omitáis. Vuestra oposición no me ha dañado a mí, pero debéis dar cuenta al Dios del cielo que ha enviado esas amonestaciones e instrucciones para mantener a su pueblo en el camino recto. Tendréis que responder ante él por vuestra ceguera, por ser una piedra de tropiezo en el camino de los pecadores.

"¡A la ley y al testimonio! Si no dijeren conforme a esto, es porque no les ha amanecido" (Isa. 8: 20). Aun la obra del Espíritu Santo sobre el corazón ha de ser probada por la Palabra de Dios. El Espíritu que inspiró las Escrituras siempre conduce a las Escrituras (General Conference Daily Bulletin [Boletín diario de la Asociación General], 13 de abril de 1891).

Mensajes Inspirados Erróneamente Aplicados

Un hombre, de nombre B, vino desde Míchigan con un mensaje especial para la Hna. White. Dijo que la Hna. White había sido designada por Dios para ocupar el puesto que ocupó Moisés, y que él, B, había de ocupar el puesto de Josué. Así había de impulsarse la obra. La obra de la Hna. White había de unirse con la de él y habíamos de proclamar la verdad con poder.

Como muchos otros lo han hecho, ese hombre se tomó la libertad de mezclar mucho de las Escrituras con su mensaje, citando pasajes que aplicaba a los adventistas. Durante mi relación con la obra, han surgido muchos hombres tales. Han elegido y arreglado textos que podían aplicar al pueblo de Dios. El Sr. B leyó con voz alta y vigorosa los pasajes que había elegido, declarando que nos eran aplicables como pueblo. Dijo que yo debía ver que él estaba en lo correcto, pues ¿no era acaso la Biblia lo que él leía?

"Sí - le dije- Ud. ha elegido y reunido esos pasajes, pero como muchos que han surgido como Ud., está torciendo las Escrituras, interpretándolas para que signifiquen así y así, cuando sé que no se aplican como Ud. las aplicó.

"Ud., o cualquier otra persona engañada, podría acomodar y tener acomodados ciertos pasajes de gran fuerza y aplicarlos a sus propias ideas. Cualquiera puede interpretar mal y aplicar mal la Palabra de Dios, amenazando a personas y cosas, y luego tomar la posición de que los que rehusan recibir su mensaje, han rechazado el mensaje de Dios y han decidido su destino para siempre"...

Por las varias cartas que me han llegado, veo que cuando hombres como B, pretendiendo ser enviados por Dios, van a aquellos de nuestros hermanos que están más o menos aislados de los nuestros, esas almas están listas para aferrarse a cualquier cosa que dé a entender que es de origen celestial. Me llegan cartas que se me suplica que conteste. Sé que muchos hombres toman los testimonios que el Señor ha dado y los aplican como suponen que debieran ser aplicados, extrayendo una cláusula aquí y otra allí, sacándola de su contexto adecuado y aplicándola de acuerdo con sus ideas. Así quedan perplejas las pobres almas, cuando podrían leer a fin de que en todo lo que ha sido dado pudieran ver la verdadera aplicación y no se confundieran. Mucho que se da a entender como un mensaje de la Hna. White, tiene el propósito de representar mal a la Hna. White, haciendo que testifique a favor de cosas que no están de acuerdo con su mente o juicio. Esto hace que su obra sea muy penosa. Los informes vuelan de uno a otro acerca de lo que la Hna. White ha dicho. Cada vez que se repite el informe, se agranda. Si la Hna. White tiene algo que decir, dígalo ella. No se pide a nadie que sea portavoz de la Hna. White... Por favor, dejad que la Hna. White dé su propio mensaje. Vendrá mejor de ella que de alguien que informe de su parte (Manuscrito 21, 1901).

Poniendo en Duda Los Testimonios
Cuando encontréis a hombres que ponen en duda los testimonios, que les encuentran faltas, y tratan de apartar a la gente de su influencia, estad seguros de que Dios no está trabajando mediante ellos. Es otro espíritu. La duda e incredulidad son fomentadas por los que no caminan rectamente. Están penosamente conscientes de que su vida no soportará la prueba del Espíritu de Dios, ya sea hablando mediante su Palabra, o mediante los testimonios de su Espíritu que los llevarían a su Palabra. En vez de comenzar con su propio corazón y ponerse en armonía con los puros principios del Evangelio, encuentran faltas y condenan precisamente los medios que Dios ha elegido para preparar a un pueblo que esté en pie en el día del Señor.

Si viene algún escéptico que no está dispuesto a encuadrar su vida por las normas de la Biblia, y que trata de ganar el favor de todos, cuán pronto hace salir a los que no están en armonía con la obra de Dios. Los que están convertidos y arraigados en la verdad no encontrarán nada atrayente ni provechoso en la influencia o enseñanza del tal. Pero los que tienen un carácter defectuoso, cuyas manos no son puras, cuyos corazones no son santos, cuyos hábitos de vida son laxos, que son ásperos en su hogar o indignos de confianza en sus manejos, todos éstos, ciertamente, disfrutarán de las nuevas opiniones presentadas. Si así lo desean, todos pueden ver la verdadera medida del hombre, la naturaleza de su enseñanza en el carácter de sus seguidores.

Los que tienen más que decir contra los testimonios son generalmente los que no los han leído, así como los que se jactan de su incredulidad en la Biblia son aquellos que tienen poco conocimiento de sus enseñanzas. Saben que ella los condena, y el rechazarla les da un sentimiento de seguridad en su proceder pecaminoso.

El Poder Fascinante del Error
En el error y en la incredulidad hay algo que aturde y fascina a la mente. Poner en duda, dudar y abrigar la incredulidad, a fin de excusarnos por habernos apartado del sendero recto, es mucho más fácil que purificar el alma creyendo en la verdad y obedeciéndola. Pero cuando las mejores influencias crean en alguien el deseo de volver, el tal se encuentra entrampado en una red de Satanás, como una mosca en una telaraña, de tal modo que

le parece una tarea sin esperanza y rara vez se libera a sí mismo de la trampa que le armó el astuto enemigo.

Una vez que los hombres han admitido la duda y la incredulidad en los testimonios del Espíritu de Dios, están decididamente tentados a aferrarse a las opiniones que han sostenido delante de otros. Sus teorías y opiniones se fijan como una sombría nube sobre la mente, repeliendo así todo rayo de evidencia en favor de la verdad. Las dudas acariciadas por la ignorancia, el orgullo o el amor a las prácticas pecaminosas, remachan sobre el alma grillos que rara vez se quebrantan. Cristo, y sólo él, puede dar el poder necesario para quebrantarlos.

Los testimonios del Espíritu de Dios son dados para dirigir a los hombres a su Palabra, que ha sido descuidada. Ahora bien, si sus mensajes no son atendidos, el Espíritu Santo queda excluido del alma. ¿Qué otros medios tiene Dios en reserva para enseñar a los que yerran y mostrarles su verdadera condición?

Las iglesias que han fomentado influencias que disminuyen la fe en los testimonios, son débiles y vacilantes. Algunos ministros trabajan para atraer a la gente hacia ellos. Cuando se hace un esfuerzo para corregir cualquier error en esos ministros, se mantienen en su independencia y dicen: "Mi iglesia acepta mis labores".

Jesús dijo: "Todo aquel que hace lo malo, aborrece la luz y no viene a la luz, para que sus obras no sean reprendidas". Hay muchos hoy día que siguen una conducta similar. En los testimonios se especifican precisamente los pecados de los cuales ellos son culpables. Por lo tanto, no tienen deseo de leerlos. Hay quienes desde su juventud han recibido amonestaciones y reproches por medio de los testimonios, ¿pero han caminado en la luz y se han reformado? De ninguna manera. Todavía acarician los mismos pecados; tienen los mismos defectos de carácter. Esos males dañan la obra de Dios y dejan su impresión sobre las iglesias. No se efectúa la obra que el Señor haría para poner a las iglesias en orden, porque los miembros individualmente- y especialmente los dirigentes de la grey- no se dejan corregir.

Más de uno profesa aceptar los testimonios, al paso que ellos no tienen influencia en su vida ni en su carácter. Sus faltas se hacen más fuertes por la indulgencia hasta que, habiendo sido reprochado con frecuencia y no habiendo obedecido al reproche, pierde el poder del dominio propio y se endurece en su conducta de errores. Si está fatigado, si la debilidad se posesiona de él, no tiene poder moral para levantarse por encima de las debilidades de carácter que no venció. Estas se convierten en sus puntos más fuertes y es abatido por ellas. Póngaselo entonces a prueba y pregúntesele: " ¿No le reprochó Dios, hace años, esta fase de su carácter mediante los testimonios?" Contestará: "Sí, recibí un testimonio escrito que decía que estaba equivocado en esas cosas". "¿Por qué, entonces, no corrigió esos hábitos equivocados?" "Pensé que quien me reprochaba debía haber cometido un error. Lo que alcancé a comprender lo acepté; lo que no me convenció, dije que era sólo la opinión de quien daba el mensaje. No acepté el reproche".

En algunos casos, precisamente las faltas de carácter que Dios quería que vieran y corrigieran sus siervos, pero que ellos rehusaban ver, han costado la vida a esos hombres. Podrían haber vivido para ser canales de luz. Dios quería que vivieran y les envió instrucciones justas para que pudieran preservar sus facultades físicas y mentales a fin de hacer un servicio aceptable para él. Si ellos hubieran recibido los consejos de Dios y se hubieran convertido completamente de acuerdo con la voluntad divina, habrían sido obreros capaces para el adelanto de la verdad, hombres eminentes en el afecto y en la confianza de nuestro pueblo, pero duermen en la tumba porque no comprendieron que Dios los conocía mejor de lo que ellos se conocían a sí mismos. Los pensamientos de Dios no eran los pensamientos de ellos, ni los caminos de Dios los caminos de ellos. Esos hombres unilaterales han influido en la obra doquiera hayan trabajado. Se han debilitado grandemente las iglesias donde trabajaron.

Dios reprocha a los hombres porque los ama. Quiere que sean fuertes en la fortaleza divina, que tengan mentes bien equilibradas y caracteres simétricos. Entonces serán ejemplos para el rebaño de Dios, al que conducirán al cielo por precepto y ejemplo. Entonces edificarán un templo santo para Dios (Manuscrito I, 1883).

Escudriñando Los Testimonios en Procura de Una Excusa

Algunos que no quieren recibir la luz, sino que prefieren ir por caminos de su propia elección, escudriñan los testimonios para encontrar algo que fomente el espíritu de incredulidad y desobediencia. Así se introduce un espíritu de desunión, pues el espíritu que los guía a criticar los testimonios también los inducirá a observar a los hermanos para hallar en ellos algo que condenar (Manuscrito 73, 1908)

El último engaño de Satanás— Satanás está... constantemente haciendo fuerza por introducir lo espurio a fin de apartar de la verdad. Precisamente, el último engaño de Satanás se hará para que no tenga efecto el testimonio del Espíritu de Dios. "Sin profecía el pueblo será disipado" (Prov. 29: 18, versión Valera antigua). Satanás trabajará hábilmente en diferentes formas y mediante diferentes instrumentos para perturbar la confianza del pueblo remanente de Dios en el testimonio verdadero (Carta 12, 1890).

Se encenderá un odio satánico contra los testimonios. La obra de Satanás será perturbar la fe de las iglesias en ellos por esta razón: Satanás no puede disponer de una senda tan clara para introducir sus engaños y atar a las almas con sus errores si se obedecen las amonestaciones y reproches del Espíritu de Dios (Carta 40, 1890).

La Redacción y Distribución de los Testimonios para la Iglesia

Un Repaso de La Obra

Sanatorio, California, 8 de julio de 1906

QUERIDO HERMANO:

Hay algunos que piensan que pueden medir el carácter y estimar la importancia de la obra que el Señor me ha dado. Su propia mentalidad y juicio son la norma por la cual quieren pesar los testimonios.

Mi Instructor me dijo: Di a esos hombres que Dios no les ha confiado la obra de medir, clasificar y definir el carácter de los testimonios. Los que intentan esto seguramente errarán en sus conclusiones. El Señor quiere que los hombres se apliquen a su obra señalada. Si observan el camino del Señor, podrán discernir claramente que la obra que Dios me ha señalado para hacer no es de invención humana.

Los que cuidadosamente leen los testimonios así como aparecieron desde los primeros días, no necesitan estar perplejos en cuanto a su origen. Los muchos libros escritos con la ayuda del Espíritu de Dios dan un claro testimonio en cuanto al carácter de los testimonios.

En los primeros días de nuestra experiencia en el mensaje, el Espíritu de Dios venía con frecuencia sobre unos pocos de nosotros cuando estábamos reunidos y yo era arrebatada en visión. El Señor nos daba tal luz y evidencia, tal consuelo y esperanza y gozo, que las alabanzas suyas estaban en nuestros labios.

Auxiliada por Ayudantes Literarios.

Mientras vivió mi esposo, actuó como ayudante y consejero en el envío de los mensajes que me eran dados. Viajábamos mucho. A veces se me daba luz durante la noche, a veces durante el día delante de grandes congregaciones. La instrucción que recibía en visión era fielmente redactada por mí cuando tenía tiempo y vigor para esa obra. Después examinábamos juntos el asunto. Mi esposo corregía los errores gramaticales y eliminaba repeticiones inútiles. Eso era cuidadosamente copiado para las personas a quienes iba dirigido, o para el impresor.

A medida que creció la obra, otros me ayudaron en la preparación del material para su publicación. Después de la muerte de mi esposo, se me unieron fieles ayudantes, los que trabajaron infatigablemente en la obra de copiar los testimonios y preparar artículos para su publicación.

Pero no son verdaderos los informes que han circulado, que se permitía a cualquiera de mis ayudantes añadir material o cambiar el sentido de los mensajes que escribo.

Mientras estuvimos en Australia, el Señor me instruyó que W. C. White* debía ser aliviado de las muchas responsabilidades que los hermanos ponían sobre él para que pudiera ayudar más libremente en la obra que el Señor me había confiado. La promesa había sido dada: "Pondré mi Espíritu sobre él y le daré sabiduría".

Desde que volví a Norteamérica, he recibido varias veces la instrucción de que el Señor me ha dado a W. C. White como mi ayudante y que en esa obra el Señor le dará de su Espíritu.

El tiempo y la forma adecuados de presentación

Se requiere mucha sabiduría y sano juicio, vivificados por el Espíritu de Dios, para conocer el tiempo adecuado y la manera de presentar la instrucción que ha sido dada. Cuando las mentes de las personas reprochadas están bajo la influencia de un fuerte engaño, naturalmente resisten el testimonio, y habiendo asumido una actitud de resistencia, es difícil que después reconozcan que han estado equivocadas.

En los primeros días de esta causa, si algunos de los hermanos dirigentes se hallaban presentes cuando se recibían mensajes del Señor, consultábamos con ellos en cuanto a la mejor manera de presentar la instrucción delante de los hermanos. A veces se decidía que era mejor no leer ciertas porciones delante de una congregación. A veces, aquellos cuya conducta era reprochada pedían que los mensajes que hacían resaltar sus errores y peligros fueran leídos delante de otros para que ellos también se beneficiaran.

Con frecuencia, después de que se leían testimonios de represión, se efectuaban confesiones sinceras. Entonces nos uníamos en oración y el Señor manifestaba su gracia perdonadora a los que habían confesado sus pecados. La aceptación de los testimonios producía ricas bendiciones de Dios en nuestras congregaciones.

Fielmente me esfuerzo por redactar lo que me es dado de vez en cuando mediante el divino Consolador. Algunas partes de lo que escribo son enviadas inmediatamente para hacer frente a las necesidades actuales de la obra. Otras partes son retenidas hasta que el transcurso de las circunstancias me convence de que ha llegado el momento de su uso. A veces, algunos ministros y médicos que llevan responsabilidades han fomentado la tendencia de descartar los testimonios, y se me ha instruido a no colocarlos en sus manos, pues al haberse rendido al espíritu que tentó y venció a Adán y a Eva, han abierto la mente y el corazón al dominio del enemigo. Estando en un sendero equivocado y trabajando bajo suposiciones engañosas, leerían en los testimonios cosas que no hay pero que están de acuerdo con las falsas declaraciones a las que han prestado oídos. Al leer los testimonios alumbrados por sus propias luces, son engañados y engañarán a otros.

A veces, después de que se han redactado reproches muy nítidos y decididos, son retenidos por un tiempo hasta que, por medio de correspondencia personal yo haya procurado cambiar el espíritu de aquellos a quienes iban dirigidos. Si esos esfuerzos son infructuosos, los mensajes, con toda la fuerza de su represión o reproche, les son enviados, ya sea que los escuchen o que nieguen la veracidad del mensaje.

Si aquellos cuyos errores son señalados confiesan su mal proceder, puede quebrantarse el hechizo del enemigo. Si se arrepienten y abandonan sus pecados, Dios es fiel y justo para perdonarles sus pecados y limpiarlos de toda maldad. Cristo, el Redentor que perdona los pecados, les quitará sus vestimentas inmundas, les dará otro ropaje y pondrá una hermosa mitra sobre su cabeza. Pero mientras rehusen apartarse de la iniquidad, no pueden desarrollar un carácter que resista en el gran día del juicio.

Con frecuencia, son presentadas delante de mí faltas ocultas de las vidas de algunos, y se me ordena que dé un mensaje de reproche y amonestación.

Se me ha dicho que muchos que prestan atención a la falsa ciencia del enemigo serían capaces de declarar que mi obra es la de un profeta falso e interpretarían los testimonios de tal manera que cambiaran la verdad de Dios en mentira. Satanás está alerta, y algunos que en lo pasado han sido usados por el Señor para hacer su obra, pero que han permitido ser engañados, serán impulsados a usar impropiamente los mensajes dados. Porque no quieren escuchar las palabras de reproche, porque no quieren oír el consejo y mejorar su conducta y hacer la obra que les es asignada, interpretarán erróneamente los mensajes a la iglesia y confundirán a muchas mentes.

Sin embargo, debo dar el mensaje que se me ha dado, mientras el Señor lo determine. No me ha dado la obra de resolver todas las incomprensiones que son acariciadas en corazones incrédulos. Mientras permanezca abierta una puerta para recibir las sugestiones del tentador, se multiplicarán las dificultades. Está abierto a la incredulidad el corazón de los que no vienen a la luz. Si mi tiempo y energía se consumieran en tales asuntos, eso serviría a los propósitos de Satanás. El Señor me ha dicho: "Da los testimonios. Tu obra no es la de resolver las dificultades. Tu obra es la de reprender y presentar la justicia de Cristo".

Un Incidente

En una ocasión, en los primeros días del mensaje, el padre Butler* y el pastor Hart quedaron confundidos acerca de los testimonios. Se lamentaban y lloraban con gran angustia, pero durante algún tiempo no explicaban la razón de su perplejidad. Sin embargo, siendo instado a explicar su modo de hablar y comportamiento falto de fe, el pastor Hart se refirió a un folletito que había sido publicado como las visiones de la Hna. White y dijo que, hasta donde él supiera, no habían sido incluidas algunas visiones. Delante de un gran auditorio, esos dos hermanos hablaron vigorosamente de haber perdido su confianza en la obra.

Mi esposo entregó el folletito al pastor Hart y le pidió que leyera lo que estaba escrito en la página del título. El leyó: "Un bosquejo de la experiencia cristiana y visiones de la Sra. E. G. de White".

Durante un momento hubo silencio, y entonces mi esposo explicó que habíamos estado muy escasos de recursos y habíamos podido imprimir al principio sólo un folletito y prometió a los hermanos que cuando se consiguieran suficientes medios, se publicarían más plenamente las visiones en forma de libro.

El pastor Butler quedó profundamente conmovido, y dijo después de que se hubo presentado la explicación: "Postrémonos ante Dios". Siguieron oraciones, llanto y confesiones como rara vez hemos oído.

El Hno. Butler dijo: "Hno. White, perdóneme. Temí que estuvieran tratando Uds. de ocultar de nosotros algo de la luz que debiéramos recibir. Perdóneme, Hna. White". Entonces el poder de Dios se presentó en la reunión de una manera maravillosa (The Writing and Sending Out of the Testimonies to the Church [La redacción y distribución de los testimonios para la iglesia], págs. 3 - 9).

La Obra y Los Ayudantes

Sanatorio, California, 23 de octubre de 1907

QUERIDO HNO. [F. M.] WILCOX:

Recibí y leí su reciente carta. Acerca de la hermana que piensa que ha sido elegida para ocupar el puesto que ha ocupado la Hna. White, tengo esto que decir: Puede ser sincera, pero está ciertamente equivocada.

Más o menos un año después de la muerte de mi esposo, estuve muy débil y se temió que no viviría sino un corto tiempo. En el congreso de Healdsburg, fui llevada a la carpa donde había una gran reunión de nuestros hermanos. Pedí que me levantaran del sofá donde estaba recostada y me ayudaran a llegar al estado del predicador para que pudiera decir unas pocas palabras de despedida a los hermanos. Cuando traté de hablar, el poder de Dios vino sobre mí y me conmovió completamente. Muchos de la congregación observaron que yo estaba débil y que mi rostro y manos estaban exangües, pero cuando comencé a hablar vieron que el color venía a mis labios y rostro y supieron que se estaba efectuando un milagro en mi favor. Estuve ante los hermanos sanada y hablé con libertad.

Después de este caso, se me explicó que el Señor me había levantado para dar testimonio de él en muchos países y que me daría gracia y vigor para la obra. También se me mostró que mi hijo W. C. White debía ser mi ayudante y consejero y que el Señor colocaría sobre él el espíritu de sabiduría y ecuanimidad. Se me mostró que el Señor lo guiaría y que no sería descarriado, porque reconocería la dirección y orientación del Espíritu Santo.

Se me dio la seguridad: "No estás sola en la obra que el Señor ha elegido para que hagas. Serás enseñada de Dios en cuanto a la forma de presentar la verdad en su sencillez delante de la gente. El Dios de verdad te sostendrá, y se darán pruebas convincentes de que te está guiando. Dios te dará de su Espíritu Santo, y su gracia, sabiduría y poder protector estarán contigo...

"El Señor será tu instructor. Te encontrarás con influencias engañosas. Vendrán de muchas maneras, como panteísmo y otras formas de incredulidad, pero anda donde yo te guiaré, y estarás segura. Pondré mi Espíritu sobre tu hijo, y será fortalecido para hacer su obra. Tiene la gracia de la humildad. El Señor lo ha elegido para efectuar una importante parte en su obra. Para ese propósito nació".

Este mensaje me fue dado en 1882, y desde entonces he estado segura de que la gracia de la sabiduría le fue dada. Más recientemente, en un período de perplejidad, el Señor dijo: "Te he dado a mi siervo, W. C. White, y le daré juicio para que sea tu ayudante. Le daré habilidad y entendimiento para que proceda sabiamente".

El Señor me ha dado a otros fieles ayudantes para mi obra. Muchos de mis discursos han sido comunicados y se los ha impreso para presentarlos delante de la gente. A través de casi toda mi larga experiencia me he esforzado por redactar, día tras día, lo que se me ha revelado a mí en visiones de la noche. Muchos mensajes de consejo, reproche y estímulo han sido enviados a individuos y mucho de la instrucción que he recibido para la iglesia se ha publicado en revistas y libros, y ha circulado en muchos países...

La obra adelanta constantemente. Estamos haciendo esfuerzos fervientes para colocar mis escritos ante la gente. Esperamos que pronto se impriman varios libros nuevos. Si me incapacito para el trabajo, mis fieles obreros están preparados para llevar adelante la obra.

Mis Escritos Hablarán Constantemente.

En estos últimos días, se ha dado luz abundante a nuestro pueblo. Ya sea que mi vida sea preservada o no, mis escritos hablarán constantemente, y su obra irá adelante mientras dure el tiempo. Mis escritos son guardados en los archivos en la oficina y aunque yo no viviera, esas palabras que me han sido dadas por el Señor todavía tendrán vida y hablarán a la gente. Pero mi vigor todavía está preservado, y espero continuar para hacer mucha obra útil. Quizá viva hasta la venida del Señor, pero si no fuera así, confío en que se diga de mí: "Bienaventurados de aquí en adelante los muertos que mueren en el Señor. Sí, dice el Espíritu, descansarán de sus trabajos, porque sus obras con ellos siguen" (Apoc. 14: 13)...

Agradezco a Dios por la seguridad de su amor y porque tengo diariamente su dirección y orientación. Estoy muy ocupada con mis escritos. Temprano y tarde, redacto los asuntos que el Señor me presenta. La responsabilidad de mi obra es preparar a un pueblo que esté en pie en el día del Señor. La promesa de Cristo es segura. El tiempo no es prolongado. Debemos trabajar, velar y esperar al Señor Jesús. Se nos demanda que seamos firmes, inconmovibles, siempre abundando en la obra del Señor. Todas nuestras esperanzas tienen su fundamento en Cristo.

¿Están repasando nuestros hermanos el pasado, presente y futuro, a medida que se despliega ante el mundo? ¿Prestan atención a los mensajes de amonestación que se les ha dado? ¿Es nuestra mayor preocupación hoy día que nuestras vidas sean refinadas y purificadas y que reflejemos la semejanza divina? Esto deben experimentar todos los que se unan a la compañía de los que son lavados y emblanquecidos en la sangre del Cordero. Deben estar ataviados con la justicia de Cristo. El nombre de Cristo debe estar escrito en sus frentes. Deben regocijarse en la esperanza de la gloria de Dios. Cristo ha grabado los nombres de su pueblo en la palma de sus manos. Nunca perderá su interés en ninguna alma necesitada.

Decid a los miembros de iglesia que hay necesidad de una cabal consagración a Dios. Entiendan todos que deben hacer un pacto con Dios mediante un sacrificio. Necesitamos las bendiciones del Evangelio cada día y cada hora. Cada prueba del poder de Dios, su presencia y su amor han de reconocerse con cordial gratitud. Se ha de lograr la felicidad mediante el proceder correcto del alma respecto a Dios. Agradezco a Dios por este pensamiento precioso. Sea él glorificado por los sentimientos expresados y por las acciones realizadas... Nunca se han presentado ante la gente testimonios más claros que los que recientemente han sido trazados por mi pluma. Dios me ordena que me esfuerce por despertar la atención de nuestro pueblo a la importancia del estudio de los testimonios. Comience ahora esta obra. Así se inmortalizan estos mensajes, ya sea que se me permita trabajar o se me haga descansar hasta que venga Jesús.

Digo ahora a mis hermanos: Hablad palabras que atraigan las almas a Cristo. Dad frutos de buenas obras. "El que cree en el Hijo tiene vida eterna" (Juan 3:36).

Todo lo imaginable se presentará para engañar, de ser posible, a los mismos escogidos, pero el Señor ciertamente cuidará su obra (The Writing and Sending Out of the Testimonies to the Church, págs. 10-16).

El Uso De Los Testimonios

Deben Tomarse En Cuenta El Tiempo Y El Lugar

Acerca de los testimonios, nada es ignorado, nada es puesto a un lado. Sin embargo, deben tomarse en cuenta el tiempo y el lugar. Nada debe hacerse fuera de su tiempo. Algunos asuntos deben ser retenidos porque algunas personas darían un uso impropio a la luz dada. Son esenciales cada jota y cada tilde y deben aparecer en un tiempo oportuno. En lo pasado, los testimonios fueron cuidadosamente preparados antes de que se los enviara para su publicación. Y todavía cada asunto es cuidadosamente estudiado después de ser escrito por primera vez.

Decidles que coman la carne y beban la sangre del Hijo de Dios. Colocad su Palabra delante de ellos. Habrá los que interpreten mal y desfiguren. Sus ojos han sido cegados y presentan las imágenes e interpretaciones que Satanás ha preparado para ellos, y se pondrá una interpretación enteramente equivocada sobre las palabras que ha hablado la Hna. White. Satanás pretende tan verdaderamente ser hijo de Cristo como lo fue Judas, que estaba del lado de los acusadores. Se han educado en la escuela de las declaraciones fraudulentas de Satanás. En el tercer capítulo de Zacarías se da una descripción de ellos. Nada es tan caro para Dios en el mundo como su iglesia. Satanás ha obrado sobre las mentes humanas y continuará presentando las creencias sagradas en una forma espuria.

La Publicación de Compilaciones

Puedo ver claramente que si cada uno que piensa que 66 está capacitado para escribir libros sigue su imaginación y consigue que se publique su producción, insistiendo que ésta sea recomendada por nuestras editoriales, habría mucha cizaña sembrada por doquiera en nuestro mundo. Me escriben muchos de entre nuestro propio pueblo, pidiendo con ferviente determinación el privilegio de usar mis escritos para dar fuerza a ciertos temas que desean presentar a la gente, en forma tal que deje una profunda impresión sobre ella.

Es cierto que hay una razón por la cual algunos de estos asuntos debieran ser presentados. Sin embargo, no me atrevería a dar mi aprobación para usar los testimonios en esta forma, o para sancionar la colocación de un asunto que es bueno en sí mismo en la forma en que proponen.

Las personas que hacen esas propuestas, hasta donde yo pueda comprender, podrían llevar a cabo de buena manera lo que sugieren por escrito. Sin embargo, no me atrevo a darles la menor licencia para usar mis escritos en la forma en que proponen. Al emprender una tarea tal, hay que tomar en cuenta muchas cosas, pues al usar los testimonios para apoyar algún tema que haya impresionado la mente del autor, las citas pueden dar una impresión diferente de la que darían si fueran leídas en su contexto original (The Writing and Sending Out of the Testimonies to the Church, págs. 25, 26).

La Primacía de la Palabra

Relación de los escritos de E. G. de White con la Biblia, reconociéndola como el Libro supremo.

Recomiendo al amable lector la Palabra de Dios como regla de fe y práctica. Por esa Palabra hemos de ser juzgados. En ella Dios ha prometido dar visiones en los "postreros días", no para tener una nueva norma de fe, sino para consolar a su pueblo y para corregir a los que se apartan de la verdad bíblica. Así obró Dios con Pedro cuando estaba por enviarlo a predicar a los gentiles (A Sketch of the Christian Experience and Views of Ellen G. White, p. 64, [PE:78]).

No ha de tomar el lugar de la Palabra.

El Señor desea que estudiéis vuestras Biblias. El no ha dado ninguna luz adicional para tomar el lugar de la Palabra. Esta luz se da con el propósito de concentrar en su Palabra las mentes confundidas, y si se asimila y digiere es la sangre y la vida del alma. Entonces se verán buenas obras cuando la luz brilla en las tinieblas (Carta 130, 1901).

Adquirir las pruebas de la Biblia.

En el trabajo público no hagáis prominente ni citéis lo que la Hna. White ha escrito, como autoridad para sostener vuestra posición. El hacer esto no aumentará la fe en los Testimonios. Presentad vuestras evidencias en forma clara y sencilla, extrayéndolas de la Palabra de Dios. Un "así dice el Señor" es el testimonio más poderoso que podéis presentar a la gente. Que nadie sea educado a mirar a la Hna. White, sino a Dios poderoso que da las instrucciones a la Hna. White (Carta 11, 1894).

En primer lugar los principios bíblicos, y luego los Testimonios.

Es mi primer deber presentar los principios bíblicos. Entonces, a menos que haya una reforma decidida y concienzuda que se note en aquellos cuyos casos me han sido presentados, debo exhortarlos personalmente (Carta 69, 1896).

La obra de E. G. de White no es distinta que la de los profetas bíblicos.

En los tiempos antiguos habló a los hombres por boca de los profetas y apóstoles. En estos días él les habla por los testimonios de su Espíritu. Nunca hubo un tiempo en que Dios instruyera a su pueblo más fervientemente de lo que lo instruye ahora acerca de su voluntad y de la conducta que quiere que sigan (Testimonies, t. 5, p. 661 [2JT 276]).

La Escritura y el Espíritu de Profecía tienen el mismo autor.

El Espíritu Santo es el autor de las Escrituras y también del espíritu de profecía. Estos escritos no han de ser desvirtuados para hacer que signifiquen lo que el hombre quiera hacerlos significar, para expresar ideas y sentimientos humanos y para llevar adelante planes humanos a toda costa (Carta 92, 1900).

Relación de los escritos de E. G. de White -la "luz menor"- con la Biblia.

Poco caso se hace de la Biblia, y el Señor ha dado una luz menor para guiar a los hombres y mujeres a la luz mayor (Review and Herald, 20 de enero de 1903 [CE 174]).

Probados por la Biblia.

El Espíritu no fue dado -ni puede jamás ser otorgado- para invalidar la Biblia, pues las Escrituras declaran explícitamente que la Palabra de Dios es la regla por la cual toda enseñanza y toda manifestación religiosa debe ser probada... Isaías declara: "¡A la ley y al testimonio! Si no dijeren conforme a esto, es porque no les ha amanecido" (Isa. 8:20; El conflicto de los siglos, Introducción, pp. 9-10).

No con el propósito de dar Nueva Luz.

El Hno. J. quiere confundir los ánimos tratando de hacer aparecer que la luz que Dios me ha dado por medio de los Testimonios es una adición a la Palabra de Dios; pero da así una falsa idea sobre el asunto. Dios ha visto propio atraer de este modo la atención de este pueblo a su Palabra, para darle una comprensión más clara de ella. La Palabra de Dios basta para iluminar la mente más obscurecida, y puede ser entendida por los que tienen deseos de comprenderla. Pero no obstante todo eso, algunos que profesan estudiar la Palabra de Dios se encuentran en oposición directa a sus más claras enseñanzas. Entonces, para dejar a hombres y mujeres sin excusa, Dios da testimonios claros y señalados, a fin de hacerlos volver a la Palabra que no han seguido. La Palabra de Dios abunda en principios generales para la formación de hábitos correctos de vida, y los testimonios, generales y personales, han sido calculados para atraer su atención más especialmente a esos principios (Testimonies, t. 5, pp. 663-664 [2JT 278-279]).

Los Testimonios han de presentar lecciones claras de la Palabra.

En las Escrituras Dios ha establecido lecciones prácticas para gobernar la vida y la conducta de todos; pero aunque él ha dado detalles particulares y minuciosos con respecto a nuestro carácter, nuestra conversación y nuestra conducta, sin embargo, sus lecciones son descuidadas e ignoradas en gran medida. Además de la instrucción de su Palabra, el Señor ha dado testimonios especiales a su pueblo, no como una nueva revelación, sino que él desea presentar delante de nosotros las lecciones claras de su Palabra para que puedan corregirse errores, para que pueda señalarse el camino correcto, para que cada alma esté sin excusa (Carta 63, 1893 [véase 2JT 270-271]).

Elena de White capacitada para definir claramente la Verdad y el Error.

En aquel tiempo [después del chasco de 1844] se nos presentaba un error tras otro; ministros y doctores [médicos] traían nuevas doctrinas. Solíamos escudriñar las Escrituras con mucha oración, y el Espíritu Santo revelaba la verdad a nuestra mente. A veces dedicábamos noches enteras a escudriñar las Escrituras y a solicitar fervorosamente la dirección de Dios. Se reunían con este propósito grupos de hombres y mujeres piadosos. El poder de Dios bajaba sobre mí, y yo recibía capacidad para definir claramente lo que era verdad y lo que era error.

Al ser así delineados los puntos de nuestra fe, nuestros pies se asentaron sobre un fundamento sólido. Aceptamos la verdad punto por punto, bajo la demostración del Espíritu Santo. Yo solía quedar arrobada en visión, y me eran dadas explicaciones. Me fueron dadas ilustraciones de las cosas celestiales y del santuario, de manera que fuimos colocados donde la luz resplandecía sobre nosotros con rayos claros y distintos (Obreros evangélicos, pp. 317-318).

Para corregir el Error y especificar la Verdad.

He escrito mucho en el diario* que he llevado en todos mis viajes, y que debe ser presentado ante el pueblo en lo que sea esencial, aunque no haya escrito una sola línea más. Quiero que aparezca lo que se considere de valor, porque el Señor me ha dado mucha luz que deseo que la gente tenga; pues hay instrucciones que el Señor me ha dado para su pueblo. Es luz que ellos deben poseer, línea sobre línea, precepto sobre precepto, aquí un poquito y allí otro poquito. Esto ha de ser presentado ahora delante del pueblo, porque ha sido dado para corregir errores sutiles y para especificar lo que es la verdad. El Señor ha 35 revelado muchas cosas que señalan la verdad, diciendo lo siguiente: "Este es el camino, andad por él" (Carta 117, 1910).

Los testimonios nunca contradicen la Biblia.

La Biblia debe ser vuestro consejero. Estudiadla y estudiad los testimonios que Dios ha dado, porque ellos nunca contradicen esta Palabra (Carta 106, 1907).

Si los Testimonios no hablan según la Palabra de Dios, rechazadlos. No puede haber unión entre Cristo y Belial (2 JT 302).

Al citar a la Hna. White.

¿Cómo puede el Señor bendecir a aquellos que manifiestan un espíritu que dice: "A mi no me importa", un espíritu que los conduce a andar contrariamente a la luz que el Señor les ha dado? Pero no os pido que toméis mis palabras. Poned a la Hna. White a un lado. No citéis mis palabras de nuevo en toda vuestra vida hasta que obedezcáis la Biblia.* Cuando hagáis de la Biblia vuestro alimento, vuestra comida y vuestra bebida, cuando hagáis de sus principios los elementos de vuestro carácter, sabréis mejor cómo recibir el consejo de Dios. Exalto la preciosa Palabra delante de vosotros hoy. No repitáis lo que yo he dicho: "La Hna. White ha dicho así", y "La Hna. White ha dicho asá". Descubrid lo que el Señor de Israel ha dicho, y entonces haced lo que él ordena (Manuscrito 43, 1901. [De un discurso a los dirigentes de la iglesia la noche anterior a la apertura del congreso de la Asociación General de 1901.])

5 Experiencias en la Recepción de Visiones

Primera Visión.

Mientras estaba orando ante el altar de la familia, el Espíritu Santo descendió sobre mí (Primeros escritos, p. 14).

Cinco de nosotras estábamos arrodilladas en silencio ante el altar de la familia. Mientras estábamos orando, el poder de Dios descendió sobre mí como nunca lo había sentido antes. Me parecía estar rodeada de luz y que me elevaba más y más sobre la tierra. En esa ocasión tuve una visión de lo que sucedería a los creyentes adventistas, de la venida de Cristo y la recompensa que habría de ser dada a los fieles (Joyas de los testimonios, t. 2, p. 270).

La Experiencia Relatada.

Cuando las vislumbres de la gloria de Dios vinieron al principio sobre mí, pensaban que yo estaba muerta, y me observaron, y lloraron y oraron por mucho tiempo; pero para mí era el cielo, era la vida, y entonces el mundo se me extendió delante de mí y vi tinieblas similares a un paño mortuorio.

¿Qué significaba aquello? No podía ver ninguna luz. Entonces vi un pequeño destello de luz, y luego otro; y esas luces iban aumentando y haciéndose más brillantes, y se multiplicaban y se hacían más y más fuertes hasta que se convirtieron en la luz del mundo. Estos eran los creyentes en Cristo Jesús...

Pensé que nunca más debía volver al mundo. Cuando la respiración fue devuelta a mi cuerpo, no podía escuchar nada. Todo era oscuro. El resplandor y la gloria sobre las cuales mis ojos habían descansado habían eclipsado la luz, y eso continuó por varias horas. Entonces gradualmente empecé a reconocer la luz, y pregunté dónde estaba.

Dijo el dueño de casa:

-Ud. está aquí, en mi casa.

-¿Qué?, ¿aquí? ¿Yo aquí? ¿No sabe Ud. cómo?

Entonces todo volvió a mi mente. ¿Ha de ser ésta mi residencia? ¿He venido acá de nuevo? ¡Oh, qué peso y qué carga vinieron sobre mi alma! (Manuscrito 16, 1894).

Totalmente Perdida para Las Cosas Terrenales.

Cuando el Señor ve adecuado darme una visión, soy arrebatada a la presencia de Jesús y los ángeles, y pierdo totalmente de vista las cosas terrenales. No puedo ver más nada que al ángel que me dirige. Mi atención a menudo es dirigida a escenas que suceden sobre la tierra.

A veces me conduce muy adelante, al futuro, y se me muestra lo que ha de ocurrir. Entonces de nuevo se me muestran las cosas que han acontecido en el pasado (Spiritual Gifts, t. 2, p. 292, 1860).

A Veces Recibo Visiones Mientras Estoy Consciente.

El viernes 20 de marzo me levanté temprano, alrededor de las tres y media de la mañana. Mientras escribía acerca del capítulo 15 de Juan, de repente una paz maravillosa vino sobre mí. Toda la habitación parecía estar llena de la atmósfera del cielo. Una santa presencia parecía estar en mi habitación. Abandoné mi pluma y estaba en una actitud de espera para ver lo que el Espíritu me decía. No vi a ninguna persona. No oía ninguna voz audible, pero un vigilante celestial parecía que estaba cerca a mi lado. Sentí que estaba en la presencia de Jesús.

La dulce paz y la luz que parecían llenar mi pieza me resultaba imposible explicarlas o describirlas. Una atmósfera sagrada y santa me rodeaba, y se presentaron a mi mente y a mi comprensión asuntos de intenso interés e importancia. Se estableció una línea de acción delante de mí como si la presencia invisible hablara conmigo. El asunto del cual estaba escribiendo parecía perderse en mi mente, y otro asunto se abrió distintamente delante de mí. Un gran pavor parecía estar sobre mí mientras algunos asuntos eran impresionados en mi mente (Manuscrito 12c, 1896).

Otra Visión mientras Escribía.

Me levanté temprano el jueves por la mañana, alrededor de las dos, y estaba escribiendo activamente sobre la vid verdadera, cuando sentí una presencia en mi habitación, como en muchas otras ocasiones anteriores, y perdí todo recuerdo de lo que me rodeaba. Parecía estar en la presencia de Jesús. El estaba comunicándome aquello en que debía ser instruida. Todo era tan claro que no podía entenderlo mal.

Yo debía de ayudar a alguien de quien pensaba que nunca más debía preocuparme. No podía entender lo que significaba, pero de inmediato traté de no razonar acerca de ello, sino seguir las instrucciones. No se pronunció ninguna palabra audible a mis oídos, pero sí a mi mente. Dije: "Señor, haré lo que tú has ordenado" (Carta 36, 1896).

Una maravillosa presentación mientras escribía y hablaba.-

No solamente cuando estoy de pie ante grandes congregaciones me es concedida una ayuda especial, sino también cuando estoy usando mi pluma; me son dadas del pasado maravillosas presentaciones del presente y del futuro (Carta 86, 1906).

Elena G. de White no podía controlar las Visiones.

Es totalmente falso que yo alguna vez haya insinuado que podía tener una visión cuando lo quería. No hay sombra de verdad en esto. Nunca he dicho que podía producir visiones cuando lo deseaba, porque esto sencillamente es imposible. Durante años he sentido que si yo hubiera podido escoger lo que me gustaba y al mismo tiempo agradar a Dios, habría preferido morir antes que tener una visión, porque cada visión coloca sobre mí la gran responsabilidad de presentar testimonios de reprobación y de amonestación, que siempre han estado en contra de mis sentimientos, causándome en el alma una aflicción inexpresable. Nunca he codiciado mi posición, y sin embargo no me atrevo a resistir al Espíritu de Dios para buscar otra más fácil.

El Espíritu de Dios ha venido sobre mí en diferentes oportunidades, en distintos lugares y en variadas circunstancias.* Mi esposo no ha tenido ningún control sobre estas manifestaciones del Espíritu de Dios. En muchas ocasiones él ha estado muy lejos cuando he tenido visiones (Carta 2, 1874).

No me atrevo a Dudar.

En la confusión me veía a veces tentada a dudar de mi propia experiencia. Mientras orábamos en la familia una mañana, el poder de Dios comenzó a descansar sobre mí, y cruzó por mi mente el pensamiento de que [lo que experimentaba] era mesmerismo, y lo resistí. Inmediatamente fui herida de mudez... Después de esto ya no me atreví a dudar ni a resistir por un momento al poder de Dios, pensaran los demás lo que pensaran (Primeros escritos, pp. 22-23).

Elena de White relata evidencias de su llamado y de su obra.

Existe en nuestro mundo un espíritu de creer y también un espíritu de incredulidad. En los días finales algunos se apartarán de la fe, prestando oídos a espíritus seductores y a doctrinas de demonios. Esperamos que los que rehusen estar en armonía con Cristo se desarrollarán como elementos de lucha; pero no debemos pensar que esto nos hará daño alguno. Debemos recordar que los que están con nosotros son más que los que están contra nosotros. Esta es mi esperanza, mi fortaleza y mi poder. Creo en Dios. Sé en quién he creído. Creo en los mensajes que Dios ha dado a su iglesia remanente. Desde la niñez he tenido muchísimas experiencias que han fortalecido mi fe en la obra que Dios me ha dado para hacer.

Capacitada para Escribir.

En los primeros tiempos de mis labores públicas el Señor me pidió: "Escribe, escribe las cosas que te son reveladas". En el tiempo en que recibí ese mensaje no podía sostener mi mano con firmeza. Mi condición física hacía imposible que escribiera. Pero de nuevo vino la palabra: "Escribe las cosas que te son reveladas". Obedecí y, como resultado, antes de que pasara mucho tiempo podía escribir página tras página con relativa facilidad. ¿Quién me decía qué debía escribir? ¿Quién fortalecía mi mano derecha y hacía posible que usara la pluma? Era el Señor.

Cuando llegamos a estar en la debida relación con él, y cuando nos entregamos completamente a él, vemos el poder milagroso de Dios en palabra y obra.

Las Visiones confirmaban conclusiones extraídas del estudio de la Biblia.

En los primeros días del mensaje, cuando nuestro número era pequeño, estudiábamos diligentemente para entender el significado de muchos textos. A veces parecía que no podía darse ninguna explicación. Mi mente parecía cerrarse a la comprensión de la Palabra; pero cuando los hermanos que se habían reunido para estudiar llegaban a un punto después del cual ya no podían avanzar más, y recurrían a la oración ferviente, el Espíritu de Dios descansaba sobre mí, y era arrebatada en visión e instruida con respecto a la relación de un pasaje con otro de las Escrituras. Estas experiencias se repetían una y otra vez en muchas oportunidades. De esta manera muchas verdades del mensaje del tercer ángel eran establecidas punto por punto.

¿Pensáis vosotros que mi fe en este mensaje será removida alguna vez? ¿Pensáis que puedo permanecer en silencio cuando veo que se hace un esfuerzo para barrer los pilares fundamentales de nuestra fe? Estoy tan completamente establecida en estas verdades como lo es posible para una persona estarlo. Nunca podré olvidar la experiencia por la cual pasé. Dios ha confirmado mi creencia con muchas evidencias de su poder.

La luz que he recibido la he escrito, y gran parte de ella está ahora brillando desde las páginas impresas. Existe, a través de las páginas que he escrito, una armonía con mi actual enseñanza.

Mientras estaba en visión no respiraba.
Algunas de las instrucciones que se hallan en estas páginas fueron dadas en circunstancias tan notables que evidenciaban el poder maravilloso de Dios en favor de su verdad. A veces, mientras he estado en visión, mis amigos se acercaban a mí, y exclamaban: "¡Ella no respira!" Colocaban un espejo delante de mis labios, y se daban cuenta de que no se humedecía el vidrio. Mientras no existía ninguna señal de que hubiera alguna clase de respiración, continuaba hablando de las cosas que me eran presentadas. Estos mensajes fueron dados en esta forma para sostener la fe de todos, para que en estos últimos días tuviéramos confianza en el espíritu de profecía.

La Voz milagrosamente Preservada.
Agradezco a Dios porque él me ha preservado la voz, cuando en los años de mi temprana juventud los médicos y otros amigos declararon que esa voz quedaría silenciosa después de tres meses. El Dios del cielo vio que necesitaba pasar por una experiencia de prueba que me preparara para la obra que él quería que yo hiciera.

Durante los últimos cincuenta años mi fe en el triunfo final del mensaje del tercer ángel y de todo lo que está relacionado con él, ha sido sustentada por las maravillosas experiencias a través de las cuales he pasado. Por esto estoy anhelando que mis libros sean publicados y circulen en muchos idiomas. Yo sé que la luz contenida en estos libros es la luz del cielo.

Estudiad la Instrucción.
Os pido que estudiéis la instrucción que está contenida en estos libros. A Juan, el anciano apóstol, se le dio el mensaje: "Escribe las cosas que has visto, y las cosas que hay ahora, y las cosas que vendrán después". El Señor me ha pedido que escriba lo que me ha sido revelado. Esto es lo que he hecho, y es lo que está ahora en forma impresa...

En medio de los errores que se están esparciendo por toda la tierra, luchemos para mantenernos firmes sobre la plataforma de la verdad eterna. Pongámonos toda la armadura de Dios, porque se nos dice que en este tiempo Satanás mismo obrará milagros delante del pueblo; y al ver estas manifestaciones debemos estar preparados para resistir su influencia engañosa. Cualquier cosa que el enemigo presente como verdad no debe influir en nosotros, porque debemos estar amparados por la instrucción del gran Autor de la verdad (Review and Herald, junio 14, 1906).

6 Vislumbres de Cómo la Luz Fue Recibida por Elena G. de White

Primera visión: parecía estar presente, participando en los acontecimientos.

Mientras estaba orando ante el altar de la familia, el Espíritu Santo descendió sobre mí, y me pareció que me elevaba más y más muy por encima del tenebroso mundo. Miré hacia la tierra para buscar al pueblo adventista, pero no lo hallé en parte alguna, y entonces una voz me dijo: "Vuelve a mirar un poco más arriba". Alcé los ojos y vi un sendero recto y angosto trazado muy por encima del mundo. El pueblo adventista andaba por ese sendero, en dirección a la ciudad que se veía en su último extremo (Primeros escritos, p. 14).

Una amplia visión panorámica.

Mediante la iluminación del Espíritu Santo, las escenas de la lucha secular entre el bien y el mal fueron reveladas a quien escribe estas páginas. En una y otra ocasión se me permitió contemplar las peripecias de la gran lucha secular entre Cristo, Príncipe de la vida, Autor de nuestra salvación, y Satanás, príncipe del mal, autor del pecado y primer transgresor de la santa ley de Dios *(El conflicto de los siglos, p. 13. Introducción.).*

Un ángel explica el significado.

Mientras estaba en Loma Linda, California, el 16 de abril de 1906, pasó 45 delante de mí una maravillosa representación. Durante una visión nocturna yo estaba en una altura, desde la cual podía ver las casas sacudidas como una caña por el viento. Edificios, grandes y pequeños, caían al suelo. Centros de placer, teatros, hoteles y los hogares de gente rica eran sacudidos y destrozados. Muchas vidas eran destruidas, y el aire estaba lleno de los gritos de los heridos y los aterrorizados... No encuentro palabras para describir lo terrible de la escena que pasó delante de mí.

A pesar de lo terrible que fue la representación que pasó delante de mí, lo que me impresionó más vívidamente fue la instrucción impartida en relación con lo que ocurría. El ángel que estaba a mi lado declaró que el supremo gobierno de Dios y el carácter sagrado de su ley debían ser revelados a aquellos que rechazaban persistentemente prestar obediencia al Rey de reyes. Los que elegían permanecer desleales debían ser visitados con juicios, pero con misericordia, a fin de que, si fuera posible, se despertaran a una comprensión de la pecaminosidad de su conducta (Testimonies, t. 9, pp. 92-93).

Una visión vívida relativa a una familia.

El ángel de Dios dijo: "Sígueme". Parecía estar yo en una fiesta en un tosco edificio, y había varios jóvenes que jugaban a las cartas. Parecían estar tan concentrados en el entretenimiento en el cual estaban empeñados, que no parecieron notar que alguien había entrado en la pieza. Había señoritas presentes que observaban a los que jugaban, y se pronunciaban palabras que no eran de la clase más refinada. En esa habitación había un espíritu y una influencia que se sentían, que no era, de modo alguno, adecuado para purificar y elevar la mente y ennoblecer el carácter...

-¿Quiénes son éstos -pregunté- y qué representa esta escena?

-Espera... -se me contestó.

Vi otra representación. Estaban bebiendo líquido venenoso, y las palabras y acciones que éste producía eran cualquier cosa, menos favorables para los pensamientos serios, para una clara percepción en los negocios, para las normas puras de moral y para la elevación de los participantes...

-¿Quiénes son éstos? -pregunté de nuevo.

-Una porción de la familia que estás visitando -fue la respuesta-. El adversario de las almas, el gran enemigo de Dios y del hombre, la cabeza de los principados y poderes, y el gobernante de las tinieblas de este mundo, está presidiendo aquí esta noche. Satanás y sus ángeles están guiando con sus tentaciones a estas pobres almas a su propia ruina (Carta 1, 1893).

Como si todo el asunto se estuviera realizando.

Ahora tengo luz, mayormente durante la noche, como si todo el asunto estuviera sucediendo y yo lo estuviera viendo, y como si estuviera escuchando la conversación. Estoy inducida a levantarme y hacerle frente (Manuscrito 105, 1907).

Presentaciones Simbólicas.

Ud. me fue presentado como si fuera un general montado en un caballo y enarbolando una bandera. Uno vino y arrebató de su mano la bandera que tenía las palabras: "Los mandamientos de Dios y la fe de Jesús", la cual fue arrojada y pisoteada. Lo vi a Ud. rodeado de hombres que lo estaban identificando con el mundo (Carta 239, 1903).

Parte de la obra que ha sido hecha [en favor de los desechados] es presentada como hombres que hacían rodar colina arriba grandes piedras con gran esfuerzo, y que cuando estaban a punto de llegar a la cumbre de la colina, las dejaban rodar de nuevo hasta el fondo. Los hombres tenían éxito en llevar sólo unas pocas hasta la cumbre. En la obra hecha por los degradados, ¡qué esfuerzo ha exigido alcanzarlos, qué gastos, y luego persuadirlos a resistir al apetito y las bajas pasiones! (Carta 232, 1899).

Capacitada para comprender visiones simbólicas.

Mi mente y mis percepciones están todavía claras. Lo que el Señor me presenta en símbolo, él me permite entenderlo (Carta 28, 1907).

Advertida acerca del peligro que amenazaba a un médico.

En una visión que tuve anoche lo vi a Ud. escribiendo. Uno miraba por encima de su hombro y dijo: "Ud. amigo mío, está en peligro..."

Permítame que le relate una escena que presencié mientras estaba en Oakland. Ángeles vestidos con hermosos atavíos, como ángeles de luz, escoltaban al Dr. A de un lugar a otro, y lo inspiraban a hablar palabras llenas de jactancia pomposa que eran ofensivas para Dios.

Inmediatamente después de la conferencia en Oakland, el Señor me presentó una escena durante la noche, en la cual Satanás, vestido del disfraz más atractivo, estaba acercándose afanosamente al lado del Dr. A. Yo vi y escuché mucho. Noche tras noche me sentí presionada con agonía de alma al ver a este personaje hablando con nuestro hermano (Carta 220, 1903).

Revelado como un relámpago luminoso.

Se hace la pregunta: ¿Cómo tiene noticias la Hna. White de asuntos de los cuales ella habla tan decididamente, como si tuviera autoridad para decir estas cosas? Hablo así [responde ella] porque resplandecen en mi mente cuando estoy en perplejidad como relámpago en una noche oscura en la furia de la tormenta. Algunas escenas presentadas delante de mí hace años no han sido retenidas en mi memoria, pero cuando la instrucción que entonces me fue dada se necesitó, a veces, aun mientras estaba de pie delante del pueblo, me ha venido el recuerdo en forma precisa y clara como un relámpago luminosos,* trayendo a mi mente en forma precisa la instrucción particular. En tales ocasiones no puedo dejar de decir las cosas que brillan en mi mente, no porque haya tenido una nueva visión, sino porque aquello que me fue presentado, tal vez años antes, ha acudido con fuerza a mi mente (Manuscrito 33, 1911).

Escenas en el vestíbulo de un sanatorio.

En mis sueños estaba en _____ y mi Guía me dijo que tomara nota de todo lo que oyera y observara todo cuanto viera. Estaba en un lugar retirado, donde no me veían, pero desde donde yo podía ver todo lo que ocurría en el salón. Algunas personas estaban arreglando cuentas con Ud., y los oí quejándose debido a la gran suma que se les cobraba por la pieza, la pensión y el tratamiento. Oí que Ud., con voz firme y decidida rehusaba rebajar el costo. Estaba sorprendida de ver que el precio fuera tan alto.

Ud. parecía ser el poder dominante. Vi que la impresión que hacía con su conducta sobre la mente de los que arreglaban las cuentas era desfavorable para la institución. Oí que algunos de sus hermanos intervenían tratando de convencerlo de que su forma de proceder no era sabia ni justa, pero Ud. se mantenía tan firme en su posición como una roca. Sostenía que en lo que hacía, actuaba para el bien de la institución. Pero vi a muchas personas que se marchaban de _____ sintiendo cualquier cosa, menos satisfacción (Carta 30, 1887).

Escenas de familiaridad y adulterio.

Mientras estaba en Europa las cosas que ocurrieron en _____ fueron abiertas delante de mí. Una voz dijo: "Sígueme y te mostraré los pecados que practican aquellos que se hallan en posiciones de responsabilidad". Fui de pieza en pieza, y lo vi a Ud., un atalaya sobre los muros de Sión, teniendo relaciones muy íntimas con la esposa de otro hombre, traicionando los sagrados cometidos, crucificando de nuevo a su Señor. ¿Consideró Ud. que había un Vigilante, el Santo, que estaba presenciando su mal proceder, viendo sus acciones y oyendo sus palabras, y que éstas están registradas en los libros del cielo?

Ella estaba sentada en su regazo; Ud. la estaba besando y ella lo besaba a Ud. Me fueron presentadas otras escenas de afectuosidad, miradas y comportamiento sensuales, que produjeron una conmoción de horror en mi alma. Su brazo rodeaba la cintura de ella, y el afecto expresado estaba teniendo una influencia cautivante. Entonces se levantó una cortina, y lo vi a Ud. en una cama con ____. Mi Guía dijo: "Iniquidad, adulterio" (Carta 16, 1888).

El mensaje presentado como fruto.

Su obra me fue presentada simbólicamente. Ud. pasaba a un grupo una vasija llena de hermoso fruto. Pero al ofrecerles este fruto les hablaba palabras tan ásperas y su actitud era tan negativa, que nadie lo aceptaba. Entonces otra Persona vino al mismo grupo y les ofreció el mismo fruto. Y sus palabras y sus maneras eran tan corteses y placenteras cuando él hablaba acerca de lo deseable del fruto, que el recipiente quedó vacío (Carta 164, 1902).

Uno con autoridad aconseja en cuanto al lugar para establecer un sanatorio.

Durante la noche estaba yo en un concilio en el cual los hermanos estaban discutiendo el asunto de un sanatorio en Los Ángeles. Uno de los hermanos presentó las ventajas de establecer el sanatorio en la ciudad de Los Ángeles. El que tenía autoridad se levantó y presentó el asunto con claridad y con fuerza (Carta 40, 1902).

Escenas contrastantes para ilustrar el fervor misionero.

Me pareció encontrarme en una gran asamblea. Un Ser de autoridad hablaba al auditorio, señalando un mapamundi. Decía que aquel mapa representaba la viña de Dios que debemos cultivar. Cuando la luz celestial brillaba sobre alguno, debía transmitirla. Debían encenderse luces en los diferentes lugares y de estas luces se encenderían otras aún...

Vi focos de luz que brillaban desde las ciudades y los pueblos, en las montañas y los llanos. La Palabra de Dios era obedecida, y como resultado en cada ciudad y cada pueblo se levantaban monumentos a su gloria. Su verdad era proclamada en todo el mundo.

Luego el mapa fue quitado y reemplazado por otro en el cual la luz brillaba sólo en unos pocos lugares. El resto del mundo estaba sumergido en las tinieblas; apenas si se percibían algunos rayos de luz aquí y allí. Nuestro Instructor dijo entonces: "Esta obscuridad se debe a que los hombres siguieron su propio camino. Fomentaron sus tendencias al mal, heredadas o adquiridas. Se dedicaron mayormente a la duda, la crítica y la acusación. Su corazón no es recto delante de Dios. Han escondido su lámpara debajo de un almud" (Testimonies, t. 9, pp. 28-29 [3JT 296-297]).

El estudio de la Palabra y el conocimiento especial.

Con la luz comunicada por el estudio de su Palabra, con el conocimiento especial que se me ha dado de los casos individuales entre su pueblo en todas las circunstancias y fases de la vida, ¿puedo yo estar ahora en la misma ignorancia, en la misma incertidumbre mental y ceguera espiritual que al principio de mi ministerio? ¿Dirán mi hermanos que la Hna. White ha sido una alumna tan torpe, que su juicio en esa dirección no es mejor que antes de que entrase en la escuela de Cristo para ser preparada y disciplinada para una obra especial? ¿No soy más inteligente acerca de los deberes y peligros del pueblo de Dios que aquellos a quienes nunca han sido presentadas estas cosas? (Testimonies, t. 5, p. 686 [2JT 297]).

El Espíritu Santo impresionó la mente y el corazón de Elena de White.

Dios me ha dado una notable y solemne experiencia en relación con su obra; podéis tener la seguridad de que mientras tenga vida no cesaré de elevar una voz de amonestación según sea impresionada por el Espíritu de Dios, quieran o no los hombres oírla o tolerarla. No tengo sabiduría especial en mí misma; soy tan sólo un instrumento en las manos del Señor para hacer la obra que él me ha asignado. Las instrucciones que he dado por la pluma o la voz han sido una expresión de la luz que Dios me ha dado. He presentado los principios que el Espíritu de Dios ha estado grabando durante años en mi mente y escribiendo en mi corazón.

Y ahora, hermanos, os suplico que no os interpongáis entre mí y el pueblo para desviar la luz que Dios quiere que llegue a él. No quitéis por vuestras críticas toda la fuerza, toda la agudeza y poder de los Testimonios. No sintáis que podéis disecarlos para que se adapten a vuestras ideas, aseverando que Dios os ha dado capacidad para discernir lo que es luz del cielo, y lo que es expresión de simple sabiduría humana. Si los Testimonios no hablan según la Palabra de Dios, rechazadlos (Testimonies, t. 5, p. 691 [2JT 301-302]).

Instruida con respecto a la ubicación de una fábrica de alimentos.

En las visiones de la noche, estos principios me fueron presentados en relación con la propuesta de establecer una fábrica de pan* en Loma Linda. Se me mostró un edificio grande donde se fabricaban muchos alimentos. Había también algunos edificios menores cerca de la panadería. Mientras observaba, escuché voces duras que discutían sobre el trabajo que se hacía. Había falta de armonía entre los obreros, y se había creado confusión.

Entonces vi al Hno. Burden acercarse. Su rostro tenía una mirada de preocupación y perplejidad mientras trataba de razonar con los obreros para producir entre ellos armonía. La escena se repetía, y el Hno. Burden a menudo era distraído de su legítimo trabajo como gerente del sanatorio, para arreglar diferencias...

Entonces vi pacientes de pie sobre los hermosos terrenos del sanatorio. Habían oído las disputas entre los obreros. Los pacientes no me veían, pero yo sí, y los escuchaba, y sus observaciones llegaban a mis oídos. Se lamentaban de que una fábrica de alimentos se estableciera en esos hermosos terrenos, tan cerca de una institución destinada al cuidado de los enfermos. Algunos estaban disgustados...

Entonces Uno apareció en la escena, y dijo: "Todo esto ha sido traído delante de ti como una lección objetiva, para que veas el resultado de llevar a cabo ciertos planes..."

Entonces toda la escena cambió. El edificio de la panadería no estaba donde habíamos planeado ponerlo, sino a cierta distancia de los edificios del sanatorio, sobre el camino que va hacia el ferrocarril. Era un edificio modesto, y se hacía una obra pequeña. Se perdió de vista la idea comercial, y en su lugar prevaleció una gran influencia espiritual en el lugar (Carta 140, 1906).

La Presentación de un Mensaje Divinamente Revelado

Instrucciones dadas a Elena de White.

Al revelarme el Espíritu de Dios las grandes verdades de su Palabra y las escenas del pasado y de lo por venir, se me mandó que diese a conocer a otros lo que se me había mostrado (El conflicto de los siglos, p. 13, Introducción).

Desde el comienzo de mi obra... fui llamada a presentar un testimonio sencillo y directo para reprobar errores, y a no dejar de hacerlo (Testimonies, t. 5, p. 678).

Dando testimonio: ayudada por el Espíritu de Dios.

Después de salir de una visión no recuerdo de inmediato todo lo que he visto, y el asunto no me es tan claro hasta que empiezo a escribir. Entonces la escena aparece delante de mí como me fue presentada en la visión y puedo describirla con libertad. A veces las cosas que he visto me están ocultas cuando salgo de la visión, y no puedo recordarlas hasta que estoy delante de un grupo al cual se aplica la visión. Entonces las cosas que he visto me vienen a la mente con fuerza.

Dependo tanto del Espíritu del Señor para relatar o escribir la visión como para tenerla. Es imposible para mí recordar cosas que me han sido mostradas por el Señor, a menos que él las traiga delante de mí en la ocasión que él quiere que las relate o las escriba (Spiritual Gifts, t. 2, pp. 292-293).

Debe ser impresionada por el Espíritu Santo.

No puedo por impulso propio asumir una tarea e iniciarla. Tengo que ser impresionada por el Espíritu de Dios. No puedo escribir a menos que el Espíritu Santo me ayude. A veces no puedo escribir todo. Luego me despierto a las once, a las doce o a la una, y entonces puedo escribir tan rápidamente como mi mano se mueve sobre el papel (Carta 11, 1903).

Cuando tomo la pluma en la mano.

Tan pronto como tomo la pluma en la mano dejo de estar en tinieblas con respecto a lo que debo escribir. Ello resulta tan sencillo y claro como una voz que me hablara: "Te instruiré y enseñaré en los caminos en que debes andar". "Reconócelo en todos tus caminos, y él enderezará [hará sencillos] tus senderos" (Manuscrito 89, 1900).

Estoy muy ocupada en mis escritos. Temprano y tarde, estoy redactando los asuntos que el Señor abre delante de mí. La preocupación de mi obra es preparar a un pueblo que esté en pie en el día del Señor (Carta 371, 1907. Publicada en Writing and Sending Out of the Testimonies to the Church [Escribiendo y enviando los testimonios para la iglesia], p. 15).

La integridad en su mensaje.

Hablo de lo que he visto y de lo que sé que es verdad (Carta 4, 1896).

En el desempeño de mi obra hablo las cosas que Dios me muestra. Y en las palabras que os dirijo... [yo no] me atrevería a decir que el Señor no me indujo a hacer las observaciones que he hecho en esa presentación desde el principio hasta el fin (Carta 18d, 1890).

Escribo todas las cosas que el Señor me da para escribir (Carta 52, 1906).

Un testimonio expresado en sus propias palabras.

Aunque dependo tanto del Espíritu de Dios para escribir mis visiones como para recibirlas, sin embargo las palabras que empleo para describir lo que he visto son mis propias palabras, a menos que ellas me hayan sido dictadas por un ángel, las cuales siempre pongo entre comillas* (Review and Herald, octubre 8, 1867).

Debo escribir estas cosas una y otra vez.

He presentado fielmente por escrito las advertencias que el Señor me ha dado. Ellas han sido impresas en libros, y sin embargo no puedo dejar de repetirlas. Debo escribir estas mismas cosas una y otra vez. No pido ser exonerada de esta obligación. Mientras el Señor me prolongue la vida, debo continuar presentando estos fervientes mensajes (Manuscrito 21, 1910).

La comprensión que Elena de White tenía de sus propios escritos.

a. Los Testimonios: Los que cuidadosamente leen los testimonios así como aparecieron desde los primeros días, no necesitan estar perplejos en cuanto a su origen. Los muchos libros escritos con la ayuda del Espíritu de Dios dan un testimonio vivo del carácter de los testimonios (Carta 225, 1906 [1MS 56]).

b. Los libros de la serie Conflicto de los siglos: La Hna. White no es la originadora de estos libros. Ellos contienen la instrucción que durante el período de su vida Dios le ha estado dando. Contienen la luz preciosa y consoladora que Dios ha concedido generosamente a su sierva para ser dada al mundo (El colportor evangélico, p. 173).

c. Los artículos: No escribo un solo artículo en los periódicos, un solo artículo que exprese simplemente mis propias ideas. Son los que Dios me ha revelado en visión; los rayos preciosos de la luz que resplandece del trono (Joyas de los testimonios, t. 2, p. 26).

d. Las cartas (testimonios): Débil y temblorosa, me levantaba a las tres de la mañana para escribiros. Dios os hablaba por medio de la arcilla. Diréis tal vez que esta comunicación era solamente una carta. Sí, era una carta, pero motivada por el Espíritu de Dios, para presentar a vuestras mentes lo que se me había mostrado (Testimonies, t. 5, p. 67 [2JT 26]).

e. Las entrevistas: El (el pastor G. A. Irwin) tiene consigo un pequeño anotador en el cual ha escrito preguntas angustiosas que él traía, y me preguntaba si tenía alguna luz sobre ellas. Lo escribo para beneficio de nuestro pueblo, no solamente en los Estados Unidos sino también en este país [Australia] (Carta 96, 1899).

f. Cuando no tenía luz: Yo no tengo luz sobre el tema [en cuanto a quienes constituirán los 144 mil]... Dígale por favor a mis hermanos que nada me fue presentado con respecto a las circunstancias sobre las cuales ellos escriben, y yo puedo presentar delante de ellos solamente lo que me ha sido revelado (Citado en una carta por C. C. Crisler a E. E. Andross, diciembre 8, 1914 [Archivo de documentos de la Corporación White, N.° 164]).

No me siento con libertad para escribir a nuestros hermanos con respecto a su obra futura... No he recibido instrucción relativa al lugar donde Ud. debe establecerse... Si el Señor me da instrucción definida concerniente a Ud., se la entregaré; pero no puedo arrogarme responsabilidades que el Señor no me ha pedido que asuma (Carta 96, 1909).

Presentaciones dadas por Dios reproducidas tan vívidamente como es posible.

Yo quiero que cada ápice y cada pizca de mi fuerza reproduzca las presentaciones que el Señor me ha dado, y quiero hacerlas tan vívidas como me sea posible hacerlo (Carta 325, 1905).

El Espíritu Santo da palabras Apropiadas.

La bondad que el Señor me ha manifestado es muy grande. Alabo su nombre porque mi mente está clara en cuanto a los temas bíblicos. El Espíritu de Dios obra sobre mi mente y me da palabras apropiadas con las cuales expresar la verdad. También me siento muy fortalecida cuando estoy delante de grandes congregaciones (Carta 90, 1907).

El Espíritu de Dios ayuda a escoger las palabras adecuadas.

Trato de captar las mismas palabras y expresiones presentadas con referencia a este asunto, y mientras mi pluma vacila un momento, las palabras adecuadas vienen a mi mente (Carta 123, 1904).

Cuando escribía estos libros preciosos, si yo titubeaba, me era dada la palabra que precisamente necesitaba para expresar la idea (Carta 265, 1907).

Escogiendo cuidadosamente las palabras.

Siento un intenso anhelo de usar palabras que no le den a nadie la oportunidad de sostener sentimientos erróneos. Debo usar palabras que no sean mal entendidas y signifiquen lo opuesto de lo que me propongo que signifiquen (Manuscrito 126, 1905).

Ni una sola frase herética.

Estoy ahora revisando mis diarios y algunas copias de cartas escritas durante varios años en lo pasado... Tengo el más precioso tema para reproducir y colocar delante del pueblo en forma de testimonio. Aunque puedo hacer esta obra, la gente debe tener cosas para reproducir la historia pasada, a fin de que pueda ver que hay una cadena recta de verdad sin una sola sentencia herética en lo que he escrito. He sido instruida en el sentido de que ésta ha de ser una carta viva dirigida a todos con respecto a mi fe (Carta 329a, 1905).

Primero una presentación general, luego una aplicación específica.

Yo era llevada de la pieza de un enfermo a otra, en el lugar donde el doctor B era el médico. En algunos casos me entristecía mucho al notar una gran deficiencia. Él no tenía suficiente conocimiento para entender lo que el caso demandaba y lo que era esencial que se hiciera para luchar contra la enfermedad.

La Persona con autoridad que a menudo me ha instruido, dijo: "Joven, Ud. no es un estudiante atento. Apenas toca la superficie. Ud. debe hacer un estudio profundo, aprovechar sus oportunidades y aprender más; y las lecciones que aprenda, debe aprenderlas bien. Ud. es superficial. Es algo solemne tener a su cargo vidas humanas, pues cualquier error que haga, cualquier descuido que revele en ejercer un discernimiento profundo de su parte puede acortar la existencia de los que podrían vivir. Este peligro podría disminuir si el médico tuviera más comprensión de cómo tratar a los enfermos".

Nunca le he escrito de esto a Ud., pero lo he presentado todo de una manera general, sin aplicarlo a su caso. Ahora siento que Ud. debe saber estas cosas, y que las instrucciones que han sido dadas a los obreros del sanatorio en algunos casos se referían a Ud. Le digo con espíritu de amor por su alma y con un interés en su éxito como médico, que deberá beber más profundamente en la fuente del conocimiento, antes de estar preparado para ser el primero o el único en una institución para tratar a los enfermos (Carta 7 1887).

Un caso no mitigado.

En la última visión que me fue dada su caso fue presentado delante de mí... Según me ha sido mostrado, Ud. es un transgresor del séptimo mandamiento. ¿Cómo puede entonces su mente estar en armonía con la preciosa Palabra de Dios, [con las] verdades que lo condenan a cada momento? Si hubiera sido seducido sin pensarlo, hacia este desatino, habría sido más excusable; pero este no es el caso. Ud. fue advertido. Ud. recibió reprobaciones y consejos...

Mi alma se conmueve dentro de mí... No mitigaré su caso. Ud. se encuentra en un estado terrible y debe ser enteramente transformado (Carta 52, 1876).

No siempre había una visión especial.

Escribo esto porque no me atrevo a dejar de hacerlo. Ud. está lejos de 59 hacer la voluntad de Dios, lejos de Jesús, lejos del cielo. No me admiro de que Dios no haya bendecido sus tareas. Ud. puede decir: "Dios no le ha dado a la Hna. White una visión sobre mi caso. ¿Por qué, entonces, ella me escribe?"

He visto los casos de otros que, como Ud., están descuidando sus deberes. He visto muchas cosas en su caso y en su experiencia pasada. Y cuando entro en el hogar de una familia y veo que se sigue una conducta que Dios ha reprobado y condenado, me angustio, sea que me hayan sido mostrados pecados especiales o sea que haya visto los pecados de otro que ha descuidado deberes similares. Sé de qué hablo. Siento profundamente el asunto. Digo, entonces, por causa de Cristo: apresúrese a venir al terreno adecuado, y prepárese para la batalla (Carta 52, 1886).

Testimonios y consejos basados en muchas visiones.

Dios me ha dado un testimonio de reprobación para los padres que tratan a sus hijos como Ud. lo hace con el suyo (Carta 1, 1877).

Pero este asunto me ha sido presentado en otros casos, cuando algunos individuos han pretendido tener mensajes de un carácter similar para la Iglesia Adventista del Séptimo Día, y se me ha dicho: "No les creas" (Carta 16, 1893 [2MS 72-73]).

Presentando un testimonio inesperado.

El sábado, temprano por la mañana, asistí a una reunión, y el Señor me dio un testimonio directo para ellos, algo completamente inesperado para mí. Lo presenté a ellos, mostrándoles que el Señor enviaba a sus ministros con un mensaje, y que el mensaje que les trajeron era justamente el medio que Dios había ordenado para alcanzarlos; pero que ellos se habían sentido en libertad para reducirlo a pedazos y anular la Palabra de Dios... Puedo deciros que resultó sorprendente y maravilloso que yo me atreviera a 60 hablarles como lo hice (Carta 19, 1884).

El presentar reproches era una tarea desagradable para Elena de White.

Si yo fuera a asistir al Congreso de la Asociación [General], me vería obligada a tomar posiciones que llegarían a cortar en algunos casos hasta la médula. Me duele grandemente hacerlo, y pasa mucho tiempo antes de que me recobre de la tensión que tal experiencia me produce (Carta 17, 1903).

Asegurar la obra tanto por la palabra oral como por los mensajes escritos.

Los mensajes que Dios me ha dado les han sido comunicados al pueblo tanto en forma oral como impresa. De esta manera mi obra se ha hecho doblemente segura.

He recibido la instrucción de que el Señor, por su infinito poder, ha preservado la mano derecha de su mensajera por más de medio siglo, a fin de que la verdad pudiera ser escrita como él me pide que la escriba para su publicación en periódicos y libros (Carta 136, 1906).

Ella no podía decir si era pasado o futuro.

He sido instada por el Espíritu del Señor a amonestar plenamente a nuestro pueblo con respecto a la familiaridad indebida de hombres casados con mujeres y de mujeres con hombres. Este sentimentalismo de amor enfermizo existía en la misión de la ciudad de _____, antes que Ud. estuviera relacionado con ella. Se me mostró que Ud. y otras personas manifestaron el mismo sentimiento; si esto ocurrió en lo pasado u ocurrirá en lo futuro, no lo sé; pero a menudo las cosas me son presentadas mucho tiempo antes que las circunstancias ocurran (Carta 17, 1891).

Se le mostró la obra como si hubiera sido hecha.

He estado pensando acerca de cómo, después que empezamos a trabajar en la obra del sanatorio de Battle Creek, me fueron mostrados en visión edificios listos para ser ocupados. El Señor me instruyó en cuanto a la forma en 61 que la obra debía hacerse en estos edificios para que ejercieran una influencia salvadora sobre los pacientes.

Todo esto me parecía muy real, pero cuando desperté descubrí que la obra debía aún ser hecha en lo futuro, pues no había ningún edificio levantado.

En otra ocasión se me mostraron grandes edificios que se levantaban en el lugar en que más tarde se construyó el sanatorio de Battle Creek. Los hermanos estaban en gran perplejidad en cuanto a quién debía hacerse cargo del trabajo. Yo lloré amargamente. Uno que tenía autoridad estaba en pie entre nosotros, y dijo: "Todavía no. Uds. no están listos para invertir medios en ese edificio, o para hacer planes para su futuro funcionamiento".

En ese tiempo los fundamentos del sanatorio habían sido colocados. Pero necesitábamos aprender la lección de esperar (Carta 135, 1903).

A Pablo se le mostraron por anticipado peligros que surgirían.

Pablo era un apóstol inspirado, y sin embargo el Señor no le mostró en todas las ocasiones las condiciones precisas de su pueblo. Los que estaban interesados en la prosperidad de la iglesia y veían los males que aparecían, le presentaban a él el asunto, y debido a la luz que él había recibido anteriormente estaba preparado para juzgar el verdadero carácter de esas manifestaciones. Porque el Señor no le hubiera dado una nueva revelación para esa ocasión especial, los que verdaderamente buscaban luz no echaban a un lado su mensaje como si fuera una comunicación común. No, de ninguna manera. El Señor le había mostrado las dificultades y los peligros que se levantarían en las iglesias, para que cuando se desarrollaran él supiera cómo tratarlos (Testimonies, t. 5, p. 65).

Elena de White podía hablar ahora.

Esta mañana asistí a una reunión a la cual fueron citadas unas pocas personas seleccionadas para considerar ciertas preguntas 62 hechas a ellos en una carta, solicitándoles su consideración y consejo sobre estos temas. Acerca de algunos de estos puntos yo podía hablar, porque en diversas oportunidades y en distintos lugares muchas cosas me fueron presentadas... Cuando mis hermanos leyeron los extractos de algunas cartas yo sabía qué decirles, porque este asunto me había sido presentado una y otra vez con respecto al campo del sur. No me había sentido en libertad para escribir estos asuntos hasta ahora... La luz que el Señor me ha dado en diferentes ocasiones ha sido que el campo del sur, adonde se encuentra la mayor cantidad de la población de color, no puede ser trabajado empleando los mismos métodos que en otros campos (Carta 73, 1895 [publicado en el Southern Work, p. 72]).

Cuando llegue el tiempo.

No debo escribir más por ahora, aunque hay mucho más que decir que lo pondré por escrito cuando sepa que ha llegado el tiempo de hacerlo (Carta 124, 1902).

Postergado por un año.

El Señor me ha ayudado y bendecido de una manera evidente durante la reunión en Melbourne [Australia]. Trabajé muy duramente antes de iniciarse ésta [reunión], dando testimonios personales que yo había escrito un año atrás; pero que no me sentía libre de enviar. Pensé en las palabras de Cristo: "Aún tengo muchas cosas que deciros, pero ahora no las podéis sobrellevar" (Juan 16:12). Cuando estaba lista para enviar la comunicación, parecía que una voz me hablaba y me decía: "Todavía no, ellos no recibirán mi testimonio" (Carta 39, 1893).

Las visiones no siempre se entendían al principio.

En una ocasión cuando estábamos hablando juntos acerca de la experiencia de Ud. en su obra, me preguntó: "¿Me ha dicho Ud. todo?" No podía decir más en aquel tiempo. A menudo me son dadas presentaciones que al principio yo no entiendo; pero después de un tiempo me 63 son aclaradas con una repetición de las cosas que al principio no comprendí, y de una manera que me aclara su significado inconfundiblemente (Carta 329, 1904).

Lo que yo escribí parecía nuevo.

Durante la noche me despierto y escribo en mi diario muchas cosas que me parecen como nuevas cuando se leen, tanto a mí como a cualquiera que las escucha. Si no hubiera visto el asunto escrito con mi propia letra no habría pensado que mi pluma lo había escrito (Carta 118, 1898).

Escritos anteriores que son oportunos.

Tengo una gran cantidad de asuntos preciosos, escritos en Cooranbong [Australia], y fechados el 20 de diciembre de 1896, que es precisamente lo que se necesita en este tiempo. Lo haré copiar hoy, y si es posible lo despacharé esta tarde. Había perdido completamente de vista estos manuscritos, pero esta mañana un mazo de ellos atrajo mi atención, y al mirarlos me di cuenta, para mi sorpresa, que era precisamente lo que necesitaba (Carta 262, 1907).

Las mentes deben ser preparadas espiritualmente.

He tratado de no rehuir de dar a nuestro pueblo todo el consejo del Señor; pero a veces he postergado algunos asuntos con la idea de que "ellos no lo pueden soportar ahora". Aun la verdad no puede ser presentada en su totalidad a las mentes que no tienen la preparación espiritual para recibirla. Tengo muchas cosas que decir, pero algunas personas a las cuales se aplican los mensajes no pueden soportarlas en su estado actual de falta de consagración (Carta 55, 1894).

Por qué Pablo no podía decirlo todo.

El gran apóstol tuvo muchas visiones. El Señor le mostró muchas cosas que no le es dado al hombre expresar. ¿Por qué no podía él decirles a los oyentes lo que había visto? Porque habrían aplicado mal las grandes verdades presentadas. No habrían podido comprender esas verdades. Y sin embargo, todo lo que le fue mostrado a Pablo dio forma a los mensajes que Dios le encomendó para presentar a las iglesias (Carta 161, 1903).

No pretendía luz especial para escritos biográficos.

Al preparar las siguientes páginas [Spiritual Gifts, t. 2, un relato autobiográfico] he trabajado bajo grandes desventajas, porque he tenido que depender en muchos casos de la memoria, pues no había llevado ningún diario hasta hace pocos años. En varios casos he enviado los manuscritos a amigos que estaban presentes cuando las circunstancias relatadas ocurrieron, para que los examinaran antes de publicarse. He tenido gran cuidado y empleado mucho tiempo tratando de establecer los hechos sencillos tan correctamente como fuera posible.

He sido ayudada, sin embargo, para determinar muchas fechas por medio de las numerosas cartas que escribí (Spiritual Gifts, Prefacio, t. 2).

Se hace un pedido especial para que si alguno encuentra declaraciones equivocadas en este libro me informe inmediatamente. La edición será completada cerca del primero de octubre; por lo tanto envíenme las observaciones antes de ese tiempo (Ibid., Apéndice que apareció en los primeros 400 ejemplares).

Distinción entre temas comunes y religiosos.

Sin embargo, hay oportunidades cuando deben declararse cosas comunes, pensamientos comunes deben ocupar la mente, deben escribirse cartas comunes y se debe dar información que ha pasado de un obrero a otro. Tales palabras, tal información, no son dadas bajo la inspiración especial del Espíritu de Dios. Se hacen preguntas a veces que no tienen nada que ver con temas religiosos, y esas preguntas deben ser contestadas. Conversamos acerca de casas y tierras, transacciones comerciales y ubicación para nuestras instituciones, sus ventajas y desventajas (Manuscrito 107, 1909 [1MS 44]).

Se ilustra el punto.

No he recibido el mensaje de que el Hno. C debe venir a Australia. No; por lo tanto no digo que sé que éste es el lugar para Ud.; pero tengo el privilegio de expresar mis deseos, aun cuando repito que no hablo por mandamiento.

Pero no quiero que venga debido a cualquier persuasión de mi parte. Deseo que Ud. busque al Señor muy fervientemente, y entonces siga donde su llamado lo dirija. Quiero que Ud. venga cuando Dios diga: "ven", y ni un solo momento antes.

Sin embargo, es mi privilegio presentar los deseos de la obra en Australia. Australia no es mi país; es la jurisdicción del Señor. El país es del Señor; el pueblo es de él. Ha de hacerse una obra aquí, y si Ud. no es la persona que tiene que hacerla, me sentiría perfectamente resignada al saber que Ud. ha ido a alguna otra localidad (Carta 129, 1897. [De una carta concerniente a la necesidad de un sanatorio en Australia y la posibilidad que este hombre fuera a Australia a iniciar esa empresa.])

Información obtenida de quienes deben saberlo.-

La información dada en cuanto al número de habitaciones del Sanatorio de Paradise Valley, no fue dada como una revelación del Señor sino simplemente como una opinión humana. Nunca me ha sido revelado el número exacto de habitaciones de ninguno de nuestros sanatorios, y el conocimiento que tengo en cuanto a tales cosas lo he obtenido preguntando a los que suponía que estaban informados. En mis palabras, cuando hablo acerca de estos temas comunes, no hay nada para inducir a la mente a creer que recibo mi conocimiento en una visión del Señor y que presento eso como tal... (Manuscrito 107, 1909 [1MS 43]).

Dos clases de cartas.

Queridos hijos [Edson y Emma]: He tenido muchos asuntos que poner por escrito, y he estado trabajando duramente. Mi corazón está firme, confiando en el Señor. En ningún caso debemos tener dudas, sino estar llenos de esperanza.

Esta mañana encontré la carta de Uds. debajo de mi puerta. Estaba contenta de tener noticias suyas. Ayer les escribí una carta sobre asuntos comunes, de todos los días [véase la próxima cita]. Esta carta será enviada hoy. He escrito una larga carta sobre el asunto mencionado en la carta de Uds., y la he entregado para que sea copiada. Esta les será enviada pronto...

Por la instrucción que el Señor me ha dado una y otra vez, sé que debe haber obreros que hagan giras médico-evangelísticas por las ciudades y aldeas. Los que hagan este trabajo reunirán una rica cosecha de almas, tanto de las clases más encumbradas como de las más humildes (Carta 202, 1903).

La carta que trataba de asuntos comunes.

Queridos hijos Edson y Emma: Ha pasado mucho tiempo desde que les escribí. Me gustaría mucho visitarlos en su propio hogar. Willie me escribe que está muy contento con su situación. No he tenido noticias de Uds. por mucho tiempo. Me gustaría recibir una carta de Uds., aunque sea de unas pocas líneas. Y recuerden que si alguna vez quieren hacernos una visita para pedir consejo sobre su obra y sobre los libros que estamos tratando de publicar, estaré más que contenta de verlos.

Pareciera que ha pasado un largo tiempo desde que Willie nos dejó. El salió a fines de junio, y estamos ahora a 10 de septiembre. Todavía pasará una semana antes que esté en casa... (Carta 201, 1903).

El juicio de la Hna. White.

Ud. ha expresado la opinión que tiene de su propio juicio, es a saber, que es más digno de confianza que el de la Hna. White. ¿Consideró Ud. que, durante su vida de servicio para el Maestro, la Hna. White ha tratado precisamente con casos como éste? ¿Y que ella ha visto muchos casos, inclusive similares al suyo, lo que debe permitirle a ella saber lo correcto y lo incorrecto en estos casos? ¿No sería mejor darle preferencia a la opinión de quien ha estado bajo la dirección de Dios por más de cincuenta años, que manifestarla a quien no ha tenido esta disciplina y educación? Tenga la bondad de considerar estas cosas (Carta 115, 1895).

No se atrevía a hablar cuando no había luz especial.

A menudo me hallo en la posición en que no me atrevo a asentir ni a disentir con una proposición que me sea sometida, pues existe peligro de que cualquier palabra que hable pueda ser conceptuada como algo que el Señor me ha dado. No es siempre seguro que yo exprese mi propio juicio, porque a veces, cuando alguien desea llevar a cabo su propio plan, considerará cualquier palabra favorable que yo diga como una luz especial del Señor. Seré cautelosa en todos mis movimientos (Carta 162, 1907, p. 2).

La Cuestión de la Influencia

¿Quién se lo ha dicho a la Hna. White?

Los que no han prestado atención a los mensajes de advertencia, han perdido su fuerza. Algunos, en su confianza propia, se han atrevido a rechazar lo que sabían que era la verdad, con palabras como éstas: "¿Quién se lo ha dicho a la Hna. White?" Estas palabras muestran la medida de su fe y confianza en la obra que el Señor me ha dado para hacer. Ellos tienen delante el resultado de la obra que el Señor ha puesto sobre mí, y si esto no los convence, no hay argumentos, no hay futuras revelaciones que los afecten. El resultado será que Dios hablará de nuevo en juicios como él lo ha hecho hasta aquí (Review and Herald, mayo 19, 1903, p. 8).

¿Le contó alguien a ella acerca estas cosas?.

Algunos están listos para preguntar: "¿Quién le dijo a la Hna. White estas cosas?" Aun a mí me han hecho la pregunta: "¿Alguien le contó a Ud. estas cosas?" Yo podría responderles: "Sí; sí, el ángel de Dios me ha hablado". Pero lo que ellos quieren decir es lo siguiente: "¿Han estado los hermanos y hermanas exponiendo sus faltas?" En el futuro no empequeñeceré los testimonios que Dios me ha revelado dando explicaciones a fin de tratar de satisfacer tales mentes estrechas, sino que tendré todas las preguntas semejantes como un insulto al Espíritu de Dios. Dios ha visto conveniente ponerme en posiciones en las cuales no ha colocado a ninguna otra persona de nuestras filas. El ha puesto sobre mí la carga de presentar reproches que él no ha dado a ninguna otra persona (Testimonies, t. 3, pp. 314-315).

Alguien le ha dicho a la Hna. White.

Aún ahora se expresa incredulidad por medio de palabras como éstas: "¿Quién le ha escrito estas cosas a la Hna. White?" Pero no sé de nadie que los conozca tales como son; y nadie podía escribir acerca de algo que se cree que no existe. Alguien me lo ha dicho: Aquel que no falsifica las cosas, Aquel que no comete errores de juicio ni exagera ningún caso (Special Instruction Relating to the Review and Herald Office and the Work in Battle Creek, p. 16).

Si yo fuera influida no sería digna de confianza.

Vosotros pensáis que algunos individuos han puesto prejuicios en mi mente. Si estoy en esta situación, no merezco que se me confíe la obra de Dios (Carta 16, 1893).

La Sra. White no leyó ciertas cartas o artículos.

Ud. me acusa de no haber leído su paquete de escritos. No los leí ni tampoco las cartas que el Dr. Kellogg mandó. Yo tenía un mensaje de seria reprensión para la casa editora, y sabía que si leía las comunicaciones que me fueron mandadas, más tarde, cuando apareciera el testimonio, Ud. y el Dr. Kellogg se habrían sentido tentados a decir: "Yo le di la inspiración" (Carta 301, 1905).

No he tenido la costumbre de leer ningún artículo doctrinal en la revista [Review and Herald], para que mi mente no tenga conocimiento alguno de las ideas y opiniones de nadie, a fin de que ninguna influencia de las teorías de alguien tenga relación alguna con lo que yo escribo (Carta 37, 1887).

Una pregunta suscitada en los primeros años del ministerio.

¿Qué pasará si Ud. alguna vez hubiera dicho eso? ¿Habría afectado las visiones que Dios me da? Si es así, las visiones no son nada... Lo que Ud. o cualquier otro haya dicho es absolutamente nada. Dios ha tomado el asunto en sus manos... Lo que Ud. dijo, Hna. D, no ha influido en mí en absoluto. Mi opinión no tiene nada que ver con lo que Dios me ha mostrado en visión (Carta 6, 1851).

Los reproches no tienen relación con los rumores.

He recibido su carta y trataré de contestarla. Ud. dice que recibió los testimonios, pero no acepta la parte relacionada con el engaño. Sin embargo, hermano mío, es verdad, y los rumores no tienen nada que ver con este caso de reproche (Carta 28, 1888).

Una tentativa de guiar a la Sra. White.

El Hno. E sugiere que a la gente le agradaría que yo hablara menos acerca de deberes y más con respecto al amor de Jesús. Pero deseo hablar como el Espíritu del Señor me impresiona. El Señor sabe mejor lo que este pueblo necesita. Hablé por la mañana [sábado 17 de octubre] acerca de Isaías 58. No limé en absoluto las asperezas (Manuscrito 26, 1885).

Dirigida por Uno que es poderoso en consejo.

Hay personas que dicen: "Alguien manipula sus escritos". Yo admito la acusación: es Uno que es poderoso en consejo, Uno que presenta delante de mí la condición de las cosas (Carta 52, 1906).

Por qué se hacen a veces averiguaciones.

Alguien, que hizo una confesión, me dijo que se han albergado dudas e incredulidad por parte de algunos contra los testimonios debido a las palabras que les dijo la Hna. F. Una cosa que se mencionó fue que los testimonios para personas en particular me habían sido dichos por otros, y que yo los presentaba como si fueran mensajes de Dios. ¿Sabe, mi hermana, que con esto ella me hace una persona hipócrita y mentirosa?...

La Hna. F mencionó un caso en particular, en el cual ella me había dicho todo lo relativo a la familia del Hno. G, y que la próxima cosa que ella oyó era que yo estaba relatando, como que el Señor me lo había mostrado, esas cosas que ella me había dicho.

Permítame explicarle el caso. A menudo se me muestran familias e individuos, y cuando tengo la oportunidad de verme con personas que los conocen, averiguo en qué condición está esa familia con el propósito de asegurarme de si los ministros o los hermanos tienen algún conocimiento de los males existentes.

Eso fue lo que sucedió en el caso de la familia del Hno. G. Yo quería ver si el testimonio estaba respaldado por los hechos. Pero esa información dada no originó el testimonio, aunque algunas personas de corta visión y tentadas puedan interpretarlo así (Carta 17, 1887).

¿Quién se lo dijo a Pablo y a la Hna. White?.

Cuando se presenta un testimonio del Señor dirigido a alguna persona que yerra, a menudo se hace la pregunta: "¿Quién se lo dijo a la Hna. White?" Eso debió haber ocurrido en los días de Pablo, puesto que alguien tuvo que haber tenido en su corazón el interés por la iglesia para presentarle al apóstol, el ministro señalado por Dios, los peligros de los miembros de la iglesia que amenazaban su prosperidad. Existe un tiempo para hablar y un tiempo para guardar silencio. Por supuesto, algo debe hacerse, y el ministro señalado por el Señor no debe dejar de hacer su obra para corregir estos males. Ahora bien, estos males existían, y Pablo tenía una obra que hacer para corregirlos...

Sabemos que a Pablo se le había presentado el estado de las iglesias. Dios le había dado luz y conocimiento con respecto al orden que debía mantenerse en las iglesias, los males que se levantarían, y que debían ser corregidos y tratados con firmeza en proporción a su agravante carácter. El Señor le había revelado a Pablo la pureza, la devoción y la piedad que debían mantenerse en la iglesia, y las cosas que aparecían contrarias a ese estado él debía reprobarlas de acuerdo con la luz que Dios le había dado.

Por qué se hacen averiguaciones.

Cuando se me presentan asuntos relacionados con una iglesia, a veces resplandece, por así decirlo, una luz del cielo que revela detalles particulares que Dios me había presentado anteriormente con respecto a otro caso, y cuando siento la carga con relación a iglesias, familias o individuos especiales, frecuentemente averiguo las condiciones que reinan en esa iglesia, y el asunto está totalmente descrito antes de que yo vaya a esa iglesia.

Pero necesito hechos que respalden los testimonios, y estoy preocupada por saber de qué manera debo traer la luz que Dios me ha dado. Si los errores han estado afectando manifiestamente a la iglesia, y si los casos de caracteres que hacen errar a la iglesia debilitan la fe y fortalecen la incredulidad, entonces la obra que tiene que hacerse no debe estar restringida a familias en forma privada o a solo individuos, sino que debe presentarse delante de toda la iglesia para detener el mal y hacer brillar la luz en las mentes de los que han sido confundidos por palabras de engaño y falsas presentaciones.

Y cuando estoy delante del pueblo, brilla de nuevo delante de mí la luz que Dios me ha dado en lo pasado con referencia a personas que estaban delante de mí, y me he sentido impelida por el Espíritu de Dios a hablarles. Esta es la forma en que he sido usada, viendo muchos casos, y antes de que yo los presente quiero saber si el caso es conocido por otros, si su influencia está calculada para dañar a la iglesia en general. A veces se hacen preguntas y de vez en cuando éstas determinan la forma de tratar dichos casos: si hablar delante de unos pocos o delante de muchos, o hablarles a las personas mismas.

Si el caso es tal que se pueda atender en forma privada y otros no necesitan conocerlo, yo deseo grandemente hacer todo lo posible para corregir sin dar publicidad al asunto (Carta 17, 1887).

Estoy sola, completamente sola.

Tengo una declaración que hacer. Cuando el Señor presenta delante de mí cualquier asunto o instrucción, y tengo un mensaje que presentar referente al mencionado tema, entonces, de la mejor manera que Dios me capacita para hacerlo, hablo del asunto presentando la mente y la voluntad de Dios con tanta claridad como mis capacidades humanas, guiadas y dominadas por el Espíritu Santo, traigan todo el asunto delante de mí para exponerlo a los demás. Con respecto a los asuntos serios que me son encomendados, no le he dado a nadie - hombre o mujer - ningún derecho de tener el menor control sobre mi obra, la cual el Señor me ha dado para hacer.

Desde hace veintiún años, cuando fui privada de mi esposo por la muerte, no he tenido la más remota idea de casarme de nuevo. ¿Por qué? No porque Dios me lo haya prohibido. No; sino porque el estar sola era lo mejor para mí, para que nadie sufriera junto conmigo en la ejecución de mi obra que el Señor me confiara. Y nadie debe tener el derecho de influir en mí de manera alguna en cuanto a mi responsabilidad y a mi obra en la presentación de mi testimonio de ánimo y reproche.

Mi esposo nunca se interpuso en mi camino mientras yo lo hacía, sino más bien yo contaba con su ayuda y su ánimo, y también con su compasión. Su simpatía, y sus oraciones y lágrimas, ¡las he extrañado tanto, tanto! Nadie puede entender esto como yo misma. Pero mi obra debía ser hecha. Ningún poder humano debe sugerir la menor idea de que yo era influida en la obra que Dios me ha dado que hacer en la presentación de mi testimonio a aquellos para los cuales él me había dado palabras de reproche o de estímulo.

He estado sola en esta tarea, absolutamente sola, con todas las dificultades y todas las pruebas relacionadas con la obra. Sólo Dios podía ayudarme. El último trabajo que debe ser hecho por mí en este mundo, será hecho pronto. Debo expresarme con claridad, de tal manera que, si es posible, no sea mal entendida.

No tengo una sola persona en el mundo que ponga algún mensaje en mi mente o que me delegue algún deber. Estoy por decirle, Hno. F, que cuando el Señor me da una carga [mensaje] para Ud. o para algún otro, Ud. la recibirá de la manera que el Señor me la da (Manuscrito 227, 1902).

9 Cómo Definir el Juicio de la Hna. White y la Palabra del Señor

¿La opinión de la Hna. White?

La posición de algunos: parte humana y parte divina.

Muchas veces en mi experiencia he sido llamada a hacer frente a la actitud de cierta clase de personas que reconocieron que los testimonios eran de Dios, pero que tomaban la posición de que este asunto y aquel tema correspondían a la opinión y al juicio de la Hna. White. Esto se acomoda a los que no quieren el reproche y la corrección, y cuando sus ideas son contradichas tienen ocasión de explicar la diferencia entre lo humano y lo divino.

Si las opiniones preconcebidas o las ideas particulares de algunos son contradichas al ser reprendidas por los testimonios, ellos sienten inmediatamente necesidad de hacer clara su posición para discriminar entre los testimonios, definiendo lo que es el juicio humano de la Hna. White y lo que es la Palabra de Dios. Cualquier cosa que sostenga sus ideas acariciadas es divina, y los testimonios que corrigen sus errores son humanos: son las opiniones de la Hna. White. Anulan el efecto del consejo de Dios con su tradición (Manuscrito 16, 1889).

Virtualmente rechazan los testimonios.

Ud. ha hablado sobre algunos asuntos según los veía, alegando que las comunicaciones de la Hna. White no son todas del Señor, sino que una porción responde a su propia mente, a su propio juicio, que no es mejor que el juicio y las ideas de cualquier otro. Este es uno de los ganchos de Satanás para que Ud. pueda colgar sus dudas, con el propósito de engañar su alma y las de los que se atreven a trazar una línea en este asunto y a decir: esta porción que me agrada es de Dios, pero esa parte que señala y condena mi conducta es sólo de la Hna. White, y no tiene el sello divino. De esta manera Ud. virtualmente ha rechazado el conjunto de los mensajes que Dios en su tierno y piadoso amor le ha enviado para salvarlo de la ruina mortal.

Hay Uno que me apoya, el cual es el Señor, quien ha inspirado el mensaje que Ud. ahora rechaza, desestima y deshonra. Ud. tienta a Dios, se ha debilitado, y el resultado ha sido confusión y ceguera mental (Carta 16, 1888).

Esta no es mi opinión.

Después de que yo le escribí la larga carta que ha sido empequeñecida por el pastor H como si fuera meramente una expresión de mi propia opinión, mientras yo estaba en el congreso campestre del sur de California el Señor parcialmente quitó la restricción, y escribo como lo hago. No me atrevo a decir más ahora, no sea que vaya más allá de lo que el Espíritu del Señor me permitió.

Cuando vino el profesor I, le hice unas pocas preguntas definidas, más para saber cómo consideraba él la condición en que estaban las cosas que para obtener información. Sentí que había llegado la crisis. Si el pastor H y los que están unidos con él hubieran estado firmes en la luz, habrían reconocido la voz de advertencia y reproche; pero él dice que es una obra humana y la arroja a un lado. La obra que está haciendo él querrá deshacerla antes de mucho. Él está tejiendo una red alrededor de sí mismo que no puede deshacer fácilmente. Esta no es mi opinión.

¿Qué voz reconocerá Ud. como la voz de Dios? ¿Qué poder tiene el Señor en reserva para corregir sus errores y para mostrarle su conducta como es?, ¿qué poder para trabajar en la iglesia? Ud., por su propia conducta, ha cerrado todas las avenidas por las cuales el Señor quería alcanzarlo. ¿Levantará él a alguno de los muertos para hablarle?...

En los testimonios enviados a Battle Creek le di a Ud. la luz que Dios me dio. En ningún caso he dado mi propio juicio u opinión. Tengo suficiente para escribir de lo que me ha sido mostrado, sin caer en mis propias opiniones. Ud. está haciendo lo que hicieron los hijos de Israel en forma repetida. En vez de arrepentirse delante de Dios, rechaza sus palabras y atribuye todas las amonestaciones y represiones al mensajero enviado por el Señor (Testimonies for the Battle Creek Church, pp. 50-58, 1882).

Permítaseme expresar lo que tengo en la mente, y que sin embargo no es mi propia mente sino la Palabra del Señor (Carta 84, 1899 [Citado en Counsels to Writers and Editors], p. 112).

Satanás ayudará a los que creen que deben discriminar.

Tengo mi obra que hacer, para [antes que ponerme a] enfrentar los errores de los que se creen capaces de decir qué cosa es un testimonio de Dios y qué cosa es una producción humana. Si los que han hecho esta obra continúan en su conducta, las agencias satánicas escogerán por ellos...

Los que han ayudado a las almas a sentirse en libertad para especificar lo que es de Dios en los Testimonios, y lo que son palabras no inspiradas de la Hna. White, hallarán que están ayudando al diablo en su obra de engaño. Leed por favor el Testimonio No 33, p. 211 (Testimonies, t. 5, p. 682 [2JT 292-293]), "Cómo recibir la reprensión" (Carta 28, 1906).

¿Cómo puede Dios alcanzarlos?

¿Qué poder tiene el Señor en reserva para alcanzar a los que han rechazado sus amonestaciones y represiones y han considerado que los testimonios del Espíritu de Dios no provienen de una fuente más alta que la sabiduría humana? En el juicio, ¿qué podréis ofrecer a Dios vosotros, los que habéis hecho esto, cómo excusa por apartaros de las evidencias que él os ha dado de que Dios estaba en la obra? (Testimonios para los ministros, p. 466).

Una Mensajera Inspirada

Relato de experiencias ocurridas como mensajera de Dios.

Durante medio siglo he sido la mensajera del Señor, y mientras siga viviendo seguiré llevando los mensajes que Dios me dé para su pueblo. No me atribuyo ninguna gloria a mí misma. En mi juventud el Señor me hizo su mensajera, para comunicar a su pueblo testimonios de ánimo, de advertencia, de reproche. Durante sesenta años he estado en comunicación con los mensajeros celestiales y aprendiendo constantemente con referencia a las cosas divinas, y con respecto a la manera en que Dios está trabajando continuamente para sacar a las almas del error de sus caminos y traerlas a la luz de Dios.

Muchas almas han sido ayudadas porque han creído que los mensajes que me fueron dados eran enviados como una muestra de misericordia hacia los errantes. Cuando he visto a los que necesitaban una fase diferente de la experiencia cristiana, se los he dicho para su bien presente y eterno. Y mientras siga viviendo haré mi obra fielmente, ya sea que los hombres y mujeres presten atención y reciban y obedezcan, o hagan lo contrario. Mi obra me fue asignada claramente, y recibiré gracia para ser obediente.

Amo a Dios. Amo a Cristo Jesús, el Hijo de Dios, y siento un intenso interés en toda alma que pretende ser un hijo de Dios. Estoy determinada a ser un mayordomo fiel mientras el Señor me dé vida. No fallaré ni me desanimaré.

Pero durante meses mi alma ha estado pasando por una intensa agonía debido a los que han recibido los sofismas de Satanás y están comunicándolos a otros, haciendo toda interpretación concebible y en variadas formas, para destruir la confianza en el mensaje del Evangelio para esta última generación y en la obra especial que Dios me ha dado para hacer. Yo sé que el Señor me ha dado esta obra, y no necesito presentar ninguna excusa por lo que he hecho.

En mi experiencia estoy recibiendo constantemente evidencia del poder sostenedor y obrador de milagros de Dios sobre mi cuerpo y mi alma, los cuales he dedicado al Señor. No me pertenezco a mí misma; he sido comprada por precio y tengo tal seguridad de que el Señor está obrando en mi favor, que debo reconocer su abundante gracia...

¿Por qué tengo que quejarme? El Señor me ha levantado tantas veces de la enfermedad, me ha sostenido tan maravillosamente, que nunca podré dudar. Tengo tantas evidencias inconfundibles de sus bendiciones especiales, que no abrigo ninguna posibilidad de dudar. Él me da libertad para presentar su verdad ante gran número de personas. No sólo me es concedida una ayuda especial mientras estoy delante de las grandes congregaciones, sino que cuando estoy usando la pluma me son dadas presentaciones maravillosas del pasado, del presente y del futuro (Carta 86, 1906).

Me han sido dadas lengua y expresión.

De toda las preciosas seguridades que Dios me ha dado con respecto a mi obra, ninguna ha sido más preciosa para mí que 81 ésta: que él me daría lengua y expresión donde quiera que yo fuera. En lugares donde había la mayor oposición, toda lengua fue silenciada. He presentado el mensaje sencillo en forma oral a nuestro propio pueblo y a la multitud, y mis palabras han sido aceptadas como procedentes del Señor (Carta 84, 1909).

El mensaje de Elena G. de White ha sido consecuente a través de los años.

Muchos ciudadanos de Battle Creek asistieron a la reunión del domingo por la tarde. Prestaron la mejor atención. En esa reunión tuve la oportunidad de declarar decididamente que mis puntos de vista no han cambiado. La bendición del Señor descansó sobre muchos de aquellos que oyeron las palabras. Dije: "Estaréis ansiosos de saber lo que la Sra. White cree. La habéis oído hablar muchas veces... Ella tiene que prestar al Maestro el mismo servicio que cuando se dirigió al pueblo de Battle Creek hace años. Recibe lecciones del mismo Instructor. Las directivas que le fueron dadas son éstas: 'Recibe los mensajes que te doy, para que el pueblo pueda tenerlos'. Los mensajes han sido escritos como Dios me los ha dado" (Carta 39, 1905).

La confianza de E. G. de White en la fuente divina de su revelación.

¡Qué batalla estoy obligada a librar! Mis hermanos parecen juzgar que tomo una posición que no es necesaria. Ellos no ven que Dios en su propia sabiduría me ha hecho revelaciones que no pueden ser contradichas o disputadas con éxito. Nada puede borrar lo que me fue presentado y grabado en las tablas de mi alma. Toda la oposición y las negaciones para anular mi testimonio solamente me obligan, por la urgencia del Espíritu de Dios, a repetirlo en forma más decidida y a permanecer en la luz revelada con todo el poder de la fortaleza que Dios me ha dado (Manuscrito 25, 1890).

Hacer frente al peligro en forma positiva.

Satanás continuará trayendo sus teorías erróneas y afirmando que sus sentimientos son veraces. Seducir los espíritus es su obra. Tengo que encarar el peligro positivamente, negando a cualquiera el derecho de usar mis escritos para que sirvan al propósito del diablo de engañar al pueblo de Dios.* Dios me ha conservado la vida para que presente los testimonios que me fueron dados, para defender lo que Dios ha defendido y para denunciar todo vestigio de sofismas satánicos. Una cosa seguirá a la otra en los sofismas espirituales, para engañar si es posible, aun a los escogidos (Manuscrito 126, 1905).

Inconmovible frente a la oposición.

Pueden lanzarse contra mí los mayores ataques, pero esto no cambiará en lo más mínimo mi misión o mi obra. Hemos tenido que hacer frente a esto una y otra vez. El Señor me ha dado el mensaje desde que tenía solamente 17 años... El mensaje que Dios me ha entregado para llevar ha sido en línea recta, de luz en luz, hacia arriba y hacia adelante, de una verdad a otra verdad más avanzada (Manuscrito 29, 1897).

No exigía el título de "profetisa".

Durante el discurso [pronunciado en Battle Creek, el 2 de octubre de 1904] dije que no pretendía ser profetisa. Algunos se sorprendieron ante esta declaración, y como se está diciendo mucho acerca de esto, daré una explicación. Otros me han llamado profetisa, pero nunca pretendí ese título. No he sentido que era mi deber llamarme así. Los que osadamente pretenden que son profetas en éste nuestro día, son con frecuencia un baldón para la causa de Cristo. Mi obra incluye mucho más de lo que significa ese nombre. Me considero a mí misma como una mensajera, a quien el Señor le ha confiado mensajes para su pueblo (Carta 55, 1905 [1MS 40]).

La obra de un profeta y más todavía.

Ahora he sido instruida de que no debo ser estorbada en mi obra por aquellos que se ocupan en hacer suposiciones acerca de la naturaleza de ella, cuyas mentes están luchando con tantos problemas intrincados referentes a la supuesta obra de un profeta. Mi misión abarca la obra de un profeta, pero no termina allí. Abarca mucho más de lo que puedan comprender las mentes de los que han estado sembrando las semillas de incredulidad (Carta 244, 1906, dirigida a los ancianos de la Iglesia de Battle Creek [1MS 40-41]).

Ninguna defensa propia.

Mi corazón se siente muy triste de que los Hnos. J y K hayan tomado la posición que tienen ahora... Podréis preguntar: "¿Qué efecto tiene esto sobre Ud.?" Solamente dolor, dolor en el alma; pero al mismo tiempo paz, y perfecto descanso y confianza en Jesús. Para defenderme a mí misma, para defender mi posición y mi misión, no quiero ni pronunciar diez palabras. No quiero tratar de dar evidencia de mi obra. "Por sus frutos los conoceréis" (Carta 14, 1897).

Dejar las consecuencias con Dios.

A veces siento una gran preocupación durante las noches. Me levanto de mi cama, y camino por la pieza orando al Señor para que me ayude a llevar la carga y a no decir nada que haga creer a la gente que el mensaje que él me ha dado no es la verdad. Cuando puedo depositar esta carga sobre el Señor me siento verdaderamente libre. Gozo de una paz que no puedo expresar. Me siento elevada como si fuera sostenida por los brazos eternos, y la paz y el gozo llenan mi alma.

Una y otra vez se me recuerda que no debo tratar de aclarar la confusión y contradicción en la fe y los sentimientos de incredulidad que se expresan. No debo sentirme deprimida, sino que debo hablar las palabras del Señor con autoridad, y entonces dejar con él las consecuencias.

El gran Médico me instruye a que presente la palabra que el Señor me da, sea que los hombres le presten atención o no. Se me ha dicho que yo no tengo nada que ver con los resultados, pues Dios, el Señor Jehová mismo, me guardará en perfecta paz si descanso en su amor y hago la obra que él me ha dado para hacer (Carta 146, 1902).

No expondré los pecados conocidos sólo por aquellos que los cometen.

Sus hermanos, o muchos de ellos, no saben lo que Ud. mismo y el Señor saben... He determinado que no expondré los pecados de aquellos que profesan creer la verdad, si no que dejaré estas cosas para que ellos mismos las confiesen (Carta 113, 1893).

E. G. White beneficiada por los mensajes dados.

Anhelo hablar a grandes congregaciones, pues sé que el mensaje no proviene de mí sino que es lo que el Señor impresiona en mi mente para decir. El nunca me deja sola cuando estoy delante del pueblo con un mensaje. Cuando estoy delante de la gente parece que se me presentaran las cosas más preciosas del Evangelio, y participo del mensaje evangélico y me alimento de la Palabra tanto como cualquiera de los oyentes. Los sermones [míos] me hacen bien, porque recibo nuevas representaciones cada vez que abro mis labios para hablarle a la gente.

Nunca podré dudar de mi misión, porque participo de los privilegios y resulto alimentada y vivificada sabiendo que soy llamada a la gracia de Cristo. Cada vez que presento la verdad al pueblo, y llamo la atención de los hermanos a la vida eterna que Cristo ha hecho posible que obtengamos, resulto tan beneficiada como ellos por los más bondadosos descubrimientos de la gracia y el amor y el poder de Dios en favor de su pueblo en la justificación y la reconciliación con Dios (Manuscrito 174, 1903).

El privilegio de ser una mensajera de Dios.

Estoy muy agradecida de que el Señor me ha dado el privilegio de ser su mensajera para comunicar preciosas verdades a los demás (Carta 80, 1911).

Después de la muerte de Elena de White

Los escritos de Elena de White han de continuar su testimonio.

He de consignar este testimonio por escrito, de manera que si yo durmiera en Jesús el testimonio de la verdad pueda continuar dándose (Carta 116, 1905).

Hablar hasta el fin.

En estos últimos días se ha dado luz abundante a nuestro pueblo. Ya sea que mi vida sea preservada o no, mis escritos hablarán constantemente y su obra irá adelante mientras dure el tiempo. Mis escritos son guardados en los archivos de la oficina, y aunque yo no viviera, esas palabras que me han sido dadas por el Señor todavía tendrán vida y hablarán a la gente (Carta 371, 1907 [1MS 63]).

Los mensajes han de tener mayor fuerza después de la muerte del profeta.

Físicamente he sido siempre como un vaso quebrado, y sin embargo, pese a mi edad avanzada, el Señor continúa obrando sobre mí con su Espíritu Santo para que consigne por escrito los más importantes libros que hayan sido presentados jamás a las iglesias y al mundo. El Señor está poniendo en evidencia lo que puede hacer mediante vasos débiles. La vida que él me sigue impartiendo la usaré para su gloria. Y cuando él vea conveniente dejarme descansar, sus mensajes tendrán aún mayor fuerza vital que cuando vivía el frágil instrumento mediante el cual fueron traídos (Manuscrito 122, 1903).

La Recepción de los Mensajes

Mensajes de ánimo, amonestación y reproche.

Durante medio siglo he sido la mensajera del Señor, y todo el tiempo que dure mi vida continuaré llevando el mensaje que Dios me dé para su pueblo. No me atribuyo ninguna gloria a mí misma. El Señor me hizo su mensajera desde mi juventud, para comunicar a su pueblo testimonios de ánimo, advertencia y reproche. Durante sesenta años he estado en comunicación con los mensajeros celestiales, y he aprendido constantemente en cuanto a las cosas divinas y a la forma en que Dios está obrando de continuo para traer las almas del error de sus caminos a la luz divina (Carta 86, 1906).

Algunos reciben, y otros rechazan.

Tengo una obra que hacer por los que serán ayudados, aun cuando la luz dada no armonice con sus ideas. Ellos reconocerán la luz de Dios, porque tienen los frutos de la obra que al Señor le ha placido hacer por medio de su humilde instrumento

en los últimos 45 años. Reconocen esta obra como de Dios, y por lo tanto sienten deseos de ser corregidos en sus ideas y de cambiar su conducta.

Pero los que mantengan y retengan sus propias ideas, y por esto son corregidos, concluirán que la Hna. White es influida para que adopte un determinado curso de acción que no está en armonía con sus ideas... no podrán ser beneficiados. No considero que tales amigos sean de algún valor en un momento difícil, especialmente en una crisis. Ahora tenéis mi posición. No deseo hacer la obra de Dios de una manera descuidada. Deseo saber qué es el deber y moverme en armonía con el Espíritu de Dios (Carta 3, 1899).

La carta de Elena de White es un mensaje de Dios.

Ud. pregunta si el Señor me trasmitió esa carta para que yo se la diera. Sí, respondo. El Santo Dios de Israel no aprobará sus pecados. Este mensaje fue dado por Dios. Si Ud. hubiera tenido, desde que el mensaje le fue dado, un nuevo sentido de lo que constituye el pecado; si se hubiera convertido realmente en un hijo de Dios en lugar de ser un transgresor de su ley, nadie se sentiría tan complacida como yo (Carta 95, 1893).

La veracidad de los testimonios reconocida públicamente.

Le hablé al pueblo [en Bloomfield, California] por la mañana en cuanto a la necesidad de quitar los defectos de carácter, a fin de que pudieran estar irreprensibles delante del Hijo de Dios cuando él aparezca. Se manifestó un profundo sentimiento en la reunión. Me dirigí a varios personalmente, señalando los errores que me fueron mostrados en sus respectivos casos. Todos respondieron, y muchos, con lágrimas, confesaron sus pecados y la veracidad del testimonio (Carta 7, 1873).

Interpretación hecha a la luz de una posición preconcebida.

Hay muchos que interpretan lo que yo escribo a la luz de sus opiniones preconcebidas. Sabéis lo que esto significa. El resultado seguro será una división en cuanto a la comprensión del mensaje y diversas opiniones.

Cómo escribir de tal manera que sea entendido por aquellos a quienes me dirijo en asuntos importantes, es un problema que no puedo resolver. Pero trataré de escribir mucho menos. Debido a la influencia de una mente sobre otra, los que entienden mal pueden inducir a los demás a entender mal por la interpretación que les dan a los temas que escribo. Uno los entiende de la manera que él cree que deben ser, de acuerdo con sus ideas; otro da su propia interpretación sobre el asunto presentado, y el resultado seguro es la confusión (Carta 96, 1899).

Aceptación parcial.

Durante muchos meses, con la excepción de unas pocas noches, no he podido dormir después de la una de la mañana. Me hallo en conversación con Ud. y con otros, rogándoles como una madre rogaría a su hijo...

Sin duda está sorprendido, como yo esperaba que esté, de que le escriba de una manera tan sencilla y decidida. Pero esto es lo que debo hacer, porque he sido constituida como mayordomo de la gracia de Cristo y debo hacer esta diligencia para el Señor. Ud. puede sentirse bien satisfecho consigo mismo. Puede negar las presentaciones que me fueron dadas de su caso. Algunos están haciendo esto hoy...

Esta es la razón por la cual algunos hombres y mujeres no siempre ven sus errores y defectos, aun cuando les son señalados. Dicen que creen en los testimonios que reciben, hasta que se les da el mensaje de que deben cambiar sus planes y sus métodos, que la tarea de edificar su carácter debe ser hecha en forma completamente diferente, o de otra manera las tormentas y las tempestades los barrerán derribándolos de sus fundamentos. Entonces el enemigo los tienta a justificarse a sí mismos. Después de leer este mensaje Ud. se sentirá tentado a decir: "Esto no es así. Yo no soy como se me presenta aquí. Alguien ha llenado la mente de la Hna. White de una cantidad de basura acerca de mí". Pero le digo en el nombre del Señor que las palabras de este escrito son de Dios. Si decide poner a un lado el asunto de esta manera, muestra la medida de su fe en la obra que el Señor le ha dado a su sierva para Ud. (Carta 13, 1902).

Las porciones que condenan complacencias favoritas.

Hay algunos falsos creyentes que aceptan ciertas porciones de los testimonios como mensajes de Dios, en tanto que rechazan las porciones que condenan sus complacencias favoritas. Tales personas están trabajando contra su propio bienestar y el de la iglesia. Es esencial que andemos en la luz mientras tenemos luz (Manuscrito 71, 1908).

Algunos toman livianamente los mensajes.

Frecuentemente no me anticipo a decir las cosas que digo cuando estoy hablando delante de la gente. Dios me puede dar palabras de reprobación, de advertencia, de ánimo, como él lo juzga conveniente para el beneficio de las almas. Hablaré esas palabras, y ellas pueden afectar profundamente la vida de mis hermanos, a quienes amo sinceramente y respeto en la verdad.

Supongo que estas palabras sean distorsionadas y mal entendidas por los no creyentes, y esto no me sorprende. Pero que mis propios hermanos, quienes están al tanto de mi misión y mi trabajo, tomen livianamente el mensaje que Dios me da para presentar, ofende su Espíritu.

Es desconcertante para mí que ellos tomen ciertas porciones de los testimonios que les agradan y que consideran que justifican su propia conducta, y den la impresión de que esa porción la aceptan como la voz de Dios, y, en cambio, cuando otros testimonios vienen para reprochar su conducta, cuando se hablan palabras que no coinciden con sus opiniones y con su juicio, deshonran la obra de Dios diciendo: "Oh, esto no lo aceptamos; es solamente la opinión de la Hna. White, y no es mejor que mi propia opinión o la de cualquier otro" (Carta 3, 1889).

Esperan encontrar palabras en las cuales basar la interpretación humana.

Estoy consciente del hecho de que yo soy un ser mortal y que debo vigilar mis facultades físicas, mentales y morales. El cambio constante de un lugar a otro que los viajes hacen necesario, y la realización de trabajos públicos en los lugares donde voy, han sido demasiados para mí, además de los escritos que he estado preparando día y noche a medida que el Señor ha usado mi mente por medio de su Espíritu Santo.

Y cuando me encuentro con evidencias de que esas comunicaciones serán tratadas por algunos de acuerdo con el juicio humano de quienes las reciben; cuando me doy cuenta de que algunos están tratando agudamente de encontrar algunas palabras trazadas por mi pluma, y en las cuales puedan basar sus interpretaciones humanas a fin de sostener su posición y justificar una conducta equivocada, y pienso en estas cosas, no me resulta muy animador continuar escribiendo.

Algunas de las personas que son reprobadas luchan por hacer que toda palabra defienda sus propias declaraciones. ¡La tarea de tergiversar, disimular, interpretar mal y aplicar erróneamente la Palabra, es maravillosa! Algunas personas se asocian para hacer esta obra. Aquello en lo cual uno no piensa, otra mente lo suple (Carta 172, 1906).

Torciendo las Escrituras y los testimonios.

Las lecciones de Cristo eran a menudo mal entendidas, no porque él no las hiciera claras, sino porque las mentes de los judíos -así como las de muchos que pretenden creer en este tiempo- estaban llenas de prejuicios. Como Cristo no tomó partido con los escribas y los fariseos, ellos lo odiaban; se oponían a él, y trataban de contrarrestar sus esfuerzos y de anular sus palabras.

¿Por qué los hombres no veían y vivían la verdad? Muchos estudian las Escrituras con el propósito de demostrar que sus propias ideas son correctas. Cambian el significado de la Palabra de Dios para acomodarlo a sus propias opiniones. Y así hacen lo mismo con los testimonios que él envía. Citan media frase, dejando afuera la otra mitad que, si se citara, mostraría que su razonamiento es falso. Dios tiene una polémica con los que tergiversan las Escrituras, haciéndolas conformar con sus ideas preconcebidas (Manuscrito 22, 1890).

Palabras tergiversadas y mal entendidas.

Me parece imposible que yo pueda ser entendida por los que tienen la luz pero no han andado en ella. Lo que yo diga en una conversación privada suele ser repetido de tal manera que signifique exactamente lo opuesto a aquello que los oyentes hubieran entendido si tuvieran una mente y un espíritu santificados. Tengo miedo de hablar aun a mis amigos, porque luego oigo decir: "La Hna. White dijo esto" o "La Hna. White dijo aquello".

Mis palabras se tuercen tanto y se entienden tan mal, que estoy llegando a la conclusión de que el Señor quiere que yo me mantenga al margen de las grandes asambleas y rechace entrevistas privadas. Lo que digo es repetido en una forma tan pervertida que resulta nuevo y extraño para mí. Se mezcla con palabras habladas por hombres que sostienen sus propias teorías (Carta 139, 1900).

Desde el principio una voz entre nosotros.

Le pido que tome su posición del lado del Señor y haga su parte como un súbdito leal del reino. Reconozca el don que fue colocado en la iglesia para la dirección del pueblo de Dios en los días finales de la historia terrenal. Desde el principio la iglesia de Dios ha tenido el don de profecía en su medio como una voz viva para aconsejar, amonestar e instruir.

Hemos llegado ahora a los últimos días de la obra del mensaje del tercer ángel, cuando Satanás actuará con creciente poder, porque él sabe que su tiempo es corto. Al mismo tiempo recibiremos por medio de los dones del Espíritu Santo diversidad de operaciones en el derramamiento del Espíritu. Este es el tiempo de la lluvia tardía (Carta 230, 1908).

La barrera protectora destruida.

El enemigo ha hecho esfuerzos magistrales para perturbar la fe de nuestro pueblo en los testimonios, y cuando estos errores lleguen tratarán de probar todas las posiciones por medio de la Biblia, pero ellos interpretan mal las Escrituras. Hacen aseveraciones atrevidas como las hizo el pastor Canright, y aplican mal las profecías y las Escrituras para probar falsedades. Y, después que los hombres han hecho su obra para debilitar la confianza de nuestra iglesia en los testimonios, destruyen la barrera para que la incredulidad con respecto a la verdad se extienda ampliamente; y ninguna voz se eleva para detener la fuerza del error.

Esto es precisamente lo que Satanás se propuso que ocurriera, y los que han estado preparando el camino para que la gente no prestara atención a las advertencias y los reproches de los testimonios del Espíritu de Dios, verán que una ola de errores de toda clase aparecerán. Pretenderán que usan las Escrituras como evidencia, pero los engaños de Satanás prevalecerán en toda forma (Carta 109, 1890).

Seguros frente a los engaños seductores de Satanás.

Los hombres pueden valerse de un medio tras otro, y el enemigo tratará de seducir a las almas para apartarlas de la verdad, pero todos los que crean que el Señor ha hablado por medio de la Hna. White y le ha dado un mensaje, estarán seguros frente a los muchos engaños que vendrán en estos últimos días (Carta 50, 1906).

No es a mí a quien se traiciona, sino al Señor.

He tratado de cumplir con mi deber con Ud. y con el Señor Jesús, a quien sirvo y cuya causa amo. Los testimonios que le he presentado en verdad me han sido dados por el Señor. Lamento que Ud. haya rechazado la luz dada...

¿Está Ud. traicionando a su Señor porque él en su gran misericordia me ha mostrado precisamente dónde está Ud. parado espiritualmente? Él conoce cada propósito del corazón. Nada está escondido de él. No es a mí a quien Ud. está traicionando. No es contra mí contra quien Ud. está tan enojado: es contra el Señor, quien me ha dado un mensaje para amonestarlo a Ud. (Carta 66, 1897).

Abandonando la fe en los testimonios.

Una cosa es cierta: los adventistas del séptimo día que adoptan su posición bajo la bandera de Satanás, primero abandonarán su fe en las advertencias y reproches contenidos en los testimonios del Espíritu de Dios.

Se hace un llamado a una gran consagración y a un servicio más santo, y esto continuará haciéndose (Carta 156, 1903).

Dos ejemplos típicos

1. Testimonio personal recibido con gratitud.

Regresamos el 12 de diciembre [de 1892]. Al día siguiente por la tarde, el Hno. Faulkhead vino a visitarme. La preocupación de su caso ocupaba mi mente. Le dije que tenía un mensaje para él y para su esposa, que había preparado varias veces para enviarles; pero que me había sentido impedida de hacerlo por el Espíritu del Señor. Le pedí que me señalara un momento en que yo podía visitarlos.

Él contestó: "Estoy contento de que Ud. no me mandó una comunicación escrita; prefiero tener el mensaje directamente de sus labios; si hubiera llegado de otra manera no creo que me hubiera hecho ningún bien". Entonces preguntó: "¿Por qué no me da Ud. el mensaje ahora?" Le dije: "¿Puede Ud. quedarse para escucharlo?" Él contestó que lo haría.

Yo estaba muy cansada porque había asistido a los ejercicios de clausura de la escuela ese día; pero me levanté de la cama en la cual estaba acostada y le leí durante tres horas. Su corazón fue ablandado, las lágrimas corrieron por sus ojos, y cuando dejé de leer, él dijo: "Acepto cada palabra; todo eso se refiere a mí".

Gran parte del material que había leído se relacionaba con la publicación del Echo Office [de Australia] y la forma en que fue dirigido desde el comienzo. El Señor también me reveló las relaciones que el Hno. Faulkhead tenía con los masones libres, y yo le dije claramente que a menos que él cortara todo lazo que lo unía con estas asociaciones, perdería su alma.

El dijo: "Acepto la luz que el Señor me ha enviado por medio de Ud. Pondré en práctica lo que se me dice. Soy miembro de cinco logias, y otras tres logias están bajo mi control. Yo hago todos sus negocios. Ahora no asistiré más a sus reuniones, y daré por terminadas mis relaciones comerciales con ellos hasta donde me sea posible".

Le repetí las palabras habladas por mi guía con referencia a estas asociaciones. Reproduje cierto movimiento que fue hecho por mi guía, y le dije: "No puedo relatarle todo lo que se me dijo". El Hno. Faulkhead le dijo al pastor Daniells y a otros que yo había hecho la señal particular conocida solamente por los masones de la orden más elevada, en la cual él acababa de entrar. Él dijo que yo no conocía la señal, y que no me daba cuenta de que yo se la estaba dando. Esto fue una evidencia especial para él de que el Señor estaba obrando por medio de mí para salvar su alma (Carta 46, 1892).

2. Un hermano y el visitante del campamento.

Llamé aparte a algunos de nuestros hermanos que estaban en nuestra carpa [en el congreso campestre de Milton, Washington] y les leí el asunto que había escrito hacía tres años con respecto a su conducta. Ellos se habían comprometido con la Asociación General y habían repetido su compromiso otra vez. Les leí testimonios directos, claros y categóricos; pero aquí estaba el problema: no sentían la obligación de creer en los testimonios. El Hno. L había estado en el partido Marion* cuando había vivido en LaPort, Estado de Iowa, y le resultaba un misterio lo que debía hacer con esta gente. No había ningún ministro ni mensaje de ministro alguno que ellos respetaran más que su propio juicio. El asunto era cómo presentar algo que los impresionara. Lo único que podíamos hacer era hablar, y trabajar por ellos como si creyeran cada palabra del testimonio; y sin embargo ser tan cautelosos, como si fueran incrédulos...

El sábado [7 de junio de 1884] por la mañana temprano fui a la reunión, y el Señor me dio un testimonio directo para ellos, totalmente inesperado para mí. Les presenté el testimonio, mostrándoles que el Señor había enviado a sus ministros con un mensaje, y que el mensaje que éstos habían traído era precisamente el medio que Dios había ordenado para alcanzarlos; pero ellos se sintieron en libertad de hacerlo añicos y anular el efecto de la Palabra de Dios...

Sábado 14 de junio.

Tuvimos reuniones memorables. El sábado por la tarde habló el Hno. [J. N.] Loughborough. Yo lo hice por la tarde. El Señor me ayudó. Entonces les pedí que pasaran adelante. Treinta y cinco personas respondieron. Eran mayormente jóvenes y señoritas, y también personas de edad de ambos sexos. Tuvimos una reunión preciosa. Algunos que habían abandonado la iglesia volvieron con arrepentimiento y confesión. Muchos estaban empezando por primera vez. El Señor mismo estaba allí. Esto pareció quebrar el prejuicio, y se presentaron testimonios muy sentidos. Tuvimos un recreo, y entonces yo comencé de nuevo y la buena obra continuó...

El viernes por la tarde leí un asunto importante que había escrito hacía tres años. Esto fue reconocido como de procedencia divina. Los testimonios fueron aceptados de todo corazón, y se hicieron confesiones de gran valor para el que había obrado mal (Carta 19, 1884).

TERCERA PARTE La Preparación de los Libros de Elena G. de White

Elena G. de White pasó gran parte de su vida preparando libros que presentaban los mensajes que Dios le dio para su pueblo, y en algunos casos para el público en general. Los archivos de la Corporación White (White Estate) contienen relativamente pocas de sus declaraciones concernientes a los detalles de esta tarea. Sin embargo, otras personas que trabajaban con ella escribieron en forma más amplia sobre la materia. Las relativamente escasas declaraciones de ella nos introducen, sin embargo, en el propio corazón de su obra. Presentamos aquí algunas de las mismas, relacionadas con la preparación de los Testimonios para la iglesia y ciertos otros libros que contienen la historia del conflicto de los siglos, particularmente El conflicto de los siglos y El Deseado de todas las gentes. Puesto que los escritos originales sobre varios componentes de la historia del conflicto de los siglos fueron ampliados dos o tres veces, no es posible presentar una secuencia exactamente cronológica de la obra de Elena de White, que describa los eventos de este conflicto milenario. Debe también notarse que Elena de White consideró todas las partes de su narración como partes de la historia del gran conflicto, ya se tratara del Antiguo Testamento, del Nuevo Testamento o de la historia post-bíblica.

Se incluyen aquí declaraciones que explican la obra de sus ayudantes literarios, y esto constituye el capítulo inicial de esta sección. Otros capítulos se refieren a su obra de escribir la vida de Cristo, en la cual fue ayudada por su sobrina en 1876 y por Marian Davis en la década de 1890.

El hijo de Elena White, William [Willie] (Guillermo), estuvo íntimamente asociado con ella en la producción de sus libros después de 1881, año en que murió Jaime White. En diversas oportunidades él escribió algunas declaraciones basadas en su íntimo conocimiento de la obra de su madre en la preparación de libros. Varios párrafos de su pluma, iluminadores, así como de la pluma de Marian Davis, aparecen como partes del apéndice.- Los Fideicomisarios.

Ayudantes Literarios en la Obra de Elena G. de White

Jaime White y otros ayudaron.

Mientras vivió mi esposo, él actuó como ayudante y consejero en el envío de los mensajes que me eran dados. Viajamos mucho. A veces se me daba luz durante la noche, a veces durante el día delante de grandes congregaciones. La instrucción que recibía en visión era fielmente redactada por mí cuando tenía tiempo y vigor para esa obra. Después examinábamos juntos el asunto. Mi esposo corregía los errores gramaticales y eliminaba repeticiones innecesarias. Entonces era cuidadosamente copiado para las personas a quienes iba dirigido o para el impresor.

A medida que creció la obra, otros me ayudaron en la preparación del material para su publicación. Después de la muerte de mi esposo se unieron a mí fieles ayudantes, los que trabajaron infatigablemente en la obra de copiar los testimonios y preparar artículos para su publicación.

Pero no son verdaderos los informes que han circulado, de que se permitía a cualquiera de mis ayudantes añadir material o cambiar el sentido de los mensajes que escribo (Carta 225, 1906, publicada en 1913 en Writing and Sending Out of the Testimonies for the Church, p. 4 [1MS 57]).

El sentimiento de incapacidad de Elena G. de White en 1873.

Esta mañana estoy considerando francamente mis escritos. Mi esposo está demasiado débil para prepararlos para la impresión, y por lo tanto no haré nada más con ellos en este momento. Yo no soy una persona de letras. No puedo preparar mis propios escritos para la impresión. Hasta que pueda hacerlo, no escribiré más. No es mi deber imponer a otros la carga de mis manuscritos (Manuscrito 3, 1873 [Diario, enero 10, 1873]).

Determinada a desarrollar sus habilidades literarias.

Descansamos bien anoche. Este sábado por la mañana se presenta nublado. Mi mente está llegando a conclusiones extrañas. Estoy pensando que debo poner a un lado mis escritos en los cuales me he complacido tanto, y ver si puedo llegar a ser una persona letrada. No soy experta en gramática. Trataré, si el Señor me ayuda a los 45 años de edad, de llegar a ser una mujer versada en la ciencia. Dios me ayudará. Creo que lo hará (Manuscrito 3, 1873 [Diario, enero 11, 1873]).

Un sentido de incapacidad en 1893.

Ahora yo debo dejar este tema tan imperfectamente presentado, que temo que interpretéis mal aquello que siento tantos deseos de hacer claro. Ojalá Dios despierte la comprensión, porque yo soy una pobre escritora y no puedo con la pluma o la voz expresar los grandes y profundos misterios de Dios. ¡Oh, orad por vosotros mismos, orad por mí! (Carta 67, 1894).

Refutando errores de cambios en los escritos.

Ud. ha visto a mis copistas. Ellos no cambian mi lenguaje. Este queda como yo lo he escrito...

Mi labor en el campo se ha desarrollado desde 1845. Desde entonces he trabajado con la pluma y la voz. La luz que he recibido ha aumentado a medida que la he impartido. Tengo mucho más sobre pasajes del Antiguo y del Nuevo Testamento, que presentaré a la gente (Carta 61a, 1900).

La lectura final de todos los escritos, publicados e inéditos.

Sigo siendo tan activa como siempre. No estoy decrépita en el menor sentido. Puedo hacer mucho trabajo, escribiendo y hablando como lo hacía hace años.

Volví a leer todo lo que fue copiado, para ver si está como debe ser. Leí todo el manuscrito del libro antes de mandarlo al impresor. De manera que Ud. puede ver que mi tiempo debe estar muy ocupado. Además de escribir, se me pide que hable en las diferentes iglesias y que asista a importantes reuniones. No podría hacer esta obra a menos que el Señor me ayudara (Carta 133, 1902).

La obra de Marian Davis

La Srta. Davis es una ayudante fiel.

Marian ha estado conmigo durante más o menos 25 años. Era mi principal ayudante en el arreglo del material para mis libros. Ella siempre apreció los escritos como un material sagrado colocado en sus manos, y a menudo me relataba cuánto consuelo y bendición recibía al hacer esta tarea, la cual ha significado para ella salud y vida. Siempre ha manejado los asuntos colocados en sus manos como sagrados. La echaré mucho de menos. ¿Quién ocupará su lugar? (Manuscrito 146, 1904).

Marian es la que compagina los libros.

La obra de Marian es de un orden completamente distinto. Ella es la que me compagina [ordena] los libros. Fanny [Bolton]* nunca me ha compaginado los libros. ¿Cómo se hacen mis libros? Marian no reclama reconocimiento.

Ella hace su trabajo de esta manera: toma mis artículos que han sido publicados en los periódicos, y los pega en libros [hojas] en blanco. También tiene una copia de todas las cartas que escribo. Cuando prepara un capítulo para un libro, Marian recuerda que yo he escrito algo sobre ese punto especial que puede darle más fuerza al asunto. Empieza a buscarlo, y cuando lo encuentra, si ve que da mayor claridad al capítulo, lo añade.

Los libros no son producciones de Marian, sino mi propia producción, recopilados de todos mis escritos. Marian tiene un gran campo del cual seleccionar, y su capacidad para ordenar los asuntos es de gran valor para mí. Me ahorra revisar una gran cantidad de material, lo cual no tengo tiempo de hacer.

De manera que Ud. entiende que Marian me es una ayuda muy valiosa en la preparación de mis libros. Fanny no tiene nada que ver con esta obra. Marian le ha leído a ella algunos capítulos, y Fanny a veces ha hecho sugestiones en cuanto al arreglo del material.

Esta es la diferencia entre las [estas] ayudantas. Como he dicho, a Fanny le hemos prohibido estrictamente cambiar mis palabras por las suyas. Las palabras, como fueron pronunciadas por los agentes celestiales, son severas en su sencillez; y yo trato de poner los pensamientos en un lenguaje tan sencillo que un niño pueda entender cada palabra pronunciada. Las palabras de alguna otra persona no me representan correctamente.

Le he escrito así, con amplitud, para que Ud. pueda entender el asunto. Puede ser que Fanny pretenda haber compaginado [ordenado] mis libros, pero no lo ha hecho. Esta ha sido la ocupación de Marian, y su obra es mucho más avanzada que cualquier trabajo que Fanny haya hecho para mí (Carta 61a, 1900).

El cuidado de Marian mientras trabajaba en 1899 en Patriarcas y Profetas.

Willie [William C. White]* está en reuniones mañana y tarde, planeando cómo hacer una tarea más eficiente y mejor en la causa de Dios. Nos vemos solamente en la mesa.

Marian suele ir a él para consultarle acerca de unos pocos asuntos que parece que ella puede arreglar por su cuenta. Ella es enérgica y trabaja rápido, y él está tan cansado que tiene que mantener los labios cerrados y dominar sus nervios lo mejor posible. He tenido una conversación con ella, y le he dicho que muchas de las cosas que ha llevado a Willie las debe arreglar ella misma.

La mente de ella está en todas partes y en todos los detalles; pero la mente de él ha estado ocupada con una variedad de temas difíciles, hasta el punto de que su cerebro divaga y su capacidad no está preparada, de ninguna manera, para resolver esas pequeñeces. Ella debe decidir sobre algunas de estas cosas que pertenecen a su trabajo, y no someterlas a la consideración de él ni perturbar su mente con las mismas. A veces creo que nos aniquilará a ambos, en forma totalmente innecesaria, con las pequeñeces que ella puede resolver muy bien sin traerlas a nosotros. Ella quiere que veamos cada pequeño cambio de palabra (Carta 64a, 1889).

Sus fieles servicios son grandemente apreciados.

Me siento profundamente agradecida por la ayuda de la Hna. Marian Davis en la ordenación de mis libros. Reúne materiales de mis diarios, de mis cartas y de los artículos publicados en los periódicos. Aprecio grandemente su fiel servicio. Ha estado conmigo durante 25 años, y constantemente ha ido adquiriendo una capacidad creciente para la obra de clasificar y agrupar mis escritos (Carta 9, 1903).

Hemos trabajado juntas, sencillamente juntas.

Marian, mi ayudante, fiel y segura en su trabajo como la brújula al polo, se está muriendo...

Mañana salgo para Battle Creek. Pero mi alma se angustia por la niña que se muere y que me ha servido durante los últimos 25 años. Hemos estado hombro a hombro en la obra y en perfecta armonía en ese trabajo. Y cuando ella reunía las preciosas jotas y las tildes que habían aparecido en periódicos y libros para presentármelas, solía decir: "Ahora hay algo que se necesita. Yo no lo puedo suplir". Yo solía examinar el asunto, y en un momento podía señalarle la forma de resolverlo.

Hemos trabajado juntas, sencillamente trabajado juntas, en perfecta armonía todo el tiempo. Ella se está muriendo. La caracterizaba una gran devoción al trabajo. Consideraba la intensidad de la tarea como si fuera una realidad, y ambas hemos abordado esta labor con una vehemencia tal, como para tener a mano todo párrafo en su debido lugar y para descubrir su debida función (Manuscrito 95, 1904).

Los Testimonios para la Iglesia

La visión de 1855 publicada en el primer Testimonio.

El 20 de noviembre de 1885, mientras me hallaba en oración, el Espíritu del Señor bajó repentina y poderosamente sobre mí, y fui arrebatada en visión. Vi que el Espíritu del Señor ha estado apartándose de la iglesia (Testimonies, t. 1, p. 113 [1JT 30]).

Enviado gratis por el autor.-

He enviado a los hermanos radicados en diferentes Estados, y con porte pagado, unos 150 ejemplares del Testimonio para la iglesia. Este puede obtenerse dirigiéndose a mí, a Battle Creek, Míchigan. Me alegraré de tener noticias de los que lo reciban. Los que quieren fomentar la circulación de tal escrito pueden hacerlo ayudando para su publicación (Review and Herald, 18 de diciembre de 1855).

Condensación de los folletos que contenían los primeros diez Testimonios, reeditados en 1864.

Durante los últimos nueve años, desde 1855 hasta 1864, he escrito diez pequeños folletos titulados Testimonios para la iglesia, que han sido publicados y han circulado entre los adventistas del séptimo día. La primera edición de la mayor parte de estos folletos se agotó, y como había demanda de más ejemplares se pensó que lo mejor era reimprimirlos como se los presenta en las siguientes páginas, sin incluir los asuntos locales y personales, y presentando las porciones que son de interés e importancia prácticos y generales. La mayor parte del Testimonio N.° 4 puede hallarse en el segundo volumen de Spiritual Gifts, y por lo tanto se omite en este volumen* (Spiritual Gifts, t. 4a, p. 2).

Testimonios personales publicados.

Puesto que la instrucción y amonestación dadas en los testimonios para los casos individuales se aplicaban con igual fuerza a muchos otros que no habían sido señalados especialmente de esta manera, me pareció que era mi deber publicar los testimonios personales para beneficio de la iglesia. En el Testimonio N.° 15, hablando de la necesidad de hacer esto, dije: "No conozco una mejor manera de presentar mis visiones de los peligros y errores generales, así como el deber de todos los que aman a Dios y guardan sus mandamientos, que dando estos testimonios. Tal vez no hay manera más directa y vigorosa de presentar lo que el Señor me ha mostrado".

En una visión que me fue dada el 12 de junio de 1868, me fue mostrado algo que justificaba plenamente mi conducta al publicar los testimonios personales. Cuando el Señor elige casos individuales y especifica sus errores, otros, que no han sido mostrados en visión, suponen frecuentemente que están en lo recto o casi en lo recto. Si uno es reprendido por un mal especial, los hermanos y las hermanas deben examinarse cuidadosamente a sí mismos para ver en qué han faltado y en qué han sido culpables del mismo pecado" (Testimonies, t. 5, pp. 658-659 [2JT 274-275])

La corrección de los Testimonios publicados en 1884.-

Querido Hno. Smith: Hoy le despaché una carta, pero he recibido información de Battle Creek en el sentido 107 de que la obra de los Testimonios no es aceptada.*

Deseo hacer algunas declaraciones, y Ud. puede hacer con ellas lo que desee. Estas son las declaraciones que Ud. oyó cuando las presenté: se me mostró hace años que no debemos demorar en publicar la importante luz que me fue dada aunque yo no pudiera preparar el material en forma perfecta. Mi esposo estaba muy enfermo, y no podía darme la ayuda que podría haber tenido y que pudiera haberme dado de haber estado con salud. Por esta razón he demorado el poner ante el pueblo lo que me fue dado en visión.

Pero se me mostró que debo presentar a los hermanos de la mejor manera posible la luz recibida; y entonces, a medida que recibiera una luz mayor y usara las capacidades que Dios me ha dado, recibiría una mayor habilidad para emplearla en mis escritos y discursos. Tenía que mejorar tanto como fuera posible hasta llegar a la perfección, para que [mis escritos] fueran aceptados por las mentes inteligentes.

Todo defecto, hasta donde sea posible, debe ser quitado de las publicaciones. A medida que la verdad se desarrolle y llegue a ser ampliamente distribuida, debe ejercerse el mayor cuidado posible para perfeccionar las obras publicadas.

Vi en cuanto a La historia del sábado del Hno. Andrews, que él demoró la obra por mucho tiempo. Otros libros equivocados estaban ocupando el campo y bloqueando el camino, de manera que las mentes fueron llenadas de prejuicios por los elementos opositores. Vi que de esta manera se perdería mucho. Después de que la primera edición se agotó, él debió mejorarlo; pero estaba tratando, con todo esfuerzo, de llegar a la perfección. Dios no quería esta demora.

Elena G. de White deseaba que el lenguaje usado fuera correcto.

Ahora Hno., Smith, he estado haciendo un examen cuidadoso y crítico de la obra que se ha hecho con los Testimonios, y veo unas pocas cosas que creo que deben ser corregidas en el asunto presentado delante de Ud. y de los demás en la Asociación General [noviembre de 1883]. Pero al examinar el asunto más cuidadosamente veo cada vez menos cosas que sean objetables. Donde el lenguaje usado no es el ideal, deseo mejorarlo de acuerdo con la gramática, como creo que debe hacerse en todos los casos donde pueda ser factible, sin cambiar el sentido. Se demora la obra, lo cual no me agrada... Mi mente ha estado preocupada sobre la cuestión de los Testimonios que han sido revisados. Los hemos considerado en forma más crítica. No puedo ver el asunto como mis hermanos lo ven. Creo que los cambios mejorarán el libro. Si nuestros enemigos quieren hacer mal uso de ello, que lo hagan...

Creo que cualquier cosa que se publique será criticada, forzada, desviada y tergiversada; pero tenemos que avanzar con una clara conciencia, haciendo lo que podamos y dejando los resultados con Dios. No debemos demorarnos para no retrasar la obra.

Ahora, hermanos míos, ¿qué se proponen hacer? No quiero que esta tarea se arrastre por más tiempo. Quiero que se haga algo, y ahora mismo (Carta 11, 1884, escrita en Healdsburg, California, el 19 de febrero de 1884).

La obra de E. G. de White para seleccionar material para los Testimonios.

Debo seleccionar los asuntos más importantes para el Testimonio (t. 6) y entonces examinar todo lo preparado para este propósito, y criticarme a mí misma; porque no estoy dispuesta a que algunas cosas, aunque son totalmente ciertas, se publiquen, porque temo que algunos se valgan de ellas para perjudicar a otros.

Después de que se prepare el material para el [este] Testimonio, todo artículo debe ser leído por mí. Debo leerlos yo misma, pues el sonido de la voz en la lectura o la entonación [del ayudante] es casi insoportable para mí.

Trato de presentar principios generales, y si veo que alguna frase puede dar una excusa para que alguno perjudique a otra persona, me siento en perfecta libertad de omitir la declaración, aun cuando sea perfectamente cierta (Carta 32, 1901).

Cartas para Ayudar a Otros

El uso anticipado de cartas.

Estoy tratando, con la ayuda de Dios, de escribir cartas que sean de ayuda no solamente para aquellos a quienes van dirigidas, sino para tantos como las necesiten (Carta 79, 1905).

14 Pasos Iniciales en la Tarea de Escribir y Publicar la historia del Gran Conflicto*

La visión de 1858 relativa al gran conflicto

La visión del 14 de Marzo de 1858.

En la visión que recibí en Lovett's Grove, [Estado de Ohio], la mayor parte de lo que había visto diez años antes concerniente al gran conflicto de los siglos entre Cristo y Satanás fue repetido, y se me instruyó a que lo escribiera. Se me mostró que aunque debía luchar contra los poderes de las tinieblas, pues Satanás haría grandes esfuerzos para impedir esta tarea, debía poner mi confianza en Dios, y que los ángeles no me abandonarían en el conflicto (Spiritual Gifts, t. 2, p. 270 [véase NB 178-179]).

El Ataque de Satanás.

El lunes comenzamos nuestro viaje a casa... Mientras viajábamos en nuestros carruajes hacia Jackson, Míchigan, arreglamos nuestros planes para escribir y publicar inmediatamente después de nuestro regreso al hogar, el libro titulado El conflicto de los siglos. Yo me encontraba entonces tan bien como de costumbre. A la llegada del tren a Jackson, fuimos a la casa del Hno. Palmer. Habíamos estado en la casa solamente un corto tiempo cuando, mientras conversaba con la Hna. Palmer, mi lengua se rehusó a articular lo que yo quería decir, y la sentía grande y paralizada. Sentí en mi corazón una extraña sensación de frialdad que pasó por mi cabeza y se extendió por mi costado derecho. Por un tiempo estuve insensible e inconsciente, pero fui despertada por la voz de la oración ferviente. Traté de usar mi pierna y brazo izquierdos, pero estaba completamente paralizada. Por un corto tiempo yo no esperaba vivir (Id. p. 271 [NB 178-179]).

Escribiendo la historia del conflicto.

Durante semanas no pude sentir la presión de una mano ni el agua más fría que se me arrojara en la cabeza. Al levantarme para caminar, a menudo tambaleaba, y a veces caía al suelo. En mi afligida condición empecé a redactar lo referente al gran conflicto. Al principio podía escribir una sola página por día, para entonces descansar tres días; pero a medida que progresaba, mi fuerza aumentaba. El entumecimiento de mi cabeza no parecía oscurecer mi mente, y antes de haber terminado el tomo 1 del libro Spiritual Gifts, el efecto del ataque había desaparecido por completo (NB 179).

Se me muestran las tácticas de Satanás para impedir la tarea.

Durante la conferencia de Battle Creek, en junio de 1858, se me mostró en visión que en el repentino ataque que sufrí en Jackson, Satanás intentó quitarme la vida, a fin de impedir que escribiera la obra que estaba por empezar; pero los ángeles de Dios fueron mandados en mi rescate. También vi, entre otras cosas, que sería bendecida con mejor salud que antes del ataque (NB 180).

Spiritual Gifts, tomos III y IV

La tarea de escribir la historia [comentario] del Antiguo Testamento de 1863 a 1864.

Después de que regresamos del este [diciembre 21 de 1863], empecé a escribir el tomo 3 [Spiritual Gifts], esperando tener un libro de tamaño tal como para encuadernar con los Testimonios que ayudaban a formar el tomo IV [Spiritual Gifts]. Mientras escribía, el asunto se desplegó delante de mí, y vi que era imposible incluir todo lo que tenía para escribir [sobre la historia del Antiguo Testamento] en unas pocas páginas como me lo había propuesto al principio.

Entonces comencé con el tomo IV, pero antes de terminar mi tarea, mientras preparaba el material sobre asuntos de salud para los impresores, se me pidió que fuera a Monterey [California]. Fuimos, pero no pude terminar la obra allí tan pronto como habíamos esperado. Me vi obligada a regresar para terminar el material para los impresores...

He escrito casi constantemente durante más de un año. Generalmente empiezo a escribir a las 7:00 a. m., y continúo hasta las 7:00 p. m., y entonces dejo de escribir para leer las pruebas* (Manuscrito 7, 1867).

El prefacio del autor reconoció la fuente de la visión.

Al presentar éste, mi tercer pequeño volumen para el público, me consuela la convicción de que el Señor me ha hecho su humilde instrumento para hacer brillar algunos rayos de preciosa luz sobre el pasado. La historia sagrada, relacionada con los santos hombres de la antigüedad, es breve...

Desde entonces, los grandes hechos de la fe, relacionados con la historia de los santos hombres del pasado, han sido presentados delante de mí en una visión; también el hecho importante de que Dios no ha considerado livianamente en ningún lugar el pecado de la apostasía me ha convencido, más que nunca, de que la ignorancia relativa a esos hechos y la astuta ventaja que han sacado de esa ignorancia algunas personas que saben más, son los grandes baluartes de la incredulidad. Si lo que he escrito sobre estos puntos ayudara a alguna mente, que Dios sea alabado. Cuando comencé a escribir esperé poner en este volumen todas las cosas, pero estoy obligada a terminar la historia de los hebreos, tomar los casos de Saúl, David, Salomón y otros, y tratar el asunto de la salud en otro volumen* (Spiritual Gifts t. 3, pp. 5-6 [E. G. W. Prefacio]).

Un Breve Relato de la Experiencia de Elena G. de White al Escribir la Vida de Cristo, en 1876

Marzo 25 de 1876.

Mary Clough* y yo haremos todo lo posible para hacer avanzar la obra de mis escritos. No puedo ver ninguna luz brillando en Míchigan en mi favor.* Este año siento que mi tarea es escribir. Debo estar apartada, quedar aquí mismo, y no permitir que la inclinación o la persuasión de otros modifiquen mi resolución de mantenerme cerca de mi trabajo hasta que esté hecho. Dios me ayudará si confío en él (Carta 63, 1876, a Jaime White, el 25 de marzo de 1876).

Abril 4.

Hemos tenido visitas casi diariamente durante varios días, pero trato de ceñirme a mi tarea de escribir y hacer cada día tanto como me proponga. No puedo escribir más que medio día diariamente... Mary [está] en la oficina, y yo estoy arriba escribiendo... He tenido mucha libertad para orar y la dulce comunión con Dios en mis horas de vigilia nocturna y temprano por la mañana. Mis fuerzas están aumentando, pero encuentro que cualquier exceso me afecta seriamente, de manera que me lleva tiempo recuperarme de mi condición. Mi confianza [está] en Dios. Tengo la confianza de que él me ayudará en mis esfuerzos de presentar la verdad y la luz que me ha dado para [comunicar a] su pueblo (Carta 3, 1876).

Abril 7.

Los preciosos temas son bien presentados a mi mente. Confío en Dios, y él me ayuda a escribir. Estoy unas 24 páginas más adelantada que Mary. Ella está haciendo buen trabajo con mi copia. Habrá [en mí] un claro sentido del deber de no distraerme de este trabajo para asistir a congresos campestres. Tengo el plan de terminar, de todas maneras, mis escritos pertenecientes a un libro, antes de salir a ninguna parte... El este no me verá por un año, a menos que yo sienta que Dios me llame para ir. Él me ha dado mi tarea. La haré si me pueden dejar libre (Carta 4, 1876).

Abril 8.

Siento libertad para escribir, y le ruego a Dios diariamente su consejo y que sea llena de su Espíritu. Creo que tendré ayuda y fuerza y gracia para hacer la voluntad de Dios...

Nunca tuve una oportunidad de escribir como ésta en mi vida, e intento aprovecharla hasta el máximo...

¿Cómo será leerles mis manuscritos a los pastores [J. H.] Waggoner y [J. N.] Loughborough? Si hay algunas palabras referentes a puntos de doctrinas que no resultan tan claras como deben ser, él lo verá [me refiero a W]* (Carta 4a, 1876).

Abril 8.

Mi esposo escribe que recibiré un llamado del [congreso] de la Asociación [General], pero yo no debo apartarme de aquello que creo que es mi deber en este tiempo. Tengo una obra especial en este momento, y es la de escribir las cosas que el Señor me ha mostrado...

Tengo una obra que hacer, que ha sido una gran carga para mi alma. ¡Sólo el Señor sabe cuán grande es!

Repito: necesito tiempo para tener mi mente tranquila y compuesta. Necesito tener tiempo para meditar y orar mientras estoy ocupada en escribir. No quiero estar cansada ni estar tan estrechamente relacionada con nuestros hermanos, que se desvíe mi mente. Esta es una gran tarea, y me siento como clamando a Dios todos los días por su Espíritu para que me ayude a hacer bien este trabajo (Carta 40, 1876, a Lucinda Hall, el 8 de abril de 1876).

Abril 14.

Me parece que mis escritos son importantes, y yo [estoy] tan débil, tan incapacitada para hacer la obra con justicia. Le he rogado a Dios que me llene con su Espíritu Santo, que esté relacionada con el cielo para que esta obra pueda ser bien hecha. Nunca podré hacer esta labor sin la bendición especial de Dios (Carta 7, 1876, p. 2).

Abril 16.

He escrito una cantidad de páginas hoy. Mary me sigue fielmente. Ella se entusiasma tanto con respecto a algunos temas, que trae el manuscrito después que lo ha copiado para leérmelo. Me mostró hoy toda una cantidad de manuscritos que ha compilado*...

Me siento muy libre y en paz. Siento el precioso amor de Cristo en mi corazón. Esto me hace humilde a mi propia vista, mientras Jesús es exaltado delante de mí. ¡Oh, cuánto anhelo tener la relación social y misteriosa con Jesús, que nos eleva por encima de las cosas temporales de la vida! Estoy deseosa de estar en buena relación con Dios, y tener su espíritu testificando continuamente a mi corazón de que soy en verdad una hija de él (Carta 8, 1876).

Abril 18.

Fuimos a la ciudad [de San Francisco] el domingo por la noche. Hablé a una congregación muy grande de gente de afuera, la cual manifestó aceptación acerca del tema de los panes y los peces cuando Jesús, por su milagroso poder, alimentó a diez mil personas... que se reunían continuamente después de que el Salvador bendijo la pequeña porción de alimento; Cristo caminando sobre el mar, y los judíos exigiendo una señal de que él era el Hijo de Dios. El vecino que vive cerca de la iglesia y próximo al jardín público, estaba presente. Cragg, creo que se llama. Todos escuchaban con ojos atentos y bocas entreabiertas...

Me sentiría contenta de encontrarme con mis hermanos y hermanas en un congreso campestre. Este es el trabajo que me gusta; mucho más que el aislamiento de quien escribe. Pero esto interrumpiría mi labor y anularía los planes de publicar mis libros, pues no puedo hacer las dos cosas: viajar y escribir. Ahora me parece que tengo mi oportunidad de oro. Mary está conmigo, la mejor copista que jamás haya tenido. Puede ser que nunca tenga yo otra oportunidad como ésta (Carta 9, 1876).

Abril 21.

Acabo de terminar un largo artículo sobre varios milagros; tiene cincuenta páginas. Hemos preparado como ciento cincuenta páginas desde que te fuiste. Sentimos la mayor de las satisfacciones en lo que hemos preparado (Carta 12, 1876).

Abril 24.

Mary ha estado leyéndome dos artículos: uno en cuanto a los panes y los peces, y Cristo caminando sobre el agua y diciéndole a sus oyentes que él era el pan de vida, lo que hizo que algunos de sus discípulos lo abandonarán. Este trabajo necesitó cincuenta páginas, y abarca muchos temas. Creo que este es el tema más precioso acerca del cual haya escrito. ¡Mary está tan entusiasmada acerca de esto! Ella cree que es del más alto valor. Yo estoy perfectamente satisfecha con él.

El otro artículo era acerca de Cristo caminando por el campo de trigo, arrancando las espigas de cereal y sanando la mano seca: doce páginas. Si puedo, con la ayuda de Mary, terminar estos temas de tan intenso interés, podría decir: "Señor, ahora permite que tu sierva parta en paz". Estos escritos son todo lo que puedo ver por ahora...

Mi corazón y mi mente están en esta obra, y el Señor me sostendrá para hacer este trabajo. Creo que el Señor me dará la salud. Le he pedido a él esto, y él contestará mi oración.

Amo al Señor. Amo su causa. Amo a su pueblo. Siento gran paz y calma mental. Parece que no hay nada que confunda y distraiga mi mente, y a pesar de tanto pensamiento arduo mi mente no puede sentirse perpleja con alguna cosa, a menos que esté sobrecargada (Carta 13, 1876).

Abril 25.

No puedo hacer mis escritos sólo en medio día, pues parte del tiempo me molesta la cabeza, y entonces tengo que descansar, acostarme, dejar de pensar y tomarme el tiempo para escribir cuando pueda hacerlo cómodamente. No puedo acelerar el trabajo. Esta obra debe ser hecha en forma cuidadosa, lenta y exacta. Los temas que hemos preparado están bien hechos. Me agradan (Carta 14, 1876).

Abril 27.

He escrito quince páginas hoy. Mary Clough me sigue fielmente. Ella ha copiado quince páginas hoy: un día bueno y largo de trabajo... Nunca he tenido una oportunidad tal en mi vida hasta ahora. La aprovecharé. Hemos escrito cerca de 200 páginas desde que te fuiste, todas copiadas y listas para los impresores...

Siento que soy menos que nada. Pero Jesús es el todo para mí: mi justicia, mi sabiduría y mi fortaleza (Carta 16a, 1876).

Mayo 5.

He estado escribiendo más de lo acostumbrado, lo cual ha sido demasiado para mí. No puedo y no debo escribir más que medio día diariamente, pero continúo sobrepasando los límites y pagando el precio por ello. Mi mente está en mis temas día y noche. Tengo una fuerte confianza en la oración. El Señor me oye y creo en su salvación. Confío en su fortaleza. Con su fuerza completaré mis escritos. Me tomo firmemente de su mano con inquebrantable confianza...

Tengo importantes temas sobre Jeremías que aparecerán en el próximo periódico (Signs of the Times [Señales de los tiempos]). Mi mente se sintió urgida a esto por el Espíritu de Dios. La visión que tuve hace dieciséis años impresionó profundamente mi memoria. Vi que ese importante tema debía verse aplicado al pueblo de Dios. Esto fue con referencia al testimonio que Dios me había dado para presentar a fin de reprobar el error (Carta 21, 1876).

Mayo 11.

Si preparo mis escritos [Spirit of Prophecy, t. 2] completamente en forma de manuscrito, mi parte de la tarea está hecha, y me sentiré aliviada (Carta 24, 1876).

Octubre 19.

Hemos decidido que los impresores [en la Review and Herald, de Battle Creek] sigan preparando la edición de mi libro para que no sea necesario transportar de nuevo los libros impresos a través de las llanuras [del país]. Parte del libro ya está aquí publicada, pero no la haremos en clisé o molde,* porque no esperamos tener los asuntos de mi libro con tanta exactitud; pero sacaremos esta primera edición para tenerla en el mercado. Entonces podemos tomarnos el tiempo de publicar una edición más perfecta en la costa del Pacífico y tenerla en clisé. Entonces la vida de tu padre y mi vida se imprimirán en la Oficina Publicadora del Pacífico. Pero hemos usado nuestro mejor juicio, y pensamos que es mejor permanecer aquí [en Battle Creek] hasta diciembre y completar esta edición...

Octubre 26.

Estamos en el mayor de los apuros tratando de sacar mi volumen dos del Spirit of Prophecy. Ya están impresas tres nuevas formas. Si permanecemos aquí [en Battle Creek] cuatro semanas más, completaremos el libro y habré quitado de mi mente una gran carga de preocupación* (Carta 46, 1876, a W. C. White y señora, el 26 de octubre de 1876).

Ampliando la Presentación del Gran Conflicto

Preparando el manuscrito para el espíritu de profecía, tomo 4,* precursor de El conflicto de los siglos

Intensidad de sentimiento mientras escribía (19 de febrero de 1884).

Escribo de quince a veinte páginas por día. Son ahora las once, y ya he escrito catorce páginas a mano para el tomo 4, y además siete páginas de cartas para diferentes personas. Me siento continuamente agradecida a Dios por su bondad misericordiosa...

Al escribir sobre mi libro, me siento intensamente conmovida. Quiero publicarlo cuanto antes, pues nuestro pueblo lo necesita mucho. Lo completaré el próximo mes si el Señor me da salud, como él lo ha hecho hasta ahora. Me ha sido imposible dormir por la noche, pensando en las cosas importantes que deberán ocurrir. Tres horas de sueño, y a veces cinco, es lo más que puedo tener. Mi mente está tan profundamente emocionada que no puedo descansar. Escribo, escribo, escribo, y siento que debo hacerlo y que no debo demorarme.

Grandes cosas están delante de nosotros, y queremos despertar al pueblo de su indiferencia para que se prepare para ese día. Cosas que son eternas se agolpan delante de mis ojos día y noche. Las cosas que son temporales se esfuman de mi vista. No debemos desechar ahora nuestra confianza, sino tener una firme seguridad, más firme que nunca antes. El Señor nos ha ayudado hasta aquí, y también nos ayudará hasta el fin. Veremos las columnas monumentales, que nos recordarán lo que el Señor ha hecho por nosotros para fortalecernos y salvarnos de la mano del destructor (Carta 11a, 1884).

La historia se abre de vez en cuando delante de mí en visiones escénicas.

Mediante la iluminación del Espíritu Santo, las escenas de la larga lucha secular entre el bien y el mal fueron reveladas a quien escribe estas páginas. En una y otra ocasión se me permitió contemplar las peripecias de la gran lucha secular en diferentes épocas, entre Cristo, Príncipe de la vida, Autor de nuestra salvación, y Satanás, príncipe del mal, autor del pecado y primer transgresor de la santa ley de Dios (El conflicto de los siglos, p. 13).

Visiones del pasado y del futuro mientras escribía.

Cuando estoy usando la pluma, me son dadas maravillosas presentaciones del pasado, del presente y del futuro (Carta 86, 1906).

La historia de la Reforma presentada en visión.

La bandera del gobernante de la sinagoga de Satanás estaba izada, y el error aparentemente marchaba triunfante, y los reformadores, por la gracia que les fue dada por Dios, se empeñaron en brillante batalla contra las huestes de las tinieblas. Me han sido presentados los acontecimientos de la historia de los reformadores. Sé que el Señor Jesús y sus ángeles han vigilado con intenso interés la batalla contra el poder de Satanás, quien combinaba sus huestes con los hombres malos, con el propósito de extinguir la luz divina, el fuego del reino de Dios. Ellos [los reformadores], por causa de Cristo, sufrieron el escarnio, el ridículo, el odio de hombres que no conocían a Dios. Fueron difamados y perseguidos hasta la muerte, porque no renunciaban a su fe (Carta 48, 1894).

Se le mostró a Elena de White años antes al visitar a Europa en 1885-1887.

La obra del primer mensaje en estos países [Suecia y las demás naciones escandinavas] fue presentada delante de mí años antes, y se me mostraron circunstancias similares a las relatadas más arriba [la predicación por parte de niños en Suecia] (Elena G. de White, Historical Sketches of the Foreign Missions of Sevent-day Adventists, Basilea, Suiza, 1886, p. 108).

Capítulo sobre el tiempo de angustia.

Acabamos de leer el material relativo al tiempo de angustia. El Hno. Smith piensa que este capítulo de ninguna manera debe dejarse fuera del tomo 4. Dice que no hay ni una sola frase en él que no se necesite en forma esencial. Este [capítulo] parece hacer una profunda impresión en su mente, y pensé que te escribiría a ti con respecto a dicho asunto. Lo he leído, y sencillamente tiene un poder emocionante que lo acompaña. No veo que nada pueda excluirlo del libro para la venta general entre los no creyentes* (Carta 59, 1884).

La edición de 1888 de el conflicto de los siglos.

Basilea, Suiza, 11 de junio de 1886. Creo que Ud. querrá oír algunas noticias con respecto a nuestra familia. Ahora somos diez. W. C. W. [White] y Mary y Ella están bien. Sara McEnterfer está bien, y tan ocupada como puede estarlo tomando cartas al dictado y escribiéndolas con el calígrafo [máquina de escribir]. La salud de Marian [Davis] está más o menos como siempre. Ella está trabajando en el tomo 4, El conflicto de los siglos (Manuscrito 20, 1886).

Se le pide que describa las escenas del pasado y el futuro.

Al revelarme el Espíritu de Dios las grandes verdades de su Palabra, y las escenas del pasado y del futuro, se me ordenó que diese a conocer a otros lo que se me había mostrado: trazar un bosquejo de la historia de la lucha en las edades pasadas y, especialmente, que la presentase de tal modo que derramara luz sobre la lucha futura que se va acercando con tanta rapidez. Con este fin he tratado de escoger y reunir acontecimientos de la historia de la iglesia, en forma que quedara bosquejado el desenvolvimiento de las grandes verdades probatorias que en diversas épocas han sido dadas al mundo, que han excitado la ira de Satanás y la enemistad de la iglesia amiga del mundo, y han sido sostenidas por el testimonio de aquellos que "no amaron sus vidas, exponiéndolas hasta la muerte" (El conflicto de los siglos, pp. 1314).

Escenas presentadas de nuevo mientras escribía.

Mientras escribía el manuscrito de El conflicto de los siglos, a menudo era consciente de la presencia de los ángeles de Dios. Y en muchas ocasiones las escenas acerca de las cuales estaba escribiendo me eran presentadas de nuevo en una visión nocturna, de tal manera que estuvieran frescas y vívidas en mi mente (Carta 56, 1911).

Escenas vívidas acerca de la segunda venida de Cristo.

El firmamento se abría y cerraba en violenta conmoción. Las montañas se agitaban como cañas batidas por el viento, arrojando peñascos por todo el derredor. El mar hervía como una caldera y lanzaba piedras a la tierra. Al declarar Dios el día y la hora de la venida de Jesús y conferir el sempiterno pacto a su pueblo, pronunciaba una frase y se detenía mientras las palabras de la frase retumbaban por toda la tierra...

No tengo el menor conocimiento en cuanto al tiempo mencionado por la voz de Dios. Oí cuando proclamaba la hora, pero no tuve el recuerdo de esa hora después que salí de la visión. Escenas tan emocionantes y de un interés tan solemne pasaron ante mí, que ningún lenguaje puede describir. Todo fue una realidad viviente para mí, pues directamente relacionada con esta escena apareció la gran nube blanca sobre la cual estaba sentado el Hijo del hombre (Carta 38, 1888 [1MS 85-86]).

Leyendo las pruebas de páginas: el último trabajo del libro.

Acabamos de leer los manuscritos de los últimos tres capítulos. No puedo ver otra cosa sino que están bien y son del más intenso y emocionante interés. Me alegro de que Ud. mandó estas páginas y quiero que el libro -el primer ejemplar que salga de prensa- me sea enviado...

El sábado pasado fue un día impresionante y solemne. Hablé sobre algunas de las escenas descritas en estos últimos capítulos y se manifestó un profundo sentimiento en la reunión (Carta 57, 1884).

Pasos tomados para hacerlo lo mejor posible.

En la preparación de este libro se emplearon obreros competentes, y se invirtió mucho dinero para hacer que este volumen apareciera delante del mundo en el mejor estilo posible...

El Señor me impresionó a escribir este libro, para que sin demora se lo hiciera circular en todas partes del mundo, porque las advertencias que contiene son necesarias para preparar a un pueblo para estar en pie en el día del Señor (Manuscrito 24, 1891).

Experiencia de Elena de White mientras escribía El conflicto de los siglos.

Fui movida por el Espíritu del Señor a escribir ese libro, y mientras trabajaba en él, sentía una gran carga sobre mi alma. Sabía que el tiempo era breve, que las escenas que pronto han de agolparse sobre nosotros, al final vendrían en forma muy rápida y repentina, como se las presenta en las palabras de la 128 Escritura: "Porque vosotros sabéis perfectamente que el día del Señor vendrá así como ladrón en la noche" (1 Tes. 5:2).

El Señor ha presentado delante de mí asuntos que son de urgente importancia para el tiempo presente, y que alcanzan al futuro. Como un mandato me han sido repetidas las palabras: "Escribe en un libro las cosas que has visto y has oído, y permite que éste vaya a toda la gente; porque el tiempo está cercano cuando la historia pasada se repetirá". He sido despertada a la una, a las dos o a las tres de la mañana, con algún punto fuertemente impreso en mi mente, como si hubiera sido hablado por la voz de Dios. Se me mostró que muchos de nuestros propios hermanos dormían en sus pecados, y aun cuando decían ser cristianos, perecerían a menos que fueran convertidos.

He tratado de traer ante los demás las solemnes impresiones hechas en mi mente mientras la verdad era presentada ante mí en forma clara, para que cada uno sintiera la necesidad de tener una experiencia religiosa por sí mismo, de tener un conocimiento del Salvador por sí mismo, de buscar arrepentimiento, fe, amor, esperanza y santidad por sí mismo.

Se me aseguró que no había tiempo que perder. Los llamados y las amonestaciones deben ser dados; nuestras iglesias deben ser despertadas, deben ser instruidas, para que puedan dar la amonestación a todos los que puedan alcanzarse, para declarar que la espada del Señor, que la ira del Señor sobre el mundo libertino no se demorará más. Se me mostró que muchos prestarían oídos a las amonestaciones. Sus mentes serían preparadas para discernir precisamente las cosas que esa amonestación les señalaba.

Se me mostró que gran parte de mi tiempo ha estado ocupado en hablar al pueblo, y que en cambio era más esencial que me dedicara a escribir los importantes asuntos para el tomo IV, que la advertencia debe ir a donde no puede llegar el mensajero vivo, y que debe llamar la atención de muchos a los importantes acontecimientos que han de ocurrir en las escenas finales de la historia de este mundo.

A medida que se abría delante de mí la condición de la iglesia y del mundo, y a medida que observaba las terribles escenas que se desarrollaban delante de nosotros, me sentí alarmada por las perspectivas. Y noche tras noche, mientras toda la casa dormía, yo redactaba las cosas que me fueron dadas por Dios. Se me mostraron las herejías que se levantarán, los engaños que prevalecerán, el poder milagroso de Satanás -los falsos Cristos que aparecerán- que engañarán a la mayor parte, aun del mundo religioso, inclusive, y que arrastrarán, si es posible, aun a los elegidos.

¿Es esta obra la obra del Señor? Yo sé que lo es, y nuestro pueblo también profesa creerlo. La amonestación y la instrucción de este libro son necesarias para todos los que profesan creer la verdad presente (Carta 1, 1890).

La Experiencia de Elena G. de White al Preparar El Deseado de Todas las Gentes
Notas tomadas de las cartas y los diarios

Julio 15 de 1892.

Esta semana he podido comenzar a escribir sobre la vida de Cristo. ¡Oh, cuán deficiente, cuán incapaz soy de expresar las cosas que arden en mi alma con referencia a la misión de Cristo! Apenas me he atrevido a iniciar la tarea. ¡Esta es tan abarcante! ¿Y qué diré, y qué dejaré de decir? Me paso las noches en vela rogándole al Señor que el Espíritu Santo venga sobre mí, y que permanezca en mí...

Ando con temblor delante de Dios. No sé cómo hablar ni cómo describir con la pluma el gran tema del sacrificio expiatorio. No sé cómo presentar los temas con el poder vivo con el cual los recibo. Tiemblo por temor a empequeñecer el gran plan de salvación al usar palabras ordinarias. Mi alma se inclina con pavor y reverencia delante de Dios y digo: "¿Para estas cosas, quién es suficiente?" (Carta 40, 1892).

Mayo 23 de 1893.

La mañana está nublada y llueve. He estado escribiendo acerca de la vida de Cristo desde las cuatro de la mañana. ¡Oh, que el Espíritu Santo descanse sobre mí y permanezca en mí, a fin de que mi pluma pueda usar las palabras que el Señor le agradó darme en su gran misericordia y amor! (Manuscrito 80, 1893).

Junio 15 de 1893.

Siento deseos de terminar [de escribir] la vida de Cristo. Marian [Davis] organiza capítulos y temas para que yo escriba acerca de ellos, pero no encuentro ninguna necesidad de tratarlos. Puede ser que vea más luz en ellos. No iniciaré el trabajo sobre estos temas sin que el Espíritu del Señor parezca inducirme a hacerlo. La edificación de una torre, la guerra de los reyes, estas cosas no me preocupan; pero los temas referentes a la vida de Cristo, su carácter que representa al Padre, las parábolas, cuyas lecciones son esenciales que todos nosotros entendamos y practiquemos, en estos temas me espaciaré (Carta 131, 1893).

Julio 2 de 1893.

Escribo algo todos los días acerca de la vida de Cristo. Un capítulo me refresca la mente sobre otros temas, de manera que tengo varios libros [cuadernos] en blanco en los cuales estoy haciendo mi borrador. Apenas me atrevo a enviar manuscritos por medio del joven Linden, por temor a que se pierdan, y deseo dedicar más tiempo a algunos temas (Carta 132, 1893, escrita en Nueva Zelanda).

Julio 7 de 1893.

Le he escrito algo cada vez que supe que un correo iba a... [Estados Unidos], y cuando el Hno. Linden fue, envié con él una carta y manuscritos... algunos sobre la vida de Cristo... El que versa sobre la vida de Cristo puede ser usado para artículos en el periódico (Carta 133, 1893).

Ultima parte de 1894.

Se ha decidido en concilio que yo escriba sobre la vida de Cristo; ¿pero cómo podré hacer mejor que en lo pasado? Se me presentan preguntas, y la verdadera condición de las cosas aquí y allá, y esto me preocupa...

Apenas he escrito algo sobre la vida de Cristo, y a menudo me he visto obligada a pedirle ayuda a Marian, a pesar de la tarea sobre la vida de Cristo que a ella le toca compaginar bajo grandes dificultades, reuniendo pasajes de todos mis escritos, un poco aquí y un poco allá, para organizar el tema lo mejor que ella puede. Pero ella tiene buena disposición de trabajar, si sólo yo pudiera sentirme libre de conceder mi atención completa al trabajo. Ella tiene una mente educada y preparada para este trabajo; y ahora yo creo, como he pensado ya cientos de veces, que podré, después de que despache este correo [a los Estados Unidos], abordar la vida de Cristo y seguir adelante con la tarea, si el Señor lo quiere (Carta 55, 1894).

Octubre 25 de 1894.

Marian está trabajando con gran desventaja. Encuentro sólo poco tiempo para dedicarlo a escribir sobre la vida de Cristo. Continuamente estoy recibiendo cartas que requieren respuesta, y no me atrevo a descuidar los importantes asuntos que se me presentan. Además, hay iglesias que visitar, testimonios privados que escribir y muchas otras cosas que deben ser atendidas, que me apremian y consumen mi tiempo. Marian lee atentamente todas las cartas que escribo a otros para encontrar frases que ella pueda usar acerca de la vida de Cristo. Ella ha estado reuniendo de todas las fuentes posibles, todo lo que tiene relación con las lecciones que Cristo dio a los discípulos. Después de que termine el congreso campestre, el cual es una reunión muy importante, me quedaré en algún lugar donde pueda consagrarme a la tarea de escribir sobre la vida de Cristo...

Hay mucho que hacer en las iglesias, y no puedo desempeñar mi parte para atender el interés y hacer otros trabajos que es necesario que yo efectúe, sin afligirme de no poder dedicar mi fuerza a escribir sobre la vida de Cristo. Estoy muy perpleja en cuanto a lo que es [específicamente] mi deber...

Casi he decidido... dedicar todo mi tiempo a escribir para preparar los libros que deben ser publicados sin más demora. Me gustaría escribir sobre la vida de Cristo, sobre la temperancia cristiana [El ministerio de curación], y preparar el Testimonio N.º 34 [tomo 6] porque se lo necesita en gran manera. Tendré que dejar de escribir tanto para las revistas, y permitir que la Review and Herald, Signs of the Times, y todas las demás revistas aparezcan sin artículos escritos por mí durante este año.

Todos los artículos que aparecen bajo mi firma son nuevos, escritos recientes de mi pluma. Lamento no tener más ayuda secretarial. Necesito mucho esta clase de ayuda. Fanny [Bolton] podría ayudarme bastante en la obra de los libros, si no tuviera muchos artículos que preparar para las revistas y tantas cartas y testimonios que corregir para hacer frente a las exigencias de mi correspondencia y a las necesidades del pueblo.

De nada vale que esperemos algo de Marian [Davis] hasta que esté completada [compaginada] la vida de Cristo. Yo quisiera poder conseguir a otro ayudante inteligente a quien se le pudiera confiar el trabajo de preparar material para imprimir. Tal obrero sería de gran valor para mí. Pero la pregunta es: ¿Dónde encontraré a esta persona? La mayor parte del tiempo tengo la mente cansada. Escribo muchas páginas antes del desayuno. Me levanto a las dos, a las tres y cuatro de la mañana...

Ud. sabe que todos mi temas, tanto en el púlpito como en privado, en forma oral o escrita, versan acerca de la vida de Cristo. Casi todo lo que he escrito hasta ahora, sobre este tema, ha sido escrito durante las horas cuando los demás duermen (Carta 41, 1895).

Junio 6 de 1896.

Apenas me atrevo a presentar aquello que es sagrado y elevado en las cosas celestiales. A menudo abandono mi pluma y digo: ¡Imposible, imposible que las mentes finitas abarquen las verdades eternas y los principios profundos y santos, y que expresen su importancia viviente! Me declaro ignorante e incapaz. Una rica corriente de pensamiento toma posesión de todo mi ser, y entonces dejo mi pluma, y digo: ¡Oh, Señor, yo soy finita, soy débil, sencilla e ignorante; no puedo encontrar palabras para describir tus revelaciones grandiosas y santas!

Mis palabras parecen inadecuadas. Pierdo toda esperanza de describir adecuadamente la verdad que Dios me ha dado a conocer acerca de su gran redención, la cual ha exigido la total atención divina consagrada al Hijo unigénito del Infinito. Las verdades que han de permanecer durante el tiempo y la eternidad, el gran plan de redención, que cuesta mucho y es para la salvación de la raza humana, que presenta delante de los hombres una vida que se mide con la vida de Dios: estas verdades son demasiado grandiosas, profundas y santas para que las palabras humanas o la pluma humana pueda expresarlas adecuadamente (Manuscrito 23, 1896).

Julio 29 de 1897.

Me despierto a las 2:30 de la madrugada, y ofrezco mi oración a Dios en el nombre de Cristo. Estoy débil en fuerza física; mi cabeza no está libre de dolor. Mi ojo izquierdo me molesta. Al escribir acerca de la vida de Cristo me siento profundamente emocionada. Me olvido de respirar como debo. No puedo soportar la intensidad de sentimientos que me dominan al pensar en lo que Cristo sufrió en nuestro mundo (Manuscrito 70, 1897).

Julio 16 de 1896.

El manuscrito para La vida de Cristo está por ser enviado a los Estados Unidos.* Este será preparado por la Pacific Press. He empleado ayudantes para preparar este libro, especialmente a la Hna. Davis, y esto me ha costado tres mil dólares. Se necesitarán otros tres mil dólares para prepararlo, a fin de distribuirlo por el mundo en forma de dos libros. Esperamos que tendrá una gran venta. He dedicado poco tiempo a estos libros, porque el hablar en público, escribir artículos para las revistas y testimonios personales para hacer frente y para reprimir males futuros, me mantiene ocupada (Carta 114, 1896).

Haciendo frente a críticas sobre El Deseado de todas las gentes
Junio 20 de 1900.

He recibido tu carta, Edson.* Con respecto a El Deseado de todas las gentes, cuando encuentres personas que tienen críticas que hacer, como siempre las habrá, no prestes atención a ninguno de los supuestos errores, sino alaba el libro, habla de sus ventajas. El Deseado de todas las gentes habría sido del mismo tamaño que los dos libros anteriores [Patriarcas y profetas y El conflicto de los siglos], si no hubiera sido por la fuerte recomendación del Hno. O, quien era entonces el director general de colportaje. Lo que dices acerca del Apéndice es la primera objeción que hemos oído con respecto a esa parte. Muchos han hablado de la gran ayuda que han encontrado en el Apéndice. Si la gente tiene prejuicios contra alguna cosa que destaca el sábado, esa misma objeción muestra la necesidad de que este tema esté allí para convencer las mentes.

Seamos cuidadosos. No permitamos que las críticas de nadie introduzcan objeciones en nuestra mente. Que los críticos vivan de su oficio de criticar. Ellos no pueden hablar en favor de las mejores bendiciones sin arrojar una crítica que eche una sombra de censura. Autoeduquémonos para alabar lo que hay de bueno cuando otros critican. Los murmuradores siempre encontrarán defectos, pero no nos sintamos entristecidos por el elemento acusador. No consideremos como una virtud el hacer o sugerir dificultades que una u otra mente presentarán para molestar y sumir a la gente en confusión (Carta 87, 1900).

Comentarios Mientras se Escribían los Libros de la serie Conflicto

El resultado de visiones panorámicas que abarcan largas épocas.

Durante los 45 años de mi experiencia se me ha mostrado la vida, el carácter y la historia de los patriarcas y los profetas, que se han dirigido al pueblo con mensajes de Dios, y cómo Satanás ha tratado de hacer surgir algún falso informe, o de introducir alguna diferencia de opinión, o de desviar el interés en algún otro sentido, para que el pueblo fuera privado del bien que el Señor quería prodigarle...

Día tras día he tenido una vívida presentación de la forma en que fueron tratados los reformadores, y cómo una pequeña diferencia de opinión parecía crear un sentimiento frenético. Así ocurrió en la traición, el juicio y la crucifixión de Jesús. Todo esto ha pasado delante de mí, punto por punto (Carta 14, 1889).

Críticas constructivas apreciadas (1885).

Dígale a ella [Marian Davis] que hace un minuto leí las cartas en las cuales especificó las mejoras que deben ser hechas en artículos para el tomo primero [Patriarcas y profetas]. Se lo agradezco. Dígale que tiene razón en que a Sedequías le sacaron los ojos. Esto debe expresarse en forma más exacta, y también lo de la roca cuando el agua fluyó de ella: [que amplíe] algo con respecto a esto. Creo que puedo hacer que mis artículos sean más específicos (Carta 38, 1885).

Se buscan libros que den el orden de los acontecimientos.

Bien, mis queridos Willie, Edson y Emma, acerquémonos mucho a Dios. Vivamos cada día como quisiéramos haber vivido cuando se inicie el juicio y los libros se abran, y cuando cada uno recibirá [su recompensa] de acuerdo a sus obras... Díganle a Mary que me busque algunas historias de la Biblia que me den el orden de los acontecimientos.* Yo no tengo nada ni puedo encontrar nada en la biblioteca aquí [Basilea, Suiza] (Carta 38, 1885).

El Espíritu Santo impresiona las verdades en el corazón de Elena de White.

¿Cuántos han leído cuidadosamente patriarcas y profetas, El conflicto de los siglos y El Deseado de todas las gentes? Quiero que todos entiendan que mi confianza en la luz que Dios ha dado está firme, porque yo sé que el poder del Espíritu Santo magnificó la verdad y la hizo honorable al decir: "Este es el camino; andad por él". En mis libros se presenta la verdad robustecida por un "así dice Jehová".

El Espíritu Santo grabó estas verdades en mi corazón y mi mente en forma tan indeleble como la ley fue grabada por el dedo de Dios en las tablas de piedra que están ahora en el arca, y que serán manifestadas en el gran día cuando se pronuncie sentencia contra toda ciencia mala y seductora producida por el padre de la mentira (Carta 90, 1906 [CE 175-176]).

La revisión de 1911 de El conflicto de los siglos El autor explica el por qué y cómo Sanatorio, California, 25 de julio de 1911

Querido Hno. [F. M.] Wilcox:

Hace pocos días recibí un ejemplar de la nueva edición del libro El conflicto de los siglos, recientemente impreso en Mountain View, y también un ejemplar similar impreso en Washington. El libro me agrada. He pasado muchas horas revisando sus páginas, y veo que las casas editoras han hecho un buen trabajo.

Aprecio el libro El conflicto de los siglos más que la plata y el oro, y deseo grandemente que llegue a poder del pueblo. Mientras escribía el manuscrito de El conflicto de los siglos, a menudo era consciente de la presencia de ángeles de Dios. Y muchas veces las escenas acerca de las cuales estaba escribiendo me eran presentadas de nuevo en visiones nocturnas, de manera que resultaban frescas y vívidas en mi mente.

Recientemente fue necesario que este libro fuera recompuesto, porque las planchas de electrotipo estaban muy gastadas. Me ha costado mucho que esto se hiciera, pero no me quejo, porque cualquiera sea el costo, aprecio esta nueva edición con gran satisfacción.

Ayer leí lo que W. C. White escribió recientemente a los agentes de colportaje y a los hombres responsables de nuestras casas editoras con respecto a esta última edición de El conflicto, y creo que él ha presentado el asunto en forma correcta y bien.

Cuando supe que El conflicto de los siglos debía ser recompuesto, determiné que examinaríamos muy detenidamente todas las cosas, para ver si las verdades contenidas estaban presentadas de la mejor manera, para convencer a aquellos que no son de nuestra fe acerca de que el Señor me ha guiado y sostenido en la tarea de escribir sus páginas.

Como resultado del examen que hicieron de él nuestros ayudantes más experimentados, se han propuesto algunos cambios de palabras. He examinado cuidadosamente estos cambios, y los he aprobado. Estoy agradecida de que todavía vivo y tengo la fuerza y la claridad mental para ésta y para otras obras de carácter literario.

Mientras preparaba el libro Los hechos de los apóstoles, el Señor ha mantenido mi mente en perfecta paz. Este libro estará pronto listo para su impresión. Cuando este libro esté listo para ser publicado, si el Señor ve conveniente permitirme que descanse, diré amén, y amén. Si el Señor me alarga la vida, continuaré escribiendo y dando mi testimonio en la congregación del pueblo en la medida en que el Señor me dé fuerza y me guíe...

(Firmado: Elena G. de White, Carta 56, 1911). **3MS:31-142**.

Otros libros del Pastor Bohr altamente recomendados

1. Mateo 24 y las Señales del Fin

2. El Calendario Religioso Hebreo

3. Los Mensajes de los Tres Ángeles

www.ingramcontent.com/pod-product-compliance
Lightning Source LLC
Chambersburg PA
CBHW080858010526
44118CB00015B/2184